De la pédiatrie à la psychanalyse

Du même auteur

Processus de maturation chez l'enfant. Développement affectif et environnement, *1970, Payot.*

L'enfant et sa famille. Les premières relations, *1971, Payot.*

L'enfant et le monde extérieur. Le développement des relations, *1972, Payot.*

La consultation thérapeutique et l'enfant. Préface de Masud R. Khan, *1972, Gallimard.*

Fragment d'une analyse. Préface de Masud R. Khan, *1975, Payot.*

Jeu et réalité. L'espace potentiel. Préface de J.-B. Pontalis, *1975, Gallimard.*

La petite « Piggle ». Compte rendu du traitement psychanalytique d'une petite fille. Préface de Clare Winnicott et R.-D. Shepherd, *1980, Payot.*

Conversations ordinaires, *1988, Gallimard.*

Lettres vives, choisies et éditées par F. Robert Rodman, *1989, Gallimard.*

Un recueil de textes traduits par J. Kalmanovitch est à paraître aux *Éditions Gallimard.*

Une bibliographie complète en anglais des travaux de D. W. Winnicott ainsi qu'une liste de ses articles parus en français figurent à la fin de ce volume, p. 441.

Science de l'homme Payot

Donald W. Winnicott

De la pédiatrie à la psychanalyse

Avant-propos de Jeannine Kalmanovitch

Préface
du Dr Henri Sauguet

Traduction de l'anglais
revue, annotée et augmentée
par Jeannine Kalmanovitch

Titre original :

COLLECTED PAPERS.
THROUGH PAEDIATRICS TO PSYCHO-ANALYSIS
(Tavistock Publications, Londres)

AVANT-PROPOS À LA SECONDE ÉDITION

Il y a des mots qui s'usent, dit le poète [1]. Toute traduction, fruit par essence même de deux personnes, fonction de deux « plates-formes philosophiques [2] », n'est pas sans se rider, sans vieillir, exposée qu'elle est dès l'origine à l'air du temps.

Qu'en est-il pour cette œuvre de théoricien et de clinicien, telle qu'elle nous apparaît, vingt ans après, à la lecture des travaux de Winnicott (1935-1963) rassemblés dans le premier recueil (1969) publié en français : *De la pédiatrie à la psychanalyse* [3] ?

Nous savons que l'auteur a poursuivi inlassablement ses recherches, mûri, précisé ses concepts au fil des ans. Voyez comme il ne cesse d'approfondir notamment la notion d'objets transitionnels [4], de phénomènes transitionnels, d'aire transitionnelle, d'illusion, de *fantasying*, de jeu *(playing)*, etc. Il a aussi choisi méticuleusement ses expressions, et pourtant la vie des mots en général et spécifiquement ceux qui couvrent ses concepts lui échappe parfois; ainsi s'inquiète-t-il que « sentimentalité et idéalisation » [5] n'entachent « *the good-enough (mother, environment...)* », objet fréquent de débats, particulièrement, mais pas uniquement, dans sa traduction française [6].

Le choix des articles, qu'ils aient paru en Angleterre dans *Collected*

1. Jean Cayrol.
2. Winnicott, à propos des expressions propres à chaque langue (lettre à Jeannine Kalmanovitch, 20 novembre 1967).
3. Titre déjà infléchi par rapport au sous-titre anglais : *Collected Papers – Through Paediatrics to Psychoanalysis*, car l'idée de « traversée » suggérée par *through* n'apparaît pas.
4. *Jeu et Réalité*, 1971.
5. *Cf. Lettres vives*, 3 juillet 1969, à propos de *good* et de *good enough*.
Les citations et références de cet avant-propos ne sont certes pas exhaustives.
6. *Cf.* J. McDougall, J.-B. Pontalis, etc.

Papers – Through Paediatrics to Psychoanalysis [1] ou d'autres recueils [2], illustre l'étendue de l'expérience de l'auteur, la diversité de ses recherches, l'originalité de sa pensée, son désir d'être entendu par tout public [3], professionnel ou non, curieux de ce qui touche à l'une ou l'autre des multiples questions exposées au fil du chemin s'étendant de la pédiatrie à la psychanalyse. « Il était particulièrement heureux de s'adresser à des gens ordinaires soucieux avant tout d'aider les autres [4]... » Les quatre articles introduits dans la présente édition s'inscrivent dans cette perspective et offrent de nouveaux exemples :

- de son audace théorique et clinique,
- de son mode d'approche diversifié, faisant appel ici à la famille, au médecin, au travailleur social, à l'école...,
- de problèmes de *management*, différant fondamentalement selon le niveau du développement [5].

Ayant « passé sa vie professionnelle avec un pied dans la pédiatrie et l'autre dans la psychanalyse [6] », il aime s'adresser particulièrement aux pédiatres en leur reconnaissant un rôle essentiel (« Encore faut-il qu'ils ne l'ignorent pas ! » dit-il) : la sauvegarde de la santé mentale à partir de ses fondements et la « facilitation » de son développement [7]. Et son intérêt inlassable pour la formation de « professionnels » se manifeste là encore.

Qu'advient-il de la traduction de ses termes, empruntés au langage courant, pour lesquels Winnicott a teinté son pinceau d'une nuance nouvelle [8] ? Ne s'est-elle pas appauvrie, victime de l'engouement, de l'usage abusif de mots devenus banals [9] parce que arrachés à leur soubassement théorique et clinique ?

Cette nouvelle édition offre une traduction revue, corrigée, aug-

1. Ce fut le premier recueil d'articles, établi à la demande de Winnicott par M. Masud R. Khan, publié en 1958, Londres, Tavistock, New York, Basic Books.
2. Voir les titres précédés d'un astérisque in Bibliographie « A ».
3. Voir en note, au bas de la première page de chaque article l'auditoire auquel il s'adresse, ainsi que la référence de la première publication. *Cf.* ce qui deviendra le point de départ du livre posthume *Human Nature*, F.A.B., Londres, 1988.
4. Masud Khan. Préface à *La consultation thérapeutique et l'enfant.*
5. *Lettres vives*, 22 janvier 1953.
6. « Pédiatrie et névrose infantile. »
7. *Cf.* le titre *The Maturational Processes and the Facilitating Environment. Studies in the Theory of Emotional Development;* en français : *Processus de maturation chez l'enfant. Développement affectif et environnement.*
8. « La défense maniaque », 1935.
9. *Cf.* Sami Ali, *Le banal*, Paris, Gallimard, 1980 : « Le banal, c'est donc le familier qui, à force de familiarité, n'a plus rien à voir avec l'étrange » (l'auteur se référait plus haut à « l'inquiétante étrangeté » [S. Freud]).

mentée, enrichie de notes permettant au lecteur de se reporter à des publications ultérieures, qu'elles soient de Winnicott ou à propos de Winnicott, car « la rencontre » avec Winnicott [1], auteur longtemps méconnu en France, n'a pas laissé indifférent; « l'effet Winnicott » ne s'est-il pas fait sentir « avec tous ses paradoxes » [2]?

« Quand on pense qu'il y a tant de façons de traduire de l'anglais en français! » m'écrivait Winnicott [3]. Il n'entre pas dans notre propos de discuter les conditions d'un choix – ou d'un non-choix – des expressions françaises; quelques exemples et quelques commentaires illustreront le point de vue adopté ici, que reflète la présentation de l'ouvrage.

Ainsi, les termes anglais accolés entre parenthèses à la traduction proposée, s'ils peuvent déranger une première lecture, visent à permettre notamment :

- de suivre au fil de l'œuvre l'évolution de ce que par exemple l'auteur entend par *gap* [4];
- de prendre en compte le rôle du *setting* [5];
- de voir « la mère ordinaire normalement dévouée » à son enfant quasi parfaite au début parce que c'était une nécessité absolue devenir *good enough*, « suffisamment bonne » [6], libérée qu'elle est par la faculté de comprendre du nourrisson. Suffisant tout à fait à l'enfant, elle lui assure le sentiment de sa *continuité d'être* sans que, dans son développement, le *faux self* [7] s'édifie à partir des *réactions* aux empiétements de l'environnement.

Le *holding* est particulièrement évocateur. C'est le maintien qu'assure à l'enfant la mère ou son substitut. Il fait écho par ses dimensions spatiales et temporelles à l'ensemble des soins maternels suivant les besoins de l'individu, son stade de développement, etc. Tout au début « il y a surtout le fait qu'on tient physiquement l'enfant, ce qui est une forme d'amour [8] ». Or, la santé mentale de l'individu s'édifie

1. A. Clancier et J. Kalmanovitch, *Le paradoxe de Winnicott*, Paris, Payot, 1984.
2. A. Clancier et J. Kalmanovitch, *op. cit.*, et J.-B. Pontalis, *Perdre de vue*, Paris, Gallimard.
3. Lettre à Jeannine Kalmanovitch du 23 décembre 1970.
4. *Gap* : la faille, le blanc, la lacune. « L'esprit et ses rapports avec le psyché-soma », 1949, *Jeu et Réalité*. *Cf.* A. Green, J.-B. Pontalis.
5. *Setting* : la situation, le cadre analytique. *Cf.* « L'observation des jeunes enfants dans une situation établie », 1941, et de nombreux cas cliniques. « Les formes cliniques du transfert » 1955-1956.
Cf. A. Green : « Winnicott et le modèle du cadre », in A. Clancier et J. Kalmanovitch, *op. cit.*
6. « La théorie de la relation parent nourrisson », 1960.
Cf. à ce propos la mère « trop parfaite » du patient in *Fragment d'une analyse*, 1972.
7. *Cf.* « Distorsion du moi en fonction du vrai et du faux *self* », 1960; « Psychose et soins maternels », 1952.
8. « La théorie de la relation parent-nourrisson », 1960.

sur les soins maternels dont Winnicott souligne la subtilité. Cette même subtilité se retrouve au cours du travail analytique, dans le transfert. Le *holding* de Winnicott, nous le percevons notamment dans le jeu du *squiggle* [1] avec les enfants, parfois les adolescents, ou encore dans la cure (« qui n'est pas une analyse ») de *La petite « Piggle »*. Nous le voyons aussi avec les adultes qu'il traitait par l'analyse, particulièrement lorsqu'il les *maintenait* à un état de dépendance dans de longues périodes de régression [2].

La naissance, la vie, la mort des mots... le Pr Pasteur Vallery-Radot en devisait volontiers à la manière socratique, si familière à Winnicott [3]. Examinons dans cette perspective les avatars de *déprivation* qu'on hésite à employer en français par crainte d'être taxé de néologisme ou, pis, d'anglicisme. Or, issu directement du latin, on le retrouve en vieux français. L'anglais le maintient bien vivant tandis que Winnicott – toujours le petit coup de pinceau – l'utilise dans le contexte de la *tendance antisociale* [4] pour évoquer spécifiquement la carence subie par l'enfant qui, dépouillé – parfois à l'insu de tous –, manifeste par son comportement à point nommé son espoir et son besoin d'être aidé à rétablir le *continuum*, interrompu tant que l'entourage « reconnaissant sa dette » n'a pas fait le nécessaire.

Ce texte de référence, ouvrant de nombreuses perspectives « qui dépassent de beaucoup la connaissance de l'enfant et conduisent à une réflexion générale sur les formes primitives de l'organisation du fonctionnement mental » [5], est devenu indispensable comme le prévoyait S. Lebovici, lorsque a paru *De la pédiatrie à la psychanalyse.* Encore ne peut-on citer tous les sujets abordés tels que « La haine dans le contre-transfert », « La capacité d'être seul », etc.

Si les mots qui habillaient cet ouvrage ont vu pâlir leur pouvoir d'évocation, de stimulation, nous formons un espoir : que le travail présenté au lecteur incite à un retour aux sources d'où éclatera l'authenticité de D. W. Winnicott.

Jeannine KALMANOVITCH, *1989.*

1. *Squiggle* : voir « Le respect du symptôme en pédiatrie », *La consultation thérapeutique et l'enfant*, « Le corps et le *self* », 1970.
2. *Cf.* Margaret Little : « Un témoignage : en analyse avec Winnicott », in *Nouvelle Revue de psychanalyse*, 1986, pp. 281 sq.
3. *Cf. Human Nature.* Winnicott ne manque pas aussi de reconnaître le bénéfice qu'il en tirait lui-même.
4. « La tendance antisociale », 1956; « Variétés de psychothérapies », 1961, in *Conversations ordinaires*, et de multiples exemples cliniques in *La consultation thérapeutique.*
5. S. Lebovici, Notes de lecture in *La psychiatrie de l'enfant,* 1971, 14, 2.

PRÉFACE DU Dr HENRI SAUGUET

Dans le panorama de la psychanalyse infantile D. W. Winnicott occupe une place intéressante à bien des égards, par son originalité, son non-conformisme, sa position en marge des deux courants, des deux écoles représentées par Anna Freud et Mélanie Klein, au sein de la Société britannique de Psychanalyse à laquelle il appartient.

Les *Collected Papers*, objet de la présente traduction de Jeannine Kalmanovitch, rassemblent ses travaux, échelonnés sur plus de trente ans, et portent en sous-titre « De la pédiatrie à la psychanalyse ».

Médecin, Winnicott tentera, à l'exemple de Freud, de raccorder la connaissance analytique aux notions héréditaires, biologiques, physiologiques... indispensables pour comprendre les phénomènes de la période qu'il étudie.

Analyste, il s'efforce d'élaborer l'ensemble de ses observations afin de les articuler au corps de doctrine issu de l'œuvre de Freud et de ses continuateurs. Mais il fait aussi des emprunts théoriques à d'autres écoles (notions concernant l'inconscient collectif de Jung).

Thérapeute, il tire les conséquences de ses observations sur la relation précoce mère-enfant et n'hésite pas à introduire dans la technique classique les variations (*management*) susceptibles de modifier l'état de son malade, en transposant ce qu'il a exploré et compris de ces relations précoces.

La lecture de Winnicott n'est pas facile si on veut le suivre sur un mode rationnel. Par contre si l'abandon et l'intuition y ont leur place tout devient plus simple et l'esprit n'est plus heurté par les transpositions, les analogies franchissant de longues périodes de temps, passant d'une structure, d'une organisation anciennes, primitives, à celles d'un adolescent ou d'un adulte. La signification, ainsi dégagée des comportements, des symptômes, incompréhensibles en se référant aux seules données analytiques habituelles, nous devient plus accessible et plus claire. Et surtout elle nous apporte avec la compréhension une possibilité de contact et d'action thérapeutique. Winnicott fait appel à la fibre maternelle que tout être – homme ou femme – porte en lui. Si grâce à elle nous comprenons – ce que l'autre reçoit comme amour – un espoir se lèvera pour celui qui, jusqu'alors, était retranché des autres par l'organisation de ses pensées ou de ses actes.

Il faut s'accommoder de passer du *vécu* (reconstruit) d'un nourrisson de quelques semaines à la réaction butée, désordonnée d'un jeune enfant, aux modes de pensée ou d'être d'un adulte, au rapport analytique avec ses phénomènes de transfert et de contre-transfert. Car c'est souvent sous cette forme, déroutante pour le lecteur non averti, que se présente un article de Winnicott, qu'il concerne la relation mère-enfant, la tendance antisociale, la dépression, les psychoses et les soins infantiles, ou la régression thérapeutique.

Tout comme Freud a reconstruit la sexualité infantile à partir de son travail analytique avec ses malades psychonévrotiques, l'extension de la psychanalyse au traitement des cas limites « antisociaux » ou « psychotiques » permet à Winnicott de reconstruire la dynamique de la petite enfance, particulièrement celle de la période de dépendance avec les soins maternels qui lui répondent.

Au cours de sa recherche Winnicott a été amené à introduire un certain nombre de concepts nouveaux tels que *nursing* (soins maternels), *holding* (maintien), psyché-soma, etc., dont le lecteur trouvera le sens et la justification dans le texte. L'un d'eux cependant mérite une attention toute particulière en raison de son adoption quasi unanime : c'est celui d'objet transitionnel. Le terme désigne les objets – couche, oreiller, ours – investis à la fois de libido narcissique et objectale, par lesquels l'enfant passe du premier jeu érotique avec son corps ou celui de la mère aux jouets et plus tard au travail, aux marottes, etc.

Si le lecteur se laisse entraîner dans cet univers si particulier situé à l'aube de la vie, s'il se laisse aller aux réminiscences instinctives aussi surprenantes qu'elle soient, s'il s'abandonne à son guide, il sera récompensé de son effort et enrichi de ce commerce.

Dès le début Freud avait ouvert la voie à l'observation analytique de l'enfant en révélant l'importance de la sexualité infantile dans la structuration normale ou pathologique de l'individu, en fixant les étapes de son évolution (1905), en effectuant par personne interposée la première analyse d'enfant, avec le cas célèbre du petit Hans (1908), en encourageant l'observation analytique de l'enfant avec l'espoir d'en retirer des applications thérapeutiques et éducatives.

Nombreux sont ceux qui se sont aussitôt engagés dans cette voie (Hermine von Hugh-Hellmuth, Aichhorn, Pfister...). Mais le véritable essor commence après 1920. Et si les noms d'Anna Freud et de Mélanie Klein dominent la cohorte des chercheurs, d'autres contributions à la connaissance de l'enfant s'imposent par leur valeur. Celles de René Spitz, de Margaret Mahler, de Phyllis Greenacre, etc.

Winnicott est de ceux-là et oriente sa recherche vers le couple mère-enfant, c'est-à-dire vers les relations du début de la vie où le rôle de la mère est capital, en raison de la dépendance complète de l'enfant. Durant cette période, correspondant au narcissisme primaire, l'empathie de la mère et les soins dispensés par elle sont essentiels.

Il en étudie les manifestations au sein du couple de maternage, prolongement psychologique de la phase biologique de symbiose. Et, puisque « l'enfant est sa mère et que la mère est l'enfant », il présume que cette phase psychologique commence vers la fin de la vie *in utero*, avant la naissance. Cette conception considère le narcissisme de l'enfant comme le prolongement de celui de la mère; le rôle du narcissisme dans l'économie de la vie sexuelle et affective de la femme, prenant ses racines dans le désir d'avoir un enfant, est bien connu.

L'inadéquation de la mère à son nourrisson et sa conséquence (traumatisme narcissique) sont des conditions propices au développement d'une psychose ou de réactions psychotiques, soit d'une individuation précoce (soi artificiel). De cette observation du *nursing* et du *holding* (soins maternels et « maintien » du nourrisson) Winnicott tire de nombreuses conclusions théoriques et pratiques, notamment la nécessité de variations dans la cure, de *management* de la situation analytique.

La psychanalyse ne reconnaît à cette phase ni moi, ni objet; et ceux qui l'ont étudiée ont dû forger des termes nouveaux de pré-moi ou de pré-objet, de moi autonome, de soi, etc., pour rendre compte de la complexité génétique, dynamique, structurale... de cette période.

Winnicott reprend la notion des « nuclei du moi » de Glover et ajoute que ces noyaux sont alimentés en permanence par des transfusions libidinales de la mère. Un retrait prématuré par différenciation ou séparation de la mère peut être à l'origine des troubles ultérieurs. Chacun de ces noyaux accède à une certaine autonomie, et celle de tous conduit à l'autonomie du moi par rapport à l'environnement pour aboutir enfin à l'indépendance envers la mère. Lorsque ce processus est trop précoce et conduit à un désinvestissement de la personne de la mère, il a pour conséquence, chez l'enfant, l'échec de l'intégration. « La psychose est une maladie de la faillite de l'environnement. » Mais l'envahissement par les défenses psychotiques n'est pas toujours total; le clivage peut isoler les noyaux envahis des noyaux demeurés, à différents degrés, normaux.

La phase de dépendance doit être suffisante en durée et intensité pour assurer les investissements d'organes par la mère; l'enfant en tire son image corporelle. En prenant possession de la fonction de l'environnement l'enfant prend possession de lui-même.

Le moi corporel est lié aux affects et participe à la décharge somatique des pulsions érotiques et agressives. Les fixations précoces se retrouvent dans la dépression, les processus schizoïdes, le masochisme et les conduites « antisociales ».

Winnicott a été un précurseur dans l'exploration de ce champ limité et difficile. Certaines de ses conclusions seront acceptées ou confirmées par des recherches partant d'autres points de vue. Celles d'Anna Freud, de M. Mahler, de Spitz, de Ph. Greenacre, etc. C'est le cas par exemple de la notion d'objet transitionnel.

L'autonomie du moi est pour Winnicott le résultat d'une évolution et non un point de départ. Sa conception diffère en cela de celle de Hartmann.

Il se sépare de Mélanie Klein sur bien des points. Ainsi, il ne renonce pas à l'analyse des défenses au niveau œdipien; il y ajoute celle des « défenses psychotiques » correspondant à une sorte de morcellement, résultat de clivages au niveau des nuclei du moi.

Durant la période de narcissisme primaire « il n'y a pas un nourrisson mais un couple de soins ». Aussi ne se rallie-t-il pas au déplacement kleinien du conflit œdipien vers le début de la vie. S'il reconnaît l'existence de réactions et de défenses psychotiques, il ne va pas jusqu'à celle de psychoses.

Il reste classique en ce qui concerne le rôle de la régression dans la formation du symptôme. Par contre, sa recherche thérapeutique le conduit à parler de technique régressive. Les cas qui ont attiré son attention exigent une adaptation technique fondée sur le but thérapeutique (guérison symptomatique), seul possible dans ces états et opposé au but analytique avec sa technique classique.

En s'intéressant à la régression thérapeutique, aux variétés de ses manifestations, il a été amené à souligner combien la technique analytique « pure » est une idéalisation. Ses innovations sont moins sujettes à caution que celles de ses prédécesseurs : analyse poussée des défenses caractérielles de Reich; technique active de Ferenczi; expérience émotionnelle correctrice d'Alexander.

Winnicott s'attachera à démontrer que la technique analytique contient, *volens nolens*, des attitudes de *management*. Par ce terme il entend certains procédés, interventions de réassurance, de sécurisation. Selon lui la situation analytique dans son ensemble, de même que les interprétations, l'objectivité de l'analyste en seraient autant d'exemples.

Il en recherche l'origine dans le narcissisme primaire, sa relation, ses troubles, ses manifestations dérivées reproduites dans le transfert et la forme des résistances; la relation analytique, de ce fait, en est infléchie et appelle une adaptation inspirée d'une meilleure connaissance de la période de maternage.

Aussi dans certains états régressifs graves, ceux comportant des défenses psychotiques, est-il souhaitable de savoir reconnaître la détresse significative avant la détresse manifeste. Seule une empathie comparable à celle de la mère envers son nourrisson permet la reconnaissance des signes annonciateurs plus discrets, équivalents des signaux émis par le nourrisson. Sinon il sera à nouveau trop tard.

Son mérite est d'avoir su transformer son observation en résultats descriptif et théorique, d'avoir su découvrir les analogies de ces manifestations initiales avec celles de la cure et d'avoir transposé les conduites maternelles d'amour primaire dans le *management* de tels sujets lorsqu'ils sont devenus des enfants ou des adultes.

De même les réactions antisociales (gloutonnerie, malpropreté, incontinence, larcins, destructivité, etc.) dérivées d'une désintrication instinctuelle sont des signes d'une détresse fondamentale, d'un appel à l'aide. Au moment de son apparition initiale cette détresse fondamentale appelait l'amour primaire des parents. Plus tard, lorsqu'elle est remplacée par des réactions antisociales, une action « thérapeutique » des parents serait encore susceptible de modifier les choses.

De telles réactions antisociales ou psychotiques peuvent guérir spontanément avec l'établissement de relations d'une certaine qualité. L'analyse, avec les variations parfois nécessaires, peut aider de tels sujets à retrouver un équilibre perdu. Cette aide parentale ou analytique n'a rien à voir avec les gâteries éducatives, manifestations de la culpabilité maternelle, ou d'une formation réactionnelle, comme elle n'a rien à voir avec celles que pourrait donner l'analyste, issues d'un contre-transfert refoulé. Freud dès 1918, parlant de l'abstinence nécessaire, conseillait d'éviter les « gâteries » du type de celles prodiguées dans les cliniques.

En fait les libertés techniques de Winnicott demeurent dans le cadre de la rigueur analytique; elles sont nécessitées par des structures psychologiques très différentes de celles des névroses classiques et que l'extension du champ analytique nous amène à traiter chaque jour davantage.

Les « dispositions » de la situation analytique établies par Freud, empiriques à l'origine, relèvent de la connaissance théorique et technique; elles permettent le rapport analytique et son déroulement par l'analyse des résistances et du transfert. Mais si ce rapport obéit à des règles précises il met aussi en jeu un « art », tant à l'intérieur de la situation qu'à « l'extérieur » de celle-ci, par exemple lorsque le patient soumis à la répétition « agit » pendant la séance ou en dehors de celle-ci, au lieu de se souvenir.

Ces déportations hors du champ analytique sollicitent de l'analyste, de son expérience, de ses qualités humaines, de son art, une adaptation à son patient par des mesures de *management*. Celles-ci, tout comme celles du rapport analytique le plus classique, sont nécessaires, puisque leur but est de rétablir ou de préparer une situation analytique un instant compromise ou non encore réalisée.

Ces variations techniques de Winnicott ont soulevé bien des objections. Ne faut-il pas plutôt le louer de savoir renoncer à une conception formaliste de la cure, car les manifestations de ces distorsions d'évolution (dysharmonies évolutives) ne sont accessibles qu'à ces aménagements de la relation d'objet unissant le patient à son analyste. Sous cet angle, Winnicott a été incontestablement un novateur rigoureux : son but n'est-il pas de permettre la formation et l'épanouissement de la névrose (ou de la pyschose) de transfert, objet du travail analytique ?

Le critère dynamique peut justifier une variation ou une modification technique. L'analyste ne peut se retrancher derrière des règles techniques rigides ou idéales lorsque certains malades ne peuvent s'y plier en raison de leur structure inconsciente. Celle-ci est ordonnée par un traumatisme d'autant plus mutilant qu'il a été précoce. C'est pourquoi il devient essentiel de maintenir la relation objectale même si elle doit être « extérieure » au champ analytique pendant un temps plus ou moins long pour pouvoir l'y ramener ensuite.

Cela comportera des moments difficiles, l'agressivité ayant tendance à s'extérioriser, à s'exprimer en actes. L'analyste doit s'attendre à de telles manifestations et pouvoir les supporter. Mais son empathie est finalement le seul moyen à sa disposition pour permettre d'une part la relation d'objet et pour élaborer et verbaliser d'autre part les manifestations exclues, par répétition, du langage verbal.

L'agir en dehors de la relation analytique a pour cause la dépression, la déprivation et correspond ici, selon Winnicott, à la recherche de l'effet thérapeutique que peut apporter l'environnement dont toute manifestation est ressentie comme manifestation d'amour et fait apparaître un sentiment identique chez l'intéressé, générateur d'autres conduites. Cela suppose un noyau dépressif, une déprivation, autrefois établie sur une relation d'objet. Ainsi le passage à l'acte comme les conduites antisociales visent à retrouver l'objet perdu. mais si la déprivation est antérieure à toute ébauche de relation d'objet, la symptomatologie actuelle est chargée d'« impuretés » – c'est-à-dire d'introjections paranoïdes, de décharges hypocondriaques ou maniaques... toutes manifestations d'échec dans l'organisation du moi.

Nous retrouvons dans cette opposition de tableaux cliniques ce qui peut dériver des conceptions kleiniennes des positions paranoïde-schizoïde et dépressive. Winnicott s'en distingue en accordant un rôle prévalent aux pulsions libidinales sur les pulsions agressives. En outre la position dépressive, survenant au sevrage, est pour lui davantage en relation avec l'évolution instinctuelle et la structuration du moi. En effet, à la phase des exigences instinctuelles désordonnées (position paranoïde), la mère est l'objet de leur « assaut ». La position dépressive témoigne d'un état de progression précédé d'une « sollicitude envers l'objet » ainsi mieux traité en raison de phases « tranquilles ».

Tout au long de son œuvre Winnicott est resté un praticien lucide, critique envers sa pratique et soucieux d'en avoir une compréhension théorique appuyée sur l'héritage de ses prédécesseurs. J'espère en avoir donné les lignes directrices de façon suffisante pour inviter le lecteur à pénétrer plus avant. S'il rencontre sur son chemin bien des obstacles tenant à la complexité de la vie psychique et à la source précoce des troubles envisagés il trouvera toujours des faits cliniques où l'authenticité de l'observation et la sincérité de l'auteur seront les points d'appui solides et convaincants. C'est ce qui rend cette œuvre si attachante car, visant à exprimer et à comprendre l'ineffable, elle rapproche à nouveau ceux qui étaient séparés par l'inintelligible.

Dr Henri SAUGUET, *1969.*

LA DÉFENSE MANIAQUE [1]

(1935)

En ce qui me concerne, je peux dire que ma compréhension du concept de Mme Klein connu à l'heure actuelle sous le nom de « défense maniaque » s'est étendue à mesure que j'approfondissais la valeur de la réalité intérieure. Il y a trois ou quatre ans, j'opposais « fantasme » (*fantasy*) et « réalité », ce qui amenait mes amis non psychanalystes à me dire que j'utilisais le terme de « fantasme » dans un sens différent de l'emploi habituel. Je répondais à leurs objections que cette déformation était inévitable ; en effet (ainsi que dans l'utilisation par le psychanalyste du mot angoisse) l'invention d'un terme nouveau aurait été moins aisément justifiée que le petit coup de pinceau qui ajoute une nuance à un mot déjà existant.

Toutefois, peu à peu, je m'aperçois que j'utilise davantage le mot « fantasme » dans son sens normal ; j'en suis venu à opposer la réalité extérieure à une réalité intérieure plutôt qu'au fantasme.

D'une certaine façon, j'ergote en disant cela puisque si on a suffisamment de considération pour le fantasme, conscient et inconscient, il n'est besoin de nul effort pour passer à l'emploi du terme « réalité intérieure ». Pourtant, il peut y avoir des personnes pour lesquelles le changement de terminologie implique comme pour moi une croyance plus approfondie dans la réalité intérieure [2].

Ces préliminaires et le titre de mon article – « La défense maniaque » – ont un lien : cela fait partie de sa propre défense

1. Exposé fait à la Société britannique de Psychanalyse, le 4 décembre 1935.

2. Le terme de « réalité psychique » n'implique rien en ce qui concerne la position du fantasme ; le terme de « réalité intérieure » présuppose l'existence d'un intérieur et d'un extérieur, et par conséquent d'une membrane frontière qui appartient à ce que j'appellerai maintenant le « psyché-soma » (1957).

maniaque que d'être incapable de donner sa pleine signification à la réalité intérieure. Suivant l'angoisse dépressive qui existe en nous, nous sommes plus ou moins en mesure de respecter la réalité intérieure. C'est ainsi que certains jours on voit dans sa pratique analytique un patient qui utilise principalement des défenses maniaques présenter du matériel défiant l'interprétation sur le moment; pourtant les notes relatives aux associations de cette séance pourront être très compréhensibles le lendemain.

La compréhension nouvelle nous invite à redéfinir la « fuite vers la réalité » (Searl, 1929) comme une fuite devant la réalité intérieure plutôt que devant le fantasme. La réalité intérieure doit être elle-même décrite en terme de fantasme; et pourtant elle n'est pas synonyme de monde fantasmatique puisque c'est employé pour désigner le fantasme qui est personnel et organisé et relié historiquement aux expériences physiques, excitations, plaisirs et douleurs de la petite enfance. Le fantasme fait partie de l'effort accompli par l'individu pour affronter la réalité intérieure. On peut dire que le fantasme [1] et les rêveries éveillées sont des manipulations omnipotentes de la réalité extérieure. Le contrôle omnipotent de la réalité implique le fantasme relatif à la réalité. L'individu parvient à la réalité extérieure à travers des fantasmes omnipotents élaborés dans l'effort fait pour fuir la réalité intérieure.

Dans le dernier paragraphe de son article (« The Flight to Reality », 1929), Mlle Searl écrit : « ... dans le danger (l'enfant) veut toujours garder avec lui ses parents qui aiment et sont aimés idéalement, sans craindre la séparation; il veut détruire, en même temps, dans la haine les parents stricts et méchants qui le laissent exposé aux terrifiants dangers des tensions libidinales insatisfaites. C'est-à-dire que dans son fantasme omnipotent, il dévore à la fois les parents stricts et les parents aimants... »

Ce qui est omis là, à mon sens, c'est l'importance de la relation avec les objets que l'on sent à l'intérieur de soi. Nous ne rencontrons pas simplement un fantasme d'incorporation des bons et des mauvais parents, semble-t-il. Nous nous heurtons à un fait dont l'enfant est largement inconscient : des attaques sadiques *ont lieu à l'intérieur de l'enfant* pour les mêmes raisons que celles qui ont agi dans la relation de l'enfant avec les parents extérieurs – des attaques contre les bons parents ou les parents qui s'aiment (parce qu'en étant heureux ensemble ils le frustrent), des attaques contre les parents rendus méchants par la haine, c'est-à-dire une défense contre les mauvais objets qui menacent maintenant aussi bien le moi, des tentatives égale-

1. J'utiliserais actuellement le terme de *fantasying* (1957).

ment pour sauvegarder le bien du mal et utiliser le mal pour réagir contre le mal et ainsi de suite.

Les fantasmes omnipotents ne sont pas tant la réalité intérieure à proprement parler qu'une défense contre son acceptation. On se réfugie ainsi dans le fantasme tout-puissant, on fuit certains fantasmes pour d'autres, et cela va jusqu'à la fuite vers la réalité extérieure. C'est la raison pour laquelle j'estime qu'on ne peut mettre en comparaison et en opposition le fantasme et la réalité. Dans le livre d'aventures ordinaire, aventures extraverties, on voit souvent comment, dans son enfance, l'auteur se réfugiait dans la rêverie , et comment il a utilisé plus tard la réalité extérieure pour une même fuite. Il n'est pas conscient de l'angoisse dépressive intérieure qu'il a fuie. Il a mené une vie pleine d'imprévus et d'aventures, et il peut la raconter fidèlement, mais l'impression qu'en tire le lecteur est celle d'une personnalité relativement peu profonde, pour la raison que l'auteur aventurier a dû baser sa vie sur le déni de sa réalité personnelle intérieure. On se détourne avec soulagement de ces auteurs pour aller vers d'autres qui peuvent tolérer l'angoisse et le doute.

Il est possible de suivre le relâchement de la défense maniaque dans le comportement et dans les fantasmes d'un patient au cours de son analyse. Les angoisses dépressives diminuant avec l'analyse et la croyance aux bons objets intérieurs s'accroissant, la défense maniaque devient moins intense et moins nécessaire, et est par conséquent moins en évidence.

Il devrait être possible d'établir un rapport entre l'atténuation de la manipulation omnipotente, du contrôle et de la dépréciation, d'une part, et, d'autre part, la normale et une certaine défense maniaque employée par tous dans la vie quotidienne. Par exemple, on est au music-hall et sur la scène paraissent des danseurs faisant preuve d'une qualité d'animation professionnelle. On peut dire que ceci est la scène primitive, cela l'exhibitionnisme, voici le contrôle anal, voilà la soumission masochiste à la discipline, voici un défi au surmoi. Tôt ou tard, on ajoute : voici la *vie*. Ne se pourrait-il pas que le sujet principal de la représentation soit un déni de l'état de mort, une défense contre les idées dépressives de « mort intérieure », la sexualisation étant secondaire ?

Que dire du poste de radio qui fonctionne sans arrêt ? De la vie dans une ville comme Londres avec son bruit incessant, ses lumières jamais éteintes ? Ce sont là des exemples de la réalité qui rassure vis-à-vis de la mort intérieure, et d'une utilisation de la défense maniaque qui peut être normale.

De même, pour expliquer l'existence du carnet mondain des journaux, il faut émettre l'hypothèse que le besoin de se rassurer devant les idées de maladie et de mort dans la famille royale et dans l'aristocratie est général ; on rassure en publiant ces informations, mais il n'y a pas de rassurance possible contre la destruction et la désorganisation des personnages correspondants dans la réalité intérieure. Du *God save the King* (Dieu garde le Roi), il n'est pas suffisant de dire que nous souhaitons préserver le Roi de la haine inconsciente que nous avons à son égard. On pourrait dire que dans un fantasme inconscient nous le tuons et nous désirons le sauver de notre fantasme, mais c'est pousser loin le sens du mot fantasme. Je préfère dire que, dans notre réalité intérieure, le père intériorisé est tout le temps tué, volé, brûlé, morcelé, et que nous sommes heureux de voir personnaliser ce père intériorisé en un homme réel que nous pouvons aider à protéger. Le deuil de cour est une obligation qui rend hommage à ce que le deuil a de normal. Dans la défense maniaque, le deuil ne peut être vécu.

Les déplacements des personnes en vue sont rapportés et annoncés dans le carnet mondain, et on y retrouve à peine déguisé le contrôle omnipotent des personnages qui représentent les objets intérieurs.

A la vérité, il est difficile de discuter *dans l'abstrait* si ces façons de faire offrent une rassurance normale par l'intermédiaire de la réalité, ou si elles représentent une défense maniaque anormale ; toutefois il est possible de discuter de l'utilisation de la défense que l'on rencontre au cours de l'analyse d'un patient.

Dans la défense maniaque, on utilise une relation avec l'objet extérieur pour tenter de diminuer la tension dans la réalité intérieure, mais il est caractéristique de la défense maniaque de voir l'individu incapable de croire pleinement à une certaine animation qui nie l'état de mort, puisqu'il ne se croit pas capable d'éprouver un amour objectal ; car on ne peut réparer réellement que si l'on a reconnu la destruction.

Une partie de la difficulté que nous rencontrons pour convenir d'un terme désignant ce que nous appelons actuellement la défense maniaque pourrait découler de la nature même de la défense maniaque. On ne peut s'empêcher de remarquer que le mot « dépression » est non seulement utilisé, mais même employé avec justesse dans le langage populaire. Ne peut-on y voir l'introspection qui va de pair avec la dépression ? Le fait qu'il n'y a pas d'expression populaire pour la défense maniaque pourrait être rattaché à l'absence d'autocritique qui y est associée cliniquement. Par la nature même de la défense maniaque, on ne peut s'attendre à être en mesure de la connaître directement par l'introspection, au moment où cette défense est en œuvre.

C'est justement lorsque nous sommes déprimés que nous nous *sentons* déprimés. C'est juste au moment où notre défense maniaque agit que nous sommes *le moins susceptibles* de nous sentir en état de défense contre la dépression. A ces moments-là, nous serons plus probablement euphoriques, heureux, affairés, excités, drôles, omniscients, « pleins de vie »; en même temps, nous nous intéressons moins que d'habitude aux choses sérieuses; et haïr, détruire, tuer nous paraissent moins horribles.

Je ne veux pas soutenir que dans les analyses du passé [1] on n'ait pas atteint les fantasmes inconscients les plus profonds, ceux que j'appelle ici (suivant Freud) « la réalité intérieure ». En acquérant la technique psychanalytique, on nous apprend à interpréter *dans le transfert.* L'analyse complète du transfert donne l'analyse de la réalité intérieure. Mais réciproquement il faut une compréhension de celle-ci pour parvenir à comprendre clairement le transfert.

Les caractéristiques de la défense maniaque

J'en viens maintenant à une étude plus approfondie de la nature de la défense maniaque. Ses caractéristiques sont la manipulation, la maîtrise toute-puissante et la dépréciation par le mépris; elle s'organise en fonction des angoisses qui relèvent de la dépression – état qui résulte de la coexistence de l'amour, de l'avidité et de la haine dans les relations entre les objets intérieurs.

La défense maniaque se manifeste de plusieurs manières, différentes mais apparentées :

– Le déni de la réalité intérieure.

– La fuite de la réalité intérieure vers la réalité extérieure.

– Le maintien des personnes de la réalité intérieure en état « d'animation suspendue ».

– Le déni des *sensations* de dépression – la lourdeur, la tristesse – par des sensations spécifiquement contraires, la légèreté, la bonne humeur, etc.

– L'emploi de presque n'importe quel contraire pour se rassurer vis-à-vis de la mort, du chaos, du mystère, etc., ces idées appartenant au *contenu fantasmatique* de la position dépressive.

Le déni de la réalité intérieure. – Je l'ai déjà mentionné quand j'ai expliqué le retard avec lequel j'ai reconnu les fantasmes inconscients les plus profonds. Cliniquement, nous ne voyons pas tant le déni que l'exaltation liée au déni ou bien un sens d'irréalité à l'égard de la réalité extérieure, ou d'insouciance à l'égard des choses sérieuses.

Il y a d'ailleurs un type de reconnaissance partielle de la réalité inté-

1. C'est-à-dire dans la psychanalyse avant M. Klein.

rieure qui vaut la peine d'être mentionné à ce propos. On voit parfois une reconnaissance étonnamment profonde de certains aspects de la réalité intérieure chez des gens qui, néanmoins, n'admettent pas que les êtres qui les habitent font partie d'eux-mêmes. Un artiste a le sentiment que le tableau a été peint par quelqu'un en lui ou un prédicateur, que Dieu parle à travers lui. Beaucoup de ceux qui mènent une vie normale et positive ne se sentent pas responsables de ce qu'il y a de meilleur en eux. Ils sont fiers et heureux d'être l'agent d'une personne aimée et admirée, ou de Dieu, mais ils nient leur paternité de l'objet intériorisé. Je crois qu'on a écrit davantage sur les mauvais objets intériorisés, ainsi désavoués, que sur le déni des bonnes forces et des bons objets intérieurs.

Il y a là un aspect pratique, car, dans l'analyse du patient pieux du type le plus satisfaisant, il est utile de travailler avec le patient comme si la réalité intérieure était reconnue et acceptée pour base. L'origine personnelle du Dieu du patient est alors reconnue automatiquement, une fois levée l'angoisse due à l'analyse de la position dépressive. Si l'analyse avait la pensée que le Dieu du patient est un « objet fantasmatique », ce serait nécessairement dangereux. L'utilisation de cette expression ferait croire au patient que l'analyste sous-estime le bon objet, ce qu'il ne fait pas réellement. Je crois qu'il en serait de même pour l'analyse d'un artiste par rapport à la source de son inspiration, ainsi que pour l'analyse des personnes intérieures et des compagnons imaginaires que nos patients peuvent nous présenter.

L'évitement de la réalité intérieure et la fuite vers la réalité extérieure. – Il en existe plusieurs types cliniques. Il y a le patient qui fait exprimer les fantasmes par la réalité extérieure. Il y a celui qui rêve tout éveillé, manipulant la réalité sur un mode omnipotent, tout en sachant que c'est une manipulation. Il y a celui qui exploite tous les aspects physiques possibles de la sexualité et de la sensualité. Il y a celui qui exploite les sensations corporelles internes. Des deux derniers cités, celui qui se masturbe sur un mode compulsif diminue la tension psychique en utilisant la satisfaction qu'il tire de l'activité auto-érotique, et des expériences hétérosexuelles et homosexuelles compulsives, tandis que le second, l'hypocondriaque, en vient à tolérer la tension psychique en niant le contenu fantasmatique.

« L'animation suspendue. » – C'est un aspect de la défense où le patient domine les parents intériorisés en les gardant entre la vie et la mort ; il reconnaît alors dans une certaine mesure, inconsciemment, la réalité intérieure dangereuse (avec ses bons objets menacés, ses mauvais objets et ses objets partiels, ses persécuteurs dangereux) et y fait face. La défense n'est pas satisfaisante parce que la maîtrise omni-

potente des mauvais parents intériorisés arrête aussi toutes les bonnes relations; le patient se sent mort à l'intérieur et voit le monde comme un lieu dénué de couleurs. Le second cas que je cite en est un exemple.

Le déni de certains aspects des sentiments de dépression

Utilisation des contraires pour la rassurance. – On peut examiner ensemble ces deux points. Pour illustrer ce que je veux dire, je vais donner une série de contraires communément exploités dans leurs fantasmes omnipotents et dans leur maîtrise toute-puissante de la réalité extérieure par les patients en état de défense maniaque. Certains sont plus couramment employés pour obtenir de la rassurance par la réalité extérieure, de sorte que l'omnipotence et la dépréciation sont relativement peu évidentes.

vider	remplir
mort	vivant, se développant
immobile	en mouvement
gris	coloré
sombre	clair, lumineux
immuable	toujours changeant
lent	rapide
intérieur	extérieur
lourd	léger
s'enfoncer	s'élever
tout en bas	très haut
triste	faisant rire, heureux
déprimé	euphorique, au 7e ciel
sérieux	comique
séparé	uni
qui se sépare	qui s'unit
informe	formé, proportionné
chaos	ordre
discorde	harmonie
échec	succès
morcelé	intégré
inconnu et mystérieux	connu et compris

Les mots clefs ici sont : mort et vivant – en mouvement – se développant.

Dépressif, « ascensif »

Je désire m'arrêter quelques minutes sur l'une de ces défenses qui m'intéresse particulièrement.

Alors que je cherchais un terme qui pourrait décrire la totalité des défenses contre la position dépressive, le mot « ascensif » m'a été suggéré par le docteur J. M. Taylor comme un contraire de dépressif; il faut le préférer au terme de « soutenu » que les rapports de la Bourse utilisent couramment comme l'opposé de la dépression économique.

Il me semble que ce mot « ascensif » peut être utilement employé pour attirer l'attention sur la défense contre un aspect de la dépression évoqué par des expressions telles que « le cœur lourd », « le profond désespoir », le « sentiment accablant de découragement », etc.

Pensons par exemple aux mots « grave », « gravité », « gravitation » – et aux mots « léger », « légèreté », « lévitation »; chacun de ces mots a une double signification. Gravité dénote le sérieux, mais est aussi employé pour décrire une force physique. Légèreté dénote la dépréciation et la plaisanterie aussi bien que le manque de poids physique. J'ai toujours trouvé que dans le jeu des enfants, les ballons, les avions et le tapis volant englobent dans leur signification la défense maniaque, parfois spécifiquement et parfois incidemment. La tête légère [1] est le symptôme courant d'une phase dépressive imminente, c'est une défense contre le poids, la tête qui semble remplie d'air tend à élever le malade au-dessus de ses soucis. Sous ce rapport, il est intéressant de noter que dans le rire nous montrons à nous-mêmes et aux autres que nous disposons de beaucoup d'air et en avons en trop, alors que lorsque nous soupirons et sanglotons nous montrons par nos efforts d'inspiration rationnelle que nous en manquons relativement.

Le terme « ascensif » souligne la signification de l'Ascension dans la religion chrétienne. Je pense qu'une fois j'aurais dû décrire la Crucifixion et la Résurrection comme une castration symbolique suivie d'érection en dépit de l'insulte corporelle. Si j'avais soumis cette explication à un chrétien, j'aurais rencontré des protestations pas seulement en raison du rejet général du symbolisme sexuel inconscient; une partie tout au moins de l'indignation ainsi suscitée aurait été justifiée [2] parce que j'aurais laissé de côté la signification « dépression-ascension » de ce mythe. Chaque année, le chrétien éprouve les profondeurs de la tristesse, du désespoir, de la désespérance dans les reviviscences du Vendredi saint. Le chrétien moyen ne peut pas maintenir la dépression très longtemps, aussi passe-t-il à une phase maniaque le dimanche de Pâques. L'Ascension marque la guérison de la dépression.

Beaucoup de personnes trouvent la tristesse suffisamment à portée de main sans l'aide de la religion et peuvent même tolérer d'être tristes

1. *Cf.* l'élation.
2. Cette idée a été exprimée par Brierley (1951, ch. 6).

sans le soutien qu'apporte une expérience partagée. Mais ce qui m'a parfois frappé en entendant des gens en analyse se moquer de la religion, c'est qu'ils manifestent une défense maniaque dans la mesure où ils ne parviennent pas à reconnaître la tristesse, la culpabilité et l'inanité, ainsi que l'importance qu'il y a à parvenir jusqu'à la réalité personnelle intérieure ou psychique.

La défense maniaque et le symbolisme

Le sujet que j'ai choisi peut certainement se prêter à d'amples développements. Un point qui m'intéresse beaucoup est celui de la relation théorique entre les phénomènes de défense maniaque et le symbolisme. Par exemple, s'élever a une signification phallique : l'érection; c'est évident, mais ce n'est pas la même que sa signification « ascensive » ou contre-dépressive. Les ballons sont utilisés dans les fantasmes et les jeux comme symboles du corps de la mère ou de sa poitrine, de la rotondité de la grossesse, du gonflement de l'érection, etc.; on les utilise aussi comme symboles contre-dépressifs. Par rapport aux sentiments, ils sont contre-dépressifs, quel que soit l'objet qu'ils remplacent.

Tomber a une signification sexuelle ou masochique passive : il a *aussi* une signification dépressive, et ainsi de suite.

Une femme peut envier un homme, désirer être un homme, détester être une femme, parce qu'étant susceptible d'être en proie à l'angoisse dépressive, elle en est venue à identifier l'homme à l'érection et donc à la défense maniaque ascensive.

Nous laisserons pour une étude ultérieure ces rapports, et d'autres, entre les défenses maniaques et le symbolisme sexuel.

Exemples cliniques

Il serait facile de donner des détails qui s'appliquent à mon propos en les tirant du matériel de cette semaine ou de n'importe quelle autre présenté par chacun des dix patients actuellement en traitement avec moi.

J'ai choisi quatre extraits de cas. Les deux premiers patients sont du type asocial, le troisième est un dépressif et le quatrième un obsédé grave.

Le premier, Billy, a cinq ans, et je le suis depuis quatre trimestres. Lorsqu'il m'a été amené, à trois ans et demi, il était turbulent, s'intéressait surtout à l'argent et aux crèmes glacées; il thésaurisait sans pouvoir jouir de ce qu'il avait acquis. Il commençait à voler de l'argent, et je crois que sans l'analyse il serait devenu délinquant, surtout qu'il est le seul enfant d'un foyer où les parents vivent comme des étrangers. Aux premiers stades de l'analyse, son comportement était en accord avec le diagnostic d' « asocial », de « délinquant en puissance ».

Je cite trois jeux choisis au hasard et qui illustrent pourtant bien les changements au cours de l'analyse. Il y eut un intervalle de plusieurs mois entre le premier stade et le deuxième, et entre le deuxième et le troisième.

Tout au début, avant le premier de ces jeux, on pouvait difficilement décrire ses activités comme des jeux – tout au plus y avait-il eu des attaques sauvages contre des pirates.

Dans le premier jeu, il est à la gueule d'un canon auquel je mets le feu. Il est propulsé très haut et très rapidement par-dessus les continents jusqu'en Afrique. En cours de route, il abat différentes personnes avec son bâton et en Afrique, depuis cette position élevée, il est aux prises avec les indigènes qui sont occupés de différentes façons, les précipitant du haut des arbres au creux des puits et coupant la tête du chef.

Pendant la séance où ce jeu a prédominé, il était dans un état d'excitation extrême et je ne fus pas surpris qu'après la séance, en prenant l'ascenseur au second étage où était mon bureau, il s'en aille par erreur au sous-sol – le puits de l'ascenseur –; il en fut terrifié. Ce jour-là, je l'avais suivi (secrètement) en raison de son état d'exaltation et je pus donc le sortir de sa difficulté. Il fut extrêmement rassuré de voir que je m'étais rendu compte de son état anormal et avais donc été près de lui lorsqu'il était en détresse.

Cette séance avait fait suite à une scène à la maison avec sa mère; cette scène avait, évidemment, été provoquée principalement par son ambivalence qui devenait ouverte. Elle a marqué aussi le paroxysme de son comportement dit « maniaque » et était en rapport dans le temps avec l'analyse de la situation dépressive et l'apparition de sentiments de tristesse et de désespoir. L'apparition de la tristesse a permis pour la première fois des jeux constructifs.

Le jeu qui me rappela celui que je viens de décrire concernait une série de voyages en avion. Cela se passait quelques mois plus tard. Nous nous envolons de nouveau pour l'Afrique et nous nous attendons à rencontrer des ennemis. Nous regardons le monde d'en haut et rions de son insignifiance. Mais le voyage se caractérise par une série de mesures de sécurite très surprenantes. Nous avons deux volumes d'instructions sur la conduite d'un avion ou d'un hydravion. Nous avons deux moteurs ainsi qu'un hélicoptère au cas où les moteurs tomberaient en panne et en outre un parachute chacun. Nous avons un train d'atterrissage avec des roues, mais aussi des flotteurs au cas où nous serions contraints d'amerrir. Nous avons une bonne réserve de nourriture et aussi un sac d'or au cas où la nourriture ou des pièces de rechange viendraient à manquer. De bien d'autres façons encore, nous nous assurons contre l'échec de la tentative que nous faisons pour surmonter nos ennuis.

Dans ce second jeu, il utilise clairement un mécanisme obsessionnel et les persécuteurs sont d'un rang plus élevé : ce sont des avions étrangers qui peuvent devenir des avions alliés dans une guerre contre un troisième pays. (Cela apparut plus tard, dans d'autres jeux.) La dépréciation était moindre qu'auparavant, ainsi que l'omnipotence; mais notre position supérieure ne s'expliquait pas seulement par le fait qu'on était en position pour laisser tomber des fèces sur ceux qui étaient en dessous : elle gardait une signification « ascensive » ou antidépressive.

Voici maintenant un jeu ultérieur à comparer aux autres.

Nous construisons un navire et partons pour un pays de pirates. Dans ce jeu (dont je ne donne que les éléments essentiels), nous oublions notre objectif car il fait très beau. Nous restons couchés au soleil sur le pont, jouissant d'être ensemble sur un mode heureux et détendu. De temps à autre nous plongeons dans la mer et nageons paresseusement. Il y a des requins et des crocodiles qui nous rappellent durement à l'occasion leur qualité persécutrice, mais le garçon a un fusil qui tire sous l'eau, aussi nous ne sommes pas bien inquiets.

Nous prenons à bord une petite fille que nous sauvons et nous construisons des montagnes russes pour sa poupée. Le capitaine donne du souci. De temps à autre, les machines s'arrêtent et après une recherche on découvre que le capitaine a mis de la crotte dans les rouages. Quel capitaine! Il retire la crotte et nous repartons, et nous prenons plaisir au beau soleil et à la mer.

Une comparaison de ce fragment de jeu avec les deux autres fait apparaître une diminution de l'angoisse de persécution (les pirates dans le passé avaient toujours créé de sérieux ennuis), la transformation des mauvais objets en bons objets (la mer regorgeait de crocodiles et était presque toujours mauvaise), la confiance dans la bonté et la gentillesse (le soleil et l'impression générale de vacances), une association entre le fantasme et les expériences physiques (le fusil qui peut tirer sous l'eau), le caractère accessible de la traîtrise du capitaine – traîtrise qu'il compense lui-même (il ôte les saletés des machines), les nouvelles relations d'objet (qui apparaissent surtout par l'entrée nouvelle d'un bon objet sous la forme d'une petite fille, sauvée de la noyade et rendue heureuse par des jeux rythmés de balancement bien contrôlés) et aussi une diminution de l'assurance obsessionnelle exagérée contre le risque. La dépréciation n'apparaît pas dans ce jeu.

La défense maniaque est présente dans la mesure où les dangers sont oubliés, mais du fait de l'amélioration des objets intériorisés la défense maniaque est moins forte et d'autres changements apparaissent. Il y a une défense maniaque puisqu'il traite le danger sur un mode maniaque, tirant sur les persécuteurs à l'intérieur du corps (sous l'eau); néanmoins, on constate que la relation avec la réalité extérieure est plus forte; par exemple, dans le rapport du coup de fusil sous l'eau avec le fait d'uriner dans le bain.

Je joue le rôle d'un frère imaginaire, mais aussi d'une mère.

Cliniquement, Billy est devenu un enfant bien plus normal. A l'école, il apprend bien et prend plaisir à sa relation avec les autres enfants et avec les instituteurs. A la maison, il n'est pas tout à fait normal, il demande encore de l'argent, est parfois bruyant et il se conduit par moments de façon déraisonnable, surtout juste au début du dîner. Mais il a une personnalité charmante, comprend de mieux en mieux les difficultés de ses parents, qui restent froids l'un envers l'autre. La mère est très malade, dépressive et se drogue.

David, âgé de huit ans, autre enfant asocial, me fut amené au début de ce trimestre : son traitement était une solution de rechange, sinon, c'était le renvoi de l'école pour « obsession sexuelle et obsession des cabinets » et quelques actes vaguement définis vis-à-vis de garçons et de filles. Il est l'enfant unique d'un père très doué mais dépressif, qui reste parfois au lit plusieurs jours de suite sans raison particulière, et d'une mère très névrosée – comme elle le reconnaît elle-même – et aussi inquiète de la situation réelle à la maison. La mère me soutient très bien.

Comme la plupart des enfants délinquants, David est immédiatement aimé pendant une courte période par tous ceux avec lesquels il n'a pas trop de contact. En fait, depuis que le traitement a commencé, il n'y a pas eu de désagréments à l'extérieur, mais on me dit qu'il est fatigant si on est avec lui un certain temps, car il a besoin qu'on l'occupe et ne cesse de le réclamer. Sa connaissance des faits de la réalité extérieure est remarquable, quoique typique du délinquant.

Au cours d'une des premières séances, il me dit : « J'espère que je ne vous fatigue pas. » Cette réflexion, associée au fait que les parents s'étaient plaints à moi (qu'il les fatiguait), et aussi à l'expérience que j'ai eue d'un cas analogue (traité avant que j'aie compris grand-chose de la réalité intérieure), m'amena à me préparer à un cas épuisant.

Un jour où je décrivais le traitement d'un enfant délinquant, au cours d'un séminaire, le Dr Ernest Jones fit remarquer qu'il ressortait du cas un point de pratique : est-il impossible d'éviter d'être épuisé lorsqu'on a affaire à un délinquant ? Car s'il en est ainsi, le traitement de ces cas est certainement très limité. Toutefois, à cette époque, un enfant délinquant avait été traité par le Dr Schmideberg sans de trop graves difficultés dans la conduite de l'analyse. Aussi j'ai le sentiment que le Dr Jones pensait à ce moment-là que ma technique était défectueuse [1].

Il se confirma bientôt qu'il visait à me fatiguer, mais il avait été possible d'analyser auparavant pas mal de choses. Surtout que les petits jouets avaient permis à David de me donner et de se donner une abondance de fantasmes avec beaucoup de détails [2].

Après quelques jours, David se mit à fuir les angoisses se rapportant aux fantasmes profonds et à manifester un intérêt à l'égard du monde extérieur, les rues vues de la fenêtre, et du monde à ma porte – spécialement l'ascenseur. L'intérieur de la pièce était devenu son monde intérieur à lui, et s'il devait avoir affaire à moi et au contenu de ma pièce (père et mère, sorciers, fantômes, persécuteurs, etc.) il fallait qu'il ait les moyens de les dominer. D'abord il fallait les fatiguer, car il craignait de ne pas en venir à bout – et selon mon sentiment, il montrait là une certaine méfiance à l'égard de l'omnipotence. A ce stade j'eus la preuve d'une impulsion suicidaire. Parallèle au besoin de me fatiguer, se développait le désir de me préserver de l'épuisement, de sorte que lui, le meneur d'esclaves, prenait le plus grand soin de ne pas épuiser son esclave. Il m'octroyait des périodes de repos obligatoire.

Bientôt, il apparut que *c'était lui qui se fatiguait*, et le problème de la fatigue de l'analyste fut peu à peu résolu en lui interprétant sa propre fatigue due à la toute-puissance des parents intériorisés qui s'épuisaient l'un l'autre et l'épuisaient aussi.

J'ai eu la chance de l'avoir dans mon bureau à onze heures le jour anniversaire de l'Armistice. La célébration du 11 novembre l'intéressait beaucoup; la raison n'était pas tant le fait que son père avait combattu à la guerre, que l'intérêt qu'il avait déjà (avant l'analyse et en relation avec l'analyse) pour les rues et la circulation, car il y trouvait un échantillon, pas trop difficile à dominer, de la réalité intérieure.

1. Je m'aperçois maintenant qu'il y avait un problème très réel, sous-entendu dans la remarque du Dr Jones, et j'ai développé ce thème par ailleurs. (« Les aspects métapsychologiques et cliniques de la régression dans la situation analytique. »)

2. M. Klein a eu la très heureuse idée d'introduire l'utilisation de quelques petits jouets, ce qui donne à l'enfant un support devant la dépréciation méprisante et rend la maîtrise toute-puissante pratiquement effective. L'enfant est en mesure d'exprimer des fantasmes profonds au moyen des petits jouets dès le début d'un traitement et il peut le commencer ainsi avec une certaine croyance en sa réalité intérieure.

Il arriva tout gonflé du plaisir d'avoir acheté un coquelicot à une dame et à onze heures, il s'intéressait à tous les détails des événements de la rue. Puis vinrent les deux minutes de silence tant attendues. Ce fut un silence particulièrement complet dans mon quartier et il était aux anges. « N'est-ce pas merveilleux! » Pendant deux minutes de sa vie il avait le sentiment de ne pas être fatigué, de ne pas avoir besoin de fatiguer les parents puisque la toute-puissance était imposée de l'extérieur et était acceptée par tous comme réelle.

Il est intéressant de noter son fantasme selon lequel pendant les minutes de silence les dames continuaient à vendre des fleurs [1], la seule activité permise; une toute-puissance intérieure plus maniaque aurait arrêté tout (y compris le bien).

L'analyse de la position dépressive et de la défense maniaque a diminué le plaisir fiévreux qu'il prenait dans l'analyse. Des moments de fatigue intense, de tristesse et de désespoir sont apparus et il a manifesté indirectement des sentiments de culpabilité. Il a eu quelques semaines de jeux où je devais être très effrayé, et alternativement coupable, et avoir d'atroces cauchemars. Cette semaine, il a même joué à être effrayé lui-même, et aujourd'hui il avait vraiment peur de quelque chose. Il illustra sa résistance en me faisant lui apprendre à plonger, ce qu'il refuse en fait, et je dois lui dire : « Tu me fais perdre mon temps - comment puis-je t'apprendre à plonger si tu ne tiens pas debout ? – je suis fâché contre toi » – et ainsi de suite. Tout cela devient une bonne plaisanterie, il me fait rire de bon cœur et est alors très satisfait. Mais il se rend compte maintenant que cette façon de plaisanter est une défense contre la position dépressive et, à l'heure actuelle, surtout contre les sentiments de culpabilité; en même temps, la défense est analysée peu à peu.

Comment peut-il plonger à l'intérieur du corps [2], dans la réalité intérieure, s'il ne peut se tenir debout, être sûr qu'il est vivant, comprendre ce qu'il trouvera à l'intérieur?

Le cas de David illustre le danger que le moi rencontre de la part de mauvais objets intérieurs, le garçon craignant d'être vidé et épuisé par les parents intérieurs qui se vident constamment l'un l'autre.

David montre qu'il fuit la réalité intérieure pour s'intéresser à la surface de son corps, et à ses sentiments superficiels; d'où son intérêt pour les corps et les sentiments des autres enfants.

Le déroulement de son analyse montre aussi l'importance qu'il y a à comprendre le mécanisme de la toute-puissance à l'égard des objets

1. C'était son idée et pas vrai en fait.
2. J'ajouterais maintenant à cela l'idée de rencontrer la dépression de la mère en plongeant dans son monde intérieur à elle (1957).

intérieurs, ainsi que du rapport entre le déni de la fatigue, de l'angoisse et des sentiments de culpabilité d'une part et le déni de la réalité intérieure d'autre part.

Charlotte (âgée de trente ans) est en analyse avec moi depuis deux mois. Cliniquement, c'est une déprimée avec des craintes de suicide, mais elle prend aussi un certain plaisir à la fois au travail et aux activités extérieures.

Tôt dans son analyse elle rapporte un rêve de série : elle arrive dans une gare où il y a un train, *mais le train ne part jamais.*

La semaine dernière, elle a fait deux fois le même rêve, la même nuit. Je n'en donnerai pas tous les détails, mais en substance dans chaque rêve elle allait et venait dans le couloir d'un train, cherchant un compartiment avec une banquette inoccupée afin de pouvoir s'allonger et dormir pendant le voyage. Mme Une telle, une femme qu'elle aime bien (et qui est comparable à moi parce qu'elle est aux petits soins pour la patiente, mais qui se hâte de prescrire pour les hémorroïdes alors que je ne fais rien pour les traiter), lui disait de trouver un endroit où se laver.

Dans le premier rêve, elle trouvait le compartiment avec une banquette inoccupée, et dans le second, elle trouvait les toilettes pour se laver. *Dans les deux rêves le train partait.* C'est cette remarque fortuite qui m'a rappelé le rêve de série. Les hémorroïdes, qui étaient devenues une caractéristique clinique à ce moment-là, attiraient de toute évidence l'attention sur l'excitation anale et le fantasme anal, et l'on n'est pas surpris de trouver des voyages dans les rêves. Au cours de cette séance, la patiente décrivit comment elle avait traversé tout le parc avec de grosses chaussures, ce qui l'aidait à s'apaiser : elle raconta aussi qu'elle avait joué avec son neveu qui lui avait fait faire des exercices de gymnastique sur le sol.

Je pourrais souligner mon rôle maternel dans le transfert, avec le besoin indirectement exprimé de me salir, de me donner des coups de pied, de piétiner mon corps, etc., mais j'ai le sentiment que j'aurais laissé passer quelque chose de très important si je n'avais pas fait remarquer la signification de la réduction de la défense maniaque et les dangers inhérents à ce changement. Le train qui ne partait jamais sur ses rails était le reflet des parents dominés sur le mode tout-puissant, des parents tenus en animation suspendue; l'expression de Joan Riviere : « la forteresse de la défense maniaque », décrit la condition clinique que la patiente craignait à ce moment-là. Les trains qui partent indiquent l'abaissement de cette domination des parents intériorisés; c'est un avertissement des dangers qui s'y rattachent et de la nécessité de nouvelles défenses, si l'évolution dans cette voie dépassait le développement du moi qu'amenait l'analyse. Depuis peu, il y avait du matériel et des interprétations relatifs à l'absorption de moi-même et de mon bureau, etc.

Dans un langage simple, des accidents peuvent arriver à des trains qui commencent à rouler.

La recherche de toilettes dans ce cadre était probablement relative au développement de la technique obsessionnelle et tout ce que cela signifie par rapport à la capacité de tolérer la position dépressive et de reconnaître l'amour objectal et la dépendance.

A la séance suivante, la patiente se sentit responsable des marques de coups sur ma porte et des marques sales sur les meubles et souhaitait les laver.

Mathilde (âgée de trente-neuf ans) est en analyse depuis quatre ans. Du point de vue clinique, c'était une obsessionnelle grave. En analyse, elle a été dépressive avec des craintes de suicide. Psychologiquement, elle a été malade depuis sa petite enfance et ne se souvient d'aucune période heureuse. A quatre ans, on ne pouvait pas la laisser à la garderie et depuis ce moment jusqu'à la fin de l'enfance sa vie fut dominée par la crainte d'être malade.

Le mot « fin » ne pouvait être mentionné dans aucun contexte dans l'analyse, et toute l'analyse pourrait presque être décrite comme une analyse de son terme [1].

Maintenant, les premiers vrais contacts sont en train de s'établir; l'intérêt anal et le désir, qui étaient profondément refoulés, apparaissent.

Au début de la séance que je me propose de décrire et qui a eu lieu cette semaine, elle essaya de me faire rire et rit elle-même à la pensée que je tenais mes mains comme pour me retenir d'uriner. Avec cette patiente comme avec d'autres, j'ai trouvé que cet effort pour rire et me faire rire était un signal d'angoisse dépressive. Un patient peut être très soulagé si cette interprétation est donnée rapidement, il arrive qu'il se mette à pleurer au lieu de continuer à rire et à vouloir être drôle. La patiente sortit alors une « polyphoto » (comme on appelle cela) la représentant. Sa mère voulait une photographie d'elle et elle avait estimé que si l'on prend quarante-huit petites photos (c'est le cas de la polyphoto) on pourrait en trouver une ou deux de bonnes. Cette méthode correspond aussi à l'espoir d'assembler des fragments du sein, des parents, de soi-même [2]. Elle me demanda de choisir celle que je

1. Cette patiente a pu quitter l'analyse après dix années d'un traitement régulier.
2. Je verrais bien plus de choses maintenant dans cet incident, mais je crois que j'agirais de la même façon.

préférais et aussi de regarder les quarante-huit photos. Elle avait l'intention de m'en donner une. L'idée était que je devais faire quelque chose *en dehors de l'analyse.* Quand, au lieu de tomber dans le piège (j'avais été averti de ces pièges quelques jours plus tôt), je commençai à analyser la situation, elle se sentit désespérée, dit qu'elle ne donnerait de photographies à personne, se suiciderait. Nous avions déjà vu beaucoup de choses sur le sujet : voir = donner la vie : le but était de me séduire pour que je nie son état de mort en regardant et en voyant.

Si je ne prenais pas, elle se sentait blessée, ce qui avait trait à son extrême angoisse en rapport avec le fantasme de son refus du sein de la mère (en conséquence, la mère se sentait mal ou blessée), au lieu d'éprouver de la colère parce qu'elle était frustrée par la mère. La fin de chaque séance d'analyse risquait d'être ressentie par elle comme un refus coléreux de l'analyse; elle s'en défendait en insistant sur les pouvoirs de frustration de l'analyste.

Les interprétations mirent en lumière plusieurs points : d'une part, l'analyse était ressentie comme une arme entre mes mains et d'autre part, *si je voyais sa photographie (un quarante-huitième d'elle),* elle avait le sentiment que *c'était plus réel pour elle* que de la voir elle-même. Pour la première fois, la situation analytique (qu'elle a passé quatre années à proclamer comme la seule réalité pour elle) lui paraissait maintenant irréelle, ou tout au moins une relation narcissique; c'est une relation à l'analyste – qui est appréciable pour elle surtout parce que cela représente un soulagement : prendre sans donner, une relation avec ses propres objets intérieurs. Elle se souvint qu'elle avait tout à coup pensé, un jour ou deux auparavant : « Comme c'est terrible d'être réellement soi-même, comme on est terriblement seule. »

Être soi-même signifie : renfermer en soi une relation entre papa et maman. S'ils s'aiment et sont heureux ensemble, ils suscitent de l'envie et de la haine chez celle qui est seule, et s'ils sont mauvais, cruels, s'ils se combattent, c'est à cause de la colère de celle qui est seule, colère enracinée dans le passé.

Cette analyse a été longue, en partie parce que pendant les deux premières années je n'ai pas compris la position dépressive : en fait, c'est seulement la dernière année que j'ai eu le sentiment que l'analyse allait bien.

J'ai cité le cas de Mathilde principalement pour illustrer le sentiment de l'irréalité qui accompagne le déni de la réalité intérieure dans la défense maniaque. L'incident de la polyphoto était une invitation à me laisser prendre dans sa défense maniaque au lieu de comprendre son état de mort, sa non-existence, l'absence de sentiment de réalité.

Résumé

J'ai choisi de présenter certains aspects de la défense maniaque et de ses rapports avec la position dépressive. Ce faisant, j'ai amorcé une discussion sur l'expression *réalité intérieure*, et sa signification comparée à la signification des termes *fantasme* et *réalité extérieure.*

Ma compréhension plus profonde de la défense maniaque et la reconnaissance accrue de la réalité intérieure ont rendu ma pratique psychanalytique très différente.

J'espère que les cas présentés ont montré comment la défense maniaque est en quelque sorte un mécanisme couramment utilisé, qui doit être constamment dans l'esprit de l'analyste comme tout autre mécanisme de défense.

Il ne suffit pas de dire que certains cas présentent une défense maniaque, puisque dans tous les cas la position dépressive est atteinte tôt ou tard, et on peut toujours s'attendre à ce que l'on s'en défende. En tout cas, l'analyse de la fin d'une analyse (qui peut commencer au début du traitement) comprend l'analyse de la position dépressive.

Il est possible qu'une bonne analyse soit incomplète parce que la fin est arrivée sans avoir été pleinement analysée elle-même, ou bien il se peut que l'analyse soit prolongée en partie parce que le terme et son issue heureuse ne deviennent tolérables au patient que lorsqu'ils ont été analysés, donc après l'achèvement de l'analyse de la position dépressive, et des défenses qui peuvent être employées contre elle, y compris la défense maniaque.

L'expression « défense maniaque » se propose de couvrir la capacité dont dispose une personne pour dénier l'angoisse dépressive inhérente au développement affectif, angoisse qui appartient à la capacité qu'elle a de ressentir de la culpabilité, de reconnaître sa responsabilité pour les expériences instinctuelles, et pour l'agressivité dans le fantasme qui accompagne les expériences instinctuelles.

L'OBSERVATION DES JEUNES ENFANTS DANS UNE SITUATION ÉTABLIE [1]

(1941)

Cela fait environ vingt ans que j'observe de jeunes enfants dans mon service au Paddington Green Children's Hospital, et j'ai minutieusement noté dans un grand nombre de cas la façon dont les enfants se comportent dans une situation donnée (*a given situation*), facile à mettre en place dans le cadre de la routine quotidienne du service. J'espère rassembler progressivement les points d'intérêt pratique et théorique qu'on peut glaner en grand nombre lors d'un travail de cet ordre et les présenter par la suite. Dans le présent exposé je me borne à décrire la « situation établie » (*the set situation*) et à indiquer dans quelle mesure elle peut être utilisée comme instrument de recherche. Je cite à ce propos le cas d'un enfant de sept mois pris d'une crise d'asthme qui évolua et prit fin au cours de l'observation; c'est un sujet d'un intérêt considérable en médecine psychosomatique.

Je me propose de décrire le cadre (*setting*) dans lequel ces observations se déroulent et de donner une idée aussi exacte que possible de cette situation qui m'est devenue si familière et que j'appelle la « situation établie », celle dans laquelle entre chaque enfant amené dans mon service pour consultation.

Dans mon service, mères et enfants attendent dans le corridor où donne la pièce assez grande dans laquelle je travaille; la sortie d'une mère et de son enfant est le signal pour l'entrée d'une autre. J'ai choisi une grande pièce parce que l'on peut voir et faire beaucoup de choses pendant le temps nécessaire à la mère et l'enfant pour arriver jusqu'à moi, depuis la porte à l'autre bout de la pièce. Pendant que la mère vient à moi, j'établis un contact avec elle et probablement avec l'enfant

1. D'après une conférence faite à la Société britannique de Psychanalyse, le 23 avril 1941. *Int. J. Psycho-Anal.*, vol. XXII, 1941.

par l'expression de mon visage, et j'ai la possibilité de me souvenir du cas s'il ne s'agit pas d'un nouveau malade.

Si c'est un petit enfant (*infant*), je fais asseoir la mère en face de moi, l'angle de la table placé entre elle et moi. Elle s'assied avec l'enfant sur les genoux. Suivant la routine, je mets un abaisse-langue à angle droit, brillant, au bord de la table et j'invite la mère à placer l'enfant de telle sorte que s'il désire manier la spatule, cela lui soit possible. D'ordinaire, une mère comprend mon propos et il m'est facile de lui décrire petit à petit les données : pendant un certain laps de temps, elle et moi contribuerons aussi peu que possible à la situation de sorte que ce qui se passe peut à juste titre être mis sur le compte de l'enfant. Il est facile de voir que, en se montrant capables ou relativement incapables de suivre cette suggestion, les mères révèlent quelque peu ce qu'elles sont chez elles ; si elles ont peur de l'infection, ou si, pour elles, mettre quelque chose à la bouche est à réprouver pour des raisons morales, si elles agissent de façon précipitée ou impulsive, ces caractéristiques apparaîtront.

Il est très précieux de savoir quel genre de personne est la mère, mais d'ordinaire elle suit ma suggestion. Voici donc l'enfant sur les genoux de la mère avec une personne nouvelle (un homme, en fait) en face de lui et il y a une spatule brillante sur la table. Je dois ajouter que s'il y a des visiteurs présents, il me faut les préparer souvent avec plus de soin que la mère, car ils ont tendance à vouloir sourire et à prendre une attitude active par rapport à l'enfant – à lui faire des grâces, ou tout au moins à le rassurer, à se montrer bienveillants. Si un visiteur ne peut accepter la discipline exigée par la situation, il n'y a pas lieu que je poursuive l'observation, qui devient sans tarder inutilement compliquée.

Comportement de l'enfant

Le petit enfant est inévitablement attiré par l'objet métallique brillant, qui oscille même peut-être. Si d'autres enfants sont présents, ils savent bien que le petit a envie de prendre la spatule. (Souvent, ils ne peuvent supporter l'hésitation du bébé si celle-ci est prononcée ; ils prennent la spatule et la mettent dans la bouche du bébé. Mais là nous avançons trop vite.) Nous voici avec l'enfant devant nous, séduit par un objet très attrayant ; je vais maintenant en venir à la description de ce qui est, à mon avis, la séquence normale des événements. Je soutiens que tout ce qui diverge de ce que j'appelle normal est significatif.

1er stade : L'enfant porte la main à la spatule mais découvre à ce moment-là tout à coup que la situation mérite réflexion. Il est embarrassé. Ou bien, la main sur la spatule et le corps immobile il me regarde et regarde sa mère avec de grands yeux, guette et attend, ou, dans certains cas, il perd tout intérêt et enfouit le visage dans le corsage de sa mère. Il est habituellement possible dans cette situation de faire en sorte que l'on ne le rassure pas activement ; le retour graduel et spontané de l'intérêt de l'enfant pour la spatule est très curieux à observer.

2e stade : Tout le temps que dure « la période d'hésitation » (*the period of hesitation*) (comme je la nomme), le corps de l'enfant est calme (mais pas rigide). Graduellement, il devient assez brave pour laisser ses sentiments se développer et alors le tableau change assez rapidement. Le moment où la première phase se modifie pour passer à la seconde est évident ; dès que l'enfant accepte la réalité de son désir à l'égard de la spatule, un changement se manifeste à l'intérieur de la bouche qui devient flasque, tandis que la langue paraît épaisse et molle et que la salive est abondante. Il ne se passe pas longtemps avant qu'il mette la spatule à la bouche et qu'il la morde avec les gencives, ou qu'il semble copier papa lorsqu'il fume la pipe. Le changement dans le comportement de l'enfant est frappant. L'attente et la tranquillité font place maintenant à la confiance en soi ; les mouvements du corps sont sans contrainte, en rapport avec la manipulation de la spatule.

J'ai fréquemment tenté d'introduire la spatule dans la bouche de l'enfant au cours de la période d'hésitation. Que l'hésitation corresponde à ce que j'appelle normale ou en diffère quantitativement ou qualitativement, je me trouve dans l'impossibilité de porter la spatule à la bouche de l'enfant sinon de force. Dans certains cas d'inhibition aiguë, tout effort de ma part pour avancer la spatule vers l'enfant produit des cris, de la détresse mentale ou une colique immédiate.

Parvenu à ce stade, l'enfant semble sentir que la spatule est en sa possession, en son pouvoir peut-être, en tout cas à sa disposition pour s'exprimer. Il tape sur la table ou sur une coupe de métal posée près de là sur la table, en faisant autant de bruit qu'il peut ; ou bien il la porte à ma bouche et à la bouche de sa mère, très content si nous *faisons semblant* de manger avec. Il n'y a pas de doute qu'il souhaite que nous *jouions* (*play*) à être nourris, et il est bouleversé si nous sommes assez stupides pour mettre la spatule dans la bouche et gâcher le jeu (*game*) en tant que tel.

Je noterai ici que je n'ai jamais vu d'enfant qui soit déçu par le fait que la spatule n'est pas de la nourriture et n'en contient pas.

3e stade : Il y a une troisième phase. A ce stade, l'enfant fait tout d'abord tomber la spatule comme par erreur. Si on la lui rend, il est content, joue avec à nouveau et la laisse à nouveau tomber, mais cette fois moins fortuitement. Si on la lui rend encore une fois, il la fait tomber volontairement et jouit à fond avec agressivité de son plaisir de s'en débarrasser; il est particulièrement satisfait si elle rend un son métallique en tombant sur le sol.

Cette troisième phase se termine [1] lorsque l'enfant désire être mis par terre avec la spatule et là, il recommence à la mettre à la bouche et à jouer avec, ou bien lorsqu'il en a assez, il essaye de prendre tout autre objet à sa portée.

Cela vaut comme description de la normale seulement entre cinq et treize mois environ. Après treize mois, l'intérêt pour les objets s'est tellement étendu que si l'enfant ignore la spatule et essaye d'attraper le tampon-buvard, je ne peux pas être sûr qu'il s'agisse là d'une véritable inhibition à l'égard de l'intérêt primaire. En d'autres termes, la situation se complique rapidement et se rapproche de la situation analytique ordinaire qui apparaît dans l'analyse d'un enfant de deux ans, avec le désavantage (relativement à la situation analytique) que l'enfant étant trop jeune pour parler, le matériel présenté est donc difficile à comprendre. Avant treize mois, pourtant, dans cette « situation établie » le défaut de parole de l'enfant ne gêne pas.

Après treize mois, il est encore possible que les *angoisses* de l'enfant se reflètent dans la situation établie. C'est son *intérêt positif* qui devient trop étendu pour la situation (*setting*).

Je trouve qu'on peut faire du travail thérapeutique dans cette situation établie, bien que ce ne soit pas mon propos d'exposer ici ce qu'elle offre sur ce plan. Voici un cas publié en 1931, dans lequel j'étais d'avis que ce travail pouvait se faire. Entre-temps, l'opinion que j'avais avancée alors s'est confirmée.

Ce cas est celui d'une petite fille qui fut suivie entre six et huit mois en raison de troubles relatifs à l'alimentation, dont la cause première remontait probablement à une gastro-entérite infectieuse. Le développement affectif de l'enfant était perturbé par cette maladie et l'enfant restait irritable, insatisfaite et facilement malade après les repas. Tout jeu avait cessé; à neuf mois, non seulement l'enfant n'avait pas du tout de relation satisfaisante avec les gens mais elle commença aussi à avoir des convulsions. A onze mois, ces crises étaient fréquentes.

A douze mois, l'enfant avait des crises suivies de somnolence. C'est à ce moment-là que je commençai à voir l'enfant à quelques jours d'intervalle en

1. J'examinerai la signification de cette phase et la relierai aux observations de Freud sur l'enfant et la bobine (1920) dans la dernière partie de cet article (voir page 54)

lui donnant vingt minutes d'attention personnelle, un peu selon la situation que j'appelle maintenant « situation établie », mais avec l'enfant sur mes genoux.

Lors d'une consultation, j'observai l'enfant sur mes genoux. Elle essaya furtivement de mordre mon doigt. Trois jours plus tard, elle était de nouveau sur mes genoux et j'attendais de voir ce qu'elle ferait. Elle me mordit trois fois le doigt si fort que la peau fut presque arrachée. Puis elle joua à jeter les spatules par terre sans arrêt pendant un quart d'heure. Pendant tout ce temps elle pleurait comme si elle était malheureuse. Deux jours plus tard, je l'eus sur mes genoux pendant une demi-heure. Elle avait eu quatre convulsions les deux jours précédents. D'abord elle pleura comme d'habitude. Elle me mordit de nouveau le doigt très fort, cette fois sans montrer de sentiment de culpabilité, et puis elle joua (*played the game*) à mordre et à jeter les spatules. Alors qu'elle était sur mes genoux, elle devint capable de prendre plaisir au jeu. Après un moment, elle commença à manipuler ses orteils.

Plus tard la mère vint me dire que depuis la dernière consultation elle n'était « plus la même ». Elle n'avait pas eu de convulsions; de plus, sans bromure, elle dormait bien la nuit et était heureuse toute la journée. Onze jours plus tard, l'amélioration subsistait, sans médicament; elle n'avait pas eu de crise depuis quatorze jours et la mère demanda à cesser de venir.

Je rendis visite à l'enfant un an après et constatai qu'elle n'avait eu aucun symptôme depuis la dernière consultation. C'était une enfant tout à fait en bonne santé, heureuse, intelligente et sociable, aimant jouer et exempte des angoisses courantes.

La fluidité de la personnalité du jeune enfant et le fait que les sentiments et les processus inconscients sont si proches des premiers stades de la petite enfance permettent d'amener des modifications en quelques séances. Toutefois, cette fluidité même signifie aussi qu'un enfant qui est normal à un an ou dont le traitement à cet âge a eu un effet favorable n'est nullement tiré d'affaire. Il peut encore faire une névrose à un stade ultérieur et tomber malade s'il est exposé à de mauvais éléments dans son environnement. Mais c'est signe d'un bon pronostic si la première année de l'enfant se passe bien.

Déviations de la normale

J'ai dit que toute divergence de ce que je suis venu à considérer comme la norme du comportement dans la situation établie est significative.

La divergence principale et la plus intéressante se situe dans l'hésitation initiale, qui peut être soit exagérée, soit absente. Un enfant ne s'intéressera apparemment pas à la spatule, et prendra beaucoup de temps pour se rendre compte de l'intérêt qu'il y porte ou pour trouver le courage de le manifester. Par contre, un autre la saisira et la portera à la bouche en l'espace d'une seconde. Dans les deux cas, on s'écarte de la normale. Si l'inhibition est marquée, la détresse sera plus ou moins grande, et cette détresse peut être vraiment très aiguë.

Une autre divergence de la norme se manifeste lorsque l'enfant saisit la spatule et la jette aussitôt par terre, et recommence aussi souvent que l'observateur la remet en place.

Il y a presque certainement une corrélation entre ces divergences et d'autres divergences de la norme d'une part, et la relation de l'enfant à la nourriture et aux personnes de l'autre.

Utilisation de la technique illustrée par un cas

La situation établie que je viens de décrire est un instrument que n'importe quel observateur peut adapter à l'observation de n'importe quel enfant qui se présente à sa consultation. Avant de discuter la théorie du comportement normal de l'enfant dans ce cadre (*setting*), je donnerai un cas pour l'illustrer : le cas d'un petit enfant ayant de l'asthme. La crise d'asthme, qui apparut et disparut en deux occasions pendant que l'enfant était en observation, pourrait sembler l'effet du hasard si le petit enfant n'avait pas été observé régulièrement et si les détails de son comportement n'avaient pu être comparés avec celui d'autres enfants dans le même cadre. La technique employée a permis de s'apercevoir que l'asthme, au lieu d'avoir une relation indéterminée avec les sentiments de l'enfant, était en liaison avec une certaine catégorie de sentiments et que, dans une succession familière d'événements, il se rattachait à un certain stade clairement défini.

Margaret, âgée de sept mois, est amenée par sa mère parce que toute la nuit précédant la consultation elle a eu une respiration sifflante. Autrement, c'est une petite fille heureuse qui dort bien et s'alimente bien. Ses relations avec son père et sa mère sont bonnes, surtout avec son père qui travaille de nuit et est beaucoup avec elle. Elle dit déjà « papa » mais pas « maman ». Quand je demande : « Vers qui se tourne-t-elle lorsqu'il y a quelque chose qui ne va pas ? » la mère répond : « Vers son père ; il arrive à l'endormir. » Il y a une sœur de seize mois plus âgée qui est en bonne santé et les deux enfants jouent ensemble et s'aiment bien quoique la naissance de la cadette ait suscité un peu de jalousie chez l'aînée.

La mère explique qu'elle-même a eu de l'asthme lorsqu'elle s'est trouvée enceinte de Margaret, alors que l'aînée n'avait que sept mois. Elle-même en a souffert jusqu'il y a un mois, mais depuis elle n'a plus eu de crise. Sa mère à elle fut sujette à l'asthme, et commença à avoir des crises à l'époque de sa première grossesse. La relation entre Margaret et sa mère est bonne et elle est nourrie au sein de façon satisfaisante.

Le symptôme – l'asthme – n'apparaît pas entièrement sans signe avant-coureur. La mère rapporte que depuis trois jours Margaret a eu un sommeil agité, ne s'endormant que pour dix minutes, s'éveillant en criant et en tremblant. Depuis un mois, elle met les poings à la bouche, et depuis peu cette attitude est devenue quelque peu compulsive et chargée d'angoisse. Depuis trois jours, elle tousse un peu, mais le sifflement n'est apparu que la nuit précédant la consultation.

Il est intéressant de noter le comportement de cette petite fille dans la situation établie. Voici les notes détaillées que j'ai prises à ce moment-là. « Je dressai un abaisse-langue sur la table et l'enfant s'y intéressa immédiatement, le regarda, me regarda longuement avec de grands yeux tout en soupirant. Cela dura cinq minutes, l'enfant étant incapable de se décider à prendre la spatule. Lorsque finalement elle la prit, elle ne fut pas capable tout d'abord de se décider à la mettre à la bouche, et pourtant il apparaissait clairement qu'elle souhaitait le faire. Après un certain temps, elle découvrit qu'elle pouvait la prendre, comme si elle se sentait peu à peu rassurée par le fait que nous restions sans bouger. Lorsqu'elle la prit, je remarquai qu'elle salivait ; puis vinrent plusieurs minutes où elle prit plaisir à l'avoir à la bouche. » On notera que ce comportement correspondait à ce que j'appelle normal.

« A la seconde consultation, Margaret étendit la main pour prendre la spatule mais hésita, exactement comme la première fois. De nouveau, il lui fallut un peu de temps pour pouvoir sucer la spatule et y prendre plaisir avec assurance. Elle la suça avec plus d'ardeur que la première fois et la mordit avec bruit. Elle la laissa bientôt délibérément tomber et une fois qu'on la lui eut rendue joua avec bruyamment et toute surexcitée, regardant sa mère et me regardant, manifestant son contentement en gigotant. Elle joua avec puis jeta la spatule, la remit à la bouche lorsqu'on la lui rendit, agita les mains, puis s'intéressa à d'autres objets qui étaient à sa portée, parmi lesquels une coupe. Finalement, elle laissa tomber la coupe et comme elle paraissait vouloir descendre nous la mîmes par terre avec la coupe et la spatule et elle nous regarda, très satisfaite de la vie, jouant avec ses orteils et avec la spatule et la coupe, mais pas avec la spatule et la coupe ensemble. A la fin, elle tendit la main vers la spatule et parut vouloir les rassembler, mais elle poussa seulement la spatule dans la direction opposée à celle de la coupe. Quand on lui ramena la spatule, elle s'en servit finalement pour faire résonner la coupe, en faisant beaucoup de bruit. »

(Ce qui se rapporte plus particulièrement à notre propos apparaît dans la première partie de cette description. Mais si l'on voulait étendre le sujet de la présente discussion, chaque détail offrirait de l'intérêt ; c'est la raison pour laquelle j'ai donné le compte rendu complet de l'observation. Ainsi, ce n'est que peu à peu que l'enfant en vint à placer les deux objets ensemble. C'est très intéressant et cela illustre bien sa difficulté, ainsi que le développement de sa capacité à considérer deux *personnes* à la fois. Pour ne pas alourdir notre propos, je remets la discussion de ces autres éléments à une autre occasion [1].)

En décrivant le comportement de la petite fille dans la situation établie, je n'ai pas encore dit à quel moment elle a fait une crise d'asthme. L'enfant était assise sur les genoux de sa mère, la table se trouvant entre elles et moi. La mère la tenait, les deux mains autour de la poitrine, soutenant son corps. Il était donc très facile de se rendre compte du moment où elle avait des spasmes bronchiques. Les mains de la mère indiquaient le mouvement exagéré de la poitrine ; l'inspiration profonde comme l'expiration obstruée prolongée étaient mises en évidence et on pouvait entendre l'expiration bruyante. La mère pouvait voir aussi bien que moi quand l'enfant avait de l'asthme. *Les deux fois,*

1. Je m'y réfère plus loin.

l'asthme apparut pendant la période où l'enfant hésitait à prendre la spatule. Elle mettait la main à la spatule et puis, au moment où elle dominait son corps, sa main et son environnement, elle avait une crise d'asthme, et l'asthme implique qu'on retient involontairement l'expiration. Au moment où elle se sentit de l'assurance à l'égard de la spatule qui était à sa bouche, lorsqu'elle saliva, lorsque l'immobilité fit place au plaisir de l'activité, lorsqu'elle cessa de guetter et prit confiance en elle, à ce moment-là l'asthme cessa.

Deux semaines plus tard, l'enfant n'avait plus eu d'asthme, sauf les deux crises au cours des deux consultations [1]. Jusqu'à ce jour (c'est-à-dire vingt et un mois après l'épisode que je viens de décrire) l'enfant n'a pas eu de crise d'asthme, quoique bien entendu elle puisse y être sujette [2].

En raison de la méthode d'observation, il m'est possible de tirer de ce cas certaines déductions à propos des crises d'asthme et de leur rapport avec les sentiments de l'enfant. La principale, c'est que dans ce cas l'association entre le spasme bronchique et l'angoisse était assez étroite pour fonder l'hypothèse d'une relation entre les deux. Étant donné que l'enfant était observé dans des conditions connues, il est possible de voir que, dans ce cas, l'asthme était lié au moment où normalement il y a hésitation, et hésitation implique conflit mental. Une pulsion a été suscitée. Cette pulsion est dominée pour un temps et l'asthme coïncide les deux fois avec la période de maîtrise de la pulsion. Cette observation formerait une bonne base pour la discussion de l'aspect affectif de l'asthme, surtout si elle se trouvait confirmée par des observations analogues. Ce serait le cas particulièrement si elle était rapprochée d'observations faites au cours du traitement psychanalytique de sujets asthmatiques.

Discussion théorique

Tout d'abord l'hésitation est un signe indéniable d'angoisse, quoiqu'elle apparaisse normalement.

Comme Freud (1926) l'a dit : « L'angoisse existe *à propos* de quelque chose. » Il y a donc deux choses à discuter : ce qui se passe dans le corps et l'esprit lors d'un état d'angoisse et la chose à propos de laquelle il y a de l'angoisse.

Si nous nous demandons pourquoi l'enfant hésite après le premier geste impulsif, nous serons certainement d'avis qu'il s'agit là d'une manifestation du surmoi. En ce qui concerne son origine, j'en suis venu à la conclusion que, généralement, l'hésitation normale de

1. Mais la mère en a eu de nouveau.
2. De nouveau, la mère souligna qu'elle, par contre, avait eu de l'asthme, comme si elle avait le sentiment qu'il fallait qu'elle en eût si l'enfant n'en avait pas.

l'enfant ne peut pas être expliquée en référence à l'attitude parentale. Mais cela ne signifie pas que je néglige la possibilité qu'il hésite parce qu'il a appris à s'attendre à ce que la mère le désapprouve ou qu'elle manifeste même de la colère chaque fois qu'il manipule quelque chose ou le porte à la bouche. L'attitude de la mère peut changer beaucoup les choses dans certains cas.

J'ai appris à discerner assez rapidement si les mères ont une objection profonde à ce que l'enfant manipule les objets et les porte à la bouche, mais, dans l'ensemble, je peux dire que les mères qui viennent à ma consultation ne mettent pas d'obstacle à ce qu'elles ont tendance à considérer comme un intérêt infantile ordinaire. Parmi ces mères-là, il y en a même qui amènent leur enfant parce qu'elles ont remarqué qu'il a *cessé* d'attraper des objets et de les mettre à la bouche, reconnaissant par là que c'est un symptôme.

De plus, à cet âge tendre, avant, disons, quatorze mois, le caractère a une fluidité qui permet de passer outre dans une certaine mesure à la tendance de la mère à défendre ce plaisir. Je dis à la mère : « Il peut le faire ici, s'il le veut, mais ne faites rien pour l'encourager. » Je suis arrivé à la conclusion que, dans la mesure où les enfants ne sont pas poussés par l'angoisse, ils sont capables de s'adapter à cet environnement modifié.

Mais que ce soit l'attitude de la mère qui détermine le comportement de l'enfant ou non, l'hésitation signifie à mon avis une chose : l'enfant *s'attend* à faire apparaître une mère en colère et peut-être vindicative s'il s'adonne à son plaisir. Pour qu'un petit enfant se sente menacé, et même par une mère authentiquement et manifestement en colère, il faut qu'il ait en pensée la notion de mère en colère. Comme Freud (1926) le dit : « Par ailleurs, il faut que le danger extérieur (objectif) se soit intériorisé pour être significatif pour le moi. »

Si la mère a été réellement en colère et si l'enfant a une raison réelle de s'attendre à ce qu'elle soit en colère pendant la consultation lorsqu'il saisit la spatule, cela nous mène aux fantasmes d'appréhension chez le petit enfant, comme dans le cas ordinaire où l'enfant hésite bien que la mère tolère ce comportement et s'y attende même. Le « quelque chose » à propos duquel surgit l'angoisse est dans l'esprit de l'enfant, une idée de mal potentiel ou de sévérité, et tout ce qui se trouve dans l'esprit de l'enfant peut être projeté dans la situation nouvelle. Lorsqu'il n'y a pas eu d'expérience de l'interdiction, l'hésitation implique le conflit ou l'existence dans l'esprit de l'enfant d'un *fantasme* correspondant au *souvenir* de l'autre enfant d'une mère réellement sévère. Dans l'un ou l'autre cas, il doit donc d'abord dompter son intérêt et son désir, et il ne devient capable de retrouver son désir que dans la mesure où sa mise à l'épreuve de l'environnement donne des résultats satisfaisants. C'est à cette mise à l'épreuve que je fournis le cadre (*setting*).

On peut déduire ensuite que le « quelque chose » à propos duquel il y a de l'angoisse est d'une importance considérable pour l'enfant. Pour comprendre davantage ce « quelque chose », il sera nécessaire de faire appel à la connaissance acquise dans l'analyse d'enfants entre deux et quatre ans. Je mentionne cet âge parce que Mélanie Klein et, je crois, tous ceux qui ont analysé des enfants de deux ans ont trouvé que l'expérience de ces analyses comporte quelque chose qu'on ne peut obtenir des analyses d'enfants même de trois ans et demi et de quatre ans, et certainement pas des analyses d'enfant dans la période de latence. L'une des caractéristiques d'un enfant de deux ans, c'est que les fantasmes oraux primaires, et les angoisses et les défenses qui s'y rattachent, sont clairement discernables à côté des processus mentaux secondaires et hautement élaborés.

Pour certains, l'idée que les enfants ont des fantasmes n'est pas acceptable, mais il est probable que tous ceux d'entre nous qui ont analysé des enfants de deux ans ont trouvé nécessaire d'émettre l'hypothèse qu'un jeune enfant, même un enfant de sept mois comme l'enfant asthmatique dont j'ai cité le cas, a des fantasmes. Ceux-ci ne sont pas encore attachés aux représentations de mots, mais ils sont riches de contenu et d'émotion et l'on peut dire qu'ils fournissent le fondement sur lequel s'édifie toute la vie fantasmatique ultérieure.

Ces fantasmes du petit enfant se rapportent non seulement à l'environnement extérieur, mais aussi au sort et à l'interrelation des personnes et des fractions de personne qui sont absorbées en lui sur un mode fantasmatique – tout d'abord avec son ingestion de nourriture et ensuite de façon indépendante – et tout cela édifie la réalité intérieure. Un enfant a le sentiment que les choses à l'intérieur sont bonnes ou mauvaises, de même qu'à l'extérieur les choses sont bonnes ou mauvaises. Les qualités de bon et de mauvais dépendent si le but est relativement acceptable lors du processus d'absorption. Cela dépend à son tour de la force des pulsions destructrices par rapport aux pulsions d'amour et de la capacité qu'a l'enfant de tolérer selon son individualité des angoisses dérivées de tendances destructives. Il faut faire entrer aussi en ligne de compte la nature des défenses de l'enfant qui est en rapport avec ces deux données, et comprend le degré de développement de sa capacité de réparation. On pourrait résumer tout cela en disant que la capacité qu'a l'enfant de maintenir en vie ce qu'il aime et de garder sa foi en son propre amour a un retentissement considérable sur ce qu'il sent comme bon ou mauvais des choses en lui et des choses en dehors de lui; cela est vrai dans une certaine mesure même pour l'enfant de quelques mois. En outre, comme l'a montré Mélanie Klein, il y a un échange et une mise à l'épreuve constants entre la réalité intérieure et la réalité extérieure; la réalité intérieure s'édifie et s'enrichit sans cesse de l'expérience instinctuelle en rapport avec les objets extérieurs et des contributions des objets extérieurs (dans la mesure où ces contributions peuvent être perçues); et le monde extérieur est constamment perçu et la relation de l'individu avec celui-ci est enrichie en raison de l'existence en lui d'un monde intérieur vivant.

La compréhension profonde (*insight*) et la conviction obtenues par l'analyse des jeunes enfants peuvent s'appliquer en remontant à la première année de la vie, de même que Freud a appliqué ce qu'il a trouvé chez les adultes à la compréhension des enfants, et à la compréhension non seulement de l'enfant qu'a été un malade particulier, mais des enfants en général. L'observation directe des enfants nous éclaire, et il est nécessaire que nous la pratiquions; mais, à bien des égards, l'analyse d'enfants de deux ans nous dit bien plus sur le petit enfant que ce que nous obtiendrons jamais de l'observation directe des jeunes enfants. Ce n'est pas surprenant; ce que la psychanalyse nous offre d'unique comme instrument de recherche, et nous le savons, c'est sa capacité à découvrir la partie *inconsciente* des processus mentaux et à la relier à la partie consciente. Elle nous donne ainsi quelque chose comme une pleine compréhension de l'individu qui est en analyse. C'est vrai même de l'enfant des premiers âges et du jeune enfant, quoique l'observation directe puisse nous apporter beaucoup si nous savons vraiment et comment chercher. La meilleure façon de procéder, c'est évidemment d'obtenir tout ce que nous pouvons de l'observation et de l'analyse et de soutenir l'une par l'autre.

Je voudrais dire un mot maintenant de la physiologie de l'angoisse. N'est-ce pas retarder le développement de la psychologie descriptive que de souligner rarement, si tant est qu'on le fasse, l'impossibilité de décrire la physiologie de l'angoisse en termes simples, pour la bonne raison que l'angoisse est différente dans des cas différents et à des moments différents? On apprend que l'angoisse peut se caractériser par la pâleur, des sueurs, des vomissements, de la diarrhée, de la tachycardie. J'ai toutefois constaté avec intérêt dans mon service qu'il y a réellement un bon nombre de manifestations possibles de l'angoisse, quel que soit l'organe (ou la fonction) considéré. Un enfant angoissé au cours de l'examen physique dans un service de cardiologie peut avoir un cœur qui palpite ou qui s'arrête presque par instants, ou bien les battements seront très précipités, ou très faibles. Pour comprendre ce qui se passe lorque nous observons ces symptômes, je crois qu'il nous faut savoir quelque chose des sentiments de l'enfant et de ses fantasmes, et par conséquent de la quantité d'excitation et de rage qui s'y mêle ainsi que des défenses qui leur sont opposées.

La diarrhée, c'est bien connu, n'est pas toujours une question de physiologie. L'expérience analytique avec les enfants et les adultes révèle que c'est souvent un processus qui accompagne une crainte inconsciente de choses définies, des choses à l'intérieur de l'individu qui lui feront du mal si elles sont gardées. Il se peut que l'individu sache qu'il craint ses pulsions, mais, bien que ce soit vrai, ce n'est là qu'une partie de l'histoire, car il est également vrai qu'il craint inconsciemment de mauvaises choses spécifiques qui existent quelque part pour lui. « Quelque part » signifie soit à l'extérieur de lui-même, soit à l'intérieur. Généralement à la fois à l'intérieur et à l'extérieur. Ces fantasmes peuvent, naturellement dans certains cas et dans une certaine mesure, être conscients et ils colorent les descriptions hypocondriaques de ses douleurs et de ses sensations.

Si nous examinons l'hésitation d'un petit enfant dans ma « situation établie », nous pouvons dire que les processus mentaux qui sous-tendent l'hésitation sont analogues dans la diarrhée quoique d'un effet opposé. J'ai pris la diarrhée, mais j'aurais pu prendre n'importe quel autre processus physiologique qui peut être exagéré ou inhibé selon le fantasme inconscient qui se trouve affecter la fonction ou l'organe particulier. De là, pareillement, en considérant l'hésitation de l'enfant dans la situation établie, on peut dire que même si son comportement est une manifestation de peur, cela n'exclut pas la possibilité de décrire cette hésitation en termes de fantasme inconscient. La pulsion qu'a l'enfant de tendre la main et de prendre est soumise à son contrôle, qui va même jusqu'à nier temporairement cette pulsion; ce que nous voyons, c'est ce qui en résulte. Aller au-delà pour décrire ce qu'il y a dans l'esprit de l'enfant, cela ne relève pas de l'observation directe; pourtant, comme je l'ai déjà dit, cela ne signifie pas que dans l'esprit de l'enfant il n'y ait rien d'équivalent au fantasme inconscient dont la psychanalyse nous donne la preuve chez l'enfant plus âgé ou chez l'adulte qui hésite dans une situation analogue.

Dans le cas spécial que j'ai rapporté pour illustrer l'application de la technique, les bronches sont soumises à ce contrôle. Il serait intéressant de discuter de l'importance relative du contrôle des bronches en tant qu'organe (déplacement du contrôle de la vessie par exemple) et du contrôle de l'expiration ou du souffle qui aurait été exhalé sans cela. L'expiration pouvait être ressentie par l'enfant comme dangereuse, si elle était liée à une idée dangereuse; par exemple, l'idée d'aller dedans pour prendre (*reaching in to take*). Pour le petit enfant, si étroitement en contact avec le corps de la mère et le contenu du sein, qu'il prend en fait, l'idée de chercher à atteindre le sein à l'intérieur n'est nullement lointaine et la crainte de chercher à atteindre l'intérieur du corps de la mère pourrait facilement s'associer dans l'esprit de l'enfant avec ne pas respirer [1].

On verra que la notion d'un souffle dangereux ou d'une respiration dangereuse ou d'un organe de respiration dangereux nous mène une fois de plus aux fantasmes de l'enfant.

Je soutiens que cela ne peut être purement l'effet du hasard si l'enfant a fait de l'asthme et s'il s'en est défait à deux reprises bien distinctes d'une façon aussi clairement en relation avec le contrôle d'une pulsion; je reste donc tout à fait dans mon sujet si j'examine chaque détail des observations.

Laissant le cas particulier de l'enfant à l'asthme et revenant à l'hésitation normale d'un petit enfant lorsqu'il prend la spatule, nous voyons que le danger existe dans l'esprit de l'enfant et ne peut s'expliquer que si l'on suppose qu'il a des fantasmes ou quelque chose qui y correspond.

Voyons maintenant ce que représente la spatule. C'est assez complexe car elle représente différentes choses.

Que la spatule puisse représenter le sein est chose certaine. Il est facile de dire que la spatule représente un pénis, mais c'est tout à fait autre chose que de dire qu'elle représente un sein, parce que le petit enfant qui est toujours familiarisé avec le sein ou le biberon a très rarement une connaissance réelle basée sur l'expérience d'un pénis adulte. Dans la grande majorité des cas, un pénis doit être le fantasme qu'a l'enfant de ce qu'un homme peut avoir. En d'autres termes, nous n'avons rien de plus en l'appelant un pénis que de dire qu'il est possible que l'enfant ait un fantasme selon lequel il y aurait quelque chose analogue à un sein, et pourtant différent, parce qu'il est associé davantage au père qu'à la mère. On pense que l'enfant tire de ses propres sensations génitales et des résultats de l'auto-exploration les éléments de la construction du fantasme.

Toutefois, je crois qu'en vérité ce que le petit enfant connaît plus tard comme pénis, il le sent auparavant comme une qualité de la mère : ainsi qu'elle soit pleine de vie (*livelyness*), ponctuelle pour les

1. A la vue de quelque chose de particulièrement merveilleux nous disons parfois : « j'en perds le souffle ». Toute théorie de l'asthme digne de respect devrait expliquer cette expression, et d'autres du même ordre qui impliquent l'idée de la modification de la physiologie de la respiration.

repas, fiable, etc. Ou bien, il le sent comme une chose dans son sein équivalant au fait que ce sein se remplit ou est proéminent; ou encore dans son corps équivalant à sa position verticale, ou dans une centaine d'autres choses en elle qui ne sont pas elle essentiellement. C'est comme si l'enfant lorsqu'il va au sein et s'allaite y mettait – en fantasme – sa main dedans ou s'y plongeait ou se frayait un passage dans le corps de la mère, selon la puissance de la pulsion et sa férocité et prenait de son sein tout ce qui y est bon. *Dans l'inconscient cet objet de la pulsion qui fait chercher à atteindre (reaching impulse) est assimilé à ce qui est connu plus tard comme pénis.*

Outre le sein et le pénis, la spatule représente aussi les gens; l'observation a ainsi nettement révélé que l'enfant de quatre à cinq mois peut être capable de connaître les personnes globales, par les yeux, en étant sensible à l'humeur de la personne, à son approbation, ou en faisant la distinction entre une personne et une autre [1].

Je voudrais souligner que dans l'explication de la période d'hésitation se référant à une expérience réelle de la désapprobation de la mère, on part de l'hypothèse que l'enfant est normal ou assez développé pour connaître les personnes globales. Ce n'est nullement toujours le cas et certains enfants qui paraissent montrer de l'intérêt et de la crainte pour la spatule sont néanmoins incapables de concevoir l'idée d'une personne totale.

Selon l'observation quotidienne, les enfants d'un âge nettement moins avancé que le groupe d'âge dont nous parlons (de cinq à treize mois) reconnaissent non seulement d'habitude les personnes, mais se comportent aussi différemment envers des personnes différentes.

Dans la situation établie, le petit enfant en observation me donne des indices importants concernant l'état de son développement affectif. Il peut ne voir dans la spatule qu'une chose qu'il prend ou laisse, et qu'il ne rattache pas à un être humain. Cela signifie qu'il n'a pas encore la capacité de reconstituer la personne totale derrière l'objet partiel ou qu'il a perdu cette capacité. Ou bien il montrera qu'il me voit ou qu'il voit sa mère derrière la spatule, et se comporte comme si c'était une partie de moi (ou de sa mère). Dans ce cas, s'il prend la spatule, c'est comme s'il prenait le sein de sa mère, ou enfin, il se peut qu'il y voie la mère et moi et considère la spatule comme quelque chose qui touche à la relation entre la mère et moi. Si c'est le cas, en prenant ou en laissant la spatule il modifie la relation de deux personnes représentant papa et maman.

1. Comme Freud l'a montré, la bobine représentait la mère du garçon de dix-huit mois (voir ci-dessous, p. 54).

Il y a des stades intermédiaires. Par exemple, certains enfants préfèrent manifestement considérer que la spatule a une relation avec la coupe, et ils la sortent de la coupe et l'y remettent sans cesse avec un intérêt et un plaisir évident et parfois de la surexcitation. Ils semblent trouver naturel de s'intéresser à deux objets à la fois plutôt qu'à la spatule – objet qu'on peut me prendre, qu'on peut donner à manger à la mère ou avec lequel on tape sur la table.

Seules les observations mêmes peuvent rendre toute la richesse de la diversité introduite par nombre d'enfants dans le simple cadre si facile à assurer.

Le jeune enfant, s'il en a la capacité, se trouve avoir affaire à deux personnes à la fois, la mère et moi, ce qui exige un développement affectif d'un degré plus élevé que celui qui est nécessaire pour reconnaître une seule personne dans sa totalité. Et certes il est vrai que bien des névrosés ne parviennent jamais à manier une relation avec deux personnes à la fois. On a fait observer que le névrosé adulte est souvent capable d'avoir une bonne relation avec un parent à la fois, mais qu'il éprouve des difficultés dans sa relation avec les deux ensemble. Cette étape du développement infantile qui met l'enfant en mesure de manier simultanément sa relation avec deux personnes importantes pour lui (ce qui signifie fondamentalement avec les deux parents) est une étape primordiale; avant de la franchir, il ne peut parvenir à prendre sa place de façon satisfaisante, que ce soit dans la famille ou dans un groupe social. Selon mes observations, ce stade important est franchi pendant la première année de vie.

Avant son premier anniversaire, le petit enfant peut avoir le sentiment qu'il prive les autres de choses qui sont bonnes, ou même essentielles en raison de l'avidité suscitée par son amour. Ce sentiment correspond à sa crainte, facilement confirmée par l'expérience, que lorsqu'il est privé du sein ou du biberon et de l'amour et de l'attention maternels, quelqu'un d'autre jouit davantage de la compagnie de la mère. En fait, il peut s'agir du père ou d'un enfant plus jeune. La jalousie et l'envie, essentiellement orales dans leurs premières associations, accroissent l'avidité mais stimulent aussi les désirs génitaux et les fantasmes, contribuant ainsi à étendre les désirs libidinaux et l'amour, ainsi que la haine. Tous ces sentiments vont de pair avec les premiers pas de l'enfant vers l'établissement d'une relation avec les deux parents; ces premiers pas sont aussi les stades initiaux de sa situation œdipienne, directe et inversée. Le conflit entre l'amour et la haine et la culpabilité et la crainte de perdre ce qu'on aime qui s'ensuivent, ce conflit, vécu pour la première fois en relation avec la mère seule, est poussé plus loin dans la relation de l'enfant avec les deux parents et, très peu de temps après, avec les frères et sœurs. La crainte et la culpabilité éveillées par les impulsions et les fantasmes de destruction de l'enfant (auxquels contribuent les expériences où l'enfant est frustré et malheureux) sont à l'origine de l'idée que s'il désire par trop le sein de la mère il en prive le père et les autres enfants, et s'il désire certaine partie du corps du père qui correspond au sein de la mère, il en prive la mère et d'autres. C'est là que réside l'une des difficultés à établir une relation heureuse entre un enfant et les deux parents. Je ne peux traiter la question complexe de l'interaction de l'avidité de l'enfant et des différentes façons qu'il a de maîtriser cette avidité ou de contrecarrer ses résultats en restaurant et reconstruisant; mais on n'a pas de mal à voir que cela se complique lorsque la relation de l'enfant s'adresse à deux personnes au lieu de s'adresser à la mère seule.

On se souviendra que dans mon observation de l'enfant à l'asthme [1], j'ai parlé du rapport entre la capacité croissante que montrait l'enfant à mettre ensemble la spatule et la coupe à la fin du jeu et ses sentiments mêlés de désir et de crainte relatifs au maniement d'une relation avec deux personnes à la fois.

Cette même situation, où l'enfant hésite et ne sait s'il peut satisfaire ou non son avidité sans éveiller de la colère et du mécontentement chez au moins un des parents, est illustrée d'une façon claire pour tous dans mes observations de la « situation établie ». Dans la mesure où le bébé est normal, l'un des principaux problèmes qui se présentent à lui est la relation avec deux personnes à la fois. Dans cette situation établie je parais être parfois le témoin du premier succès dans cette direction. A d'autres moments, je vois se refléter dans le comportement de l'enfant les succès et les échecs subis dans les tentatives qu'il fait pour parvenir à établir une relation avec deux personnes à la fois, à la maison. Il m'arrive d'être témoin du début d'une phase de difficultés à ce propos, ainsi que d'une guérison spontanée [2].

1. Voir page 42.

2. J'ai observé du début à la fin une maladie de deux semaines chez une petite fille de neuf mois. Elle eut des maux d'oreilles avec des troubles psychologiques secondaires. Ces troubles se caractérisaient par un manque d'appétit; de plus elle avait complètement cessé de manier des objets chez elle et de les mettre à la bouche. Dans la situation établie, l'enfant n'avait qu'à voir la spatule pour être prise d'une crise d'angoisse aiguë. Elle la repoussait comme si elle en avait peur. Pendant quelques jours, dans la situation établie, il paraissait y avoir des douleurs aiguës comme une manifestation de colique violente au lieu de ce qui est normalement de l'hésitation; il aurait été cruel de garder l'enfant longtemps chaque fois dans cette situation pénible. Les maux d'oreilles disparurent bientôt, mais il fallut quinze jours avant que l'intérêt de l'enfant pour les objets redevienne normal. La dernière phase de la guérison se présenta de façon dramatique, alors que l'enfant était avec moi. Elle était devenue capable d'attraper la spatule et de faire des tentatives furtives pour la mettre à la bouche. Tout à coup elle l'affronta, l'accepta, la mit à la bouche sans réticence et se mit à baver. Sa

C'est comme si les deux parents autorisaient la satisfaction des désirs de l'enfant à propos desquels il a des sentiments conflictuels en tolérant qu'il exprime ses sentiments à leur égard. En ma présence il ne peut pas toujours utiliser la considération que je montre pour ses points d'intérêt, ou bien il ne devient capable de le faire que graduellement.

Oser désirer et prendre la spatule et la faire sienne sans altérer en fait la stabilité de l'environnement immédiat est une expérience qui agit comme une sorte de leçon objectale ayant une valeur thérapeutique pour l'enfant. A l'âge envisagé et pendant toute l'enfance, une expérience de cet ordre ne rassure pas seulement pour un temps; des expériences heureuses et une atmosphère stable et bienveillante autour d'un enfant ont un effet cumulatif qui édifie sa confiance dans les gens du monde extérieur, et son sentiment de sécurité général. La croyance de l'enfant dans les choses bonnes et dans les bonnes relations à l'intérieur de lui-même se trouve ainsi fortifiée. De petites étapes de cet ordre vers la solution des problèmes centraux font partie de la vie quotidienne de la petite enfance et de l'enfance; chaque fois que le problème est résolu, une pierre s'ajoute à l'édifice de la stabilité générale de l'enfant et les fondements de son développement affectif s'en trouvent renforcés. Il ne sera donc pas surprenant si j'affirme qu'au cours de mes observations j'ai amené par ailleurs des modifications heureuses pour la santé de l'enfant.

Ces expériences sont totales

Ce qu'il y a de thérapeutique dans ce travail réside, à mon avis, dans le fait *qu'on laisse le champ à tout le cours d'une expérience.* On tirera de cela certaines conclusions concernant l'un des éléments d'un bon environnement pour un petit enfant. En s'occupant intuitivement d'un petit enfant, une mère laisse les diverses expériences se dérouler d'un bout à l'autre; elle continue à le faire jusqu'à ce que l'enfant soit assez âgé pour comprendre son point de vue. Elle répugne à interrompre des expériences telles que le repas, le sommeil ou la défécation. Dans mes observations, je donne artificiellement au petit enfant le droit de vivre de bout en bout une expérience qui présente pour lui une valeur particulière comme leçon objectale.

Dans la psychanalyse proprement dite, il y a quelque chose d'analogue. L'analyste laisse le malade fixer son allure et ne pouvant laisser

maladie psychologique secondaire était passée et l'on me rapporta qu'une fois rentrée chez elle, elle a manié les objets et les a mis à la bouche comme elle le faisait avant le début de la maladie.

la malade décider quand il vient et quand il part, ce qu'il fait de mieux dans ce sens, c'est qu'il fixe l'heure et la durée de la séance et s'en tient au temps qu'il a fixé. La psychanalyse diffère de ce travail avec les jeunes enfants par le fait que l'analyste va toujours à tâtons, cherchant son chemin parmi la masse de matériel offert et essayant de découvrir ce qui, pour le moment, a la forme et l'aspect de la chose qu'il a à donner au malade, ce qu'il appelle l'interprétation. Parfois, l'analyste trouvera important de chercher derrière la multitude de détails et de voir dans quelle mesure l'analyse qu'il mène pourrait être considérée dans des termes semblables à ceux où l'on voit la situation établie relativement simple que je viens de décrire. Chaque interprétation est un objet brillant qui excite la convoitise du malade.

Note sur le troisième stade

J'ai divisé assez artificiellement les observations en trois stades. J'ai examiné surtout le premier stade et l'hésitation qui y dénote le conflit. Le deuxième stade présente aussi beaucoup de points intéressants. L'enfant sent qu'il a la spatule en sa possession et qu'il peut maintenant en faire ce qu'il veut ou l'utiliser comme une extension de sa personnalité [1]. Ce n'est pas un thème que je développe dans le présent article. Au cours du troisième stade, le petit enfant pratique l'action de se débarrasser de la spatule, et je commenterai la signification de cette action. Dans ce troisième stade, il devient assez brave pour jeter à terre la spatule et prendre plaisir à s'en débarrasser, et je veux montrer comment cela me semble être en rapport avec le jeu que Freud (1920) a décrit, dans lequel le garçon maîtrise ses sentiments à l'égard du départ de sa mère. J'ai observé bien des années des enfants dans cette situation sans voir, ou sans reconnaître, l'importance de ce troisième stade. La découverte de l'importance de ce stade a eu une valeur pratique pour moi : alors que l'enfant qui est renvoyé au cours du deuxième stade est bouleversé par la perte de la spatule, une fois le troisième stade atteint l'enfant peut être emmené et peut laisser la spatule derrière lui sans qu'on le fasse pleurer.

Quoique j'aie toujours connu la description de Freud concernant le jeu de la bobine et que cela m'ait toujours encouragé à faire des observations détaillées sur le jeu du petit enfant, ce n'est que ces dernières années que j'ai vu le rapport étroit qu'il y a entre mon troisième stade et les remarques de Freud.

Il me semble maintenant que mes observations pourraient être

1. Voir : « Objets transitionnels et phénomènes transitionnels ».

considérées comme une extension – en remontant – de cette observation particulière de Freud. Je crois que la bobine, qui représente la mère de l'enfant, est rejetée pour indiquer qu'on se débarrasse de la mère parce que la bobine en sa possession avait représenté la mère *en sa possession.* M'étant familiarisé avec toute la succession d'incorporation, de rétention et de rejet, je vois maintenant que jeter la bobine fait partie d'un jeu, le reste étant sous-entendu, ou ayant été joué à un stade antérieur. En d'autres termes, lorsque la mère s'en va, ce n'est pas pour lui seulement une perte de la mère réelle extérieure; c'est aussi une mise à l'épreuve de la relation de l'enfant avec sa mère *introjectée.* Cette mère-là reflète dans une large mesure ses sentiments à lui et peut être aimante ou terrifiante ou passer rapidement d'une attitude à l'autre. Lorsqu'il découvre qu'il peut maîtriser sa relation avec sa mère intérieure, y compris son rejet agressif (Freud le fait apparaître clairement), il peut se permettre la disparition de sa mère *extérieure* et ne pas craindre trop son retour.

Ainsi, je suis parvenu à comprendre ces dernières années (en appliquant le travail de Mélanie Klein) le rôle joué mentalement, même chez le jeune enfant, par la crainte de la perte de la mère ou des deux parents en tant que possessions intérieures précieuses. Lorsque la mère quitte l'enfant, il a le sentiment d'avoir perdu non seulement une personne réelle, mais aussi la contrepartie qu'il a dans son esprit, car la mère dans le monde extérieur et la mère dans le monde intérieur sont encore très étroitement liées l'une à l'autre dans l'esprit de l'enfant et sont plus ou moins interdépendantes. La perte de la mère intérieure, qui a acquis pour l'enfant la valeur d'une source intérieure d'amour et de protection, celle de la vie même, renforce beaucoup la menace de la perte de la vraie mère. En outre, le petit enfant qui rejette la spatule (et je crois qu'il en est de même pour le garçon à la bobine) ne se débarrasse pas seulement d'une mère extérieure et intérieure qui a suscité son agressivité et qui est expulsée, et qui pourtant peut être ramenée; mais, à mon avis, il extériorise aussi une mère intérieure dont il craint la perte, afin de se démontrer à lui-même que cette mère intérieure, représentée maintenant par le jouet sur le sol, n'a pas disparu de son monde intérieur, n'a pas été détruite par l'acte d'incorporation, est encore bienveillante et veut bien qu'on joue avec elle. De la sorte, l'enfant révise ses relations avec les choses et avec les gens à la fois à l'intérieur et à l'extérieur de lui-même.

Ainsi, l'une des significations les plus profondes du troisième stade dans la situation établie est que l'enfant y gagne d'être assuré sur le sort de sa mère intérieure et sur son attitude; l'enfant est soulagé de l'humeur dépressive qui va de pair avec l'angoisse concernant la mère intérieure, et redevient heureux. On ne pourrait, bien entendu, jamais parvenir à ces conclusions par la seule observation, mais Freud non plus ne serait jamais parvenu à l'explication profonde du jeu avec la bobine sans la connaissance obtenue par l'analyse proprement dite. Dans les analyses par le jeu des jeunes enfants, nous pouvons constater que les tendances destructives, qui mettent en danger les personnes qu'aime l'enfant dans la réalité extérieure et dans son monde intérieur, entraînent de la peur, de la culpabilité et du chagrin. Il manque quelque chose jusqu'à ce que l'enfant sente que par ses activités ludiques il a pu réparer et ressusciter les personnes dont il craint la perte.

Résumé

Dans cet article, j'ai tenté de décrire un mode d'observation objective du petit enfant, basé sur l'observation objective de malades en analyse et étroitement liée en même temps à la situation ordinaire à la maison. J'ai décrit une situation établie, et j'ai donné ce que je considère être une succession normale (j'entends par là une suite saine) d'événements dans la situation établie. Dans cette succession, il y a bien des points où l'angoisse peut devenir manifeste ou latente ; j'ai attiré spécialement l'attention sur l'un de ces points que j'ai appelé le moment d'hésitation, en donnant le cas d'une petite fille de sept mois qui eut deux fois de l'asthme à ce stade. J'ai montré que l'hésitation est signe d'angoisse et indique l'existence d'un surmoi dans l'esprit de l'enfant et j'ai émis l'idée qu'on ne peut expliquer le comportement de l'enfant sans faire l'hypothèse de fantasmes infantiles.

On pourrait facilement imaginer d'autres situations établies qui feraient apparaître d'autres intérêts infantiles et illustreraient d'autres angoisses infantiles. La situation que je décris me paraît avoir l'avantage particulier que n'importe quel médecin peut l'utiliser, de sorte que mes observations peuvent être confirmées ou modifiées. Elle fournit aussi une méthode pratique qui permet de démontrer par la clinique, sans faire de mal aux patients, un certain nombre de principes de psychologie.

LE DÉVELOPPEMENT AFFECTIF PRIMAIRE [1]

(1945)

Il apparaîtra clairement d'après le titre de cet article que j'ai choisi un sujet très vaste. Tout ce que je puis tenter de faire, c'est un exposé préliminaire personnel, analogue au chapitre d'introduction d'un livre.

Je ne commencerai pas par un historique en exposant le développement de mes idées à partir des théories des autres, car mon esprit ne procède pas de la sorte. En fait, je glane une chose et une autre çà et là, me penche sur l'expérience clinique, élabore mes propres théories et puis, tout à la fin, je cherche à voir ce que j'ai volé et où. Peut-être cette méthode en vaut-elle une autre.

Une bonne partie du développement affectif primaire n'est pas connue ou n'est pas comprise convenablement, tout au moins en ce qui me concerne, et l'on pourrait bien m'opposer qu'il serait préférable de remettre cette discussion à cinq ou dix ans d'ici. A cela il faut arguer qu'il y a constamment des malentendus dans les réunions scientifiques de la Société; peut-être trouverons-nous que nous en savons déjà assez pour prévenir certains de ces malentendus en examinant ces états affectifs primitifs.

Intéressé essentiellement par l'enfant malade et le petit enfant, j'ai décidé qu'il me fallait étudier la psychose dans l'analyse. J'ai suivi à peu près une douzaine d'adultes psychotiques et l'analyse de la moitié d'entre eux a été assez poussée. Cela se passait pendant la guerre et je peux dire en passant que j'ai à peine remarqué le Blitz [2], car pendant toute sa durée j'étais occupé à l'analyse de psychotiques qui sont (c'est

1. Exposé fait à la Société britannique de Psychanalyse, le 28 novembre 1945. *Int. J. Psycho-Anal. Soc.*, XXVI, 1945.
2. Bombardement de Londres. (*N.d.T.*)

notoire et affolant) indifférents aux bombes, aux tremblements de terre et aux inondations.

J'ai par conséquent beaucoup à communiquer et à confronter aux théories actuelles, et peut-être faut-il considérer cet exposé comme un début.

En écoutant ce que j'ai à dire et en le critiquant, vous m'aidez à aborder l'étape suivante, qui est l'étude des sources de mes idées, à la fois dans le travail clinique et dans les publications des analystes. Il a été en fait extrêmement difficile d'exclure le matériel clinique de cet exposé, que je voulais néanmoins bref pour réserver du temps à la discussion.

Tout d'abord, il me faut préparer la voie. Je vais donc essayer de décrire différents types de psychanalyse. Il est possible de pratiquer l'analyse d'un patient relevant de ce traitement, si l'on prend en considération presque exclusivement la relation personnelle de l'intéressé avec autrui, ainsi que les fantasmes conscients et inconscients qui enrichissent et compliquent ces relations entre personnes totales. Tel est le schéma de la psychanalyse à l'origine. Depuis une vingtaine d'années, on nous a montré comment accroître notre intérêt pour le fantasme et à quel point le fantasme du patient sur son organisation intérieure et l'origine de ce fantasme dans l'expérience instinctuelle sont importants en soi [1]. On nous a montré en outre que, dans certains cas, c'est le fantasme du malade relatif à son organisation intérieure qui a une importance vitale, de sorte que l'analyse de la dépression et des défenses contre la dépression ne peut être réalisée en s'appuyant seulement sur les relations du patient envers des personnes réelles et sur ses fantasmes à leur égard. Cette nouvelle importante donnée à sa conception fantasmatique de lui-même a ouvert le vaste domaine de l'analyse de l'hypocondrie, selon laquelle le fantasme du patient concernant son monde intérieur lui fait imaginer aussi que celui-ci est localisé à l'intérieur de son propre corps. Il nous devient possible alors de relier dans l'analyse les changements qualitatifs dans le monde intérieur de l'individu à ses expériences instinctuelles. La qualité de ces expériences instinctuelles a expliqué la bonne et la mauvaise nature de ce qui est au-dedans, ainsi que son existence.

Il s'agissait là d'une progression naturelle en psychanalyse, qui impliquait une compréhension nouvelle mais pas une nouvelle technique. Cela conduisit rapidement à l'étude et à l'analyse de relations encore plus primitives, et c'est de celles-là que je me propose de par-

1. Cela apparaît principalement dans l'œuvre de Mélanie Klein.

ler. On n'a jamais douté de l'existence de ces types plus primitifs de relation objectale.

J'ai dit qu'aucune modification de la technique de Freud n'était nécessaire pour étendre les visées de l'analyse à la dépression et à l'hypocondrie. Il est également vrai, d'après mon expérience, que la même technique peut nous mener à des éléments encore plus primitifs, à condition bien entendu de prendre en considération les modifications de la situation transférentielle inhérentes à un travail de cet ordre.

Je veux dire par là qu'un patient pour lequel est nécessaire l'analyse de l'ambivalence dans les relations avec le monde extérieur a un fantasme de son analyste et du travail de l'analyste différent de celui du déprimé. Dans le premier cas, le travail de l'analyste est considéré comme fait par amour pour le patient, la haine étant déviée sur les choses haïssables. Dans le cas du déprimé, il faut que l'analyste comprenne que son travail est dans une certaine mesure l'effort qu'il fait pour faire face à sa dépression à lui, analyste, ou, devrais-je dire, à la culpabilité et à la peine qui résultent des éléments destructifs au sein de son amour à lui, analyste. Allons plus loin : pour le patient qui demande de l'aide à propos de sa relation objectale primitive, prédépressive, il faut que son analyste puisse voir l'amour et la haine non déplacés et concomitants, tels qu'il les éprouve pour ce patient. Dans des cas de cet ordre, la fin de la séance, la fin de l'analyse et l'application stricte des règles, tout cela joue comme d'importantes expressions de haine, de même que les bonnes interprétations sont des expressions d'amour et le symbole de bonne nourriture et de bons soins. Il serait utile de développer ce thème à fond.

Avant d'entreprendre directement une description du développement affectif primaire, j'aimerais faire apparaître clairement que l'analyse de ces relations primitives ne peut être entreprise que comme un prolongement de l'analyse de la dépression. Il est certain que ces types de relations primitifs, dans la mesure où ils apparaissent chez les enfants et les adultes, peuvent être un évitement devant les difficultés qui surgissent aux stades ultérieurs, d'après la conception classique de la régression. Il est bon que l'étudiant analyste apprenne d'abord à faire face à l'ambivalence dans les relations extérieures et au simple refoulement, avant d'en venir à l'analyse du fantasme du patient concernant le dedans et le dehors de sa personnalité et enfin à toute la série de ses défenses contre la dépression, y compris les origines des éléments persécuteurs. L'analyste peut certainement trouver ces derniers dans n'importe quelle analyse, mais il lui serait inutile et nuisible de s'en prendre aux relations principalement dépressives s'il n'était bien préparé à analyser l'ambivalence sans détour. De même, il est aussi inutile et même dangereux d'analyser les relations primitives prédépressives et de les interpréter telles qu'elles apparaissent dans le transfert, à moins que l'analyste ne soit tout préparé à faire face à la position dépressive, aux défenses contre la dépression et aux idées persécutrices qui apparaissent et s'offrent à l'interprétation à mesure que le patient progresse.

Il me reste à faire d'autres remarques préliminaires. On a souvent noté que, vers cinq ou six mois, il se produit un changement chez l'enfant qui nous donne plus de facilité pour parler de son développement affectif dans des termes qui s'appliquent aux êtres humains en général. Anna Freud insiste sur ce point et, d'après elle, cela implique que certains aspects des soins comptent davantage pour le tout petit que des personnes spécifiques. Bowlby a récemment exprimé l'opinion qu'avant six mois, les petits enfants ne sont pas d'une exigence individualisée et qu'ainsi la séparation d'avec leur mère ne les affecte pas de la même façon que s'ils ont plus de six mois. J'ai moi-même dit précédemment que les nourrissons atteignent un certain stade à six mois; ainsi, alors que bien des enfants de cinq mois saisissent un objet et le mettent à la bouche, ce n'est pas avant six mois en moyenne que l'enfant, après l'avoir mis à la bouche, commence à laisser tomber délibérément l'objet qu'il a saisi; cela fait partie de son jeu avec l'objet.

En spécifiant cinq à six mois, il n'est pas nécessaire de tenter d'être plus précis. Si un nourrisson de trois mois, ou même de deux mois ou moins, atteignait le stade de développement qu'il est commode dans une description générale de placer à cinq mois, il n'y aurait pas de mal.

A mon avis, le stade que nous décrivons en ce moment (et je pense qu'on sera d'accord avec cette description) est un stade très important. Dans une certaine mesure, c'est une question de développement physique, car l'enfant à cinq mois devient assez habile pour saisir un objet qu'il voit et peut bientôt le porter à la bouche. Il n'aurait pas pu le faire plus tôt. (Mais bien sûr il a peut-être voulu le faire. L'habileté et le désir ne sont pas exactement parallèles et nous savons que bien des progrès physiques, tels que la capacité de marcher, sont souvent retardés jusqu'à ce que le développement affectif libère la capacité physique. Quel que soit l'aspect physique de la question, il y a aussi l'aspect affectif.) On peut dire qu'à ce stade un petit enfant devient capable de montrer dans son jeu qu'il comprend qu'il a un « dedans » et que les choses viennent du dehors. Il montre qu'il sait qu'il s'enrichit de ce qu'il incorpore (physiquement et psychiquement). En outre, il montre qu'il sait qu'il peut se débarrasser de quelques chose quand il en a obtenu ce qu'il voulait. Tout cela représente un progrès énorme. Au début, cela n'arrive qu'une fois de temps en temps et toutes les particularités de ce progrès peuvent être perdues par régression à cause de l'angoisse.

Le corollaire de cette donnée, c'est que maintenant l'enfant est conscient que sa mère aussi a un « dedans », qui peut être riche ou pauvre, bon ou mauvais, en ordre ou pêle-mêle. En conséquence, il commence à être concerné par la mère, son état de santé mentale et ses humeurs. Chez bien des petits enfants, à six mois il y a déjà une relation équivalant à celle de personnes totales. Et quand un être humain sent qu'il est une personne ayant établi une relation avec d'autres personnes, il a déjà parcouru un long chemin dans le développement primaire.

Nous nous sommes donné pour tâche d'examiner ce qui se passe dans les sentiments du jeune enfant et dans sa personnalité avant le stade des cinq à six mois, mais qui peut être atteint plus tard ou plus tôt.

Une question se pose : quel est le moment le plus précoce où il se passe des choses importantes ? Par exemple, faut-il considérer l'enfant avant sa naissance ? Et dans ce cas, à quel moment après la conception la psychologie commence-t-elle à jouer un rôle ? Je répondrais que si le stade de cinq à six mois est important, la période autour de la naissance l'est aussi. Je m'appuie sur le fait qu'on peut noter de grandes différences suivant que l'enfant est prématuré ou né après terme. J'ajouterais qu'à la fin des neuf mois de gestation un enfant devient prêt au développement affectif et que si un enfant naît après terme il a atteint ce stade dans le ventre maternel et on est donc obligé de considérer ses sentiments avant et pendant la naissance. Par ailleurs, le prématuré ne ressent rien de vital avant d'avoir atteint l'âge auquel il aurait dû naître, c'est-à-dire quelques semaines après la naissance. En tout cas, cette suggestion peut servir de base de discussion.

Voici une autre question : sur le plan psychologique, quelque chose présente-t-il de l'importance avant cinq ou six mois ? Je sais que selon l'opinion sincère courante dans certains milieux la réponse est négative. Il faut tenir compte de cette opinion; mais ce n'est pas la mienne.

Cet article a pour principal objet d'exposer la thèse selon laquelle le développement affectif primaire de l'enfant, avant que l'enfant se connaisse (et connaisse donc les autres) – comme la personne totale qu'il est (et qu'ils sont) – a une importance vitale : en fait nous trouvons là les clefs de la psychopathologie des psychoses.

Les processus primaires de développement

Il y a trois processus qui, me semble-t-il, commencent très précocement : 1° l'intégration, 2° la personnalisation et 3°, à la suite de ces deux processus, l'appréciation du temps et de l'espace et d'autres caractères propres à la réalité – bref, la réalisation.

Une grande partie de ce que nous avons tendance à prendre comme allant de soi a eu un début et s'est développé à partir d'un état. Par exemple, maintes analyses se déroulent jusqu'à leur conclusion sans que le temps soit jamais mis en question ; mais un garçon de neuf ans qui aimait jouer avec Anne, âgée de deux ans, était extrêmement intéressé par l'attente d'un autre enfant. Il demandait : « Lorsque le bébé naîtra, sera-t-il né avant Anne ? » Il a un sens du temps très mal assuré. De même une psychotique ne pouvait pas adopter d'emploi du temps hebdomadaire parce que le mardi elle n'avait aucune idée s'il s'agissait du mardi de la semaine passée, de la semaine présente ou de la semaine suivante.

On tient souvent pour certaine la localisation de soi dans son propre corps et pourtant une psychotique en analyse en vint à reconnaître que, étant petite, elle pensait que son jumeau à l'autre bout du landau était elle. Elle était même surprise lorsqu'on prenait le jumeau et que pourtant elle ne bougeait pas. Son sens de ce qui était autre que soi n'était pas développé.

Une autre psychotique découvrit en analyse que, la plupart du temps, elle vivait dans sa tête, derrière ses yeux. Elle pouvait voir par ses yeux uniquement comme on voit par la fenêtre ; elle ne se rendait donc pas compte de ce que faisaient ses pieds et avait une certaine propension à tomber dans des trous et à buter. Elle n'avait pas « d'yeux dans les pieds ». Elle ne sentait pas sa personnalité localisée dans son corps, qui était analogue à une machine complexe qu'elle devait conduire avec un soin et une habileté toujours en éveil. Un autre malade vivait parfois à vingt mètres de hauteur dans une boîte qui n'était reliée à son corps que par un fil ténu. Dans notre clientèle, des exemples analogues de failles dans le développement primitif se présentent quotidiennement et, par eux, l'importance de processus tels que l'intégration, la personnalisation et la réalisation nous est remise en mémoire.

Il est permis de présumer que, au début théorique, la personnalité est non intégrée et que dans la désintégration régressive il y a un état primaire auquel amène la régression. D'où notre postulat qu'il y a une non-intégration primaire.

La désintégration de la personnalité est un syndrome psychiatrique bien connu et sa psychopathologie est très complexe; cependant, l'examen de ces phénomènes en analyse fait apparaître que l'état primaire de non-intégration est à la base de la désintégration et que le retard ou le défaut en matière d'intégration primaire prédispose à la désintégration en tant que régression ou en tant que suite d'échecs dans d'autres types de défense.

L'intégration commence dès le début de la vie, mais dans notre travail nous ne pouvons jamais la considérer comme allant de soi. Il nous faut l'expliquer et observer ses fluctuations.

Un exemple du phénomène de non-intégration nous est donné par un fait très commun : le patient donne chaque détail du week-end et se sent satisfait à la fin si tout a été dit, bien que l'analyste, lui, sente qu'aucun travail analytique n'a été accompli. Parfois, il nous faut interpréter cela comme le besoin qu'a le patient d'être connu d'un bout à l'autre par une personne, l'analyste. Être connu, cela signifie se sentir intégré au moins dans la personne de l'analyste. C'est habituel dans la vie du jeune enfant, et un enfant qui n'a pas eu une personne unique pour relier ses morceaux les uns aux autres part avec un handicap dans l'intégration de soi qu'il doit accomplir et peut-être ne peut-il y parvenir, ou tout au moins ne peut-il pas maintenir l'intégration avec toute la confiance en soi requise.

La tendance à intégrer reçoit l'assistance de deux séries d'expériences : la technique des soins infantiles qui fait que l'enfant est tenu au chaud, est manié, baigné, bercé et appelé par son nom, et aussi les expériences instinctuelles aiguës qui, de l'intérieur, rassemblent les éléments de la personnalité et en font un tout. Bien des enfants ont avancé sur la voie de l'intégration au cours de certaines périodes des premières vingt-quatre heures de vie. Chez d'autres, le processus est retardé, ou bien il y a des retours en arrière, en raison d'une inhibition précoce des accès voraces. Il y a de longues périodes de temps dans la vie d'un jeune enfant normal pendant lesquelles il lui importe peu qu'il soit en morceaux ou qu'il soit un être entier, ou qu'il vive dans le visage de sa mère ou dans son propre corps, à condition que de temps à autre il se rassemble et sente quelque chose. Par la suite, je m'efforcerai d'expliquer pourquoi la désintégration est effrayante alors que la non-intégration ne l'est pas.

Dans son environnement, c'est graduellement que des parcelles de la technique des soins, des visages vus, des sons entendus et des odeurs senties seront juxtaposées pour composer un seul être qu'on appellera la mère. Dans la situation transférentielle au cour de l'analyse des psychotiques, nous obtenons la preuve la plus claire que l'état psychotique de non-intégration a eu une place naturelle à un stade primitif du développement affectif de l'individu.

On suppose parfois qu'un individu en bonne santé est toujours intégré, qu'il vit dans son propre corps et qu'il est capable de sentir que le monde est réel. Il y a cependant bien des aspects de la santé mentale qui ont valeur de symptômes, chargés de crainte ou de déni de la folie, de crainte ou de déni de la capacité innée que possède tout être humain de devenir non intégré, dépersonnalisé et de sentir que le monde est irréel. Il suffit d'un manque de sommeil assez important pour que ces conditions apparaissent chez n'importe qui [1].

D'importance égale à l'intégration, il y a le développement du sentiment que l'on a de sa personne dans son corps. De même c'est l'expérience instinctuelle et les expériences paisibles, répétées des soins corporels qui édifient par degrés ce que l'on peut appeler une personnalisation satisfaisante. Et comme pour la désintégration, les phénomènes de dépersonnalisation de la psychose se rattachent à des retards de personnalisation précoces.

La dépersonnalisation est une chose courante chez les adultes et chez les enfants; elle se cache souvent par exemple dans ce qu'on appelle le profond sommeil et dans les accès de prostration avec pâleur cadavérique. « Elle est dans la lune », dit-on, et on a raison.

Un problème relié à celui de la personnalisation est celui des compagnons imaginaires de l'enfance. Ce ne sont pas de simples constructions fantasmatiques; une étude de l'avenir de ces compagnons imaginaires (dans l'analyse) montre que ce sont parfois d'autres *self* d'un type très primitif. Je ne donnerai pas ici une définition claire de ce que j'entends par là, car il est hors de mon propos d'expliquer maintenant cet aspect tout au long. Je me contenterai de dire que cette création très primitive et magique de compagnons imaginaires est facilement utilisée comme défense, car elle ignore magiquement toutes les angoisses associées à l'incorporation, la digestion, la rétention et l'expulsion.

1. Par l'intermédiaire de l'expression artistique, nous pouvons espérer rester en contact avec notre *self* primitif d'où proviennent les sentiments les plus intenses et même des sensations très aiguës, et nous sommes vraiment pauvres si nous ne sommes que sains.

La dissociation

C'est du problème de la non-intégration qu'est issu celui de la dissociation. Il peut être utile d'étudier la dissociation dans ses formes initiales ou naturelles. Selon mon point de vue, la non-intégration donne naissance à toutes sortes de ces phénomènes que l'on appelle alors des dissociations. Celles-ci surviennent lorsque l'intégration est inachevée ou partielle. Il y a, par exemple, des états de calme et des états d'excitation. A mon avis on ne peut dire qu'au début le petit enfant se rende compte qu'en éprouvant tel ou tel sentiment au berceau ou en prenant plaisir aux stimulations de la peau dans le bain, il est le même individu que lorsqu'il crie pour demander satisfaction immédiate, possédé par le besoin de s'en prendre à quelque chose et de détruire si le lait ne vient pas le satisfaire. Cela veut dire qu'il ne sait pas d'abord que la mère qu'il édifie par l'intermédiaire de ses expériences tranquilles est la même que la puissance derrière les seins qu'il a envie de détruire.

De même, j'estime qu'il n'y a pas nécessairement intégration entre un enfant endormi et un enfant éveillé. Cette intégration vient avec le temps. Une fois que les rêves sont remémorés et même communiqués en quelque sorte à une troisième personne, la dissociation est quelque peu interrompue, mais certaines personnes ne se souviennent jamais clairement de leurs rêves, et les enfants dépendent beaucoup des adultes pour parvenir à connaître leurs rêves. Il est normal que les petits enfants aient des rêves d'angoisse et des terreurs nocturnes. A ces moments-là, les enfants ont besoin de quelqu'un pour les aider à se souvenir de ce qu'ils ont rêvé. Chaque fois que l'on peut faire un rêve *et* se le remémorer, c'est précieux parce que cela représente une rupture de la dissociation. Si complexe que puisse être une telle dissociation chez l'enfant ou chez l'adulte, il n'en reste pas moins que son origine peut se trouver dans l'alternance naturelle des états de veille et de sommeil qui date de la naissance.

En fait, la vie éveillée du petit enfant peut sans doute être décrite comme une dissociation graduelle de l'état de sommeil.

La création artistique prend peu à peu la place des rêves ou les complète; elle est d'une importance vitale pour le bien-être de l'individu et par conséquent pour l'humanité.

La dissociation est un mécanisme de défense extrêmement répandu qui conduit à des résultats surprenants. Par exemple, la vie urbaine est une dissociation très grave pour la civilisation. De même la guerre et la paix. Les extrêmes dans les maladies mentales sont bien connus. Dans l'enfance, on voit apparaître la dissociation dans des conditions courantes telles que le somnambulisme, l'incontinence fécale, et dans certaines formes de strabisme, etc. Il est très facile de passer à côté de la dissociation lorsqu'on évalue une personnalité.

L'ADAPTATION À LA RÉALITÉ

Maintenant supposons l'intégration acquise. Nous abordons alors un autre sujet immense : la relation primaire à la réalité extérieure. Dans les analyses ordinaires, nous pouvons considérer comme allant de soi, et c'est ce que nous faisons, cette étape du développement affectif qui est extrêmement complexe ; lorsqu'elle est franchie, elle représente un grand progrès dans le développement affectif ; mais elle n'est pourtant jamais achevée, ni fixée. Bien des cas que nous considérons comme ne relevant pas de l'analyse sont inanalysables si nous ne sommes pas capables de traiter les difficultés transférentielles qui sont afférentes à un défaut essentiel de relation authentique avec la réalité extérieure. Si nous admettons l'analyse de psychotiques, nous trouvons que dans certaines analyses ce défaut essentiel de relation authentique avec la réalité extérieure constitue presque tout le problème.

Je m'efforcerai de décrire dans les termes les plus simples possibles ce phénomène tel que je le vois. Sous l'angle de l'enfant et du sein de la mère (je ne prétends pas que le sein soit essentiel comme moyen de transmission de l'amour maternel), l'enfant a des pulsions instinctuelles et des idées prédatrices. La mère a un sein et le pouvoir de produire du lait et l'idée qu'elle aimerait être attaquée par un bébé affamé. Ces deux phénomènes ne viennent en relation l'un avec l'autre qu'au moment où la mère et l'enfant ont un *vécu commun.* La mère en raison de sa maturité et de sa capacité physique doit être l'élément de tolérance et de compréhension, de sorte que c'est elle qui produit une situation qui, avec de la chance, aboutira au premier lien qu'établit l'enfant avec un objet extérieur, un objet qui est extérieur au *self* du point de vue de l'enfant.

Le processus est pour moi comme si deux droites venaient de directions opposées, et qu'elles étaient susceptibles de venir l'une près de l'autre ; si elles se recouvrent il y a un moment d'*illusion* – une parcelle de vécu que l'enfant peut prendre *soit* comme son hallucination, *soit* comme une chose qui appartient à la réalité extérieure.

En d'autres termes, l'enfant vient au sein dans un état d'excitation et prêt à halluciner quelque chose qui est susceptible d'être attaqué. A ce moment-là, le téton réel apparaît et il peut sentir que c'était cela qu'il hallucinait. Ainsi ses idées s'enrichissent de détails réels dus à la vue, au toucher, à l'odorat, et la fois suivante, ce matériel est utilisé dans l'hallucination. C'est ainsi que s'édifie peu à peu sa capacité de faire apparaître ce qui est, en fait, disponible. Il faut que la mère continue à donner à l'enfant ce type d'expérience. Ce processus est extrêmement simplifié si les soins sont donnés à l'enfant par une seule personne selon une seule technique. C'est comme si l'enfant était réellement destiné à être soigné dès la naissance par sa mère ou sinon par une mère adoptive, et non par plusieurs nourrices.

C'est surtout au début que les mères ont un rôle d'une importance vitale, et en fait c'est à la mère qu'il appartient de protéger l'enfant de complications qui ne peuvent pas encore être comprises par l'enfant, et de lui fournir sans cesse la parcelle simplifiée de monde que l'enfant vient à connaître par son truchement. Ce n'est que sur de telles bases qu'on peut édifier l'objectivité ou une attitude scientifique. Tout défaut d'objectivation à quelque date que ce soit est en rapport avec une carence à ce stade du développement affectif primaire. Ce n'est qu'en se fondant sur la monotonie qu'une mère peut réussir à enrichir le monde de son enfant.

Après l'acceptation de la réalité extérieure, vient l'avantage que l'on peut en tirer. Nous entendons souvent parler des frustrations très réelles imposées par la réalité extérieure, mais bien souvent du soulagement et de la satisfaction qu'elle apporte. Le lait réel satisfait si on le compare au lait imaginaire, mais là n'est pas la question. La question, c'est que dans le fantasme tout procède de la magie; il n'y a pas de frein au fantasme, et l'amour et la haine ont des effets alarmants. La réalité extérieure, elle, a des freins et peut être étudiée et connue, et, en fait, l'extrême dans le fantasme n'est tolérable que lorsque la réalité objective est bien appréciée. Le subjectif a une valeur immense, mais il est si alarmant et magique qu'on ne peut en jouir si ce n'est en parallèle à l'objectif.

On verra que le fantasme n'est pas une chose que l'individu crée pour faire face aux frustrations de la réalité extérieure. Cela n'est vrai que du fait de fantasmer *(fantasying)*. Le fantasme est plus primaire que la réalité et l'enrichissement du fantasme à partir des richesses du monde dépend de l'expérience de l'illusion.

Il est intéressant d'examiner la relation de l'individu avec les objets dans le monde du fantasme créé par lui-même. En fait, il y a tous les degrés du développement et de l'élaboration dans ce monde créé par soi suivant la quantité d'illusion qui a été vécue; les degrés varient aussi selon que le monde ainsi créé a su (ou non) utiliser comme matériaux les objets du monde extérieur perçus par l'individu. Il est évident que cela mérite d'être développé plus au long dans un autre cadre.

Dans l'état le plus primitif, qui peut être maintenu dans la maladie et vers lequel il peut y avoir régression, l'objet se comporte selon des lois magiques, c'est-à-dire qu'il existe quand il est désiré, il approche quand il est approché, il blesse quand il est blessé. Enfin il disparaît quand il n'est pas désiré.

Ce dernier aspect est le plus terrifiant et c'est la seule annihilation réelle; ne pas désirer, à la suite de la satisfaction, c'est annihiler l'objet. C'est une des raisons pour lesquelles les petits enfants ne sont pas toujours heureux et contents après un repas qui les a satisfaits. Un de mes patients a traîné cette crainte jusqu'à l'âge adulte et n'est parvenu à la dépasser qu'en analyse : c'était un homme qui avait eu une expérience primitive extrêmement bonne avec sa mère et à la maison [1]. Ce qu'il craignait le plus était la satisfaction.

Je me rends compte que je n'ai donné là qu'un schéma grossier du vaste problème que représentent les étapes initiales du développement d'une relation avec la réalité extérieure, et la relation du fantasme à la réalité. Il nous faut bientôt y ajouter des idées d'incorporation. Mais à l'origine il faut un simple *contact* avec la réalité extérieure ou avec la réalité partagée – l'enfant hallucinant et le monde offrant –, avec des moments d'illusion pour l'enfant où il considère les deux aspects comme identiques, ce qu'ils ne sont jamais en fait.

Pour que cette illusion se produise dans l'esprit du petit enfant, il faut qu'un être humain se donne le mal de mettre constamment le monde à la portée de l'enfant sous une forme limitée, qui convient aux besoins de l'enfant. C'est pour cette raison qu'un petit enfant ne peut exister seul, ni psychologiquement ni physiquement, et a réellement besoin qu'une seule personne lui dispense des soins au début.

L'illusion est un sujet très vaste qui mérite d'être étudié; on verra qu'il offre la clef de l'intérêt des enfants pour les bulles, les nuages, les arcs-en-ciel et tous les problèmes mystérieux, et aussi leur intérêt pour la peluche qui est très difficile à expliquer en fonction de l'instinct direct. C'est ici aussi que se rattache l'intérêt à l'égard du souffle, et l'impossibilité de décider s'il vient primitivement de l'intérieur ou de l'extérieur, et sur lequel se fonde la conception de l'esprit, de l'âme, du souffle vital, de l'*anima*.

1. Je ne mentionnerai qu'une seule autre raison qui fait que le petit enfant n'est pas satisfait de la satisfaction. Il a le sentiment d'être dupé. Il avait l'intention, pourrait-on dire, de se livrer à une attaque de cannibale et il a été mis hors de combat par un sédatif, la nourriture. En mettant les choses au mieux, il peut remettre l'attaque à plus tard.

La cruauté primitive (stade de la pré-sollicitude, *pre-concern)*

Nous sommes maintenant en mesure d'observer la relation du type le plus primitif entre un enfant et sa mère.

Si l'on présume que l'individu en train de s'intégrer et de se personnaliser est en bonne voie dans sa réalisation, il a encore beaucoup de chemin à faire avant d'établir une relation de personne totale à une mère totale et avant qu'il soit intéressé par l'effet que ses propres pensées et actions ont sur elle.

Il nous faut postuler une relation objectale de cruauté précoce. Il se peut encore une fois que ce stade soit purement théorique, et il est certain que personne ne peut être impitoyable après le stade suivant, sauf dans un état de dissociation. Toutefois les états de dissociation cruelle sont courants dans la petite enfance et apparaissent dans certains types de délinquance et de folie, et dans la santé ils doivent être accessibles. L'enfant normal prend plaisir à une relation cruelle avec sa mère, qui se manifeste surtout dans le jeu, et il a besoin de sa mère parce qu'on ne peut attendre que d'elle seule de tolérer sa relation cruelle même dans le jeu, car cela lui fait vraiment mal et cela l'épuise. S'il n'a pas ce jeu avec elle, il ne peut que cacher un *self* cruel et lui donner vie dans un état de dissociation [1].

Je mentionnerai ici l'immense peur de désintégration opposée à la simple acceptation de la non-intégration primaire. Une fois que l'individu a atteint l'étape suivante, celle de la sollicitude, il ne pourra plus ignorer le résultat de ses impulsions ou l'action de fractions de lui telles que la bouche qui mord, les yeux qui poignardent, les cris perçants, la gorge lors de la tétée, etc. La désintégration, c'est l'abandon aux pulsions, aux pulsions non contrôlées parce que leur action est indépendante; en outre, cela évoque l'idée de pulsions qui sont pareillement non contrôlées (parce que dissociées) mais dirigées contre soi [2].

La vengeance primitive

Revenons d'un demi-stade en arrière. Je crois qu'il est habituel d'établir en postulat une relation objectale encore plus primitive dans

1. Il existe dans la mythologie un personnage cruel, impitoyable : Lilith, dont il pourrait être utile d'étudier l'origine.

2. Non seulement les crocodiles versent des larmes lorsqu'ils ne sont pas tristes, des larmes de pré-sollicitude, mais ils représentent aussi le *self* primitif cruel.

laquelle l'objet agit sur un mode de rétorsion. C'est antérieur à une relation authentique avec la réalité extérieure. Dans ce cas, l'objet, ou l'environnement, fait autant partie du *self* que l'instinct qui le fait surgir [1]. Dans l'introversion d'origine précoce et par conséquent d'une qualité primitive, l'individu vit dans son environnement qui est lui-même, et c'est une vie très pauvre. Il n'y a pas de croissance parce qu'il n'y a pas d'enrichissement apporté par la vie extérieure.

Pour illustrer l'application de ces idées, j'ajouterai une note sur la succion du pouce (y compris celle du poing et des doigts). On peut l'observer à partir de la naissance et on peut dire que cela comporte une signification qui de primitive va jusqu'à l'élaboration. Son importance est à la fois celle d'une activité normale et celle d'un symptôme de trouble affectif.

Sucer le pouce par auto-érotisme est un aspect de la question qui nous est familier. La bouche est une zone érogène particulièrement organisée dans la petite enfance et l'enfant qui suce son pouce éprouve du plaisir. Il a aussi des idées teintées de plaisir.

La haine s'exprime aussi lorsque l'enfant abîme son doigt en le suçant avec trop de vigueur ou trop continuellement, et en tout cas il se met bientôt à ronger ses ongles : autre manière de faire face à cet aspect de ses sentiments. Il sera aussi susceptible de s'abîmer la bouche. Mais il n'est pas certain que tout le dommage ainsi causé à un doigt ou à la bouche fasse partie de la haine. Il semble qu'il y ait là un autre élément; si l'enfant doit avoir du plaisir, il faut que quelque chose en souffre : l'objet de l'amour primitif souffre d'être aimé, sans parler du fait qu'il est haï.

Nous pouvons voir dans ces manifestations (sucer son doigt et se ronger les ongles surtout) un retournement sur soi de l'amour et de la haine, pour des raisons telles que le besoin de préserver l'objet extérieur auquel on s'intéresse. Nous voyons aussi un retournement sur soi devant la frustration dans l'amour d'un objet extérieur.

Ce sujet n'est pas épuisé par ce que je viens de dire et mérite plus ample examen.

Je suppose que l'on ne contestera pas que sucer son pouce, c'est

1. Cet élément est important en raison de notre relation avec la psychologie analytique de Jung. Nous essayons de tout réduire à l'instinct et l'analyste jungien réduit tout à cette partie du *self* primitif qui ressemble à l'environnement mais qui provient de l'instinct (archétypes). Nous devrions modifier notre point de vue afin d'englober les deux idées pour voir (si c'est exact) que dans le stade primitif théorique le plus précoce le *self* a son propre environnement de création autonome qui est autant le *self* que les instincts qui le produisent. Ce thème demanderait à être développé.

une consolation, pas seulement un plaisir; le poing ou le doigt remplace le sein, ou la mère ou quelqu'un d'autre. Voici un exemple : un enfant de quatre mois environ a réagi à la perte de sa mère en ayant tendance à enfoncer son poing au fond de la gorge et il en serait mort si on ne l'avait pas physiquement empêché de le faire.

Alors que sucer son pouce est une action normale et universelle, qui s'est étendue à l'utilisation de la sucette, et en fait à diverses activités d'adultes normaux, il n'en est pas moins vrai que cette habitude persiste dans les personnalités schizoïdes et dans ces cas-là c'est une activité extrêmement compulsive. Chez un de mes jeunes patients, à dix ans cette activité s'est transformée en compulsion à lire sans cesse.

On ne peut expliquer ces phénomènes si ce n'est en se fondant sur le fait qu'on s'efforce, en agissant ainsi, de localiser l'objet (le sein, etc.), pour le tenir à mi-chemin entre l'intérieur et l'extérieur. Il s'agit là d'une défense contre la perte de l'objet soit dans le monde extérieur, soit dans l'intérieur du corps, c'est-à-dire contre la perte du contrôle sur l'objet.

Je ne doute pas que l'activité normale de succion du pouce ait aussi cette fonction.

L'importance de l'élément auto-érotique n'apparaît pas toujours clairement et il est certain que l'utilisation de la sucette et du poing devient bientôt nettement une défense contre les sentiments d'insécurité et d'autres angoisses d'une espèce primitive.

Finalement, sucer le poing représente une dramatisation utile de la relation d'objet primitive dans laquelle l'objet est autant l'individu que l'est le désir d'un objet, parce que l'objet est créé à partir du désir, ou est halluciné, et se trouve, au début, indépendant de la coopération provenant de la réalité extérieure.

Certains petits enfants mettent un doigt dans la bouche alors qu'ils tètent, s'accrochant ainsi (d'une certaine façon) à une réalité créée par soi tout en utilisant la réalité extérieure.

RÉSUMÉ

Essai d'une formulation des processus affectifs primaires qui sont normaux dans la petite enfance et qui apparaissent régressivement dans les psychoses.

LA HAINE DANS LE CONTRE-TRANSFERT [1]

(1947)

Je me propose d'examiner dans cet article un aspect du thème global de l'ambivalence : la haine dans le contre-transfert. Je crois que la tâche de l'analyste (appelez-le un chercheur en psychanalyse) qui entreprend l'analyse d'un psychotique est sérieusement alourdie par ce phénomène et cette analyse de psychotique devient impossible si la propre haine de l'analyste n'est pas extrêmement bien dégagée et consciente. Cela revient à dire que l'analyste doit être lui-même analysé, mais c'est dire aussi que l'analyse d'un psychotique est ingrate comparée à celle d'un névrotique et que c'est là un caractère qui lui est inhérent.

Sans parler du traitement psychanalytique, il est forcément ingrat de s'occuper d'un psychotique. A différentes reprises, j'ai fait des remarques très critiques sur les tendances modernes de la psychiatrie, avec ces électrochocs trop faciles et ces leucotomies trop draconiennes (Winnicott, 1947, 1949). En raison des critiques que j'ai exprimées, je voudrais être des premiers à reconnaître l'extrême difficulté inhérente à la tâche du psychiatre et de l'infirmière psychiatrique en particulier. Les malades mentaux représentent forcément une lourde charge affective pour ceux qui les soignent. On peut pardonner à ceux qui sont engagés dans ce travail de faire parfois des choses affreuses. Cela ne veut pourtant pas dire que nous devons accepter tout ce que font les psychiatres et les neuro-chirurgiens comme en accord avec des principes scientifiques.

C'est pourquoi ce qui suit, tout en concernant la psychanalyse, a réellement de la valeur pour le psychiatre, même si son travail ne le

1. D'après un exposé fait à la Société britannique de Psychanalyse, le 5 février 1947. *Int. J. Psycho-Anal.*, XXX, 1949.

fait entrer d'aucune façon dans une relation de type analytique avec les patients.

Pour aider celui qui pratique la psychiatrie générale, le psychanalyste ne doit pas se contenter d'étudier pour lui les stades primitifs du développement affectif de l'individu malade; il lui faut aussi étudier la nature du fardeau affectif que le psychiatre supporte dans son travail. Il est nécessaire que ce que nous, analystes, appelons le contre-transfert soit compris aussi du psychiatre. Quel que soit son amour pour ses malades, il ne peut éviter de les haïr et de les craindre, et mieux il le sait, moins il laissera la haine et la crainte déterminer ce qu'il leur fait.

On peut classer les phénomènes de contre-transfert comme suit :

1. La déviation des sentiments contre-transférentiels, et des relations et identifications établies qui sont refoulées chez l'analyste. Ce qu'on peut dire à ce propos, c'est que l'analyste a besoin de poursuivre son analyse et selon nous, c'est un problème moins chez psychanalystes que chez les psychothérapeutes en général.
2. Les identifications et les tendances qui relèvent des expériences personnelles d'un analyste et de son développement personnel offrent le cadre positif à son travail analytique et le rendent différent qualitativement de celui de tout autre analyste.
3. Je distinguerai de ces deux catégories le contre-transfert authentiquement objectif ou, si cela est difficile, à partir d'une observation objective, l'amour et la haine de l'analyste en réaction à la personnalité et au comportement actuels du patient.

A mon avis, si un analyste doit analyser des psychotiques ou des individus antisociaux, il faut qu'il puisse avoir si complètement conscience du contre-transfert qu'il soit à même de distinguer ses réactions *objectives* à l'égard du patient et les examiner. Celles-ci comprennent la haine. Les phénomènes de contre-transfert seront parfois les éléments importants de l'analyse.

Ce que je veux faire entendre, c'est que le patient n'apprécie dans l'analyste que ce qu'il est lui-même capable de sentir. En matière de motif : *l'obsessionnel* aura tendance à penser que l'analyste fait son travail d'une façon obsessionnelle et futile. Un *hypomane* qui est incapable d'être déprimé, sauf dans une grave oscillation d'humeur, et qui n'a pas acquis fermement la position dépressive dans son développement affectif, qui ne peut pas se sentir coupable profondément, ou concerné, ou responsable, est incapable de voir le travail de l'analyste comme une tentative pour réparer, eu égard à ses sentiments de culpabilité à lui, analyste. *Un névrosé* a tendance à considérer l'analyste comme ambivalent à l'égard du patient et s'attendra à ce que l'analyste montre un clivage d'amour et de haine : ce patient, quand il a de la chance, reçoit l'amour, parce que quelqu'un d'autre a la haine de l'analyste. Ne devrait-il pas s'ensuivre que si un *psychotique* est dans un état de sentiments où « coïncident l'amour et la haine », il ressent la conviction profonde que l'analyste lui aussi est seulement capable d'une relation à l'état brut, dangereuse, où coïncident amour et haine ? Si l'analyste montre de l'amour, il tuera sûrement le patient du même coup.

Cette coïncidence de l'amour et de la haine est une chose qui se retrouve de façon caractéristique dans l'analyse des psychotiques, soulevant des problèmes d'aménagement de la cure (*management*) qui peuvent aisément dépasser les ressources de l'analyste. Cette coïncidence de l'amour et de la haine à laquelle je me réfère est distincte du facteur agressif compliquant la pulsion libidinale primitive et implique que, dans l'anamnèse du patient, il y a eu une carence de l'environnement au moment des premières pulsions instinctuelles à la recherche de l'objet.

Si l'analyste doit se voir imputer des sentiments de ce type, il vaut mieux qu'il soit prévenu et donc bien armé, car il lui est nécessaire de tolérer d'être placé dans cette position. Avant tout, il ne faut pas qu'il nie la haine qui existe réellement en lui. La haine *qui est justifiée* dans la situation présente doit être dégagée et mise de côté, en quelque sorte, pour une interprétation éventuelle.

Si nous souhaitons pouvoir être analystes de psychotiques, il faut être remonté jusqu'aux choses les plus primitives en nous; un exemple de plus du fait que la réponse à bien des problèmes obscurs de la pratique psychanalytique réside dans une analyse plus poussée de l'analyste. (La recherche psychanalytique est peut-être toujours, dans une certaine mesure, une tentative de la part d'un analyste de pousser le travail de sa propre analyse plus loin que n'a pu le faire son analyste à lui.)

Une tâche majeure de l'analyste de n'importe quel malade, c'est de rester objectif à l'égard de tout ce que le malade apporte, et le besoin de l'analyste de pouvoir haïr son malade objectivement en est un cas particulier.

N'y a-t-il pas de nombreuses situations dans notre travail analytique où la haine de l'analyste est justifiée ? Un de mes patients très obsessionnel a presque suscité mon aversion pendant des années. Je me suis senti mal à l'aise à ce sujet jusqu'à ce que l'analyse ait franchi un tournant et que le malade soit devenu sympathique : je réalisai alors que cette impossibilité d'être aimé avait été un système actif, déterminé inconsciemment. Ce fut vraiment un jour merveilleux pour moi lorsque (bien plus tard) il me fut possible de dire au patient que moi et ses amis, nous avions eu le sentiment qu'il suscitait notre répulsion, mais qu'il avait été trop malade pour que nous puissions le lui faire savoir. Ce fut un jour important aussi pour lui, marquant un progrès immense dans son adaptation à la réalité.

Dans l'analyse ordinaire, l'analyste n'a pas de difficulté à manier sa propre haine. Cette haine reste latente. La chose principale est, bien entendu, que par sa propre analyse, il se soit libéré des vastes accumulations de haine inconsciente appartenant au passé et aux conflits intérieurs. Il y a d'autres raisons pour lesquelles la haine reste inexprimée ou n'est même pas ressentie; en voici :

L'analyse est le travail que j'ai choisi, la façon dont je sens que j'affronte le mieux ma propre culpabilité. C'est ainsi que je m'exprimerai d'une manière constructive.

Je suis payé, ou je suis en formation pour trouver une place dans la société par le travail psychanalytique.

Je découvre des choses.

J'obtiens des satisfactions immédiates par identification au patient, qui est en progrès, et je peux prévoir encore d'autres satisfactions plus grandes après la fin du traitement.

En outre, comme analyste, j'ai des façons d'exprimer la haine. La haine s'exprime par le fait que chaque séance a une fin.

Je crois que cela est vrai même s'il n'y a aucune difficulté, si le patient est content de partir. Dans bien des analyses, on peut considérer que ces choses vont de soi, de sorte qu'on les mentionne à peine, et le travail analytique est effectué à travers l'interprétation verbale du transfert inconscient naissant du patient. L'analyste reprend le rôle de l'un ou l'autre des personnages bienfaisants de l'enfance de l'analysé. Il encaisse le bénéfice du sale travail effectué par d'autres lorsque l'analysé était petit.

Ces choses font partie de la description du travail psychanalytique ordinaire, qui s'adresse surtout à ceux des patients qui souffrent de symptômes de qualité névrotique.

Dans l'analyse des psychotiques, pourtant, l'analyste assume une tension bien différente en quantité et en qualité, et c'est précisément cette différence que j'essaie de décrire ici.

Récemment, au cours d'une période qui s'est étendue sur quelques jours, je trouvais que mon travail était mauvais. Je faisais des erreurs à l'égard de chacun de mes malades. La difficulté résidait en moi et m'était personnelle pour une part; mais elle était principalement en rapport avec un point extrême atteint dans ma relation avec une patiente psychotique particulière (travail de recherche). La difficulté fut élucidée lorsque j'eus ce qu'on appelle parfois un rêve « curatif ». (J'ajouterai incidemment qu'au cours de mon analyse et dans les années qui se sont écoulées depuis sa conclusion, j'ai eu une longue série de ces rêves curatifs; quoique désagréables dans bien des cas, chacun d'entre eux a marqué mon avènement à un nouveau stade de développement affectif.)

Cette fois-là, je me suis rendu compte de la signification de ce rêve en m'éveillant et même avant de m'éveiller. Le rêve avait deux phases. Dans la première, je me trouvais au « poulailler » dans un théâtre et regardais au-dessous de moi les gens à l'orchestre. Je me sentais très angoissé, comme si je pouvais perdre un membre. J'y associai le sentiment que j'avais éprouvé en haut de la tour Eiffel, le sentiment que ma main se détacherait et tomberait en bas si je la passais par-desus la rambarde. Ce serait là une angoisse de castration ordinaire.

Dans la phase suivante du rêve, je me rendais compte que les gens à l'orchestre regardaient une pièce et à travers eux, j'étais maintenant en rapport avec ce qui se passait sur la scène. Une angoisse d'un autre type apparut. Je sus que mon corps était complètement dépourvu de côté droit. Ce n'était pas un rêve de castration. C'était le sentiment de ne pas avoir cette partie du corps.

Comme je m'éveillais, je me rendis compte que j'avais compris à un niveau très profond quelle était ma difficulté à ce moment-là. La première partie du rêve représentait les angoisses ordinaires qui peuvent surgir devant les fantasmes inconscients de mes patients névrosés. Je serais en danger de perdre la main ou les doigts si ces malades s'y intéressaient. J'étais familiarisé avec ce type d'angoisse et elle était relativement tolérable.

La seconde partie du rêve se rapportait toutefois à ma relation avec la patiente psychotique. Cette patiente me demandait de n'avoir aucune relation avec son corps, même pas une relation imaginaire ; il n'y avait pas de corps qu'elle reconnût pour sien et si elle existait le moins du monde, elle ne pouvait se sentir que comme esprit. Toute référence à son corps produisait des angoisses paranoïdes, parce que prétendre qu'elle avait un corps c'était la persécuter. Ce qu'elle voulait de moi, c'était que je n'aie qu'un esprit s'adressant à son esprit. Au point culminant de mes difficultés, le soir qui précédait le rêve, je m'étais irrité et lui avais dit que ce qu'elle voulait de moi ne valait guère mieux que de couper un cheveu en quatre. Cela avait eu un effet désastreux et il fallut des semaines avant que l'analyse surmonte mon erreur. Pourtant, l'essentiel était que je comprenne mon angoisse, ce qui était représenté dans le rêve par l'absence du côté droit de mon corps, lorsque j'essayais d'entrer en relation avec la pièce de théâtre que regardaient les gens aux fauteuils d'orchestre. Ce côté droit de mon corps était le côté en rapport avec cette patiente-là et était donc affecté par son besoin de nier absolument une relation même imaginaire de nos corps. Cette dénégation produisait en moi ce type d'angoisse psychotique, bien moins tolérable que l'angoisse de castration ordinaire. Quelles qu'aient été les autres interprétations possibles à propos de ce rêve, le fait que je l'avais rêvé et que je me l'étais remémoré me permit de reprendre cette analyse et même de guérir le mal causé par mon irritabilité. L'origine de cette irritabilité se trouvait donc dans une angoisse réactionnelle d'une qualité propre à mon contact avec une patiente qui n'avait pas de corps.

L'analyste doit être prêt à supporter la tension sans s'attendre à ce que le patient sache quoi que ce soit de ce qu'il fait, peut-être pour une longue période. Pour y parvenir, il faut qu'il puisse se rendre compte facilement de sa crainte et de sa haine à lui. Il est dans la position de la mère d'un enfant à naître ou nouveau-né. Éventuellement, il devra être capable de dire au malade ce qu'il a supporté de sa part, mais il se peut qu'une analyse n'en vienne jamais là. L'expérience satisfaisante vécue dans le passé par le patient est peut-être trop restreinte pour qu'on puisse travailler dessus. Que se passe-t-il s'il n'y a pas de relation satisfaisante de la petite enfance que puisse exploiter l'analyste dans le transfert?

Il y a une énorme différence entre les patients qui ont eu des expériences précoces satisfaisantes, que l'on peut découvrir dans le transfert, et ceux dont les expériences très précoces ont été si déficientes ou si distordues que l'analyste doit être le premier dans la vie du malade à lui fournir certains éléments d'environnement essentiels. Dans le traitement d'un patient de cette catégorie, toutes sortes de choses revêtent une importance vitale dans la technique analytique, des choses dont on peut présumer l'existence dans le traitement de patients de l'autre catégorie.

J'ai demandé à un collègue s'il pratiquait l'analyse dans l'obscurité, et il me répondit : « Non, bien sûr! notre travail consiste certainement à fournir un environnement ordinaire : et l'obscurité serait extraordinaire. » Il était surpris de ma question. Il pensait à l'analyse des névrosés. Le fait de fournir et maintenir un environnement ordinaire peut être en soi une chose encore plus vitale dans l'analyse d'un psychotique : c'est parfois même, à certains moments, plus important que les interprétations verbales qui doivent aussi être données. Pour le névrosé, le divan, la chaleur et le confort peuvent être *symbole* de l'amour maternel; pour le psychotique il serait plus exact de dire que ces choses *sont* l'expression physique de l'amour de l'analyste. Le divan *est* le giron de l'analyste ou son ventre et la chaleur *est* la chaleur vivante du corps de l'analyste. Et ainsi de suite.

Il y a, je l'espère, une progression dans l'exposé de mon sujet. La haine de l'analyste est ordinairement latente et est facilement maintenue ainsi. Dans l'analyse de psychotiques, l'analyste a plus de pression à supporter pour maintenir sa haine latente. Il n'y parvient que s'il s'en rend tout à fait compte. J'ajoute qu'à certains stades de certaines analyses la haine de l'analyste est effectivement recherchée par le malade, et ce qui est nécessaire alors, c'est la haine qui est objective. Si le patient cherche de la haine objective ou justifiée, il faut qu'il puisse l'atteindre, sinon il n'aura pas le sentiment que l'amour objectif peut être à sa portée.

Il peut être utile de citer ici le cas de l'enfant au foyer dissocié, ou de l'enfant sans parents. L'enfant de cette catégorie passe son temps à chercher inconsciemment ses parents. Il est notoirement insuffisant de prendre cet enfant chez soi et de l'aimer. Ce qui se passe, c'est qu'après un certain temps un enfant ainsi adopté acquiert de l'espoir et tend alors de mettre l'environnement qu'il a trouvé à l'épreuve et cherche à s'assurer que ses tuteurs sont capables de haïr objectivement. Il semble qu'il puisse croire qu'il est aimé, seulement après avoir réussi à être haï.

Au cours de la Seconde Guerre mondiale, un garçon de neuf ans fut envoyé de Londres dans un foyer pour enfants réfugiés, non pas à cause des bombardements mais pour vagabondage. J'espérais lui faire suivre un traitement au cours de son séjour au foyer, mais son symptôme prévalut et il s'enfuit, comme il l'avait toujours fait de partout, depuis l'âge de six ans où il s'était enfui de la maison pour la première fois. J'avais toutefois établi un contact avec lui au cours d'un unique entretien. J'avais pu voir, en effet, à travers un dessin qu'il avait réalisé, que faire une fugue, c'était inconsciemment sauvegarder l'intérieur de son foyer et préserver sa mère d'attaques; c'était aussi essayer de fuir son propre monde intérieur qui était plein de persécuteurs. Je lui avais interprété ces différents points.

Je ne fus pas très surpris lorsqu'il apparut au commissariat de police proche de ma maison. C'était un des rares postes de police où il n'était pas très bien connu. Ma femme l'accueillit très généreusement et le garda trois mois, trois mois d'enfer. Il était le plus adorable et le plus éprouvant des enfants, souvent fou à lier. Mais heureusement, nous savions à quoi nous attendre. Nous traitâmes la première phase en lui donnant une liberté complète et un shilling chaque fois qu'il sortait. Il n'avait qu'à téléphoner pour que nous allions le chercher, quel que fût le poste de police qui l'avait pris en charge.

Bientôt la modification attendue fit son apparition, le symptôme de fugue vira et le garçon se mit à dramatiser l'attaque sur sa vie intérieure. C'était vraiment un travail à plein temps pour tous les deux à la fois, et lorsque j'étais sorti, les pires épisodes se produisaient.

Il fallait interpréter à la minute, de jour et de nuit, et souvent la seule solution dans une crise était de faire l'interprétation correcte comme si le garçon était en analyse. C'était l'interprétation correcte qu'il appréciait par-dessus tout.

Ce qui importe dans le cadre de cet exposé, c'est la manière dont l'évolution de la personnalité du garçon a engendré la haine en moi, et ce que j'ai fait à ce sujet.

L'ai-je frappé ? Non. Je ne l'ai jamais frappé. Mais j'aurais été forcé de le faire si je n'avais tout su de ma haine et si je ne la lui avais pas fait connaître aussi. Pendant les crises, je le prenais en utilisant la force physique, sans colère ou blâme, et je le mettais dehors devant la porte d'entrée, quel que fût le temps ou l'heure, de jour et de nuit. Il y avait une sonnette spéciale qu'il pouvait actionner et il savait que s'il sonnait, il serait admis à nouveau et qu'on ne dirait pas un mot du passé. Il utilisait cette sonnette dès qu'il se remettait de son accès de manie.

Ce qui est important, c'est que chaque fois, au moment où je le mettais à la porte, je lui disais quelque chose ; je disais que ce qui était arrivé avait suscité en moi de la haine à son égard. C'était facile parce que c'était tellement vrai.

Je crois que ces paroles étaient importantes du point de vue de ses progrès, mais elles étaient surtout importantes parce que cela me permettait de tolérer la situation sans éclater, sans me mettre en colère et sans le tuer à tous moments.

L'histoire complète de ce garçon ne peut être relatée ici. Il est allé dans un foyer éducatif. Sa relation avec nous, profondément enracinée, est demeurée l'une des rares choses stables de sa vie. Cet épisode de la vie ordinaire peut être utilisé pour illustrer le sujet général de la haine justifiée dans le présent ; à distinguer de la haine qui ne se justifie que dans une autre situation, mais qui se déverse à partir d'une action d'un patient.

De toute la complexité que présente la question de la haine et de ses racines, je veux faire ressortir un point, car je crois que cela a son importance pour l'analyste de psychotiques. J'émets l'hypothèse que la mère hait le petit enfant avant que le petit enfant ne puisse haïr la mère et avant qu'il puisse savoir que sa mère le hait.

Avant de développer ce thème, je me référerai à Freud. Dans *Les pulsions et leur destin* (1915), où il dit tant de choses originales et qui ouvrent des horizons sur la haine, Freud écrit : « On pourrait dire au besoin de l'instinct qu'il " aime " les objets qu'il convoite à des fins de satisfaction ; mais dire qu'il " hait " un objet nous semble étrange. Nous nous rendons compte ainsi qu'on ne peut considérer que les attitudes d'amour et de haine caractérisent la relation des instincts avec leurs objets, mais qu'elles sont réservées aux relations du moi global avec les objets... » J'ai le sentiment que c'est exact et important. Est-ce que cela ne signifie pas que la personnalité doit être intégrée avant qu'on puisse dire d'un petit enfant qu'il hait ? Si précocement que soit accomplie l'intégration – et c'est peut-être au paroxysme de l'excitation ou de la colère que l'intégration se produit pour la première fois – il y a un stade théorique plus précoce dans lequel tout ce que fait le petit enfant lorsqu'il fait mal n'est pas œuvre de haine. J'ai utilisé le terme « amour impitoyable » (*ruthless love*) pour décrire ce stade. Est-il acceptable ? A mesure que le petit enfant devient capable de se sentir une personne totale, le mot de haine prend de la signification pour décrire une certaine catégorie de ses sentiments.

Toutefois, la mère hait son petit enfant dès le début. Je crois que Freud pensait qu'il était possible qu'une mère puisse n'avoir dans certaines circonstances que de l'amour pour son petit garçon, mais on peut en douter. Nous connaissons l'amour maternel et nous apprécions sa réalité et son pouvoir. Permettez-moi de donner quelques-unes des raisons pour lesquelles une mère hait son petit enfant, même un garçon :

L'enfant n'est pas sa propre conception (mentale).

L'enfant n'est pas celui du jeu de l'enfance, l'enfant du père, l'enfant du frère, etc.

L'enfant n'est pas produit par magie.

L'enfant est un danger pour son corps pendant la grossesse et à la naissance.

L'enfant représente une interférence dans sa vie privée, un défi à l'occupation antérieure. Dans une plus ou moins large mesure, une mère a le sentiment que sa mère à elle exige un enfant, de sorte que son enfant est produit pour se concilier sa mère.

L'enfant blesse ses mamelons même en tétant car téter c'est mâcher.

Il est cruel, la traite comme moins que rien, en domestique sans gages, en esclave.

Elle doit l'aimer lui, ses excréments et tout, au moins au début, jusqu'à ce qu'il ait des doutes sur lui-même.

Il essaye de lui faire mal, il la mord de temps à autre, tout cela par amour.

Il montre la désillusion qu'il ressent à son égard.

Son amour brûlant est un amour de garde-manger, de sorte que lorsqu'il a ce qu'il veut, il la rejette comme une pelure d'orange.

Au début il faut que l'enfant fasse subir sa loi, il faut qu'il soit protégé des coïncidences, il faut que la vie se déroule à son rythme et tout cela exige de sa mère un travail minutieux et constant. Par exemple, il ne faut pas qu'elle soit anxieuse lorsqu'elle le tient, etc.

D'abord, il ne sait pas du tout ce qu'elle fait ou ce qu'elle sacrifie pour lui. Et surtout il ne peut pas laisser place à la haine de sa mère.

Il est soupçonneux, refuse sa bonne nourriture et la fait douter d'elle-même, mais il mange bien avec sa tante.

Après une matinée épouvantable avec lui, elle sort et il sourit à un étranger qui dit : « Comme il est gentil ».

Si elle lui fait défaut au début, elle sait qu'il le lui fera payer à perpétuité.

Il l'excite mais la frustre – elle ne doit pas le manger ni avoir un commerce sexuel avec lui.

Je crois que dans l'analyse des psychotiques et dans les tout derniers stades de l'analyse, même celle d'une personne normale, l'analyste doit se trouver dans une position comparable à celle de la mère d'un nouveau-né. Lorsque sa régression a été profonde, le patient ne peut s'identifier à l'analyste, ni apprécier son point de vue, pas plus que le fœtus ou le nouveau-né ne peuvent sympathiser avec la mère.

Il faut qu'une mère puisse tolérer de haïr son enfant sans rien y faire. Elle ne peut lui exprimer sa haine. Si, par crainte de ce qu'elle peut faire, elle ne peut pas haïr comme il convient lorsque son enfant lui fait mal, elle a recours au masochisme et je pense que c'est à l'origine de la théorie erronée du masochisme naturel chez les femmes. Ce qu'il y a de plus remarquable chez une mère, c'est son aptitude à être tellement maltraitée par son enfant, et à haïr autant sans s'en prendre à l'enfant ni attendre la récompense qui s'offrira ou ne s'offrira pas à une date ultérieure. Peut-être est-elle aidée par certaines des chansons enfantines qu'elle chante, auxquelles l'enfant prend plaisir mais que, heureusement il ne comprend pas?

Bateau, batelier, tout en haut de l'arbre,
Quand le vent soufflera, le berceau bercera,
Quand la branche cassera, le berceau tombera.
Et boum! le bébé.

Je pense à une mère (ou à un père) qui joue avec un petit enfant; le jeu amuse l'enfant qui ne sais pas que le parent exprime de la haine dans les mots, peut-être en termes symboliques de la naissance. Ce n'est pas une comptine sentimentale. La sentimentalité est inutile pour les parents, car elle nie la haine et la sentimentalité chez une mère ne vaut rien du point de vue du petit enfant.

Pour ma part, je doute qu'un petit d'homme en se développant soit capable de tolérer toute l'étendue de sa propre haine dans un environnement sentimental. Il lui faut haine pour haine.

Si c'est exact, on ne peut s'attendre à ce qu'un psychotique en analyse tolère sa haine de l'analyste, à moins que l'analyste soit capable de le haïr.

Si l'on admet tout ce qui précède, il reste à étudier la question de l'interprétation de la haine de l'analyste à l'égard du patient. Il est évident que c'est là un sujet lourd de dangers et qu'il faut que le moment soit choisi avec soin. Mais je crois une analyse incomplète s'il n'a pas été possible à l'analyste (même vers la fin) de raconter au patient ce que lui, analyste, a fait pour lui sans le lui dire alors qu'il était malade, dans les premiers temps. Tant que cette interprétation n'est pas faite, le patient est maintenu dans une certaine mesure dans la position du petit enfant, de celui qui ne peut pas comprendre ce qu'il doit à sa mère.

Un analyste doit faire preuve de la patience, de la tolérance et de la constance d'une mère dévouée à son petit enfant; reconnaître les désirs du patient comme des besoins; écarter ses autres sujets d'intérêt afin d'être disponible, ponctuel et objectif; et il doit paraître désirer donner ce qui n'est donné en réalité qu'en raison des besoins du patient.

Il peut y avoir une longue période initiale dans laquelle le point de vue de l'analyste ne peut être apprécié (même inconsciemment) par le patient. On ne peut espérer qu'il le reconnaisse parce que, à la racine primitive que l'on cherche chez le patient, la capacité d'identification à l'analyste n'existe pas; et il est certain que le patient n'est pas en mesure de voir que la haine de l'analyste est souvent engendrée par les choses mêmes que fait le patient en aimant à sa manière d'un amour brut.

Dans l'analyse (l'analyse de recherche) ou dans le traitement ordinaire du type de malade plus psychotique, l'analyste (le psychiatre, l'infirmière psychiatrique) est soumis à une grande tension et il est important d'étudier les manières dont se produisent l'angoisse de qualité psychotique et aussi la haine chez ceux qui travaillent avec les grands malades mentaux. Il n'y a que de cette façon qu'on peut espérer éviter que la thérapie soit adaptée aux besoins du thérapeute plutôt qu'aux besoins du patient.

LA RÉPARATION EN FONCTION DE LA DÉFENSE MATERNELLE ORGANISÉE CONTRE LA DÉPRESSION[1]

(1948)

Il est généralement admis que le concept de position dépressive présente un grand intérêt dans la pratique du travail analytique ainsi que dans tout essai de description du développement affectif normal. Au cours des analyses que nous faisons, nous pouvons atteindre la culpabilité dans ses rapports avec les pulsions et les idées d'agressivité et de destruction, et c'est seulement lorsque le patient est capable de comprendre le sentiment de culpabilité, de le supporter et de l'assumer qu'on voit apparaître un besoin de réparation. La puissance créatrice a encore d'autres origines, mais la réparation constitue un lien important entre la pulsion créatrice et la vie que mène le malade. Une des étapes décisives du développement permet en effet à l'homme en bonne santé d'acquérir la faculté de faire acte de réparation compte tenu de sa culpabilité personnelle; on se demande même comment on a pu faire œuvre analytique avant de se servir consciemment de cette vérité élémentaire.

Dans la pratique clinique cependant, nous avons affaire à une fausse réparation, c'est-à-dire à une réparation qui n'est pas spécifiquement en rapport avec la culpabilité du patient; c'est de celle-ci que je parlerai. Cette fausse réparation se manifeste au travers de l'identification du patient à sa mère, et le trait dominant n'en est pas la culpabilité du patient, mais la défense organisée de la mère contre sa dépression et contre sa culpabilité inconsciente à elle.

Il se peut que par sa longueur mon titre soit suffisamment explicite, car je sais que l'idée n'est pas très originale et ne nécessite pas un long développement. J'essaierai cependant d'illustrer brièvement mon propos.

1. Lu a la Société britannique de Psychanalyse, le 7 janvier 1948. Revu en août 1954.

En vingt-cinq années de pratique, j'ai vu défiler un long cortège de cas cliniques à ma consultation externe à l'hôpital. Le schéma général du matériel présenté n'a guère varié au cours des années. Un certain type d'enfant m'a frappé dès le début : il s'agit d'un enfant particulièrement charmant et souvent plus doué que la moyenne. Si c'est une fille, elle est bien habillée et très soignée. Ce qui frappe chez elle, c'est une vivacité qui modifie sur-le-champ votre humeur, vous fait vous sentir plus léger. Elle peut aussi bien être danseuse, artiste, poète. Elle est capable d'écrire un ou deux poèmes en m'attendant, et, si elle me fait un dessin, je sais d'avance que les couleurs en seront gaies, les détails intéressants et les silhouettes vivantes, comme animées; il peut y avoir aussi une note humoristique marquée.

La mère amène sa fille parce que, à la maison, elle est susceptible, d'humeur changeante, quelquefois insolente ou franchement déprimée. Il est possible que de nombreux médecins n'ont pas voulu croire qu'elle était loin d'être aussi charmante qu'elle le paraissait. La mère m'énumère toutes sortes de maux dont se plaint l'enfant et que certains médecins ont attribués un jour ou l'autre aux rhumatismes alors que ce sont en réalité des plaintes hypocondriaques.

A mes débuts, j'ai vu un jour un petit garçon venir tout seul à l'hôpital et me dire : « S'il te plaît, docteur, maman a mal à " mon " estomac », ce qui attira efficacement mon attention sur le rôle que peut jouer la mère. Il faut dire aussi qu'un enfant qui est censé avoir mal n'a pas encore décidé où se localise la douleur et, si on a la chance de l'interroger avant que sa mère ait indiqué ce qu'elle pense, on le découvre désemparé, éprouvant seulement le besoin de dire qu'il a mal « là-dedans »; ce qu'il veut dire, c'est qu'il sent que quelque chose ne va pas bien, ou que cela devrait clocher quelque part.

Si cette question m'apparaît avec tant de clarté à la consultation infantile externe, c'est sans doute parce que cette consultation est *un véritable centre de traitement de l'hypocondrie des mères.* Il n'y a pas, à proprement parler, de frontière très nette entre l'hypocondrie déclarée d'une mère déprimée et le souci qu'une mère normale a de son enfant. Une mère doit en effet être capable d'hypocondrie si elle veut pouvoir déceler chez son enfant ces symptômes dont s'enquièrent les médecins pour essayer de soigner le mal précocement. Un médecin qui ignore tout de la psychiatrie, des défenses contre la dépression et de l'existence de la dépression infantile est capable de « rabrouer » une mère qui s'inquiète d'un symptôme chez son enfant, passant ainsi à côté de très réels problèmes psychiatriques. Par ailleurs, le psychanalyste, qui vient d'accéder récemment à la compréhension de la dépression chez l'enfant, peut très bien ne pas remarquer que la mère se trouve être plus malade que son enfant. Je n'ai pas cessé d'observer et de suivre bon nombre de cas comparables au cours de dizaines et même de vingtaines d'années, et j'ai pu constater que la dépression chez l'enfant peut être le reflet de celle de la mère. Il se sert de la dépression de la mère pour échapper à la sienne propre, opérant ainsi une réparation et une restauration fausses qui sont en rapport avec la mère, et compromettant le développement de la capacité personnelle de restitution, car cette restitution-là ne procède pas du sentiment de culpabilité propre à l'enfant. Toute promotion d'étudiants pleins d'avenir comporte un certain pourcentage de sujets qui ne termineront pas à cause de cette réparation opérée par rapport à la dépression maternelle plutôt que par rapport à une dépression personnelle. S'il semble y avoir un talent spécial ou même un succès initial, un fond d'instabilité demeure, associée à la dépendance de l'enfant à sa mère. Il arrive qu'une tendance homosexuelle la recouvre; comme le dit Arnold Haskell dans un livre sur la danse : « Il faut toujours se rappeler qu'il y a une mère derrière tout danseur de ballet. » Les enfants dont je vous parle ont certainement père et mère : ce n'est pas toujours la mère qui est en cause. Il arrive qu'on enregistre des échecs imprévus chez des adolescents (garçons ou filles) qui semblaient capables de réussir leurs études : leur succès a été détourné par les besoins de l'un ou de l'autre parent ou par les deux. Pour l'adolescent qui essaye d'établir son identité propre, la seule solution passe alors par l'échec : c'est ce qu'on observe souvent dans le cas du fils qui doit suivre exactement les traces de son père et qui pourtant ne sera jamais capable de mettre en question l'autorité que son père assume.

Dans les cas extrêmes, on s'aperçoit que ces enfants sont confrontés à une tâche qu'il n'est pas possible de remplir. Ils doivent d'abord faire face à l'humeur maternelle. S'ils accomplissent cette première tâche, ils n'auront fait que créer une atmosphère dans laquelle ils seront en mesure de *démarrer leur propre vie.* On comprend sans peine que cette situation puisse être exploitée par le sujet comme une fuite devant ce qui est un élément essentiel du développement individuel : accepter sa responsabilité personnelle. Si l'enfant, aidé par l'analyse, est parvenu à pénétrer jusqu'au niveau de sa culpabilité personnelle, il faut aussi s'occuper de l'humeur maternelle ou paternelle qu'on rencontre là. C'est à l'analyste de reconnaître l'apparition de ces signes dans le transfert, sinon l'analyse échouera en raison même de son succès. Je décris là un phénomène évident.

En règle générale, la mère ou le père de l'enfant a une personnalité dominante. Pour employer le langage analytique, nous dirons que l'enfant vit dans le cercle de la personnalité parentale et que ce cercle présente des caractères pathologiques. Dans le cas typique de la charmante petite fille – décrit plus haut – la mère trouve dans son enfant la vivacité et la couleur qui l'aideront à lutter contre l'obscurité (*blackness*), l'état de mort (*deadness*) de son monde intérieur.

Mais il y a bien des cas où les conditions ne sont pas aussi extrêmes, et où les activités de réparation de l'enfant peuvent tout de même être personnelles, malgré la menace constante de voir la mère dérober le succès de l'enfant et par conséquent la culpabilité sous-jacente. On obtient souvent des résultats cliniques spectaculaires dans ces cas en remplaçant activement le parent au début de la psychothérapie de l'enfant. Lorsque le pronostic est bon, on peut prendre le parti de l'enfant contre les parents *tout en obtenant* et *en conservant* leur confiance.

Je fus un jour appelé en consultation dans une école normale de professeurs auprès d'une étudiante menacée d'expulsion pour avoir brusquement donné un coup de pied dans la cheville d'une camarade. Je trouvai une fille qui avait dû supporter toute sa vie la dépression de sa mère et qui au terme de sa vie d'étudiante avait atteint le véritable problème : « Sa propre vie ou celle de sa mère ? » Je gagnai d'abord la confiance de la mère tandis que je m'interposais entre elle et sa fille. Celle-ci fut reprise au collège, termina bien ses études et trouva du travail en dehors de chez elle. Elle réussit très bien et elle est maintenant professeur titulaire. C'est un cas limite : sans mon intervention, elle aurait échoué, aurait fait de la dépression ou bien elle aurait mis en scène un faux succès, après avoir abandonné tout espoir de réussir une vie indépendante en dehors de l'humeur pesante de sa mère veuve, érigée en système organisé.

C'est dans ce domaine qu'on enregistre les succès les plus spectaculaires de la vie professionnelle; on peut en tirer un enseignement pour le psychanalyste qui, en début de carrière, peut être aisément dupé en s'imaginant que le succès précoce d'un traitement est dû à ses interprétations, alors qu'en fait, ce qui a été important est qu'il s'est substitué à un parent bon mais déprimé. Malgré un succès précoce, les difficultés habituelles sont à venir et elles comprennent aussi la découverte par le patient de son propre sentiment de culpabilité. Au départ, le point important est que l'analyste n'est pas déprimé et que le patient peut « se trouver » parce que l'analyste ne lui demande pas d'être sage, propre ou docile, et qu'il n'a pas même besoin de pouvoir lui enseigner quoi que ce soit. Le patient peut suivre le rythme qui lui est propre, s'il le souhaite. Il peut échouer : on lui donne du temps et une sorte de sécurité quant au lieu. Ces détails extérieurs qui concernent l'aménagement du traitement sont les conditions préalables pour que le patient découvre son propre sens de l'amour, avec l'inévitable complication de l'agressivité et de la culpabilité, découverte qui seule peut donner le sens de la réparation et de la restauration. Il se peut aussi, dans un cas extrême, que le patient arrive à l'analyse ayant à peine commencé à faire face à sa culpabilité propre où n'ayant pas encore atteint son agressivité qui est du domaine de l'amour primitif, et ce en dépit de la bonne impression qu'il produit.

Cette relation entre le patient et l'humeur de l'environnement intéresse beaucoup ceux qui travaillent avec des groupes. Dans certains cas, on peut faire une comparaison utile entre l'humeur du groupe – sur laquelle le patient exerce une certaine emprise – et l'humeur de sa mère, lorsqu'il était petit enfant – à l'égard de laquelle il ne pouvait rien faire d'autre qu'accepter l'état de fait et se trouver pris dans le réseau des défenses maternelles contre la dépression. Dans d'autres cas, un des membres du groupe ne peut s'insérer dans l'humeur du groupe en raison de son trop fort besoin de défendre son individualité ou de lutter pour l'acquérir.

Le groupe peut être une famille et je dirais même qu'il est très important pour la vie de famille que chacun de ses membres puisse atteindre avec sécurité et d'une manière personnelle cette position dépressive, afin que l'humeur de la famille puisse aussi trouver sa place, car elle est un facteur commun dans la vie des individus qui la composent. Il en va de même pour toute participation à une culture. Quand un membre d'une famille ou d'un groupe ne peut s'associer à ses activités de réparation, c'est soit manifestement pathologique, soit un signe d'appauvrissement du groupe ou de la famille et, par contre, c'est un signe d'appauvrissement de la vie de l'individu s'il n'est capable de participer qu'à des activités qui sont spécifiquement des activités de groupe. Dans le premier cas – incapacité de participer – l'individu devra construire sa propre voie d'accès, avant de s'insérer. Dans le cas où le groupe lui est indispensable, il semblera tout d'abord être un membre actif, mais sa coopération tournera court : il reste jusqu'à un certain point dans la situation de l'enfant impliqué dans le monde intérieur maternel, avec la perte de la responsabilité personnelle qui en résulte.

Il me semble que la Société de Psychanalyse est elle-même une application pratique de ces idées : je pense à l'opinion de Glover (1945, 1949), qui a le sentiment que certains analystes (tels que Mélanie Klein et ses disciples) décrivent les fantasmes comme étant ceux de leurs patients, alors qu'ils sont en réalité ceux des analystes eux-mêmes. Tout analyste sait d'avance qu'il devra distinguer ses propres fantasmes de ceux de ses patients, et on pense généralement que ce sont les psychanalystes qui sont le mieux placés pour voir clair dans ce domaine. Il m'est difficile d'admettre que des idées qui apparaissent régulièrement dans mon travail – qu'il soit psychanalytique ou non – sont des idées subjectives. Cependant, je reconnais que, à moins d'être subjectives, les idées ne peuvent relever d'une observation objective (*cf.* Whitehead : « Le matériel et les conditions à partir desquels le clinicien doit échafauder une connaissance structurée sont un défi permanent à sa capacité de conceptualiser et à ses facultés d'observation »). Il est cependant important de découvrir ce que suggère une remarque comme celle de Glover à propos de la subjectivité des fantasmes que nous rapportons, et qui n'appartiendraient pas en réalité à nos patients. On doit d'abord se demander si l'analyse de la position dépressive a été mal formulée, rendant les idées inacceptables en raison de la façon de les présenter (*cf.* Brierley, 1951). A-t-on par exemple suffisamment insisté sur la nécessité pour chaque analyste de partir de zéro pour tout redécouvrir ? Il faut, de toute façon, distinguer clairement entre la valeur des idées et le sentiment que leur présentation a suscité.

Quoi qu'il en soit, il demeure nécessaire de considérer le problème sous l'angle de l'idée avancée dans cet article.

Si je revendique le droit de décrire les fantasmes de mes patients, il est normal qu'on exige de moi que je sache que les patients produisent parfois *le genre de choses qu'ils sentent que j'aime recevoir.* Plus mon attente est inconsciente et plus cela est vrai. Il y a quelque temps, un malade était persuadé que j'appréciais particulièrement le matériel anal et, bien entendu, il m'en fournissait abondamment. Cela dura un certain temps avant de s'extérioriser et avant qu'il accède à son véritable sentiment anal personnel. D'autres patients agissent de façon analogue en extériorisant ou en dissimulant un fantasme de leur monde intérieur, parce qu'ils éprouvent le besoin de se délivrer d'une dépression supposée ou au contraire de l'empirer. Dans le transfert, une dépression parentale a été ravivée. Si je veux absolument être objectif en présence des idées que mes patients se font de leur « monde intérieur » et des forces ou objets bons et mauvais qui s'y affrontent, il me faut être capable de discerner ce qui est élaboré pour moi de ce qui est véritablement propre au patient. Je suppose que les analystes « jungiens » sont enclins à recevoir des rêves de type « jungien » tandis que les « freudiens » ne reçoivent que rarement ce genre de constructions mystiques.

Dans ce groupe scientifique, nous avons un fonds commun de théorie et c'est par rapport à un sentiment commun de culpabilité que nous formons un groupe et offrons un cadre à l'activité de réparation. Chaque membre est concerné par l'humeur de la Société, et peut participer au besoin de restauration du groupe qui relève des angoisses dépressives du groupe. Mais ce qui est le plus important pour la restauration du groupe, c'est de permettre à chacun de ses membres d'atteindre sa culpabilité et ses angoisses dépressives personnelles. Chaque membre de notre Société doit atteindre sa propre maturité, à son allure à lui, et structurer son propre sens de la responsabilité, authentiquement fondé sur la conscience personnelle qu'il a de ses propres pulsions d'amour et de leurs conséquences.

Résumé

Le besoin de réparation d'un individu peut plus souvent être rattaché au sentiment de culpabilité ou à l'humeur dépressive d'un parent qu'à son propre sentiment de culpabilité. La participation d'un individu à un groupe est fonction de la façon dont il parvient, ou ne parvient pas, à prendre *sa culpabilité à lui, et non celle d'un parent* comme point de départ d'activités de réparation ainsi que d'un effort constructif.

PÉDIATRIE ET PSYCHIATRIE[1]

(1948)

J'ai choisi pour mon allocution le sujet : « Pédiatrie et psychiatrie » en raison de la nature de mon travail. Je suis un pédiatre qui a viré à la psychiatrie et un psychiatre qui s'est accroché à la pédiatrie. Dans l'allocution du président, il est excusable, et même habituel que l'orateur fasse appel à l'expérience qui lui est particulière. Comme je travaille dans les deux domaines, ma position devrait me donner la qualité pour communiquer quelque chose qui offre de l'intérêt aussi bien pour le médecin des enfants[2] que pour le médecin dont le travail est centré sur le malade mental. Il est naturellement inévitable si l'on travaille dans deux domaines qu'on doive se résoudre à être un peu moins expert dans chacun des deux.

Les recherches instaurées plus ou moins par le travail de pionnier de Freud ont démontré qu'on découvre, au cours de l'analyse de la psychonévrose, que l'enfance du patient a recélé les conflits intolérables qui ont conduit au refoulement, à l'édification des défenses, à l'interruption du développement affectif de l'individu, avec formation de symptômes. Il est naturel par conséquent que la recherche se soit orientée vers la vie affective des enfants. On s'est bientôt aperçu que la reconstruction que des patients adultes donnaient de leurs conflits infantiles – conflits associés à leurs idées et à leurs expériences instinctuelles – se voyait chez les enfants et apparaissait clairement dans le traitement psychanalytique des enfants. On n'a pas été

1. Allocution présidentielle à la Section médicale de la Société britannique de Psychologie, le 28 janvier 1948, *Brit. J. Med. Psychol.*, vol. XXI, 1948.

2. Il est à noter que tout au long de cet exposé Winnicott préfèrera le plus souvent l'expression « *children's doctor* » ou « *children's physician* ». La traduction suit au plus près le choix de ses termes, peut-être fonction de son auditoire. (*N.d.T.*)

long à se demander si les maladies plus psychotiques des adultes ne se rattachaient pas aux expériences infantiles. Progressivement s'est élaborée une théorie très complexe du développement affectif de l'être humain, de sorte que, en dépit de toute notre ignorance terrible et dans le même temps stimulante, nous avons à l'heure actuelle des hypothèses de travail utiles, c'est-à-dire des hypothèses qui fonctionnent. On dispose maintenant d'un matériel suffisant pour tenter de formuler à propos des petits enfants des choses qui concernent à la fois le psychiatre et le médecin des enfants et je veux être l'un de ceux qui s'efforcent de dire ces choses.

Ma thèse est donc que dans chacune des deux spécialités le chercheur a beaucoup à gagner en rencontrant son homologue dans l'autre domaine. Il faut faire une hypothèse; peut-être ne sera-t-elle pas acceptée. Je postule que le trouble mental a une base psychologique. Je postule que la psychiatrie peut être étudiée dans des cas où la santé des tissus cérébraux est satisfaisante. Naturellement on peut s'attendre à des modifications mentales si le cerveau est malade ou souffre de troubles physiques ou a subi des interventions. Pour ma part, je ne pourrais guère apprendre de l'étude de la personnalité d'un individu qui souffre de troubles cérébraux alors qu'il y a tant à étudier chez un individu au cerveau intact et qu'il reste tant à comprendre du développement affectif normal et de ses écarts.

On ne pensera pas, je l'espère, que j'ignore l'hérédité ou la démence sénile ou les dommages cérébraux, l'encéphalite, le délire toxique ou la tumeur cérébrale ou même l'amélioration symptomatique qui suit l'induction de crises [1].

Je vais reformuler mon idée selon laquelle il est possible d'établir un lien clinique entre le développement infantile et les états psychiatriques de même qu'entre les soins infantiles et les soins appropriés au malade mental.

Pour effectuer des recherches, on doit avoir des idées; toute ouverture d'une piste d'investigation comporte un aspect subjectif. L'objectivité vient plus tard avec le travail organisé et la comparaison des observations faites sous des angles variés. Pour rendre justice à ceux qui explorent ce domaine du développement affectif du petit enfant, je vais énumérer les diverses méthodes qui permettent d'aborder toute particularité qui fait l'objet d'une étude. Voici différents types d'approche fournissant des observations qu'il est possible de comparer et de mettre en corrélation :

1. Par électrochocs. (*N.d.T.*)

1. L'observation directe de la relation mère-enfant; on en trouve un exemple dans le travail du Dr Middlemore (malheureusement interrompu par la mort de celle-ci) décrit dans le livre *The Nursing Couple*[1].

2. L'observation périodique directe d'un nourrisson qui commence tôt après sa naissance et se poursuit un certain nombre d'années. Dans la pratique du généraliste et à la consultation externe pédiatrique à l'hôpital, les parents consultent lorsque le trouble apparaît ou quand ils ont besoin d'un conseil.

3. La prise d'anamnèse pédiatrique; au cours de ma propre expérience, c'est dans vingt mille cas environ que j'ai donné à la mère l'occasion de me dire ce qu'elle sait du développement de son nourrisson. Il y a toujours davantage à apprendre sur la façon de noter l'anamnèse, mais avec une expérience de cet ordre, on parvient, je l'espère, à évaluer avec de plus en plus d'exactitude la description de la mère.

4. La pratique pédiatrique, c'est-à-dire essentiellement la surveillance de l'alimentation et de l'excrétion du tout-petit. Dans le cours de mon exposé, je donnerai un exemple de l'aspect psychologique que posent les problèmes de l'alimentation du tout-petit. On pourrait dire que dans les cas ordinaires, c'est-à-dire lorsqu'il n'y a pas de processus morbide, le travail sur le plan physique a déjà été fait par les physiologistes et les biochimistes et que dans la pratique les problèmes sont largement psychologiques.

5. L'entretien diagnostique avec l'enfant. Dans le premier entretien il est souvent possible de faire une sorte de traitement analytique en miniature sans que ce soit nocif. Si on entreprend une analyse plus tard, on s'apercevra généralement qu'il faut beaucoup de mois pour couvrir à nouveau le même champ. Dans ces entretiens le médecin n'est pas sûr de son terrain comme il l'est dans une longue analyse; en revanche, il parvient à un *insight* profond dans un grand nombre de cas, ce qui dans une certaine mesure contrebalance la restriction du nombre de cas, de son expérience analytique. Incidemment, en psychiatrie, un entretien diagnostique n'est fécond que si c'est un entretien thérapeutique.

6. L'expérience psychanalytique effective. On obtient un point de vue différent sur la petite enfance du patient suivant que l'enfant est dans le groupe d'âge de deux à quatre ans, ou plus âgé, ou prépubère, ou dans l'adolescence. Pour l'analyste qui conduit une recherche sur les processus précoces du développement affectif, l'analyse d'adultes plutôt normaux peut même être plus profitable que l'analyse des enfants.

7. L'observation dans la pratique pédiatrique de régressions psychotiques apparaissant, comme c'est le cas couramment, dans l'enfance ou même dans la petite enfance.

8. L'observation des enfants dans des foyers adaptés pour répondre aux difficultés, qu'elles soient de l'ordre du comportement antisocial, d'états confusionnels, d'épisodes maniaques, de relations perturbées par la suspicion, ou la persécution, ou la déficience mentale, ou des crises d'épilepsie.

1. Le couple mère-enfant.

9. *La psychanalyse des schizophrènes.* Je la range dans un groupe distinct parce que je pense que de telles analyses sont réservées à des analystes expérimentés. A mon avis, l'analyse des maladies associées à la dépression et aux défenses contre la dépression sont maintenant de l'ordre du traitement de routine et ne constituent plus des « cas de recherche ». Cela s'applique également aux cas maniaco-dépressifs et même aux cas paranoïdes. Mais les schizophrènes sont dans un groupe différent et leur traitement est davantage une entreprise de pionnier.

A ce stade, je peux m'attendre, je le sais, à être mal compris si je n'y prends pas garde. On m'a souvent dit : « L'idée que les malades mentaux sont comme les nourrissons ou comme les petits enfants est tout simplement inacceptable. » Puis-je faire apparaître clairement que je ne veux pas dire que les malades mentaux se comportent comme des nourrissons, pas plus que les névrosés ne ressemblent à des enfants plus âgés. Les enfants ordinaires qui sont en bonne santé ne sont pas névrosés (bien qu'ils puissent l'être) et les nourrissons ordinaires ne sont pas fous. La relation entre la pédiatrie et la psychiatrie est bien plus subtile que cela.

Selon la théorie que j'avance, dans le développement affectif de tout nourrisson sont impliqués des processus compliqués et si ces processus ne poursuivent pas leur marche en avant ou ne sont pas menés à leur terme, il s'instaure une prédisposition à un trouble mental ou à un effondrement *(breakdown);* c'est l'aboutissement de ces processus qui constitue la base de la santé mentale.

La santé mentale de l'être humain est établie dans la petite enfance par la mère qui fournit un environnement au sein duquel, dans le *self* du nourrisson, des processus complexes mais essentiels peuvent se dérouler jusqu'à leur terme. Une bonne étude inaugurale consisterait sans doute à décrire la tâche de la bonne mère ordinaire (*ordinary good mother*) dans la mesure où nous pouvons voir ce qui se passe dans ce couple mère-enfant. Je vais m'y efforcer mais avant de le faire il y a quelque chose qu'il faut dire sur la signification pour le petit enfant de la mère elle-même (*actual*).

On admet tout à fait que finalement le nourrisson en vient à se sentir comme une personne entière et à considérer sa mère comme une personne entière; une fois ce stade atteint, d'autres personnes entrent bientôt dans sa vie comme des personnes, mais il n'est pas nécessaire ici de décrire en détail les complications qui en découlent. Les avis diffèrent sur l'âge auquel pour la première fois un nourrisson ressent sa mère comme une personne et donc se sent concerné (*feels concerned*) quant aux résultats de ses attaques réelles ou imaginaires sur elle lorsqu'il est dominé par la tension instinctuelle. Heureusement, cette question peut rester sans réponse car, pour le moment, nous considérons les soins maternels au stade qui précède celui où l'enfant est apte à se sentir concerné. Je crois que je vois à quoi Mlle Anna Freud (1947) se réfère lorsqu'elle écrit :

« Ce premier " amour " du nourrisson est égoïste et matériel. Sa vie est régie par des sensations de besoins et de satisfactions, par le plaisir et l'inconfort. La mère, en tant qu'objet, joue un rôle dans cette vie dans la mesure où elle apporte la satisfaction et soulage de l'inconfort. Lorsque les besoins de l'enfant sont satisfaits, c'est-à-dire lorsqu'il se sent au chaud, bien confortable, avec des sensations gastriques agréables, il retire son intérêt du monde objectal et s'endort. Lorsqu'il a faim, qu'il a froid et est mouillé, ou qu'il est gêné par des sensations intestinales, il se tourne vers le monde extérieur pour être secouru. Au cours de cette période, le besoin d'un objet est inséparablement lié aux grands besoins corporels.

« A partir du cinquième ou du sixième mois, le nourrisson commence à faire attention à la mère aussi par moments lorsqu'il n'est pas sous l'influence des besoins corporels. »

Le Dr Friedlander (1947) a écrit :

« [...] Au cours des premières semaines et même des premiers mois de la vie, la relation de l'enfant à la mère est assez simple. La mère est l'instrument qui satisfait les besoins corporels de l'enfant. Toute personne qui remplira cette fonction amènera la même réaction chez l'enfant [...]. »

Pour ma part, je pense cependant que vers la septième semaine environ, beaucoup de nourrissons montrent clairement qu'ils ont par moments un contact avec la femme qui est leur mère.

Essayons d'étudier la tâche de la mère. Si le nourrisson doit devenir capable de commencer à se développer en un être humain et de commencer à trouver le monde que nous connaissons, de commencer à se rassembler pour parvenir à une cohésion, alors les éléments que voici concernant la mère se révèlent être d'une importance vitale :

Elle existe, elle continue à exister, elle vit, elle a une odeur, elle respire, son cœur bat. Elle est là pour être sentie de toutes les façons possibles.

Elle aime d'une façon physique, assure le contact, la température du corps, le mouvement et la tranquillité en fonction des besoins du nourrisson.

Elle offre au nourrisson la possibilité de faire la transition entre l'état de tranquillité et l'état d'excitation et elle ne vient pas brusquement près de l'enfant avec la tétée en exigeant une réaction.

Elle fournit la nourriture appropriée au moment opportun.

Au début elle laisse le nourrisson dominer car, l'enfant étant quasiment une partie d'elle-même, elle est désireuse de se tenir prête à répondre.

Progressivement elle introduit le monde extérieur partagé, à doses soigneusement graduées selon les besoins de l'enfant qui varient d'un jour à l'autre et d'une heure à l'autre.

Elle protège l'enfant des coïncidences et des chocs (la porte qui claque quand le nourrisson va prendre le sein), essayant de maintenir la situation physique et affective suffisamment simple pour que le nourrisson soit capable de la comprendre et pourtant suffisamment riche pour tenir compte de la capacité grandissante de l'enfant.

Elle assure la continuité.

En croyant à l'enfant, comme à un être humain ayant son droit propre, elle se garde de précipiter son développement et lui permet ainsi de saisir la valeur du temps (*catch hold of time*), d'acquérir le sentiment d'un cours (*going along*) personnel qui se déroule à l'intérieur de lui.

Pour la mère l'enfant est un être humain à part entière dès le début; cela lui permet de respecter son défaut d'intégration et de supporter qu'il n'ait que faiblement le sentiment de vivre à l'intérieur d'un corps (*living-in-body*).

Si j'ajoute que la mère continue à exister malgré les attaques répétées qu'elle subit (faites par l'enfant et dans l'amour et dans la colère), je vais trop vite car j'en viens aux fonctions de la mère relatives à l'enfant qui a des instincts et la capacité de se sentir concerné.

Si nous examinons cette description, incomplète je l'admets, que voyons-nous? Alors que certaines fonctions (par exemple celle d'assurer une nourriture adéquate) pourraient être remplies par n'importe qui, il y en a beaucoup qui ne peuvent l'être que par quelqu'un ayant pour l'enfant l'intérêt d'une mère; en outre, la continuité ne peut être bien assurée si trop de personnes interviennent; et en tout cas, il y a la continuité de fait du détail tel que l'observe le nourrisson, à commencer peut-être par la vue rapprochée du téton ou du visage, avec l'odeur et les particularités de la texture, etc. En outre, comment une personne quelconque qui n'est pas dans la position de la mère, avec l'amour d'une mère, peut-elle connaître le nourrisson assez bien pour lui assurer un enrichissement convenablement gradué, et lui donner assez pour stimuler cette capacité croissante et pourtant pas assez pour engendrer la confusion?

J'en viens maintenant, je crois, au premier énoncé du bénéfice clinique que le pédiatre tire du contact psychiatrique. S'il est vrai et même possible que la santé mentale de chaque individu est fondée par la mère dans l'expérience qu'elle vit avec son enfant, le tout premier devoir que s'imposeront les médecins et les nourrices, c'est de ne pas interférer. Au lieu d'essayer d'apprendre aux mères comment faire ce qui, en réalité, ne peut pas être enseigné, les pédiatres doivent parvenir tôt ou tard à reconnaître une bonne mère quand ils en voient une et ils peuvent alors s'assurer qu'elle a toute l'opportunité de mieux accomplir sa tâche; elle peut faire des erreurs et en fera certainement, mais si, par ces erreurs, elle devient capable de faire mieux au cours des tentatives ultérieures, elle y gagne à la fin.

Les mères ne peuvent pas faire de mieux en mieux si c'est la peur qui les pousse à faire ce qu'on leur dit. Il faut d'abord qu'elles découvrent ce qu'elles sentent et, ce faisant, elles ont besoin de soutien – soutien face à leurs propres craintes, à leurs superstitions, à leurs voisines et bien sûr face à l'accident ou à la maladie physique qui, de nos jours, peuvent être largement prévenus ou guéris. Je développerai ultérieurement cette idée de soutien-sans-interférence, mais si je m'adressais à un public de pédiatres, je ne mentionnerais jamais assez l'immensité du danger que court la santé mentale lorsqu'un tout-petit subit l'outrage d'une brutale rupture des processus délicats naturels qui se déroulent au sein du couple mère-enfant.

A ce stade primitif l'environnement est d'une telle importance vitale que l'on est conduit à la conclusion inattendue suivante : la schizophrénie est une sorte de maladie où l'environnement est déficient puisqu'on peut espérer, au moins théoriquement, qu'un environnement parfait au début permettra à un enfant d'accomplir les premiers pas de son développement affectif ou mental, ce qui prédispose au développement affectif ultérieur et ainsi à la santé mentale tout au long de la vie. S'il y a ultérieurement un environnement défavorable, c'est une autre question car il s'agit simplement d'un facteur adverse supplémentaire dans l'étiologie générale du trouble mental.

La petite enfance

Maintenant, permettez-moi de décrire brièvement la tâche de l'enfant qui a le bonheur de recevoir les soins d'une bonne mère ordinaire. Il est clair que la tâche de l'enfant qu'on peut qualifier d'absorbante (au moins à partir de la naissance) n'est jamais une tâche achevée et que les accomplissements des premières semaines et des premiers mois seront perdus et regagnés maintes et maintes fois suivant les aléas de la chance.

Il n'est pas difficile de s'apercevoir que, dans le cas de tout enfant, il doit se passer au moins trois choses :

1. L'enfant doit entrer en contact avec la réalité.
2. La personnalité de l'enfant doit parvenir à l'intégration et l'intégration doit réussir à être stable.
3. L'enfant doit en venir à ressentir qu'il vit dans ce que nous, nous percevons sans difficulté comme étant le corps de cet enfant-là, mais qui, de prime abord, n'est pas senti par l'enfant lui-même chargé de la signification toute spéciale que nous lui connaissons.

Trois choses : le contact avec la réalité, l'intégration, le sentiment (*sense*) de son corps.

Le psychiatre ne sera pas long à voir dans la nature de ces tâches le reflet des symptômes qui constituent son souci continuel : perte du contact avec la réalité et du sentiment de la réalité, désintégration et dépersonnalisation.

Pour pouvoir suivre un thème dans le détail, je me contenterai de n'en prendre qu'un sur les trois en laissant les autres de côté.

La relation à la réalité extérieure

J'ai choisi d'examiner la question de l'édification du contact de la réalité et même ainsi je dois limiter mon attention à un seul exemple : le contact qui découle de la forme d'amour la plus primitive, qu'on appelle l'avidité, et qui persiste comme amour de garde-manger. Tout aussi significatif est le contact de la réalité pendant des périodes tranquilles entre les poussées d'excitation, mais il ne faut pas que je m'écarte trop de mon sujet.

Dès qu'une relation objectale est possible, il devient immédiatement essentiel de savoir si l'objet est extérieur à l'enfant ou intérieur. Je présume cependant qu'il y a un stade, antérieur à celui-ci, un stade où il n'y a aucune relation. Je dirai qu'initialement il existe un état, qu'on pourrait décrire à la fois comme un *état d'indépendance absolue et de dépendance absolue.* Il n'y a pas de sentiment de dépendance et, par conséquent, cette dépendance-là doit être absolue. Disons que sorti de cet état l'enfant est perturbé par la tension instinctuelle qu'on appelle la faim. Je dirai que l'enfant est prêt à croire à quelque chose qui pourrait exister, c'est-à-dire que s'est développé chez l'enfant un état où il est prêt à halluciner un objet; mais c'est plutôt une orientation de l'attente qu'un objet en soi. A ce moment-là, la mère vient avec son sein (je dis sein pour simplifier la description) et le dispose de telle sorte que l'enfant le trouve. Voilà une aùtre orientation, cette fois elle est dirigée *vers* l'enfant et elle ne provient pas de l'enfant. C'est une question épineuse de savoir si oui ou non le « déclic » se produit entre la mère et l'enfant (*the mother and infant click*). Au début la mère permet à l'enfant de dominer et, si elle faillit à cette tâche, il n'y aura pas superposition du sein objectivement perçu à l'objet subjectif de l'enfant. Ne devrions-nous pas dire qu'en s'adaptant étroitement à l'impulsion de l'enfant la mère donne au nourrisson l'illusion que ce qu'il y a là est la chose créée par l'enfant ; en conséquence, il n'y a pas seulement l'expérience physique de la satisfaction instinctuelle, mais aussi une union affective et le début d'une croyance en la réalité, à savoir quelque chose à propos de quoi on peut avoir des illusions. Progressivement, avec l'aide de l'expérience vivante d'une relation entre la mère et l'enfant, l'enfant utilise le détail perçu dans la création de l'objet attendu. Au cours de la tétée, une mère peut répéter cette action un millier de fois. Elle peut réussir si bien à donner à son enfant la capacité de l'illusion qu'elle n'a pas de difficulté à accomplir la tâche qui lui incombe ensuite : la désillusion progressive, ce mot couvrant le sevrage dans le cadre primitif qui m'intéresse dans cet article.

Certaines personnes s'inquiètent de ce qu'il n'y ait rien dans la psychologie qui soit une union directe, mais seulement une illusion de relation ; je suppose que les psychiatres sont si habitués aux descriptions des patients concernant la perte de contact avec la réalité qu'ils ne feront pas partie de ceux qui soulèvent des objections. La plupart d'entre nous sommes tellement habitués à utiliser ce qui est objectivement observé et attendu que nous y parvenons sans hallucinations, sauf si nous sommes fatigués ou affaiblis par un épuisement physique. Pour le petit enfant, cette utilisation adroite de la réalité partagée, qui présente un autre aspect de l'objectivité, n'est nullement établie et tout dépend de la mère au début.

La mère fait son travail à cet égard en étant tout simplement dévouée, c'est-à-dire à condition que les médecins, les nourrices, les gens de bonne volonté en général lui permettent d'agir comme elle aime le faire.

C'est là qu'entre en jeu le pédiatre en frayant la voie aux sentiments naturels de la mère envers son enfant. En acceptant l'aide du psychanalyste, le pédiatre, incidemment, étend l'utilité de l'analyste à un cercle plus large que celui de sa pratique analytique. Les médecins ont rendu très difficile pour les mères de bien débuter dans cette fonction, l'une des plus importantes qu'elles aient à remplir. C'est souvent très difficile pour une femme lorsqu'elle se prépare à avoir un enfant d'être sûre qu'on lui permettra de s'entendre avec son enfant après la naissance à sa façon à elle qui est la façon de l'enfant.

Laissez-moi brièvement évoquer une exception. Le Pr Spence [1] insiste pour que, dans les maternités qu'il supervise, tout enfant en bonne santé soit dans un berceau à côté de sa mère. La mère reçoit l'attention qualifiée dont elle a si grand besoin et elle savoure la confiance inspirée par les soins médicaux et infirmiers de premier ordre. En même temps, on attend d'elle qu'elle soit le meilleur juge de la technique alimentaire nécessaire à l'enfant. Il n'y a pas de règle concernant la tétée régulière, et chaque « couple mère-enfant » (*nursing couple*), pour utiliser le terme du regretté Dr Middlemore, trouve habituellement tôt ou tard un rythme de tétées convenable. Faites la comparaison avec le pire des cas, qui n'est pas difficile à trouver, celui d'une maternité où les nourrissons sont gardés dans des berceaux dans une salle séparée, même quand ils vont bien. A l'heure de la tétée, on les amène sur un chariot étroitement enveloppés dans un châle et, à point nommé, la puéricultrice donne le signal en précipitant la bouche du nourrisson qui crie sur le sein de la mère déroutée, frustrée et souvent effrayée.

Il ne s'agit là que de l'expérience des tout premiers stades de l'alimentation; il est facile de voir que ces idées s'appliquent à tous les stades ultérieurs. Néanmoins si le début est mauvais, la suite est rendue nécessairement plus difficile. En outre, cliniquement, l'origine de troubles graves de l'alimentation peut se trouver au stade initial.

Le pédiatre, lorsqu'il prend soigneusement l'anamnèse de petits enfants, ne peut qu'être frappé de la banalité des inhibitions alimentaires assez graves ou très graves [2]. Il s'aperçoit qu'il y a certains moments critiques qu'on peut énumérer.

J'ai eu un cas grave chez une petite fille de trois ans en analyse dont les inhibitions alimentaires avaient commencé à douze mois un jour précis lorsqu'on l'a assise à table pour manger avec son père et sa mère, c'est-à-dire tous les trois ensemble.

L'époque courante pour la perte d'intérêt vis-à-vis de la nourriture est souvent l'approche de l'arrivée d'un nouveau bébé. Dans bien des cas, cette perte d'intérêt commence dans la toute petite enfance. Il y a l'inhibition au moment où l'enfant est amené à se nourrir seul, ou à l'occasion d'un changement ou bien on passe de l'enthousiasme au refus de la nourriture au moment du sevrage du sein ou du biberon ou du retrait d'une personne particulière ou lors de l'introduction d'aliments solides et même lorsqu'on en vient à épaissir le biberon. L'arrivée des dents peut être accompagnée de refus des tétées. Même

1. Devenu plus tard Sir James Spence, de Newcastle.
2. Voir l'article « Appetite and Emotional Disorder », 1936 (cet article n'a pas été traduit en français). (*N.d.T.*)

chez les très jeunes enfants, on trouve le refus de tout ce qui est nouveau et, parfois, à l'inverse, un intérêt seulement pour ce qui est nouveau.

Pourtant certaines inhibitions commencent dès le début : le jeune enfant et la mère ne s'entendent jamais, il n'y a pas eu « déclic » (*click*). A ce stade, la mère peut être considérée théoriquement comme responsable, bien que naturellement elle ne soit pas à blâmer.

Ordinairement, si l'alimentation au sein est difficile, l'enfant est mis au biberon, et il y a toutes sortes de façons pour sortir de la difficulté lorsque le lait du sein ne coule pas ou ne convient pas. En cas de problème, c'est une erreur d'insister pour l'allaitement au sein alors qu'une mère peut facilement bien nourrir l'enfant au biberon.

Face à ces questions, le médecin du petit enfant est perplexe s'il ne comprend pas ce qui se passe en coulisse dans le développement affectif du tout-petit. Il a besoin aussi de savoir quelque chose de la psychologie des mères qui nourrissent.

Il me semble à propos de décrire maintenant un problème banal d'alimentation du petit enfant tel que je le vois. Je veux dire comme je le vois *actuellement* car j'ai traversé les phases que tous les médecins connaissent dans leurs efforts navrants pour traiter les problèmes d'alimentation selon des lois physiques, en modifiant les quantités, les intervalles, les proportions des graisses, des protéines, des hydrates de carbone, en passant d'une marque de lait à une autre. Comme je me souviens du jour où je me suis donné pour règle de faire bien marcher une tétée *avant* de modifier la marque du lait! Cela m'a pris des années pour réaliser qu'on pouvait souvent remédier à une des difficultés de l'alimentation en conseillant à la mère de s'adapter totalement au bébé pendant quelques jours. Il m'a fallu découvrir que cette adaptation aux besoins de l'enfant fait tant plaisir à la mère qu'elle ne peut pas le faire sans soutien moral. Si je le conseille, il faut que je demande à mon assistante sociale d'aller la voir quotidiennement, sans cela la mère s'écroulera sous la critique et se sentira exagérément responsable. Si elle obéit à une règle, elle peut s'en prendre aux autres quand les choses ne vont pas bien, mais elle a peur de faire ce qu'elle désire profondément. D'autre part, si tout va bien, elle n'oublie jamais le fait qu'elle avait en elle la capacité de faire la chose qui convenait à son enfant, sans aucune aide.

Ce ne sont pas là des choses savantes. Cela requiert simplement une appréciation de ce que font ensemble la mère et l'enfant. Avec le petit d'homme, il ne convient jamais de penser en termes de réflexes conditionnés.

Je veux qu'il soit clair que je décris la tâche du pédiatre dans la façon de traiter (*management*) l'alimentation de l'enfant en montrant qu'il travaille à l'aveuglette s'il ne sait pas ce qui se passe en coulisse. Là les processus du développement affectif sont prédominants et ils sont d'une nature qu'on peut trouver à l'état de « dé-composition » (*state of undoing*) dans la schizophrénie.

C'est le moment de dire un mot du jeu. Le premier jeu au sein est d'une grande valeur parce qu'il permet au bébé de trouver la mère et de communiquer avec elle, de sorte qu'elle peut se préparer à agir comme il convient. Sans cette occasion de jouer, l'enfant et la mère restent des étrangers l'un à l'autre. Comme les mains y sont importantes! A douze semaines il arrive qu'un petit enfant nourrisse sa mère, pendant qu'il est au sein, en mettant son doigt dans sa bouche à elle.

W. H. Davies, dans son poème *Infancy*, dit :

Born to the world with my hands clenched,
I wept and shut my eyes;
Into my mouth a breast was forced,
To stop my bitter cries.
I did not know – nor cared to know –
A woman from a man;
Until I saw a sudden light,
And all my joys began.

From that great hour my hands went forth,
And I began to prove
That many a thing my two eyes saw
My hands had power to move:
My fingers now began to work,
And all my toes likewise;
And reaching out with fingers stretched,
I laughed, with open eyes[1].

1. « Petite Enfance » :

Né au monde les poings serrés, / J'ai pleuré et fermé les yeux. / Dans ma bouche on a fait pénétrer un sein / Pour mettre un terme à mes larmes amères. / Je ne distinguais pas / Une femme d'un homme – et peu m'importait; / Jusqu'au moment où je perçus une soudaine lumière, / Prélude à toutes mes joies. Dès cet instant magnifique mes mains se sont tendues / Et j'ai pu faire la preuve / Que nombre de choses que voyaient mes deux yeux / Mes mains avaient la capacité de les mouvoir : / Mes doigts se sont alors mis en mouvement / Et tous mes orteils aussi. / Allant à la découverte, doigts tendus, / J'ai ri, les yeux ouverts.

La psychiatrie et les soins infantiles

Il est temps que j'associe cela à quelque chose qui intéresse le psychiatre.

Dans la psychanalyse d'une femme (qui avait bien réussi dans la vie mais venait en traitement à cause de l'accroissement de son insatisfaction et du sentiment que rien n'avait plus de sens pour elle), voici ce qui est arrivé :

Il y a eu une séance où ce qui a été important c'était que je reste complètement immobile et tranquille et ne dise rien du tout. La séance suivante la même chose s'est produite, mais après un certain temps, j'ai voulu prendre une cigarette. Le résultat du léger mouvement que j'ai fait a été presque désastreux et la situation n'a été sauvée que parce que ma patiente a été capable de voir ce qui arrivait. D'après ce qui s'était passé auparavant, nous savions tous les deux qu'elle était revenue à la relation mère-nourrisson. Dans le calme, ma patiente était étendue sur les genoux de sa mère. Juste lorsque j'ai fait ce mouvement, ma patiente commençait (en pensée) à tendre la main et à faire en sorte qu'elle trouve le sein et, avec le temps, la mère aurait répondu et la tétée aurait commencé. Toutes les deux se seraient bien accordées. C'était cette expérience-là que cette patiente recherchait inconsciemment. Cependant, comme j'ai fait un mouvement, j'ai rompu le charme et brusquement je suis devenu la nounou. (Historiquement, elle avait été au sein pendant un mois et avait été confiée à la nounou et nourrie au biberon.) Cela représentait la rupture d'un progrès naturel. La nounou, bien qu'elle fût de maintes façons une meilleure mère que la vraie mère parce qu'elle n'était pas déprimée, devait pourtant au moment de la tétée se lever pour aller chercher et préparer le biberon; jusqu'à ce que tout fût prêt, l'enfant avait perdu une grande part de son aptitude à « créer » le biberon ou le lait; c'était devenu une chose qui venait à elle, avec laquelle elle devait essayer de s'accorder.

Ce type de matériel clinique m'amène à décrire d'autres études analytiques. Il est très difficile de faire partager à ceux qui ne font pas de psychanalyse (qu'ils soient pédiatres ou psychiatres) la conviction que l'on ressent de creuser jusqu'à ce qu'on parvienne au solide : ce que j'entends par là c'est que dans ce travail l'on voit des choses réelles qui sont revécues. Pourtant chacun de nous ne peut acquérir qu'un certain nombre de types d'expériences, et il est donc inévitable que chacun apprenne à partir du travail des collègues.

Je me suis longtemps débattu avec un cas qui illustre mon argument :

Pour aider cette patiente tant soit peu, je devais me tenir prêt et l'attendre quand elle arrivait. Cette femme est l'une de deux jumelles et le traitement que lui a accordé sa mère, différent de celui de sa sœur jumelle, a toujours été une source de griefs pour elle. Comme sa jumelle était la faible, elle a été prise en charge par la mère, nourrie et soignée par elle et prise dans le lit de la mère, tandis que ma patiente étant grande et forte a été confiée à une nourrice. Telle se présentait la reconstruction consciente. Ce n'est que progressivement que la véritable situation primitive est apparue dans le transfert. Cette patiente m'est adressée par un hôpital psychiatrique. Elle souffre d'un clivage de la personnalité assez sévère et les vingt premières années (je ne parle pas de la petite enfance), elle a réussi à s'adapter exceptionnellement bien sur la base de la soumission. Puis elle s'est effondrée et a engagé sa longue quête dans le but de découvrir son *self* propre et une relation au monde telle qu'elle pourrait la ressentir comme réelle. Inutile de dire qu'elle ne savait pas ce qu'elle cherchait et qu'à une époque, de désespoir, elle a souffert d'arthrite rhumatoïde dans le but inconscient de devenir grabataire et impotente, amenant ainsi sa famille à se soumettre à elle, ou devrais-je dire qu'elle a utilisé son arthrite de cette façon.

L'espoir d'obtenir de l'analyse ce dont elle avait besoin s'accompagnait de l'absolue nécessité que j'ai mentionnée : il fallait que je sois prêt pour elle. Parfois, j'ai dû être en personne à la porte d'entrée, ouvrant moi-même la porte dès son coup de sonnette. On peut imaginer l'infinité de jeux qu'il y avait autour de cette particularité dans les modalités de la cure (*management*). Parfois elle me téléphonait en chemin, autrement elle n'aurait pas cru le moins du monde à mon existence. Si j'ai dû prendre la peine de faire tout cela, ce qui était très éprouvant, c'était qu'autrement cela ne servait à rien que je la voie; elle venait et parlait et s'en allait, mais elle n'arrivait pas à avoir le sentiment que nous nous étions rencontrés. En revanche, si pendant une longue période je lui avais donné moi-même accès directement en ouvrant la porte, on en tirait toujours un bénéfice. En six ans, beaucoup de choses se sont passées, mais à la base de tout il y avait le fait que je lui assurais un accès direct. Elle vit une expérience essentielle pour la première fois bien que cela soit du domaine de la petite enfance, et ce fait ressort très clairement dans le matériel détaillé que je n'ai pas le temps de reproduire ici. Dans le cas présent, il y a un élément de régression important, le traumatisme principal se rattachant à l'enfance plutôt qu'à la toute petite enfance, c'est-à-dire à une longue période où une nourrice, presque une malade mentale, s'est occupée d'elle de façon rigide.

Au cas où on penserait que l'analyste met ces idées-là dans la tête du patient, je vais donner un fragment du traitement d'un garçon qui apparemment était un déficient mental mais qui en fait présentait un cas de schizophrénie infantile avec régression à une introversion puissamment contrôlée [1].

Lorsque le garçon m'est arrivé à l'âge de cinq ans, il a passé son temps pendant une période de deux ou trois mois tout simplement à venir vers moi et à repartir pour mettre à l'épreuve mon aptitude à lui donner moi-même un accès direct en lui ouvrant la porte quand il entrait et quand il sortait.

Graduellement ce garçon s'est permis de s'asseoir sur mes genoux et en est venu à un contact affectueux. Dans la phase suivante, il se glissait dans mon veston et à partir de là est apparu un jeu où il se laissait glisser d'entre mes jambes jusqu'au sol la tête la première. Au cours de cette période, j'ai fait très

1. *Cf.* « Les souvenirs de la naissance, le traumatisme de la naissance et l'angoisse ». (*N.d.T.*)

peu d'interprétations verbales. Dans la phase suivante, il avait un si intense besoin de miel – c'était la guerre et le miel était rare – qu'il est allé au bout de mes ressources jusqu'à ce que heureusement, à la place, il ait pu accepter du malt et de l'huile, ce qu'il dévorait voracement. A cette époque il recouvrait tout de sa salive et se montrait destructeur avec la cuillère à miel. Sa salive formait une flaque sur le pas de la porte si on le faisait attendre. A partir de ce moment-là s'est instauré un développement lent mais constant alors qu'auparavant il avait cessé et était devenu négatif.

Dans cette expérience, il me sembla voir un enfant revivre une expérience infantile primitive; du fait d'une nécessité qu'il ressentait en lui-même, il corrigeait son introduction défectueuse au monde en naissant à nouveau. J'ai vu un environnement en supplanter un autre. Après cela, l'analyse par interprétation verbale est devenue non seulement possible mais vivement nécessaire. Toutefois dans la phase que j'ai décrite, mon travail a été d'assurer un certain type d'environnement, permettant ainsi au garçon de faire le travail.

Tout cela s'applique directement aux soins des adolescents. Voici un cas d'adolescent typique :

Un garçon de seize ans dans une *public school* dit à son médecin scolaire qu'il insiste pour voir un psychiatre. Finalement, on le lui accorde et ses parents me l'amènent. Je prends une anamnèse détaillée auprès des parents et, dans l'entretien avec le garçon, je le trouve déprimé et amorphe. En une heure environ je n'obtiens rien de lui et je ne fais aucun effort pour le faire s'exprimer. Comme je l'ai découvert plus tard, l'élément important de cet entretien a été que je ne l'ai pas poussé à me répondre. En le quittant, je lui ai fait savoir que je m'attendais à le revoir un jour. Le contact qui suit s'est fait par téléphone. Il m'appelle de l'école et me demande si je peux le voir demain samedi. Je sais qu'il faut que je le fasse étant donné que le geste vient de lui et j'ai tout mis de côté pour m'adapter à lui. Au téléphone j'ai immédiatement dit oui avant d'avoir décidé comment m'arranger.

Grâce à ces conditions, c'est un garçon tout différent qui entre dans mon cabinet. Il m'utilise de façon prodigieuse et en une heure ou deux il a fait une analyse en miniature. Des résultats considérables s'en sont suivis, bien plus je crois que ce qui aurait pu être accompli au cours de semaines d'une analyse bien établie à ce stade. Aux vacances suivantes, je découvre que le garçon a quitté l'école de sa propre initiative, s'est décidé dans le choix d'une carrière, a fait les démarches nécessaires pour aller à l'université et pour vivre à Londres où il peut faire une analyse pendant une période appropriée, soit avec moi, soit avec un collègue.

Je crois que cette façon est la bonne pour démarrer une analyse de ce genre et que bien des traitements d'adolescents de type schizoïde échouent parce qu'ils ont été planifiés sur une base qui ne tient pas compte de l'aptitude de l'enfant à « évoquer » (*think up*) – d'une certaine façon à *créer* – l'analyste, rôle dans lequel l'analyste réel (en chair et en os) peut essayer de se couler.

Si cela se vérifie, il s'ensuit que l'entretien pour les techniques bien réglées vont à l'encontre de leur but, qui consiste à faire un diagnostic et à instaurer une procédure thérapeutique. La technique bien réglée n'est pas propre à l'attitude du patient visant à établir une sorte de contact et, dans un cas de type schizoïde, cette opportunité manquée peut jouer le rôle d'une thérapie négative et faire du mal.

Dans l'analyse d'une adolescente schizophrène, pendant une longue période j'ai dû adopter une procédure suivant laquelle je la voyais ou traitais le matériel analytique par téléphone à la minute où elle m'appelait. La claustrophobie se déclenchait s'il était prévu un rendez-vous déterminé quel qu'il fût. C'est à cette condition qu'on a fait un bon travail analytique. Finalement on est parvenus à une heure régulière. Si cependant, j'avais obligé cette patiente à adopter un arrangement régulier trop tôt elle n'aurait pas été capable d'arriver à un contact avec moi qui eût un sens pour elle. Pendant une longue période nous avons parlé principalement des soins infantiles (*infant management*) et de l'alimentation du petit enfant; en fait, avant de venir me voir, cette fille donnait aux tout-petits qui lui étaient confiés exactement les soins qu'elle avait besoin que je lui donne et qu'elle ne parvenait pas à obtenir de sa mère. La mère avait été excellente si ce n'est qu'elle avait un besoin intense de se trouver rassurée par ses activités liées à l'alimentation des siens. « Aucun de mes enfants ne m'a jamais rien refusé de ce que je lui offrais », avait-elle l'habitude de dire, et comme c'était une diététicienne professionnelle, ils sont tous devenus gros, surtout ma patiente. Mais jusqu'à ce qu'elle vienne me voir, cette fille avait à peine l'idée de ce que c'était que d'entrer de son fait en contact avec la réalité.

Je souhaite maintenant décrire ce que je perçois de la base théorique de tout cela. Dans un cas favorable, l'attente du petit enfant rencontre l'empiétement de la réalité et c'est là que je placerai le mot « illusion ». Au cas où quelqu'un ne le comprendrait pas, voici une histoire qui peut aider :

Récemment, un jour qu'il faisait très chaud, un psychanalyste avait dû placer une séance supplémentaire à l'heure du déjeuner. Il était fatigué et il avait peut-être aussi sommeil. Voici ce qu'il éprouva tout en étant un analyste compétent ordinaire.

Il voyait par la fenêtre un homme sur un toit à quelque distance de là. Cet homme avait environ quarante-cinq ans et sa tête était chauve; il avait terminé ses sandwiches et avait laissé tomber son journal de la mi-journée avec les pronostics des courses. C'était évident qu'il s'était laissé aller au sommeil.

L'analyste à demi conscient de tout cela ne se serait souvenu de rien s'il n'y avait pas eu une suite. Nous savons tous qu'un bruit continu peut ne pas être remarqué tant qu'il ne cesse pas. Dans le cas cité il fut gêné parce que cet homme ne bougeait pas du tout. Au bout d'une demi-heure l'analyste pensa que cet homme aurait dû se réveiller et brusquement la tête de l'homme s'enfla jusqu'à être l'ornement sphérique assez volumineux en pierre qui décorait ce toit. Ainsi le spectacle de l'homme qui s'endormait n'était que l'indication que mon ami souhaitait lui-même s'endormir. Il n'avait pas réussi à limiter ses hallucinations aux situations qui pouvaient les contenir.

Pour en revenir à ce qui nous occupe, dans le cas favorable l'impulsion ou l'attente du petit enfant rencontre la réalité qui empiète. Quelles sont les conséquences d'un fiasco lorsque l'on introduit le monde partagé auprès du petit enfant [1] ? Dans le pire des cas de faillite, ces deux lignes, si elles étaient figurées dans un diagramme, seraient parallèles. L'enfant crée à partir de sa pauvreté primitive et le monde empiète en vain. Les lignes ne se rencontrent jamais. Dans un cas hypothétique de ce genre il doit y avoir une déficience mentale, même s'il existe une capacité cérébrale normale. Couramment, on rencontre dans une certaine mesure ce clivage sur le plan le plus primitif; ainsi sont jetées les bases pour que le petit enfant ait une relation non partagée par nous avec un monde créé par lui, monde régi par la magie, et parallèlement il y a soumission à des soins offerts par le monde extérieur, soins commodes parce que source de vie mais insatisfaisants à l'extrême pour le petit enfant. Ultérieurement, dans l'enfance ou dans la vie adulte, la soumission s'effondre si elle est trop isolée de l'autre tendance qui contient toute la spontanéité de l'enfant. Ces voies parallèles apparaissent régulièrement dans notre travail analytique, illustrées au plus simple par le patient qui dit que ses séances analytiques étaient doubles, l'une assez inintéressante actuellement avec l'analyste et l'autre efficace plus tard par rapport à un analyste imaginaire.

Le pédiatre et le psychiatre

Ce qui ressort d'essentiel, c'est que dans leurs investigations des phénomènes du contact humain et de la communication, le pédiatre et le psychiatre ont réciproquement grand besoin de l'aide l'un de l'autre. Par exemple, peu nombreux sont les psychiatres qui savent prendre une bonne anamnèse auprès d'une mère à propos des détails de l'alimentation du début de la vie. Pourtant aucune anamnèse d'un cas psychotique n'est complète tant qu'on n'a pas obtenu jusqu'au dernier tous les détails concernant l'expérience du couple de maternage (*nursing couple*) primitif, pour autant que ce soit accessible à une investigation bien menée. Le pédiatre a tout autant besoin du psychiatre. Laissé à lui-même, il ne saura pas reconnaître le jeune enfant malade sur le plan psychiatrique car un tel enfant peut être éclatant de santé physique, ni provocant ni difficile, et docile même avec la

1. Pour une description plus claire se reporter dans « Le développement affectif primaire » au passage sur l'adaptation à la réalité.

plus grande gentillesse. En fait, le nourrisson malade peut être particulièrement sage tout le temps : « Nous ne savions même pas que nous l'avions, docteur. » « On pouvait le laisser sur le bras d'un fauteuil sans qu'il risque de bouger et de tomber », et ainsi de suite. Les nourrissons en bonne santé pleurent et ils ne sont pas toujours désireux de prendre ce qu'on leur donne, ils ont une volonté propre et en fait ils gênent. Pour leur mère, les nourrissons en bonne santé apportent plus de satisfactions que des enfants malades le feront jamais parce que tout en gênant, ils manifestent aussi des sentiments d'affection spontanée bien plus encourageants que les vertus négatives.

En ce qui concerne les soins pratiques, j'ai le sentiment que ceux qui s'occupent des jeunes enfants (je veux dire les mères, les nourrices, les puéricultrices) peuvent apprendre quelque chose à ceux qui ont affaire à des régressions schizoïdes et des états confusionnels chez des individus de tout âge. Assurer un environnement stable mais personnel, garder bien au chaud, protéger de l'inattendu, servir la nourriture d'une manière fiable et à l'heure (ou même suivant les caprices du patient), toutes ces choses peuvent aider à materner des schizoïdes.

Toutefois pour l'instant l'important pour le psychiatre n'est pas la pratique mais la théorie. Moi je dis que l'endroit approprié pour étudier la schizophrénie, la dépression maniaque et la mélancolie, c'est la chambre d'enfant et, si cela se confirme, alors on peut constater que certaines tendances modernes de la psychiatrie font fausse route.

On peut se demander comment les personnes ordinaires traitent cette question du contact avec la réalité. Naturellement, à mesure que le développement se déroule, il se passe beaucoup de choses qui semblent tourner la difficulté, car l'enrichissement par l'incorporation des objets est un phénomène psychique aussi bien que physique ; on peut dire la même chose du fait d'être incorporé, y compris la contribution éventuelle à la fertilité du monde – privilège même du moindre d'entre nous. Et la vie sexuelle spécialement en offre le moyen, avec la conception des enfants, puisque véritablement deux individus s'entremêlent physiquement. Néanmoins, tant que nous sommes en vie, chacun de nous ressent cette question du contact brut avec la réalité comme un contact vital et nous la traitons suivant la manière dont la réalité nous a été présentée au tout début. Chez certains d'entre nous, l'aptitude à utiliser ce qui est vérifiable objectivement, à objectiver le subjectif, est mise en œuvre si facilement que le problème fondamental de l'illusion a tendance à disparaître. A moins d'être malades ou fatigués, les individus ne savent pas qu'il y a un problème de relation avec la réalité, ou qu'il est universel et que tout le monde est susceptible d'avoir des hallucinations et, à leur avis, les fous ne peuvent qu'être faits d'une autre matière qu'eux. Certains d'entre nous en revanche se rendent compte qu'il y a en eux une tendance vers le subjectif que l'on ressent comme plus significative que les affaires du monde. Et pour quelqu'un de ce type, celui qui est sain peut sembler d'assez ennuyeuse compagnie et le train-train quotidien paraître plutôt terre à terre.

Une façon de s'évader, c'est de rêver les rêves et de se les remémorer. Dans le sommeil, nous rêvons tout le temps et quand nous nous éveillons nous avons besoin de transposer quelque chose du monde du rêve dans la vie réelle, tout comme nous avons besoin de reconnaître les affaires quotidiennes qui apparaissent et s'intriquent dans la trame des rêves.

Cela mis à part, n'est-ce pas largement par la création artistique et l'expérience artistique que nous maintenons les ponts nécessaires entre le subjectif et l'objectif ? C'est pour cette raison à mon avis que nous devons tant de bonheur à la lutte solitaire du créateur dans n'importe quelle forme d'art que ce soit. L'artiste, pour nous tous comme pour lui-même, ne cesse de gagner de brillantes batailles dans une guerre dépourvue cependant d'issue finale; une issue finale serait de trouver ce qui n'est pas vrai, à savoir que ce que le monde offre est identique à ce que l'individu crée.

Je terminerai par une illustration qui élargit un peu le sujet. Un homme a rêvé qu'il conduisait une voiture pour gravir une colline quand il a vu une automobile plus grande que la sienne descendre vers lui cette côte à toute allure. Ce fut un rêve bref. Il s'est rabattu à gauche mais il savait que s'il ne s'était pas éveillé il y aurait eu une terrible collision. C'était un rêve satisfaisant et il s'est éveillé en se souvenant qu'il s'était tapé la tête sur un poteau alors qu'il se promenait avec sa mère quand il était petit. C'était un souvenir facile, un incident jamais oublié. Tout à coup, il lui est apparu que ce souvenir était faux. Il marchait à côté de sa mère et c'était *un autre* garçon marchant avec sa mère qui s'était cogné dans le poteau par inattention, et s'était fait une assez méchante blessure à la tête qui avait saigné abondamment.

Le fait est qu'en raison de l'analyse portant sur le contact de la réalité, il était devenu apte à comprendre qu'il enviait le garçon qui se cognait dans le poteau. Je veux dire que cette collision lui paraissait tellement réelle à l'époque où elle s'était produite alors qu'en revanche, à cette même époque, il sentait grandir en lui sa pénible inhibition et l'absence du sens de la réalité dans son contact avec sa mère, secondairement au refoulement de ses désirs œdipiens.

A partir de là, dans son analyse, son sentiment vis-à-vis de l'affection que portent les enfants aux phénomènes terribles de films de gangsters et des avions (Spitfire) qui s'écrasent et des bombardiers, etc., changea [1]. Moi aussi j'ai réalisé plus clairement qu'auparavant qu'en essayant de démêler la psychologie complexe du comportement infantile, il ne serait pas sage de négliger la menace des sentiments d'irréalité et de perte de contact. Est-il besoin d'ajouter, quand on s'adresse à un public de psychiatres, que cela s'applique aussi à l'étude des adultes ?

Ceux qui ont chaque fois le sentiment que la réalité extérieure n'a aucun sens, que règne la routine se trouvent avoir absolument besoin de la musique ou de la peinture pour se refaire. Quelqu'un que je connais qui se remet d'une longue phase de perte de contact a trouvé que la couleur dans les tableaux de Van Gogh était *douloureusement* réelle. La couleur s'est présentée à elle comme la voiture dans le rêve de l'homme que je viens de rapporter. La couleur était trop pour elle sur le plan physique et il a fallu qu'elle s'en aille et qu'elle revienne un autre jour terminer la visite de la galerie de tableaux.

On observe des choses comparables quand on s'occupe d'enfants. Des sentiments d'irréalité apparaissent comme désir de quelque chose de nouveau. Cela se manifeste au cours des premières tétées dans le cas où l'enfant qu'on change plusieurs fois de nourriture va bien pendant quelques jours avec chacune mais perd ensuite de l'intérêt. Toutefois la nouveauté peut aussi blesser. Il serait sage de garder présent à l'esprit que, pour le petit enfant, la nouveauté, que ce soit dans le goût, la texture, la vue ou le bruit, peut se présenter à lui comme la couleur à mon amie et lui faire mal physiquement. Une bonne mère ordinaire y va doucement avec les nouveautés tout en les fournissant selon l'aptitude de l'enfant à s'y adapter. En pratique psychiatrique, comme je l'ai déjà dit, on pourrait peut-être s'efforcer d'amener une personne très repliée sur elle-même à sortir de sa réserve en lui offrant une parcelle extrêmement simplifiée du monde, un monde dans lequel le patient pourrait graduellement revenir sans avoir à souffrir d'impressions pénibles. Dans l'analyse des cas *borderline*, c'est ce qu'on fait dans le cadre limité de la séance analytique et c'est là une condition préalable au travail basé sur l'interprétation verbale.

Résumé

Je me suis efforcé de centrer l'attention sur un seul processus, celui du contact de l'individu avec la réalité partagée et son développement depuis le début de la vie de l'enfant. J'avais l'espoir d'encourager la coopération entre le médecin des enfants et le psychiatre en parve-

1. Aujourd'hui (1957) j'ajouterais les bandes dessinées d'horreur (ou « gore » *N.d.T.*).

nant à des termes descriptifs qui présentent une signification clinique pour l'un et l'autre. J'ai tenté de le faire en étudiant l'édification normale du contact de la réalité.

La difficulté était d'écarter les troubles psychosomatiques, de rester sourd aux états anxieux courants et aveugle à la dépression, à l'hypocondrie, aux hallucinations de persécution. Tous ces troubles affectent le travail au quotidien du pédiatre. Il m'a été difficile de laisser de côté les régressions psychotiques pathologiques et les distorsions psychotiques qui sont bien plus courantes dans l'enfance qu'on ne le suppose habituellement. Il ne m'a pas été facile non plus de faire le choix du processus et d'ignorer ceux de l'intégration et du sentiment corporel. Pourtant, tel qu'il est, le contenu de mon exposé dépasse déjà ce qui est facilement assimilable en une conférence. Je me console en pensant qu'il vaut mieux faire percevoir qu'une chose est complexe, si elle l'est, que de donner une fausse impression de simplicité.

Ces questions ont fait l'objet de débats de la part de philosophes et de psychologues, et des psychopathologues de toutes les écoles ont eux aussi tenté de formuler ce qu'ils ont le sentiment de voir. Cela est mon exposé, fruit du travail clinique et d'une formation psychanalytique.

LES SOUVENIRS DE LA NAISSANCE, LE TRAUMATISME DE LA NAISSANCE ET L'ANGOISSE [1]

(1949)

Dans cet article, je me propose de présenter quelques exemples cliniques illustrant des fantasmes et d'éventuels souvenirs afférents à l'expérience vécue de la naissance.

Dans la théorie psychanalytique il y a place pour une certaine confusion depuis que Freud a émis l'hypothèse intéressante suivante : il se pourrait que la symptomatologie de l'angoisse ait un rapport avec le traumatisme de la naissance. Ainsi tout n'est pas clair : les souvenirs de la naissance sont-ils ontogéniques ou phylogéniques ? Arrive-t-il que la naissance soit normale ou le traumatisme fait-il partie de la naissance en y étant inhérent, ou bien est-il une variable fortuite concomitante ? Et encore : quelle est la nature exacte du traumatisme en terme de psychologie du moi ? Il reste donc fort à faire sur le plan de la recherche; les idées que j'ai rassemblées et que je vais exposer maintenant favoriseront peut-être la réflexion en la stimulant.

Quelle est la façon la plus fructueuse de citer Freud ? Au point où nous en sommes ce n'est pas facile d'en décider. Pour lui rendre justice, il faudrait y consacrer un article à part retraçant, suivant les étapes consécutives, ses points de vue concernant le rapport entre l'angoisse et le traumatisme de la naissance. Ce serait là un excellent exercice et il a déjà été fait, en particulier par Greenacre [2]. Quoi qu'il en soit, il n'est pas nécessaire que je tente de rendre justice ici aux vues de Freud. En relisant, après avoir écrit la majeure partie de mon

1. Exposé présenté à la Société britannique de Psychanalyse, le 18 mai 1949.

2. J'ai dû réécrire cette partie (1954) du fait que j'ai découvert le travail de Greenacre postérieurement à la rédaction et à la lecture de cet exposé, alors que son travail dans sa quasi-totalité avait déjà été publié et diffusé avant la date de ma présentation.

article, nombre de références qu'il a faites à ce sujet, je pense qu'il est possible de trouver quelque part dans ses écrits tout ce que j'ai évoqué. Sans doute le mieux serait que je cite la phrase dans laquelle il dit : « Maintenant il serait très satisfaisant que l'angoisse en vienne à être répétée comme symbole de séparation à chaque nouvelle occasion de séparation, mais malheureusement un fait nous empêche d'établir cette corrélation car la naissance n'est pas vécue subjectivement comme une séparation d'avec la mère puisque le fœtus – créature totalement narcissique – est tout à fait incapable de reconnaître l'existence de celle-ci comme objet. » De même, lorsqu'il compare la naissance au sevrage, il dit : « La situation traumatique créée par l'absence de la mère s'écarte sur un point crucial de la situation traumatique de la naissance. A la naissance, en effet, l'objet ne pouvait être ressenti comme manque puisqu'il n'existait pas encore. L'angoisse était la seule réaction possible » (Freud, 1926).

Le propos qui m'intéresse est précisément celui du fœtus et de l'enfant en train de naître, la « créature totalement narcissique »; ce que je veux, c'est savoir ce qui a lieu là réellement. Il me plait à penser que Freud effleurait ce sujet sans aboutir finalement à une conclusion du fait que certains éléments essentiels à sa compréhension lui manquaient. Il nous faut donc, quand nous examinons le point de vue de Freud, tenter d'avoir constamment présent à l'esprit ce qu'il ferait, lui, chercheur scientifique sur le terrain, s'il vivait actuellement et était en activité, prenait sa part active au monde psychanalytique en tenant compte des progrès dus à notre nouvelle compréhension des tout-petits.

L'essentiel en fait est que Freud croyait à la signification du traumatisme de la naissance en tant que chercheur scientifique et pas seulement en tant que penseur s'appuyant sur son intuition. Il est rare de trouver des médecins qui admettent que l'expérience de la naissance est importante pour l'enfant, que cela peut avoir une quelconque portée dans le développement affectif de l'individu et que les traces mnésiques de l'expérience pourraient subsister et provoquer des troubles même chez l'adulte. Ceux qui ont connu Freud, et je n'en suis pas, auraient peut-être des informations sur sa dernière opinion concernant l'importance du traumatisme de la naissance. Dans « Psychologie des foules et analyse du Moi » Freud dit : « Donc en venant au monde, nous passons du narcissisme absolument autosuffisant à la perception d'un monde extérieur autre et à la première découverte des objets. » Il poursuit : « ... et à cela est associé le fait que nous ne pouvons supporter longtemps ce nouvel état de choses et que nous revenons périodiquement, dans notre sommeil, à notre condition antérieure d'absence de stimulation et d'évitement d'objets. » Mais là il introduit un autre sujet et je ne tiens pas pour acquis que le sommeil a une relation simple avec l'existence intra-utérine. Il faudrait en faire une étude distincte.

D'après ce que j'avais compris, Freud croyait qu'il y avait dans l'histoire de tout individu des traces mnésiques de l'expérience de la naissance, traces qui déterminaient le modèle auquel l'angoisse se conformerait au cours de la vie de l'individu. Toutefois Greenacre semble penser que Freud rattachait l'angoisse à la naissance par une sorte de théorie de l'inconscient collectif avec pour archétype l'expérience de la naissance. (C'est à dessein que j'emploie ici des expressions jungiennes parce qu'elles paraissent adéquates.) Mais quel que soit ce que Freud a écrit ou n'a pas écrit, il était d'avis que l'expérience personnelle de la naissance est également importante pour l'individu si l'on en croit l'anecdote suivante : apprenant qu'un enfant était né par césarienne, il fit la remarque que ce serait intéressant de s'en souvenir car on pourrait éventuellement en observer le retentissement sur le mode d'angoisse chez cet individu.

Ce que je souhaite dire a été, pour une grande part, déjà exprimé par Greenacre (1945). Elle écrit [1] :

> « En résumé, il semble que l'effet général de la naissance soit, de par l'intense stimulation sensorielle qu'elle représente, d'organiser et de convertir le narcissisme fœtal en produisant ou en favorisant une pulsion narcissique propulsive dépassant le type de processus de maturation fœtale plus détendu qui existait *in utero*. Généralement, une structuration de la libidinisation agressive de certaines parties du corps s'établit selon les différentes zones de stimulations. Spécifiquement la naissance stimule le cerveau à un degré qui favorise son développement de telle manière que celui-ci pourra prendre rapidement le contrôle effectif de tout ce qui concerne le corps. La naissance contribue à l'organisation du modèle d'angoisse, augmentant la défense de l'enfant et laissant des traces individuelles uniques qui se superposent à l'angoisse génétiquement déterminée et aux modèles libidinaux du petit enfant. »

La question mérite réflexion. Il serait nécessaire de donner aux deux articles de Greenacre (1941) beaucoup plus d'attention que je n'ai pu leur en accorder jusqu'alors. Dans le résumé qu'elle donne du premier [2] de ces deux articles, voici ce qu'elle écrit : « La réponse d'angoisse, qui est génétiquement déterminée, se manifeste probablement en premier lieu par une réponse d'irritabilité de l'organisme à un niveau réflexe qui, dans la vie intra-utérine, consiste en un

1. Ph., Greenacre « L'Économie biologique de la naissance », in *Traumatisme, croissance, personnalité.*
2. « La prédisposition à l'angoisse », in *Traumatisme, .croissance, personnalité*, p. 62.

ensemble de réflexes séparés ou groupés sans ordre, s'organisant à la naissance sous forme de réaction d'angoisse », etc. Il en ressort qu'elle demande que la question du rapport de l'angoisse avec le traumatisme de la naissance soit revue à la lumière du travail effectué actuellement sur le comportement des jeunes enfants.

Dans le second article, plus clinique et plus en rapport avec le travail psychanalytique, Greenacre attire l'attention sur l'intérêt qu'on peut trouver à mettre en corrélation les anamnèses des tout-petits et le matériel obtenu au cours d'une thérapie ultérieure. Voici ce qu'elle dit dans son résumé : « L'examen de ces cas nous fait ressentir la nécessité de disposer d'observations plus nombreuses et détaillées sur le comportement de jeunes enfants. Ce serait là un matériel très riche pour la psychanalyse [1]. » Je pense qu'elle m'accorderait sans doute qu'il n'y a pas de méthode plus importante pour l'étude du traumatisme de la naissance que celle que nous avons particulièrement à notre disposition : la psychanalyse des adultes et des enfants. « Les autres méthodes sont également importantes et elles incluent en particulier les études basées sur l'observation des enfants à la naissance avant et immédiatement après la naissance ainsi que le type d'investigation qui ne peut être mené à bien que par le neurologue. »

Je voudrais attirer l'attention sur le travail du Dr Grantly Dick Read (1942). Il considère le processus de la naissance du point de vue de la sage-femme. Une grande part du succès obtenu dans sa pratique provient du fait qu'il ajoute à sa connaissance de l'aspect physique des processus de la naissance la conviction qu'il est important de donner confiance à la mère. Il vise à prévenir ou à surmonter la crainte chez la mère, car il trouve cette crainte très perturbante pour la fonction qui est la sienne au moment de la parturition. Il est proche de la psychanalyse et de la théorie psychanalytique. Le Dr Read est tout à fait d'accord pour dire que la psychologie d'un individu est une chose qu'on peut étudier avant la naissance et au moment de la naissance et que les expériences à cette date très précoce sont significatives. Et j'ai le sentiment qu'en cela il est très en avance sur bien des obstétriciens et des pédiatres.

Le point de vue personnel que j'avance dans cet article se fonde sur mon travail analytique [2]. Mes idées se classent en trois groupes.

Le premier point que je veux faire ressortir est qu'en analyse apparaissent des types de matériels divers. Lorsque j'y ajoute le type de

1. *Op. cit.*, p. 91.

2. On remarquera que j'abandonne maintenant le travail des autres auteurs pour tenter de définir ma propre position à ma façon. Je ne suis que trop heureux si, après l'avoir fait, je découvre que ce que j'ai dit a été dit avant moi par d'autres. Il arrive souvent que cela ait été mieux dit, mais ce n'est pas mieux pour moi.

matériel relatif au traumatisme de la naissance, je ne prétends pas que les cures puissent être faites en s'appuyant seulement sur le matériel de la naissance. L'analyste doit pouvoir accueillir tout type de matériel qui apparaît, *y compris le matériel de la naissance.*

L'analyste doit bien s'attendre à toutes sortes de facteurs provenant de l'environnement. Par exemple on doit pouvoir reconnaître et évaluer le type d'environnement qui relève de l'expérience intra-utérine ainsi que le type d'environnement qui procède de l'expérience de la naissance; il en est de même pour la capacité de la mère à se dévouer au nouveau-né, la capacité du couple parental à prendre la responsabilité en commun au fur et à mesure que le nourrisson se développe et devient un petit enfant; et aussi l'habitude offerte par le cadre social pour que le dévouement maternel et la coopération parentale puissent jouer leurs rôles respectifs, et pour que ces fonctions soient maintenues et étendues; ainsi finalement, à son tour, l'individu devient apte à jouer son rôle dans la création et dans le maintien du cadre social.

En d'autres termes, la prise en compte du traumatisme de la naissance ne peut avoir de valeur que si l'on respecte le sens des proportions. Néanmoins dans l'examen d'un sujet donné, il ne faut pas avoir peur de paraître surestimer *provisoirement* l'importance du sujet en question [1].

Le deuxième point que je me propose de faire ressortir est celui-ci : je découvre dans mon travail, qu'il soit analytique ou autre – et j'ai cela en commun avec d'autres analystes –, qu'on ne peut nier que l'expérience personnelle de la naissance est significative et est reconnue comme matériel mnésique. Il est généralement admis que dans les états psychotiques les choses qui sont remémorées sont celles qui ne sont pas accessibles à la conscience dans des états plus normaux. On remarquera qu'en énonçant mon deuxième point, j'ai utilisé l'expression « expérience de la naissance » et non « traumatisme de la naissance » et je vais revenir là-dessus; mais je voudrais d'abord décrire un épisode de l'analyse d'un garçon qui était apparemment déficient mental, cette déficience étant probablement secondaire à une psychose précoce et non à un handicap cérébral.

Ce garçon, qui avait alors cinq ans, a passé un mois ou deux de son analyse à me mettre à l'épreuve pour savoir si je pouvais accepter ses modes d'approche sans exiger rien d'autre et si je pouvais m'adapter activement à ses besoins, sa mère ne pouvant le faire comme il fallait. Il venait vers moi et s'en

1. Par exemple, lorsque je rédige une intervention pour cette Société, quel que soit le sujet, je me surprends presque toujours à rêver des rêves qui s'y rapportent précisément.

éloignait, mettant à l'épreuve par la répétition ma capacité à l'accepter. Enfin il en vint à s'asseoir sur mes genoux. Pendant toute cette période pas un mot n'a été prononcé. Sa relation à moi se développa ultérieurement sous une forme inattendue : il se mettait dans mon veston et se laissait glisser par terre entre mes jambes la tête en bas; il réitéra ce jeu maintes et maintes fois.

Lorsqu'il eut bien instauré cette pratique, ayant décidé, semblait-il, qu'il pouvait m'utiliser comme la mère dont il avait besoin, il se relevait et demandait du miel. Je lui procurais du miel (et plus tard de l'huile de foie de morue et du malt qu'il était plus facile d'obtenir pendant la guerre), et il en engloutissait souvent pas moins d'une demi-livre dont il se régalait sans attendre. Ce fut le début d'une phase intense d'activité orale avec salivation excessive. Sa salive faisait une flaque sur le pas de la porte pendant qu'il attendait que je la lui ouvre. Auparavant ses désirs oraux ne se manifestaient que comme des objets hallucinés (qu'il appelait *Käfer* [1]) qui apparaissaient sur les murs et dont il avait très peur. Voici l'interprétation qui lui permit de perdre ces insectes hallucinés : je lui dis qu'ils étaient sa propre bouche. Au cours de la phase suivante, il devint lui-même un *Käfer* puis il entra dans le stade de l'analyse que je viens de décrire où il me mettait à l'épreuve en tant que mère qui pouvait s'adapter activement à lui.

Après cette expérience, j'étais prêt à croire que les traces mnésiques à la naissance peuvent persister. Bien entendu la même chose est apparue dans le jeu au cours de maintes analyses et encore bien plus souvent dans le jeu des enfants normaux et dans ses propres jeux à soi quand on était enfant.

Le cas suivant présente aussi certaines caractéristiques qui facilitent l'approche de l'étude de l'expérience de la naissance :

Mlle H. est une infirmière (de cinquante ans). Elle a été traitée par moi lorsqu'elle avait environ vingt-cinq ans alors que j'étais médecin interne à l'hôpital Saint-Bartholomew et que je n'avais lu qu'un livre ou deux sur la psychanalyse. Cette patiente avait une névrose très grave avec une constipation d'une opiniâtreté que je n'avais encore jamais rencontrée et que je n'ai jamais vue depuis. Elle avait été sténodactylographe mais, après avoir été soignée par moi, elle était devenue infirmière hospitalière. Plus tard elle s'était spécialisée dans les soins des enfants psychotiques. Elle avait une compréhension intuitive inhabituelle des besoins des enfants qui sont en état de régression.

Au cours de ce traitement, de nature cathartique, cette patiente s'allongeait et s'endormait, puis elle se réveillait brusquement en plein cauchemar. Je l'aidais à s'éveiller en répétant à plusieurs reprises les mots qu'elle avait hurlés pendant la crise aiguë d'angoisse. De la sorte quand elle s'était réveillée, je pouvais lui faire maintenir le contact avec la situation d'angoisse et

1. Le hanneton, entre autres, est un insecte coléoptère (*Käfer* en allemand). Il est à noter que *Käfer* ou, mieux, son diminutif *Käferle*, est employé comme un petit nom affectueux comparable à « ma biche », « ma puce », « mon lapin », en français.

Voir aussi S. Freud : lettre à W. Fliess, (29 décembre 1897). Il y est fait mention de son patient Mr. E. et de sa crise d'angoisse lorsqu'il n'a pas réussi à l'âge de dix ans à attraper un *Käfer* (*black beetle*, cafard). (*N.d.T.*)

l'amener à se souvenir de toutes sortes d'incidents traumatiques de sa petite enfance qui en avait à foison.

Je ne savais jamais ce qu'il fallait croire de la reconstruction qu'elle faisait de sa naissance. Les souvenirs de la naissance apparaissaient avec des embellissements extraordinaires qui provenaient clairement de toutes les étapes du développement et de la sophistication de l'adolescence, sinon même de l'adulte. Néanmoins l'effet me paraissait réel dans sa terrible intensité. *Tout en ne croyant pas aux détails décrits ou présentés comme des souvenirs, je fus conduit à croire à l'affect concomitant.*

Récemment cette patiente s'est occupée d'une petite fille de sept ans, un cas de psychose infantile (autistique), en analyse. Mlle H. est subitement tombée malade et, sans pouvoir avertir qui que ce soit, elle ne se présenta tout simplement pas à son travail qui consistait à conduire l'enfant chez l'analyste et à s'occuper d'elle pendant la journée. J'ai pu lui rendre visite et me suis aperçu qu'elle commençait tout juste à se relever d'une maladie d'un type qui n'était pas nouveau pour elle mais qui n'avait jamais été aussi aigu auparavant. Elle avait dû subitement se mettre au lit souffrant de ce qu'elle appelait un « trou noir » (*blackout*). Elle gisait, absolument rigide, roulée en chien de fusil sur le côté droit, incapable de faire quoi que ce soit et pratiquement aussi inconsciente qu'on peut l'être. Un médecin avait été appelé ; il avait dit qu'il ne trouvait rien d'anormal sur le plan physique. Tandis qu'elle gisait dans cet état, elle était incapable de rien faire, elle était absolument incapable de se nourrir. Progressivement, elle a repris conscience, s'est laissé transporter dans un endroit accueillant et, au bout d'une semaine ou de dix jours, elle a pu aller et venir de nouveau. Cette infirmière me tient souvent au courant des particularités de tout cas dont elle s'occupe, mais jusque-là, elle ne m'avait pas une fois demandé de l'aide pour elle depuis l'époque où je l'avais traitée vingt ans auparavant. A cette occasion toutefois, avant de reprendre son travail, elle est venue me voir, s'est assise et a dit : « Qu'en est-il de ce trou noir ? A quoi ça se rapportait ? » Je n'en avais aucune idée et je le lui ai dit. Elle s'est mise alors à parler et j'ai réalisé progressivement que, bien qu'elle ne s'attendît pas à avoir une séance thérapeutique, elle me donnait néanmoins le matériel de son inconscient qui allait me permettre de lui expliquer son trou noir.

Je me suis aperçu qu'elle vivait avec cette petite fille de sept ans et s'était identifiée très étroitement à l'enfant comme elle le fait toujours avec les enfants psychotiques dont elle a la charge. Elle me raconta qu'afin de comprendre la condition de l'enfant, elle l'avait imitée de plus en plus souvent, mettant une main ici, marchant comme ci ou comme ça et faisant tout ce qu'elle voyait faire à l'enfant « afin de ressentir l'état mental et corporel dans lequel se trouvait l'enfant ». Or, il arriva que cette petite fille traverse un état d'angoisse aigu et en soit venue à avoir très peur de voyager dans le métro. Mlle H. avait essayé de l'emmener dans le métro, de distraire son attention, et de lui montrer par l'expérience que le métro n'était pas aussi redoutable qu'elle le craignait. Une grande quantité de matériel du même ordre me fit subitement comprendre que ce que je devais dire à Mlle H. c'était qu'elle revivait elle-même l'expérience de la naissance en même temps que la petite fille. Rien ici d'une reconstruction hystérique. Elle avait dû effectivement revivre l'expérience physique qui, dans son cas à elle, avait comporté une sensation d'asphyxie. L'interprétation dans cette voie a produit un effet très spectaculaire. Mlle H. s'est sentie mieux, a eu le sentiment qu'elle comprenait ce qui se passait et a repris son travail avec confiance. Le médecin qui suivait le cas m'a dit : « Quoi qu'il en soit, Mlle H. me semble aller mieux depuis sa maladie. » Depuis lors, elle continue à faire du bon travail avec cette fillette en comprenant plus objectivement l'angoisse qui est réellement importante dans le cas de la petite fille.

Les patients hystériques nous donnent le sentiment qu'ils jouent un rôle, mais nous savons mieux qu'eux que l'affect qui apparaît et se cache dans les manifestations hystériques est un affect authentique.

Dans beaucoup d'analyses d'enfants, jouer à naître est un jeu important, dont le matériel pourrait découler de ce qui a été découvert par le jeune patient à propos de la naissance au travers d'histoires, d'informations directes et d'observations. On a pourtant le sentiment que c'est le corps de l'enfant qui sait ce que c'est que de naître. Je reviens au fait que j'ai utilisé les termes « expérience de la naissance » au lieu de « traumatisme de la naissance ». Cela nous amène au troisième point que je désire exposer. Pour moi les remarques de Freud deviennent bien plus compréhensibles lorsqu'il distingue l'expérience vécue de la naissance du traumatisme de la naissance. Greenacre le souligne. Il est possible que le vécu de la naissance se passe sans heurts, si bien que cela a relativement peu de signification. C'est mon point de vue actuel. A l'inverse, l'expérience de la naissance qui est anormale au-delà d'un certain seuil devient un traumatisme de la naissance et sa signification est alors immense.

Lorsque le vécu de la naissance a été normal, il est peu probable que le matériel de la naissance entre dans l'analyse d'une façon telle qu'il attire l'attention. Il sera là mais si l'analyste n'a pas tendance à penser facilement en termes de la naissance, il est probable que le patient n'imposera pas cette question en ces termes. L'angoisse que le patient et l'analyste s'efforcent tous deux d'atteindre trouvera des formes d'expression plus appropriées pour s'imposer.

Toutefois lorsque l'expérience de la naissance a été traumatique, un schème s'est ainsi établi. Ce schème apparaît dans divers détails qu'il faudra interpréter et il faudra faire face à chacun au moment opportun.

Je tiens cependant à faire remarquer qu'une interprétation en termes de traumatisme de la naissance ne produira pas subitement de soulagement total et permanent. Je dirai plutôt que, puisque le traumatisme de la naissance est une réalité, il est dommage d'y être aveugle et dans certains cas et à certains moments l'analyse requiert absolument qu'on accepte ce matériel de la naissance parmi tout le reste du matériel.

Il serait souhaitable de distinguer trois catégories d'expérience de la naissance. La première est normale, c'est-à-dire saine : c'est l'expérience de la naissance qui représente une expérience positive, précieuse, d'une signification limitée; elle offre le schème d'un mode de vie naturel. Le sentiment qu'on en a peut être conforté par divers types d'expériences ultérieures normales; l'expérience de la naissance devient alors une expérience dans une série de facteurs facilitant le développement de la confiance en soi, de l'ordre naturel des choses, du sentiment de stabilité, de sécurité, etc.

Dans la deuxième catégorie entre l'expérience de la naissance courante plutôt traumatique qui se combine à divers facteurs traumatiques ultérieurs issus de l'environnement, les uns renforçant les autres.

Je me réfère plus loin à l'expérience de la naissance traumatique à l'extrême qui constitue une troisième catégorie ou un troisième degré.

On comprendra qu'il m'est difficile de penser que ce qui se produit dans l'angoisse est déterminé par le traumatisme de la naissance, parce que cela signifierait que l'individu né naturellement n'a pas d'angoisse ou n'a pas de moyens de manifester qu'il est angoissé. Ce serait absurde.

Au point où nous en sommes, je voudrais introduire la discussion du mot « angoissé ». Il ne m'est pas possible de penser à un nouveau-né comme étant angoissé à la naissance parce qu'il n'y a pas de refoulement, d'inconscient refoulé si tôt. Si l'angoisse signifie quelque chose de simple comme la peur ou l'irritabilité réactionnelle, il n'y a pas de problème. Il me semble que le mot « angoissé » s'applique lorsqu'un individu est aux prises avec l'expérience physique (que ce soit de l'excitation, de la colère, de la peur, ou n'importe quoi d'autre) qu'il ne peut ni éviter ni comprendre; c'est dire qu'il ne se rend pas compte (*he is unaware*), pour l'essentiel, des raisons de ce qui lui arrive. En disant qu'il ne se rend pas compte, je me réfère à l'inconscient refoulé (*the repressed unconscious*). S'il devenait plus conscient (*conscious*) de ce qui se passe, il ne serait plus angoissé mais serait plutôt en proie à l'excitation, la frayeur, la colère, etc.

Dans « Au-delà du principe de plaisir », Freud écrit : « *Angst* désigne un certain état telles l'attente du danger et la préparation à celui-ci bien qu'il soit inconnu. » Mais il ne paraît pas exprimer là ce que je tente de dire, à savoir que l'individu doit avoir atteint un certain degré de maturité qui inclut la capacité au refoulement avant que le terme d'angoisse puisse s'appliquer utilement. Ce n'est qu'un exemple des raisons pour lesquelles je souhaite demander qu'on tienne en suspens la théorie d'une relation entre l'angoisse et le traumatisme de la naissance pendant qu'on étudie la psychologie du petit enfant avant la naissance, durant la naissance et après.

Selon ma thèse actuelle qui est donc composite, les expériences normales de la naissance sont bonnes et peuvent assurer au moi force et stabilité.

Je souhaite maintenant attirer l'attention sur la façon dont le traumatisme de la naissance intervient dans la situation analytique, en montrant très clairement que de parler avec le patient du traumatisme de la naissance va vraisemblablement le détourner du principal. Je serais enclin à douter de la valeur d'une interprétation en terme de traumatisme de la naissance dans le cas d'un patient qui ne serait pas, à ce moment-là, profondément régressé dans la situation analytique et qui n'est pas cliniquement malade dans l'intervalle des séances analytiques.

L'une des difficultés de notre technique psychanalytique consiste à savoir à n'importe quel moment quel est l'âge d'un patient dans la relation transférentielle. Dans certaines analyses, le patient a son âge à lui la plupart du temps; tout ce qu'il est nécessaire de connaître des états infantiles est accessible par le truchement de ses souvenirs et de ses fantasmes exprimés d'une façon adulte. Dans de telles analyses, à mon avis, l'interprétation du traumatisme de la naissance ne sera pas utile; ou bien le matériel de la naissance apparaîtra dans des rêves qui peuvent être interprétés à tous les niveaux. Pourtant, on peut laisser une analyse se poursuivre plus profondément si besoin est; le patient ne doit pas forcément être très malade pour redevenir parfois un petit enfant au cours d'une séance. Au moment où cela se produit, il y a beaucoup de choses que l'on doit comprendre sans demander une description verbale immédiate de ce qui se passe.

Je fais référence à quelque chose de plus infantile que le comportement d'un enfant qui joue avec des jouets. Suivant les préférences de l'analyste et suivant le diagnostic du patient, il sera plus ou moins sage de travailler avec le patient sur ces bases. Ce que je m'efforce de montrer clairement c'est que, si les expériences de la naissance surviennent dans la situation analytique, il y aura certainement beaucoup d'autres éléments qui montrent que le patient est dans un état extrêmement infantile.

L'expérience de la naissance

Bien entendu, comme Freud l'a fait remarquer, l'expérience vécue de la naissance n'a rien à voir avec une quelconque prise de conscience (*awareness*) d'une séparation d'avec le corps de la mère. On peut postuler que l'enfant à naître est dans un certain état d'esprit. On peut dire, à mon avis, que les choses vont bien si le développement personnel du moi de cet enfant n'a été troublé ni dans son aspect affectif ni dans son aspect physique. Il y a certainement avant la naissance une amorce de développement affectif et il est probable qu'il existe antérieurement à la naissance une capacité à aller de l'avant dans le développement émotionnel en empruntant une voie fausse et malsaine; dans la santé, les perturbations provenant de l'environnement sont des stimuli positifs s'ils ne dépassent pas un certain seuil, mais, au-delà, ces perturbations sont néfastes du fait qu'elles produisent une *réaction.* A ce stade très précoce de développement, il n'existe pas une force du moi suffisante pour qu'il y ait réaction sans perte d'identité.

Je suis redevable à une patiente de la façon dont elle a exprimé cela, car c'est en remontant au plus profond qu'elle évaluait la position du tout-petit à un stade très précoce. Cette patiente avait une mère déprimée dont la rigidité était grande et qui, après la naissance, continuait à tenir sans cesse l'enfant étroitement serrée de peur de la laisser tomber. Ce qui explique que la description soit faite en termes de pression. Nous avons abouti ensemble à la formulation suivante qui se révéla finalement d'une importance vitale dans cette analyse. Pour comprendre, il fallait aller tout au fond de ses difficultés afin de pouvoir décrire avec assez d'exactitude l'étendue de la régression qu'elle devait faire avant de pouvoir reprendre le mouvement progrédient dans son développement affectif. Cette patiente a dit : « Au début l'individu est comme une bulle. Si la pression venue de l'extérieur s'adapte activement à la pression intérieure, alors la bulle est la chose significative, c'est-à-dire le *self* de l'enfant. Si à l'inverse la pression venue de l'environnement est plus grande ou moindre que la pression de l'intérieur de la bulle, alors ce n'est pas la bulle qui est importante mais l'environnement. La bulle s'adapte à la pression extérieure. » En parvenant à cette compréhension, la patiente a eu le sentiment que, pour la première fois, dans l'analyse, elle était tenue (*held*) par une mère détendue, c'est-à-dire une mère vivante, éveillée et prête à s'adapter activement grâce à son aptitude à se dévouer à son petit enfant.

Avant la naissance et en particulier lorsqu'elle tarde, il se peut fort bien que l'enfant subisse des expériences répétées où, à ce moment, le stress se porte davantage sur l'environnement que sur le *self,* et il est probable qu'au fur et à mesure que la naissance approche l'enfant à naître sera de plus en plus engagé dans cette sorte de rapport avec l'environnement. Ainsi, dans le processus naturel *l'expérience de la naissance est un vécu amplifié mais conforme à quelque chose de déjà connu de l'enfant.* Au cours de la naissance, l'enfant est ce qui réagit *(is a reactor)* et pour le moment ce qui est important c'est l'environnement ; puis, après la naissance, on retourne à un état de choses dans lequel l'important c'est l'enfant, quel que soit ce que cela signifie. Lorsque la santé est bonne, l'enfant est préparé avant la naissance à quelque empiétement de la part de l'environnement et il a déjà eu l'expérience d'un retour naturel de l'état de réaction à un état où il n'est pas tenu de réagir – seul état dans lequel le *self* peut commencer à être. Tel est l'exposé le plus simple que je puisse faire du processus normal de la naissance. C'est une phase momentanée de réaction et en conséquence de perte d'identité, l'exemple majeur, auquel l'enfant a déjà été préparé, d'interférence dans le cours *(going along)* personnel – interférence ni assez puissante ni assez prolongée pour rompre le fil du processus personnel continu du petit enfant.

On notera que je ne soutiens pas présentement que de commencer à respirer est essentiellement traumatique. La naissance normale est non traumatique du fait de sa non-signification. Au moment de la naissance, un enfant n'est pas préparé à un empiétement prolongé de la part de l'environnement.

C'est précisément parce qu'elle est significative pour l'enfant que l'expérience vécue du traumatisme de la naissance est traumatique sur le plan psychologique. Le cours *(going along)* de la vie personnelle de l'individu est interrompu par des réactions à des empiétements prolongés. Lorsque le traumatisme de la naissance est significatif, chaque particularité de l'empiétement et de la réaction est pour ainsi dire gravée dans la mémoire du patient d'une manière qui nous devient familière quand les patients revivent les expériences traumatiques de la vie ultérieure (le genre d'expériences qu'on réussit à retrouver parfois grâce à l'abréaction ou l'hypnose). Je ne vais pas tenter de préserver un ordre quelconque en rassemblant des exemples d'empiétement parce que je n'ai pas encore décidé comment le faire ; dans l'étude d'un patient en analyse, on rencontre pourtant un certain ordre dans les détails qu'on ne peut manquer de remarquer.

On peut souligner que la chose la plus importante c'est le traumatisme que représente la nécessité de réagir. Réagir, à ce stade du développement humain, cela signifie perdre son identité momentanément, ce qui suscite un sentiment aigu d'insécurité ; l'on peut s'attendre sur cette base à d'autres exemples de perte de continuité du *self* et même à une absence d'espoir congénitale (et non héritée) à l'égard de l'accession à une vie personnelle.

Les phases d'inconscience *(unconsciousness)* répétées (le terme d'inconscience étant utilisé au sens physique) dues soit à des modifications cérébrales, soit à l'anesthésique administré à la mère ne s'avèrent probablement pas significatives. Lorsque le patient décrit clairement qu'il a perdu conscience une ou plusieurs fois dans cette situation, il est probable que ce qui est remis en acte c'est la rupture du fil de la continuité du *self* due à la répétition de phases de réaction prolongée aux empiétements de l'environnement, tels que la pression. Une perte de conscience après une commotion par exemple ne laisse pas de souvenir.

Dans les traits typiques du vrai souvenir de la naissance, il y a le sentiment d'être aux prises avec quelque chose d'externe, ce qui vous condamne à l'impuissance. On notera que je ne dis pas que l'enfant sent que la mère le tient serré. On ne peut parler en ces termes d'un enfant à ce stade. L'important c'est que les empiétements externes exigent que l'enfant s'y adapte alors qu'au moment de la naissance l'enfant requiert une adaptation active de la part de l'environnement. Le petit enfant peut supporter d'avoir à réagir à l'empiétement pendant une période de temps limitée. Il y a là un rapport très clair entre ce que l'enfant éprouve et ce que la mère éprouve en couches [1]. Si la santé est normale au cours du travail de l'accouchement vient un état où une mère doit être à même de se résigner à un processus presque exactement comparable à l'expérience du petit enfant au même moment [2].

A ce ressenti d'impuissance se rattache le caractère intolérable de cette expérience où l'on vit quelque chose sans savoir d'aucune façon quand cela prendra fin. Un prisonnier de guerre dirait que le pire de son épreuve c'est qu'il n'y a pas moyen de connaître le terme de son emprisonnement ; ce qui fait que trois années dans ces conditions sont pires qu'une condamnation à vingt ans. C'est fondamentalement pour cette raison qu'en musique la forme est si importante. Grâce à la forme, la fin est en vue depuis le début. Beaucoup de nourrissons pourraient être aidés si seulement on était en mesure de leur communiquer au cours d'un accouchement qui dure longtemps que le processus de la naissance ne durera qu'un temps limité. Mais le nourrisson est incapable de comprendre notre langage et, de plus, il n'y a pas de précédent auquel il peut se référer, aucun élément de comparaison possible. L'enfant à l'époque de sa naissance a une connaissance rudi-

1. *In being confined*, « comme on dit », ajoute D. W. Winnicott. *Confine* c'est à la fois maintenir dans des limites, emprisonner, et être en couches. *(N.d.T.)*
2. J'appelle maintenant cet état spécial de sensibilité chez la mère : « préoccupation maternelle primaire » (1957).

mentaire des empiétements qui produisent une réaction, de sorte que le processus de la naissance ordinaire peut être accepté comme un nouvel exemple de ce qui s'est déjà produit ; mais une naissance difficile va bien au-delà de n'importe quelle expérience prénatale d'empiétement qui suscite des réactions.

J'ai eu le cas d'un patient dont l'analyse m'a offert une occasion particulièrement bonne d'observer le processus de la naissance car il l'a vécu et revécu ; je suis devenu capable de déceler chaque noyau du moi au fur et à mesure qu'il apparaissait sous forme d'une réaction convenant au type d'empiétement. J'en mentionnerai quelques-uns : noyau du tractus urinaire, noyau des flatulences, noyau anal, noyau fécal, noyau de la peau, noyau de la salive, noyau du front, noyau de la respiration, etc. Ces considérations font peut-être ressortir la difficulté que nous avons à décrire le moi qui est faible chez l'individu immature puisque nous ne sommes pas sans connaître la force énorme de chaque noyau du moi. Ce qui est ténu, c'est une organisation globale du moi.

Dans le présent contexte, il y a beaucoup à dire sur ce qui se passe lorsque, avec une organisation du moi extrêmement immature, un petit enfant doit faire face à un environnement qui veut absolument être important. Il peut se produire une fausse intégration, ce qui implique un certain type de pensée abstraite qui n'est pas naturel. Là encore il y a une alternative; dans un cas, il y a un développement intellectuel précoce; dans l'autre cas, il y a échec du développement intellectuel. Entre ces deux extrêmes, tout est inutile. Ce développement intellectuel est une gêne puisqu'il est issu d'un stade trop précoce dans l'histoire de l'individu, de sorte qu'il reste pathologiquement sans rapport au corps avec ses fonctions et aux sentiments et aux pulsions et aux sensations du moi total [1].

Il faut noter ici que le petit enfant qui est perturbé parce qu'il est forcé de réagir est amené à sortir d'un état d'existence (*state of « being »*). Il ne parvient à cet état que sous certaines conditions. Lorsqu'il réagit, un petit enfant est dans un état de non-existence : il est en train de ne pas être (*is not « being »*). L'environnement qui empiète ne peut pas encore être ressenti par l'enfant comme une projection d'une agressivité personnelle puisque le stade auquel cela aurait un sens n'a pas encore été atteint. A mon avis, un traumatisme de la naissance grave (psychologique) peut engendrer un état que j'appellerai de paranoïa congénitale mais pas héritée. L'observation

1. Cette idée a été développée plus avant dans « L'esprit et ses rapports avec psyché-soma ».

de bon nombre de tout-petits dans ma consultation me donne le sentiment qu'il peut exister immédiatement après la naissance un fond paranoïde grave. Je ne peux mieux illustrer mon propos qu'en rapportant le rêve qu'une patiente (une femme de vingt-huit ans diagnostiquée schizophrène avec des traits paranoïdes) fit en réaction à la lecture du *Traumatisme de la naissance* de Rank.

Elle a rêvé qu'elle était sous un tas de gravier. Toute la surface de son corps était d'une sensibilité extrême, à un point quasi impossible à imaginer. Sa peau était brûlée, ce qui lui paraissait être sa façon de dire qu'elle était extrêmement sensible et vulnérable. Elle était brûlée partout. Elle savait que si quelqu'un venait lui faire quoi que ce soit la douleur serait tout simplement impossible à supporter, douleur tant physique que morale. Elle n'ignorait pas le danger qu'il y avait qu'on vienne enlever le gravier et lui faire des choses pour la soigner et la situation était intolérable. Elle mit l'accent sur le fait que c'était accompagné de sentiments intolérables comparables aux sentiments afférents à sa tentative de suicide. « C'est simple, ça ne peut plus durer, on ne peut plus rien supporter. L'horreur, c'est d'avoir un corps et puis l'esprit n'en peut plus, c'est trop. C'était l'ampleur et le caractère absolu du travail qui le rendait si impossible. Si seulement on me laissait tranquille, si seulement on cessait de m'embêter. »

Pourtant, voici ce qui se passait dans le rêve : quelqu'un venait verser de l'huile sur le gravier avec elle dedans. L'huile passait au travers et touchait sa peau et elle en était recouverte. Puis on la laissait sans intervenir d'aucune façon pendant trois semaines, au bout desquelles on pouvait enlever le gravier sans qu'elle en souffre, et, lorsqu'on l'ôtait, sa peau avait presque entièrement cicatrisé. Il restait cependant un petit point douloureux entre les seins, une surface triangulaire que l'huile n'avait pas atteinte et d'où sortait quelque chose qui ressemblait à un petit pénis ou un cordon. Il fallait s'en occuper et naturellement c'était un peu douloureux, mais au demeurant tout à fait supportable. Cela n'avait tout simplement pas d'importance, on l'a juste enlevé en tirant.

Il y a là beaucoup moins d'élaboration sophistiquée que dans les rêves de la patiente Mlle H. puisque la patiente n'était pas hystérique mais psychotique. Dès lors, l'affect véritable est en évidence. La personne qui comprenait et qui versait de l'huile sur la patiente c'était moi, l'analyste, et le rêve dénotait un degré de confiance obtenu par la façon dont je m'occupais (*handling*) de son cas. Toutefois le rêve lui-même est une réaction à un empiétement (la lecture du livre de Rank) et l'analyse en a été momentanément entravée.

La tête

Dans une naissance ordinaire, la tête de l'enfant est en avant et fait le travail de dilatation des parties molles de la mère. Il y a plusieurs façons de s'en souvenir. Il arrive que l'important gardé en mémoire c'est le mode de progression qu'on peut décrire sous le terme de « reptation ». Ce terme apparaît dans un livre de Casteret intitulé *Mes cavernes* où l'auteur décrit la façon dont il franchit des cheminées au cours de l'exploration de profondes cavernes. Ce qu'il faut remarquer dans la reptation c'est que ni les bras ni les mains ne servent. En fait la raison pour laquelle il y a un mouvement en avant n'apparaît pas clairement à l'auteur. Je présume que dans la trace mnésique d'une naissance normale, il n'y aurait aucune sensation d'impuissance. L'enfant doit sentir que les mouvements de natation dont nous savons le fœtus capable et les mouvements auxquels je me suis référé sous le terme de reptation produisent le mouvement en avant. La naissance elle-même peut aisément être ressentie par l'enfant, dans un cas normal, comme l'issue heureuse d'un effort personnel dû à un programme plus ou moins adéquat. Je ne crois pas que les faits justifient la théorie selon laquelle il y aurait *par essence* un état dans le processus même de la naissance dans lequel l'enfant se sent impuissant. Cependant il arrive très fréquemment qu'une pause suscite justement l'impuissance, ou le sentiment que c'est remis à l'infini.

Il est très possible qu'il y ait un retard à un moment où il y a constriction autour de la tête et j'ai adopté définitivement le point de vue que le type de céphalée décrit nettement comme un bandeau autour de la tête provient parfois directement de sensations de la naissance remémorées sous une forme somatique. Dans le travail analytique, on s'aperçoit quelquefois que ce bandeau autour de la tête est en rapport avec un vécu où l'on est pris dans un empiétement de l'environnement sans qu'on puisse en prévoir la fin. On peut concevoir qu'il y a toutes sortes de sensations pas tout à fait aussi clairement définies telles que les bruits, le sang qui monte à la tête, une sensation de congestion au sommet du crâne et le sentiment « que quelque chose cède comme si le sang s'écoulait ». Ces symptômes-là et d'autres liés à la tête, courants dans le champ psychosomatique, sont connexes aux délires psychotiques dans lesquels se produit une décharge par le sommet du crâne et j'ai remarqué que les casques et les capuchons jouent un rôle important pour tranquilliser ceux qui y ont recours : le *self* ne s'échappera pas par le sommet du crâne. Scalper revêt une signification primaire et n'est pas simplement un déplacement de la castration; s'y associent toutes les variations sur le thèmes des cornes et des licornes qui découle principalement de l'élan en avant de la personnalité au cours de ce processus de la naissance où le corps se propulse.

On trouve là le fondement d'un fantasme d'une rentrée la tête la première dans le corps de la mère. C'est ce qui ressort clairement d'une expérience analytique. La patiente, née la seconde d'une paire de jumelles, n'était pas attendue et avait été laissée après la naissance pendant un bon moment sans soins. Dans l'analyse il y a eu une époque où le dilemme de la patiente était soit de maintenir la relation qui était connue, soit de devenir une entité distincte sans que se présente un objet extérieur. En suivant le premier parti, la relation objectale – fausse – était représentée dans l'analyse à cette époque par une compulsion à laisser la main sur le front, la main représentant le corps de la mère. Ainsi se constituait facilement la trame d'une sorte de fausse homosexualité selon laquelle la patiente entrait dans la femme la tête la première. Dans le cas présent, les bras étaient notoirement inutiles. Dans le premier rêve qu'elle me rapporta, elle tentait d'avoir une relation sexuelle sans utiliser les bras et elle avait contracté un rhumatisme arthritique d'abord limité aux coudes et aux poignets, de sorte que les bras, dont elle n'avait pas besoin fondamentalement, étaient quasiment éliminés. Inutile de dire qu'il y avait une sévère inhibition de l'érotisme oral : cela faisait partie du même complexe et elle s'était déjà fait extraire toutes les dents.

L'identification du corps global à l'organe sexuel mâle apparaît souvent dans le travail analytique. Il ne faut pas oublier qu'on peut trouver une raison à cela dans l'expérience de la naissance où le corps agit comme un tout, sans les bras, sans érotisme oral ou autre (sauf celui des muscles employés dans la nage ou les mouvements de reptation). Le corps chemine simplement au travers d'un environnement rétréci.

La poitrine

Après les expériences vécues au niveau de la tête, ce sont celles de la poitrine qui sont les plus importantes. Cette partie de ma description peut être divisée en trois : premièrement, il y a le souvenir de cercles de constriction réels à différentes hauteurs autour de la poitrine. Ces constrictions peuvent être désirées; nous le voyons surtout dans certaines perversions, mais aussi dans des détails ordinaires de l'habillement. On pourrait dire que l'individu qui a une trace mnésique marquée d'une telle constriction autour de la poitrine préfère sentir une constriction connue et maîtrisée que de continuer à souffrir d'une constriction délirante basée sur des traces mnésiques de la naissance.

Deuxièmement, cette description se fait en termes de fonction. Je me suis aperçu que la trace mnésique de la restriction de l'expansion de la cage thoracique au cours du processus traumatique de la naissance peut être très intense et ce qui importe à ce propos c'est le contraste entre l'activité purement réactionnelle de la poitrine et l'activité de la poitrine lors d'une vraie colère. Au cours du processus de la naissance, en réaction à la contraction des tissus maternels, l'enfant est amené à faire ce qui serait (s'il y avait de l'air) un mouvement d'*inspiration*. Après la naissance, si tout va bien, le cri établit l'expression de la vie par *expiration*. On trouve là un exemple, exprimé en termes de fonction physique, de la différence qu'il y a entre réagir et continuer simplement à « être » (*going on being*). En cas de retard et de difficulté exceptionnelle, le passage au cri normal n'est pas suffisamment net et il subsiste toujours chez l'individu une certaine confusion entre la colère et son expression. La colère réactionnelle nuit à l'établissement du moi. Pourtant, sous la forme du cri, la colère peut être très précocement en syntonie avec le moi – c'est-à-dire une fonction d'expulsion avec un but bien clair : vivre la vie à sa façon et non pas en réaction à quelque chose.

Le troisième point concernant la poitrine et la naissance est tout simplement le sentiment qu'il manque quelque chose, un manque qui pourrait être pallié si la respiration pouvait être libérée. Dans un cas d'histoire de *placenta praevia* où la naissance avait été très retardée et où il y avait une asphyxie marquée, la patiente, dès l'âge de six ans, se plaignait de ressentir constamment un « manque d'oxygène ». Elle avait ressenti déjà auparavant qu'il semblait manquer quelque chose à l'air et quand elle a entendu parler de l'oxygène, elle a utilisé l'idée immédiatement. Cette sensation a persisté comme symptôme majeur. La véritable expérience de la difficulté de respiration au cours du processus de la naissance ne doit pas être oubliée, selon moi, lorsqu'on recherche les différentes sources des troubles de la respiration et des perversions qui comportent une obstruction à la respiration. Le désir d'être étouffé peut être extrêmement intense et apparaît comme fantasme masturbatoire dans le passage à l'acte de beaucoup qui sont morts sans avoir d'intention suicidaire. On le trouve présent dans le suicide inversé communément appelé meurtre. Par un retournement des rôles, faire étouffer peut être un acte de bonté dénaturé, la personne active ayant le sentiment que celle qui est passive doit avoir le désir de suffoquer. Il y a quelque chose de cela, comme de tout d'ailleurs, dans les rapports sexuels passionnés sains.

L'étude de la nécessité d'être capable de se passer de respirer, qu'on trouve dans les pratiques mystiques de diverses religions orientales, ne peut être complète sauf s'il est possible de prendre en considération les souvenirs corporels de l'individu à sa naissance. Il entre, bien entendu, d'autres éléments tout aussi importants dans le déni qu'oppose le mystique à la nécessité de respirer, en particulier l'effort qu'il fait pour nier la différence entre la réalité interne et la réalité externe.

Conclusions

Pour sauvegarder le mode de vie personnel au tout début, l'individu a besoin que les empiétements de l'environnement qui suscitent des réactions soient au niveau minimum. Tous les individus s'efforcent en réalité de découvrir une nouvelle naissance où le fil de leur vie personnelle ne sera pas perturbé par une quantité de réaction supérieure à celle qui peut être vécue sans perdre le sentiment de la continuité de l'existence personnelle. La santé mentale de l'individu est établie par la mère qui en raison de sa dévotion à son nourrisson est capable d'une adaptation active. Cela présuppose un état fondamental de détente chez la mère et aussi une compréhension du mode de vie individuel du petit enfant, compréhension issue là encore de sa capacité à s'identifier à l'enfant. Cette relation entre la mère et l'enfant commence avant la naissance de l'enfant et se poursuit dans certains cas pendant le processus de la naissance et au-delà. Pour moi, le traumatisme de la naissance est l'interruption dans le fil de la continuité d'être (*going on being*) de l'enfant; lorsque cette rupture est significative, les détails mêmes de la manière dont les empiétements sont ressentis et aussi dont l'enfant réagit à ces empiétements se transforment à leur tour en facteurs significatifs néfastes pour le développement du moi. Dans la majorité des cas, le traumatisme de la naissance est donc modérément important et entre pour une bonne part dans ce qui pousse couramment à la renaissance. Dans certains cas, ce facteur néfaste est si important que l'individu n'a aucune chance (si ce n'est en naissant à nouveau au cours de l'analyse) de progresser naturellement dans son développement affectif, même si par la suite les facteurs externes sont extrêmement favorables.

Compte tenu du point théorique de l'origine de l'angoisse, il serait erroné de relier un phénomène aussi universel que l'angoisse à un type de naissance particulier : celui de la naissance traumatique. Il serait pourtant logique de tenter de rattacher l'angoisse à l'expérience de la naissance *normale*, mais l'idée que j'émets dans cet article c'est que nous n'en savons pas assez encore sur les expériences de la naissance normale du point de vue de l'enfant pour être à même de dire qu'il y a un rapport étroit entre l'engoisse et la naissance normale non traumatique. Il me semble que l'expérience de la naissance traumatique détermine non pas tant le schème d'angoisse ultérieur que celui de la persécution ultérieur.

RÉCAPITULATION

L'étude du traumatisme de la naissance est en soi une étude importante.

Les clés de la compréhension de la psychologie infantile, traumatisme de la naissance compris, doivent apparaître avec l'expérience psychanalytique lorsque la régression domine. Cela prime la compréhension intuitive et même l'étude objective des tout-petits et des relations mère-enfant dans les tout premiers stades.

Quand du matériel de la naissance se fait jour d'une façon significative, le patient montre certainement par d'autres signes qu'il est dans un état extrêmement infantile : un enfant jouera à des jeux auxquels s'incorpore le symbolisme de la naissance et de la même façon un adulte rapporte fréquemment des fantasmes rattachés consciemment ou inconsciemment à la naissance. Ce n'est pas la même chose que la mise en acte des traces mnésiques provenant de l'expérience de la naissance – ce qui fournit le matériel nécessaire à l'étude du traumatisme de la naissance. Ce sont les patients psychotiques qui ont tendance à revivre de tels phénomènes de la toute petite enfance en court-circuitant les fantasmes qui utilisent les symboles.

J'ai fait le postulat d'une *expérience normale* de la naissance non traumatique. Je n'ai pas été à même de le prouver. Néanmoins, afin de clarifier mes idées, j'ai présumé l'existence d'une expérience de la naissance normale et imaginé deux degrés de traumatisme de la naissance, l'un courant et largement annulé quant à ses effets par la bonne adéquation des soins ultérieurs, l'autre définitivement traumatique, difficile à contrecarrer même par les soins les plus attentifs et qui laisse une marque indélébile sur l'individu.

Si ces assertions se trouvaient être justifiées, il devrait en découler, semble-t-il, certaines considérations théoriques.

Étant donné que l'angoisse est un phénomène universel elle ne saurait être en corrélation directe avec un cas particulier de naissance, à savoir une naissance traumatique.

L'explication du fait bien connu selon lequel il y a une relation clinique entre les manifestations de l'angoisse et les particularités du traumatisme de la naissance proviendrait peut-être de ce que le traumatisme de la naissance détermine le schème de persécutions ultérieures; de la sorte, le traumatisme de la naissance détermine *par une méthode indirecte* la façon dont l'angoisse se manifeste dans certains cas.

De cette théorie découle en outre une manière de considérer la paranoïa assez courante qui est congénitale bien qu'elle ne soit pas héritée. C'est ce qu'on retrouve dans le titre de deux articles de Greenacre ainsi que dans son texte. Elle y traite d'une prédisposition à l'angoisse. Toutefois elle n'affirme pas exactement que l'expérience traumatique de la naissance détermine le *schème* d'une persécution attendue. Suivant l'idée qu'elle avance, une expérience traumatique de la naissance peut déterminer l'existence d'une disposition paranoïde ainsi que le schème qu'elle suivra. En d'autres termes, si l'on admet la théorie de Mélanie Klein sur l'angoisse paranoïde, dans laquelle en analyse il n'y a soulagement que si le patient accepte totalement le sadisme oral et l'ambivalence à l'égard du bon objet, il faut s'interroger sur ce que l'on pense des cas assez fréquents où l'histoire paranoïde remonte à la naissance. Selon l'hypothèse que j'avance, basée sur le travail psychanalytique, dans certains cas où l'histoire remonte à la naissance, si forte est la prédisposition aux idées de persécution (ainsi qu'au modèle établi de persécution) qu'il est probable que dans un tel cas la paranoïa ne découle pas du sadisme oral.

En d'autres termes, à mon avis, il y a certains cas de paranoïa latente dans lesquels l'analyse de la paranoïa visant à la restauration complète du sadisme oral n'aboutit pas à la résolution complète parce qu'il est nécessaire en outre de revivre l'expérience traumatique de la naissance dans le cadre analytique. Il est nécessaire d'évincer un facteur de l'environnement.

Permettez-moi de me faire clairement comprendre. Aucun cas paranoïde ne peut être analysé en rendant le patient simplement capable de revivre le traumatisme de la naissance. Je ne fais qu'émettre l'idée que dans un certain nombre de cas paranoïdes il existe ce fait supplémentaire que la naissance a été traumatique et a établi un schème tel que l'enfant s'attend à des interférences avec son existence (*being*) fondamentale. Il est probable qu'avec plus d'expérience on pourrait parvenir à distinguer ces cas des autres cas paranoïdes autant selon le tableau clinique que d'après une anamnèse soigneusement conduite.

Par ailleurs, j'établis un lien entre le traumatisme de la naissance et les troubles psychosomatiques, notamment certaines céphalées et divers types de troubles respiratoires. Auquel cas on pourrait dire que le traumatisme de la naissance peut influencer le schème de l'hypocondrie.

On peut maintenant proposer une formulation positive. Freud reconnaît qu'il existe une continuité entre la vie intra-utérine et la vie extra-utérine. Je ne crois pas que nous sachions jusqu'à quel point Freud pouvait se servir de son travail analytique pour étayer cette vue intuitive. C'est dans une observation très poussée et détaillée d'un cas que j'ai été à même de m'assurer que *le patient était capable d'apporter à la séance analytique, dans certaines conditions très adaptées, une régression d'une partie du* self *à un état de la vie intra-utérine.* Dans un cas pareil, le va-et-vient de la vie extra-utérine à la vie intra-utérine et vice versa s'accompagne d'expériences qui appartiennent à la naissance de cet individu-là; il faut le distinguer du mouvement – en fantasme – habituellement plus important et plus banal d'entrée et de sortie du corps de la mère et d'entrée et de sortie du monde intérieur du patient.

On est en droit de présumer que, dès le début de la conception, corps et psyché se développent ensemble; d'abord fusionnés, ils se distinguent progressivement l'un de l'autre. Avant la naissance, on peut avec certitude dire de la psyché (distincte du soma) qu'il y a un cours personnel (*going along*), une continuité de l'expérience vécue (*continuity of experiencing*). Cette continuité qu'on pourrait appeler les débuts du *self* est interrompue périodiquement par des phases de réaction à l'empiétement. Le *self* commence à inclure des souvenirs de phases limitées dans lesquelles la réaction à l'empiétement perturbe la continuité. Parvenu à l'époque de la naissance, l'enfant est préparé à de telles phases et je suis d'avis que, *dans la naissance non traumatique, la réaction à l'empiétement que comporte la naissance n'excède pas celle à laquelle le fœtus est déjà préparé.*

Il est généralement admis que l'expérience nouvelle de la respiration est forcément traumatique. Vraisemblablement c'est plutôt le retard de la respiration associé à une naissance prolongée et non pas le déclenchement de la respiration qui constitue le facteur traumatique. Mon expérience psychanalytique m'amène à penser que ce n'est pas nécessairement vrai dans tous les cas de dire que le déclenchement de la respiration est significatif.

Il me semble que *si l'intellect commence à fonctionner comme quelque chose de distinct de la psyché, c'est par rapport aux confins des phases de réaction intolérable.* C'est comme si l'intellect rassemblait les empiétements auxquels il fallait qu'il y ait réaction pour les retenir avec leurs particularités et leur ordre exact, protégeant ainsi la psyché jusqu'à ce qu'il y ait un retour de l'état de la continuité d'existence. Dans une situation un peu plus traumatique, l'intellect se développe de façon excessive et peut même paraître devenir plus important que la psyché. Après la naissance, l'intellect peut continuer à s'attendre aux persécutions et même aller au-devant d'elles afin de les rassembler et de les contenir, toujours dans le but de préserver la psyché. On s'aperçoit de la valeur de cette défense lorsque l'individu vient finalement à l'analyse, car dans le cadre analytique, nous découvrons que les persécutions primaires recueillies avec soin peuvent être remémorées. Alors enfin, le patient peut se permettre de les oublier.

Je suis redevable au Dr Margaret Little d'avoir fait la remarque qu'ainsi s'explique la façon dont, dans la paranoïa, des persécutions éparses peuvent s'intégrer et s'organiser dans le tableau clinique courant. C'est l'intellect de l'individu qui met cette organisation en œuvre pour défendre la psyché et c'est la raison pour laquelle l'organisation des persécutions éparses est elle-même âprement défendue.

En corollaire, on s'aperçoit que, dans certains cas, la persécution est si confuse que l'intellect ne parvient pas à relier et à contenir la séquence, c'est alors qu'au lieu d'un intellect renforcé on trouve cliniquement l'apparence d'une déficience mentale, et ce en dépit du développement normal à l'origine du tissu cérébral [1].

Il serait possible de développer ce sujet en décrivant les sensations physiques procédant du traumatisme de la naissance que l'on rencontre dans la symptomatologie psychosomatique courante. Toutefois l'important c'est que *pour le patient en question le schème soit soigneusement établi*, et aussi que, lorsqu'il le revit, comme cela peut se produire au cours du travail psychanalytique, un déroulement précis dans le temps soit maintenu. Dans toute analyse de ce type de cas on devient familier avec les sensations et leur enchaînement dans la mesure où ils appartiennent à ce patient-là.

A ce propos il y a un point pratique important : *on peut traiter d'une chose à la fois alors que deux éléments ou plus sont source de confusion.* L'un des principes majeurs de la technique psychanalytique c'est qu'on fournit un cadre dans lequel le patient peut traiter une chose à la fois. Il n'y a rien de plus important dans le travail analytique que d'essayer de voir quelle est la chose spécifique que le patient apporte à l'interprétation et à la réminiscence dans une séance donnée. Un bon analyste limite ses interprétations et ses actions au matériel précis présenté par le patient. C'est une pratique néfaste que d'interpréter tout ce que l'on sent que l'on comprend, suivant ses propres besoins : on gâche ainsi ce que tente le patient : faire face en traitant d'une chose à la fois. Il semble que plus on remonte dans le temps et plus c'est vrai. L'intégration de la psyché immature à l'époque de la naissance peut être fortifiée par une seule expérience, même une réaction à l'empiétement, pourvu que cela ne dure pas trop longtemps. Mais deux empiétements requièrent deux réactions et cela déchire la psyché en deux. L'effort du moi que j'ai décrit est la tentative faite pour tenir en lisière les empiétements grâce à l'activité mentale, afin que les réactions qu'ils suscitent puissent être possibles une à une sans que la psyché soit désorganisée. Tout cela peut être très clairement démontré dans le travail analytique à condition qu'on puisse accompagner le patient aussi loin qu'il a besoin de revenir en arrière

1. Voir : « L'esprit et ses rapports avec le psyché-soma ».

dans son développement affectif, par la régression à la dépendance, avec l'objectif de parvenir jusqu'avant la période à laquelle les empiétements sont devenus multiples et incontrôlables.

Finalement, je répète qu'*il n'existe pas de traitement par l'analyse du traumatisme de la naissance seul.* Pour parvenir à ces stades précoces, il faut avoir démontré au patient sa compétence dans tout l'éventail de la compréhension psychanalytique ordinaire. En outre, lorsque le patient a été totalement dépendant et a commencé à reprendre le mouvement progrédient, il sera nécessaire d'avoir une compréhension très sûre de la position dépressive et du développement progressif vers la primauté génitale et une compréhension de la dynamique des relations interpersonnelles ainsi que du besoin qui pousse à accéder à l'indépendance en sortant de la dépendance.

L'ESPRIT ET SES RAPPORTS AVEC LE PSYCHÉ-SOMA [1]

(1949)

« Cerner ce qui englobe exactement les éléments mentaux irréductibles, en particulier ceux qui sont dynamiques de nature, constitue, à mon avis, un but ultime des plus fascinants. Ces éléments ont nécessairement un équivalent somatique et sans doute un équivalent neurologique. Ainsi, par une méthode scientifique, nous devrions parvenir à beaucoup rétrécir le fossé vieux comme le monde entre l'esprit [2] et le corps. J'ose prédire qu'on découvrira alors que cette antithèse, qui a confondu tous les philosophes, repose sur une illusion. En d'autres termes, *je ne pense pas que l'esprit existe réellement en tant qu'entité* (c'est moi qui souligne). Cette assertion peut paraître surprenante de la bouche d'un psychologue. En fait, lorsque nous parlons de l'influence de l'esprit sur le corps, ou de celle du corps sur l'esprit, nous ne faisons qu'employer un raccourci à la place d'une phrase plus lourde... » (Jones, 1946).

Ce texte, cité par Scott (1949), m'a incité à tenter de définir mes idées personnelles sur ce vaste et difficile sujet. Le schéma corporel, avec ses aspects spatio-temporels, fournit une description valable de la

1. Article lu à la Section médicale de la Société britannique de Psychologie, le 14 décembre 1949, et revu en octobre 1953. *Brit. J. Med. Psychol.*, vol XXVII, 1954.

2. *Mind* en anglais. Voici un extrait d'une lettre de l'auteur à la traductrice J. Kalmanovitch, à propos de la version française de cet article : « Le terme " esprit " (en français dans le texte) peut être trompeur. Je pense que c'est un de ces concepts qui sont fonction de la plate-forme philosophique d'où on les envisage et il ne fait pas de doute que cette plate-forme n'est pas la même en Angleterre et en France... Ce que je souhaite, c'est que le lecteur saisisse bien un concept qui introduit tout naturellement la formation pathologique de l'intellect dissocié (*split off*) car ce chapitre se propose essentiellement de diriger l'attention sur les complications qui s'accumulent autour de cette formation pathologique. » *Cf.* « *esprit* : le principe pensant en général... », d'après dict. *Robert*, IV, 1. (*N.d.T.*)

représentation d'un individu par lui-même et là, je crois, il n'y a pas de place évidente pour l'esprit. Pourtant, dans la pratique clinique, nous avons bien affaire à l'esprit en tant qu'entité localisée quelque part par le patient; c'est pourquoi il apparaît nécessaire de faire une étude plus poussée du paradoxe selon lequel « l'esprit n'existe pas réellement en tant qu'entité ».

L'esprit, fonction du psyché-soma

Pour étudier le concept de l'esprit, on doit toujours étudier un individu – un individu pris dans sa totalité –, et y inclure le développement de cet individu à partir des tout premiers débuts de l'existence psycho-somatique. Si l'on accepte cette discipline, on peut alors étudier l'esprit d'un individu au fur et à mesure qu'il s'élabore à partir de la partie psychique du psyché-soma.

Si le psyché-soma individuel, ou le schéma corporel individuel, a traversé de façon satisfaisante les tout premiers stades de développement, l'esprit n'existe pas en tant qu'entité dans le schéma des choses propre à l'individu; il n'est rien de plus alors qu'un aspect particulier du fonctionnement du psyché-soma.

Dans l'étude d'un individu en cours de développement, on s'apercevra souvent que l'esprit en vient à instituer une *fausse entité* et une *fausse localisation.* Une étude de ces tendances anormales devra donc précéder l'examen plus direct de l'élaboration de l'esprit à partir de la psyché saine ou normale.

Nous avons l'habitude de voir opposer les deux termes, le psychique et le physique et, dans le langage courant, nous ne sommes pas contre. Mais il en est autrement dans la discussion scientifique.

Pour décrire une maladie, l'emploi de ces deux termes, physique et psychique, nous pose immédiatement des problèmes. Les troubles psychosomatiques, à mi-chemin entre le mental et le physique, se trouvent dans une situation plutôt précaire. Dans une certaine mesure, la recherche psychosomatique est entravée par la confusion à laquelle je me réfère (Mac Alpine, 1952). En outre, des neurochirurgiens interviennent sur un cerveau normal ou sain pour essayer de transformer des états mentaux et même de les améliorer. Ces thérapeutes « physiques » sont tout à fait illogiques dans leur théorie; assez bizarrement, ils paraissent oublier l'importance du corps physique, dont le cerveau est partie intégrante.

C'est pourquoi nous allons nous efforcer de penser à l'individu tout au long de son développement en partant du début. Voici un corps, et on ne peut distinguer le psychisme du soma qu'en fonction du point de vue dont on le considère. On peut étudier, dans leur développement, soit le corps soit le psychisme (psyché). Je suppose qu'ici le terme psychisme signifie *l'élaboration imaginaire de parties du corps, de sensations et de fonctions somatiques,* c'est-à-dire d'une pleine conscience physique. Nous savons que cette élaboration imaginaire dépend de l'existence du cerveau et de son bon fonctionnement, en particulier de certaines régions. L'individu n'a pourtant pas le sentiment que le psychisme soit localisé dans le cerveau ou même qu'il soit localisé quelque part.

Progressivement, les aspects psychiques et somatiques de la personne qui se développe se trouvent pris dans un processus d'inter-relation. Cette inter-relation du psychisme et du soma constitue une phase primitive du développement individuel (voir l'article « Le développement affectif primaire »). A un stade ultérieur, le corps vivant, avec ses limites, son intérieur et son extérieur, est *ressenti par l'individu* comme le noyau de son *self* imaginaire. Le développement jusqu'à ce stade est extrêmement complexe. Bien qu'il puisse être assez poussé chez un nourrisson de quelques jours il peut être détourné de son cours naturel en maintes occasions. En outre, ce qui s'applique à ces stades très primitifs s'applique aussi, dans une certaine mesure, à tous les stades, mêmes à celui que nous qualifions de maturité adulte.

Théorie de l'esprit

Partant de ces considérations préliminaires, j'en arrive à édifier une théorie de l'esprit. Cette théorie est fondée sur le travail analytique avec des patients qui, au cours du transfert, ont eu besoin de régresser jusqu'à un niveau de développement extrêmement primitif. Je ne donnerai, dans cet article, qu'une seule illustration clinique, mais je suis persuadé que cette théorie peut être utile dans la pratique quotidienne de l'analyse.

Nous supposerons que la santé, dans le développement premier de l'individu, va de pair avec une *continuité d'existence.* Le développement du psyché-soma primitif suit un certain cours, à condition que la *continuité d'existence ne soit pas troublée*; en d'autres termes, pour son bon développement, un environnement *parfait* est nécessaire. Au début, cette nécessité est absolue.

L'environnement parfait est celui qui *s'adapte activement* aux besoins du psyché-soma nouvellement constitué, ce que nous, observateurs, savons être le nourrisson à ses débuts. Un environnement défectueux est mauvais parce que, par défaut d'adaptation, il *empiète* sur le psyché-soma (c'est-à-dire le nourrisson) qui est forcé de *réagir*. De ce fait, il y a perturbation de la continuité d'existence du nouvel individu. A ses débuts, le bon environnement (psychologique) est un environnement physique, que l'enfant se trouve dans l'utérus, qu'il soit porté (*hold*) ou plus généralement soigné; c'est seulement au bout de quelque temps que l'environnement acquiert une qualité nouvelle qui nécessite un terme descriptif nouveau : affectif, psychologique ou social. De là émerge la bonne mère ordinaire avec son aptitude à s'adapter activement aux besoins de son bébé, aptitude prenant sa source dans la dévotion qu'elle lui porte. Cette adaptation est facilitée par son narcissisme, son imagination et ses souvenirs qui lui permettent de savoir, par identification, quels sont les besoins de son bébé.

Le besoin d'un bon environnement, absolu au début, devient rapidement relatif. *La bonne mère ordinaire est suffisamment bonne.* Si elle est *suffisamment bonne*, le nourrisson devient capable, par son activité mentale, de pallier les déficiences de sa mère. Il est ainsi en mesure de faire face aux pulsions instinctuelles et de répondre aussi à tous les types les plus primitifs de besoin du moi, y compris même le besoin de ne pas être soigné ou d'être activement négligé. L'activité mentale de l'enfant transforme un environnement *suffisamment bon* en un environnement parfait, c'est-à-dire qu'elle transforme un défaut relatif d'adaptation en un succès de l'adaptation. C'est la faculté de comprendre du nourrisson qui libère la mère de la nécessité qu'elle avait d'être quasi parfaite. La mère essaie, dans le cours normal des choses, de ne pas introduire de complications plus grandes que celles que l'enfant est capable de comprendre et d'admettre; elle essaie, en particulier, d'éviter à son bébé coïncidences et phénomènes qu'il n'est pas apte à saisir. D'une façon générale, elle fait en sorte que le monde du nourrisson reste aussi simple que possible.

L'esprit a donc, pour origine, un fonctionnement variable du psyché-soma en rapport avec la menace pesant sur la continuité d'être consécutive à tout échec de l'adaptation (active) de l'environnement. Il s'ensuit que le développement mental est très influencé par des facteurs qui ne sont pas spécifiquement personnels à l'individu, y compris des événements fortuits.

En matière de soins maternels, il est d'une importance vitale que les mères suppléent au début cette adaptation active d'abord physiquement et bientôt également par l'imagination. Mais c'est aussi l'une des caractéristiques de la fonction maternelle que d'assurer la *défaillance graduelle de l'adaptation*, selon l'aptitude croissante de chaque nourrisson à compenser un échec relatif par l'activité mentale ou la compréhension. Ainsi apparaît chez le nourrisson une tolérance tant vis-à-vis des besoins du moi que vis-à-vis de la tension instinctuelle.

Peut-être serait-il possible de montrer que des mères libérées lentement ont des nourrissons dont le Q.I. se révélera faible ultérieurement, alors qu'un nourrisson qui aura une intelligence exceptionnelle et dont le Q.I. sera élevé par la suite libérera sa mère plus tôt.

Il découle donc de cette théorie que, dans le développement de chaque individu, une des origines de l'intellect, peut-être la plus importante, se trouve dans la nécessité d'un environnement parfait qu'éprouve l'individu au cœur même de son *self*. A ce propos, je mentionnerai ma conception de la psychose, maladie causée par une déficience de l'environnement (voir l'article « Psychose et soins maternels »). Quelques conséquences de cette théorie me semblent importantes. Certains types de carence de la part de la mère, en particulier un comportement désordonné, produisent une hyper-activité du fonctionnement mental. Dans ce cas, cette hyper-croissance de la fonction mentale, en réaction à des soins maternels désordonnés, peut faire apparaître une opposition entre l'esprit et le psyché-soma. En effet, par réaction à cet état anormal de l'environnement, la fonction mentale de l'individu commence à prendre la relève et à organiser les soins du psyché-soma, alors qu'à l'opposé dans la santé, l'intellect n'ursurpe pas la fonction de l'environnement, mais facilite la compréhension et se sert éventuellement de sa carence relative.

Le processus graduel grâce auquel l'individu devient capable de s'occuper du *self* relève de stades plus tardifs du développement affectif, des stades qui doivent être atteints en leur temps, à un rythme fixé par les forces naturelles au développement de l'individu.

Pour franchir un pas de plus, on peut se demander ce qui arrive devant l'accroissement de l'effort s'il est imposé à un fonctionnement mental organisé pour se défendre contre un environnement primitif suscitant un espoir toujours déçu. On s'attendrait à des états confusionnels et (à l'extrême) à des troubles psychiques ne dépendant pas d'une déficience des tissus cérébraux. Plus couramment aux stades très précoces lorsque cette caractéristique des soins infantiles reste peu marquée, nous observons que le *fonctionnement mental devient une chose en soi*, qui remplace pratiquement la bonne mère et la rend superflue. Cliniquement, cet état peut aller de pair avec une dépendance vis-à-vis de la vraie mère et un faux développement personnel fondé sur la soumission. Il s'agit d'un état des plus inconfortables, surtout parce que la psyché est « séduite » par l'esprit dans lequel elle se fond et rompt sa relation intime primitive avec le soma. Il en résulte une association psyché-esprit qui est pathologique.

Quelqu'un qui évolue de cette façon présente un schème de distorsions affectant tous les stades ultérieurs du développement. Cette personne sera, par exemple, susceptible de s'identifier facilement au facteur « environnement » de toute relation où apparaît la dépendance, tandis qu'elle s'identifiera avec difficulté à l'individu dépendant. Cliniquement, une telle personne peut devenir, pour une période limitée, une *mère merveilleuse pour les autres*; en fait, il se peut même qu'une personne dont le développement s'est effectué selon ce schéma ait un *pouvoir de guérison* presque magique à cause de son aptitude extrême à s'adapter activement à des besoins primitifs. Cependant, il apparaît évident dans la pratique que ces modes d'expression de la personnalité sont faux, inauthentiques. La dépression menace ou intervient même parce que l'individu a un besoin incessant de *trouver quelqu'un d'autre* qui rende réel ce concept du « bon environnement ». Cela lui permet de revenir au psyché-soma dépendant qui constitue le seul point à partir duquel il peut vivre. Dans ce cas, « ne plus avoir d'esprit » (*without mind*), « être sans penser » devient un état désiré.

Naturellement, le corps de l'individu, d'une part, et psyché-esprit, de l'autre, ne peuvent s'associer directement. Toutefois l'individu localise psyché-esprit soit à l'intérieur de la tête, soit à l'extérieur, mais avec quelque relation particulière à celle-ci – ce qui constitue une source importante de maux de tête symptomatiques.

Il faut se demander pourquoi l'individu a tendance à localiser forcément l'esprit à l'intérieur de la tête. J'avoue que je n'en sais rien. J'ai le sentiment que ce qui compte, c'est le besoin qu'éprouve l'individu de localiser l'esprit parce que c'est un ennemi et qu'il faut donc en avoir le contrôle. Un patient schizoïde me dit qu'on place, bien entendu, l'esprit dans la tête : en effet, *puisqu'on ne peut voir sa propre tête*, elle n'existe pas en tant que partie de soi. Une autre raison, c'est que la tête traverse des expériences qui sont particulières au cours du processus de la naissance. Cependant, afin de pouvoir tirer le meilleur profit de ce dernier fait, il me faut encore prendre en considération un autre type de fonctionnement mental qui peut être spécialement stimulé pendant la naissance et qui a rapport avec le terme « mémorisation ».

Ainsi que je l'ai dit, la continuité d'être du psyché-soma en cours de développement (relations internes et externes) est perturbée par les réaction aux envahissements de l'environnement ou, en d'autres termes, par les conséquences des défauts d'adaptation active de l'environnement. Selon ma théorie, il faut s'attendre à une certaine réaction devant les envahissements de l'environnement qui perturbent la continuité du psyché-soma, réaction toujours croissante eu égard à la capacité mentale. Si les envahissements appellent des réactions *excessives* (selon la suite de ma théorie), ils ne sont pas supportables. L'état de confusion excepté, on ne peut que *cataloguer* les réactions [1]. Ainsi, l'exemple typique est celui de la naissance où, en raison des réactions aux envahissements, une perturbation excessive de la continuité est susceptible d'apparaître. L'activité mentale que j'en viens à décrire est celle qui concerne la mémorisation exacte au cours du processus de la naissance. Dans mon travail psychanalytique, j'observe parfois des régressions pleinement contrôlées et qui remontent pourtant à la vie prénatale. Des patients régressés d'une manière ordonnée reviennent constamment sur le processus de la naissance et j'ai été étonné par les preuves évidentes que j'ai eues qu'un nourrisson, au cours de ce processus, ne mémorise pas seulement toutes les réactions qui perturbent la continuité d'être, mais paraît aussi les mémoriser exactement dans l'ordre correct. Je n'ai pas utilisé l'hypnose, mais je suis au courant des découvertes comparables, quoique moins convaincantes à mes yeux, qui sont obtenues de cette façon. Le fonctionnement mental du type que je décris là – ce qu'on peut appeler mémoriser ou cataloguer – peut être extrêmement actif et précis au moment de la naissance d'un bébé. J'illustrerai cela à l'aide de détails empruntés à un cas, mais je veux tout d'abord exprimer clairement mon idée que ce *type de fonctionnement mental est un fardeau pour le psyché-soma* ou pour la continuité d'être de chaque individu humain, continuité qui constitue le *self*. Dans le jeu, ou dans une analyse soigneusement contrôlée, l'individu peut être capable d'utiliser cela pour revivre le processus de la naissance. Toutefois, ce type de fonctionnement mental, qui catalogue, agit comme un corps étranger s'il se trouve associé à une carence d'adaptation de l'environnement, lorsque cette carence dépasse la compréhension ou la prévision possible.

Il peut arriver sans aucun doute que, même en bonne santé, les facteurs de l'environnement soient ainsi maintenus immuables jusqu'à ce que l'individu se trouve en mesure de les faire siens, une fois qu'il a l'expérience vécue des pulsions libidinales et surtout des pulsions agressives, pulsions qui peuvent être projetées. De cette façon-là, qui est inauthentique dans son essence, l'individu en vient à se sentir responsable du mauvais environnement alors qu'en fait, il ne l'était pas; il pourrait (s'il savait) l'attribuer à juste titre aux autres puisqu'en effet

1. *Cf.* la théorie freudienne de la névrose obsessionnelle (1909).

ils ont perturbé la continuité de ses processus de développement innés avant que le psyché-soma soit devenu suffisamment bien organisé pour haïr ou pour aimer. Au lieu de haïr ces échecs de l'entourage, l'individu a été désorganisé par eux parce que le processus est intervenu avant l'existence de la haine [1].

Illustration clinique

J'illustrerai ma thèse avec le fragment suivant tiré de l'histoire d'un cas. Il est vraiment difficile de choisir un détail dans un travail intensif qui s'étend sur plusieurs années. Néanmoins ce fragment montrera que ce que j'avance fait partie de mon expérience quotidienne avec les patients.

Une femme, âgée maintenant de quarante-sept ans [2], avait réussi ce qui paraissait aux autres, sinon à elle-même, être une bonne relation au monde et elle avait toujours été capable de gagner sa vie. Elle avait fait de bonnes études et, en général, on l'aimait bien; en fait, je pense qu'elle n'avait jamais suscité d'antipathie marquée. Elle n'était cependant jamais contente d'elle, comme si elle cherchait toujours à se trouver sans jamais y parvenir. Elle n'était certes pas sans avoir des idées de suicide, mais elle les tenait en échec car elle croyait depuis son enfance qu'en fin de compte elle résoudrait son problème et qu'elle se trouverait. Pendant plusieurs années, elle avait eu une analyse dite « classique », pourtant le noyau de sa maladie n'avait pas évolué. Avec moi, il devint vite apparent que cette patiente devrait ou bien faire une régression très importante ou bien abandonner le combat. C'est pourquoi je laissai faire la tendance régressive, où qu'elle pût mener. Finalement, la régression atteignit la limite du besoin de la patiente et depuis lors un développement naturel est intervenu, le vrai *self* entrant en action à la place d'un *self* faux, un pseudo-*self*.

Pour cet article, il m'a semblé préférable de décrire un seul élément, choisi dans une énorme masse de matériel. Au cours de l'analyse précédente de la patiente, il y avait eu des incidents dans lesquels la patiente s'était jetée de son divan sur un mode hystérique. Ces épisodes avaient été interprétés suivant la conduite ordinaire devant des phénomènes hystériques de cet ordre. Dans la régression plus profonde de l'analyse actuelle, la signification de ces chutes fut éclairée

1. *Cf.* « La crainte de l'effondrement », 1975. (*N.d.T.*)
2. Cas évoqué à nouveau dans un autre article, « Les aspects métapsychologiques et cliniques de la régression au sein de la situation psychanalytique », p. 250.

d'un jour nouveau. Au cours des deux années d'analyse avec moi, la patiente a itérativement régressé à un stade primitif qui était certainement prénatal. Il était nécessaire que ce processus de la naissance soit revécu et je finis par reconnaître comment ce besoin inconscient chez la patiente l'avait amenée auparavant à tomber du divan de cette façon hystérique.

On pourrait écrire beaucoup de choses à ce sujet; de mon point de vue, l'élément important ici est que, de toute évidence, chaque détail de l'expérience de la naissance avait été retenu et, plus encore, les détails avaient été retenus dans la séquence exacte de l'expérience première. Le processus de la naissance fut revécu une douzaine de fois ou même plus et chaque fois la réaction à l'un des éléments majeurs externes du processus primitif fut isolée pour être revécue.

Incidemment, ces reviviscences illustraient une des principales fonctions de la mise en acte; par la mise en acte, la patiente s'informait sur la parcelle de réalité psychique inaccessible pour le moment mais dont elle avait intensément besoin de prendre conscience. Je vais énumérer quelques-uns des schèmes de la mise en acte, mais malheureusement je ne peux donner la séquence qui, pourtant, j'en suis sûr, avait une signification.

La respiration change pour être passée en revue dans le plus minime détail.

Les contractions de haut en bas du corps, pour être revécues et donc remémorées.

La naissance en partant du fantasme à l'intérieur du ventre de la mère, qui était une personne dépressive et contractée.

Le passage de l'état de non-nourriture à celui de nourriture au sein, puis au biberon.

Le même passage avec le fait supplémentaire que la patiente avait sucé son pouce dans l'utérus et qu'en sortant il lui fallait son poing, en rapport avec le sein ou le biberon, créant ainsi une continuité entre les relations d'objets dedans et dehors.

La rude expérience de la pression sur la tête et aussi l'horreur lorsque l'on cessait de presser sur la tête; au cours de cette phase, si sa tête n'avait pas été tenue, elle n'aurait pas pu supporter la re-mise en acte. Dans cette analyse, beaucoup de choses restent encore incomprises quant au retentissement du processus de la naissance sur les fonctions de la vessie.

Le passage de l'état de pression tout autour (qui appartient à l'état intra-utérin) à la pression par en dessous (qui appartient à l'état extra-utérin). La pression, si elle n'est pas excessive, signifie amour. C'est pourquoi, après la naissance, elle était aimée seulement d'un seul côté, celui du dessous selon sa position et, à moins d'être tournée périodiquement, elle entrait dans un état de confusion.

Il me faut laisser de côté une douzaine d'autres facteurs, d'égale signification.

Progressivement la re-mise en acte atteignit son point le plus critique. Lorsque nous en fûmes presque là, apparut l'angoisse d'avoir la tête écrasée, qui fut d'abord obtenue de façon contrôlée par l'identification de la patiente avec le mécanisme qui écrasait. Cette phase était dangereuse parce que si la malade passait à l'acte en dehors de la situation du transfert, c'était le suicide. Dans cette phase de passage à l'acte, la patiente existait dans les « blocs qui l'écrasaient » ou toute autre chose qui se présentait et la gratification lui venait alors de la *destruction* de la tête (y compris l'esprit et le faux psychisme) qui, pour la patiente, avait perdu sa signification en tant que partie du *self*.

En fin de compte, la patiente dut accepter l'annihilation [1]. Nous avions déjà eu beaucoup d'éléments qui indiquaient une période de vide ou d'inconscience et des mouvements convulsifs rendaient vraisemblable une manifestation du petit mal dans l'enfance. Dans l'expérience vécue, il y eut, semble-t-il, une perte de conscience qui ne pouvait être assimilée au *self* de la patiente tant qu'elle ne l'acceptait pas comme une mort. Lorsque cela fut devenu une réalité, le mot mort devint inapproprié; la patiente commença à y substituer un « abandon de soi » et, par la suite, le mot approprié fût : le « non-savoir ».

Pour décrire ce cas d'une façon complète, je devrais continuer à donner d'autres détails de ce genre, mais ce thème et d'autres seront développés dans des publications ultérieures. La patiente fut très soulagée lorsqu'elle eut accepté de ne pas savoir. « Savoir » se transforma en « l'analyste sait », c'est-à-dire « qu'on peut compter sur lui pour s'adapter activement aux besoins de la patiente ». Toute la vie de cette malade s'était édifiée autour d'un fonctionnement mental qui était devenu, à tort, le point de départ (dans la tête) de ce qu'elle vivait. Sa vie, qui à juste titre lui avait semblé fausse, s'était développée à partir de ce fonctionnement mental.

J'ai dit avoir tiré de cette analyse le sentiment qu'avaient été cataloguées avec précision, sans rien omettre, les réactions aux envahissements de l'environnement qui remontaient à l'époque de la naissance; cet exemple clinique illustre, je l'espère, ce que j'entends par là. Mais en fait, j'ai senti qu'il n'y avait pas d'autre alternative que cette classification parfaite, sinon cela aurait été l'échec absolu, une confusion sans espoir et des troubles mentaux.

Par ailleurs, ce cas illustre le thème de ce travail à la fois dans le détail et sur un plan général.

Je cite Scott (1949) une fois de plus :

« De même, lorsqu'un patient en analyse perd l'esprit dans le sens qu'il perd l'illusion d'avoir besoin d'un appareil psychique distinct de tout ce qu'il a appelé son corps, son monde, etc., cela équivaut pour lui à retrouver l'accès conscient auquel il avait renoncé à une période antérieure de sa vie, au

1. *Cf.* « La crainte de l'effondrement », 1975. (*N.d.T.*)

moment où s'instaurait la dualité soma-psyché, cet accès conscient aux rapports entre surfaces et profondeurs, limites et masse de son schéma corporel : ses souvenirs, ses perceptions, ses images, etc.; il rétablit aussi la maîtrise de ces rapports.

« Il n'est pas rare que chez un patient qui se plaint principalement d'avoir peur de " perdre l'esprit " apparaisse bientôt le désir de renoncer à cette conviction et de la remplacer par une autre meilleure. »

A ce moment de non-savoir apparut dans cette analyse le souvenir d'un oiseau qui était représenté comme « tout à fait immobile, à l'exception des mouvements de la gorge qui témoignaient de la respiration ». En d'autres termes, à l'âge de quarante-sept ans, la patiente était parvenue à l'état dans lequel le fonctionnement physiologique en général constitue l'existence. L'élaboration psychique alors pouvait s'ensuivre. Cette élaboration psychique d'un fonctionnement physiologique est tout à fait différente du travail intellectuel si facilement artificiel lorsqu'il devient une chose en soi où réside faussement le psychisme.

Il va de soi que je ne peux donner qu'un aperçu sur cette patiente et même en choisissant un fragment de cette observation je ne peux décrire qu'une infime partie de ce fragment. J'aimerais cependant m'appesantir plus sur la solution de continuité, (*gap in continuity*) de la conscience. Je n'ai pas besoin de décrire cette faille (*gap*) telle qu'elle apparut en termes plus « hardis », par exemple le fond d'un puits, dans l'obscurité duquel se trouvaient toutes sortes de corps morts et mourants. Pour le moment, je m'intéresserai seulement à la plus primitive des manières dont la malade a découvert cette faille (*gap*) en revivant des processus qui sont du domaine de la situation transférentielle. Cette solution de continuité (*gap in continuity*), qui avait toujours été niée de la façon la plus active au cours de la vie de la malade, devenait maintenant une chose ardemment recherchée. Le besoin de « l'effraction » de sa tête apparut, tandis qu'en se cognant violemment la tête elle essayait, semble-t-il, de parvenir à une perte de connaissance. La malade éprouvait parfois le besoin de détruire les processus mentaux qu'elle situait dans sa tête. Avant que puisse être accepté l'état de non-savoir, il fut nécessaire de traiter une série de défenses l'empêchant de reconnaître complètement le désir d'atteindre la solution de continuité de la conscience (*gap in continuity of consciousness*). Le jour où ce travail parvint à son point culminant, il arriva que la patiente cessa d'écrire son journal [1]. Ce journal avait été tenu tout au long de l'analyse et il serait ainsi possible de la

1. Le journal fut repris plus tard, pendant un temps; le rôle qu'il jouait était alors plus vague, et son but était plus positif, avec aussi l'idée d'utiliser valablement un jour ses expériences.

reconstruire entièrement jusqu'à cette période. De tout ce que la patiente pouvait percevoir, il y a peu de chose qui n'ait été au moins indiqué dans ce journal. La signification du journal devint alors claire : c'était une projection de son appareil mental et non pas une description du vrai *self* qui, en fait, n'avait jamais vécu avant que n'apparaisse, tout au fond de la régression, une chance nouvelle pour le vrai *self* de débuter.

Les résultats de cette partie du travail nous conduisirent à une phase temporaire dans laquelle n'existait ni l'esprit, ni un fonctionnement mental. Il fallait une phase temporaire dans laquelle la respiration du corps était tout. De cette façon, la patiente devint capable d'accepter l'état de non-connaissance parce que je la portais (*holding*) et que je maintenais une continuité par ma propre respiration pendant qu'elle se laissait aller, s'abandonnait, ne savait rien. Pourtant cela ne servait à rien que je la porte et que je maintienne ma propre continuité de vie si elle, elle était morte. Ce qui rendit mon rôle efficace fut que je pouvais voir et entendre le mouvement de sa poitrine au cours de sa respiration (tout comme l'oiseau), ce qui me permettait de savoir qu'elle était en vie.

C'est alors que, pour la première fois, elle fut capable d'avoir un psychisme, une entité personnelle, un corps qui respirait et en outre le début d'un fantasme lié à la respiration et aux autres fonctions physiologiques.

Nous, les observateurs, ne sommes pas sans savoir que le fonctionnement mental qui permet au psychisme d'être là et d'enrichir le soma dépend d'un cerveau intact, mais nous ne localisons pas le psychisme à un endroit quelconque, pas même dans le cerveau duquel il dépend. Pour cette patiente, régressée de cette manière, ces choses n'importaient plus. Elle serait prête maintenant, d'après moi, à localiser le psychisme dans n'importe quel endroit où le soma est vivant.

Depuis la présentation de ce travail, cette patiente a fait des progrès considérables. Maintenant, en 1953, nous pouvons examiner avec du recul ce stade que j'ai choisi de décrire et le voir en perspective. Je n'ai pas besoin de modifier ce que j'ai écrit. Mis à part la complication violente apportée par les reviviscences corporelles des processus de la naissance, il n'y a pas eu de trouble majeur dans la régression de la patiente vers un certain stade très primitif; le mouvement qui a suivi marque une progression vers une existence nouvelle pour un individu réel qui se sent réel.

L'esprit localisé dans la tête

J'abandonnerai maintenant mon illustration pour revenir au thème de la localisation de l'esprit dans la tête. J'ai dit que l'élaboration imaginaire des parties et des fonctions du corps n'est pas localisée. Il peut y avoir cependant des localisations tout à fait logiques dans le sens qu'elles appartiennent au mode de fonctionnement du corps. Par exemple, le corps prend des substances et les rejette. Un monde intérieur d'expérience personnelle imaginaire entre donc dans le schéma des choses et la réalité partagée est, en somme, supposée à l'extérieur de la personnalité. Bien que les bébés ne puissent pas dessiner, je pense qu'ils sont capables au cours de leurs premiers mois (si ce n'est que l'habileté leur manque) de se décrire par un cercle à certains moments. Peut-être, si tout va bien, sont-ils capables de réaliser cela peu après la naissance ; en tout cas, nous avons de bonnes preuves qu'à six mois un bébé utilise parfois le cercle ou la sphère comme un diagramme du *self*. C'est à cet égard que Scott nous éclaire beaucoup par son concept du schéma corporel particulièrement en nous rappelant que nous nous référons au temps aussi bien qu'à l'espace. Dans le schéma corporel tel que je le comprends, il ne me semble pas y avoir une place pour l'esprit. Cela n'est pas une critique du schéma corporel en tant que diagramme, c'est un commentaire sur l'erreur que comporte le concept de l'esprit en tant que phénomène localisé.

En essayant de comprendre pourquoi la tête joue un tel rôle dans la localisation de l'esprit – qu'il se trouve localisé au-dedans ou au-dehors –, je ne peux m'empêcher de penser à la manière dont la tête du petit d'homme est affectée au cours de la naissance, ce moment durant lequel l'esprit est extrêmement actif, occupé qu'il est à recueillir (*cataloguing*) les réactions à une persécution émanant spécifiquement de l'environnement.

Selon la conception populaire, le fonctionnement cérébral a tendance à être localisé dans la tête ; une des conséquences de cet état de choses mérite une étude particulière. Jusqu'à une date tout à fait récente, les chirurgiens se laissaient persuader d'ouvrir les crânes de jeunes enfants débiles mentaux afin de rendre possible un développement ultérieur de leur cerveau qu'on supposait être comprimé par les os du crâne. Je présume qu'à l'origine la cérébration du crâne était envisagée pour soulager des troubles de l'*esprit*, c'est-à-dire pour soigner des personnes qui avaient faussement localisé dans la tête leur fonctionnement mental, considéré par elles comme un ennemi. A l'heure actuelle, ce qui est curieux, c'est que, une fois de plus dans la pensée scientifique, le cerveau soit devenu l'équivalent de l'esprit – esprit ressenti par un certain type de malades comme un ennemi et comme une chose située dans le crâne. Le chirurgien qui effectue une leucotomie semblerait *au premier abord* faire ce que le patient demande, c'est-à-dire le soulager d'une activité de l'esprit, devenu l'ennemi du psyché-soma. Néanmoins, nous nous apercevons que le chirurgien est pris au piège de la fausse localisation du malade mental qui place l'esprit dans la tête, avec ce qui s'ensuit : l'équivalence de l'esprit et du cerveau. Lorsqu'il a fait son travail, il a échoué dans la seconde partie de sa tâche. Le patient veut être soulagé de l'*activité mentale*, qui est devenue une menace pour le psyché-soma, mais par la suite il a besoin du fonctionnement total du tissu cérébral afin *d'être à même d'avoir une existence psychique et somatique.* Par l'opération de la leucotomie, avec ses changements irréversibles dans le cerveau, le chirurgien a rendu cela impossible. Cette intervention a été inutile, sauf par la signification qu'elle implique pour le patient. Mais l'élaboration imaginaire de l'expérience somatique, le psychisme (*the psyche*), et – pour ceux qui emploient ce terme – l'âme (*the soul*) dépendent, ainsi que nous le savons, d'un cerveau intact. Il est peu concevable que ces choses puissent être connues de l'*inconscient* d'un individu, mais à notre avis le neuro-chirurgien devrait *dans une certaine mesure* s'intéresser à des considérations intellectuelles.

Dans cette perspective, nous nous apercevons que l'un des buts de la *maladie psychosomatique* est de retirer le psychisme (*psyche*) de l'esprit (*mind*) et de le faire revenir à son association intime et primitive avec le corps (*soma*). Il ne suffit pas d'analyser l'hypocondrie du patient psychosomatique, encore que cela soit une partie essentielle du traitement. On doit aussi être capable de voir *la valeur positive du trouble somatique* qui compense une « séduction » du psychisme qui a pénétré l'esprit. De même, le but des physiothérapeutes et des relaxateurs peut être compris en ces termes. Ils n'ont pas besoin de savoir ce qu'ils font pour opérer avec succès. Prenons un exemple de l'application de ces principes : si l'on essaie d'apprendre à une femme enceinte comment faire bien ce qu'il faut, on ne la rend pas seulement angoissée, mais on nourrit la tendance du psychisme à se localiser dans les mécanismes mentaux. Par contre, les méthodes de relaxation, dans ce qu'elles ont de meilleur, permettent à la mère de devenir consciente de son corps et (si elle n'est pas une malade mentale), ces méthodes lui permettent de réaliser une continuité d'être et l'aident à vivre en tant que psyché-soma. Cela est essentiel si elle veut vivre de façon naturelle la naissance et les premières étapes de sa maternité.

Résumé

1. Dans la santé, le vrai *self*, continuité d'être, repose sur le développement psyché-soma.

2. L'activité mentale est un cas particulier du fonctionnement du psyché-soma.

3. Le fonctionnement du cerveau intact est le fondement de l'existence psychique aussi bien que de l'activité mentale.

4. Il n'y a pas de localisation d'un *self* de l'esprit (a *mind-self*) et il n'y a pas une chose que l'on puisse appeler esprit.

5. On peut déjà établir deux fondements distincts d'un fonctionnement mental normal, à savoir :

a) la conversion d'un environnement suffisamment bon en un environnement parfait (adapté), permettant un minimum de réaction devant l'envahissement et un maximum d'auto-développement naturel (continu) du *self*, et

b) recueil et mémorisation des envahissements (traumatisme de la naissance, etc.), en vue d'une assimilation à des stades ultérieurs de développement.

6. Il faut noter que le développement psyché-soma est universel et que ses complexités lui sont inhérentes, tandis que le développement mental dépend dans une certaine mesure de facteurs variables tels que la qualité des facteurs primitifs de l'environnement, le hasard des phénomènes de la naissance et des soins qui suivent immédiatement la naissance, etc.

7. Il est logique d'opposer psyché et soma et, en conséquence, d'opposer le développement affectif et le développement corporel d'un individu. Il n'est pas logique, cependant, d'opposer le mental et le physique car ces éléments ne sont pas de même nature. Les phénomènes mentaux sont des complications d'importance variable dans la continuité d'être du psyché-soma, dans ce qui s'additionne jusqu'à former le *self* de l'individu.

L'AGRESSIVITÉ ET SES RAPPORTS AVEC LE DÉVELOPPEMENT AFFECTIF

(1950-1955)

I. Intervention à un symposium [1]

L'idée maîtresse de cette étude, qui porte sur l'agressivité [2], est que si la société est menacée ce n'est pas tant à cause du comportement agressif humain que du refoulement, chez l'individu, de sa propre agressivité.

Une étude de la psychologie de l'agressivité requiert de l'étudiant un effort important pour la raison suivante : dans une psychologie globale, se laisser voler est la même chose que dérober ; c'est une notion qui implique autant d'agressivité. Être faible est une notion aussi agressive que l'attaque du fort vis-à-vis du faible. Fondamentalement, meurtre et suicide sont identiques. Et, ce qui est peut-être le plus difficile à concevoir, la possession est aussi agressive que l'acquisition avide ; en fait, acquisition et possession forment une unité psychologique, l'une étant incomplète sans l'autre. Ce qui ne veut pas dire que l'acquisition et la possession sont bonnes ou mauvaises.

Ces considérations nous sont pénibles du fait qu'elles attirent l'attention sur des dissociations qui sont cachées dans l'adaptation sociale courante ; une étude de l'agressivité ne peut les ignorer. De même, les fondements d'une étude de la nature véritable de l'agressi-

1. Symposium avec Anna Freud, à la *Royal Society of Medecine,* section Psychiatrie, 16 janvier 1950. L'exposé présenté par Anna Freud a été publié dans *The Psychoanalytic Study of the Child,* vol. III-IV, p. 37.

2. L'auteur emploie en anglais le terme *aggression* et non *aggressiveness* – comportement agressif (ou *aggressivity* comme on le trouve parfois). Il entend désigner par là « les tendances qui se manifestent cliniquement », « quelque chose qui se passe dans l'individu et qui n'entraîne pas obligatoirement des changements de comportement » (extraits de lettres à la traductrice J. Kalmanovitch, nov. et déc. 1967). (*N.d.T.*)

vité doivent obligatoirement comporter une étude des racines de l'intention agressive.

L'agressivité est présente avant l'intégration de la personnalité [1]. Un bébé donne des coups de pied dans le ventre de sa mère; on ne peut présumer qu'il cherche ainsi à s'en évader. Un bébé de quelques semaines bat l'air de ses bras; on ne peut présumer qu'il a l'intention de frapper. Un bébé mâche le mamelon avec ses gencives; on ne peut présumer qu'il cherche à détruire ou à faire mal. A l'origine, le comportement agressif est presque synonyme d'activité. Il est du domaine d'une fonction partielle.

Ce sont ces fonctions partielles que l'enfant, lorsqu'il devient une personne, organise graduellement en agressivité. Dans la maladie, un patient peut faire preuve d'activité et de comportement agressif sans que ces manifestations aient une signification complète. L'intégration de la personnalité ne se produit pas un certain jour à une certaine heure, elle se fait et se défait; même lorsqu'elle est bien établie, un concours de circonstances ambiantes défavorables peut amener sa disparition. Néanmoins, si l'être est normal, le comportement finit par être dirigé et, dans la mesure où il a un but, l'agressivité est sous-entendue. C'est ici qu'intervient la source principale de l'agressivité qui réside dans l'expérience instinctuelle. L'agressivité fait partie de l'expression primitive de l'amour. Il convient de la décrire en termes d'oralité étant donné que les premières pulsions libidinales sont justement l'objet de mon étude.

L'érotisme oral ramène à lui des éléments agressifs et, chez l'être en bonne santé, c'est la libido orale qui établit les fondements de la plus grande partie d'une agressivité effective, c'est-à-dire d'une intention agressive ressentie comme telle par l'individu et par les personnes qui l'entourent.

Toute expérience est à la fois physique et non physique. Des idées accompagnent et enrichissent la fonction corporelle tandis que le fonctionnement du corps accompagne et réalise [2] l'idéation.

Il faut dire aussi que, de la somme des idées et des souvenirs, se distinguent progressivement, d'une part, ceux qui restent dans la conscience – d'une manière permanente ou seulement dans certaines circonstances – et, d'autre part, ceux qui constituent l'inconscient refoulé, hors de portée parce qu'ils sont chargés d'affects insupportables.

Je me rends compte que j'entremêle le thème du comportement

1. A l'heure actuelle je relierais cette notion à celle de la motricité (*cf.* Marty et Fain, 1955).
2. *Cf.* le terme de Sechehaye : réalisation symbolique.

agressif et celui de la pulsion agressive, mais je suis d'avis qu'on ne peut étudier l'un sans l'autre. Aucun acte agressif ne peut être tout à fait compris en tant que phénomène isolé. Chez un enfant, en fait, l'étude d'une manifestation implique l'examen des données suivantes :

- L'enfant au sein de son environnement avec des adultes qui prennent soin de lui.
- La maturité de l'enfant selon son âge véritable et à son âge affectif.
- L'enfant qui, bien que jouissant d'une maturité correspondant à son âge, porte en lui tous les degrés d'immaturité lui permettant de garder le contact avec un état primitif.
- L'enfant-personne-malade, présentant des fixations à des stades de développement précoce.
- L'enfant qui se trouve dans un état affectif relativement non organisé, encore susceptible de régresser plus ou moins facilement et de guérir d'une régression de façon spontanée.

L'agressivité à différents stades du développement

Cela nous aiderait de pouvoir commencer au début de la vie de l'individu, mais c'est là un domaine où beaucoup d'éléments ne sont pas connus avec certitude. Une étude complète décrirait l'agressivité telle qu'elle apparaît aux différentes étapes du développement du moi.

Première étape..............	Pré-intégration But avec absence de sollicitude (*concern* [1])
Étape intermédiaire..........	Intégration But avec sollicitude Culpabilité

1. *Concern : anxiety, solicitous regard (Oxford Dict.)* parfois traduit par *souci* : état de l'esprit qui est absorbé par un objet et que cette préoccupation inquiète ou trouble... Ou *inquiétude* : d'*inquietus*, non tranquille. État pénible, trouble déterminé par l'attente, la crainte d'un événement que l'on redoute... d'une souffrance que l'on appréhende. Termes auxquels nous préférons *sollicitude :* attention à la fois soucieuse et affectueuse à l'égard d'un être cher. *Anton. :* indifférence. (D'après dict. *Robert.*) (*N.d.T.*)

Personnalité totale............	Relations interpersonnelles Situations triangulaires, etc. Conflits, conscients et inconscients

Ce que j'essaierai de développer ici, c'est principalement le deuxième thème : le stade intermédiaire [1].

Stade précédant l'apparition de la sollicitude (preconcern)

Il est nécessaire de décrire un stade théorique de « non-inquiétude » ou de cruauté ; on peut dire qu'à ce stade l'enfant existe en tant que personne et qu'il a un but, sans qu'il se soucie pour autant des résultats. Il ne se rend pas encore compte du fait que ce qu'il détruit, lorsqu'il est excité, est identique à ce qu'il estime au cours des intervalles tranquilles entre les périodes d'excitation. Dans ces moments-là, son amour va jusqu'à une attaque imaginaire du corps de la mère. L'agressivité fait ici partie de l'amour [2].

Dans une certaine mesure, il est possible d'observer cela dans la dissociation entre les aspects calmes de la personnalité et les aspects soumis à l'excitation ; ainsi, des enfants qui sont habituellement gentils et aimables « ne seront pas eux-mêmes » et se livreront à des actes agressifs envers ceux qu'ils aiment, ne se sentant pas tout à fait responsables de leurs actes.

Si l'agressivité disparaît à ce stade du développement affectif, il s'ensuit, à un certain degré, une altération de la capacité d'aimer, c'est-à-dire de l'aptitude à établir des relations objectales.

Le stade de la sollicitude (concern)

Nous en arrivons maintenant au stade du développement affectif décrit par Mélanie Klein comme celui de la « position dépressive ». Suivant mon propos, j'appellerai ce stade celui de la sollicitude. L'intégration du moi de l'individu est suffisante pour lui permettre de se rendre compte de la personnalité maternelle ; en conséquence – et c'est extrêmement important – il se soucie des résultats de son

1. Dans la deuxième partie de ce chapitre, j'essaierai de traiter le thème de l'agressivité relative aux premiers stades de développement du moi.

2. On a qualifié ce stade de « pré-ambivalent », mais ce terme ne tient pas compte de la conséquence de l'intégration de l'objet partiel, le sein, et de l'objet total, la mère qui maintient (*hold*) et qui soigne.

expérience instinctuelle, qu'elle provienne du physique ou du psychisme.

Avec ce stade apparaît la capacité de se sentir coupable. Il en découle qu'une partie de l'agressivité se transforme cliniquement en chagrin, ou en sentiment de culpabilité, ou en un équivalent physique comme le vomissement. Le sentiment du petit enfant est qu'il a fait du mal, dans la période d'excitation, à la personne aimée et c'est de là que dérive la culpabilité. L'enfant en bonne santé peut supporter cette culpabilité et, ainsi, avec l'aide d'une mère vraie et vivante (qui incarne un facteur temps), il devient capable de découvrir son propre besoin personnel de donner, de construire et de réparer. C'est de cette façon qu'une grande partie de l'agressivité donne naissance aux fonctions sociales et se manifeste comme telle. Dans les moments où il se sent abandonné (lorsque, par exemple, l'enfant ne peut trouver une personne qui accepte un cadeau ou qui reconnaisse ses efforts de réparation), cette transformation ne se fait plus et l'agressivité réapparaît. *Une activité sociale ne peut être satisfaisante* que si elle se fonde sur un sentiment de culpabilité *personnelle* ayant un rapport avec l'agressivité.

La colère

Dans ma description, je peux aborder maintenant la colère suscitée par la frustration. La frustration qui, à un degré quelconque, est inévitable dans toute expérience, favorise la dichotomie. Se manifestent, d'une part, les pulsions agressives innocentes envers les objets de frustration et, d'autre part, les pulsions agressives vis-à-vis des bons objets; celles-ci donnent naissance à la culpabilité. La frustration agit comme une échappatoire à la culpabilité et elle engendre un mécanisme de défense : l'orientation de l'amour et de la haine selon des voies séparées. Si le clivage des objets en bon et mauvais [1] intervient, il se produit une diminution du sentiment de culpabilité, mais l'amour perd en contrepartie certains de ses éléments agressifs positifs et la haine devient d'autant plus explosive.

L'évolution du monde intérieur

A partir de là, la psychologie du petit enfant devient plus compliquée. L'enfant ne se soucie pas seulement des conséquences de ses

1. Je devrais dire maintenant « idéalisé et mauvais » au lieu de « bon et mauvais » (1957).

pulsions à l'égard de sa mère, mais son *self* enregistre également les résultats de ses expériences. Les satisfactions instinctuelles font qu'il se sent « bon » et il perçoit les phénomènes d'absorption et d'excrétion dans un sens psychologique aussi bien que physique. Il s'emplit de ce qu'il ressent être bon, ce qui donne naissance à sa confiance en lui-même et affermit cette confiance; cela rejaillit sur ce qu'il sent pouvoir attendre de la vie. Dans le même temps, il doit se mesurer à ses attaques de colère, le résultat étant qu'il se sent plein de forces mauvaises, malignes ou qui le persécutent. Ces choses, ou ces forces mauvaises, qu'il ressent comme si elles se trouvaient à l'intérieur de lui, forment une menace de l'intérieur dirigée sur sa propre personne et sur ce qu'il ressent être bon, ce bon qui est à la base de sa confiance dans la vie.

Il entreprend alors une tâche d'aménagement (*management*) de son monde intérieur, tâche qui durera toute sa vie et à laquelle il ne peut cependant s'atteler avant qu'il ne se sente bien dans son corps et capable de différencier ce qui est intérieur de ce qui est extérieur à lui, ce qui existe vraiment de ce qui est son fantasme. L'aménagement du monde extérieur dépend de celui de son monde intérieur.

Une série extrêmement complexe de mécanismes de défense se développe, que l'on se devrait d'examiner chaque fois que l'on essaie de comprendre l'agressivité chez un enfant qui a atteint ce stade du développement affectif. Il m'est impossible ici de faire plus qu'énumérer quelques-uns des mécanismes de cette partie de la psychologie humaine ayant un rapport avec le thème présent.

Je décrirai tout d'abord la guérison de l'introversion, étant donné qu'il s'agit là d'une source courante et importante de manifestations agressives.

L'intérêt de l'enfant en bonne santé est dirigé à la fois vers la réalité extérieure et vers le monde intérieur et il passe de l'un à l'autre par l'intermédiaire d'états tels que le rêve, le jeu, etc. L'enfant malade, lui, procède parfois à une redistribution de ses relations, si bien que ce qui est bon est concentré à l'intérieur et que ce qui est mauvais est projeté. Il vit alors dans son monde intérieur. On dit de lui qu'il est introverti (ou introverti d'une façon pathologique).

La guérison d'une introversion pathologique implique que l'enfant va se tourner à nouveau vers ce qui lui semble un monde extérieur peuplé de persécuteurs. *A cette étape de la guérison l'enfant devient toujours agressif.* Nous trouvons ici une source importante de *comportement* agressif. Si, dans la guérison d'un enfant introverti, l'attaque, qui constitue une défense, est mal comprise de ceux qui s'occupent de lui, l'enfant retombera facilement dans l'état d'introversion. Sans qu'il soit question de maladie, on observe quotidiennement cet état à un certain degré dans la vie de tous les jeunes enfants et ce concept n'est aucunement un concept purement théorique. Un individu qui s'est concentré pendant un long moment sur une tâche personnelle a les nerfs à fleur de peau lorsqu'il achève son travail.

Il ne faut absolument pas perdre de vue que, chez l'enfant, nous étudions un être humain qui ne devient que graduellement capable d'établir une distinction entre ce qui est subjectif et ce qui est objectif. Lorsqu'un enfant projette son vécu intérieur, un état qui ressemble au délire hallucinatoire peut apparaître facilement. Il arrive même couramment qu'un enfant en bonne santé, âgé de deux ou trois ans, s'éveille la nuit et éprouve la sensation de se trouver dans un monde qui (de notre point de vue) est son propre monde intérieur et non pas la réalité externe que nous pouvons partager avec lui. Le jour, les petits enfants s'illusionnent dans leurs activités de jeu et on s'aperçoit, en fait, que certains enfants vivent principalement dans leur monde intérieur bien que pour nous apparemment ils se trouvent dans le nôtre. Cet état n'est pas forcément maladif, mais lorsqu'on s'occupe d'un tel enfant on ne peut pas s'attendre à rencontrer de la logique, laquelle s'applique seulement à la réalité extérieure ou partagée. Même de nombreux adultes ne parviennent jamais à une capacité stable d'objectivité et ceux-là qui font le plus preuve d'objectivité ont souvent perdu relativement le contact avec la richesse de leur monde intérieur.

Je donnerai trois autres exemples où le comportement agressif est expliqué par l'aménagement du monde intérieur de l'enfant.

Dans le fantasme de l'enfant, le monde intérieur est localisé d'abord dans le ventre, puis dans la tête ou dans un autre endroit spécifique du corps.

Prenons le cas d'un enfant ayant atteint un certain degré d'organisation de la personnalité qui traverse une expérience telle qu'il est hors de son pouvoir de résoudre par identification les problèmes qu'elle pose. Par exemple, ses parents se querellent devant lui à un moment où son esprit est entièrement préoccupé par un autre problème. Il s'en tire seulement en emmagasinant la totalité de l'expérience afin de la maîtriser. On peut dire que vit au-dedans de lui l'image des parents en train de se quereller et il s'ensuit qu'une certaine quantité d'énergie est employée à maîtriser la mauvaise relation intériorisée. Cliniquement, l'enfant semblera fatigué, déprimé, ou malade physiquement. A certains moments, la mauvaise relation intériorisée prendra le dessus et l'enfant se comportera comme s'il était « possédé » par les parents en train de se quereller. Il nous apparaîtra agressif de manière compulsionnelle, désagréable, déraisonnable, halluciné [1].

Selon un autre processus, l'enfant qui a intériorisé des parents querelleurs fera naître périodiquement des querelles parmi les personnes qui l'entourent, utilisant alors la mauvaise réalité extérieure comme une projection de ce qui est « mauvais » en lui. Dans un tel cas, des crises de délire peuvent se manifester avec hallucinations véritables de voix ou de gens en train de se quereller.

Dans l'aménagement, par l'enfant, de son monde intérieur et dans la tentative faite pour préserver ce qu'il ressent être bon interviennent des moments où, selon son sentiment, tout serait bien si une part de l'influence mauvaise pouvait être éliminée (cela est l'équivalent du système du bouc émissaire).

Cliniquement apparaîtra dans ce cas une dramatisation de l'éjection de ce qui est mauvais (coups de pied, vents, crachats, etc.), ou bien l'enfant sera enclin aux accidents. Une tentative de suicide, dont le but est de détruire ce qui est ressenti comme mauvais dans le *self*, pourra se produire. Dans le fantasme total du suicide, il faut qu'il y ait survie après destruction des mauvais éléments – mais il se peut qu'il n'y ait pas de survie.

La gestion (*management*) des phénomènes du monde intérieur que l'enfant localise dans son ventre (ou dans sa tête, etc.), présente par moments une difficulté si grande que l'enfant cherche à maîtriser le tout; la dépression en est le résultat clinique, ce qui le conduit à un état de mort interne qui est intolérable. Il se peut que s'ensuive la phase complémentaire de la manie. Dans cette phase, la vie du monde intérieur reprend le dessus et fait agir l'enfant qui peut, cliniquement, se montrer violemment agressif sans que sa colère s'explique par un stimulus externe. Ces phases de manie ne sont pas identiques à celle appelée la défense maniaque, dans laquelle la mort intérieure est niée à l'aide d'une activité artificielle (ce que Mélanie Klein appelle la défense maniaque contre la dépression). Le résultat clinique de la défense maniaque n'est pas une explosion d'agressivité, mais un état de nervosité anxieuse banale, d'hypomanie, dans lequel un peu d'agressivité se manifeste sous la forme de désordre, de malpropreté, d'irritabilité, avec absence de persévérance constructive.

L'individu en bonne santé est capable de mettre en réserve ce qu'il ressent comme mauvais au-dedans pour attaquer les forces externes

1. Cet état est apparenté à l'état décrit par Anna Freud comme « l'identification à l'agresseur » (1937). Les travaux de Mélanie Klein nous ont familiarisés avec le concept de la maîtrise omnipotente des phénomènes intérieurs comme mécanismes de défense.

qui paraissent menacer ce qu'il sent digne d'être sauvegardé. L'agressivité comporte alors une importance sociale.

Sa valeur (si on la compare à l'agressivité maniaque ou délirante) réside dans le fait que l'objectivité est sauvegardée et que l'ennemi peut être abordé avec une économie de l'effort. C'est ainsi que l'ennemi n'a pas besoin d'être aimé afin d'être attaqué.

Résumé

Ce qui précède décrit principalement les rapports de l'agressivité avec ce que j'ai appelé le stade *intermédiaire* du développement affectif. Ce stade précède celui d'une *personnalité totale,* avec ses rapports interpersonnels et les situations triangulaires du complexe d'Œdipe; il suit les stades *précoces* de cruauté (*ruthlessness*) et celui encore plus précoce avant l'apparition du but et de l'intégration de la personnalité.

L'agressivité qui appartient au stade que j'ai appelé celui de la *personnalité totale* est déjà familière à la génération actuelle par l'intermédiaire des travaux de Freud dont le bien-fondé a été reconnu.

Des sources importantes d'agressivité datent des stades *très précoces* du développement de l'être humain; quelques-unes de ces sources seront étudiées dans la partie suivante de ce chapitre.

II. Les premières racines de l'agressivité [1]

Sous sa forme la plus simple, la question que nous posons est celle-ci : l'agressivité provient-elle, en définitive, de la colère engendrée par la frustration ou a-t-elle une racine propre ?

A moins de faire un effort calculé pour choisir parmi les masses d'observations cliniques que nous rencontrons au cours de notre expérience analytique quotidienne, la réponse est nécessairement très complexe. Mais, si nous effectuons ce choix, nous courons le risque qu'on nous tienne rigueur d'ignorer ce que nous aurons délibérément voulu laisser de côté.

Étant donné qu'une satisfaction instinctuelle complète n'existe pas en pratique, nous pouvons donc dire que, dans la pulsion libidinale primitive, nous serons toujours à même de déceler une agressivité réactionnelle. Est-il vraiment nécessaire d'essayer d'aller plus à fond ? Je le pense; sinon on aboutit à la confusion. C'est encore plus vrai si

1. Communication à un groupe privé, janvier 1955.

l'on tient compte que la pulsion libidinale primitive opère à un stade où la croissance du moi ne fait que s'élaborer et où l'intégration, par exemple, n'est pas bien établie. Il existe un type d'amour primitif qui opère avant même qu'apparaisse la capacité de prendre des responsabilités. A ce stade, il n'y a pas encore de cruauté; c'est un stade précruel et si, dans la pulsion du ça, la destruction fait partie du but, il faut alors considérer qu'elle résulte simplement de la satisfaction du ça. La destruction ne devient une responsabilité du moi que lorsque l'intégration et l'organisation du moi sont suffisamment établies pour que la colère existe et, par voie de conséquence, la peur des représailles. Si tôt qu'on puisse déceler cette colère et cette peur, il n'en faut pas moins admettre qu'il y a des développements du moi avant lesquels il n'est pas raisonnable de parler de colère chez l'individu.

La haine est relativement élaborée et l'on ne peut pas dire qu'elle existe au cours de ces stades très précoces. C'est pourquoi il est nécessaire d'étudier l'agressivité en tant que telle, distincte de l'agressivité réactionnelle qui suit inévitablement la pulsion du ça – le principe de réalité ayant mis en échec l'expérience instinctuelle.

Il convient alors de dire que la pulsion libidinale primitive (ça) a une qualité destructrice bien que le but de l'enfant ne soit pas de détruire puisque la pulsion est ressentie au stade précruel.

Cela posé, il est possible d'étudier la racine de l'élément destructeur dans la pulsion libidinale primitive (ça).

Pour simplifier les choses, on peut laisser de côté le facteur variable relatif à une naissance traumatique et supposer une naissance normale ou non traumatique. Par normale, je veux dire ici que la naissance est ressentie par l'enfant comme le résultat de son effort, sans que soit intervenu aucun retard ou aucune précipitation [1].

Les expériences instinctuelles précoces mettent en jeu un élément nouveau pour le nourrisson : des crises instinctuelles, caractérisées par une période préparatoire, un point culminant et une période qui suit l'obtention d'un certain degré de satisfaction. Chacune de ces trois périodes pose des problèmes particuliers au petit enfant.

Nous nous proposons d'examiner la préhistoire de l'élément agressif (destructeur par hasard) dans l'expérience instinctuelle la plus primitive. Nous avons à notre disposition certains éléments qui datent au moins d'aussi loin que le début des mouvements du fœtus, à savoir la motricité. Il n'y a pas de doute qu'il faut y ajouter éventuellement un élément sensoriel correspondant. Cette motricité, qui date de la vie intra-utérine et qui persiste durant les premiers mois de la vie (et en

1. Voir « Les souvenirs de la naissance, le traumatisme de la naissance et l'anxiété » (1949). (*N.d.T.*)

fait durant toute la vie), peut-elle être liée à l'activité inhérente à l'expérience instinctuelle proprement dite ? Si oui, cette activité doit-elle être classée comme un élément du ça ou du moi ? Ou ne serait-il pas mieux de supposer une phase de non-différenciation du moi et du ça (Hartmann, 1932) et d'abandonner notre tentative de classifier la motricité du fait qu'elle apparaît avant la différenciation du moi et du ça ?

Il faut que chaque enfant soit capable de faire passer autant que possible la motricité primitive dans les expériences instinctuelles. Ainsi s'explique sans aucun doute le besoin authentique chez le petit enfant des frustrations de la réalité – car, s'il y avait satisfaction instinctuelle, complète et sans obstacle, ce qui provient de la motricité originelle resterait insatisfait chez l'enfant (Riviere, 1936).

Dans le cadre de l'expérience du ça qui est propre à chaque enfant, il y a X pour cent de motricité primitive incluse dans l'expérience du ça. Il y a donc (100 – X) pour cent pouvant être utilisé d'une autre façon. Et là réside en fait la raison de la très grande différence entre les individus devant leur agressivité. Là, également, se trouve l'origine d'un type de masochisme (voir plus loin).

Autour de ce facteur de la motricité, différents schèmes se présentent : il est bon de les examiner (Marty et Fain, 1955).

Dans un cas, l'environnement est constamment découvert et redécouvert grâce à la motricité. Chaque expérience, dans le cadre du narcissisme primaire, met alors l'accent sur le fait que la nouvelle individualité se développe à partir de son noyau et que le contact avec l'environnement est *une expérience de l'individu* (au début, dans son état où moi et ça ne sont pas différenciés). Dans le deuxième schème, l'environnement empiète sur le fœtus (ou le nourrisson) et au lieu d'une série d'expériences individuelles, nous avons une *série de réactions à cet empiétement.* Dans ce cas, il y a retrait vers le repos qui permet seul l'existence individuelle. La motricité est alors vécue seulement en tant que réaction à l'envahissement.

Dans un troisième schème, qui est extrême, cette situation est exagérée à un degré tel qu'il ne reste pas de lieu de repos pour une expérience individuelle et qu'en conséquence l'état narcissique primaire possible n'évolue pas vers une individualité. L' « individu » se développe alors comme une extension de l'écorce plutôt que du noyau, comme une extension de l'environnement envahissant. Ce qui reste du noyau est dissimulé et ne se retrouve qu'avec difficulté, même dans l'analyse la plus poussée. *L'individu n'existe alors que grâce au fait de ne pas être deviné.* Le *self* authentique est caché et, du point de vue clinique, nous nous trouvons en face du faux *self* complexe dont la fonction est de maintenir caché le vrai. Le faux *self* peut être bien adapté à la société, mais l'absence du vrai *self* est la source d'une instabilité qui devient d'autant plus évidente que la société est amenée à penser que le faux *self* est le vrai. Le patient se plaint d'un sentiment de futilité.

Le premier cas est ce que nous appelons la santé. Son évolution dépend d'un maternage suffisamment bon, qui exprime l'amour par des moyens physiques (ce qui est, au début, sa seule façon de l'exprimer). La mère porte (*holds*) son bébé (dans l'utérus ou dans ses bras) et son amour (identification) lui permet de s'adapter aux besoins du moi. Dans ces conditions, et dans ces conditions seulement, l'individu peut commencer son existence, commencer à exister pour éprouver des satisfactions du ça. Tout est prêt pour que le maximum de motricité s'incorpore dans les expériences du ça. Il y a une union [1] du X pour cent du potentiel de motricité avec le potentiel libidinal (X étant plutôt élevé). Néanmoins, même ici, il y a (100 – X) pour cent du potentiel de motricité qui reste en dehors de l'union systématique et qui est disponible pour un emploi purement de motricité.

Il ne faut pas oublier que l'union permet une expérience qui est *distincte d'un acte d'opposition* (réaction à une frustration). Ce qui est incorporé au potentiel libidinal est satisfait dans la gratification instinctuelle. A l'inverse, le (100 – X) pour cent de motricité non fusionnée *a besoin de trouver une opposition.* Autrement dit, il a besoin de se mesurer à quelque chose pour ne pas rester sans objet et menacer la santé. Cependant un être bien portant, par définition, peut éprouver du plaisir à rechercher une opposition appropriée.

Dans le deuxième et le troisième cas, le potentiel de motricité ne devient matière à expérience que par l'action envahissante de l'environnement. Il s'agit là d'un état malsain. A un degré plus ou moins grand, *il faut* que l'individu se trouve devant une opposition et c'est seulement si on s'oppose à lui qu'il peut asservir la source importante de motricité. Cette situation est satisfaisante tant que l'environnement empiète sans discontinuer, mais :

– L'empiétement de la part de l'environnement ne doit pas cesser;
– il faut que cet empiétement de l'environnement ait sa propre structure, sinon le chaos règne puisque l'individu ne peut pas élaborer une organisation personnelle;
– cela entraîne un état de dépendance, dont l'individu risque de ne pas s'affranchir;
– le repli devient un élément essentiel de l'organisation (sauf dans le cas

1. Nous adoptons « union, dés-union » (des pulsions) pour l'anglais *fusion, defusion,* parfois traduit par : « intrication, désintrication ». *Cf.* J. Laplanche et J.-B. Pontalis, *Vocabulaire de la psychanalyse*, Paris, P.U.F., 1967. *(N.d.T.)*

extrême du vrai *self* caché; dans ce cas, même le repli ne peut être utilisé comme un mécanisme de défense primitif).

On ne peut parler de santé dans le deuxième et le troisième cas et tout traitement est inutile à moins de transformer l'organisation de base en une organisation semblable à celle que j'ai décrite dans le premier cas. Les patients dont la personnalité s'est développée selon le deuxième et le troisième schèmes viennent cependant à l'analyse et, au début, ils peuvent paraître utiliser particulièrement bien le travail de l'analyste effectué à partir de l'idée erronée que le patient existe réellement.

Je voudrais, à cet égard, mentionner particulièrement la valeur positive des résistances du patient névrosé. L'existence de ces résistances, qui peuvent être analysées, est d'un bon pronostic. L'absence de résistances conduit à diagnostiquer que la structuration primitive a été perturbée, comme dans les descriptions que je viens de donner.

Suivant ces considérations, il semblerait que l'analyse ne permette pas de parvenir à un degré plus important d'union de la motricité et du potentiel libidinal, excepté chez ceux qui sont classés normaux selon ces critères. Lorsque le premier schème n'est pas établi, il ne peut y avoir d'union autre que secondaire, par l' « érotisation » des éléments agressifs, ce qui constitue une source de tendances sadiques compulsionnelles qui peuvent se retourner en masochisme. L'individu ne se sent réel que s'il est destructeur et cruel. Il tente d'établir des relations, par des interactions avec un autre individu, en cherchant un élément érotique à unir à l'agressivité, laquelle n'est en soi pas beaucoup plus que de la motricité pure. Dans ce cas, la composante érotique parvient à s'unir à la motricité, alors que chez l'individu en bonne santé il est plus exact de dire que la motricité s'unit à l'érotisme.

On peut, probablement, distinguer deux types de masochisme dans les perversions : un masochisme issu d'un sadisme qui est une érotisation d'un besoin brut de motricité et un masochisme qui serait une érotisation plus directe de l'aspect passif de la motricité active; le développement se canaliserait dans une voie ou dans une autre selon que le premier partenaire a été de nature masochique ou sadique. L'association produit une relation d'autant plus appréciée que les relations issues de la vie libidinale étaient faibles, compte tenu du manque relatif d'union des éléments de motricité à la vie libidinale.

Ce sont surtout les racines de la motricité (et les racines sensorielles correspondantes) qui procurent le sentiment de la réalité car les expériences libidinales, qui comportent une faible participation de l'élément de motricité, ne renforcent pas le sentiment de la réalité ou de l'existence. Or, il est possible d'éviter de telles expériences libidinales précisément parce qu'elles conduisent le sujet à un sentiment de non-existence; je veux parler des individus dont le schème primitif n'est pas du type que j'ai décrit en premier.

Nous sommes amenés à conclure que beaucoup de choses se passent avant la première tétée, alors que l'organisation du moi n'est pas établie. La somme des expériences de motricité contribue à la formation chez l'individu d'une aptitude à commencer d'exister et concourt aussi, grâce à l'identification primaire, à rejeter l'écorce et à devenir le noyau. Un environnement suffisamment bon rend ce développement possible. C'est seulement dans le cas où cet environnement est suffisamment bon que nous pouvons valablement étudier la psychologie primitive du petit enfant, car ce n'est que *si cet environnement est suffisamment bon que l'être humain a pu se différencier et devenir un sujet d'étude pour une psychologie de la normale.* Quoi qu'il en soit, lorsqu'une individualité existe, nous pouvons dire que c'est surtout grâce à l'union d'une proportion importante du potentiel de motricité primaire avec le potentiel libidinal que le moi et le ça, maintenant différenciés, établissent une relation et la maintiennent en dépit des difficultés inhérentes à l'action du principe de réalité.

De là découlent d'autres idées qui concernent le problème de la nature externe des objets. Ce sujet est étudié dans la troisième partie de ce chapitre.

III. La nature externe des objets [1]

Dans la pratique psychanalytique, lorsqu'une analyse a été poussée assez loin, l'analyste a le privilège d'obtenir un aperçu des phénomènes premiers du développement affectif.

J'ai récemment été frappé par l'idée, qui dérive de l'observation clinique, que lorsqu'un patient est en train de découvrir la racine de l'agressivité de la vie instinctuelle, l'analyste est, d'une façon ou d'une autre, plus fatigué par ce processus que lorsque le patient en découvre la racine libidinale.

Je ferai remarquer sans attendre que le matériel étudié ici est celui qui est associé dans nos esprits avec le terme « dés-union ». Nous présumons qu'il existe, chez l'individu en bonne santé, une union des éléments agressifs et libidinaux, mais nous ne donnons pas toujours toute sa signification au stade préliminaire (pré-union) et au méca-

1. Exposé présenté à un groupe d'études privé, novembre 1954.

nisme de l'union. Il se peut que nous prenions trop facilement pour acquise l'existence de l'union et cela nous entraîne à des arguments bien futiles dès que nous quittons le terrain du cas clinique.

Il faut admettre que le mécanisme de l'union est un mécanisme difficile, qu'il n'opère pas complètement même chez un individu en bonne santé et qu'il n'est pas rare de trouver de grandes quantités d'agressivité non unifiée, ce qui complique la psychopathologie d'un individu en cours d'analyse.

Dans l'analyse, nous nous trouvons en face d'expressions distinctes des éléments agressifs et libidinaux et nous devons les maintenir séparés pour le patient qui, dans le transfert, ne peut parvenir à une union des deux. Dans les troubles graves, qui supposent un échec au moment de l'union, nous observons que la relation d'un patient envers l'analyste est tour à tour teintée d'agressivité et d'amour. Et c'est alors, selon moi, que l'analyste ressent la fatigue davantage dans le premier type de relation partielle que dans le second.

Voici la conclusion immédiate que l'on peut tirer de cette observation : dans les stades primitifs, lors de l'établissement de ce qui constitue le *moi* et le *non-moi* [1], c'est l'élément agressif qui, plus certainement, pousse l'individu à avoir besoin d'un *non-moi* ou d'un objet que l'on ressent *extérieur*. Les expériences libidinales peuvent être faites soit lorsque l'objet est conçu subjectivement ou créé personnellement, soit lorsque l'individu est proche de l'état narcissique, d'identification primaire, d'un stade plus précoce.

Ces expériences libidinales peuvent être effectuées par tout ce qui apporte un soulagement à la pulsion instinctuelle érotique, et qui permet un avant-plaisir, une augmentation de la tension de l'excitation générale et locale, une acmé et une détumescence (ou un équivalent), – états suivis d'une période où le désir est absent (ce qui peut être aussi source d'angoisse à cause de l'annihilation temporaire de l'objet subjectif créé par le désir). Par ailleurs, les tendances agressives ne provoquent pas une expérience satisfaisante sauf si elles rencontrent une opposition. L'opposition doit provenir de l'environnement, du *non-moi* qui, graduellement, se distingue du *moi*. On peut dire d'une expérience érotique qu'elle existe dans les muscles et dans les autres tissus qui participent à l'effort, mais cet érotisme est d'une qualité différente de l'érotisme instinctuel associé aux zones érogènes spécifiques.

Les patients nous font savoir qu'ils ressentent comme réelles les expériences agressives (plus ou moins dés-unies), beaucoup plus

1. En anglais : *me, not me*. Ne pas confondre avec le moi (*ego*), le ça (*id*) et le surmoi (*superego*) de la théorie freudienne. (*N.d.T.*)

réelles que les expériences érotiques (également dés-unies). Les deux sont réelles, mais les premières s'accompagnent d'un sentiment de réalité qui est très apprécié. L'union de l'agressivité avec l'élément érotique d'une expérience rehausse le sentiment que l'on a de la réalité de l'expérience.

Il est vrai que, dans une certaine mesure, les tendances agressives peuvent trouver leur opposition sans que celle-ci provienne de l'extérieur. Cela se manifeste, normalement, dans les mouvements ondulatoires de la colonne vertébrale qui datent de la vie prénatale et, anormalement, dans les mouvements inutiles de va-et-vient des enfants malades (balancement ou tension dénotant un mouvement magique de va-et-vient, interne et invisible). En dépit de ces considérations, ne peut-on pas dire que, dans le développement normal, l'opposition de l'extérieur implique le développement de la tendance agressive ?

Dans une naissance normale, l'opposition rencontrée fournit un type d'expérience qui donne à l'effort une qualité que nous pourrions appeler « tête la première ». Bien que la naissance n'ait pas toujours lieu d'une façon normale – elle devient alors d'une grande complication –, et bien qu'elle puisse se faire par le siège et non par la tête, il semblerait qu'on puisse valablement associer l'effort pur à une attitude vis-à-vis de l'opposition à laquelle cette épithète de « tête la première » pourrait être appliquée. L'observation de nourrissons qui font un effort pour téter devrait permettre de vérifier ce point : selon ma théorie, on peut les aider par une certaine opposition exercée sur le sommet de la tête.

Cette idée s'exprime habituellement dans les termes suivants : « Un petit enfant ne tire pas un bon profit d'une adaptation parfaite à ses besoins. Une mère qui satisfait trop bien les désirs de son bébé n'est pas une bonne mère. La frustration produit la colère et cela aide l'enfant à accroître son expérience. » Cette assertion est à la fois vraie et fausse. Elle est fausse dans la mesure où elle ne tient pas compte de deux facteurs : l'un est que, au début théorique, l'enfant a vraiment besoin d'une adaptation parfaite et qu'il a ensuite besoin d'une diminution prudente de l'adaptation ; l'autre est que cette formule ne fait pas entrer en ligne de compte l'absence d'union des racines agressives et des racines libidinales de l'expérience alors que, en théorie du moins, il faut étudier l'état de dés-union (ou l'état de pré-union).

Ceux qui utilisent à peu près la formule citée ci-dessus présument trop facilement que l'agressivité est une réaction à une frustration, c'est-à-dire à une frustration pendant une expérience érotique, au cours d'une phase d'excitation avec une tension instinctive grandissante. Que, dans de telles phases, la colère apparaisse à la suite d'une frustration n'est que trop évident. Toutefois, dans notre théorie des sentiments et des états les plus primitifs, il faut que nous soyons prêts à admettre l'idée d'une agressivité qui *précède* l'intégration du moi – intégration qui rend possible la colère devant une frustration instinctuelle et qui fait que l'expérience érotique est une expérience vécue.

On peut dire de tous les nouveau-nés qu'ils ont un potentiel d'instinct au niveau de zones érogènes, que cela est biologique et que le potentiel est plus ou moins le même pour tous. A l'inverse, *l'élément agressif ne peut qu'être extrêmement variable;* avant que nous observions la colère d'un tout-petit en réaction à une frustration due à un retard à la tétée, beaucoup de choses se sont passées, qui ont fait que son potentiel agressif est important ou faible. Pour arriver à déterminer l'agressivité par rapport au potentiel érotique, il serait nécessaire de revenir aux tendances du fœtus, à ce qui déclenche le mouvement plutôt que l'immobilité, à la qualité vivante des tissus et à la première preuve d'érotisme musculaire. Nous avons besoin ici d'un terme tel que force de vie (*life force*).

Il n'y a pas de doute que le potentiel de force de vie est plus ou moins le même chez tous les fœtus, de même que le potentiel érotique de tous les nouveau-nés. La complication vient du fait que la quantité de potentiel agressif d'un nourrisson dépend de la quantité d'opposition qu'il a rencontrée. En d'autres mots, l'opposition affecte la conversion de la force vitale en potentiel agressif. De plus, un excès d'opposition introduit des complications propres à rendre impossible l'existence d'un individu qui, doté d'un potentiel agressif, parviendrait sans cela à une union de ce potentiel avec le potentiel érotique.

Il n'est pas possible d'aller plus loin dans cette argumentation sans étudier dans le détail le destin de la force vitale de l'enfant (avant sa naissance).

L'impulsivité du fœtus en bonne santé amène une découverte de l'environnement, ce dernier constituant l'opposition rencontrée et ressentie par l'intermédiaire du mouvement. Il en résulte une reconnaissance précoce d'un monde *non-moi* (*not-me*) et un établissement précoce du *moi* (*me*) (on sait que dans la pratique ces choses se développent graduellement, apparaissent et disparaissent itérativement, s'accomplissent et se perdent).

En cas de maladie, à ce stade très primitif, c'est l'environnement qui empiète et la force vitale est employée tout entière à réagir contre cet envahissement – le résultat étant le contraire d'un établissement ferme et précoce du *moi.* A l'extrême, il y a très peu d'expérience vécue des impulsions, excepté en tant que *réactions,* et le *moi* (*me*) n'est pas établi. A sa place, le développement se base sur l'expérience de la réaction à l'envahissement; ainsi apparaît un individu que nous appelons faux, parce que toute impulsion personnelle est absente. Dans ce cas, il n'y a pas union des éléments agressifs et libidinaux, étant donné que le *moi* (*me*) n'est pas établi lorsque surviennent les expériences libidinales. Le jeune enfant vit, mais parce qu'il est amené à l'expérience libidinale par séduction; néanmoins, à côté de la vie libidinale qui n'est jamais ressentie comme réelle, il existe une vie réactionnelle purement agressive, qui dépend de l'existence de l'opposition.

Il s'est avéré nécessaire, dans cette étude, d'examiner deux états extrêmes afin de parvenir à décrire l'état courant dans lequel le manque d'union joue à un degré quelconque. La personnalité comprend trois parties : un vrai *self* avec un *moi* et un *non-moi* clairement établis et avec une certaine union des éléments agressifs et libidinaux, un *self* qui peut être facilement séduit par l'expérience libidinale, mais avec comme conséquence une perte du sentiment de la réalité, et un *self* qui est entièrement et sans merci livré à l'agressivité. Cette agressivité n'est même pas organisée en vue de la destruction, mais elle a une valeur pour l'individu parce qu'elle lui apporte un sens de la réalité et un sens des rapports, mais c'est seulement une opposition active qui la provoque ou (plus tard) une persécution. Elle n'a pas de racines dans la pulsion personnelle qui trouve sa motivation dans la spontanéité du moi.

L'individu peut réaliser une fausse union de l'agressivité et de l'érotisme en convertissant cette agressivité pure dés-unifiée en masochisme, mais pour que cela se produise, il faut qu'un persécuteur sûr existe et le persécuteur sûr est un amoureux sadique. De cette façon, le masochisme peut être plus archaïque (*primary*) que le sadisme. Pourtant en suivant le développement d'un être humain *en bonne santé,* du point de vue affectif nous voyons le sadisme comme plus archaïque que le masochisme. Chez l'individu sain, le sadisme implique une fusion réussie : c'est justement cette union qui est absente lorsque le masochisme se développe directement à partir du schème de l'agressivité réactionnelle non unifiée.

Ces considérations nous amènent à conclure qu'une certaine confusion peut naître de l'emploi du terme *agressivité* alors que nous voulons dire *spontanéité.* Le mouvement impulsif s'étend et devient agressif lorsque l'opposition est rencontrée. Cette expérience a un aspect de réalité et elle s'unit très facilement aux expériences érotiques qui attendent le nouveau-né. Et ma thèse est la suivante : c'est *cette impulsivité et l'agressivité qui se développe à partir d'elle qui font*

que l'enfant a besoin d'un objet externe et pas seulement d'un objet lui apportant une satisfaction.

Beaucoup d'enfants ont cependant, en réaction à un envahissement, un potentiel d'agressivité massif, qui est activé par la persécution; dans la mesure où cela est exact, le petit enfant considère la persécution comme bienvenue et se sent réel en réagissant contre elle. Mais cela représente un mode de développement faux étant donné que l'enfant a besoin d'une persécution continue. La quantité de ce potentiel réactionnel ne dépend pas de facteurs biologiques (qui déterminent la motricité et l'érotisme), mais découle des envahissements primitifs de l'environnement, dus au hasard, et souvent, par conséquent, des anomalies psychiatriques de la mère et de l'état de son milieu affectif à elle.

Dans les relations sexuelles adultes et matures, il est peut être vrai que le besoin d'un objet spécifique n'est pas purement en rapport avec les satisfactions érotiques, car c'est l'élément agressif ou destructeur de la pulsion unifiée qui fixe l'objet et détermine le besoin qu'on ressent de la présence effective du partenaire, de sa satisfaction et de sa survie.

OBJETS TRANSITIONNELS ET PHÉNOMÈNES TRANSITIONNELS[1]

(1951)

UNE ÉTUDE DE LA PREMIÈRE POSSESSION[2] NON-MOI[3]

Introduction

Il est bien connu que les nouveau-nés sont enclins à utiliser dès leur naissance le poing, les doigts, les pouces, pour stimuler la zone orale érogène, pour satisfaire les pulsions orales et aussi tout simplement pour les sucer, car ils trouvent la quiétude dans cette association de la bouche et des doigts. On sait également que quelques mois plus tard, les nourrissons garçons ou filles prennent plaisir à jouer avec des poupées; la plupart des mères mettent d'ailleurs à leur disposition un objet particulier, escomptant que l'enfant s'y attachera en quelque sorte par assuétude.

Il y a une relation entre ces deux ordres de phénomènes qui sont séparés par un intervalle de temps; le passage de l'un à l'autre peut être étudié avec profit en utilisant un matériel clinique important qui a été quelque peu négligé jusqu'à présent.

1. D'après un exposé présenté à la Société britannique de Psychanalyse, le 30 mai 1951, *Int. J. Psycho-Anal.*, XXXIV, 1953. Ce travail a été plusieurs fois repris et remanié par l'auteur (*cf.* bibliographie). *(N.d.T.)*

2. Le terme « possession » est utilisé pour désigner « ce que l'on possède en propre » – *first not me possession* : première chose possédée en propre et que l'individu distingue de lui-même. *(N.d.T.)*

3. Il est nécessaire de souligner que le terme employé ici est « possession » et non pas « objet ». Dans le texte dactylographié qui avait été distribué aux membres de la Société lors de la conférence, j'avais utilisé par erreur à un endroit le mot « objet » au lieu de « possession », et il en est résulté une certaine confusion dans la discussion. On a fait remarquer que l'on considère habituellement que le premier *objet « non-moi » (not me)* est le sein. J'attire l'attention du lecteur sur le fait que l'on trouve à maints endroits chez Fairbairn le terme « transitionnel » (1952, p. 35).

La première possession

Ceux qui connaissent bien tout ce qui intéresse et préoccupe les mères n'ignorent pas les schèmes de comportement très riches que présentent ordinairement les nourrissons lorsqu'ils font usage de leur première possession « non-moi ». Ces schèmes sont manifestes puisqu'ils peuvent faire l'objet d'une observation directe.

On trouvera une grande diversité dans la suite des faits qui va des activités du nouveau-né mettant les doigts à la bouche jusqu'à éventuellement l'attachement à un jouet en peluche, à une poupée ou à un jouet moelleux, ou bien à un jouet dur [1].

Il est évident qu'il y a là quelque chose d'important, qui n'est pas de l'excitation et de la satisfaction orales, encore que tout le reste en découle probablement.

Un grand nombre d'autres points méritent une étude; entre autres :

- la nature de l'objet;
- la capacité du nourrisson de reconnaître l'objet comme étant « non-moi »;
- la place de l'objet à l'extérieur, à l'intérieur, ou à la limite entre les deux;
- l'aptitude de l'enfant à créer, à imaginer, à inventer, à concevoir, à produire un objet;
- l'instauration de relations objectales de type affectueux.

J'ai introduit les expressions « objet transitionnel » et « phénomène transitionnel » pour désigner l'aire d'expérience qui est intermédiaire entre le pouce et l'ours, entre l'érotisme oral et la relation objectale vraie, entre l'activité créatrice primaire et la projection de ce qui a déjà été introjecté, entre l'ignorance primaire de la dette et la reconnaissance de cette dette (« dis merci! »).

Selon cette définition, il faut situer dans cette aire intermédiaire au titre de phénomènes transitionnels le babil d'un nourrisson ou la façon dont un enfant plus grand passe en revue son répertoire de mélodies et de chansons au moment de s'endormir : il en va de même de l'utilisation d'objets qui ne font pas partie du corps du nourrisson et qu'il ne reconnaît pourtant pas encore complètement comme appartenant à la réalité extérieure.

On admet généralement qu'une définition de la nature humaine, si elle est présentée en fonction des relations interpersonnelles, demeure inadéquate, même si l'on tient compte de l'élaboration ima-

1. L'auteur utilise l'expression *soft toy* pour désigner un jouet mou, ou doux, moelleux au toucher – objet en peluche, poupée de chiffon, jouet de caoutchouc – par opposition aux jouets durs – en bois, en métal ou d'une manière rigide. *(N.d.T.)*

ginaire de la fonction [1], de tout l'ensemble de l'activité fantasmatique consciente et inconsciente, l'inconscient refoulé y compris. Les recherches de ces vingt dernières années nous permettent de décrire les personnes d'une autre manière : on peut dire que pour tout individu qui a atteint le stade de l'unité (avec une membrane qui l'enclôt et délimite un intérieur et un extérieur), il existe une *réalité intérieure* – un monde intérieur riche ou pauvre, en paix ou en conflit.

Je soutiens que si cette double formulation se révèle nécessaire, il est tout aussi indispensable d'y ajouter un autre élément; car il existe une partie de la vie d'un être humain que nous ne pouvons négliger : la troisième partie qui constitue une aire intermédiaire d'expérience *(experiencing)* où la réalité intérieure et la vie extérieure contribuent l'une et l'autre au vécu. Cette aire n'est pas contestée, car on n'en exige rien; il suffit qu'elle existe comme lieu de repos pour l'individu engagé dans cette tâche humaine incessante qui consiste à maintenir la réalité intérieure et la réalité extérieure distinctes et néanmoins étroitement reliées l'une à l'autre.

On a coutume de se référer à la « mise à l'épreuve de la réalité » et de faire une nette distinction entre l'aperception et la perception. Je me hasarde à avancer qu'il existe un état intermédiaire entre l'inaptitude du petit enfant à reconnaître et à accepter la réalité et son aptitude croissante à le faire. C'est pourquoi j'étudie l'essence de l'*illusion*, celle qui est permise au petit enfant et qui, chez l'adulte, est inhérente à l'art et à la religion. Nous pouvons partager un respect pour une *expérience illusoire*, et si nous le désirons nous pouvons nous rassembler pour former un groupe sur la base de l'analogie de nos expériences illusoires. Bien des groupes d'êtres humains reposent sur cette base naturelle. Et pourtant si un adulte exige trop de la crédulité des autres, en les obligeant à admettre qu'ils partagent une illusion qui n'est pas vraiment la leur, c'est un signe de folie.

On comprendra, je l'espère, que je ne me réfère pas exactement à l'ours en peluche du petit enfant, ni à la première utilisation que fait le nourrisson de son poing (de son pouce, de ses doigts). Mon propos n'est pas non plus l'étude spécifique du premier objet des relations objectales. Ce qui m'intéresse, c'est la première possession et l'aire intermédiaire entre le subjectif et ce qui est perçu objectivement.

1. *Imaginative elaboration of function* : expression utilisée « (...) pour décrire cette théorie du fantasme et de la réalité psychique comme étant à son origine une élaboration de la fonction ». *Cf.* lettre au Dr V. Smirnoff, 19 novembre 1958, *in* D.W. Winnicott, *Lettres vives. (N.d.T.)*

Développement d'un schème personnel

On trouve dans la littérature psychanalytique de nombreuses références au progrès (on passe du stade de « la main à la bouche » à celui de « la main au sexe »), mais le progrès qui aboutit au maniement des objets vraiment « non-moi » est peut-être plus rarement mentionné. Tôt ou tard dans le développement de l'enfant, apparaît chez celui-ci une tendance à entremêler des objets « autres-que-moi » à son schème personnel. Dans une certaine mesure, ces objets représentent le sein maternel, mais là n'est pas le thème essentiel de notre étude.

Certains enfants mettent le pouce dans la bouche tandis que les doigts caressent le visage grâce aux mouvements de pronation et de supination de l'avant-bras. La bouche joue alors un rôle actif par rapport au pouce, mais pas par rapport aux doigts. Les doigts qui caressent la lèvre supérieure ou quelque autre partie du visage peuvent être, ou devenir, plus importants que le pouce qui occupe la bouche. De plus, cette activité de caresse peut exister isolément sans que le pouce et la bouche soient unis dans un contact direct (Freud, 1905, Hoffer, 1949).

Il arrive couramment qu'une autre activité vienne compliquer une expérience auto-érotique (telle que sucer le pouce); ainsi :

1. de l'autre main, le petit enfant met dans la bouche en même temps que ses doigts un bout de drap ou de couverture; ou bien :
2. d'une façon ou d'une autre, il tient le bout de tissu [1], qu'il le suce ou non. Les objets utilisés sont naturellement les couches et (plus tard) les mouchoirs; cela dépend de ce qui est à la portée de l'enfant et qu'il est sûr d'avoir; ou bien :
3. l'enfant commence dès les premiers mois à tirer les bouts de laine et à utiliser le bouchon ainsi constitué pour la partie « caresse » de cette activité [2]. Il est plus rare de le voir avaler la laine, ce qui crée même des ennuis; ou bien :
4. il met à la bouche (*mouthing* [3]) et a des activités buccales accompagnées de sons tels que « mama mame », il babille [4], émet des bruits anaux, *putt putt*, les premières notes musicales, etc.

1. On en a vu récemment un exemple dans le film *Un enfant de deux ans va à l'hôpital* par James Robertson (Tavistock Clinic), où l'enfant a une poupée de chiffon. *Cf.* aussi Robertson et *al.* (1952).
2. Il existe en anglais une expression idiomatique : *wool-gathering*, « être dans la lune » (mot à mot : ramasser de la laine). Cela explique peut-être qu'elle signifie que l'on se situe dans l'aire transitionnelle ou intermédiaire.
3. « Par *mouthing*, j'entends simplement manipuler avec la bouche... une relation à l'objet *via* la bouche ». Lettre au Dr V. Smirnoff, *op. cit.*
4. *Cf.* Scott (1955).

On peut supposer que penser ou fantasmer se rattache à ces expériences fonctionnelles.

C'est tout cela que je désigne sous le terme de *phénomènes transitionnels*. De cet ensemble peut se dégager une chose particulière ou un phénomène qui prend une importance vitale pour un enfant donné – que ce soit une boule de laine, ou un coin de couverture ou d'édredon, un mot, une mélodie ou encore un geste habituel. Il l'utilise au moment de s'endormir : c'est une défense contre l'angoisse et plus particulièrement l'angoisse de type dépressif (Illingworth, 1951). Il se peut que le petit enfant ait trouvé à utiliser un objet moelleux ou sa couverture qui devient alors ce que j'appelle un *objet transitionnel*. L'importance de cet objet persiste. Les parents en reconnaissent la valeur et l'emmènent partout dans les déplacements. La mère accepte qu'il devienne sale et même malodorant parce qu'elle sait qu'en le lavant elle créérait une interruption dans l'expérience du petit enfant, ce qui pourrait détruire la signification et la valeur de l'objet pour l'enfant.

A mon avis, le schème des phénomènes transitionnels apparaît vers quatre, six, huit, douze mois. C'est à dessein que je laisse place à des écarts aussi larges.

Les schèmes établis au cours des premiers mois de la vie peuvent persister plus tard dans l'enfance, si bien que l'objet moelleux primitif continue à être absolument indispensable à l'heure du coucher ou durant des périodes de solitude, ou encore s'il y a risque d'un état dépressif. Mais pourtant, si le développement est normal, la gamme des sujets d'intérêt s'étend peu à peu pour finalement se maintenir même à l'approche d'une angoisse dépressive. Ce besoin du jeune âge pour un objet particulier ou un schème de comportement spécifique peut réapparaître à un âge plus avancé, s'il y a risque de déprivation.

La première possession est utilisée conjointement à des techniques spécifiques qui proviennent de la toute petite enfance ; ces techniques comprennent les activités plus directement auto-érotiques, mais elles peuvent aussi exister isolément. Graduellement, les jouets en peluche, les poupées et les jouets durs [1] sont intégrés à la vie de l'enfant. Dans une certaine mesure, le goût des garçons les porte davantage vers les jouets durs, tandis que les filles procéderont plutôt à l'acquisition d'une famille. Il est important de remarquer toutefois qu'il n'y a pas de *différence notable* entre *garçon et fille* dans l'usage qu'ils font de la *première possession « non-moi »*, que j'appelle l'objet transitionnel.

A mesure que l'enfant utilise des sons organisés (mame, ta, da), un

1. *Hard toys*, en opposition à *soft toys*, jouets moelleux. *(N.d.T.)*

« mot » peut apparaître pour désigner l'objet transitionnel. Le nom donné par le petit enfant à ces tout premiers objets est toujours significatif et il s'y incorpore habituellement en partie un mot employé par les adultes. Par exemple, il l'appelle « bé », cela viendra de ce que l'adulte emploie le mot « bébé ».

Il me faut mentionner le fait qu'il n'existe parfois pas d'objet transitionnel si ce n'est la mère elle-même. Ou bien il se peut que le développement affectif d'un enfant soit si perturbé qu'il ne lui permette pas de jouir du stade transitionnel, ou encore qu'il se produise une rupture dans la succession des objets utilisés. Néanmoins, cette continuité peut persister sans être apparente.

Tableau des particularités de la relation

1. L'enfant s'arroge des droits sur l'objet et nous sommes d'accord pour cette prise de possession. Néanmoins, dès le début, on note une certaine annulation de la toute-puissance.
2. L'objet est affectueusement câliné, il est aussi aimé avec passion et mutilé.
3. L'objet ne doit jamais changer à moins que ce ne soit l'enfant lui-même qui le modifie.
4. L'objet doit survivre à l'amour instinctuel et aussi à la haine, et si c'est le cas, à l'agressivité pure.
5. Pourtant, il faut que, pour l'enfant, l'objet paraisse communiquer de la chaleur, ou être capable de mouvement, ou avoir une certaine texture, ou pouvoir faire quelque chose qui témoignerait d'une vitalité ou d'une réalité qui lui serait propre.
6. De notre point de vue, l'objet vient de l'extérieur, mais il n'en est pas de même du point de vue de l'enfant. Pour lui, il ne vient pas non plus du dedans ; ce n'est pas une hallucination.
7. Cet objet est voué au désinvestissement progressif, de sorte qu'avec les années il n'est pas tant oublié que relégué dans les limbes. J'entends par là qu'au cours du développement normal l'objet transitionnel n'entre pas « dedans » *(go inside)* et que le sentiment qui s'y rapporte n'est pas nécessairement refoulé. Il n'est pas oublié, et on ne porte pas son deuil. Il perd sa signification, et ce, parce que les phénomènes transitionnels sont devenus diffus, se sont répandus sur tout le territoire intermédiaire qui se situe entre « la réalité psychique intérieure » et le « monde extérieur dans la perception commune à deux personnes » ; autrement dit, parce qu'ils recouvrent tout le domaine de la culture.

A ce stade, le sujet de mon étude s'élargit pour déboucher sur le jeu, la création artistique et le goût des arts, le sentiment religieux, le rêve et aussi le fétichisme, le mensonge et le vol, la naissance et la perte de tout sentiment affectueux, la toxicomanie, le talisman des rites obsessionnels, etc.

Rapport entre l'objet transitionnel et le symbolisme

Il est exact que le coin de couverture (ou toute autre chose de cet ordre) est le symbole d'un objet partiel tel que le sein maternel. Néanmoins, l'intérêt ne réside pas tant dans la valeur symbolique que dans sa réalité actuelle. Le fait que ce n'est pas le sein (ou la mère) est tout aussi important que le fait qu'il représente le sein (ou la mère).

Lorsqu'il en vient à utiliser le symbolisme, l'enfant sait déjà faire clairement la distinction entre le fantasme et la réalité, entre les objets intérieurs et les objets extérieurs, entre l'activité créatrice primaire et la perception. Mais le terme d'objet transitionnel, selon mon acception, laisse place au processus qui aboutira à l'aptitude à accepter les différences et les similitudes. J'estime qu'il s'avère utile de disposer d'un terme pour décrire l'origine du symbolisme dans le temps, d'un terme qui évoquerait le chemin parcouru par l'enfant lorsqu'il passe du subjectif pur à l'objectivité, et il me semble que l'objet transitionnel (le bout de couverture, etc.) est justement ce que nous percevons de ce cheminement progressif vers l'expérience *(experiencing)* en train de se vivre.

Il serait possible de comprendre l'objet transitionnel tout en ne comprenant pas pleinement la nature du symbolisme. Le symbolisme ne peut être étudié convenablement, semble-t-il, qu'au cours du processus de développement d'un individu, mais, en mettant les choses au mieux, sa signification reste variable. Par exemple, si nous considérons l'hostie du Saint-Sacrement, qui est le symbole du corps du Christ, je pense ne pas me tromper en disant que pour les catholiques romains, c'est le corps du Christ et pour les protestants, il s'agit d'un *substitut*, d'un rappel ; ce n'est pas en fait, dans son essence, le corps lui-même. Pourtant, dans les deux cas, l'hostie est bien un symbole.

Une schizophrène m'a demandé après Noël si j'avais pris plaisir à la manger au souper, et : *est-ce que je l'avais réellement mangée ou ne l'avais-je fait qu'en imagination ?* Je savais qu'elle ne pouvait être satisfaite d'une réponse à l'une ou à l'autre question ; il lui fallait une double réponse en raison de sa dissociation.

Description clinique d'un objet transitionnel

Tous ceux qui sont en contact avec des parents et des enfants connaissent une quantité infinie de matériel clinique varié qui illustre l'objet transitionnel [1]. Les exemples qui suivent ne sont donnés que pour rappeler aux lecteurs des observations analogues qu'ils ont pu faire de leur côté.

Cas de deux frères et leur manière différente, dès le début, d'utiliser leurs possessions

Distorsion dans l'utilisation de l'objet transitionnel

X, un adulte qui est maintenant bien portant, a éprouvé beaucoup de difficulté pour parvenir à la maturité. La mère « a appris à être mère » en s'occupant de X, quand il était petit; ce qu'elle avait appris avec lui lui a permis d'éviter certaines erreurs avec ses autres enfants. Il faut dire aussi que des raisons extérieures l'avaient rendue anxieuse à l'époque de la naissance de l'enfant qu'elle élevait quasiment seule. Elle prit très au sérieux son rôle de mère, elle le nourrit au sein pendant sept mois. Elle a le sentiment que, dans son cas, ce fut trop long, car le sevrage a été difficile. Il n'a jamais sucé le pouce ou les doigts, et quand elle l'a sevré « il n'avait rien à quoi se raccrocher ». Il n'avait jamais eu de biberon ou de sucette et n'avait jamais été nourri autrement qu'au sein. Il avait un *attachement très fort et très précoce à sa mère elle-même,* en tant que personne, et c'était elle en personne qui lui était nécessaire.

A partir de douze mois, il adopta parmi ses jouets un lapin qu'il avait l'habitude de dorloter et il reporta par la suite cette attitude affectueuse sur de vrais lapins. Cette affection pour ce jouet-là dura jusqu'à l'âge de cinq ou six ans. On pourrait le décrire comme un « réconfort » *(comforter)* [2], mais ce jouet n'a jamais eu la qualité d'un véritable objet transitionnel. Ce lapin ne fut jamais, comme l'aurait été un véritable objet transitionnel, d'une importance plus grande que celle de la mère, une partie presque inséparable de l'enfant. Dans le cas de ce garçon, les angoisses qui éclatèrent avec le sevrage à sept mois suscitèrent plus tard de l'asthme dont il ne parvint que progressivement à se rendre maître. C'était important pour lui qu'il ait trouvé du travail loin de sa ville natale. Son attachement à sa mère est encore très puissant, mais malgré tout, la définition du normal ou de la bonne santé au sens large s'applique à lui. Cet homme ne s'est pas marié.

1. On en trouve d'excellents exemples dans l'unique article que j'ai trouvé sur ce sujet : « Fetichism and object choice in early childhood ». *Psychoanal. Quart.*, 1946, 15, p. 450 (« Le Fétichisme et le choix de l'objet dans la petite enfance »), par Wulff, qui y étudie d'une façon claire le même phénomène; toutefois, il appelle les objets des « objets fétiches ». Pour moi, ce terme ne paraît pas correct et j'en parlerai plus loin. Je n'ai connu en fait l'article de Wulff qu'après avoir écrit le mien, mais j'ai vu avec beaucoup de plaisir qu'un collègue avait déjà considéré que ce sujet méritait d'être traité et cela m'a confirmé dans mon point de vue. Voir aussi Abraham (1916) et Lindner (1879).

2. « Quelque chose qui réconforte », *cf.* lettre citée. *(N.d.T.)*

Utilisation typique de l'objet transitionnel

Y, le frère cadet de X, s'est développé tout à fait sans histoire; il a maintenant trois enfants, tous en bonne santé. Il a été nourri au sein pendant quatre mois, puis sevré sans difficulté [1]. Y a sucé son pouce dès les premières semaines et cela a aussi « rendu son sevrage plus facile que pour son aîné ». Peu de temps après le sevrage, à cinq mois et jusqu'à six mois, il adopta le bord d'une couverture à l'endroit où s'arrêtait la piqûre. Il était content si un petit morceau de laine dépassait du coin et il se chatouillait le nez avec. Très vite, cela est devenu son « bê », mot qu'il a inventé lui-même pour le désigner dès qu'il a pu utiliser des sons organisés. A un an environ, il a pu substituer au coin de couverture un maillot vert très doux avec un ruban rouge. Ce n'était pas un « moyen de réconfort » comme dans le cas de son frère aîné, qui était d'humeur dépressive, mais un « calmant » *(soother)*. C'était un sédatif toujours efficace. Voilà un exemple typique de ce que j'appelle un « objet transitionnel ». Lorsque Y était petit, on était sûr qu'en lui donnant son « bê » il le sucerait immédiatement et ne serait plus angoissé. Effectivement, il s'endormait quelques minutes plus tard, s'il était tant soit peu l'heure de dormir. A la même époque, il continuait de sucer son pouce et cela dura jusqu'à l'âge de trois ou quatre ans. Il se souvient encore qu'il suçait son pouce, et qu'à force de le sucer un durillon s'était formé. C'est en qualité de père qu'il s'intéresse maintenant à ce que ses enfants sucent leur pouce et utilisent un « bê ».

Le tableau ci-dessous fait apparaître des points de comparaison tirés de l'histoire de sept enfants de cette famille, des enfants ordinaires.

		Pouce	*Objet transitionnel*		*Type d'enfant*
	X garçon	O	mère	lapin (réconfortant)	fixé à la mère
	Y –	+	« bê »	maillot (calmant)	libre
jumeaux	fille	O	sucette	âne (ami)	maturité tardive
	garçon	O	« Ee »	Ee (protecteur)	psychopathe latent
enfants de Y	fille	O	« Bê »	couverture (rassurance)	se développent bien
	fille	+	pouce	pouce (satisfaction)	
	garçon	+	« mimis » [2]	objets (tri)	

Au cours d'une consultation avec un parent, il est souvent utile d'obtenir des renseignements sur les premières possessions de tous les enfants de la famille et sur leurs habitudes. La mère est ainsi amenée

1. La mère avait « appris avec le premier enfant qu'il était bon de donner un biberon une fois dans la journée tant qu'on nourrissait au sein », c'est-à-dire qu'elle admettait la valeur positive des substituts maternels; elle parvint de la sorte à sevrer le plus jeune plus facilement que l'aîné.

2. Innombrables objets analogues de consistance moelleuse qui se distinguent par leur couleur, leur longueur, leur taille et sont soumis très tôt à un tri et à une classification.

à faire des comparaisons entre ses enfants et à se souvenir de leurs traits caractéristiques lorsqu'ils étaient petits.

Souvent il arrive aussi qu'on obtienne des renseignements auprès d'un enfant sur les objets transitionnels.

Par exemple, Angus (onze ans et neuf mois) m'a raconté que son frère « avait des centaines de jouets en peluche et d'autres choses » et « qu'avant il avait des petits ours ». Ensuite, il se mit à raconter son histoire à lui. Il me dit qu'il n'avait jamais eu de jouets en peluche. Il y avait un cordon de sonnette qui pendait au-dessus de son lit, et il avait l'habitue de taper dedans jusqu'à ce qu'il s'endorme. Il est probable qu'à la longue le cordon tomba et que ce fut ainsi que cela s'est terminé. Mais il y avait pourtant quelque chose d'autre. Il le dit très timidement. Il s'agissait d'un lapin violet aux yeux rouges : « Je ne l'aimais pas. Je le jetais partout. C'est Jeremy qui l'a maintenant. Je le lui ai donné. Je l'ai donné à Jeremy parce qu'il était méchant, le lapin : il tombait *toujours* de la commode. *Il vient encore me voir. J'aime bien qu'il vienne me voir.* » Il a été surpris lui-même lorsqu'il m'a dessiné le lapin.

On remarquera que ce garçon de onze ans qui avait un sens de la réalité suffisant pour son âge parlait comme si le sens de la réalité lui manquait lorsqu'il décrivait les qualités et les activités de l'objet transitionnel. Lorsque je vis sa mère ensuite, elle exprima sa surprise qu'Angus se fût souvenu du lapin. Elle le reconnut facilement d'après le dessin en couleurs.

Je m'abstiens délibérément de rapporter ici d'autres observations, d'autant que je désire éviter de donner l'impression que c'est l'exception. On peut trouver pratiquement dans chaque cas quelque chose d'intéressant relatif aux phénomènes transitionnels ou à leur absence. (*Cf.* O. Stevenson, 1954.)

ÉTUDE THÉORIQUE

En se référant à la théorie psychanalytique couramment admise, on peut faire certains commentaires.

1. L'objet transitionnel représente le sein, ou l'objet de la première relation.
2. L'objet transitionnel est antérieur à l'établissement de l'épreuve de la réalité.
3. Par rapport à l'objet transitionnel, l'enfant passe du contrôle omnipotent (magique) au contrôle par manipulation (ce qui comporte un érotisme musculaire et le plaisir de la coordination).
4. L'objet transitionnel peut éventuellement devenir un objet fétiche, et comme tel persister chez l'adulte en tant que caractéristique de sa vie sexuelle (cf. l'exposé de ce thème par Wulff).

5. L'objet transitionnel peut, en raison de l'organisation érotique anale, représenter les fèces (mais ce n'est pas pour cela qu'il peut sentir mauvais à la longue et ne doit pas être lavé).

Relation de l'objet transitionnel à l'objet interne (Klein)

Il est intéressant de comparer le concept d'objet transitionnel au concept de Mélanie Klein relatif à l'objet interne. L'objet transitionnel n'est *pas un objet interne* (ce qui est un concept mental) – mais c'est une possession. Et cependant pour l'enfant, ce n'est pas non plus un objet externe.

Il est nécessaire d'en venir à la formulation complexe suivante : l'enfant peut utiliser un objet transitionnel lorsque l'objet interne est vivant, réel et suffisamment bon *(good enough)* (pas trop persécuteur). Mais cet objet interne dépend, quant à ses qualités, de l'existence, du caractère vivant *(aliveness)* et du comportement de l'objet externe (le sein, l'image maternelle, et tous les soins de l'environnement). Si l'objet externe est mauvais ou défaillant, cela se répercute indirectement par un état de mort *(deadness)* [1] ou un caractère persécuteur de l'objet interne. Si l'objet externe continue à faire défaut, l'objet interne ne peut avoir de sens pour l'enfant et c'est alors, alors seulement, que l'objet transitionnel perd aussi sa signification. L'objet transitionnel peut donc être à la place du sein « externe » mais *indirectement*, en tenant lieu de sein « interne ».

L'objet transitionnel n'est jamais sous contrôle magique comme l'objet interne, il n'est pas non plus hors de contrôle comme l'est la vraie mère.

Illusion – désillusionnement

Pour pouvoir apporter une contribution personnelle à ce thème, il me faut d'abord expliciter certains points qui, même s'ils peuvent être compris dans la pratique, sont, dans nombre de travaux psychanalytiques sur le développement infantile, trop facilement considérés comme établis.

L'enfant n'a aucune possibilité de passer du principe de plaisir au principe de réalité ou de tendre à une identification primaire, ou encore moins de la dépasser (voir Freud, 1923) [2], à moins que la mère

1. « *Deadness* veut simplement dire ici un manque d'animation et de toutes les caractéristiques qui montrent qu'on est en vie » (lettre citée). *(N.d.T.)*

2. Voir aussi Freud (1921), p. 65.

ne soit suffisamment bonne [1]. La mère suffisamment bonne (qui n'est pas nécessairement la propre mère de l'enfant) est une personne qui s'adapte sur un mode actif aux besoins de l'enfant; cette adaptation va décroissant à mesure que se développe chez l'enfant la capacité de faire face à un défaut d'adaptation et de tolérer les conséquences de la frustration. Naturellement, la propre mère de l'enfant est plus susceptible que toute autre personne de se montrer « suffisamment bonne » puisque cette adaptation active nécessite qu'on s'occupe de cet enfant-là tout naturellement et sans ressentiment : en fait, la réussite des soins donnés aux enfants dépend du dévouement, et non de l'habileté ou des lumières intellectuelles.

La mère suffisamment bonne [2], comme je l'ai dit, commence par s'adapter presque totalement aux besoins de l'enfant : à mesure que le temps passe, progressivement elle s'adapte de moins en moins étroitement, suivant la capacité croissante qu'acquiert l'enfant de s'accommoder de cette défaillance maternelle.

Les moyens dont dispose l'enfant pour faire face à cette défaillance de la mère comprennent :

- L'expérience souvent répétée qui apprend à l'enfant que la frustration est limitée dans le temps. Au début, naturellement, ce laps de temps doit être bref.
- Le développement de sa capacité d'appréhender le déroulement de ces expériences.
- Les débuts d'une activité mentale.
- Le recours aux satisfactions auto-érotiques.
- Se remémorer, revivre, fantasmer, rêver; intégrer le passé, le présent, le futur.

Si tout se passe bien, l'enfant peut effectivement tirer un bénéfice de l'expérience de la frustration, puisqu'une adaptation incomplète au besoin rend les objets réels, c'est-à-dire haïs aussi bien qu'aimés. Il en résulte donc que, *si tout se passe bien*, une adaptation étroite au

1. Marion Milner (1952) a exposé clairement (à mon avis) un effet – et c'est l'effet majeur – de la carence de la mère dans ce domaine au début de la vie d'un enfant. Elle montre que la carence maternelle suscite un développement du moi prématuré, avec une distinction précoce du mauvais objet par rapport au bon objet. La période d'illusion (ou ce que j'appelle la « phase transitionnelle ») subit des perturbations. Dans l'analyse ou dans diverses activités de la vie ordinaire, on peut voir un individu rechercher sans cesse le lieu de repos précieux de l'illusion. De la sorte, l'illusion a sa valeur positive. Voir aussi Freud (1956).

« *Resting place of illusion*... vivant dans cette aire, l'individu est au repos : il n'a pas la tâche de distinguer entre le fait et le fantasme » (lettre citée). *(N.d.T.)*

2. Le terme *adéquat* ne peut être retenu pour traduire généralement *good enough* en raison du sens de ce mot (découlant de son étymologie : de *adequare*, rendre égal à). Selon le Dict. *Robert* : « *adéquat*, qui est égal, équivalent à, correspond parfaitement à son objet... » *(N.d.T.)*

besoin perturbe l'enfant si elle se prolonge trop longtemps au lieu de décroître tout naturellement; en effet, une adaptation exacte ressortit de la magie et l'objet qui se comporte d'une façon parfaite ne vaut pas mieux qu'une hallucination. Néanmoins, *au début* il est nécessaire que l'adaptation soit presque parfaite; sinon l'enfant ne peut commencer à développer son aptitude à vivre une relation avec la réalité extérieure, ou même parvenir à la concevoir.

L'illusion et la valeur de l'illusion

La mère au début, en s'adaptant presque à cent pour cent, permet à l'enfant d'avoir *l'illusion* que son sein à elle fait partie de lui. Le sein est pour ainsi dire sous le contrôle magique de l'enfant. La même chose s'applique à tous les soins maternels en général, pendant les périodes de calme qui s'intercalent entre les périodes d'excitation. L'omnipotence est tout près d'être un fait de l'expérience vécue. La mère aura finalement pour tâche de désillusionner l'enfant progressivement, mais elle n'y réussira que dans la mesure où elle aura su lui donner tout d'abord des possibilités suffisantes d'illusion.

En d'autres termes, le sein est créé et recréé par l'enfant à partir de sa capacité d'aimer ou, pourrait-on dire, à partir de son besoin. Un phénomène subjectif apparaît ainsi chez l'enfant, phénomène que nous appelons le sein de la mère [1]. La mère place le vrai sein à point nommé juste là où l'enfant est prêt à créer.

Dès la naissance, par conséquent, l'être humain est en butte à la question de la relation entre ce qui est perçu objectivement et ce qui est conçu subjectivement. L'individu ne pourra résoudre ce problème sainement que si sa mère lui a fait prendre un bon départ. *L'aire intermédiaire à laquelle je me réfère est l'aire allouée à l'enfant qui se situe entre la créativité primaire et la perception objective basée sur l'épreuve de réalité.* Les phénomènes transitionnels représentent les premiers stades de l'utilisation de l'illusion sans laquelle un être

1. Pour moi, cela comprend toute la technique du maternage. Lorsque l'on dit que le premier objet est le sein, le mot « sein » est utilisé, à mon sens, pour désigner la technique du maternage aussi bien que l'organe lui-même. Il n'est pas impossible à une mère d'être une mère suffisamment bonne (telle que je la définis) même si elle nourrit l'enfant au biberon.

A condition de ne pas oublier le sens large du mot sein, et d'inclure aussi la technique maternelle dans la signification globale du terme, on peut dire qu'il y a un rapport entre la formulation du premier développement d'après Mélanie Klein et la conception d'Anna Freud. La seule différence qui subsiste est d'ordre chronologique, de peu d'importance en fait puisqu'elle disparaîtra automatiquement avec le temps.

humain n'attribue aucun sens à l'idée d'une relation avec un objet perçu par les autres comme extérieur à lui.

L'idée qu'illustre la figure 1 est la suivante : parvenu à un point théorique très tôt dans le développement de tout individu, un jeune enfant, qui se trouve dans une certaine situation [1] due à la mère, est capable de concevoir l'idée de quelque chose qui rencontrerait le besoin croissant suscité par la tension instinctuelle. On ne peut pas dire de l'enfant qu'il sache dès l'abord ce qui doit être créé. C'est à ce moment-là que la mère se présente. D'ordinaire elle donne son sein et son désir pressant de nourrir. L'adaptation de la mère aux besoins de l'enfant, si elle est adéquate, donne à l'enfant *l'illusion* qu'il existe une réalité extérieure qui correspond à sa propre capacité de créer. En d'autres termes, il y a chevauchement entre ce que la mère fournit et ce que l'enfant peut concevoir. Pour l'observateur, il semble que l'enfant perçoit ce que la mère lui présente effectivement, mais ce n'est pas là toute la vérité. L'enfant perçoit le sein seulement dans la mesure où un sein a pu être créé exactement *hic et nunc*; il n'y a pas d'échange entre la mère et l'enfant. D'un point de vue psychologique, l'enfant tète un sein qui fait partie de lui-même et la mère allaite un enfant qui est une partie d'elle-même. En psychologie, l'idée d'échange repose sur une illusion.

FIG. 1.

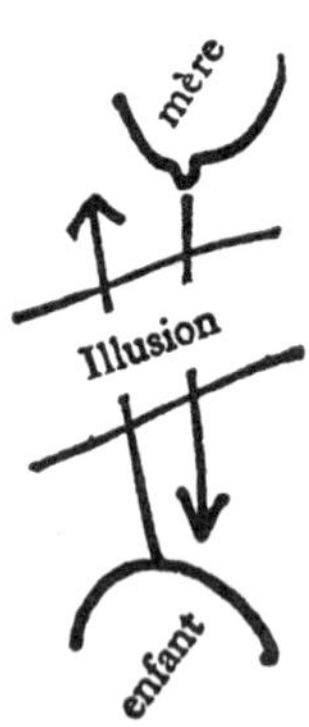

FIG. 2.

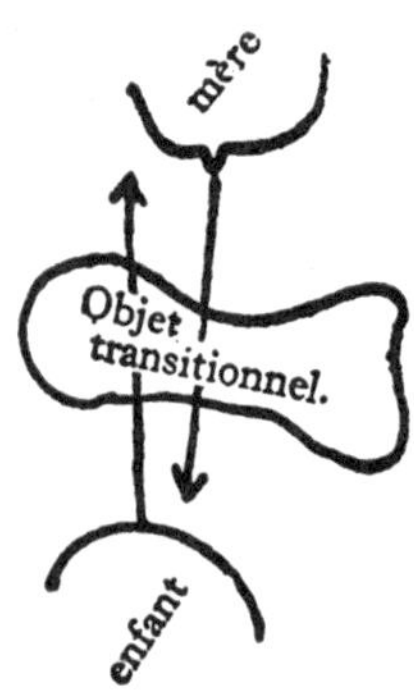

Pour mieux illustrer ce que je considère être la fonction principale de l'objet transitionnel et des phénomènes transitionnels, j'ai donné une forme à l'aire de l'illusion sur le deuxième schéma (fig. 2). L'objet transitionnel et les phénomènes transitionnels donnent dès le

1. En anglais *setting*, le *cadre* de la cure psychanalytique. *(N.d.T.)*

départ à chaque individu quelque chose qui restera toujours important pour lui, à savoir une aire d'expérience neutre qui ne sera pas contestée. Aussi on peut dire à l'égard de *l'objet transitionnel qu'il existe une entente entre nous et l'enfant : on ne lui demandera jamais : « Cette chose, l'as-tu conçue ou t'a-t-elle été présentée de dehors ? » Ce qui compte c'est qu'on ne s'attend pas à ce que l'enfant prenne position sur ce point; la question ne doit même pas être formulée.*

Ce problème, qui se pose sans aucun doute au petit enfant de façon latente au début, est mis progressivement en évidence du fait que la tâche principale de la mère (tout de suite après celle qui a consisté à favoriser l'illusion) est de désillusionner. Cette tâche est préliminaire à celle du sevrage et elle demeure aussi l'une de celles qui incombent aux parents et aux éducateurs. En d'autres termes, cette question de l'illusion est inhérente à la condition humaine et nul ne peut finalement la résoudre pour soi-même quoiqu'une compréhension *théorique* puisse fournir une solution *théorique.* Si tout va bien, la scène est prête, au cours de ce processus graduel de désillusionnement, pour les frustrations que nous désignons globalement sous le terme de sevrage. Mais il ne faut pas oublier que lorsque nous parlons des phénomènes groupés autour du sevrage – phénomènes que Mélanie Klein a éclairés en les décrivant avec précision – nous supposons l'existence de ce processus sous-jacent grâce auquel sont offertes les possibilités d'illusion et de désillusionnement progressifs. Si le processus illusion-désillusionnement s'est écarté de son chemin, l'enfant ne peut parvenir à une chose aussi normale que le sevrage, non plus qu'à une réaction au sevrage, et se référer au sevrage tant soit peu est alors absurde. Le seul fait de mettre fin à l'allaitement au sein n'est pas un sevrage.

Le cas de l'enfant normal nous permet de comprendre la signification majeure du sevrage. Lorsque nous observons la réaction complexe déclenchée chez un enfant donné par le processus du sevrage, nous savons que si cette réaction s'est produite chez cet enfant c'est que le processus d'illusion-désillusionnement s'est déroulé de manière si satisfaisante que nous pouvons l'ignorer quand nous parlons du sevrage réel.

Nous supposons ici que l'acceptation de la réalité est une tâche inachevée, qu'aucun être humain n'est affranchi de la tension que suscite la mise en rapport de la réalité intérieure et de la réalité extérieure; nous supposons aussi que cette tension peut être relâchée grâce à l'existence d'une aire intermédiaire d'expérience qui n'est pas contestée (les arts, la religion, etc.) (*cf.* Rivière, 1936); cette aire intermédiaire est en continuité directe avec l'aire ludique du jeune enfant qui est « perdu » dans son jeu.

Dans la petite enfance, cette aire intermédiaire est indispensable à l'instauration d'une relation entre l'enfant et le monde. Elle est rendue possible par un maternage suffisamment bon au stade critique primitif. La continuité (dans le temps) de l'environnement affectif extérieur et d'éléments particuliers de l'environnement physique, tels que l'objet transitionnel ou les objets transitionnels, c'est là l'essentiel

Pour l'enfant, les phénomènes transitionnels sont admis parce que les parents reconnaissent intuitivement la tension inhérente à la perception objective, et que là où il y a objet transitionnel, il ne lui est pas posé de question quant à la subjectivité ou à l'objectivité.

Si un adulte exigeait de nous que nous acceptions comme objectifs ses phénomènes subjectifs, nous y décèlerions la marque de la folie. Par contre, si un adulte parvient à trouver du plaisir dans son aire intermédiaire propre sans rien exiger, nous pouvons alors reconnaître les aires intermédiaires correspondantes qui nous sont personnelles et nous réjouir de trouver des points communs, c'est-à-dire, pour les membres d'un groupe qui s'intéressent à l'art, la religion ou la philosophie, une expérience qui coïncide.

Je désire attirer particulièrement l'attention sur l'article de Wulff, auquel je me suis référé ci-dessus : le matériel clinique présenté illustre exactement ce que je désigne sous la rubrique d'objets transitionnels ou de phénomènes transitionnels. Il y a une différence entre mon point de vue et celui de Wulff qui apparaît dans l'usage que je fais de ces termes particuliers et dans celui qu'il fait du terme « objet fétiche ». Un examen de son article montre, semble-t-il, qu'en employant l'expression « objet fétiche » il a ramené à la petite enfance quelque chose qui, dans la théorie courante, se range habituellement dans les perversions sexuelles. A mon avis, il n'a pas accordé dans cet article assez d'importance à l'objet transitionnel de l'enfant en tant qu'expérience primitive normale. Personnellement, je considère pourtant que les phénomènes transitionnels sont normaux et universels. En outre, si nous étendons l'emploi du terme « fétiche » jusqu'à lui faire recouvrir des phénomènes normaux, nous nous privons peut-être d'une partie de sa valeur.

Je préférerais réserver le terme « fétiche » pour décrire l'objet employé en raison de l'*hallucination (delusion)* [1] d'un phallus maternel. J'irais même plus loin en disant : il faut que nous gardions sa place à l'*illusion* d'un phallus maternel, c'est-à-dire à une idée qui

1. *Delusion :* « Je veux vraiment dire ici délire au sens hallucinatoire bien qu'il ne s'agisse pas nécessairement d'une hallucination visuelle » (lettre citée). *(N.d.T.)*

est universelle et non pas pathologique. Si l'accent mis sur l'objet passe maintenant au mot « illusion », nous nous rapprochons de l'objet transitionnel de l'enfant; son importance réside dans le concept de l'illusion qui est une donnée universelle dans le domaine de l'expérience vécue par l'être humain.

A la suite de quoi, il est légitime d'admettre que l'objet transitionnel est virtuellement un phallus maternel, tout en étant à l'origine le sein, c'est-à-dire la chose simultanément créée par l'enfant et fournie par l'environnement. C'est dans ce sens que je pense qu'une étude de l'utilisation que fait l'enfant de l'objet transitionnel et des phénomènes transitionnels en général peut nous éclairer sur l'origine de l'objet fétiche et du fétichisme. Mais on perd obligatoirement quelque chose en remontant de la psychopathologie du fétichisme aux phénomènes transitionnels qui font partie de l'expérience à ses débuts et sont inhérents au développement affectif normal.

Résumé

L'attention porte sur la richesse que dévoile l'observation des toutes premières expériences de l'enfant normal telles qu'elles s'expriment principalement dans sa relation avec la première possession.

Un rapport est établi entre cette première possession et les phénomènes auto-érotiques qui lui sont antérieurs, la succion du pouce et celle du poing, ainsi qu'avec le premier jouet moelleux, animal ou poupée et les jouets de consistance dure. On examine le rapport de cette première possession à la fois à l'objet externe (le sein de la mère) et aux objets internes (le sein introjecté magiquement) bien qu'elle soit distincte de l'un et des autres.

Les objets transitionnels et les phénomènes transitionnels appartiennent au royaume de l'illusion qui se trouve à la base de l'instauration de l'expérience vécue [1]. Ce stade primitif du développement est favorisé par l'aptitude particulière que possède la mère de s'adapter aux besoins de son enfant, permettant de la sorte à celui-ci d'avoir l'illusion que ce qu'il crée existe réellement.

Cette aire intermédiaire de l'expérience, pour laquelle ne se pose

1. *Basis of initiation of experience* : « ... j'essaye de faire découler des phénomènes transitionnels le fait même d'éprouver... Vous saisirez peut-être ce que je veux dire en pensant à l'expérience d'un Van Gogh qui se sentait réel en peignant mais déréel dans sa relation avec la réalité externe et dans l'abri de sa vie privée intérieure » (lettre citée). *(N.d.T.)*

pas la question de savoir si elle appartient à la réalité intérieure ou à la réalité extérieure (partagée), constitue la partie la plus importante de l'expérience infantile. Tout au long de la vie, elle persiste dans ce qui est éprouvé *(experiencing)* intensément dans le domaine des arts, de la religion, de la vie et de son imaginaire, de la création scientifique.

On peut donc attribuer une valeur positive à l'illusion.

L'objet transitionnel de l'enfant est d'ordinaire désinvesti graduellement, surtout à mesure que croissent les intérêts culturels.

Sur le plan de la psychopathologie :

On peut définir la *toxicomanie* en termes de régression au stade primitif, où les phénomènes transitionnels ne sont pas contestés.

On peut décrire le *fétichisme* en termes de persistance d'un objet spécifique, ou d'un type d'objet qui remonte à l'expérience infantile dans le domaine transitionnel, lié à l'hallucination d'un phallus maternel.

On peut décrire le *mensonge* et le *vol* en termes de besoin inconscient chez l'individu de combler une lacune *(gap)* dans la continuité de l'expérience à l'égard d'un objet transitionnel.

PSYCHOSE ET SOINS MATERNELS [1]

(1952)

Dans cet article, je me propose de montrer que, jusqu'à un certain point, la psychose est chose courante dans l'enfance; toutefois cet état ne se remarque pas car les symptômes en sont noyés parmi les difficultés ordinaires inhérentes à cet âge. Le diagnostic est possible lorsque le milieu ne parvient pas à cacher les distorsions du développement affectif ou à les affronter; l'enfant est alors amené à s'organiser selon une certaine ligne de défense qui devient reconnaissable en tant que maladie. Cette théorie suppose que les fondements de la santé mentale de la personnalité s'établissent au cours de la toute première enfance grâce aux techniques qui viennent naturellement à une mère préoccupée des soins à donner à son bébé. Je décrirai brièvement le travail en jeu au cours des premiers stades du développement affectif du nourrisson, travail qui ne peut être mené à bien par celui-ci que si l'environnement est suffisamment bon (*good enough*).

Il y a deux méthodes pour aborder le sujet des psychoses infantiles. L'une consiste à montrer que certaines structures de maladies mentales, bien connues en psychiatrie d'adultes, apparaissent avant la puberté et au cours de la première enfance. Creak (1952) prend un type de psychose dans lequel on observe une introversion organisée d'où découleront des manifestations bizarres du comportement et des troubles secondaires du fonctionnement physique; elle décrit clairement un type d'enfant bien connu de tous les pédiatres et psychiatres. Il serait possible, de la même façon, d'étudier les états mélancoliques, les alternances des accès maniaco-dépressifs, l'instabilité hypo-

1. Article rédigé à partir d'une conférence donnée à la *Royal Society of Medicine*, section Psychiatrie, en mars 1952. *Brit. J. Med. Psychol.*, vol. XXVI, 1953.

maniaque, différents états de délire, et de montrer que leur manifestation n'est pas rare dans l'enfance. Nous disposons d'un matériel abondant pour ce genre d'étude.

La méthode que j'ai choisie est différente, peut-être parce que je désire m'exprimer en tant que pédiatre et que j'ai l'habitude de penser à l'enfant ou, plus précisément, au nourrisson qui se développe. Pour le pédiatre, il y a une continuité dans le développement de l'individu; ce développement commence avec la conception, et se poursuit pendant les premières années de la vie; l'état d'adulte en est l'aboutissement, l'enfant étant le père de l'homme. Le but des soins maternels n'est pas seulement d'avoir un enfant en bonne santé, mais aussi de parvenir au développement ultime, celui d'un adulte en bonne santé. Ce qui m'intéresse ici, c'est de prendre cette affirmation à rebours : la santé de l'adulte s'édifie à tous les stades de la petite enfance et de l'enfance. Le pédiatre ne cesse de s'intéresser aux soins et aux apports du milieu, à l'état de dépendance des nourrissons et à la maturation progressive de l'environnement qui doit avoir une continuité analogue à celle du développement intérieur de l'enfant. C'est pour cette raison que le pédiatre peut apporter une contribution importante à la psychiatrie.

Si certains pédiatres se sont intéressés davantage au physique et ont négligé le psychisme, je n'y peux rien. C'est une phase qui disparaît et personne ne peut nier que cette position ait été payante sur le plan physique.

Je m'intéresserai ici au psychisme et, secondairement seulement, au soma; je reste cependant pédiatre et, du point de vue de la pédiatrie, la santé mentale n'existe que si un développement antérieur a permis son édification. C'est la mère qui établit la santé mentale de l'enfant pendant qu'elle se préoccupe des soins à donner à son nourrisson. Sans craindre de paraître sentimental, on peut parler ici de « dévotion » et employer ce mot pour décrire un aspect essentiel sans lequel la mère ne peut jouer son rôle et s'adapter activement, avec sensibilité, aux besoins de son bébé – des besoins qui, au début, sont absolus. Ce terme de dévotion nous rappelle aussi que, pour réussir dans sa tâche, la mère n'a pas besoin d'être savante.

La santé mentale est donc le résultat des soins ininterrompus qui permettent une continuité du développement affectif personnel. On sait déjà que la névrose a son origine dans les premières relations inter-personnelles qui s'établissent lorsque l'enfant commence à prendre sa place dans la vie de famille en tant que personne totale. En d'autres termes, pour ce qui est de la socialisation et de l'absence de névrose, la santé d'un individu est édifiée par les parents à l'âge où l'enfant commence à marcher. Cette constatation, cependant, suppose un développement normal pendant la première enfance. On ne sait pas avec autant de certitude (en fait cela reste à prouver) si les troubles qui peuvent être reconnus et étiquetés comme psychotiques ont leur origine dans les distorsions du développement affectif surgissant avant que l'enfant ne soit devenu vraiment une personne totale, capable de relations complètes avec des personnes totales.

Cette théorie est plus facilement acceptée pour certains cas de psychoses que pour d'autres. Ceux qui se spécialisent dans l'étude de ces questions sont assez d'avis qu'un nourrisson en bonne santé, à l'âge d'un sevrage fructueux, est forcément parvenu à une aptitude à la dépression (dans le sens de : faire montre d'une réaction dépressive ou d'un changement d'humeur). La dépression va de pair avec le souci, le remords, la culpabilité, mais, dans l'état dépressif, entre en jeu une proportion relativement importante d'affect inconscient. L'aptitude à se faire du souci, à se sentir malheureux et à réagir à une perte d'une façon organisée, de sorte qu'on puisse guérir avec le temps, est une étape importante du développement dans une croissance saine. Cette aptitude s'édifie au cours d'un sevrage bien compris (le mot sevrage étant pris dans un sens très large et s'appliquant aux soins des nourrissons dont l'âge varie entre neuf et dix-huit mois). Dans cet article, je ne peux que me borner à faire référence aux travaux très précis sur ce sujet, travaux certainement pertinents pour l'étude de la psychose dans la mesure où ce terme englobe différentes sortes de dépressions et des troubles de type maniaco-dépressif. C'est l'article de Freud « Deuil et Mélancolie » (1917) qui a introduit ce sujet; le thème a été repris par d'autres, en particulier Abraham (1924), Klein (1934), Rickman (1928). Une extension de la théorie de Klein englobe les origines de certaines formes d'organisation paranoïde. Le concept de l'accès normal à « la position dépressive dans le développement affectif » (Klein) présuppose aussi un développement antérieur sain et, dans le présent article, mon intention est de parler des stades les plus anciens et les plus primitifs.

Immédiatement derrière le sevrage se trouve le sujet plus vaste de la désillusion. Si le sevrage implique un allaitement réussi, la désillusion implique, elle, que l'occasion d'avoir des illusions a été offerte.

Les stades primitifs du développement affectif

Il s'agit là d'un sujet très difficile et je me rends compte qu'une partie de ce que je vais dire est sujet à controverse. Il est néanmoins nécessaire de voir s'il se peut que la santé mentale s'édifie au cours des stades les plus primitifs, lorsque le nourrisson est exposé progressivement à la réalité extérieure. Par santé mentale, j'entends que la disposition aux états schizoïdes et à la schizophrénie est plus réduite. Dans cet article, je ne dirai rien qui ne soit, *de mon point de vue*, corroboré par mon travail analytique personnel et mes autres activités cliniques.

Les tout premiers stades du développement affectif seront élucidés surtout dans le cabinet du psychanalyste : la psychanalyse est de loin l'instrument le plus précis, qu'elle soit utilisée pour l'analyse de jeunes enfants, d'adultes régressés, de psychotiques de tous âges ou de personnes relativement normales qui font des régressions temporaires ou même momentanées. Dans le cadre de la psychanalyse, il y a place pour une expérience d'une variété infinie; si des facteurs communs se retrouvent dans différentes analyses, on pourra alors en tirer des conclusions précises. Par ailleurs, on dispose aussi de travaux dans le domaine de l'observation directe, par exemple ceux de Freud et Burlingham, publiés en 1942, de Bowlby (1951), de Spitz (1945, 1950). Enfin, une anamnèse notée avec soin a une valeur inestimable.

A ses débuts, l'individu ne constitue pas l'unité. L'unité est la structure « individu-environnement » telle que nous la percevons de l'extérieur. L'observateur sait que certaines conditions sont nécessaires pour qu'apparaisse le psychisme de l'individu. C'est dans la situation ainsi établie que l'individu est capable de créer peu à peu l'environnement personnel [1]. Si tout va bien, l'environnement créé par l'individu ressemble assez bien à celui qu'on peut percevoir en général et, dans ce cas, le processus du développement atteint un stade qui permet à l'individu de passer de l'état de dépendance à celui d'indépendance. Il s'agit là d'une période de développement exceptionnellement pleine d'embûches; lorsqu'elle est traversée avec succès, on peut dire que la santé mentale est bien édifiée par rapport à la psychose. C'est cette période très difficile que j'essaierai d'étudier dans cette conférence. Je suis donc loin de la question brutale : « La psychose est-elle courante ou rare dans la petite enfance et dans l'enfance ? » J'essaie plutôt d'établir que le développement affectif aux stades primitifs, c'est-à-dire les tout premiers, concerne exactement les mêmes phénomènes que ceux qui apparaissent dans l'étude de la schizophrénie adulte, dans les états schizoïdes en général et les défenses organisées contre la confusion et la non-intégration. L'étude intime d'un individu schi-

1. Selon moi, le concept du schéma corporel tel qu'il est établi par Scott (1949) concerne seulement l'individu et non l'unité appelée ici la structure « individu-environnement ».

zoïde de n'importe quel âge se transforme en l'étude intime du tout premier développement de cet individu, développement qui se produit au cours du stade de la structure « individu-environnement » et à l'issue de ce stade.

C'est pourquoi je me suis donné pour tâche d'étudier tout le mécanisme du développement primitif du psyché-soma, en y comprenant les retards et les distorsions. Je serai obligé d'être dogmatique et j'espère me faire comprendre plus clairement au moyen de diagrammes.

Structure « individu-environnement »

FIG. 1.

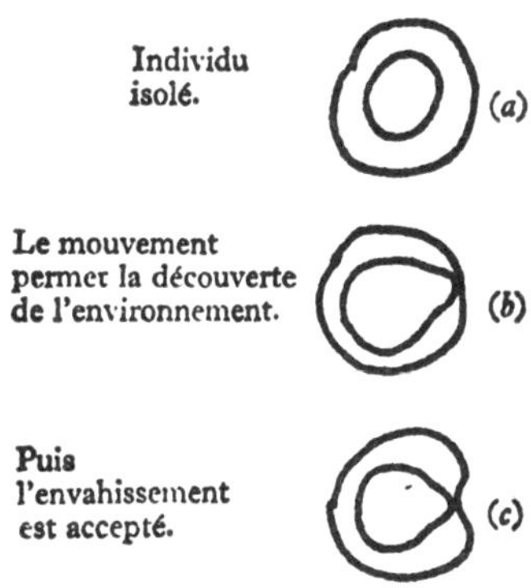

FIG. 2.

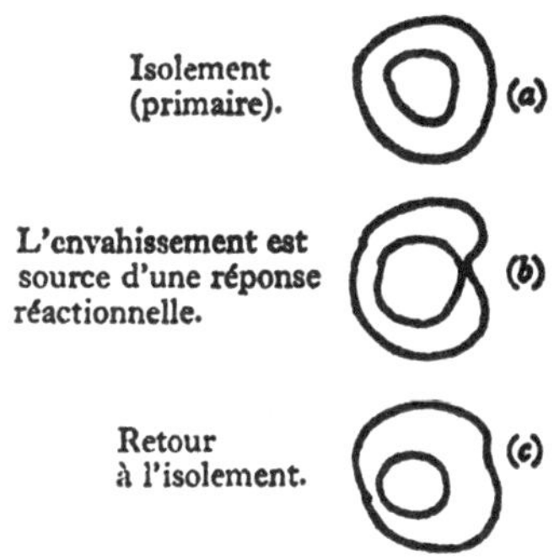

FIG. 3.

Première tétée théorique.

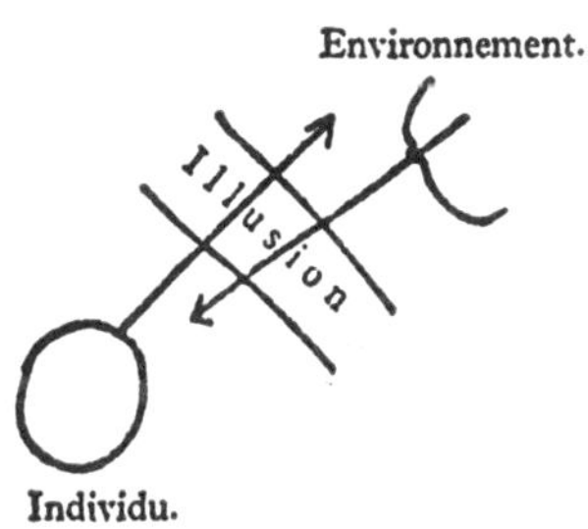

FIG. 4.

Valeur positive de l'illusion. La première possession = objet transitionnel.

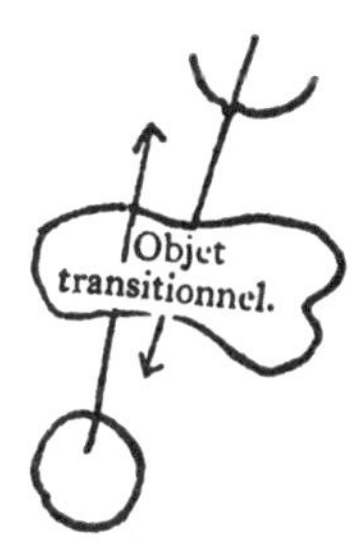

Les figures 1 et 2 illustrent la façon dont l'individu est affecté par les tendances de l'environnement, surtout à un stade très primitif. La figure 1 montre comment, par une adaptation active aux besoins de l'enfant, l'environnement lui permet de vivre dans un isolement tranquille. Le nourrisson ne sait pas. Dans cet état, il fait un mouvement spontané qui permet la découverte de l'environnement sans que le sens du *self* soit perdu. La figure 2 illustre une adaptation défectueuse à l'enfant qui aboutit à un empiétement de la part de l'environnement si bien que l'individu est obligé de se modifier tout entier en réaction à cet envahissement. Dans cette situation, le sens du *self* est perdu et ne se retrouve que par un retour à l'isolement. (Noter l'introduction du facteur temps qui signifie qu'un *processus* est en cours.)

Cette illustration simple peut être utilisée pour l'élucidation de questions extrêmement complexes. Le second type d'expérience, celui où l'adaptation active, suffisamment bonne, de la part de l'environnement fait défaut, est à l'origine d'une distorsion psychotique de la structure « individu-environnement ». La perte du sens du *self* est suscitée par les relations et le *self* n'est retrouvé que par un retour à l'isolement. L'état d'isolement, cependant, devient de moins en moins pur au fur et à mesure que l'enfant s'éloigne de ses débuts; une organisation de plus en plus défensive entre en jeu pour repousser l'envahissement de l'environnement. La thérapie, devant un trouble de ce type, doit offrir à l'enfant une adaptation active et permettre une reprise progressive des processus de développement.

La figure 3 illustre une première tétée théorique. Le potentiel créateur de l'individu, qui prend naissance dans le besoin, le rend prêt à halluciner. L'amour que la mère porte à son enfant et son identification étroite avec lui lui font percevoir ses besoins au point qu'elle lui offre quelque chose à peu près au bon moment et à l'endroit voulu. La répétition de cette situation donne naissance à l'aptitude de l'enfant à utiliser l'*illusion*, sans laquelle aucun contact n'est possible entre le psychisme et l'environnement. Si, à la place du mot illusion, nous prenons soit le pouce, soit ce petit morceau de couverture ou bien la poupée de chiffons (objet fétiche, Wulff, 1946) que quelques enfants utilisent vers huit, dix, douze mois pour se consoler ou se réconforter, on comprend alors ce que j'ai essayé de décrire par ailleurs sous le terme d'*objet transitionnel* (fig. 4). (Voir « Objets transitionnels et phénomènes transitionnels », p. 169).

Le diagramme de la figure 5 permet à nouveau de définir cette aire intermédiaire d'illusion qui, dans la petite enfance, est une zone de compromis, intouchable en ce sens qu'elle est créée par le petit enfant ou acceptée comme un fragment de la réalité perçue. Nous permettons à l'enfant cette phase de démence et nous en viendrons progressivement à exiger de lui qu'il fasse une distinction claire entre ce qui est subjectif et ce qui peut être prouvé de façon objective ou scientifique. Nous autres, adultes, faisons appel à l'art et à la religion dans ces moments de détente dont nous avons tous besoin au cours de la mise à l'épreuve de la réalité et de notre acceptation de celle-ci.

S'il faut se montrer particulièrement permissif à l'égard d'un individu quant à cette zone intermédiaire, c'est qu'il y a psychose; s'il s'agit d'un adulte, nous le qualifions de « fou ». Dans l'observation des enfants apparaissent ici, à nouveau, tous les degrés courants depuis les désagréments propres à la nature humaine jusqu'aux maladies psychotiques. Ces psychoses ne représentent que des exagérations partielles et elles ne signifient pas qu'il y ait une différence essentielle entre la bonne et la mauvaise santé mentale.

FIG. 5.

Aire intermédiaire de la folie primaire.

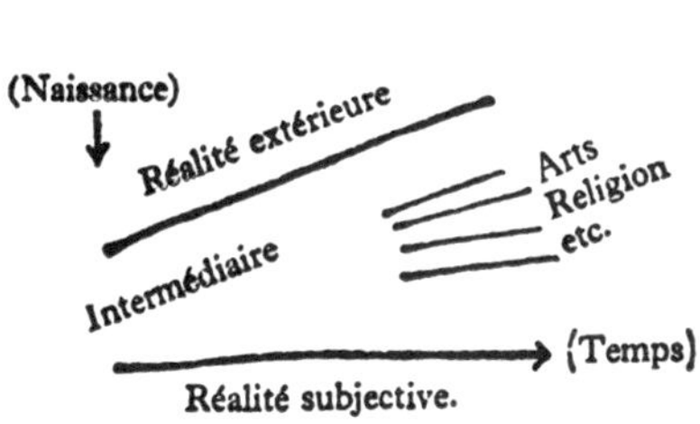

FIG. 6.

Un développement de la précédente.

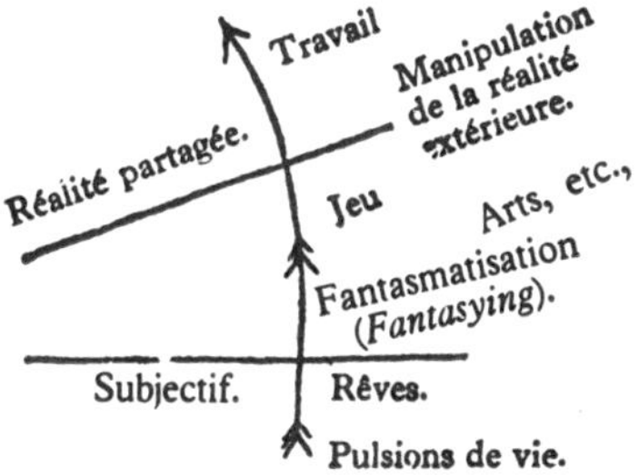

FIG. 7.

Clivage fondamental de la personnalité.

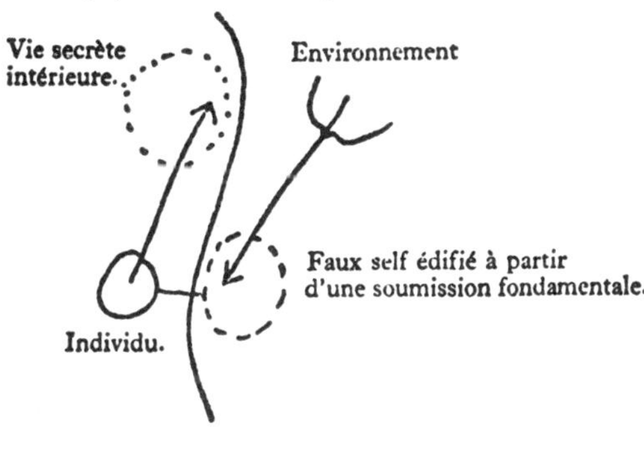

La figure 6 indique une des façons de développer utilement le diagramme précédent.

Dans la figure 7, j'ai essayé de montrer comment une tendance au clivage dans la structure « individu-environnement » peut avoir son origine dans un défaut d'adaptation active de la part de l'environnement au début de la vie.

Dans le cas d'un clivage extrême, la vie secrète intérieure ne tire que très peu de chose de la réalité extérieure. Elle est vraiment incommunicable.

Lorsque, à ce stade primitif, cette tendance au clivage existe à un très grand degré, l'individu est menacé d'être séduit par une vie artificielle et les instincts vont alors du côté de l'environnement séducteur. On peut dire de la pédiatrie qu'au pire (c'est-à-dire lorsqu'elle met l'accent sur la santé physique et nie les besoins psychiques) elle exploite d'une façon organisée la trahison de la nature humaine par les instincts. Une telle séduction, réussie, peut être à l'origine d'un faux *self* qui semble satisfaisant à l'observateur irréfléchi, bien que la schizophrénie soit latente et qu'en fin de compte il soit nécessaire de la soigner. Le faux *self*, qui s'est développé sur une base de soumission, ne peut arriver à l'indépendance de la maturité, sauf s'il s'agit d'une pseudo-maturité dans un milieu psychotique.

On peut certainement arguer que l'adaptation au besoin n'est jamais complète, même au début lorsque la mère est orientée biologiquement vers sa fonction très spécialisée. Les processus intellectuels de l'individu s'attaquent à cette faille *(gap)* entre adaptation complète et incomplète et, progressivement, grâce à leur action, les carences de l'environnement seront admises, comprises, tolérées, et même prévues. La compréhension intellectuelle convertit l'adaptation de l'environnement qui n'est-pas-suffisamment-bonne *(not-good-enough)* en une adaptation suffisamment-bonne *(good-enough)*. Naturellement, lorsque ce mécanisme est à l'œuvre, l'individu se trouve dans de bien meilleures conditions si l'environnement se comporte d'une façon stable. A cause de son imprévisibilité, une adaptation inconstante est traumatique; et même si par moments elle est extrêmement sensible, les bons effets en sont annulés.

Lorsque la capacité intellectuelle est limitée (en raison d'une mauvaise qualité des tissus cérébraux), la capacité de l'enfant à convertir l'adaptation de l'environnement qui n'est-pas-suffisamment-bonne en une adaptation suffisamment-bonne est diminuée; il en résulte que certaines psychoses sont plus courantes chez les sujets mentalement déficients que chez les éléments normaux d'une population. Des tissus cérébraux d'une qualité exceptionnelle rendront peut-être un petit enfant capable d'accepter une défaillance grave de l'adaptation au besoin, mais alors, il peut y avoir une prostitution de l'activité mentale, de sorte que, cliniquement, on se trouve en face d'une hypertrophie des processus intellectuels liée à un effondrement schizophrénique potentiel.

Je ne prétends pas qu'il n'y ait rien d'autre à dire sur les origines de l'activité intellectuelle ou sur celle des psychoses des déficients mentaux. Il est cependant utile de considérer le problème de l'activité mentale sous cet angle ; on voit ainsi comment cette activité mentale peut être utilisée pour devenir l'ennemi du psychisme.

Les figure 8 et 9 soulignent que la personnalité à ses débuts n'est pas une entité achevée si nous nous plaçons du point de vue de l'enfant. C'est par diverses voies que l'unité du psychisme de l'individu devient un fait, d'abord à certains moments (8 *b*) et, plus tard, pendant des périodes de temps plus ou moins longues (8 *c*) (voir Glover, 1932).

Point n'est besoin d'un diagramme pour illustrer une autre étape importante : la façon dont le psychisme individuel se loge dans le corps. Ce processus prend place, à certains moments, très tôt, et il s'établit progressivement de façon de plus en plus permanente. Il peut néanmoins disparaître à la suite d'une fatigue, de manque de sommeil ou d'angoisses relatives à d'autres stades du développement affectif.

FIG. 8.

Organisation graduelle des noyaux du moi.

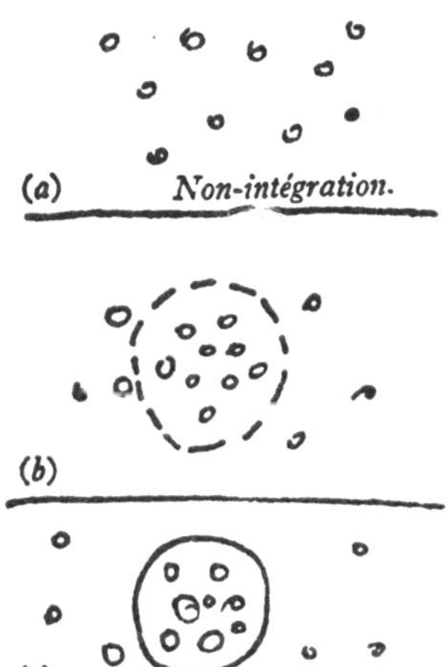

FIG. 9.

Intégration intensive.

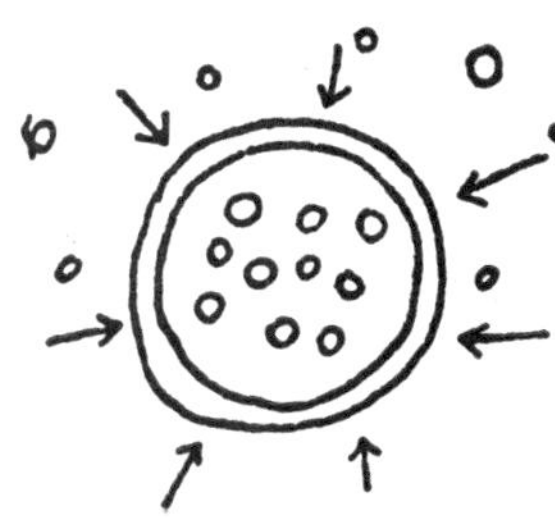

Phase temporaire de *persécution* suivant l'*intégration.*

On peut, à cette occasion, évoquer Humpty Dumpty [1]. Il vient de réussir son intégration et il est devenu une chose complète en émer-

1. Personnage de comptines « qui serait un œuf ». On le trouve aussi chez Lewis Carroll, auteur d'*Alice au pays des merveilles* et *De l'autre côté du miroir.* (*N.d.T.*)

geant de la structure « individu-environnement », si bien qu'il est maintenant perché sur un mur au lieu d'être porté avec « dévotion ». En ce qui concerne son développement affectif, il est, de toute évidence, dans une situation précaire et particulièrement susceptible d'une désintégration irréversible.

La figure 9 décrit les moments où les morceaux se rassemblent, autant d'instants dangereux pour l'individu. Par rapport à la structure « individu-environnement », l'activité d'intégration donne naissance à un individu à l'état brut, un paranoïaque potentiel. Les persécuteurs dans ce nouveau phénomène (l'extérieur) sont neutralisés, lorsque le développement est sain, par les soins aimants de la mère qui, physiquement (comme dans le maintien) *(holding)* et psychologiquement (comme dans la compréhension et l'empathie qui favorisent une adaptation sensible), permettent à l'isolement primaire de l'individu de se réaliser. Si à ce moment précis il y a carence de l'environnement, l'individu part dans la vie avec un potentiel paranoïde. Cliniquement parlant, cela s'observe si tôt et si clairement que l'on peut pardonner à ceux qui, ignorants de la psychologie du petit enfant, l'expliquent en termes d'hérédité [1].

FIG. 10.

Un état schizoïde.

P : persécuteurs.

T : psychothérapeute.

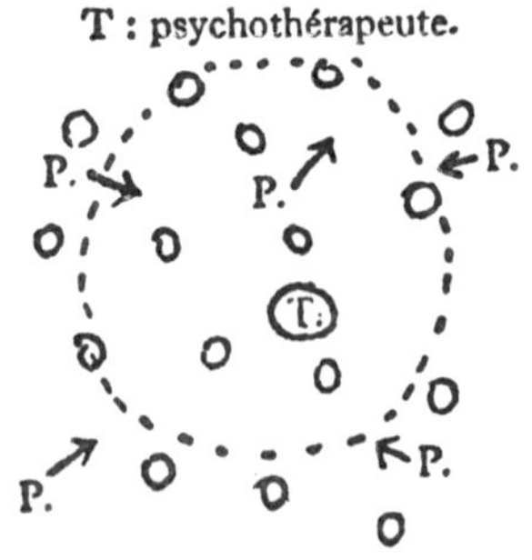

En guise de défense contre les angoisses terribles de l'état paranoïde dans les tout premiers débuts de la vie, on voit s'organiser assez souvent un état auquel on a donné différents noms (introversion défensive pathologique, etc.). Le petit enfant vit de façon permanente dans son propre monde intérieur qui n'est cependant pas organisé fer-

1. Mélanie Klein a émis l'hypothèse d'une position paranoïde dans le développement affectif. J'ai décrit ce que j'ai observé et je crois que mes observations sont en corrélation avec sa description.

mement. La complication de la persécution extérieure est tenue en échec du fait qu'on n'a pas abouti à l'état d'unité. Au cours d'une relation avec un enfant de ce type, son monde intérieur vous enveloppe par moments, et tant qu'on y prend part, on est soumis à un contrôle plus ou moins omnipotent, un contrôle qui toutefois n'émane pas d'un point central fort. C'est un monde de magie où l'on se sent aliéné. Tous ceux qui, parmi nous, ont traité de tels enfants psychotiques savent jusqu'à quel point nous devons être fous pour partager ce monde et pourtant, si nous voulons pratiquer une thérapie, force nous est d'y entrer et d'être capables d'y rester pendant de longues périodes.

Il est difficile d'établir un diagramme simple et satisfaisant d'un état si complexe (voir fig. 10). C'est une exagération grossière des préoccupations ordinaires d'un enfant en bonne santé pendant qu'il joue (*play*); ce qui la distingue d'une activité ludique normale, c'est l'absence d'un commencement et d'une fin au jeu *(game)*, l'importance du contrôle magique, l'absence d'organisation du matériel de jeu selon un schéma, quel qu'il soit; enfin l'enfant s'y montre inépuisable.

Conclusion

Les sujets étudiés dans ce chapitre constituent une base commune aux soins des jeunes enfants et à la psychiatrie ordinaire des adultes. Pour aller plus loin, il me faudrait voir la position dépressive, les origines du sentiment de sollicitude et de la capacité à ressentir la culpabilité, l'édification, chez l'individu, d'un monde intérieur de tensions et d'efforts, etc. Il me faut laisser tout cela de côté.

J'ai essayé de montrer qu'une étude de la théorie des soins des nourrissons nous amène à la théorie de la santé mentale et des troubles psychiatriques (voir « Pédiatrie and Psychiatrie », 1948, p. 90).

Les fondements de la santé mentale sont établis par la mère dès la conception grâce aux soins courants qu'elle donne à son bébé parce qu'elle est particulièrement préoccupée par cette tâche. Une mauvaise santé mentale, de nature psychotique, provient de retards et de distorsions, de régressions et de « cafouillages » au cours des premières étapes de la croissance de la structure « individu-environnement ». La mauvaise santé mentale est issue imperceptiblement des difficultés ordinaires qui sont inhérentes à la nature humaine et qui donnent du caractère à l'éducation des enfants, que cette éducation soit la tâche des parents, d'une nourrice ou d'un maître d'école. J'estime donc que la prophylaxie des pyschoses est du ressort des pédiatres; si seulement ils le savaient!

L'ANGOISSE ASSOCIÉE À L'INSÉCURITÉ [1]

(1952)

Voici le commentaire d'un passage de l'article du Dr C. F. Rycroft « Quelques observations sur un cas de vertige » (1953). Dans cet article, Rycroft formule deux assertions que je voudrais commenter :

> « Dans un article précédent, dit-il, j'examinais en détail les implications théoriques de l'aptitude du malade à halluciner les objets, tout en reconnaissant que ce ne sont qu'illusions. Je veux simplement montrer ici que cela prouve clairement, d'une part, la profondeur de sa régression – qui en était à un stade précédant celui où la mise à l'épreuve de la réalité est fermement établie – et, d'autre part, le caractère incomplet de cette régression, puisqu'une partie de son moi restait capable de mettre la réalité à l'épreuve et de prendre une part active à l'analyse. »

De même :

> « Le vertige est l'impression qu'on éprouve lorsque le sens de l'équilibre est menacé. Pour l'adulte, cette sensation est associée en général – sans l'être toujours – à tout ce qui menace le maintien de la station debout; par conséquent, on a tendance à penser au vertige exclusivement en fonction d'angoisses plus spécifiques aux adultes telles que la peur de tomber ou la peur de l'altitude, et à oublier que les petits enfants, bien avant d'être capables de se tenir debout, font l'expérience de ce qui menace leur équilibre. C'est ainsi que certaines de leurs activités les plus primitives, telles que leur façon de saisir et de s'agripper, par exemple, représentent des efforts pour conserver la sécurité qu'ils éprouvent quand leur mère les soutient. Au fur et à mesure que l'enfant apprend à se traîner, et plus tard à marcher, cette sécurité n'est plus donnée par la mère, mais de plus en plus par le sol : c'est là une des raisons pour lesquelles inconsciemment on pense à la terre comme à une mère; c'est aussi pourquoi des troubles névrotiques de l'équilibre trouvent si fréquemment leur origine dans des situations conflictuelles de dépendance à la mère. »

1. Conférence faite à la Société britannique de Psychanalyse, le 5 novembre 1952.

Il y aurait beaucoup à dire, me semble-t-il, au sujet de cette conception de la fonction sécurisante de la mère, et j'aimerais que le Dr Rycroft consacre un autre article à ce thème, auquel il s'intéresse de toute évidence, puisqu'il nous renvoie à Alice Balint, Hermann et Schilder.

Notons qu'il existe là une relation mère-enfant d'une importance vitale et qui ne découle cependant ni de l'expérience instinctuelle ni non plus de la relation objectale issue de cette expérience. Elle précède l'expérience instinctuelle, tout en se développant en même temps qu'elle, et en s'y mêlant.

Nous touchons à l'observation bien connue qui rattache l'angoisse la plus primitive à l'insécurité que provoque une certaine façon de tenir le nourrisson.

Les analystes, même ceux qui considèrent que l'enfant est un être humain dès le moment de sa naissance, s'expriment souvent comme si la vie du petit enfant débutait avec l'expérience instinctuelle orale et avec la relation objectale qui s'en dégage. Cependant, nous savons tous que le petit enfant peut se sentir mal en raison d'une carence d'un tout autre ordre, celui des soins qui lui sont prodigués. C'est encore à ce même sujet que se rattache l'importance qu'Anna Freud donne aux *techniques* des soins infantiles. C'est du moins mon opinion, et je pense qu'il est indispensable que nous nous acharnions à débattre du sens de l'angoisse due à une carence dans la technique des soins : il en est ainsi lorsque l'enfant ne reçoit pas le soutien vivant et continu propre au maternage.

Nous savons bien que ce sujet peut nous ramener directement à l'époque de la naissance, c'est-à-dire au moment où le fœtus est prêt à naître, vers la trente-sixième semaine de sa vie intra-utérine.

La question que je voudrais poser est celle-ci : peut-on dire quelque chose de particulier au sujet de cette angoisse, ou est-ce seulement un phénomène physique et rien de plus ? Le cas de Rycroft semblerait au premier abord étayer la thèse selon laquelle cette angoisse précoce n'est qu'une question de canaux semi-circulaires et de physiologie. Néanmoins, rien ne nous empêche d'avoir le sentiment qu'il reste autre chose à découvrir. Le vertige physiologique existe, c'est incontestable, mais, dans certaines circonstances, telles que le mal de mer par exemple, on peut utiliser cet aspect physiologique. Quelles sont en fait ces circonstances ?

Je ne vais pas m'en tenir à cette question et voudrais y donner une amorce de réponse.

D'après moi, certains types d'angoisse du premier âge peuvent être évités par des soins adéquats (*good enough*) et cela mérite d'être étudié. Je crois que tous les états qui peuvent être évités grâce à une bonne technique de soins infantiles sont ceux qu'on regroupe naturellement sous le vocable « fou », quand on les rencontre chez un adulte.

Prenons pour exemple l'état de non-intégration. Dans un climat de bons soins infantiles, cet état est naturel et nul ne s'en préoccupe. Grâce aux bons soins, l'intégration peut commencer à s'établir et une personne à exister. Dans la mesure où il en est ainsi, le défaut de soins conduit donc à la désintégration au lieu d'amener un retour à la non-intégration. La désintégration est ressentie comme une menace, parce que (par définition) il y a quelqu'un pour ressentir cette menace. C'est également une défense.

Les trois principaux types d'angoisse résultant d'une carence dans la technique des soins infantiles sont donc : la non-intégration, se transformant en sentiment de désintégration, le manque de relation de la psyché au soma, qui engendre le sens de la dépersonnalisation, et enfin, le sentiment que le centre de gravité de la conscience (*consciousness*) est transféré du noyau à l'enveloppe, de l'individu aux soins, à la technique.

Afin d'expliciter cette dernière idée, considérons la situation à cette période primitive dans la vie humaine.

Commençons par la relation à deux (*two-body relationship*) (Rickman, 1951) et, à partir de là, remontons jusqu'à la relation objectale, qui est encore de la nature d'une relation à deux, mais où l'objet est un objet partiel.

Qu'est-ce qui précède cette relation ? Nous supposons parfois abusivement qu'antérieurement à la relation objectale à deux il existe une relation à un (*one-body-relationship*), mais c'est faux, manifestement faux, quand nous y regardons de plus près. L'aptitude à la mono-relation *est postérieure* à celle à la relation à deux, et acquise à partir de l'introjection de l'objet. (Cela implique un monde extérieur, vis-à-vis duquel la relation est négative.)

Mais alors qu'est-ce qui précède la première relation à l'objet ? Pour ma part, il y a longtemps que je me débats avec ce problème. J'ai commencé – il y a environ une dizaine d'années – en déclarant avec fougue, au sein de cette Société : « *Mais un bébé, cela n'existe pas.* » Inquiet de m'entendre proférer de semblables paroles, j'ai essayé de donner mes raisons : j'ai fait remarquer que, lorsqu'on me montre un bébé, on me montre certainement aussi quelqu'un qui s'occupe de lui, ou au moins un landau auquel sont rivés les yeux et les oreilles de quelqu'un. On se trouve en présence d'un « couple nourrice-nourrisson » (*a nursing-couple*).

Je dirais aujourd'hui plus calmement que la situation qui précède les relations à l'objet se présente de la façon suivante : ce n'est pas l'individu qui est la cellule, mais une structure (*set up*) constituée par l'environnement et l'individu. Le centre de gravité de l'être ne se constitue pas à partir de l'individu : il se trouve dans la structure environnement-individu. Une bonne technique de soins appropriés (*good enough*) à l'enfant, y compris un maintien (*holding*) et l'aménagement de la situation générale (*general management*), se substituera graduellement à la coquille, et le noyau – qui, pour nous, n'a pas cessé de ressembler à un petit enfant d'homme – pourra commencer à devenir un individu. En raison des angoisses que j'ai signalées, en raison aussi de l'état paranoïde qui suit de très près la première intégration ainsi que les premiers moments instinctuels – qui apportent au petit enfant une toute nouvelle signification de la relation à l'objet – les débuts risquent d'être affreux. La technique de soins suffisamment bonne (*good enough*) neutralise les persécutions extérieures, et prévient les sentiments de désintégration et de perte de contact entre la psyché et le soma.

En d'autres termes, sans une technique suffisante (*good enough*) de soins infantiles, le nouvel être humain n'a aucune chance : mais, par contre, si cette technique adéquate existe, il sera possible au centre de gravité décrit ci-dessus de se loger au centre même de l'individu, dans le noyau plutôt que dans la coquille. L'être humain – dont l'entité se développe maintenant à partir du centre – se localise dans le corps de l'enfant, commençant ainsi à créer un monde extérieur, en même temps qu'il acquiert une membrane frontière et un « dedans ». D'après cette théorie, le monde extérieur n'existait pas au début, bien que *nous, les observateurs*, ayons vu un petit enfant dans un environnement. Les apparences sont trompeuses : là où nous avons souvent cru voir un petit enfant, nous constatons, grâce à une analyse ultérieure, que ce que nous aurions dû voir, c'était un environnement devenant selon toute apparence un être humain, mais masquant en fait dans son sein un individu en puissance.

Poursuivant sur ce ton dogmatique, je voudrais parler de l'état clinique qu'on appelle ordinairement hystérie. Le terme de névrose s'applique à peu près au même terrain.

Il est normal que l'enfant ressente de l'angoisse s'il y a une carence dans la technique de soins ; cependant, tout au début de son existence, il est normal que le petit enfant puisse se trouver dans un état de non-intégration, ou perdre le contact avec son corps, ou bien devenir le contenant au lieu d'être le contenu *sans en souffrir le moins du monde*.

La douleur et l'angoisse relatives à ces divers phénomènes dus à une carence de soins sont donc inhérentes à la croissance. Ce qui est normal, c'est que l'environnement (assuré par la mère ou la nourrice) offre une carence progressive, après avoir assuré au début une adaptation presque parfaite.

Il y a un état où ce que l'on appréhende, c'est la crainte de la folie, c'est-à-dire la crainte de *l'absence d'angoisse pendant la régression* à un niveau de non-intégration, de disparition du sentiment que l'on a de vivre à l'intérieur du corps, etc. On redoute cette absence d'angoisse, c'est-à-dire qu'il y ait une régression qui pourrait bien être irréversible.

En conséquence, nous assistons à de nombreuses mises à l'épreuve de la capacité d'angoisse et de la détente passagère qui lui succède chaque fois qu'elle est ressentie; pire c'est et mieux ça vaut. (Balint, 1955).

L'analyse de ce qu'on appelle communément la crise hystérique est donc l'analyse de la folie que le malade redoute, mais qu'il ne pourra atteindre sans l'apport nouveau de soins infantiles, qu'il doit, dans l'analyse, trouver meilleurs que ceux qu'il a effectivement reçus dans sa petite enfance. Mais remarquez bien qu'il faut que l'analyse atteigne ce niveau de la folie, bien que le diagnostic demeure celui de la névrose, non de la psychose.

Le Dr Rycroft s'accordera-t-il à dire que son patient peut à la fois se rappeler ses toutes premières expériences infantiles de vertige physiologique et utiliser *en même temps* ces traces mnésiques comme moyen de défense contre les angoisses qui sont associées pour lui à une carence de la technique de soins infantiles et ressenties, bien qu'il ne soit pas fou, comme une menace de folie?

LE RESPECT DU SYMPTÔME EN PÉDIATRIE [1]

Exposé d'un cas

(1953)

Mon sujet, tel qu'il est annoncé par le titre, peut emprunter deux directions : je choisis celle que l'on s'attend à me voir suivre. Je fais allusion au fait que l'utilisation des immenses ressources de la chimiothérapie obscurcit de nos jours les tendances naturelles de l'organisme à la guérison, et masque l'évolution souvent spontanément favorable de certaines maladies. A l'époque actuelle, il est impossible à un médecin d'expérimenter ce que deviendrait un enfant atteint de pneumonie sans autre soin que la bonne surveillance qui était, il y a trente ans, le seul traitement. Nous sommes tous d'accord pour convenir que, de nos jours, on n'abandonne même pas un furoncle à lui-même. L'enseignement des meilleures écoles médicales rappelle cependant que les enfants survivaient à la maladie avant la pénicilline et que, même aujourd'hui, c'est l'enfant et les tissus vivants qui, en définitive, sont à l'origine de la guérison, et non pas l'antibiotique.

Je n'ai pas suivi cette direction très importante, car ce sujet a été traité avec beaucoup de compétence dans de nombreuses conférences faites à des étudiants en médecine par des médecins qui se rappellent le « bon » vieux temps et qui savent que, du point de vue de l'enseignement, cette époque avait du bon.

Mon sujet emprunte une autre voie qui se révélera finalement apparentée à la première, puisqu'elle concerne les tendances naturelles de l'organisme à la santé, et l'utilisation que nous autres, médecins, pouvons en faire. Dans le domaine psychologique, le principe important de la tendance naturelle à la santé, c'est-à-dire à la maturité

1. Allocution du président prononcée devant la section Pédiatrie, *Royal Society of Medecine*, le 27 février 1953. *Proc. of the Royal Soc. of Med.*, vol. XLVI, n° 8, août 1953.

du développement, est un principe essentiel. On pourrait dire que la plupart des troubles somatiques sont dus à l'invasion par quelque agent du milieu, ou par carence de ce même milieu, et non pas purement à un trouble du développement. Tout au contraire, le désordre psychologique peut toujours être décrit en termes de développement affectif, qu'il soit retardé, altéré, ou empêché d'une façon quelconque d'atteindre la maturité correspondant à l'âge de l'enfant. Il y a donc, en médecine psychologique, un lien beaucoup plus étroit entre le normal et l'anormal qu'il n'y en a entre la physiologie et les processus pathologiques tissulaires et fonctionnels. En fait, lorsqu'il n'y a qu'un trouble physiologique, la maladie est généralement psychogène.

Lorsque je réfléchissais à la relation entre la pédiatrie et la psychiatrie infantile, il m'apparut que cette relation ne concerne pas seulement une différence de domaine, mais aussi une différence d'attitude émotionnelle, selon qu'on aborde le cas en pédiatre ou en psychiatre. Le symptôme représente pour le pédiatre un défi à son arsenal thérapeutique. Souhaitons qu'il en soit toujours ainsi : en présence de l'enfant qui souffre, il est important que le diagnostic soit vite posé, et la cause rapidement supprimée. Pour le psychiatre pour enfants, au contraire, le symptôme représente une organisation extrêmement complexe, apparue et conservée en raison de sa valeur. L'enfant a besoin du symptôme pour traduire un accroc dans son développement affectif.

(Pour la clarté de la discussion, il vaut mieux admettre que notre enfant malade physiquement jouit d'une bonne santé mentale, et que notre enfant qui relève de la psychiatrie a un corps sain. Bien que cela ne soit pas toujours vrai, ce sera plus simple pour nous.)

Le psychiatre n'est par conséquent pas un guérisseur de symptôme. Il le considère comme un S.O.S. qui nécessite toute une exploration du développement affectif de l'enfant, relative à son environnement et à sa culture. On traite l'enfant de manière à le débarrasser de l'obligation d'appeler au secours.

Il y a, comme je vous l'ai dit, quelque chose d'artificiel dans cette opposition. Les meilleurs somaticiens recherchent aussi les causes, et, lorsque c'est possible, utilisent les tendances naturelles de l'organisme comme principale thérapeutique. Mais il arrive que même des somaticiens qui savent tolérer des symptômes physiques bien déterminés, et qui recherchent d'abord les causes quand ils affrontent une maladie organique, deviennent allergiques au symptôme d'un syndrome d'étiologie psychologique. Ils sont pris de la fureur de guérir à l'instant où ils se trouvent confrontés au symptôme d'une conversion hystérique ou d'une phobie qui apparemment ne se justifie pas, d'une sensibilisation au bruit qui semble démente, d'un rituel obsessionnel, d'une régression dans le comportement, d'une perturbation de l'humeur, d'une tendance antisociale, de l'instabilité qui dénote un état confusionnel désespéré enfoui au plus intime de la personnalité de l'enfant.

Je suis convaincu que cette intolérance du symptôme existe uniquement parce que le pédiatre somaticien ne connaît pas grand-chose à ce qu'on appelle la psychologie dynamique (c'est-à-dire pour moi la psychanalyse) et qu'il n'y a qu'elle qui puisse donner un sens aux symptômes. Considérant que cette science qui n'a que cinquante ans est au moins aussi vaste que la physiologie et englobe toute l'étude du développement de la personnalité de l'homme dans son cadre, il n'est pas étonnant que le diplômé fatigué, ayant atteint les sommets de la spécialisation en pédiatrie, renâcle devant une nouvelle discipline, et renonce à une nouvelle formation qui seule pourrait le qualifier pour la pratique psychothérapique.

Laissons au temps le soin de résoudre le problème de la double discipline, et considérons les deux types d'approche : l'un somatique, l'autre psychologique, pour essayer d'assimiler ce que chacun d'eux peut apporter à la pédiatrie.

Je dois malheureusement restreindre mon sujet qui pourrait s'étendre et s'approfondir à l'infini. J'ai choisi de parler de l'énurésie, mais j'avoue que je regrette de ne pas aborder des sujets qui nous intéresseraient, moi et tout auditoire de pédiatres.

Il y a des établissements pour énurésiques tenus par des pédiatres et généralement leur but avoué est de guérir le symptôme, ce dont mères et enfants sont reconnaissants. Rien à dire contre ces établissements, si ce n'est qu'ils passent à côté de toute la question de l'étiologie de l'énurésie en tant que symptôme qui a une signification : celle de la persistance d'une relation infantile qui joue un rôle dans l'équilibre psychosomatique. Dans la plupart des cas, la guérison ne fait pas de mal, et, quand bien même elle en ferait, l'enfant se débrouillerait par un processus inconscient ou bien pour résister à la guérison, ou pour adopter un autre signal d'alarme qui opérerait un transfert vers un autre service.

Tandis que ces entreprises spécialisées se font et se défont, les psychiatres d'enfants rencontrent constamment le symptôme énurésie, et souvent on se rend compte très facilement que ce n'est qu'un phénomène secondaire, une parcelle du gigantesque problème d'un être humain essayant d'atteindre la maturité, en dépit des obstacles.

Je vous donnerai un seul exemple, tiré de centaines d'autres. J'espère ainsi vous montrer comment l'énurésie apparut au cours d'un syndrome psychiatrique.

J'ai choisi le cas d'un garçon pour qui la psychanalyse ne pouvait être envisagée, et dont le traitement – si on peut parler de traitement – dépendit en partie de trois séances de psychothérapie.

Pendant ces trois séances, le garçon dessina tout le temps, et je pus prendre des notes, excepté aux moments critiques où la tension était telle que je cessais d'écrire, craignant d'être néfaste.

Ce cas qui n'est pas exceptionnel est celui qui convient le mieux à un exposé, car le traitement de l'enfant fut assuré principalement par les parents qui étaient parvenus à reconstituer leur foyer détruit par la guerre. J'espère que vous retrouverez dans la partie de la description qui porte sur le travail accompli par les parents un type de maladie et de rétablissement que vous avez observé chez vos jeunes patients, lorsqu'à la faveur d'une maladie physique, ils ont pu combler un déficit dans le développement de leur personnalité. Le garçon dont nous parlons eut la chance de trouver ce dont il avait besoin sans avoir à recourir à la maladie somatique.

Un cas d'énurésie

Philippe, âgé de neuf ans, est l'un des trois enfants d'une famille unie. Le père, longtemps mobilisé pendant la guerre, a ensuite quitté l'armée et a pris une petite ferme pour un nouveau départ dans la vie. Les garçons fréquentent un bon collège. En octobre 1947, le directeur de l'école écrit aux parents qu'il est dans l'obligation de leur conseiller de retirer Philippe. Bien qu'il n'ait jamais observé quoi que ce soit d'anormal dans son comportement, il s'est aperçu qu'il était à l'origine d'une épidémie de vols. « Je pense que j'en viendrai à bout, à condition que Philippe s'en aille », écrivait le directeur. Il avait très sagement compris que Philippe était malade et qu'une mesure disciplinaire serait sans effet sur lui. Les parents, atterrés par cette lettre, consultèrent leur médecin traitant qui m'adressa le cas sur le conseil d'un confrère psychiatre.

Tous ces détails nous montrent combien il tient à peu de chose qu'un enfant dont la maladie relève de la psychiatrie soit envoyé en consultation chez un spécialiste en temps voulu. C'est presque par hasard que je me suis trouvé bien placé pour intervenir dès le début de la maladie, avant qu'une attitude morale de réprobation à l'égard de la délinquance du garçon ait été adoptée, et avant que l'intolérance du symptôme se soit développée au point d'engendrer une thérapeutique de panique.

Je commençai par voir la mère, et, au cours d'un long entretien, je pus reconstituer l'histoire suivante : histoire qui se révèle véridique en substance, bien qu'un détail très important n'apparût qu'au cours d'une conversation avec le garçon.

D'après ce que je réussis à apprendre, et le père et la mère avaient l'aptitude nécessaire pour fonder et pour tenir un vrai foyer, mais les troubles suscités par la guerre l'avaient terriblement ébranlé, ce que Philippe avait ressenti plus vivement que son frère. La petite sœur, elle, se développait tout à fait normalement et tirait tout le bénéfice possible du foyer reconstitué. Les parents avaient des préoccupations spiritualistes mais ils me firent clairement entendre qu'ils n'essayaient pas de les imposer à leurs enfants. La mère avait la psychologie en aversion et prétendait ne rien y comprendre, ce qui me fut précieux pour le traitement de ce cas, car je pus compter sur ses sentiments et sur sa compréhension innée ou intuitive de la nature humaine, et non sur de vagues connaissances tirées de lectures et de réflexions sporadiques.

Le frère avait été nourri au sein pendant cinq mois. Dès le début, sa personnalité était franche et sans détours. Philippe l'admirait beaucoup.

La naissance de Philippe avait été très pénible. La mère en gardait le souvenir d'une lutte épuisante. La poche des eaux s'était rompue dix jours avant la naissance, et, selon la mère, l'accouchement avait débuté et s'était arrêté à deux reprises avant que l'enfant vienne au monde, sous anesthésie. Philippe fut nourri au sein pendant six semaines; il n'y eut pas de chute de poids au début et le sevrage fut facile. Il fut ce qu'on appelle un bébé gentil jusqu'à l'âge de deux ans, date à laquelle la guerre intervient dans sa vie. A partir de ce moment, ses journées se passent en dehors de la maison; c'est un enfant plutôt calme, peut-être un peu trop docile. Il va à la crèche avec d'autres enfants qui sont turbulents. Il est sujet aux rhumes et se montre incapable de se moucher. Cette fragilité persiste et n'est pas améliorée par une amygdalectomie pratiquée à l'âge de six ans. La mère est sujette à l'asthme et pense que son fils avait peut-être lui aussi de petites crises. Elle s'était occupée de Philippe la plupart du temps avec l'aide d'une bonne et avait bientôt remarqué la différence de comportement entre les deux garçons. Philippe était non seulement plus fragile, en raison de sa prédisposition aux rhumes, mais sa coordination était déficiente.

Entre deux et quatre ans, Philippe, son frère et sa mère quittent la maison natale, pour y revenir ensuite, mais la vie familiale interrompue quand il a deux ans ne reprendra que lorsque le père aura quitté l'armée, c'est-à-dire peu de temps avant la consultation. Les enfants ne pouvaient donc plus profiter de toutes leurs possessions à la fois, et ils risquaient toujours d'en perdre une. Comparé à son frère, Philippe n'est pas démonstratif, il est cependant affectueux avec sa mère et avec sa sœur. Il donne à sa mère le sentiment d'être un étranger (*felt him to be a stranger*) et ce qui lui appartient en propre, ses possessions, constituent son monde privé. Les véritables difficultés n'apparaissent pas avant l'âge de six ans. L'apprentissage de la propreté a été facile et il n'a jamais mouillé son lit.

A l'âge de six ans (la mère me rappelle que c'est l'époque de l'amygdalectomie), Philippe rentre à la maison avec la montre de la nourrice. Au cours des trois années suivantes, il volera encore une montre et de l'argent qu'il dépense chaque fois. Il vole d'autres objets qui finissent toujours par être abîmés.

Il a cependant de l'argent de poche et se passionne pour les collections de livres. Très intelligent et lecteur assidu, il lit bien les livres qu'il achète, mais le plus important reste l'achat du livre. Ce sont pour la plupart de petits livres sur les lépidoptères, les graminées, les chiens, du type « petit atlas des papillons ». On se souvient qu'il a payé cinq francs un petit livre sur les bateaux, sans même se rendre compte que c'était très cher. En même temps que ces symptômes, les parents avaient remarqué que Philippe changeait de caractère, mais ce n'était pas facile à décrire. Ils furent très alarmés lorsque se produisit l'incident suivant : en rentrant de vacances, s'étant arrêté chez des amis, il avait volé une carte grise qui appartenait aux propriétaires de la maison. Il n'avait pas cherché à le cacher, et les parents attribuèrent ce larcin à son amour incontesté des documents de toutes sortes. A la réflexion, ils ont constaté que c'est à cette époque que Philippe devint désordonné. En outre, son goût de la propriété diminua, sauf en ce qui concernait les livres nouveaux, et parallèlement il eut de plus en plus tendance à donner ses affaires à sa petite sœur qu'il aime beaucoup. Tout cela se passe entre six et huit ans et dure jusqu'au moment où on me le confie.

La mère me raconte qu'à la naissance de sa sœur (il avait alors six ans), il est tout d'abord très perturbé, manifestement jaloux ; mais il s'attache très rapidement au bébé et retrouve la bonne entente avec sa mère, sans toutefois que cette relation soit aussi facile qu'avant cette naissance. C'est à cette époque que le père découvre pour la première fois que ses enfants sont intéressants, d'abord parce qu'il a une fille et surtout parce qu'il peut vivre de plus en plus à la maison. Incidemment, j'apprends par la mère que son mari et elle désiraient vivement avoir une fille comme second enfant et qu'ils avaient mis un moment à s'habituer à un autre fils quand Philippe était né, tandis que la naissance de la petite fille avait comblé tout le monde et sûrement délivré Philippe de la vague impression qu'on l'avait souhaité différent de ce qu'il était. Je remarquai tout spécialement que l'amygdalectomie tenue pour responsable du changement de comportement de ce garçon avait été pratiquée peu après la naissance de la sœur; je devais découvrir plus tard que la naissance de la sœur l'avait perturbé bien davantage. Il a alors huit ans et commence à redouter tout ce qui peut faire rire de lui. Sa mère m'en donne un exemple : ayant le visage gonflé à la suite d'une piqûre, il manifeste une très grande fatigue et reste au lit, plutôt que de risquer qu'on se moque de lui. Les grimaces et les mimiques lui deviennent moyens de défense contre les moqueurs dont il peut de cette façon déclencher le rire à volonté. Il se constitue tout un répertoire d'histoires drôles, nouveau moyen de désamorcer la dérision. Tout en me racontant cela, la pauvre mère a eu un accès de désespoir, constatant à quel point elle a été désorientée par ce garçon alors qu'elle n'a jamais eu de difficulté à comprendre son frère et sa sœur. Elle avait donc un excellent contact avec un enfant normal, mais ne réussit plus avec un enfant malade. Il m'était d'autant plus important de le noter que j'avais besoin de sa collaboration. Je lui décrivis un peu plus tard ce que l'enfant attendait d'elle, en ne le présentant pas sous l'angle de la psychiatrie. Je lui expliquai les besoins d'un petit enfant normal, en lui disant que son fils aurait besoin qu'on lui permette de régresser, de redevenir un petit enfant par rapport à elle, et d'utiliser ainsi le foyer reconstruit. De la sorte, nous évitâmes de l'initier contre son gré à la psychopathologie.

Le sommeil était toujours troublé par l'obstruction nasale. Philippe avait l'habitude de se réveiller et d'appeler sa mère. Il est probable que sans le savoir, il utilisait cette difficulté physique pour l'attirer près de lui la nuit. S'il n'avait pas souffert d'obstruction nasale, des cauchemars ou une phobie auraient amené sa mère à son chevet. Il avait la phobie d'avoir mal, et, après l'amygdalectomie, il avait la phobie des médecins.

Je demandai à la mère ce qui se passait quand il était énervé. Était-il malade ou simplement remuant ? La mère me répondit : « Quand vous vous attendez à le voir surexcité, il se replie tout à coup sur lui-même et demande : “ Mais qu'est-ce que je peux faire ? Est-ce qu'il y a quelque chose à faire ? ” » Sa mère a remarqué qu'il est indispensable qu'il s'isole un moment dans la journée. Il sait utiliser les distractions offertes, et, par exemple, au cours d'un séjour en Suisse, il apprend rapidement à skier, mais plus par volonté que par talent naturel.

Il a des accès de miction impérieux et fréquents que la mère rattache à l'obstruction nasale. A l'école, il est considéré comme un enfant bien portant et l'obstruction nasale est moins apparente. J'ai accompagné la mère et l'enfant chez un oto-rhino-laryngologiste qui a donné son avis de spécialiste, mais a aussi prescrit une foule de médicaments pour soulager les symptômes dont il fallait préserver le garçon.

A l'école, Philippe passe pour être intelligent mais paresseux. Le directeur lui a donné un mauvais carnet, mais dans une lettre qu'il m'adresse, il dit bien qu'il n'a jamais rien observé d'anormal chez l'enfant jusqu'au moment où les vols ont commencé. Il n'est pas sans avoir l'habitude de la paresse et chez ce garçon il escompte en définitive de bons résultats. Ce détail montre combien une école sérieuse peut passer à côté d'une maladie mentale.

Philippe aimait la campagne : il avait un lévrier qui lui appartenait et qui a joué un rôle très important dans le traitement. Quand il était en difficulté à la pension, il avait écrit une lettre où rien ne dénotait sa détresse.

Résumé de l'anamnèse

Ce récit de la mère indique que le garçon avait eu un départ normal dans l'existence, mais qu'il y avait eu ensuite un trouble du développement affectif de l'enfant, datant de ses deux ans. Il s'était défendu contre l'insécurité de l'entourage en devenant renfermé et relativement incoordonné. A l'âge de six ans apparut le début d'une dégénérescence de la personnalité qui progressa jusqu'aux symptômes majeurs pour lesquels on me l'amena à l'âge de neuf ans.

Modalités du traitement (management)

Bien que n'ayant pas encore vu le garçon, j'étais en mesure de commencer à prévoir les modalités du traitement. Il n'était pas question de psychanalyse, car il ne fallait pas, en l'obligeant à se rendre tous les jours ou même une fois par semaine à Londres, perturber l'usage que le garçon pouvait faire de son foyer restauré, car ce foyer ainsi restauré devait être le pilier central de la thérapie.

Je dis à la mère que l'enfant aurait besoin de son aide, car il était clair qu'il lui avait manqué quelque chose à l'âge de deux ans, et qu'il devrait régresser pour le trouver. Elle comprit très vite et me dit :

« Bon, s'il a besoin de redevenir un bébé, qu'il revienne à la maison, et, du moment où vous m'aiderez à comprendre ce qui se passe, je m'en tirerai (*I can manage*). » Elle a prouvé que ce n'était pas des paroles en l'air, et qu'elle était capable d'aider l'enfant tout au long de sa maladie mentale : la maison a joué pour lui le rôle de l'hôpital psychiatrique dont il avait besoin, le rôle « d'asile » au véritable sens du terme.

En langage technique, l'enfant a régressé, c'est-à-dire qu'il est revenu en arrière dans son développement affectif, comme je vous le décrirai plus loin, pour ensuite progresser à nouveau. C'est au plus fort de cette régression qu'il commença à mouiller son lit, symptôme qui est le lien entre ce cas et le sujet principal de mon exposé.

Il me fallait ensuite rencontrer le garçon. J'avais besoin de cet entretien pour savoir quel serait mon rôle dans la conduite du traitement (*management*) (pour la plus grande partie, téléphonique) pendant les quelques mois suivants. La seconde raison était que l'enfant était mûr pour cette compréhension intuitive (*insight*) qu'il a acquise au cours de ces quatre-vingt-dix minutes. Cet entretien, tout en n'étant pas de la psychanalyse, mettait en œuvre les connaissances que je devais à mon expérience psychanalytique.

Premier entretien avec Philippe

Aucune difficulté initiale. Le garçon était intelligent et sympathique. Assez renfermé, il ne semblait guère enclin à faire des observations objectives à mon sujet; il était visiblement préoccupé par ses problèmes personnels et légèrement obnubilé. Sa sœur l'accompagnait et son comportement avec elle était très naturel. Il la laissa très facilement avec sa mère pour me suivre dans la salle de jeux. J'adoptai une technique appropriée à ce genre de cas : une espèce de test de projection dans lequel je joue un rôle [1]. Les figures 1 à 8 sont un

1. Voici ce qu'en 1971 pouvait écrire J.-B. Pontalis, à propos du *squiggle game*, de l'évolution de D.W. Winnicott depuis cet article écrit en 1953 et donc de la nécessité de maintenir le terme original pour alerter le lecteur :

« Le “ *squiggle game* ” est une technique de communication découverte par l'auteur dans ses consultations en pédiatrie et en psychiatrie infantile. Le docteur Winnicott fait un *squiggle* devant l'enfant; celui-ci le modifie (*turns it into...*) et ainsi de suite, soit que Winnicott propose un autre *squiggle*, soit que l'enfant en fasse un lui-même que Winnicott élabore à son tour : à partir de quelques *traits* jetés sur une feuille de papier auxquels chacun donne une *forme*, le *sens* se met à circuler. Il s'agit là, selon nous, d'un procédé très différent d'un “ test de projection ”, même si l'auteur a pu recourir à cette comparaison (in *De la pédiatrie à la psychanalyse*, Payot, 1969, p. 297). En effet, dans cet échange, dans ce jeu inventif et partagé, se constitue ce qu'on pourrait appeler un “ espace transitionnel ”, par analogie avec ce que l'auteur a désigné comme le champ

échantillon des dessins. Voici en quoi consiste le jeu : je fais un gribouillis (*squiggle*) et il le transforme, il en fait un à son tour, et c'est à moi de le transformer.

FIG. 1. Mon *squiggle*. La modification qu'il y apporte. Son commentaire : l'Angleterre.

1. *Mon squiggle* (fig. 1). Il tourne et retourne la page et y découvre rapidement une carte d'Angleterre à laquelle il ajoute une ligne qui manque dans la région de la Cornouailles. J'en ai tout de suite conclu qu'il était dans un état très imaginatif et que j'obtiendrais donc des résultats très personnels puisque ce pouvait être transformé en n'importe quoi d'autre.

2. *Son squiggle à lui*. Je tarde à le transformer pour lui donner l'occasion de déployer son imagination. Il dit immédiatement que c'est une corde qui se dresse en l'air; l'espace est figuré par de fines hachures qui croisent les traits plus épais de la corde.

des « phénomènes transitionnels ». Le procédé engendre un processus. Cette remarque, qui demanderait à être développée, vise seulement ici à montrer que le *squiggle game* est tout autre chose qu'un « truc technique », mais renvoie de proche en proche aux conceptions les plus originales de l'auteur.

« Le terme de *squiggle* ne nous paraît pas devoir être rendu en français par griffonnage et gribouillis, termes qui évoquent l'un et l'autre quelque chose d'informe, de mal fait, de délibérément confus. Or c'est bien plutôt à un Lewis Carroll que fait penser, par l'humour et l'acuité du trait, une série de *squiggles*, notamment ceux qui jalonnent les *Therapeutic Consultations* (Hogarth Press, 1971). » *Cf.* D.W. Winnicott, « Le corps et le *self* » (*Basis for self in body*), trad. J. Kalmanovitch, in « Lieux du corps », *Nouvelle Revue de psychanalyse*, III, printemps 1971, p. 38, note 1.

3. *Il fait un nouveau squiggle* (fig. 2). Je le transforme vivement en visage : il appelle cela un poisson. Ce qui nous indique encore qu'il est très préoccupé par sa réalité personnelle ou intérieure et qu'il n'est pas spécialement soucieux d'objectivité.

FIG. 2. Mon *squiggle*. La modification que j'y apporte. Son commentaire : un poisson.

4. *Mon dessin* (fig. 3). Très étonnant d'observer comment il y découvre immédiatement une mère otarie et son petit. Les événements ultérieurs montreront qu'il était juste de conclure de l'interprétation qu'il donne de ce dessin qu'il s'identifie fortement à sa mère, et qu'en outre la relation mère-enfant est extrêmement importante pour lui. De plus, cette image est belle, non en fonction du dessin, mais en fonction de l'usage qu'il en fait.

5. *Son squiggle*. Avant que je puisse intervenir, il le transforme en hommes encordés les uns aux autres, escaladant des rochers, réminiscence de ses récentes expériences en Suisse.

6. *Il fait un nouveau dessin*, dans lequel il voit un petit tourbillon avec de l'eau et des vagues. Très clair pour lui, beaucoup moins pour moi!

7. *Un autre squiggle*, qu'il transforme en chaussure dans l'eau, ce qui lui est aussi absolument personnel. J'avais déjà remarqué qu'il était tout près d'un état de somnambulisme, ce qui me mit sur la piste des traits psychotiques que je devais découvrir plus tard.

FIG. 3. Mon *squiggle.* La modification qu'il y apporte. Son commentaire : une mère otarie et son bébé.

FIG. 4. Mon *squiggle.* La modification qu'il y apporte. Son commentaire : un polichinelle aux vêtements déchirés.

FIG. 5. Dessin n° 9. Le sorcier.

8. *Mon dessin* (fig. 4). Il en fait immédiatement ce qu'il appelle Polichinelle aux vêtements déchirés. Très éveillé maintenant et d'humeur créatrice, il commente : « Ses vêtements sont déchirés parce qu'il a fait quelque chose à un crocodile, quelque chose d'horrible, il a dû l'embêter, et quand on embête un crocodile, on risque d'être dévoré. »

9. Il se mit à parler de matériel onirique et je fus ainsi à même

d'examiner ses rêves. Je lui parlai des choses affreuses qui pouvaient lui venir en pensée. Là-dessus, il dessina la figure 5 qu'il baptisa « sorcier ». Une longue histoire s'y rapportait. Le sorcier apparaissait à minuit à l'école (il avait certainement dû le guetter souvent la nuit) et il avait un pouvoir absolu et de surcroît un pouvoir magique. Il pouvait vous faire disparaître ou vous transformer en objet. Ce sorcier représentait un indice important pour comprendre ses vols compulsifs.

Il était prêt maintenant à me raconter des rêves. Il était en voiture avec sa mère sur une route qui descendait la colline. Il y avait un fossé en bas de cette colline, et la voiture allait si vite qu'on ne pouvait pas l'arrêter. Au moment critique, ce fut de la magie; comme par un bon enchantement, la voiture a franchi le fossé sans tomber dedans. Je lui traduisis tout ce que ce récit – et la façon dont il me l'avait fait – impliquait : je lui expliquai qu'il était effrayé d'avoir dû recourir à la magie bénéfique dans son rêve, car cela signifiait qu'il était obligé de croire à la magie et que, s'il en existait une bonne, il y en avait aussi une mauvaise. C'était son incapacité à faire face à la réalité et l'obligation où il se trouvait de faire appel à la magie qui étaient affreuses.

Il me raconta un autre rêve : il avait frappé le directeur au ventre. « Mais le directeur est gentil, dit-il, on peut lui parler. » Je lui demandai s'il était quelquefois triste, et quand il me dit qu'il savait bien ce qu'était la tristesse, cela venait certainement du plus profond de lui-même. Il lui donnait même un nom : « les jours sombres ». La tristesse la plus grande qu'il eût connue, c'était il y avait longtemps, et il me raconta alors sa première séparation d'avec sa mère. A première vue, je n'étais pas sûr de son âge au moment de cette séparation. Il me dit : « Maman s'en alla; mon frère et moi, nous sommes restés seuls; nous sommes allés chez mon oncle et ma tante. Il m'arriva une chose affreuse; je voyais ma mère faire la cuisine, vêtue de sa robe bleue; je me précipitais vers elle et, en arrivant près d'elle, elle se transformait, et je ne trouvais plus que ma tante, avec une robe de couleur différente. » Il me raconta qu'il hallucinait souvent sa mère, qu'il avait recours à la magie, mais qu'il souffrait constamment du choc causé par la désillusion. Je lui parlai de l'horreur qu'on éprouve en découvrant que ce que l'on croyait réel ne l'était pas.

10. Il me dessina alors un mirage et abandonna le thème des hallucinations pour l'explication scientifique du mirage. Son oncle lui avait tout expliqué : « Tu vois de très beaux arbres bleus, alors qu'il n'y a pas d'arbres du tout. »

Il me dit aussi son amour des belles choses : « Mon frère, lui, ne pense qu'aux bateaux et à naviguer – c'est tout à fait différent. Moi, j'aime ce qui est beau, les animaux et j'aime dessiner. » Je lui fis remarquer que la beauté du mirage avait un lien avec ses sentiments pour sa mère, ce que je déduisis de la couleur bleue commune au mirage et à la robe de sa mère.

A partir de là, mes notes sont moins claires, car la situation est très tendue; l'enfant est profondément sérieux et pensif. Il me parle très spontanément de sa dépression, ou de ce qu'il nomme « les jours sombres », la plus sombre période se situant peu avant l'âge de six ans, et je compris alors l'importance de la naissance de sa sœur. Quand il me parlait du départ de sa mère, il faisait allusion à son entrée à la clinique d'accouchement. C'est à ce moment-là que son frère et lui s'installent chez l'oncle et la tante, et, tandis que son frère s'en accommode facilement, Philippe arrive tout juste à surnager, à maintenir ininterrompue la continuité d'être. Non seulement il hallucine, mais on est obligé à tout moment de lui dire ce qu'il doit faire, et son oncle, conscient de son désarroi, adopte délibérément une attitude de sergent-major, et, en dominant la vie du garçon, il contrebalance le vide que lui cause la perte de sa mère. Une autre chose l'aide à « tenir » : son frère qui lui est d'un grand secours répète constamment « ça va finir, ça va finir ».

Le garçon avait en ce moment, et pour la première fois de sa vie, l'occasion d'extérioriser sa véritable difficulté de l'époque, qui avait été de réaliser que sa mère était capable d'avoir un enfant, ce qui l'avait rendu terriblement jaloux d'elle. L'image de l'otarie et de son petit montrait combien il avait idéalisé la relation mère-enfant. Le fait que le bébé était une fille l'avait soulagé.

Il me dit : « Je passais tout mon temps à me demander quand j'en verrais la fin, sans cela je me sentais mal, voilà tout. » Un jour, à l'école, il avait eu la nostalgie de la maison, ce qui était une autre forme de cafard ou de dépression, et il était allé voir le directeur, mais, me dit-il : « Le directeur a tout essayé, mais il n'y pouvait rien. » Il me compara alors au directeur et me dit très franchement que, tandis que le directeur n'avait su que répéter : « Du courage, du courage », j'avais pu lui donner les explications dont il avait besoin.

Nous pûmes alors revenir au sorcier : il apparut qu'il portait la capote de son oncle soldat, celui qui avait pris sa vie en main et l'avait sauvé du vide de la dépression. Il me raconta que le sorcier avait exactement la voix de son oncle, que cette voix le poursuivait jusqu'à l'école, lui enjoignant de voler et qu'il était obligé de lui obéir. S'il hésitait, la voix disait : « Ne sois pas lâche! rappelle-toi le nom que tu portes; dans notre famille, il n'y a pas de lâche! » Il me raconta le principal incident qui avait entraîné son renvoi. Un garçon lui avait dit : « Il n'y a vraiment rien d'extraordinaire dans ce que tu as fait, n'importe qui peut voler des billets de banque ou autres choses semblables, ce n'est pas comme si tu dérobais des médicaments toxiques dans l'armoire de l'infirmière. » Il avait ensuite entendu la voix du sorcier lui ordonner de voler ces médicaments, ce qu'il fit avec une adresse consommée. Quand on découvrit chez lui ces médicaments dangereux, on le renvoya, mais pour lui, il n'y avait pas de honte, puisqu'il avait obéi à la voix et n'avait pas été un lâche. J'ajouterai même qu'en volant, il cherchait à retrouver sa mère perdue, mais cela est une autre histoire que je ne peux développer ici.

J'ai essayé de donner un compte rendu fidèle de l'entretien, mais je ne sais pas si j'ai réussi à donner une idée du sentiment que chacun de nous éprouvait : qu'il venait de se passer quelque chose empreint de réalité pour nous deux.

J'étais plutôt épuisé, et prêt à arrêter, mais il se mit à faire un dernier dessin (fig. 6).

FIG. 6. Dessin n° 11. Son père dans un bateau; au-dessus, un aigle et l'aigle emporte un petit lapin.

11. Après avoir dessiné en silence, il dit que cela représentait son père dans un bateau. Au-dessus du bateau, il y avait un aigle, et l'aigle emportait un petit lapin.

Dans la situation présente (*setting*), il était clair que Philippe dessinait pour « clôturer la séance », mais aussi pour rendre compte d'un progrès. Je me mis à lui verbaliser cela : je lui expliquai que l'aigle volant le petit lapin représentait son désir ou son rêve personnel – au moment de la plus forte détresse – de dérober sa petite sœur à sa mère. Il était tout d'abord jaloux de sa mère capable d'avoir eu un enfant de son père, et il était également jaloux du bébé, puisqu'il éprouvait un très vif besoin d'être lui-même un bébé et d'avoir encore une fois l'occasion d'être dans un état de dépendance vis-à-vis de sa mère (bien entendu j'usai de termes appropriés à sa compréhension). Il reprit ce thème en disant : « Et voici mon père, absolument en dehors »; vous vous souviendrez que son père avait été outre-mer. C'est maintenant très important pour lui que son père soit parti défendre son pays et il peut s'en glorifier à l'école. Mais si l'on considère cette absence sous l'angle du développement de l'enfant, le père ne tenait pas compte du besoin urgent qu'avait son fils d'un père présent, amical, fort, compréhensif et qui assume sa responsabilité. Sans la présence de son oncle et de son frère, il aurait sombré quand le contact avec sa mère avait été interrompu par la séparation et par sa jalousie vis-à-vis d'elle. L'enfant était maintenant prêt à s'en aller.

Deuxième entretien

Je le revis moins d'une semaine plus tard, et je n'entrerai pas dans les détails cette fois. Je vous montrerai cependant son dessin (fig. 7) illustrant la disparition du sorcier et de la voix depuis le premier entretien. Ce dessin représente la maison du sorcier dans laquelle je me tiens avec un fusil, tandis que le sorcier s'enfuit. La fumée indique que la femme du sorcier fait la cuisine. J'entre et lui dérobe le pouvoir magique. Vous vous souvenez de son besoin de voir sa mère faire la cuisine, sans doute pour conjurer l'image de la sorcière et du chaudron, et les formules magiques de la femme de la petite enfance, absolument terrifiante même en souvenir, en raison de l'absolue dépendance du petit enfant. Tout cela avait déjà le ton de la fantasmatisation (*fantasying*), d'un phénomène beaucoup moins profond : ce n'était plus la tension du premier entretien. Je n'étais plus dans le cercle intime du monde enchanté personnel à l'enfant, mais j'étais un auditeur qui parlait et prêtait l'oreille à ses fantasmes.

DEUX AUTRES DESSINS :

L'un représente le sorcier arpentant les corridors de l'école. L'enfant me reparle alors de son hallucination concernant sa mère qui devient sa tante quand il met ce qu'il voit à l'épreuve de la réalité. Il y avait aussi dans ce dessin quelque chose d'intéressant : la chandelle du sorcier évoquait l'idée d'érection, de fellation, de prurit pubien, mais mon rôle se bornait à écouter ces récits, aussi bien ceux qui se rapportaient à la magie que les autres, sinon je me serais imposé brutalement autant par une manifestation de pudibonderie ou d'aveuglement que si j'avais introduit activement mes idées personnelles. Il ne s'agissait pas d'une analyse, et je devais éviter d'introduire une compréhension en rapport avec l'inconscient refoulé.

Le dernier dessin de la seconde série (fig. 8) nous montre à nouveau le sorcier. Cette fois-ci, on se moque de lui, c'est un dessin « drôle ». Il ne faut pas oublier que l'enfant s'attendait à faire rire de lui, cela faisait partie de sa maladie. L'objet de dérision a maintenant quitté la maison (c'est-à-dire lui-même) et à la place du sorcier, il y a l'idée hautement subjective qu'il se fait de moi. Je suis tout simplement celui qui s'adapte, et comprend, qui verbalise le contenu du jeu. Ce faisant, je m'adresse à un soi conscient, je reconnais « un point de départ » dans sa personnalité totale, le centre de son « entité » sans lequel *il* ne peut être.

Les figures 1 à 8 ont été choisies parmi quatorze dessins.

FIG. 7. La maison du sorcier.

FIG. 8. Un « drôle » de portrait du sorcier.

Troisième entretien

Il commença par un dessin représentant son ennemi menaçant son lévrier à lui d'un couteau. Cet ennemi est son cousin, le fils de l'oncle qui a joué un rôle si important dans sa vie pendant la période de dépression, de celui dont la voix et la capote militaire avaient servi d'accessoires pour le sorcier qu'il employait pour lutter contre « ses jours sombres ». Ce cousin était détesté en raison même de l'affection puissante que Philippe ressentait pour le père de celui-ci.

Le troisième entretien se transforma en heure de récréation ordinaire pendant laquelle je regardai Philippe installer un parcours très compliqué avec les rails de mon chemin de fer. Chaque fois qu'il s'approchait de moi, c'était en jouant avec le train, et je n'ai plus fait de psychothérapie, sous peine de voir le traitement se transformer en véritable psychanalyse, avec ses séances assurées s'étalant sur deux, trois, quatre années – ce qui n'a jamais été envisagé dans le cas de Philippe.

La maladie à la maison

J'en arrive maintenant à la maladie que l'enfant devait faire, et pour laquelle les parents lui fournirent l'asile. Elle peut être rapidement décrite : cet enfant-là avait besoin de mon aide personnelle, mais il y a les nombreux cas pour lesquels on n'a pas besoin de séance de psychothérapie, et où le traitement peut être assuré par le foyer. Ce qui manque simplement à l'enfant, c'est d'acquérir l'*insight*, mais ce n'est certainement pas toujours une perte très grave.

Philippe fut donc accepté à la maison comme un cas spécial, celui d'un enfant malade ayant besoin qu'on lui permette de le devenir davantage. J'entends par là qu'il y avait eu une maladie réprimée et qu'il fallait la laisser évoluer à son paroxysme. Il devait recevoir ce à quoi tout petit enfant a droit au départ, une période pendant laquelle il est naturel que l'entourage s'adapte activement à ses besoins.

Voici ce qui advint : Philippe devint progressivement renfermé et dépendant. On disait de lui qu'il vivait dans un monde féerique. Le matin, me dit sa mère, on ne pouvait pas dire qu'il se levait réellement, son état éveillé ne différant guère de son état alité que parce que quelqu'un l'avait habillé. C'est dire en termes non médicaux que l'enfant vivait dans un état somnambulique. Elle essaya à plusieurs reprises de l'encourager à se lever, mais il fondait en larmes, très malheureux, et elle cessa ses exhortations. Aux repas, il groupait les couverts autour de lui, et mangeait isolé, bien qu'au sein de sa famille. Il semblait « décivilisé », avalait de grosses bouchées de pain, en commençant par manger la confiture. Il mangeait tout ce qu'il y avait, mécaniquement, ne semblait ni avoir besoin de nourriture, ni atteindre un degré de satiété. Il était « absent » tout le long du repas.

Il régressait constamment, devenant de plus en plus incapable de vivre dans son corps ou d'être intéressé par son aspect extérieur mais il gardait le contact avec le plaisir corporel en regardant son lévrier pendant des heures.

Sa démarche devint saccadée, et vers la fin de la régression, il se déplaçait par bonds, les bras tournant comme les ailes d'un moulin, ou par une série de soubresauts, comme s'il était mû par un étrange mécanisme siégeant à l'intérieur de lui : son allure ne rappelait en rien la marche. Il accompagnait ses déplacements de bruits que son frère avait qualifiés de « cris d'éléphant ». Personne ne lui fit jamais de réflexions au sujet de son étrange comportement et de ses manies bizarres. Il buvait la crème du lait de l'unique vache, et, symboliquement, il absorbait aussi la crème du foyer, il prenait la meilleure part de sa chaleur.

De temps à autre, il émergeait de cet état une heure ou deux, par exemple à l'occasion d'une réception chez ses parents, mais il s'y replongeait vite.

Il se rendit un jour au « bal » local où l'on remarqua sa bizarre attitude envers les filles. Il dansa un peu, mais seulement avec une grosse fille bizarre, surnommée « la barrique », connue dans le pays pour être une « demeurée ».

Pendant cette période, toute sa vie tournait autour d'un feuilleton policier qu'il écoutait à la radio – une véritable obsession – et de son chien qu'il contemplait.

Puis il atteignit le fond de l'abîme : il était fatigué en permanence, avait de plus en plus de difficultés à se lever et, pour la première fois depuis sa petite enfance, il devint énurésique. Me voici enfin arrivé au symptôme qui m'a fait choisir ce cas pour mon exposé. Sa mère le levait chaque matin entre trois et quatre heures, mais il était en général déjà mouillé. Il lui disait : « Je rêve si fort que je suis allé sur le pot. » Pendant cette période, il buvait beaucoup d'eau, à l'excès, répétant : « C'est si amusant, c'est si délicieux, c'est si bon de boire ! »

Tout cela dura à peu près trois mois.

Un beau matin, il eut envie de se lever : ce fut le début de sa convalescence progressive, et il n'y eut pas de retour en arrière. Les symptômes tombèrent un à un ; ce fut comme une desquamation, et en été (1948) il était prêt à reprendre l'école. Cette rentrée fut cependant remise à l'automne, juste une année après le début de la phase aiguë de la maladie.

Le sorcier, la voix, le vol avaient disparu dès la première séance de psychothérapie.

Dès son retour dans la même école, Philippe s'y remit vite, et on oublia facilement sa réputation de voleur. Le directeur de l'école put bientôt écrire la lettre classique demandant ce que signifiaient toutes ces histoires, puisque le garçon allait très bien et était normal. Il semblait avoir oublié qu'il l'avait renvoyé une année plus tôt.

A douze ans et demi, Philippe entra dans un collège réputé et plutôt sévère. A quatorze ans, il mesurait 1 m 80, il était de robuste constitution, de comportement viril et il pratiquait le plein air et les jeux habituels. Il passait pour avoir un an d'avance sur le plan scolaire.

Résumé

Je comprends très bien le point de vue du pédiatre, qui, ne s'intéressant pas spécifiquement à la psychologie, ignore donc la signification des symptômes et doit essayer de les guérir. Que ces médecins fassent donc confiance aux psychologues comme ces derniers font confiance aux pédiatres, quand il s'agit de connaissances spéciales de la physiologie de l'enfant, telles que la biochimie des échanges hydriques, les groupes sanguins et le diagnostic précoce de la tumeur du cerveau. Ces deux disciplines devraient former différentes sortes de pédiatres qui se respecteraient les uns les autres.

Si, dans le cas présent, on avait consulté un pédiatre au sujet de l'énurésie de cet enfant, que lui en aurait-il semblé s'il était arrivé au point maximum de la régression? Généralement, la mère ne comprend pas ce qui se passe et l'enfant non plus. Dans le cas de Philippe, il y eut un terrain exceptionnellement favorable pour que la maladie puisse se développer normalement et se résoudre naturellement. Il eût été inutile d'essayer de guérir son énurésie sans tenir compte du besoin de régression qu'elle traduisait.

REPLI ET RÉGRESSION [1]

(1954)

Ces dix dernières années, j'ai eu, de par les circonstances, l'expérience de plusieurs malades adultes qui régressaient dans le transfert au cours de l'analyse.

Ma communication se rapporte à un incident de l'analyse d'un patient [2] qui n'a pas vraiment régressé d'un point de vue clinique : ses régressions se limitaient à des états de retrait momentané pendant les séances d'analyse. J'ai été très influencé dans le maniement de ces états par l'expérience que j'avais des malades régressés.

(Par retrait, j'entends dans cet exposé qu'une relation à l'état de veille se détache momentanément de la réalité extérieure; ce détachement se manifeste parfois même par un sommeil bref. Par régression, je veux dire régression à un état de dépendance et non pas spécifiquement régression vue sous l'angle des zones érogènes.)

J'ai extrait de tout le matériel de l'analyse d'un malade schizoïde dépressif six épisodes significatifs. Le malade est marié et a des enfants. L'accès actuel a débuté par un état dépressif, au cours duquel il s'est senti déréalisé et a perdu le peu de spontanéité qu'il avait jamais été capable d'avoir. Il ne fut d'ailleurs en mesure de travailler que plusieurs mois après le début de l'analyse, et quand il commença son traitement avec moi, il venait de l'hôpital psychiatrique. (Je l'avais eu en analyse pour peu de temps pendant la guerre; il en était résulté une guérison clinique d'un trouble aigu de l'adolescence, mais il n'en avait pas tiré de compréhension intuitive profonde [*insight*].)

1. Exposé présenté au XVIIe Congrès des psychanalystes de langues romanes, Paris, novembre 1954. *Rev. franç. psych.*, XIX, n°s 1-2, janv.-juin 1955.

2. Le patient dont il est question dans cette communication est celui de *Fragment d'une analyse* (1972). (Voir bibliographie.) (*N.d.T.*)

Sa motivation consciente pour une analyse est principalement son incapacité à être spontané et à faire des remarques originales ; il est toutefois capable de prendre part de façon très intelligente à une conversation sérieuse si d'autres personnes l'ont lancée. Il est presque sans amis, car ses amitiés se détériorent en raison de son inaptitude à être à l'origine de quoi que ce soit ; sa compagnie est donc ennuyeuse. (Il rapporta qu'il avait ri une fois au cinéma, et cette mince preuve de progrès lui a donné un espoir quant à l'issue de l'analyse.)

Pendant longtemps, ses associations libres ont revêtu la forme d'un discours rapportant une conversation ininterrompue qui se passait en lui ; il les présentait après les avoir soigneusement arrangées, de telle sorte que le matériel pût être, à son avis, intéressant pour l'analyste.

Comme bien d'autres patients en analyse, ce malade pénètre parfois profondément dans la situation analytique ; à certaines occasions, importantes mais rares, il se replie et au cours de ces moments de retrait, il se passe des choses inattendues, qu'il est parfois capable de rapporter. Ce sont ces rares incidents que j'extrairai, pour mon propos, de l'immense masse du matériel psychanalytique ordinaire, matériel que je prierai mes lecteurs de présupposer.

Premier et deuxième épisodes

Voici le premier incident, dont il fut tout juste capable de saisir le fantasme et de le rapporter : dans un état de repli momentané sur le canapé de l'analyste, *il s'était roulé en boule, et avait passé par-dessus le dossier du canapé.* Ce fut le premier signe direct d'un *self* spontané qu'il donna en analyse. Le deuxième moment de retrait se situe à quelques semaines de là. Il venait de tenter de m'utiliser comme substitut de son père (qui était mort lorsque le malade avait dix-huit ans) : il m'avait demandé mon avis sur un détail de son travail. J'avais d'abord discuté ce détail avec lui, tout en soulignant pourtant qu'il avait besoin de moi comme analyste et non comme substitut paternel. Il avait dit que ce serait perdre son temps que de continuer à me parler comme il le faisait d'habitude, puis il avait ajouté qu'il s'était replié et qu'il le ressentait comme une fuite devant quelque chose. Il ne put se souvenir de rêve appartenant à cet épisode de sommeil. Je lui fis remarquer que son retrait était à ce moment-là une fuite devant une expérience pénible : celle d'être exactement entre la veille et le sommeil, ou entre une conversation raisonnable avec moi et un état de retrait. C'est alors qu'il parvint à me dire qu'il avait eu à nouveau l'idée qu'il était *roulé en boule*, quoique en fait il fût allongé sur le dos comme d'habitude, les mains jointes sur la poitrine.

C'est ici que se place la première des interprétations que je sais que je n'aurais pas faite vingt ans auparavant. Cette interprétation se révéla être extrêmement significative. En parlant de sa position « roulé en boule » (*curled-up*) il faisait des mouvements avec ses mains pour montrer que cette position de chien de fusil était quelque part devant son visage et qu'il se mouvait tout en maintenant cette position. Je lui ai dit immédiatement : « En parlant de vous rouler en boule et de vous mouvoir, vous sous-entendez en même temps quelque chose que naturellement vous ne décrivez pas, puisque vous ne vous en rendez pas compte ; vous sous-entendez *l'existence d'un milieu ambiant (medium).* » Au bout d'un certain temps, je lui ai demandé s'il comprenait ce que je voulais dire, et je constatai qu'il avait tout de suite compris. Il dit : « comme l'huile des roues ». Après avoir accueilli l'idée d'un milieu ambiant, il poursuivit en verbalisant ce qu'il avait montré avec ses mains : à savoir qu'il avait roulé en avant et il l'opposa à cette révolution en arrière par-dessus le dossier du canapé qu'il avait rapportée quelques semaines plus tôt.

A partir de l'interprétation du milieu ambiant, il me fut possible de développer ensuite le thème de la situation analytique ; et ensemble, nous avons mis au point une définition assez claire des conditions spécialisées fournies par l'analyste, et des limites de l'analyste quant à ses capacités d'adaptation aux besoins du malade. A la suite de quoi, le malade fit un rêve très important et l'analyse de ce rêve montra qu'il avait été en mesure de renoncer à une protection qui n'était plus nécessaire, puisque je m'étais montré capable de fournir un milieu convenable au moment de son repli. Il apparaît donc qu'*en enveloppant immédiatement d'un milieu son* self en retrait, j'avais converti son repli en une régression et l'avais ainsi mis à même d'utiliser cette expérience de façon constructive. Au début de ma carrière analytique, j'aurais certainement laissé passer cette occasion. Le malade décrit cette séance comme « capitale ».

Cet épisode de l'analyse eut des effets très importants : le malade a mieux compris le rôle que je pouvais jouer comme analyste ; il a admis la dépendance qui par moments est nécessairement très grande tout en étant pénible à supporter. Enfin, il s'est mesuré à sa situation de réalité, aussi bien au travail que chez lui, sur un mode tout à fait nouveau. Incidemment, il en vint à me dire que sa femme était enceinte et il lui fut ainsi très facile de rapprocher l'état où il se décrivait roulé en boule dans un milieu ambiant de l'idée d'un fœtus dans le ventre de sa mère. Il s'était en fait identifié à son enfant et avait en même temps reconnu sa propre dépendance primitive à l'égard de sa mère.

Aussi, dès qu'il rencontra sa mère, il put pour la première fois lui demander combien l'analyse lui coûtait et se permettre de s'en soucier. A la séance suivante, il fut en mesure d'en venir à ses critiques à mon égard et de formuler le soupçon que j'étais un filou.

Troisième épisode

Le fragment que je rapporte maintenant apparut quelques mois plus tard, après une période d'analyse très riche. Il se situe à un moment où le matériel était de qualité anale, et où l'aspect homosexuel de la situation transférentielle avait été réintroduit. Cet aspect de l'analyse l'effrayait tout particulièrement. Il rapporta que dans son enfance il avait eu la crainte constante d'être poursuivi par un homme. Je fis certaines interprétations, et il raconta que, pendant que je parlais, il était *très loin dans une usine.* En langage courant « il était ailleurs ». Cet « ailleurs » était très réel pour lui et il s'était cru vraiment au travail à l'usine, où il était allé lorsqu'il avait terminé la phase antérieure de son analyse avec moi (qui avait dû prendre fin à cause de la guerre). L'interprétation que je lui donnai immédiatement fut qu'il avait quitté *mon giron.* Cette expression était appropriée parce que, dans son état de repli et sous l'angle du développement affectif, il s'était trouvé à un stade de la petite enfance, de sorte que le divan analytique était devenu automatiquement le giron de l'analyste. On verra aisément le rapport entre les deux choses que je lui fournissais : les genoux sur lesquels il pouvait revenir et le milieu ambiant d'où dépendait sa capacité à se mouvoir dans l'espace en position fœtale.

Quatrième épisode

Le quatrième épisode que je désire exposer n'est pas aussi clair. Il se situe au cours d'une séance où il disait qu'il était incapable de faire l'amour. L'ensemble du matériel me permit d'interpréter la dissociation de ses relations avec le monde : d'une part, la spontanéité issue d'un *self* authentique qui n'a pas l'espoir de trouver un objet, sinon en imagination, et d'autre part, une réponse à une excitation émanant d'un *self* quelque peu *faux* ou irréel. Dans l'interprétation, je soulignai qu'il espérait être capable de combler ce clivage en lui dans sa relation avec moi. A ce moment-là, il s'enfonça dans un état de repli pour une période brève et fut ensuite capable de me dire ce qui s'était passé ; *l'obscurité s'était faite, des nuages s'étaient amoncelés, et il s'était mis à pleuvoir; la pluie frappait son corps nu.* Cette fois, je pus le mettre lui-même, tout nouveau-né, dans cet environnement cruel, impitoyable, et lui faire remarquer que c'était à ce type d'environnement qu'il pourrait s'attendre s'il acquérait son intégrité et son indépendance. On trouve là l'interprétation du « milieu » (*medium*) dans son contraire.

Cinquième épisode

Le cinquième fragment est tiré du matériel qu'il me fournit après une interruption de neuf semaines, où se trouvaient comprises mes vacances estivales.

Le malade revint après cette longue interruption en disant qu'il ne savait pas très bien pourquoi il était revenu, et qu'il trouvait difficile de reprendre le traitement, le point principal de ce qu'il rapportait était sa difficulté persistante à faire une remarque spontanée de quelque ordre que ce fût, à la maison ou avec des amis. Il pouvait seulement se joindre à une conversation, surtout quand il y avait deux autres personnes présentes qui prenaient la responsabilité de l'entretien. S'il faisait une remarque, il avait le sentiment qu'il usurpait la fonction de l'un des parents (c'est-à-dire dans la scène primitive) alors que ce qu'il lui fallait, c'était que les parents reconnaissent sa qualité de petit enfant. Il me raconta suffisamment de choses sur lui-même pour me mettre au courant de ses affaires actuelles.

On parvint à ce cinquième épisode en examinant un rêve ordinaire.

La nuit qui suivit cette première séance, il eut un rêve qu'il rapporta le jour suivant. Ce rêve était particulièrement net. Il était parti en week-end à l'étranger, *quittant l'Angleterre le samedi et rentrant le lundi.* Le thème principal de ce voyage était qu'il rencontrerait un malade [1] parti à l'étranger pour se faire traiter après une hospitalisation. (Il apparut que c'était un malade qui avait été amputé d'un membre. D'autres détails étaient importants, mais ils ne concernent pas précisément le sujet de cette communication.)

La première interprétation que je fis touchait au fait que dans le rêve *il part et revient.* C'est ce commentaire que je vais rapporter, étant donné qu'il rejoint les commentaires des deux premiers épisodes – dans lesquels j'avais fourni un milieu et un giron – et ceux du quatrième épisode, où je mets un individu dans l'environnement mauvais qu'il a halluciné. Je lui donnai ensuite une interprétation plus

1. Rappelons que le patient de D.W. Winnicott est médecin et travaille dans un hôpital. (*N.d.T.*)

complète, à savoir que le rêve exprime les deux aspects de sa relation à l'analyse : suivant l'un des aspects, il part et revient, et suivant l'autre, il part à l'étranger et c'est le malade de l'hôpital qui représente cette partie de lui ; il part et reste en rapport avec ce malade, ce qui signifie qu'il s'efforce de mettre une fin entre ces deux aspects de lui-même. A la suite de quoi, mon malade fit remarquer que, dans le rêve, il était particulièrement désireux de prendre contact avec l'amputé, montrant ainsi qu'il prenait conscience de la dissociation ou du clivage en lui et souhaitait son intégration.

Cet épisode a pu prendre la forme d'un rêve fait en dehors de l'analyse, parce qu'il contenait les deux éléments à la fois : le *self* en retrait et l'environnement assuré par la situation analytique. L'analyste en tant que milieu ambiant était dorénavant introjecté.

Je suis allé plus loin dans l'interprétation : le rêve montrait la façon dont le malade avait occupé son congé. Il avait été capable de prendre plaisir à échapper au traitement tout en sachant que, bien qu'il fût parti, il reviendrait. De la sorte, l'interruption particulièrement longue, qui aurait pu être grave pour un malade de ce type, n'avait pas créé trop de perturbation. Le malade souligne tout spécialement que ce départ et ce retour étaient étroitement liés dans son esprit à l'idée qu'il faisait une remarque originale ou qu'il agissait spontanément. Il me raconta alors que, le jour même du rêve, il avait ressenti de nouveau une crainte qui lui était spécialement familière, celle de découvrir qu'il avait tout à coup embrassé quelqu'un, n'importe quelle personne se trouvant à côté de lui ; cela pourrait être un homme. Il ne se rendrait pas si ridicule s'il découvrait qu'il avait embrassé inopinément une femme.

A ce moment-là, il pénétra plus profondément dans la situation analytique. Il eut le sentiment d'être un jeune enfant à la maison ; s'il parlait, ce serait mal, car il prendrait alors la place des parents. Il n'y avait aucun espoir qu'un geste spontané reçoive une réponse (et cela s'accorde à ce que l'on connaît de la situation familiale). Du matériel d'un niveau bien plus profond émergea alors ; il avait le sentiment qu'il y avait des gens qui entraient et sortaient ; je l'interprétai comme étant associé à la respiration, ce que d'autres associations confirmèrent. Les idées sont comme le souffle ; elles sont aussi comme des enfants et si je n'en fais rien il a le sentiment qu'elles sont abandonnées. Ce qu'il redoute vivement, c'est que l'enfant soit abandonné ou que l'idée, la remarque soient abandonnées, ou que se perde le geste d'un enfant.

Sixième épisode

Une semaine plus tard, le malade fut confronté (de façon inattendue en ce qui le concernait) avec le fait qu'il n'avait jamais accepté la mort de son père. Cela se produisit à la suite d'un rêve dans lequel son père était présent, et où il avait pu discuter librement avec lui des questions sexuelles courantes. Deux jours plus tard, il rapporta qu'il avait été sérieusement perturbé par une *céphalée* très différente des maux de tête qu'il avait jamais ressentis auparavant. Cela remontait plus ou moins à la séance précédente, qui avait eu lieu deux jours plus tôt. Cette céphalée était temporale et par moment frontale; c'était *comme si elle était juste à l'extérieur de la tête.* Elle était constante et le rendait malade. S'il avait pu obtenir un peu de sympathie de la part de sa femme, il ne serait pas venu à sa séance et se serait mis au lit. Il était ennuyé parce que, comme médecin, il pouvait voir que c'était certainement un trouble fonctionnel et cependant cela ne pouvait être expliqué en terme de physiologie (c'était donc analogue à une folie).

Au cours de la séance, je pus me rendre compte de l'interprétation à donner et je lui dis : « La douleur siégeant juste à *l'extérieur* de la tête *représente le besoin que vous sentez qu'on vous tienne la tête* comme on le ferait naturellement si vous étiez un enfant dans un état de profonde détresse affective. » Tout d'abord, il ne trouva pas beaucoup de sens à cette interprétation, mais il lui apparut peu à peu que la personne qui vraisemblablement lui aurait bien tenu la tête au bon moment, quand il était petit, c'était non pas sa mère mais son père. En d'autres termes, après la mort de son père, il n'y avait personne pour lui tenir la tête s'il ressentait un chagrin trop lourd à supporter.

Je rattachais mon interprétation à l'interprétation clef du milieu ambiant et il sentit petit à petit que mon idée des mains qui tiennent la tête était correcte. Il me fit part d'un repli momentané, où il avait le sentiment que je disposais d'une machine que je pouvais mettre en marche et qui fournissait toujours la présentation d'une sympathie agissante. Cela signifiait pour lui qu'il était important que je ne lui tienne pas la tête réellement et effectivement, car cela aurait été une application mécanique de principes techniques. Ce qui comptait, *c'était que je comprenne immédiatement ce qui était nécessaire.*

A la fin de la séance, il eut la surprise de se remémorer qu'il avait passé l'après-midi à tenir la tête d'un enfant. L'enfant avait subi une petite intervention chirurgicale sous anesthésie locale, ce qui avait duré plus d'une heure. Il avait fait tout ce qu'il avait pu pour l'aider, mais sans grand succès. Son sentiment, c'était que l'enfant devait avoir besoin qu'on lui tienne la tête.

Il sentait maintenant profondément que mon interprétation était bien ce pour quoi il était venu à la séance d'analyse ce jour-là. Il était donc presque reconnaissant à sa femme de ne lui avoir offert aucune compassion, et de s'être abstenue de lui tenir la tête, comme elle aurait pu le faire.

Résumé

L'idée maîtresse de cette communication est que, si nous avons connaissance de la régression au cours de la séance analytique, nous pouvons y répondre immédiatement. Nous permettons de la sorte à certains patients, pas trop gravement malades, de faire les régressions nécessaires par courtes périodes, peut-être même presque en un moment. Je dirais que *lors d'un état de retrait le patient maintient le self*, mais *si l'analyste se montre capable de maintenir le patient* dès que cet état apparaît, il y a régression, là où autrement il n'y aurait eu que repli. Une *régression* a l'avantage d'offrir l'occasion de corriger une adaptation aux besoins qui a été inadéquate dans le passé, c'est-à-dire au cours des soins de la petite enfance du patient. Par contre, l'état de *repli* n'est pas profitable, et lorsque le malade sort de l'état de repli, il n'est pas changé.

Chaque fois que nous comprenons un malade à un niveau profond et montrons notre compréhension par une interprétation correcte et opportune, nous maintenons (*hold*) en fait le malade et jouons un rôle dans une relation où le malade se trouve dans une certaine mesure régressé et dépendant.

On pense habituellement que la régression d'un patient au cours de la psychanalyse présente un certain danger. Ce n'est pas dans la régression que réside le danger, mais dans le fait que l'analyste n'est pas prêt à faire face à cette régression et à la dépendance qui l'accompagne. Lorsque l'expérience acquise par l'analyste lui donne confiance pour traiter la régression, on peut sans doute dire, sans se tromper, que plus vite l'analyste accepte la régression et y fait face pleinement, et moins il est probable que le malade devra avoir recours à une maladie d'allure régressive.

LA POSITION DÉPRESSIVE DANS LE DÉVELOPPEMENT AFFECTIF NORMAL[1]

(1954-1955)

Je me propose de donner ici ma description personnelle du concept de Mélanie Klein relatif à la « position dépressive ». Pour être juste, je dois dire que je n'ai pas été en analyse avec elle, ni avec aucun de ses analysés. Mais j'ai été amené à étudier sa contribution en raison de sa valeur pour moi dans mon travail avec les enfants, et, par ailleurs, j'ai suivi son enseignement entre 1935 et 1940 au cours de contrôles. On trouvera dans les écrits de Klein (1935, 1940) son propre exposé de ce concept.

Le terme « normal » dans le titre de cet exposé est important. Le complexe d'Œdipe caractérise le développement normal ou sain des enfants. De la même manière, la position dépressive est un stade normal dans le développement des enfants en bonne santé (ainsi que la dépendance absolue, ou le narcissisme primaire, étape normale chez l'enfant sain au tout début de la vie ou dans ses premiers temps).

Ce que je me propose de faire ressortir, c'est l'*aboutissement* que représente la position dépressive dans le développement affectif.

La position dépressive s'applique, et c'est une de ses caractéristiques, à un domaine de la psychiatrie clinique qui est à mi-chemin entre les lieux d'origine respectifs de la psychonévrose et de la psychose.

L'enfant (ou l'adulte) qui a atteint cette capacité de relations interpersonnelles, propre à l'âge des premiers pas pour un être normal, et chez lequel une analyse ordinaire des relations humaines triangulaires dans leurs multiples variations est possible, *a traversé et dépassé* la position dépressive. Par contre, l'enfant (ou l'adulte) qui a au pre-

1. Exposé fait à la Société britannique de Psychologie, Section médicale, en février 1954.

mier plan de ses préoccupations les problèmes naturels de l'intégration de la personnalité et de l'instauration d'une relation avec l'environnement n'est pas encore parvenu à la position dépressive dans son développement personnel.

Pour exprimer les choses en fonction de l'environnement, on peut dire que l'enfant au début de sa deuxième année se trouve élaborer une vie instinctuelle dans les relations interpersonnelles au sein d'une situation familiale, tandis que le nourrisson est maintenu *(held)* par une mère qui s'adapte aux besoins du moi. Entre les deux, il y a le tout-petit *(infant)* ou le jeune enfant qui, maintenu par la mère, parvient à la position dépressive; plus que cela, il est maintenu tout au long d'un stade de son existence. On notera que le *facteur temps* intervient et que la mère *maintient une situation* pour que le petit enfant ait la possibilité d'élaborer les conséquences des expériences instinctuelles; comme nous le verrons, l'élaboration *(working through)* est tout à fait comparable au processus digestif et est d'une complexité équivalente.

La mère maintient la situation et recommence sans cesse, et ce au cours d'une période critique de la vie du petit enfant. Il en résulte qu'il est possible de remédier à quelque chose. La technique de la mère permet à l'amour et à la haine qui coexistent chez l'enfant de se différencier, d'établir leurs rapports et de parvenir progressivement à être maîtrisés de l'intérieur d'une manière non pathologique [1].

Pensez au petit enfant à l'âge du sevrage. La période exacte du sevrage varie suivant les modalités culturelles, mais pour moi le temps du sevrage est celui où l'enfant devient capable de jouer à laisser tomber les objets. Ce jeu commence à peu près à cinq mois et reste un trait caractéristique jusqu'à, disons, douze ou dix-huit mois. Parlons donc en fonction d'un enfant qui pousse ce jeu jusqu'à un art raffiné – disons, un enfant de neuf mois (voir Freud, 1920; voir aussi : « L'observation des jeunes enfants dans une situation établie »).

La position dépressive est une étape qui se situe à l'âge du sevrage. Si tout va bien, on atteint la position dépressive dans la seconde moitié de la première année et elle s'établit à cette époque-là. Souvent, il faut plus de temps pour qu'elle soit assurée, même dans un développement plus ou moins normal. Nous savons aussi que, chez bien des enfants et des adultes en analyse, l'abord répété de la position dépressive représente un aspect important de cette analyse; cela signi-

1. C'est ici qu'il faut voir l'origine de la capacité d'ambivalence. Le terme d'ambivalence est utilisé maintenant dans le langage courant et implique alors que la haine refoulée a déformé les éléments positifs d'une relation. Il ne faudrait pourtant pas que cette façon de dire fasse négliger de considérer la capacité d'ambivalence comme une étape du développement affectif.

fie qu'il y a des progrès et cela implique aussi une carence primitive à ce stade du développement. Il n'est pas nécessaire d'en fixer l'âge exact. Peut-être que certains jeunes enfants parviennent à réaliser un moment de position dépressive avant six mois; peut-être même bien plus tôt. Ce serait là un signe favorable, mais cela ne signifierait pas que la position dépressive est un phénomène bien établi pour autant. Si je rencontre un analyste qui soutient que la position dépressive appartient au développement des six premiers mois de la vie, j'ai tendance à commenter cette attitude en disant : « Quel dommage de gâcher un concept précieux en le rendant difficile à croire ! »

Si je ne cherche pas cette phase dans les tout premiers mois, ce n'est pas que j'estime que la première enfance est sans incident. Loin de là ! Il se passe beaucoup de choses dès le début et même avant la naissance; mais je doute que ce soit d'un ordre de complexité très élevé, du type en jeu pour la position dépressive – tel que le maintien d'une angoisse et d'un espoir pendant un certain temps. Néanmoins, si l'on parvient à prouver un jour qu'un enfant a eu un moment de position dépressive dès la première semaine de sa vie, cela ne me dérangera pas. En attendant, la position dépressive est quelque chose qui se situe entre six et douze mois comme une preuve toujours plus importante de la croissance personnelle, croissance qui dépend de l'apport continu que l'environnement offre en tenant compte avec sensibilité des besoins de l'enfant.

Nous pouvons définir les conditions préalables à la réalisation de la position dépressive. Pour ce faire, nous nous appuierons sur une vaste expérience pratique, étant donné que nous avons observé une quantité de fois des malades de tous âges qui atteignaient ce stade du développement affectif dans les conditions claires d'une analyse qui se déroule bien. Il faut que les stades antérieurs aient été bien franchis soit dans la vie réelle, soit en analyse, ou bien dans l'une et l'autre, si l'on veut atteindre la position dépressive. Pour parvenir à la position dépressive, il faut qu'un enfant se soit établi en tant que personne totale, qu'il ait – en tant que personne totale – des relations avec des personnes totales. Là, je compte le sein comme une personne totale, parce que, lorsque l'enfant devient une personne totale, le sein, le corps de la mère – quelque partie de son corps que ce soit – est perçu alors par l'enfant comme une chose totale.

Si nous admettons que tout s'est bien passé auparavant, nous pouvons dire, en parlant de l'enfant total en relation avec une mère totale, que tout est prêt pour parvenir à la position dépressive. S'il n'est pas possible de postuler cette intégrité totale, rien de ce que j'ai à dire de la position dépressive n'est pertinent. L'enfant s'en passe tout simplement; et il y en a beaucoup dans ce cas. En fait, chez les personnes de type schizoïde, il se peut que la position dépressive ne se réalise pas de façon significative et il est nécessaire d'avoir recours à une re-création magique, faute de ce que l'on décrit comme réparation et restauration. J'ai connu des analystes qui cherchaient la position dépressive chez des patients où les conditions préalables faisaient défaut. Naturellement, il est triste d'assister à un échec, mais la conclusion qui en découle, selon laquelle la position dépressive serait un concept erroné, n'est pas très convaincante. A l'opposé, il y a des analystes qui essaient de démontrer les phénomènes de la position dépressive – alors que la question principale n'est pas là –, au cours de l'analyse de patients qui sont déjà parvenus à la position dépressive en réalisant leur état d'unité dans la petite enfance.

Si nous pouvons considérer comme admis dans le développement de l'enfant que le sentiment d'intégrité est un fait pour cet enfant, nous pouvons aussi présumer que l'enfant a le sentiment de vivre dans son corps. Ce détail est important, mais je ne peux m'appesantir ici sur ce thème.

Ainsi, nous avons donc une personne, un jeune être humain total, tandis que la mère maintient *(holding)* la situation pour permettre à l'enfant d'élaborer certains processus que je décrirai par la suite.

En premier lieu, toutefois, je ferai quelques remarques sur l'expression « position dépressive ».

Cette expression est mauvaise pour un processus normal, mais personne n'a été capable d'en trouver une meilleure. A mon avis, il aurait fallu l'appeler « le stade de la sollicitude » *(concern)*. Je crois que le concept est bien introduit par cette expression. Ce mot *concern* est inclus dans les propres descriptions de Mélanie Klein. Mais cette expression descriptive ne recouvre pas tout le concept. Le terme primitif sera donc maintenu, je le crains.

On a souvent souligné qu'il ne faut pas employer un terme qui implique une maladie pour décrire un processus normal et l'expression de position dépressive semble indiquer que les enfants bien portants passent par un stade de dépression ou de maladie de l'humeur. En fait ce n'est pas ce que cela signifie.

Lorsque Spitz (1946) découvre et décrit la dépression chez les jeunes enfants privés de soins maternels ordinaires, il a raison de dire que ce n'est pas un exemple de la position dépressive; en fait, cela n'a rien à voir. Les enfants que Spitz décrit sont dépersonnalisés et n'ont aucun espoir de contacts extérieurs; il leur manque essentiellement que soient remplies les conditions préalables à la réalisation de la position dépressive.

Dans le concept de la position dépressive au cours du développement normal, il n'est pas sous-entendu que les enfants se dépriment normalement. La dépression, si courante soit-elle, est un symptôme morbide et indique une humeur; elle implique des complexes inconscients qui pourraient devenir conscients. Les processus inconscients sont en rapport avec des sentiments de culpabilité et les sentiments de culpabilité appartiennent à l'élément destructif inhérent à l'amour. La dépression en tant que trouble affectif n'est pas inanalysable et n'est pas non plus un phénomène normal.

Qu'est-ce donc qu'on appelle position dépressive?

Le problème peut être abordé utilement en partant du mot impitoyable *(ruthless)*. D'abord, le petit enfant (de notre point de vue) est impitoyable; il n'a pas encore d'inquiétude à l'égard des conséquences de l'amour instinctuel [1]. Cet amour est à l'origine une forme d'impulsion, de geste, de contact, de relation; il permet à l'enfant la satisfaction de l'auto-expression, la décharge de la tension instinctuelle; en outre, il place l'objet en dehors du *self*.

Il faut remarquer que l'enfant ne se sent pas impitoyable, mais en regardant en arrière (et c'est ce qui se passe dans les régressions) l'individu peut dire : j'étais impitoyable alors! Ce stade *(pre-ruth)* précède celui de la compassion.

A un moment ou à un autre, dans l'histoire du développement de tout être humain normal, il y a ce passage du stade de la précompassion *(pre-ruth)* à celui de la compassion *(ruth)*. Personne ne le contestera. Mais quand est-ce que cela se passe? Comment? Dans quelles conditions? Le concept de la position dépressive tente de répondre à ces trois questions. Selon ce concept, le passage de l'un à l'autre se produit graduellement, dans certaines conditions définies de maternage, aux alentours de la période qui se situe entre cinq et douze mois; il peut ne pas être complètement établi avant une date bien postérieure. Il se peut même qu'en analyse on découvre qu'il n'a jamais eu lieu.

La position dépressive est donc une question complexe, un élément inhérent à un phénomène indiscutable, celui du passage de tout être humain de la précompassion *(pre-ruth)* à la compassion *(ruth)* ou sollicitude [2] *(concern)*.

1. Permettez-moi de tenir compte ici d'une chose totalement différente, que je suis obligé de laisser de côté : l'agressivité qui n'est pas inhérente, mais qui relève de toutes sortes de persécutions contraires dues au hasard, lot de certains enfants mais non de la majorité.

2. Voir note p. 152.

La fonction de l'environnement

Nous en sommes à examiner la psychologie du stade qui suit immédiatement celui où le nouvel être humain est parvenu à réaliser son unité. Il est bien entendu que tout ce qui précède cette étape où l'unité se réalise est délibérément laissé de côté. Je veux toutefois faire remarquer ici que plus on revient en arrière, plus on s'aperçoit qu'il n'y a pas de sens à parler de l'individu sans postuler à tout instant une adaptation adéquate *(good enough)* de l'environnement aux besoins de l'individu. Au stade le plus primitif, on en arrive même à une position où il n'y a que l'observateur qui peut faire la distinction entre l'individu et l'environnement (narcissisme primaire); l'individu ne peut pas le distinguer, et il convient donc mieux de parler d'un ensemble *(set-up)* individu-environnement plutôt que d'un individu.

Une fois l'état d'unité atteint, le développement ultérieur dépend encore de la stabilité du milieu qui doit être fiable et simple.

Il est nécessaire que la mère puisse associer deux fonctions, et maintenir ces deux fonctions dans le temps, afin que l'enfant ait l'occasion d'utiliser cette situation spécialisée *(setting)*. D'une part, elle s'est adaptée aux besoins du jeune enfant en général au moyen de sa technique de soins (voir A. Freud, 1953) et l'enfant a appris à reconnaître cette technique comme faisant partie de la mère, tout comme son visage et son oreille, les colliers qu'elle porte, ses attitudes qui varient (suivant que la hâte, la paresse, l'angoisse, le souci, l'énervement, etc., les affectent). La mère a été aimée par l'enfant comme celle qui a incarné tout cela. C'est ici que le terme d'affection est introduit; ce sont ces qualités de la mère qui sont concrétisées dans l'objet que tant d'enfants manient et étreignent. (Voir : « Objets transitionnels et phénomènes transitionnels ».)

Simultanément, la mère a été l'objet d'agression au cours des phases de tension instinctuelle. On notera que je fais une distinction entre les fonctions de la mère suivant que l'enfant est calme ou excité. La mère a deux fonctions correspondant à ces deux états chez l'enfant – le calme et l'excitation.

La scène est enfin prête pour que dans l'esprit de l'enfant ces deux fonctions de la mère soient associées, et c'est justement là que peuvent surgir de grandes difficultés. Ces difficultés ont fait l'objet d'études toutes particulières dans l'œuvre d'avant-garde de Mélanie Klein – œuvre qui n'a jamais été plus riche et plus productive que dans ce domaine.

Le petit enfant ne peut accepter le fait que cette mère, si appréciée dans les phases de calme, est la même personne qui a été et sera attaquée impitoyablement dans les phases d'excitation.

L'enfant, personne totale, est capable de s'identifier à la mère, mais il ne fait pas encore de distinction entre ce qui réside dans l'intention et ce qui se passe dans la réalité. Les fonctions et leurs élaborations imaginatives ne sont pas encore clairement séparées et il n'y a pas de distinction entre le fait et le fantasme. Il est étonnant de voir tout ce que l'enfant doit faire à peu près à cette époque.

Voyons ce qui arrive si la mère « calme » maintient la situation dans le temps, afin que l'enfant puisse avoir l'expérience de relations « d'excitation » et affronter leurs conséquences.

Pour dire les choses le plus simplement possible, l'enfant excité, sachant à peine ce qui arrive, est emporté par l'instinct brut et par les idées de puissance qui se rattachent à l'instinct (nous présumons, bien entendu, qu'il est nourri de façon relativement satisfaisante ou que toute autre expérience instinctuelle est assez bonne).

Vient le moment où l'enfant s'aperçoit qu'il y a deux usages totalement différents de la même mère. Une nouvelle espèce de besoin, basé sur la pulsion et sur la tension instinctuelle à la recherche d'une décharge, est apparue, et cela implique un point culminant ou orgasme. Là où il y a une expérience orgastique, il existe nécessairement un accroissement du déplaisir devant la frustration. Une fois que l'excitation a commencé et que la tension a surgi, un risque a surgi.

Je crois qu'il faut que nous admettions que l'expérience de l'enfant doit être étendue avant que soit pleinement ressenti ce que tout cela implique [1].

Comme je l'ai dit, il se passe deux choses : d'une part, la perception de l'identité des deux objets, la mère des phases calmes et la mère utilisée et même attaquée au point culminant de la force instinctuelle; par ailleurs, apparaît la reconnaissance de l'existence d'idées, de fantasmes, d'élaborations imaginatives de la fonction, l'acceptation des idées et des fantasmes reliés au fait, mais qu'il ne faut pas confondre avec le fait.

Il n'est pas possible de parvenir à une progression aussi complexe dans le développement affectif de l'individu, si l'environnement n'est pas suffisamment bon *(good enough)*. C'est ce que représente la survie de la mère, et jusqu'à ce que l'enfant ait amassé du matériel mnésique, il n'y a pas de place pour la disparition de la mère [2].

1. Il ne faut pas oublier que je parle sur le plan clinique et que je décris des situations réelles de la petite enfance aussi bien que des situations analytiques.

2. Il n'y a pas de doute que la connaissance du fantasme a d'autres racines primitives, mais je n'en parlerai pas ici.

Il me semble qu'un postulat de la théorie de Klein, c'est que l'être humain ne peut accepter le fait grossier que représente la relation excitée ou instinctuelle avec la mère « calme » ou l'attaque dirigée contre elle. Il n'est possible au système mental de l'enfant d'intégrer le clivage entre l'environnement de soins matériels et l'environnement excitant (les deux aspects de la mère) que s'il existe un maternage suffisamment bon *(a good enough mothering)* et que la survie de la mère est assurée pendant une certaine période.

Prenons maintenant l'optique d'une journée au cours de laquelle la situation est maintenue *(holding)* par la mère et supposons qu'à un certain moment, tôt dans la journée, l'enfant a une expérience instinctuelle. Pour simplifier, je pense à un repas, car la nourriture est réellement à la base de toute cette question. Il apparaît une agression cannibalique impitoyable, qui se manifeste en partie dans le comportement physique de l'enfant et qui est en partie un élément de l'élaboration imaginative de l'enfant concernant la fonction physique. L'enfant fait l'addition et s'aperçoit qu'un et un fait un, et non pas deux. La mère de la relation de dépendance (anaclitique) est aussi l'objet de l'amour instinctuel (de pulsion biologique).

L'enfant est dupé par la nourriture même; la tension instinctuelle disparaît et il se trouve à la fois satisfait et trompé. On suppose trop facilement que la satisfaction et le sommeil suivent le repas; souvent c'est le chagrin qui suit cette duperie, surtout si la satisfaction physique prive trop vite l'enfant de son appétit. Il reste alors à l'enfant de l'agressivité non déchargée – parce que dans le processus de la tétée il n'a pas été utilisé suffisamment d'érotisme musculaire ou de pulsion primitive (de motricité); ou bien un sentiment de fiasco – puisqu'une source d'enthousiasme à l'égard de la vie a brusquement disparu, et que l'enfant ne sait pas qu'elle reviendra. Tout cela apparaît clairement dans l'expérience analytique clinique, et n'est du moins pas démenti par l'observation directe des enfants.

Mais il ne nous est pas possible de traiter trop de complications à la fois. Supposons acquis que l'enfant a ressenti une décharge instinctuelle. La mère maintient *(holding)* la situation, le jour avance, et l'enfant réalise que la mère « calme » était impliquée dans toute la poussée de l'expérience instinctuelle, et qu'elle a survécu. Cela se répète jour après jour pour aboutir finalement au stade où l'enfant commence à reconnaître la différence entre ce qui s'appelle le fait et le fantasme, ou entre la réalité extérieure et la réalité intérieure.

L'angoisse dépressive

Venons-en maintenant à une question plus complexe. L'expérience instinctuelle induit chez l'enfant deux types d'angoisse. Le premier type est celui que j'ai décrit : l'angoisse vis-à-vis de l'objet d'amour instinctuel. La mère n'est pas la même avant et après. Si on le veut, on peut se servir de mots pour décrire ce que les enfants sentent et disent : il y a un trou là où il y avait antérieurement un corps complet plein de richesse. Il y a bien d'autres moyens de l'exprimer, suivant la façon dont nous permettons à l'enfant de devenir plus vieux de quelques semaines et d'avoir des idées plus complexes.

L'autre angoisse touche l'intérieur même de l'enfant. L'enfant a eu une expérience et ne se sent plus le même qu'avant. Il serait tout à fait légitime de comparer cela au changement en mieux ou en pire chez un adulte après l'expérience sexuelle. N'oublions pas que tout le temps la mère maintient *(holding)* la situation. Il faut étudier maintenant en détail les phénomènes intérieurs personnels de l'enfant.

Continuons à prendre l'expérience de la tétée [1].

L'enfant absorbe quelque chose. Ce « quelque chose » est senti comme bon ou mauvais suivant qu'il est absorbé au cours d'une expérience instinctuelle satisfaisante ou au cours d'une expérience compliquée d'une colère excessive vis-à-vis de la frustration. Naturellement, une certaine colère à l'égard de la frustration fait partie intégrante d'un repas, même s'il est satisfaisant.

Je simplifie à outrance le phénomène intérieur, mais j'y reviendrai plus tard pour faire une évaluation plus exacte du fantasme qu'a l'enfant de l'intérieur du *self*, avec ses forces conflictuelles et ses systèmes de contrôle.

Nous pouvons parler des idées de l'enfant sur l'intérieur parce que nous avons postulé que l'enfant a réalisé son unité ; l'enfant est déjà devenu une personne avec une membrane qui le limite, avec un intérieur et un extérieur.

Pour notre propos actuel, non seulement cet enfant repu redoute le trou imaginé dans le corps de la mère, mais il se débat aussi dans la lutte au sein du *self*, une lutte entre ce qui est senti comme bon, c'est-à-dire qui soutient le *self*, et ce qui est senti comme mauvais, c'est-à-dire qui persécute le *self*.

1. Je suppose que l'expérience instinctuelle était en accord avec les processus courants du moi, autrement il me faudrait examiner les réactions de l'enfant aux empiétements du milieu représentés par la tension instinctuelle et par l'activité réactionnelle.

Un état de choses complexe a été créé à l'intérieur, et l'enfant n'a rien d'autre à faire que d'en attendre l'issue tout comme il faut attendre le résultat de la digestion après la tétée. Un tri s'effectue sûrement au moyen d'un processus silencieux, à une allure qui lui est propre. En dehors de tout contrôle intellectuel et selon des schémas personnels qui se développent peu à peu, les éléments de soutien et de persécution établissent une inter-relation jusqu'à ce qu'une sorte d'équilibre soit atteint; en conséquence, l'enfant retient ou élimine selon son besoin intérieur. Avec l'élimination, l'enfant regagne un certain contrôle, puisque l'élimination met en jeu une fois de plus des fonctions corporelles [1]. Mais alors que, dans le processus physique de digestion, nous ne voyons que l'élimination de ce qui est inutile, dans le processus imaginatif l'élimination a un potentiel bon et un potentiel mauvais.

Je laisserai délibérément de côté toute référence aux expériences anales et urétrales en tant que types de satisfactions instinctuelles en soi, car il n'y a pas lieu de les examiner ici; dans notre contexte, les expériences anales et urétrales constituent la partie relative à l'élimination dans le processus total d'ingestion et de digestion.

Pendant tout ce temps, la mère maintient la situation. Ainsi, la journée de l'enfant se déroule, la digestion physique s'effectue tandis qu'une élaboration correspondante a lieu dans la psyché. Cette élaboration prend du temps et l'enfant ne peut qu'attendre son issue, soumis passivement à ce qui se passe à l'intérieur [2]. Dans l'état de santé, ce monde intérieur personnel devient le noyau infiniment riche du *self*.

Vers la fin de cette journée dans la vie de n'importe quel enfant bien portant, l'individu peut présenter du bon et du mauvais, conséquence du travail intérieur qui s'est fait. La mère prend le bon et le mauvais, et elle est supposée savoir ce qui est offert comme bon et ce qui est offert comme mauvais. Voici le premier don, et sans ce don, on ne sait pas ce qu'est recevoir authentiquement. Ce sont là des thèmes quotidiens très pratiques, que l'on trouve dans les soins maternels aux enfants et en fait dans l'analyse.

L'enfant qui a le bonheur d'avoir une mère qui survit, une mère qui reconnaît un geste de don quand on le fait, est maintenant en mesure de faire quelque chose à propos de ce vide, le vide dans le sein ou dans le corps, creusé en imagination au cours du moment primitif instinctuel. C'est là qu'interviennent la réparation et la restauration, mots d'une grande signification s'ils sont employés à bon escient en

1. Cela est en accord avec une orientation essentielle chez Fairbairn (1952).
2. Cette idée correspond à celles qu'avance A. Freud (1952).

référence à la situation appropriée *(the right setting)*, mais qui deviennent facilement des clichés si on les utilise n'importe comment. Le geste du don peut parvenir jusqu'au trou si la mère joue son rôle.

Vous voyez pourquoi j'ai insisté sur l'importance qu'il y a à ce que la mère maintienne *(holding)* une situation dans le temps.

Un cercle bénéfique est maintenant constitué. Parmi toutes les complications nous pouvons discerner :

Une relation mère-enfant compliquée par l'expérience instinctuelle.
Une perception vague de l'effet (le trou).
Une élaboration intérieure, les résultats de l'expérience étant triés.
Une capacité de don, en raison du tri entre le bon et le mauvais à l'intérieur.
La réparation.

Jour après jour, le cercle bénéfique se trouve renforcé et il en résulte que l'enfant devient capable de tolérer le trou (conséquence de l'amour instinctuel). Ici apparaît donc la naissance du sentiment de *culpabilité*. C'est la seule culpabilité authentique, puisque la culpabilité implantée est fausse pour le *self*. La culpabilité a pour point de départ la réunion des deux mères, de l'amour calme et de l'amour excité, de l'amour et de la haine, et ce sentiment devient progressivement une source normale et saine d'activité dans les relations. Ici se trouve une source de puissance, de contribution sociale, et aussi de réalisation artistique (mais l'art lui-même a des racines à un niveau plus profond).

La très grande importance de la position dépressive est donc évidente, et cet apport de Mélanie Klein à la psychanalyse représente une contribution authentique à la société, aux soins aux enfants et à l'éducation. *Chez l'enfant normal, le sentiment de culpabilité découle d'une source personnelle*; il n'est nul besoin de lui enseigner le sentiment de culpabilité ou de sollicitude *(concern)*. Bien entendu, une certaine proportion d'enfants ne sont pas normaux dans ce sens; ils n'ont pas atteint la position dépressive, et il faut leur enseigner le sens du bien et du mal. C'est là un corollaire de la première définition. Mais tout enfant a en puissance, au moins théoriquement, le sens de la culpabilité. Cliniquement, nous voyons des enfants dénués du sentiment de culpabilité, mais il n'y en a pas qui soient incapables de trouver un sentiment personnel de culpabilité si l'occasion leur en est donnée avant qu'il ne soit trop tard pour atteindre la position dépressive. En fait, dans les cas limites, nous voyons ce sentiment se développer en dehors de toute analyse, par exemple dans l'observation d'enfants antisociaux traités dans des écoles pour inadaptés, comme on les appelle.

Lorsque le circuit bénéfique joue son rôle, l'inquiétude *(concern)* devient tolérable pour l'enfant, qui entrevoit qu'avec le temps quelque chose pourra être fait à propos de ce trou et des divers effets des pulsions instinctuelles sur le corps de la mère. Ainsi donc, l'instinct devient un peu plus libre, et on peut prendre davantage de risque. On engendre plus de culpabilité, mais il s'ensuit aussi une intensification de l'expérience instinctuelle avec son élaboration imaginative, de sorte qu'il en résulte une plus grande richesse du monde intérieur, suivie à son tour d'un accroissement des possibilités de don.

Nous observons cela sans cesse en analyse, lorsque le patient parvient à la position dépressive dans le transfert. Nous voyons une expression d'amour suivie d'angoisse concernant l'analyste, et aussi de craintes hypocondriaques. Ou bien, sur un mode plus positif, nous voyons une libération de l'instinct et un enrichissement de la personnalité, ainsi qu'une augmentation de la puissance ou une extension générale des possibilités de contributions sur le plan social.

Il semble qu'après un certain temps l'individu peut édifier des souvenirs d'expériences senties comme bonnes, de sorte que l'expérience de la mère qui maintient *(holding)* la situation devient une partie du *self*, et est assimilée au moi. La vraie mère devient donc de moins en moins nécessaire. L'individu acquiert un milieu interne. Ainsi, l'enfant devient capable de trouver de nouvelles expériences dans lesquelles la situation est maintenue *(situation-holding experiences)*, et à la longue il est capable d'assumer à son tour la fonction de celui qui maintient une situation pour quelqu'un d'autre, sans ressentiment.

Il ressort de ce concept du circuit bénéfique au cours de la position dépressive quelques points très intéressants :

1. Lorsque le cercle bénéfique est rompu, et que la mère qui maintient la situation *(situation-holding)* n'est plus un fait assuré, le processus se défait avec pour conséquence première une inhibition instinctuelle et un appauvrissement personnel général, et ensuite la perte de la capacité d'éprouver de la culpabilité. Cette capacité peut être récupérée, mais seulement si la donnée principale est rétablie : celle de la mère-suffisamment-bonne-qui-maintient-la-situation *(situation-holding-good-enough-mother)*. Même s'il ne se sent pas coupable, l'enfant peut continuer à avoir des satisfactions sensuelles instinctuelles, mais il perd la capacité de ressentir de l'affection.

2. Pendant une longue période, le jeune enfant a besoin de quelqu'un qui est aimé et qui de plus accepte la puissance (peu importe que ce soit un garçon ou une fille) en termes de don réparateur et de restauration. Autrement dit, il faut que l'enfant continue à avoir l'occasion de donner dans le contexte de la culpabilité relevant

de l'expérience instinctuelle, car c'est la voie du développement. Il y a là une dépendance d'un haut niveau, mais ce n'est plus la dépendance absolue des stades plus primitifs.

Ce don s'exprime dans le jeu ; au début, il est nécessaire pour que le jeu soit constructif que la personne aimée soit tout près et s'engage dans le jeu apparemment, même si elle méconnaît *en fait* la visée constructive de ce jeu. Si un adulte pense aider en donnant, sans voir qu'être là pour recevoir est d'une importance primordiale, c'est un signe certain de son incompréhension des petits enfants (ou des enfants ayant souffert de carence affective qui ont besoin d'expériences régressives pour guérir).

3. Si les phénomènes intérieurs sont perturbants, l'enfant (ou l'adulte) étouffe le monde intérieur tout entier et se maintient à un niveau de vitalité assez bas. L'état est dépressif. C'est la première fois dans ma description que je fais naturellement le rapprochement entre le terme de dépression et le concept de position dépressive.

Les dépressions rencontrées en clinique psychiatrique ne sont généralement pas du type apparenté à la position dépressive. Elles sont plutôt associées à la dépersonnalisation ou à l'absence d'espoir à l'égard des relations objectales ou bien à un sens de futilité qui découle du développement d'un faux *self*. Dans le développement de l'individu, ces phénomènes appartiennent à l'époque antérieure à la position dépressive.

La défense maniaque

L'individu compose avec cet état déprimé qui est associé spécifiquement avec les angoisses de la position dépressive en s'accordant des vacances notoires : c'est la *défense maniaque*. Dans la défense maniaque, on nie tout ce qui est sérieux. La mort fait place à une animation exagérée, le silence au bruit, il n'y a ni chagrin, ni souci *(concern)*, ni travail constructif, ni plaisir reposant. C'est la formation réactionnelle relative à la dépression et elle mérite d'être étudiée comme un concept en soi. Sa présence indique sur le plan clinique qu'on est parvenu à la position dépressive, et que la position dépressive est en suspens et niée plutôt que perdue.

Dans un service de pédiatrie médicale, le diagnostic le plus courant est ce que j'avais coutume d'appeler (en 1930, avant d'avoir eu connaissance des idées kleiniennes) « excitation anxieuse courante [1] » ; c'est un état clinique dont la principale caractéristique est la négation

1. Voir l'article *Fidgetiness*, 1931. Non traduit en français. (*N.d.T.*)

de la dépression. Cette maladie passe parfois inaperçue chez un enfant, car elle est masquée par la vivacité et le mouvement incessant propres aux jeunes années. En tant que maladie, l'excitation anxieuse courante correspond à l'état hypomane des adultes, celui qui entraîne à sa suite des désordres psychosomatiques nombreux et variés.

Il faut distinguer l'excitation maniaque de celle qui est d'ordre persécutif ainsi que de l'élation et de la manie.

L'examen du monde intérieur

J'en viens maintenant, à examiner de plus près, quoique trop brièvement, les phénomènes du monde intérieur. En fait, nous nous trouvons devant un sujet très vaste.

On se souviendra que j'ai délibérément simplifié à outrance, en traitant la position dépressive en fonction de la tétée et de ce que l'enfant absorbe au cours de la tétée. Mais il ne s'agit pas là simplement de repas, de lait et de nourriture. Ce qui nous occupe, ce sont les expériences instinctuelles de toutes sortes; les objets bons et mauvais se transforment en sentiments bons et mauvais qui découlent de la vie instinctuelle de l'individu, après une élaboration imaginative. Même dans un exposé aussi bref que celui-ci, il nous faut une définition plus nuancée.

Le monde intérieur de l'individu s'édifie selon trois voies principales :

A. – Les expériences instinctuelles.
B. – Ce qui est incorporé, retenu ou éliminé.
C. – Les relations totales ou les situations introjectées magiquement.

De ces trois voies, la première est fondamentale pour tous les êtres humains partout, et le sera toujours. La deuxième est plus ou moins analogue chez tous les jeunes enfants du monde, quoique bien entendu les observateurs trouvent des différences (sein, biberon, lait, banane, lait de noix de coco, bière, etc.) selon les coutumes prédominantes dans la culture à une époque donnée. La troisième est essentiellement personnelle, propre à l'individu dans la situation actuelle; elle englobe ce qui se passe avec cette mère, cette nourrice, cette tante réelle dans cette maison réelle, cette hutte ou cette tente, avec cette réalité qui se présente effectivement. Il faudrait inclure aussi l'angoisse, l'humeur changeante, l'instabilité de la mère, ainsi que le maternage suffisamment bon *(good enough)*. Le père joue un rôle indirect comme mari et direct comme substitut maternel.

Pour relier le monde intérieur de la position dépressive à l'œuvre de C. G. Jung et de ses disciples sur les archétypes, il faut nous en tenir à une étude du premier groupe. Ce qui se passe ici appartient à l'humanité en général, et fournit une base à ce qui est *commun* aux rêves, aux arts, aux religions et aux mythes du monde, quelle que soit l'époque. C'est là le matériel de la nature humaine, mais seulement dans la mesure où l'individu est parvenu à la position dépressive. Ce n'est pourtant pas la totalité du monde intérieur de l'enfant et il ne faut donc pas que nous négligions les deux autres groupes dans notre travail clinique.

Quels que soient les aspects des organisations d'archétype que nous trouvions dans le monde intérieur, il ne faut pas oublier que *des modifications thérapeutiques permanentes ne peuvent être suscitées que par de nouvelles expériences individuelles*; celles-ci ne sont menées à bien que si elles se produisent dans la névrose de transfert d'une analyse. Nous ne changeons pas les archétypes en montrant à un malade que son fantasme est le même que celui qu'on trouve dans la mythologie.

Lorsque nous considérons le monde intérieur de l'individu parvenu à la position dépressive, nous voyons :

Des forces en lutte (groupe A).
Des objets ou un matériel objectal, bon et mauvais (groupe B).
Un bon matériel perçu, introjecté pour l'enrichissement et la stabilisation de la personne (groupe C).
Le mauvais matériel perçu introjecté afin d'être maîtrisé (groupe C).

Lorsque nous disons qu'en thérapie *les véritables changements par rapport aux groupes A et B proviennent du travail dans le transfert*, nous savons que les choses se succèdent dans un certain ordre, quoique dans chaque cas nous reconnaissions l'infinie complexité de cet ensemble, même lorsque le patient est un jeune enfant.

C'est l'analyse du sadisme oral dans le transfert qui diminue sur le plan économique le potentiel persécuteur dans le monde intérieur du patient.

Les types de défense

L'une des défenses contre l'angoisse dépressive est une inhibition relative de l'instinct lui-même, ce qui entraîne une décrue quantitative de toutes les expériences instinctuelles qui s'ensuivent.

D'autres mécanismes de défense sont employés dans le monde intérieur, par exemple :

La maîtrise totale, levée progressivement (humeur dépressive).
L'institution de catégories.

L'isolation de certains groupes persécuteurs.
L'enkystement *(incapsulation)*.
L'introjection d'un objet idéalisé.
La dissimulation des choses bonnes.
La projection magique du bon.
La projection magique du mauvais.
L'élimination.
La négation.

Examiner ce terrain, c'est comme si on passait en revue toute la gamme du jeu d'un enfant; en fait, c'est exactement la même chose, puisque tout apparaît dans le jeu. Il n'est que trop facile à l'individu de trouver un soulagement temporaire à l'enkystement d'un groupe persécuteur en le projetant. Toutefois, il en résulte un état délirant, et nous l'appelons folie, à moins que la réalité extérieure puisse fournir un exemple parfait du matériel à projeter.

Il faut mentionner encore une complication. On aura déjà remarqué que cette édification du monde extérieur par le moyen d'expériences instinctuelles innombrables a débuté longtemps avant le stade que nous étudions. Bien avant six mois, l'enfant se forme à partir des expériences qui constituent la vie de la petite enfance, instinctuelle ou non, excitée ou calme. C'est pour cette raison qu'on peut prétendre que certaines des choses que j'évoque partent de la naissance ou de la période prénatale. Il ne s'agit pourtant pas de faire remonter la position dépressive à cette période des premiers mois, des premières semaines, des premiers jours, car elle dépend du développement d'un sentiment du temps, de l'appréciation de la différence entre le fait et le fantasme, et surtout de l'intégration de l'individu. Il est très difficile de tenir compte de tout cela, de voir la mère maintenir *(holding)* la situation et l'enfant utiliser réellement ce fait, sauf dans le cas d'un enfant assez âgé pour jouer à laisser tomber des objets.

(J'ai observé un enfant de douze semaines qui mettait le doigt dans la bouche de sa mère chaque fois qu'elle lui donnait le sein. Il était merveilleusement soigné et est maintenant le plus sain des enfants de dix ans que je connaisse. Il est tentant de dire qu'il en était peut-être à la position dépressive; mais il faut tenir compte de tous les étranges processus d'identification; en outre, il n'est pas habituel de voir cette situation se produire si tôt, et il est encore plus rare de la voir avant douze semaines d'âge. Il faut aussi tenir compte de l'intégration apparente qui découle de la constance des soins, plutôt que d'une véritable réalisation de l'intégration dans l'indépendance.)

Si l'on commence à examiner non la position dépressive, mais les origines des persécuteurs ainsi que celles des forces de soutien au sein du moi, il faut remonter bien avant la seconde moitié de la première année. Il est donc nécessaire de revenir aussi à la non-intégration, lorsqu'on ne sent pas encore qu'on vit dans le corps, lorsque la démarcation entre le fantasme et le fait est encore obscure; tout d'abord, il faut revenir à la dépendance à l'égard de la mère qui maintient *(holding)* tout le temps le petit enfant et finalement à ce que l'on peut appeler *la double dépendance*, période où la dépendance est absolue parce que le milieu n'est pas perçu.

Mais je laisserai de côté la psychologie extrêmement complexe de la formation primitive des éléments bénéfiques et des éléments persécuteurs pour m'en tenir à mon but premier : commencer au point où l'individu devient un tout, une unité, et traiter des questions importantes qui suivent forcément ce stade dans le développement normal.

La réaction à la perte

L'œuvre de Mélanie Klein a enrichi la compréhension que nous a donnée Freud de la réaction à la perte. Si un individu a atteint la position dépressive et que celle-ci est pleinement établie, la réaction à la perte est alors *le chagrin* ou la *tristesse*. Lorsqu'il y a une certaine faillite de la position dépressive, la perte entraîne la dépression. Le deuil signifie que l'objet perdu a été introjecté sur le mode magique, et (comme Freud l'a montré) il est alors soumis à la haine. Je suppose que nous voulons dire par là qu'il est admis au contact des éléments persécuteurs internes. Incidemment, l'équilibre des forces du monde intérieur en est bouleversé : les éléments persécuteurs sont renforcés et les forces bénéfiques ou de soutien sont affaiblies. Il se crée une situation de danger, et le mécanisme défensif qui amortit tout produit un état de dépression. La dépression est alors un mécanisme de guérison : elle couvre le terrain de bataille d'une sorte de brume, permettant un tri à une allure réduite, laissant le temps à toutes les défenses possibles d'entrer en jeu, et à une élaboration de s'effectuer, de sorte qu'une guérison spontanée peut éventuellement avoir lieu. Cliniquement, la dépression (de ce type) tend à se dissiper; c'est une observation psychiatrique bien connue.

Chez le sujet dont la position dépressive est solidement établie, il se produit ce que j'ai appelé les introjections du groupe C, ou souvenirs des bonnes expériences et des objets aimés; c'est ce qui permet au sujet de poursuivre même sans le soutien de l'environnement. L'amour de la représentation interne d'un objet externe perdu peut diminuer la haine suscitée par cette perte à l'égard de l'objet aimé introjecté. C'est ainsi que le deuil est vécu et élaboré et que le chagrin peut être ressenti comme tel.

Le jeu de l'enfant qui jette les objets, jeu sur lequel j'ai insisté, est une indication de la capacité croissante qu'a l'enfant de maîtriser la perte, et c'est donc une indication pour le sevrage [1]. Ce jeu indique qu'il existe un certain degré d'introjection du groupe C.

Le concept du « bon sein »

Enfin, examinons l'expression : un « bon sein ».

Extérieurement, un bon sein est un sein qui, une fois dévoré, attend d'être reconstruit. En d'autres termes, ce n'est rien de plus ni de moins que le fait que la mère maintient *(holding)* la situation dans le temps de la façon que j'ai décrite.

Dans la mesure où le bon sein est un phénomène *interne* (en supposant que l'individu soit parvenu à la position dépressive), nous devons appliquer notre principe des trois groupes pour comprendre le concept.

Groupe A. Il n'y a pas d'utilité pour le terme « bon sein » dans ce groupe. A sa place, nous nous référons à une expérience d'archétype, ou à une expérience instinctuelle satisfaisante.

Groupe B. Il n'y a pas de bon sein reconnaissable ici puisque, s'il est bon, il aura été dévoré, et avec plaisir, nous l'espérons. Il n'y aura pas de matériel relatif au sein reconnaissable comme tel. En grandissant, l'enfant dépasse ce matériel et élimine ce qui n'est pas nécessaire, ou ce qui est senti comme mauvais.

Groupe C. On peut enfin employer le terme « bon sein interne ».

Les souvenirs des bonnes expériences, où la situation a été maintenue *(good situation-holding experiences)*, aident l'enfant à surmonter les brèves périodes de carence de la mère ; ces souvenirs fournissent d'abord la base de « l'objet transitionnel » et ensuite de la succession familière du sein et des substituts maternels.

Je souhaite rappeler aussi qu'une bonne introjection du sein est parfois hautement pathologique, que cela peut être une organisation défensive. Le sein est alors un sein (une mère) idéalisé, et cette idéalisation indique une absence d'espoir à l'égard du chaos interne et du caractère impitoyable de l'instinct. Un bon sein, qui se fonde sur des souvenirs choisis, ou sur un besoin de la mère d'être bonne, rassure. Ce sein idéalisé et introjecté domine la scène ; et tout semble bien

1. En parlant du sevrage, il me faut laisser ici de côté toute référence au fait que derrière le sevrage on trouve la désillusion.

pour le patient. Mais pas pour les amis du patient, car ce sein introjecté est mis en vedette, et le patient devient l'avocat d'un « bon sein ».

Les analystes doivent faire face à ce problème difficile : serons-nous reconnaissables, à notre tour, chez nos patients ? Nous le sommes toujours, mais nous le déplorons. Nous avons horreur de devenir chez autrui des bons seins internalisés, et de nous entendre vanter par ceux dont le propre chaos interne est maintenu de façon précaire par l'introjection d'un analyste idéalisé.

Que voulons-nous ? Nous voulons être dévorés, et non introjectés magiquement. Il n'y a pas de masochisme en cela. Être dévoré est le désir et même le besoin d'une mère à un stade très primitif des soins de l'enfant. Cela signifie que toute personne qui n'est pas attaquée sur le mode cannibalique a tendance à se sentir exclue des activités de restauration et de réparation des gens, et donc de la société.

Ce n'est que si nous avons été dévorés, usés jusqu'à la corde et exploités *(stolen from)* que nous pouvons supporter à un degré moindre d'être aussi introjectés magiquement, et d'être rangés au rayon des conserves *(preserve)* dans le monde interne de quelqu'un.

En résumé, il est très courant que la position dépressive, qui, si les circonstances sont favorables, peut être en bonne voie entre six et neuf mois, ne soit pas atteinte avant que le sujet arrive en analyse. En ce qui concerne les personnes plus schizoïdes, et tous les malades de l'hôpital psychiatrique qui ne sont jamais parvenus à une véritable vie du *self* ou à son expression, ce n'est pas la position dépressive qui est importante ; cela reste nécessairement pour eux comme les couleurs pour les daltoniens. A l'opposé, pour tout le groupe maniaco-dépressif qui comprend la majorité des personnes dites normales, le sujet de la position dépressive dans le développement normal ne peut être laissé de côté. Elle est et elle reste *le problème de la vie* sauf dans la mesure où elle est atteinte. Avec des personnes saines, on la considère comme acquise et on l'incorpore à la vie active dans la société. L'enfant, tout à fait normal puisqu'il est parvenu à la position dépressive, peut passer au problème du triangle dans les relations interpersonnelles, le classique complexe d'Œdipe.

LES ASPECTS MÉTAPSYCHOLOGIQUES ET CLINIQUES DE LA RÉGRESSION AU SEIN DE LA SITUATION ANALYTIQUE [1]

(1954)

Freud nous a laissé le soin d'étudier entre autres la place qu'occupe la régression dans le travail analytique. C'est un sujet pour lequel cette Société est prête, si j'en juge par la présentation fréquente de matériel relatif à ce thème dans les exposés qui y sont faits. D'habitude, on n'attire pas spécifiquement l'attention sur cet aspect de notre travail, ou alors on s'y réfère fortuitement sous le couvert de l'aspect intuitif, de « l'art » de la pratique psychanalytique.

Le thème de la régression a été imposé à mon attention par certains cas rencontrés au cours de ces douze dernières années de mon travail clinique. Naturellement, c'est un sujet trop vaste pour faire l'objet d'une présentation complète ici et maintenant. Je choisirai donc les aspects qui me paraissent devoir introduire une discussion fructueuse.

L'analyse n'est pas qu'un exercice technique. C'est quelque chose que nous devenons capables de faire lorsque nous avons atteint un certain stade, après avoir acquis une technique de base. Ce que nous devenons capables de faire nous permet de coopérer avec le patient en suivant le *processus* – celui qui, chez chaque patient, se déroule à l'allure qui lui est propre, selon son cours personnel. Les caractéristiques importantes de ce processus proviennent toutes de l'analysé et non de nous, en tant qu'analystes.

Gardons donc clairement présent à l'esprit ce qui fait la différence

1. Exposé fait à la Société britannique de Psychanalyse, le 17 mars 1954. *Int. J. Psycho-Anal.*, vol. XXXVI, 1955.

Within the psycho-analytical set up : Winnicott, avant lequel il n'y avait pas de « théorie du cadre » (A. Green), utilise différentes expressions : *Set up :* structure, organisation, établissement; *setting :* réglage, installation, mise en place, cadre, environnement, mise en scène; *situation.* (*Cf.* « The observation of infants in a set situation ».) (*N.d.T.*)

entre la technique et l'exécution [1] d'un traitement. Il est possible de mener à bien un traitement avec une technique limitée, et il est possible d'échouer dans un traitement malgré une technique très poussée.

N'oublions pas non plus qu'en choisissant soigneusement les cas selon une méthode légitime, nous tentons d'éviter d'affronter ceux des aspects de la nature humaine qui nous entraîneraient au-delà de notre équipement technique, et habituellement nous les évitons.

La sélection des cas implique une classification. Pour le présent objectif, je groupe les cas selon l'équipement technique qu'ils exigent de l'analyste. Je distingue trois catégories de cas. *En premier lieu*, il y a les patients qui agissent en tant que personne totale et dont les difficultés appartiennent au domaine des relations interpersonnelles. La technique pour le traitement de ces patients relève de la psychanalyse telle qu'elle a été élaborée par Freud au début du siècle.

Puis, *en deuxième lieu*, viennent les patients chez lesquels on peut tout juste commencer à considérer comme établie l'intégrité de la personnalité. En fait, on peut dire que l'analyse s'occupe des premiers événements relatifs à la réalisation de cette intégrité et qui la suivent immédiatement par inhérence ; ces événements se rattachent aussi à la rencontre de l'amour et de la haine et à la prise de conscience progressive de la dépendance. C'est l'analyse du stade de la sollicitude ou de ce que l'on en est venu à connaître comme la « position dépressive ». Ces patients requièrent l'analyse de l'humeur. Dans ce travail, la technique ne diffère pas de ce qui est nécessaire aux patients de la première catégorie, néanmoins quelques nouveaux problèmes dans les modalités de la cure (*management*) surgissent en raison de la plus grande étendue du matériel clinique abordé ; ce qui est important de notre point de vue, c'est l'idée de la *survie de l'analyste* en tant que facteur dynamique.

Dans le *troisième groupe*, je place tous les malades dont les analyses doivent aborder les premiers stades du développement affectif avant et jusqu'à l'établissement de la personnalité en tant qu'entité, antérieurement à l'acquisition de l'élément espace-temps. La structure de la personnalité n'est pas encore bien ancrée. En ce qui concerne ce troisième groupe, l'accent porte plus sûrement sur le *management*, et il arrive parfois avec ces malades que, pendant de longues périodes, le travail analytique ordinaire reste en suspens pour céder le pas à l'attitude de *management*.

Pour résumer en fonction de l'environnement, on peut dire que dans le premier groupe nous avons affaire à des malades qui

1. *Carrying through* : la conduite d'un traitement de fond en comble. (*N.d.T.*)

éprouvent des difficultés dans le cours habituel de leur vie familiale, en supposant une vie familiale dans la période de pré-latence et en supposant un développement satisfaisant dans les stades infantiles primitifs. Dans la deuxième catégorie – l'analyse de la position dépressive – nous avons affaire à la relation mère-enfant, surtout autour de la période où le sevrage devient un facteur significatif. La mère maintient (*holds*) une situation dans le temps. Dans la troisième catégorie, entre en jeu le développement affectif primaire, celui pour lequel il est nécessaire que la mère assure effectivement le maintien (*holding*) du petit enfant.

C'est dans la dernière de ces trois catégories qu'entre l'une de mes patientes, celle qui m'a sans doute appris le plus sur la régression. Je pourrai peut-être présenter un rapport complet de son traitement à une autre occasion, mais à présent, qu'il me suffise de souligner que j'ai eu l'expérience d'une régression dont j'ai permis le déroulement total et observé les conséquences.

En bref, il s'agit d'une patiente (maintenant parvenue à la quarantaine) qui avait eu une analyse ordinaire convenable avant de venir me voir, mais qui, de toute évidence, avait encore besoin d'aide. A l'origine, ce cas se présentait comme un cas de la première catégorie de ma classification; bien qu'un psychiatre n'eût jamais diagnostiqué une psychose, il était pourtant nécessaire d'établir un diagnostic analytique tenant compte du développement très précoce d'un faux *self*. Pour que le traitement fût efficace, il fallait une régression pour rechercher le *self* authentique. Heureusement, dans ce cas je fus en mesure de m'occuper (*managed*) de toute la régression moi-même, c'est-à-dire sans l'aide d'une institution. Dès le début, j'ai décidé qu'il fallait lâcher la bride à la régression, et je ne tentai rien (sauf une fois dans les débuts) pour intervenir dans le processus régressif qui suivit donc son cours. (La seule occasion où j'intervins fut une interprétation que je fis découlant du matériel, sur l'érotisme oral et le sadisme dans le transfert. C'était exact, mais six années trop tôt parce que je ne croyais pas encore à fond à la régression. Pour moi-même, il m'a fallu mettre à l'épreuve l'effet d'une interprétation ordinaire et d'une seule. Lorsque vint le moment de cette interprétation, elle n'était plus nécessaire.) Il fallut quelque trois ou quatre ans avant que fût atteint le fond de la régression. A partir de là s'amorça un progrès dans le développement affectif. Il n'y eut pas de nouvelle régression. Il faut noter l'absence de chaos, bien que sa menace se soit toujours fait sentir.

J'ai donc eu une expérience unique, même pour un analyste. Je ne peux m'empêcher d'être différent de ce que j'étais avant de commencer cette analyse. Les non-analystes ne peuvent imaginer quelle somme d'enseignement peut apporter une expérience de cet ordre avec un seul patient, mais parmi les analystes je peux espérer faire pleinement comprendre que cette seule expérience a mis la psychanalyse à l'épreuve sur un mode particulier, et m'a appris beaucoup.

Le traitement et la conduite (*management*) de ce cas ont fait appel à tout ce que je possède en tant qu'être humain, en tant que psychanalyste et en tant que pédiatre. J'ai dû moi-même assumer un développement personnel au cours de ce traitement, qui a été pénible et que j'aurais volontiers évité. J'ai dû apprendre en particulier à examiner ma propre technique chaque fois que surgissaient des difficultés, et dans les périodes de résistance – une douzaine environ – il est toujours apparu que la cause se trouvait dans un phénomène de contre-transfert qui nécessitait une auto-analyse plus poussée de la part de l'analyste.

Dans cet article, mon propos n'est pas de donner un compte rendu de ce cas puisqu'il faut choisir entre un abord clinique ou un abord théorique et que j'ai choisi l'abord théorique. Néanmoins, j'ai constamment ce cas présent à l'esprit [1].

L'essentiel, c'est que dans ce cas, comme dans bien d'autres qui m'y ont amené au cours de ma pratique, j'ai trouvé nécessaire de réexaminer ma technique, même celle qui était adaptée aux cas plus ordinaires. Avant d'exposer ce que je veux dire, il me faut expliquer comment j'utilise le mot régression.

Pour moi, le mot régression signifie simplement l'inverse de progrès. Ce progrès lui-même est l'évolution de l'individu – psyché-soma, personnalité et appareil mental (*mind*) avec (éventuellement) la formation du caractère et la socialisation. Le progrès commence à une date certainement antérieure à la naissance. Une pulsion biologique sous-tend le progrès. Suivant l'un des fondements de la psychanalyse, la santé implique la continuité en ce qui concerne cette évolution progressive de la psyché et c'est aussi une maturité du développement affectif appropriée à l'âge de l'individu, c'est-à-dire une maturité par rapport à ce processus d'évolution.

Un examen plus serré permet de remarquer immédiatement qu'*il ne peut pas y avoir une simple inversion du progrès.* Pour que ce progrès soit inversé, il faut que l'individu dispose d'une organisation permettant à la régression de se produire.

Voici ce que nous constatons :

1. Cas clinique auquel il est aussi fait référence dans « L'esprit et ses rapports avec le psyché-soma. »

Un défaut d'adaptation du milieu qui aboutit au développement d'un faux *self*.

La conviction qu'il existe la possibilité d'une rectification de la carence primitive représentée par une capacité latente de régresser; cela implique une organisation du moi complexe.

Un milieu spécialisé est offert et il s'ensuit une régression effective.

Un développement affectif nouveau à partir de là, avec des complications qui seront décrites ultérieurement.

Incidemment, je ne crois pas utile d'employer le mot de régression chaque fois qu'un comportement infantile apparaît dans une anamnèse. Le terme de régression a pris une signification populaire qu'il n'est pas nécessaire d'adopter. Lorsque nous parlons de régression en psychanalyse, nous sous-entendons l'existence d'une organisation du moi et la menace d'un chaos. La façon dont l'individu amasse les souvenirs, les idées et les potentialités mériterait une étude approfondie. C'est comme si l'on espérait que surviendraient des conditions favorables justifiant une régression et offrant l'occasion d'un développement nouveau, rendu impossible ou difficile à l'origine en raison de la carence de l'environnement.

On verra que j'examine l'idée de régression dans le cadre d'un mécanisme de défense du moi très organisé, un mécanisme qui implique l'existence d'un faux *self*. Chez la patiente en question, ce faux *self* est devenu progressivement un « *self* de garde » et ce n'est qu'après plusieurs années que ce gardien s'est livré à l'analyste et que le faux *self* a cédé au moi.

Notre théorie du développement d'un être humain doit comprendre l'idée qu'il est normal et sain qu'un individu soit capable de défendre le *self* contre une carence spécifique de l'environnement en *gelant la situation de carence* [1]. Cela s'accompagne d'une hypothèse inconsciente (qui peut devenir un espoir conscient) : l'occasion d'une nouvelle expérience se présentera ultérieurement, la situation de carence sera alors dégelée et revécue, l'individu ayant régressé dans un milieu qui accomplit l'adaptation nécessaire. La théorie avancée ici est celle de la régression faisant partie d'un processus de guérison; en fait, c'est un processus normal qu'on peut très bien étudier chez une personne en bonne santé. Chez quelqu'un de très malade, il n'y a que peu d'espoirs que cette nouvelle chance lui soit donnée. Dans le cas extrême, il faudrait que le thérapeute aille vers le malade et lui offre activement un bon maternage, expérience à laquelle le malade n'aurait pu s'attendre.

L'individu normal fait face de diverses façons à des carences spécifiques précoces du milieu, mais il y en a une seule que j'appelle le *gel*

1. *Freezing of the failure situation.* (*N.d.T.*)

de la situation de carence. Et j'y vois une relation avec le concept du point de fixation.

Dans la théorie psychanalytique, nous disons souvent qu'au cours du développement instinctuel aux stades prégénitaux des *situations défavorables* peuvent créer des points de fixation dans le développement affectif de l'individu. A un stade ultérieur, par exemple au stade de prédominance génitale, c'est-à-dire lorsque la personne totale est en jeu dans les relations interpersonnelles (et lorsque dans le langage freudien ordinaire on parle de complexe d'Œdipe et de peur de la castration), l'angoisse peut induire une régression en termes de qualité instinctuelle ramenant à celle qui existait au point de fixation. En conséquence, la situation de carence primitive se trouve renforcée. Cette théorie a prouvé sa valeur et est utilisée quotidiennement; il n'est pas nécessaire de l'abandonner, mais on peut quand même l'examiner d'un œil neuf.

En voici un exemple simple :

Un jeune garçon avait eu une petite enfance normale : au moment de l'amygdalectomie, un lavement lui fut administré d'abord par sa mère, et ensuite par un groupe d'infirmières qui durent le tenir. Il avait alors deux ans. A la suite de cet épisode, il a souffert de difficultés intestinales, mais à neuf ans (âge de la consultation) il présentait sur le plan clinique un cas de constipation grave. Dans l'intervalle, son développement affectif avait été sérieusement perturbé sur le plan des fantasmes génitaux. Dans ce cas, il se trouve qu'il y a eu une complication : le garçon a réagi à ce lavement comme si c'était une vengeance de sa mère à l'égard de son homosexualité; le refoulement a englobé l'homosexualité et parallèlement le potentiel érotique-anal. Dans l'analyse de ce garçon, on sait qu'il y aura des passages à l'acte, une compulsion de répétition associée à ce traumatisme primitif. On sait aussi qu'il ne suffira pas à ce garçon de revivre le traumatisme primitif pour entraîner des modifications; elles découleront de l'interprétation habituelle du complexe d'Œdipe dans la névrose de transfert.

Cet exemple est un cas ordinaire qui illustre un symptôme : une régression au point de fixation où il existait nettement un traumatisme.

Les analystes ont trouvé nécessaire de postuler que plus normalement il existe de *bonnes* situations prégénitales auxquelles l'individu peut revenir lorsqu'il est en difficulté à un stade ultérieur. C'est un phénomène de santé. Ainsi est née l'idée de deux types de régression relatifs au développement de l'instinct. L'un, c'est le retour à une situation de carence primitive et l'autre, à une situation de succès.

A mon avis, on n'a pas porté assez d'attention à la différence entre ces deux phénomènes. Dans le cas de la situation de carence de l'environnement, ce qui nous apparaît témoigne des *défenses personnelles* organisées par l'individu et qui exigent une analyse. Dans le cas d'une situation plus normale de succès primitif, ce que nous voyons en évidence c'est le souvenir de la *dépendance*, et par conséquent nous rencontrons une *situation d'environnement* plutôt qu'une organisation de défenses personnelles. L'organisation personnelle n'est pas aussi évidente parce qu'elle est restée fluide et moins défensive. Il me faut mentionner ici que je m'appuie sur une hypothèse que j'ai déjà souvent avancée et qui n'est pas toujours acceptée, loin de là : à savoir que plus on remonte vers le début théorique, moins il y a d'échec personnel, et on arrive au point où il y a uniquement défaut d'adaptation de la part de l'environnement.

Nous avons donc affaire non seulement à la régression jusqu'à des bons et des mauvais stades dans les expériences instinctuelles de l'individu, mais aussi jusqu'à des bons et des mauvais stades dans l'adaptation de l'environnement aux besoins du moi et aux besoins du ça dans l'histoire de l'individu.

Le développement de la qualité *instinctuelle* peut être considéré en fonction des stades génitaux et prégénitaux; le mot régression peut être utilisé simplement comme l'inverse du progrès, un retour du génital au phallique, du phallique à l'excrétoire, de l'excrétoire à l'ingestif. Mais si loin que nous développions notre pensée dans cette direction, il nous faut admettre qu'il y a toute une partie du matériel clinique qui ne peut entrer dans le cadre de cette théorie.

L'autre terme de l'alternative est de mettre l'accent sur le développement du moi et sur la dépendance, et dans ce cas, lorsque nous parlons de régression, nous parlons immédiatement de l'adaptation de l'environnement dans ses succès et ses échecs. Ce que j'essaye de montrer en particulier, c'est que notre pensée dans ce domaine a été rendue confuse parce que nous avons tenté de remonter le cours du développement du moi sans pour autant nous intéresser davantage à l'environnement, au fur et à mesure que nous avancions. Nous pouvons échafauder des théories sur le développement de l'*instinct* et convenir de laisser l'environnement de côté; cela n'est pas possible lorsqu'il s'agit de la formulation du développement *primitif du moi*. Il ne faut jamais oublier, à mon avis, que l'aboutissement final de notre pensée concernant le développement du moi, c'est le narcissisme primaire. Dans le narcissisme primaire, l'environnement maintient (*is holding*) l'individu et *en même temps* l'individu ignore l'environnement et ne fait qu'un avec lui.

Si j'avais du temps, je montrerais comment une régression organisée est parfois prise pour un repli pathologique et pour des clivages défensifs de divers types. Ces différents états se rattachent à la régression dans ce sens que ce sont des organisations défensives. L'organisation qui donne son utilité à la régression possède une qualité distincte des autres organisations défensives : on y trouve l'espoir d'une occasion de dégel de la situation gelée et d'une chance que l'environnement – celui d'aujourd'hui – accomplisse une adaptation convenable quoique retardée.

De là découle le fait, si c'est un fait, que c'est de la psychose qu'un patient peut guérir spontanément, alors que la psychonévrose n'a pas de guérison spontanée et que le psychanalyste est vraiment nécessaire. En d'autres termes, la psychose est étroitement liée à la santé, dans laquelle d'innombrables situations de défaillances de l'environnement sont gelées, mais on les atteint et on les dégèle grâce à divers phénomènes curatifs de la vie ordinaire : les amitiés, les soins au cours de maladies physiques, la poésie, etc.

C'est tout récemment, me semble-t-il, que dans les travaux analytiques, *la régression à la dépendance* a pris la place qui lui revient dans le cadre des descriptions cliniques. La raison en est certainement qu'il y a peu de temps que nous nous sentons assez assurés dans notre compréhension du psyché-soma et du développement mental de l'individu pour nous permettre d'étudier le rôle que joue l'environnement et d'en tenir compte.

Je vais maintenant revenir directement à Freud et faire une distinction quelque peu arbitraire entre deux aspects de son œuvre. Nous voyons Freud élaborer la méthode psychanalytique à partir de la situation clinique dans laquelle il était logique d'utiliser l'hypnose.

Regardez ce qu'il a fait en choisissant ses cas. On peut dire que sur l'ensemble de la population psychiatrique formée de tous les aliénés dans les asiles et de ceux qui vivent en dehors, il a pris le cas de ceux qui avaient été *convenablement pourvus dans la première enfance*, les psychonévrosés. Il n'est peut-être pas possible de confirmer ce que j'avance, en étudiant de près les premiers cas sur lesquels il a travaillé. Mais une chose est certaine, et c'est d'une importance capitale : la propre histoire de la petite enfance de Freud fut telle qu'il parvint à la phase œdipienne ou de pré-latence en tant qu'être humain complet, prêt à rencontrer d'autres êtres humains complets, et prêt à participer à des relations interpersonnelles. Ses expériences de la petite enfance avaient été suffisamment bonnes, de sorte que dans son auto-analyse il a pu considérer comme allant de soi le maternage du petit enfant.

Freud suppose acquise la situation primitive de maternage et je prétends que *cela apparaît dans l'instauration d'un cadre* (setting) *pour son travail*, presque sans qu'il se rendît compte de ce qu'il faisait.

Freud a été en mesure de s'analyser lui-même comme une personne complète et indépendante, et il s'est intéressé aux angoisses qui procèdent des relations interpersonnelles. Plus tard, bien sûr, il a considéré la petite enfance d'un point de vue théorique et a postulé les phases prégénitales du développement instinctuel; lui et d'autres en sont ensuite venus à élucider les détails et à remonter de plus en plus loin dans l'histoire de l'individu. Ce travail sur les phases prégénitales n'a pas pu porter tous ses fruits car il ne reposait pas sur l'étude de patients pour lesquels il était nécessaire de régresser dans la situation analytique [1].

Je me propose maintenant d'expliciter comment j'ai arbitrairement distingué deux parties dans l'œuvre de Freud. En premier lieu, il y a la technique de la psychanalyse telle qu'elle s'est élaborée progressivement et que les étudiants l'apprennent. Le matériel que présente le patient doit être *compris* et *interprété.* Et, deuxièmement, il y a le cadre (*setting*) dans lequel ce travail est mené.

Jetons un coup d'œil au cadre clinique freudien. Je le décrirai en énumérant certains des points les plus évidents :

1. A une heure fixée pour chaque jour, cinq ou six fois par semaine, Freud se met au service du patient. (Cette heure est décidée à la convenance de l'analyste et du patient à la fois.)
2. L'analyste est là bien en vie qui respire; on peut compter sur lui, à l'heure dite.
3. Pendant la période limitée fixée à l'avance (environ une heure), l'analyste reste éveillé et se préoccupe du patient.
4. L'analyste exprime de l'amour par l'intérêt positif qu'il prend, et de la haine dans la façon stricte de commencer et de finir la séance, ainsi que dans la question des honoraires. L'amour et la haine sont exprimés honnêtement, c'est-à-dire que l'analyste ne les nie pas.
5. L'analyse vise à entrer en contact avec le processus du patient, à comprendre le matériel présenté, à communiquer cette compréhension par des paroles. La résistance sous-entend de la souffrance et peut être soulagée par l'interprétation.
6. La méthode de l'analyste est celle de l'observation objective.
7. Ce travail se fait dans une pièce, pas un corridor, une pièce qui est calme, à l'abri de bruits inattendus sans être un tombeau de silence d'où est

1. Vous remarquerez que je ne dis pas que ce travail théorique sur l'instinct prégénital ne pouvait réussir en raison de l'absence chez Freud de contact direct avec les petits enfants. Je ne vois pas pour quelle raison Freud n'aurait pas eu une très bonne expérience en tant qu'observateur de la situation mère-enfant dans sa famille et dans son travail. En outre, je n'oublie pas que Freud a travaillé dans un service pour enfants et a fait des observations détaillées sur les jeunes enfants lorsqu'il étudiait la maladie de Little. Ce que je veux montrer ici, c'est – *heureusement pour nous* – que Freud s'est intéressé au début non pas au besoin du patient de régresser dans l'analyse, mais à ce qui se passe dans la situation analytique, lorsque la régression n'est *pas* nécessaire; lorsqu'il est possible de considérer comme acquis dans l'histoire passée du patient le travail accompli par la mère et par l'adaptation primitive du milieu.

exclu tout écho de la vie habituelle d'une maison. Cette pièce est convenablement éclairée; il n'y a pas de lumière dans les yeux ni un éclairage variable. La pièce n'est certainement pas obscure et une bonne chaleur y règne. Le patient est allongé sur un divan, donc à l'aise s'il peut être à l'aise, et un plaid et de l'eau sont probablement à sa disposition.

8. L'analyste (c'est bien connu) ne fait pas entrer de jugement moral dans la relation, n'a pas le désir de faire entrer des détails de sa vie personnelle, ni ses idées, et l'analyste ne désire pas prendre parti dans les systèmes persécuteurs même s'ils apparaissent sous la forme de situations authentiques partagées (situations locales, politiques, etc.). Naturellement s'il y a la guerre ou un tremblement de terre, ou si le roi meurt, l'analyste n'est pas sans le savoir.

9. Dans la situation analytique, l'analyste est une personne bien plus sûre que les gens dans la vie ordinaire; dans l'ensemble, il est ponctuel, ne fait pas de colères, ne tombe pas amoureux compulsivement, etc.

10. Il y a une très nette distinction dans l'analyse entre le fait et le fantasme, de sorte que l'analyste n'est pas blessé par un rêve agressif.

11. La loi du talion ne s'applique pas et on peut compter sur l'absence de réaction de cet ordre.

12. L'analyste survit.

On pourrait dire bien davantage encore, mais tout se traduit par le fait que l'analyste *se tient bien*, et que son comportement ne lui coûte pas trop d'efforts, simplement parce que c'est une personne relativement adulte. Si Freud ne s'était pas bien comporté, il n'aurait pu élaborer la technique psychanalytique, ni la théorie à laquelle l'avait amené l'utilisation de cette technique. Cette remarque est valable, quelle que fût son intelligence par ailleurs. Le principal, c'est que n'importe quel détail peut être d'une importance extrême à un stade donné d'une analyse qui met en jeu une régression de la part du patient.

Il y a là un matériel très riche à étudier et l'on remarquera une très nette analogie entre tout cela et la tâche ordinaire des parents, surtout celle de la mère avec son petit enfant; cette similitude s'applique au père qui joue un rôle maternel, et à certains égards au rôle de la mère dans les tout premiers temps.

Ajoutons que pour Freud il y a trois personnes, l'une d'elles étant exclue du cabinet de l'analyste. S'il n'y a que deux personnes en jeu, c'est qu'il y a eu une régression du patient dans la situation analytique; le cadre analytique représente alors la mère avec sa technique, le patient étant un petit enfant. Il y a un autre stade de régression, plus avancé; il n'y a plus alors qu'une seule personne présente, le patient, et cela est vrai même si, dans un autre sens, du point de vue de l'observateur, ils sont deux.

Voici comment ma thèse peut être exposée au point où nous en sommes :

La psychose est en rapport avec la carence du milieu à un stade primitif du développement affectif de l'individu. Le sentiment de futilité et d'irréalité procède du développement d'un faux *self* qui s'édifie pour protéger le *self* authentique.

Le cadre de l'analyse reproduit les techniques primitives de maternage, les toutes premières. Elle invite à la régression en raison de sa stabilité.

La régression d'un patient est un retour organisé à une dépendance primitive ou une double dépendance. Le patient et le cadre se fondent dans la situation originelle heureuse du narcissisme primaire.

A partir du narcissisme primaire, il est possible de progresser à nouveau, le vrai *self* étant en mesure de faire face à des situations de carence de l'environnement sans avoir recours à l'organisation des défenses qui utilisent un faux *self* pour protéger le *self* authentique.

C'est dans cette mesure que la psychose ne peut être soulagée qu'en offrant au malade un milieu spécialisé en rapport étroit avec sa régression.

Le progrès à partir de la position nouvelle – le vrai *self* étant soumis au moi total – peut être étudié dorénavant en fonction des processus complexes de croissance individuelle.

En pratique, voici comment se déroulent les choses :

1. On fournit au malade un cadre qui donne confiance.
2. Régression du malade à la dépendance, le risque encouru étant dûment pesé.
3. Le patient a un sentiment nouveau du *self* et le *self* jusque-là caché se livre au moi total ; vient alors une nouvelle progression des processus individuels qui s'étaient arrêtés.
4. La situation de carence du milieu se dégèle.
5. La nouvelle position du moi étant fortifiée, la colère est mise en rapport avec la carence primitive ressentie dans le présent et exprimée.
6. On revient de la régression à la dépendance, et l'on progresse ensuite vers l'indépendance.
7. Les besoins et les désirs instinctuels peuvent se réaliser avec une vitalité et une vigueur authentiques.

Tout cela se répète inlassablement.

Une remarque sur le diagnostic de la psychose s'impose.

Si l'on considère un groupe d'aliénés, il faut bien distinguer les malades dont les défenses sont dans un état chaotique et ceux qui ont été capables d'organiser une maladie. Lorsque la psychanalyse viendra à être appliquée à la psychose, elle aura sûrement plus de chances de succès, si la maladie est hautement organisée. J'ai une horreur personnelle de la leucotomie et je me méfie des électrochocs, car, à mon avis, la maladie psychotique est une organisation défensive qui a pour but de protéger le vrai *self* ; j'ai aussi le sentiment qu'une apparente bonne santé avec un faux *self* n'a pas de valeur pour le malade. Le seul état qui convient, c'est la maladie, si pénible soit-elle, avec le vrai *self* bien caché, à moins que nous puissions revenir en arrière avec le malade, en qualité de thérapeute, et supplanter la situation originelle de carence de l'environnement.

Il s'ensuit tout naturellement une autre considération. Dans un groupe de psychotiques, il y aura ceux qui sont cliniquement régressés et ceux qui ne sont pas régressés. Il n'est pas du tout exact que ceux qui sont régressés cliniquement sont les plus malades. Du point de vue du psychanalyste, il peut être plus facile d'entreprendre le traitement d'un malade qui a eu un effondrement que celui d'un cas comparable lorsque le malade fuit dans la santé.

Il faut beaucoup de courage pour avoir un effondrement, mais il se peut que l'autre terme de l'alternative soit *la fuite dans la santé*, condition qui est comparable à la défense maniaque devant la dépression. Heureusement, dans la plupart de nos cas, nous pouvons contenir les effondrements dans les séances analytiques; ou bien ils sont limités et localisés, de sorte que le milieu social du malade peut les absorber ou y faire face.

Pour clarifier cette question, voici quelques comparaisons :

Le divan et les coussins sont là pour que le patient s'en serve. Ils apparaîtront dans les idées et les rêves et représenteront alors le corps de l'analyste, ses seins, ses bras, ses mains, etc., de toutes sortes de façons.

Dans la mesure où le patient a régressé (pour un moment ou pour une heure, ou pendant une longue période), le divan, *c'est* l'analyste; les coussins *sont* les seins, l'analyste *est* la mère à une certaine période du passé. A l'extrême limite, il n'est plus vrai de dire que le divan représente l'analyste.

Il convient de parler des désirs du patient, le désir par exemple d'être calme. Avec le patient régressé, le terme de désir n'est pas exact; il faut utiliser à la place celui de *besoin*. Si un patient a *besoin* de quiétude, alors on ne peut rien faire hormis la lui donner. Si on ne répond pas à ce besoin, il n'en résulte pas de la colère; on reproduit simplement la situation de carence de l'environnement qui a arrêté les processus de croissance du *self*. La capacité de l'individu de « désirer » s'est trouvée entravée et nous assistons à la réapparition de la cause originaire du sentiment de futilité.

Le patient régressé est proche d'une reviviscence de situations de rêves ou de souvenirs; l'agir d'un rêve peut être la façon dont le patient découvre ce qui est urgent; et on peut parler ensuite de ce qui a été agi, mais pas avant.

Ou bien, prenons un point particulier : être à l'heure. L'analyste n'est pas de ceux qui font attendre les patients. Les patients rêvent qu'on les fait attendre, ou rêvent de toutes les autres variations sur ce thème, et ils ont la possibilité d'être en colère lorsque l'analyste est en retard. Tout cela fait partie de la façon dont le matériel apparaît. Mais les patients qui régressent sont différents en ce qui concerne le moment initial. Il y a des stades où tout dépend de la ponctualité de l'analyste. Si l'analyste est là qui attend, tout va bien – sinon, l'analyste et son patient n'ont plus qu'à s'en aller, car alors aucun travail ne peut être accompli; ou bien, si l'on considère le défaut de ponctualité chez le patient, il se peut que le névrosé en retard soit en transfert négatif. S'il est en retard, un patient dépressif donnera à l'analyste un peu de répit, un répit un peu plus long pour d'autres activités et d'autres sujets d'intérêt (protection contre l'agressivité, l'activité dévoratrice).

Le psychotique (régressif) est en retard sans doute parce qu'il n'a pas encore fondé l'espoir de voir l'analyste à l'heure. Être à l'heure est futile. Tant de choses reposent sur ce détail qu'il ne peut prendre ce risque, aussi le patient est en retard; en conséquence, le travail ne se fait pas.

De même, les névrosés aiment toujours que la troisième personne soit *exclue* et la haine soulevée à la vue d'autres patients peut perturber le travail analytique de façon imprévisible. Les patients dépressifs peuvent être heureux de voir d'autres patients jusqu'au moment où ils atteignent l'amour primitif ou dévorateur qui engendre leur culpabilité. Pour ces malades régressifs, de deux choses l'une : ou ils n'ont pas d'objection à ce qu'il y ait d'autres malades; ou bien ils ne peuvent concevoir l'idée d'un autre. Un autre patient n'est rien d'autre qu'une nouvelle version du *self.*

Un patient se blottit sur le divan, met la tête sur la main et paraît être au chaud et satisfait. Il enfouit la tête sous la couverture. Le patient est seul. Naturellement, nous avons l'habitude de toutes les variétés de repli teinté de colère, mais il faut que l'analyste puisse reconnaître ce repli *régressif* dans lequel il n'est pas insulté mais utilisé sur un mode très primitif et positif.

Un autre point, c'est que la régression à la dependance fait partie intégrante de l'analyse des phénomènes de la petite enfance. Si le malade mouille le divan, s'il se salit ou s'il bave, nous savons que cela est inhérent à la situation et que ce n'est pas une complication. Ce n'est pas l'interprétation qui est nécessaire, et d'ailleurs la parole ou même un mouvement peut détruire le processus et être excessivement pénible pour le malade.

Le postulat du moi observateur est un élément important de cette théorie. Deux patients très analogues dans leur aspect clinique immédiat peuvent être très différents en ce qui concerne le degré d'organisation du moi observateur. A un extrême, le moi qui observe est presque capable de s'identifier à l'analyste et il peut se remettre de sa régression à la fin de la séance. A l'opposé, le moi observateur est très réduit, le patient est incapable de sortir de la régression au cours de la séance et il faut le materner.

Il faut tolérer le passage à l'acte dans ce genre de travail. Si l'agir se situe au cours de la séance, l'analyste trouvera nécessaire de jouer un rôle, le plus souvent sous une forme symbolique. Il n'y a rien de plus surprenant à la fois pour le patient et pour l'analyste que les révélations qui se produisent dans ces moments de passage à l'acte. L'agir effectif (*the actual acting out*) dans l'analyse n'est pourtant que le début; il est toujours nécessaire de formuler ensuite cette nouvelle parcelle de compréhension. En voici une séquence :

1. Une formulation de ce qui s'est produit dans le passage à l'acte.
2. Une formulation de ce qu'il était nécessaire d'obtenir de la part de l'analyste. D'où l'on peut déduire :
3. Ce qui n'allait pas dans la situation de carence de l'environnement primitif.

Cela apporte un certain soulagement, mais il s'ensuit :

4. De la colère qui relève de la situation primitive de carence de l'environnement. Cette colère est ressentie peut-être pour la première fois, et il est

possible que l'analyste soit amené à jouer un rôle en étant utilisé pour ses carences à lui plutôt que pous ses succès, ce qui est déconcertant si on ne le comprend pas. Le progrès a été mené à bien parce que l'analyste a très soigneusement tenté l'adaptation et pourtant c'est l'*échec* qui à ce moment particulier apparaît important, en reproduisant l'échec ou le traumatisme primitif. Dans les cas favorables, il en découle enfin :

5. Un sens du *self* nouveau chez le patient et un sens du progrès qui dénote un véritable développement. C'est ce dernier point qui doit être la récompense de l'analyste à travers son identification à son patient. On ne parviendra pas toujours à un autre stade – celui où le patient est en mesure de comprendre la tension à laquelle l'analyste a été soumis, et où il saura dire merci en donnant tout leur sens à ses remerciements.

La tension que supporte l'analyste est considérable, surtout si le tableau se complique d'une absence de compréhension et d'un contre-transfert négatif inconscient. Par contre, je peux dire que dans ce type de traitement je ne me suis pas senti perplexe et dans une certaine mesure c'est une compensation. La tension peut être très simple.

Ainsi, lors d'une séance d'une importance vitale, au début d'un traitement de ce genre, je suis resté tout à fait immobile, c'est tout juste si je respirais, mais je savais que cette immobilité absolue était nécessaire. Cela m'a paru très difficile, d'autant plus que je ne connaissais pas encore la signification particulière du silence pour mon patient. A la fin, le patient est sorti de cet état régressé et a dit : « Maintenant, je sais que vous pouvez faire mon analyse. »

On dit parfois que, bien sûr, tout le monde désire régresser – que la régression est un pique-nique; qu'il faut empêcher nos patients de régresser, ou que Winnicott aime que ses patients régressent, qu'il les invite à le faire.

Permettez-moi de faire quelques observations fondamentales sur ce sujet de la régression organisée pour la dépendance :

C'est toujours très pénible pour le patient :

a) à une extrémité il y a le patient qui est assez normal; il souffre alors presque tout le temps;

b) puis à mi-chemin il y a tous ceux qui souffrent de reconnaître à des degrés divers la précarité de la dépendance et de la double dépendance.

c) à l'autre extrémité, il y a le malade de l'hôpital psychiatrique; ici on peut présumer que le malade ne souffre pas à ce moment-là de la dépendance. La souffrance résulte du sentiment de futilité, d'irréalité, etc.

Ce n'est pas pour nier que, d'une façon localisée, on peut tirer une extrême satisfaction de l'expérience de la régression. Cette satisfaction n'est pas sensuelle. Elle découle du fait que la régression parvient à un niveau qu'elle offre comme point de départ, ce que j'appellerai un *lieu* d'où l'on peut opérer. On atteint le *self*. Le sujet entre en contact avec les processus fondamentaux du *self*, processus qui constituent le développement authentique, et ce qui se passe à partir de là est ressenti comme réel. La satisfaction qu'on en tire est tellement plus importante que n'importe quel élément sensuel dans la régression qu'il suffit de mentionner cet élément-là pour mémoire.

Il n'existe pas de raisons pour lesquelles un analyste *souhaiterait* voir régresser un patient, sinon des raisons grossièrement pathologiques. Si un analyste aime que ses patients régressent, cela risque d'entraver le maniement (*management*) de la situation régressée. En outre les cures psychanalytiques qui mettent en jeu une régression clinique sont bien plus difficiles tout au long de leur déroulement que celles qui n'exigent pas une adaptation spéciale de l'environnement. En d'autres termes, ce serait agréable si nous pouvions ne prendre en analyse que les patients dont les mères ont su dès le début et pendant les premiers mois de la vie fournir des conditions suffisamment bonnes, mais cette époque de la psychanalyse touche à sa fin.

Une question se pose : que font les analystes lorsque la régression (même minime) apparaît ?

Certains disent nettement : Redressez-vous ! Tenez-vous bien. Allons – parlez. Mais ce n'est pas de la psychanalyse.

Certains partagent leur travail en deux, quoique malheureusement ils ne le reconnaissent pas toujours vraiment :

a) ils restent strictement analystes (associations libres verbales; interprétations verbales; pas de rassurances); et aussi :

b) ils agissent de façon intuitive.

C'est ici que nous introduirons l'idée que la psychanalyse est un *art.*

D'autres disent : inanalysable, et déclarent forfait. L'hôpital psychiatrique prend la suite.

Il faut que l'idée de la psychanalyse en tant qu'art cède progressivement le pas peu à peu à une étude de l'adaptation de l'environnement en rapport avec les régressions du patient. Mais tant que l'étude scientifique de l'adaptation sera insuffisante, je suppose que les analystes devront continuer à travailler en artistes. Il se peut qu'un analyste soit un bon artiste mais, c'est une question que j'ai souvent posée, quel patient désire être le poème ou le tableau d'une autre personne ?

Je sais par expérience que d'aucuns diront : tout cela conduit à une théorie du développement qui ne tient aucun compte des stades primitifs du développement de l'individu, et qui attribue le développement primitif aux facteurs du milieu. C'est tout à fait inexact.

Aux stades primitifs du développement de l'être humain, le milieu s'il se comporte suffisamment bien (*well enough*) – c'est-à-dire si son adaptation active suffit (*good enough*) – *rend possible le progrès personnel.* Les processus du *self* peuvent alors rester actifs, sans interruption, suivant le vecteur de la croissance vitale. Si le milieu ne se comporte pas d'une façon qui lui suffit (*not well enough*), l'individu est alors induit à des réactions aux empiétements et les processus du *self* sont interrompus. Lorsque cet état de choses atteint un certain plafond, le noyau du *self* commence à se protéger : la situation se fige, le *self* ne peut faire de nouveau progrès qu'à la condition que la situation de carence de l'environnement soit rectifiée comme je l'ai décrit.

Une fois que la protection du vrai *self* est assurée, un faux *self* s'édifie sur une base de soumission défensive qui tient compte de la réaction à cet empiétement. Le développement d'un faux *self* est l'une des *organisations de défense les plus réussies*, destiné à protéger le noyau du vrai *self*; son existence aboutit à un sentiment de futilité. Permettez-moi de me répéter en disant qu'il y a sentiment de futilité tant que le centre opérationnel de l'individu se trouve dans le faux *self*. Dans la pratique, nous constatons que le sentiment de futilité fait place à « la vie vaut la peine », au moment où le centre opérationnel passe du faux *self* au vrai *self*, même avant que le noyau du *self* ne s'en remette tout à fait au moi total.

A partir de là, on peut formuler un principe fondamental de l'existence : ce qui procède du vrai *self* est senti comme réel (et plus tard comme bon) quelle que soit sa nature, si agressif que cela puisse être; ce qui se passe chez un individu en réaction à l'empiétement de l'environnement est senti comme irréel, futile (plus tard comme mauvais), si satisfaisant que ce soit sur le plan sensuel.

Enfin, examinons le concept de la régression en lui opposant le concept de rassurance. Cela devient nécessaire en raison du fait que la technique d'adaptation qui doit répondre à une régression du patient est souvent classée (à tort, j'en suis certain) comme une rassurance.

Nous présumons que la rassurance n'appartient pas à la technique psychanalytique. Le patient pénètre dans le cadre analytique et en sort, et au sein de ce cadre il n'y a rien de plus que l'interprétation, correcte, pénétrante et faite à point nommé.

En enseignant la psychanalyse, nous devons continuer à parler contre la rassurance.

Toutefois, si nous y regardons de plus près, nous voyons que ce langage est trop simple. Ce n'est pas seulement une question de rassurance ou de non-rassurance.

En fait, cela mérite un examen plus approfondi. Qu'est-ce qu'une rassurance? Qu'est-ce qui pourrait rassurer davantage que d'être en train d'être bien analysé, dans un cadre fiable dont la responsabilité est prise par une personne ayant atteint la maturité, capable de faire des interprétations pénétrantes et exactes et de voir que le processus qui vous est propre est respecté? Il est stupide de nier que la rassurance est présente dans la situation (*situation*) analytique classique.

Toute la mise en place (*set up*) de la psychanalyse n'est qu'une grande rassurance, au premier chef l'objectivité et le comportement fiables de l'analyste ainsi que les interprétations de transfert qui utilisent de façon constructive la passion du moment au lieu de l'exploiter en pure perte.

C'est en termes de *contre-transfert* qu'il vaut beaucoup mieux examiner la question de rassurance. Les formations réactionnelles dans le comportement de l'analyste sont nuisibles, non pas parce qu'elles apparaissent sous la forme de rassurances et de dénis, mais parce qu'elles représentent des éléments inconscients refoulés chez l'analyste et que ceux-ci marquent une limitation de son travail.

Que pourrait-on dire de l'*incapacité* de l'analyste à rassurer ? Si un analyste était suicidaire ? *Une confiance en la nature humaine et dans le processus du développement* existe chez l'analyste, sinon il ne peut accomplir aucun travail, et le patient sent cela très vite.

Il n'y a rien à tirer de la description en termes de rassurance de la régression à la dépendance, avec l'adaptation concomitante de l'environnement, alors qu'il y a tout lieu de considérer comme nuisible la rassurance en termes de contre-transfert.

Que demander aux analystes de faire à ce propos dans la pratique – en admettant que je leur demande quelque chose ?

1. Je ne leur demande *certainement pas* de prendre des malades psychotiques.

2. Rien de ce que j'ai dit n'affecte les principes de la pratique ordinaire dans la mesure où :

a) l'analyste est dans la première décade de sa carrière analytique ;

b) le cas est celui d'un vrai névrosé (pas d'un psychotique).

3. En attendant d'être en état, grâce à leur expérience personnelle croissante, d'entreprendre un cas où la régression se produit, ce que je suggère aux analystes, c'est de s'y préparer. Il y a de nombreux moyens de le faire :

a) observer comment opèrent les facteurs propres au cadre (*setting factors*) ;

b) observer les exemples mineurs de régression qui apparaissent au cours des séances analytiques et y prennent fin de façon naturelle ;

c) observer et utiliser les épisodes régressifs qui se produisent dans la vie du patient en dehors de l'analyse – épisodes, peut-on dire, habituellement gaspillés au détriment de l'analyse qui s'en trouve appauvrie.

Les idées que j'avance, si elles sont acceptées, auront pour principale conséquence une utilisation plus précise, plus riche et plus profitable des phénomènes de la situation analytique (*setting phenomena*) dans les analyses ordinaires des non-psychotiques. Il en découle, je crois, une nouvelle voie de compréhension de la psychose, et un nouvel abord de son traitement par les psychanalystes pratiquant la psychanalyse.

Résumé

La régression telle qu'elle se déroule dans le cadre psychanalytique fait l'objet de ce travail. Les observations de traitements psychologiques réussis d'adultes et d'enfants montrent que les techniques qui admettent la régression sont de plus en plus utilisées. C'est le psychanalyste, familiarisé avec la technique nécessaire au traitement de la psychonévrose, qui peut comprendre le mieux la régression et l'implication théorique des espoirs que fonde le patient dans le besoin de régresser.

La régression peut être de n'importe quel ordre de grandeur; elle-peut être localisée et momentanée, ou totale et impliquer toute la vie d'un patient pendant une certaine période. Les régressions moins graves offrent un matériel fécond pour les chercheurs.

Il ressort d'une telle étude une compréhension nouvelle du « vrai *self* », du « faux *self* » et du « moi observateur », et aussi de l'organisation du moi qui permet à la régression d'être un mécanisme curatif. Mais sans une nouvelle adaptation fiable du milieu, que le malade peut utiliser pour corriger la carence originelle d'adaptation, ce mécanisme reste en puissance.

Ici le travail thérapeutique en analyse se rattache à ce qui se fait dans les soins aux enfants, à ce qui se passe dans les relations de l'amitié, dans le plaisir tiré de la poésie et des autres activités culturelles en général. Mais la psychanalyse peut accepter la haine et la colère qui appartiennent à la carence originelle et utiliser ces manifestations importantes qui sont susceptibles de réduire à néant la valeur de la thérapeutique découlant de méthodes non analytiques.

En se remettant de sa régression, le patient dont le *self* est maintenant plus pleinement livré au moi a besoin de l'analyse ordinaire, celle qui se propose la résolution de la position dépressive et du complexe d'Œdipe dans les relations interpersonnelles. C'est pour cette raison, à défaut d'une autre, qu'il faut que l'étudiant acquière l'expérience de l'analyse de cas soigneusement choisis de non-psychotiques, avant d'en venir à l'étude de la régression, tandis qu'une étude du cadre dans la psychanalyse classique pourrait faire l'objet d'un travail préliminaire.

TRAITEMENT D'UN CAS DANS SON FOYER FAMILIAL [1]

(1955)

Tous les cas de psychiatrie infantile ne concernent pas directement le travailleur social. Si je présente le cas de Kathleen, c'est que, bien que j'aie assuré la conduite (*managed*) du traitement, la psychothérapie n'en constituait pas l'essentiel. La charge de ce cas reposait en effet sur la mère et même la famille tout entière; le travail effectué au foyer familial pendant toute une période de l'année contribua très largement à son issue favorable. Il était nécessaire que je m'occupe de la conduite du traitement (*management*), c'est-à-dire que j'ai dû voir la mère et l'enfant de dix à vingt minutes chaque semaine pendant plusieurs mois.

Au cours du premier entretien, je suis parvenu à une conclusion assez précise concernant la psychopathologie de l'enfant et j'ai pu me faire une certaine opinion sur l'aptitude des parents à prendre en charge leur enfant tout au long de sa maladie et jusqu'à son terme.

On m'avait envoyé l'enfant pour que je la dirige sur un foyer thérapeutique car il n'était pas venu à l'esprit de ceux qui avaient été initialement en contact avec le cas que dans certaines conditions, avec le temps, on pouvait escompter une guérison spontanée. Ce qui fut important, c'est qu'en prenant soigneusement l'anamnèse au cours du premier entretien j'ai pu établir une courbe de la symptomatologie; partant de là, il était clair que la maladie avait atteint son point culminant et qu'il y avait déjà une tendance à l'amélioration à l'époque de la consultation. La courbe révélait une pointe d'angoisse *névrotique* aiguë suivie d'une détresse croissante, puis la maladie changeait de qualité et l'enfant devenait malade sur un mode *psychotique*. La phase

1. *Case Conference*, vol. II, n° 7, novembre 1955. Titre anglais : « A case managed at home ». A propos de *management*, voir la préface d'H. Sauguet. *(N.d.T.)*

névrotique aiguë fait suite à une histoire que lui avait racontée sa sœur, au cours d'une période où elle commençait déjà à être bouleversée parce qu'elle devait être demoiselle d'honneur au mariage de sa tante préférée. La période de troubles psychotiques aigus correspondait en gros au mariage.

Mon attention fut attirée par le fait que l'enfant avait commencé à s'améliorer; quand je suis entré dans le détail, j'ai découvert que la famille s'était transformée en service psychiatrique en se donnant une organisation paranoïde qui allait comme un gant à cette enfant paranoïde repliée. Au début l'enfant ne pouvait pas se passer du contact physique effectif avec la mère mais, déjà à l'époque de la consultation, il y avait un rayon de quelques mètres autour de la mère dans lequel l'enfant pouvait vivre sans détresse aiguë. J'ai découvert que la mère, qui n'était pas une femme éduquée ni même très intelligente, mais qui dirigeait très bien sa maison (*an excellent manager of her home*), voulait savoir pourquoi elle et la famille s'étaient ainsi transformées et se trouvaient dans cet état curieux et anormal. En fait, elle a maintenu l'atmosphère de service psychiatrique autour de l'enfant jusqu'à ce que l'enfant soit prête à ce que le foyer redevienne progressivement normal. Le retour progressif du foyer à la normale s'est effectué à mesure que l'enfant perdait son organisation défensive paranoïde. Je me suis assuré la coopération des autorités locales même quand j'ai demandé que personne ne visite le foyer, et pendant une année entière j'ai pris toute la responsabilité, simplifiant ainsi la tâche de la mère.

Ce fut donc la prise en charge (le *management*) plutôt que la psychothérapie directe qui permit le retour de l'enfant à la normale ou presque à la normale. Il y eut un certain travail direct fait avec l'enfant au cours des visites hebdomadaires qui pourtant étaient nécessairement brèves car je n'avais pas de place pour le traitement d'un cas à l'époque. Ce qui fut fait dans ces contacts brefs n'était ni le principal ni l'essentiel du traitement mais ce fut en fait un adjuvant utile.

Je vais maintenant tenter de décrire le cas en détail.

Kathleen m'a été envoyée à l'âge de six ans par le psychiatre de la *County Child Guidance Clinic* [1] avec une note qui disait : « Elle est devenue récemment très négative, se parle à elle-même, fixe l'espace et refuse de coopérer avec sa mère tout en refusant d'être séparée d'elle. »

1. Dispensaire départemental d'aide à l'enfance.

J'ai pu m'appuyer sur un rapport fait localement par un travailleur social psychiatrique quand j'ai établi l'anamnèse suivante après avoir vu la mère :

Mère : Paraît être stable, est maintenant très inquiète et tout à fait perplexe sur la façon de faire avec la patiente.
Père : Bien en vie (*alive and well*).
Les enfants de la famille : Pat, âgée de onze ans, une enfant à l'esprit vif et loquace. La patiente, âgée de six ans. Sylvia, âgée de vingt mois, une très jolie petite fille.

Kathleen a été nourrie au sein trois mois; elle a ensuite pris facilement le biberon et est passée au solide et a mangé toute seule sans difficulté. Elle a commencé à utiliser des mots alors qu'elle avait douze mois et elle a parlé de bonne heure. Elle marchait à seize mois; elle est devenue propre normalement. La mère a pu comparer le développement infantile de cette enfant avec celui des deux autres et sans aucun doute elle n'était pas en retard.

Il n'y a pas eu de maladie physique importante. Elle a dû subir une opération de son pouce à l'hôpital et n'a pas paru être effrayée de cette expérience. Récemment, elle se plaignait de maux de tête et paraissait pâle. Dans la petite enfance, elle se mettait à crier d'une manière qui dépassait un peu la normale et les parents ont toujours dû faire un peu plus attention en s'occupant de cette enfant que pour les autres. Ils ont observé qu'il leur fallait s'adapter plus étroitement à elle. En d'autres termes, elle était du genre sensible. On a remarqué qu'elle avait besoin qu'on réponde vite à ses questions, autrement elle se mettait à avoir de violents accès de colère. Elle était toujours très nerveuse et il fallait qu'on s'occupe d'elle avec tact. On pouvait dire cependant qu'elle était dans des limites normales : intelligente, heureuse, capable de jouer et d'établir de bons contacts avec les autres.

Quand elle est allée à l'école à cinq ans, elle n'a pas beaucoup aimé cela mais s'est montrée très raisonnable. Elle était d'un commerce agréable, sociable et était « capable de faire face aux frustrations après réflexion ». Son travail était dans la moyenne jusqu'à quelques semaines avant la consultation, moment où elle a commencé à aller mal.

A la maison, l'enfant aimait aider sa mère dans le travail ménager et elle se débrouillait très bien depuis qu'elle avait environ quatre ans. Elle aimait jouer avec sa petite sœur, elle faisait très attention à garder ses livres en bon état et détestait que la plus jeune les lui salisse ou les lui déchire. Elle avait de l'affection pour ses poupées. Elle aimait aller à la *sunday school*[1]. Elle paraissait avoir de l'affection pour sa petite sœur et aimait faire des choses pour elle.

Kathleen appartient à une famille de la classe ouvrière ordinaire. Le père ramasse les métaux usagés et a une affaire qui marche bien. Il a commencé avec un bout de terrain, a installé sa famille dans une caravane, puis a pu acquérir une petite maison de campagne et une petite voiture. La mère est une femme gentille, pas très intelligente mais capable de mener sa vie avec bon sens, en ne tentant pas de faire plus que ce qu'elle sait qu'elle peut arriver à faire (*manage*). Elle vient d'une famille d'une intelligence limitée et du côté du père il y a un oncle épileptique.

Quelques semaines avant la première consultation, Kathleen devait être demoiselle d'honneur au mariage d'une tante chérie. Ce mariage était imminent au moment où sa maladie s'est déclarée. Elle disait à sa tante : « C'est mon mariage et pas le tien. » Ce n'était pas juste une remarque pour rire et en fait cela a marqué le début de sa détresse. Elle pouvait s'imaginer à la place de sa tante mais ne pouvait pas faire face au mariage comme observatrice. A l'époque elle commençait aussi – au début c'était léger – à avoir des hallucinations de persécution et elle essayait de faire en sorte que chacun garde le sourire car on pouvait toujours craindre que quelque chose de vilain apparaisse sur les visages. Bientôt ce ne fut plus suffisant que les gens sourient. Puis, plus rapidement, il y eut un changement marqué : son institutrice a rapporté qu'au cours des dernières semaines elle ne faisait pas attention quand on lui parlait, même quand elle avait été appelé plusieurs fois par son nom. Elle restait assise, regardant fixement devant elle, totalement absorbée. Une ou deux fois elle avait refusé d'ôter son bonnet et son manteau à l'école. Maintenant, elle coloriait moins soigneusement, parfois elle gribouillait au lieu d'écrire et elle se trompait pour certaines lettres alors qu'auparavant cela n'avait pas été le cas.

Début de la maladie aiguë

A ce moment-là sa sœur de onze ans, qui, en fait, était affectée par la perspective du mariage de la même façon que Kathleen, fit quelque chose qui a eu très précisément une influence sur le conflit dans l'esprit de cette enfant. Elle a raconté une histoire sinistre. Kathleen avait de l'affection pour sa tante et s'était identifiée à cette tante avec le côté féminin de sa personnalité; mais elle avait plus de difficultés

1. Enseignement religieux du dimanche.

avec un autre côté de sa personnalité plus inaccessible, c'est-à-dire son identification à *l'homme* dans le mariage. Elle le connaissait et avait aussi de l'affection pour lui. En se fondant sur sa propre identification à sa mère et sur son amour de son père, elle aurait été apte à faire face à tout cela si les choses s'étaient bien déroulées. Disons qu'elle avait deux rêves potentiels, l'un où elle était la demoiselle d'honneur, identifiée à la mariée, et un autre où le côté mâle de sa nature était en rivalité avec le marié. Cette dernière rivalité était porteuse de mort, c'était donc un problème très sérieux pour elle quand sa sœur (prise aussi dans le même conflit) lui raconta une sombre histoire d'après une émission de radio : il s'agissait d'un homme qui était tué et il y avait du sang qui recouvrait tout le plancher.

Ses défenses contre l'angoisse et les conflits suscités par le mariage avaient été efficaces et son identification masculine avait subi le refoulement. A ce moment pourtant est apparue une menace d'irruption des rêves intolérables rattachés à la rivalité avec l'homme, et elle a dû organiser des défenses nouvelles et plus primitives. C'est là qu'elle s'est repliée et est devenue paranoïde. Cette réorganisation demandait du temps et l'effet immédiat de l'histoire de la sœur se répercuta dans une angoisse manifeste très grave. Il y a donc eu une période préliminaire de maladie névrotique aiguë; l'enfant s'est mise à avoir une peur extrême quand elle allait se coucher; elle demandait sans cesse s'il y avait du sang sur le plancher; elle répétait : « Maman, maman, est-ce qu'il viendra me tuer ? Est-ce que tout ira bien pour moi ? Est-ce que tu montes la garde à la porte ? » Finalement, on arrivait à l'apaiser et elle s'endormait.

Après cette période d'angoisse aiguë, elle s'en est remise et devint assez normale pendant quelque temps, mais environ une semaine plus tard, en rentrant de l'école, elle a commencé à parler bizarrement d'un homme qui avait voulu l'emmener dans l'eau. Elle dit que tous les enfants qui allaient dans l'eau avec lui avaient des habits neufs. C'était devenu un cas psychotique.

A partir de là elle n'a plus été elle-même et, à peu près à l'époque du mariage, elle est devenue très malade, d'une manière qui évoquait moins la psychonévrose que la maladie de l'hôpital psychiatrique. Elle restait assise et regardait fixement dans l'espace, perdue dans le vague, et refusait de répondre quand on lui parlait. Un matin elle a regardé sa sœur et amie, a paru terrifiée et elle a crié à sa mère : « Qu'ils s'en aillent ! » Elle dit que leurs visages paraissaient horribles et affreux et que leur vue lui était insupportable. Il était clair qu'elle était hallucinée. Une fois dans la rue, elle a crié : « Que tous ces gens-là partent ! Ne les laisse pas s'approcher de moi ! » Elle est devenue totalement absorbée dans ses pensées. Si on lui demandait de faire quelque chose de simple, elle ne semblait pas comprendre, était prise d'un accès de fureur, disant : « Quoi ? Qu'est-ce que tu veux dire ? Tu me mets de la pagaille et tu m'as fait perdre mon temps de nouveau. » Elle pleurait souvent, utilisait de très vilains mots et paraissait être dans une terreur extrême. Souvent elle disait qu'elle détestait sa mère et voulait s'en aller immédiatement. Une fois elle s'est pliée en deux de douleur et a dit à sa mère : « Tu parles dans mon ventre, tu me fais mal. » Souvent elle parlait d'un homme : « Lui et moi, on y va, je vais vivre avec lui dans une cabane et vous ne viendrez pas ! Il va m'emmener ». Parfois elle identifiait cet homme-là à la voix d'un homme à la radio, elle paraissait le voir et elle fixait l'espace comme si elle était hallucinée en criant : « Il l'a fait ! » Si on lui donnait des bonbons, elle les gardait dans la main comme si elle ne savait pas quoi en faire.

Elle ne s'intéressait plus maintenant à aucun jeu et avait donné ses poupées. Elle ne s'occupait plus, cela ne lui faisait plus rien si sa plus jeune sœur gribouillait sur ses livres, elle ne voulait pas sortir ni jouer avec son vélo; elle suivait sa mère partout et ne la lâchait pas des yeux. Elle pleurait chaque nuit au moment de se coucher et voulait qu'un de ses parents reste avec elle. Elle ne supportait pas que le nom de son école soit mentionné et se couvrait le visage en l'entendant. A un moment où elle devait sortir avec son père, elle avait fait huit tentatives sans pouvoir se décider et elle était allée trouver sa mère dans une grande détresse. Après cela, elle ne voulait plus du tout quitter sa mère. Tant qu'elle était à proximité de sa mère, elle n'allait pas trop mal, mais elle ne pouvait pas dormir sans que sa mère reste assise à côté d'elle une heure ou deux. Même alors, elle se levait à deux heures du matin et allait se réfugier chez sa mère en restant agitée et sans dormir. Maintenant il n'y avait plus de cauchemars. Avant la maladie, elle faisait toujours le tour de l'horloge. Pendant un certain temps elle ne pouvait pas supporter la vue de sa sœur aînée. Elle utilisait cependant la plus jeune sœur pour représenter un aspect normal d'elle-même, un peu pour maintenir le flambeau pendant qu'elle, elle était malade, tout comme d'autres malades du même type utilisent un chat ou un chien ou un canard. Alors qu'elle avait aimé ses poupées qu'elle gardait soigneusement sur son lit, maintenant elle les avait laissées de côté pour que la petite s'en serve. A son affection pour la petite se mêlait maintenant une certaine angoisse car elle ne cessait pas de tâter le visage du bébé et de dire : « Est-ce qu'elle va bien ? », ce qui mettait le bébé de mauvaise humeur.

Elle avait aussi entièrement cessé de dessiner avec ses crayons de couleur. Il n'y avait pas d'incontinence bien que la mère ait toujours dû faire très attention à cette enfant pour l'aider rapidement. Alors qu'elle avait toujours aimé aller à la *sunday school*, c'était devenu impossible parce qu'elle ne pouvait pas quitter sa mère. Elle est allée une fois à l'église avec sa mère, mais au lieu d'y trouver du plaisir elle en a eu assez vers la fin. Elle ne supportait pas les gens.

Le décours de la maladie aiguë

Un examen minutieux des détails montrait que le trouble s'était présenté au début comme le développement excessif de la susceptibilité ordinaire en rapport avec l'excitation liée aux préparatifs du mariage. Le point culminant brusque de l'angoisse manifeste a fait suite à l'histoire de la radio. Elle s'en est un peu remise mais une semaine plus tard est apparue la phase psychotique de la maladie qui s'est étalée sur toute la période du mariage. Progressivement, après une semaine ou deux, la gravité de la maladie a eu tendance à décroître et cette amélioration, même si elle a été légère et graduelle, s'est maintenue constamment jusqu'à la guérison de l'enfant au bout d'une année complète.

Je suis entré en jeu au moment de la légère amélioration après la phase la plus grave de la maladie et j'ai dû me demander qu'est-ce qui avait suscité cette amélioration. Est-ce que c'était parce que le mariage était passé, ou est-ce qu'il était arrivé quelque chose d'autre qui avait aidé ? Déjà je m'étais formé une opinion : il était peu probable que j'éloignerais cette enfant pour la mettre dans un foyer parce que vraisemblablement je ne pourrais trouver un placement susceptible de l'amener à la guérison. J'ai commencé à examiner la question : comment était la famille ? et j'ai découvert que la famille s'était transformée en service psychiatrique pour l'enfant. Les parents s'étaient organisés pour que personne ne vienne à la porte puisque l'enfant avait si peur qu'on frappe à la porte. On avait dit au laitier de laisser le lait à la grille au lieu de le mettre sur le pas de la porte. Le facteur et le charbonnier avaient reçu des instructions analogues. Même des membres de la famille n'avaient pas le droit de visite, etc. Toute la famille était impliquée. Quel centre thérapeutique aurait pu faire tout cela ?

La question que je me posais était de savoir si je pouvais fournir quelque chose de mieux que ce qui était fait à la maison ; la réponse était négative. J'ai expliqué à la mère la signification de ce qu'elle faisait et je lui ai demandé si elle pouvait continuer. Elle a dit : « Maintenant que vous me dites ce que je suis en train de faire, je peux continuer. Combien de temps est-ce que ça durera ? » A cela j'ai dû répondre : « Je ne sais pas, mais certainement des mois. »

De la sorte j'ai aidé la mère dans sa tâche en écrivant aux autorités locales pour demander que personne ne vienne rendre visite à la famille, que ce soit du dispensaire ou de l'école, et la coopération a été totale. Quand l'enfant commença à se remettre, c'est le travailleur social scolaire qui a été en premier *persona grata* et incidemment il est intéressant de noter que sa mort récente a été ressentie comme une grande perte dans la famille car ils s'étaient tous tellement attachés à cet homme. Au sein de ce système paranoïde artificiel, l'enfant a pu progressivement abandonner son retrait paranoïde propre. Au lieu de ne pouvoir supporter la vie qu'en s'accrochant à sa mère, elle a commencé à être capable d'être suffisamment normale si elle était dans un rayon de quelques mètres de sa mère. La façon dont les enfants aussi bien que les adultes se sont adaptés aux besoins de la fillette était tout à fait remarquable. Progressivement, le cercle dans lequel l'enfant se sentait en sécurité s'est élargi jusqu'à englober la maison et même au-delà.

Contact maintenu

Tout ce temps-là, bien que cela soit en opposition avec l'idée de la maison-système clos, la mère m'amenait l'enfant à mon cabinet une fois par semaine pour un très bref contact. Chaque semaine j'expliquais à la mère ce qui se passait et je donnais à l'enfant l'occasion d'être négative. Elle refusait d'entrer dans ma salle de jeu, elle paraissait sauvage et méfiante et la plupart du temps elle restait juste près de sa mère, tapait du pied, crachait, jurait et avait des propos orduriers. Elle était comme un animal sauvage. Parfois elle disait : « Boucle-la, je vais te flanquer une raclée ! », ou bien : « Non, non, non ! » Il est difficile de décrire la violence avec laquelle elle me rejetait. Après plusieurs visites, l'enfant s'est permis de faire un petit tour rapide de la salle de jeu avant de s'en aller. De la sorte elle savait qu'il y avait des jouets et au bout de bien des semaines elle s'est permis même d'en toucher un. Une fois, bien qu'elle ait refusé une feuille de papier que je lui tendais, en partant elle a levé la tête vers la fenêtre alors qu'elle était déjà dans la rue, et quand j'en ai jeté une par la fenêtre elle l'a ramassée et elle l'a emmenée chez elle. Ces visites qu'elle me faisait étaient acceptées par l'enfant comme une excursion en dehors de la maison, la seule qu'elle pouvait supporter. Progressivement, au bout de bon nombre de ces courtes séances, elle parvint à commencer à m'accepter.

Il s'écoula un long intervalle pendant lequel je ne l'ai pas vue du tout à cause des vacances. Après cela, je me suis rendu compte que l'enfant s'était tellement améliorée que je n'ai plus poursuivi les entretiens mais j'ai conseillé aux parents, à l'école et aux travailleurs sociaux de laisser la guérison se faire lentement et tout naturellement.

Il y a eu un autre épisode qui s'est situé quand elle devait aller chez la tante et l'oncle mariés pour y rester. La tante ne pouvait pas la recevoir et pendant quelques semaines, la maladie l'a reprise sous une forme symbolique. Tous les symptômes devenaient reconnaissables mais après quelques semaines il y a eu une nouvelle guérison spontanée.

Quinze mois après le début de la maladie elle était de retour à l'école. Les instituteurs dirent que bien évidemment elle avait un peu perdu mais qu'on pouvait l'accepter et qu'on pouvait la traiter presque comme avant.

Deux ans plus tard

Près de deux ans plus tard, alors qu'elle avait huit ans, elle dit à sa mère : « Je veux voir le Dr Winnicott et je veux emmener ma petite sœur. » La visite fut organisée et quand elle est arrivée dans mon cabinet, il était évident qu'elle savait ce qu'elle pouvait s'attendre à trouver là et elle montra les jouets à sa sœur. Auparavant, je ne pouvais pas être certain qu'elle avait vraiment remarqué les jouets. La sœur joua à un jeu complètement à part, jouant normalement avec les jouets, et j'ai partagé mon attention entre les deux enfants. Le jeu de Kathleen consista en une construction d'une très longue route qui utilisait beaucoup de petits jouets représentant des maisons que j'avais à ce moment-là dans ma salle de jeu. Il était clair qu'elle demandait une interprétation et j'ai pu lui expliquer que ce qu'elle faisait c'était d'unir le passé au présent en reliant ma maison à la sienne, en intégrant l'expérience passée au présent. C'était pour cela qu'elle était venue, et aussi pour me faire savoir qu'elle avait utilisé la petite sœur pour son aspect normal à elle. Progressivement, au cours de sa guérison, elle avait retiré son soi normal de sa petite sœur et était revenue à des relations normales avec celle-ci.

J'ai appris qu'à l'époque qui avait suivi la récession due à ce que sa tante n'avait pas pu la recevoir, la mère avait eu le sentiment qu'elle *devait* éloigner l'enfant d'elle parce que s'était développée entre elles (la mère et Kathleen) une relation qui était basée sur le traitement *(management)* de la maladie plutôt que sur le fait d'être une mère et c'est ce qu'on n'arrivait pas entièrement à rompre. La mère prit le risque par conséquent d'envoyer l'enfant chez d'autres parents. Au retour de ces vacances, Kathleen paraissait tout à fait normale, dormant bien, jouant, partageant; elle était moins sujette à des crises de colère qu'avant sa maladie.

Autre suivi

Récemment, j'ai demandé à ce qu'elle me rende une visite amicale. La mère est venue bien volontiers, m'amenant les trois enfants. La sœur aînée, qui a maintenant dix-neuf ans, est intelligente, bien élevée, a un bon travail, s'habille avec beaucoup de goût.

Sylvia, qui a maintenant neuf ans, se développe bien.

Kathleen, à treize ans et demi, donne bien l'impression d'être normale, mais elle a une grande intensité et n'a pas l'intelligence vive de son aînée. Elle était très contente de me voir et a parlé de la vie avec beaucoup de maturité. A l'école cela se passe bien, mais pour le moment elle n'est pas bonne dans les additions [1]. Autrement elle est à peu près dans la moyenne. J'ai appris qu'on l'aime bien quoiqu'elle n'ait pas beaucoup d'amis. Elle s'est déjà inscrite pour recevoir une formation de brodeuse, et ses professeurs disent qu'il y a tout lieu de croire qu'elle le fera et le fera bien.

Ainsi on peut dire qu'elle s'est remise. Moi, j'ai aidé à ma façon. Les parents ont fait le gros du travail et pour cela ils n'avaient pas besoin de savoir-faire. Il fallait qu'ils sentent que cela valait la peine de faire temporairement une adaptation spéciale aux besoins de leur enfant malade.

Réflexions théoriques

Laissez-moi comparer la maladie névrotique au développement psychotique. Certains conflits entre son identification du côté masculin (homosexuel) n'étaient pas accessibles à sa conscience, si bien qu'elle n'était pas en mesure de parvenir à une relation satisfaisante entre son *self* masculin et le futur oncle. D'où le traumatisme poten-

1. Un test d'intelligence fait à treize ans et dix mois donnait pour résultat un Q.I. de 91.

tiel de la situation du mariage. La sinistre histoire avait fait éclater ce conflit au grand jour, de sorte qu'elle souffrait d'une grave angoisse. A ce stade, une psychothérapie personnelle aurait pu l'aider. A mesure que le mariage approchait, s'est développée chez l'enfant une défense plus sérieuse. Elle est devenue psychotique, repliée, absorbée par le soin d'elle-même à l'intérieur d'elle-même. Cela l'a mise dans une situation vulnérable car elle n'avait plus le temps de faire face au monde extérieur. En d'autres termes elle est devenue paranoïde.

On a fait appel à moi quand cette organisation défensive plus psychotique était déjà établie. Si j'avais été en situation de donner à l'enfant un traitement plus en profondeur au lieu de la faire venir simplement pour cracher, mon cabinet aurait progressivement pris la même atmosphère d'hôpital psychiatrique que celle qui s'est développée en fait à la maison. Mais je n'ai pas eu besoin de donner ce traitement. Les parents ont fourni un cadre dans lequel elle pouvait être. Elle a pu s'identifier à son propre foyer (modifié) parce qu'il a pris la forme de ses défenses à elle.

Résumé

C'est un cas de psychiatrie infantile dans lequel une famille de la classe ouvrière a réussi à prendre en charge un enfant dans une maladie psychotique d'une durée de quinze mois. Elle a été aidée par un minimum d'attention de ma part accordée à l'enfant et par le *management.* En fait je n'ai pas passé sur ce cas plus de quelques heures au total, réparties sur plusieurs mois.

Peut-être que ce cas pourra aider le travailleur social chargé de l'aide à l'enfance à comprendre ce qui se passe quand des enfants utilisent positivement des parents adoptifs ou nourriciers, ou un internat (*cf.* Clare Britton, 1955).

LES FORMES CLINIQUES DU TRANSFERT [1]

(1955-1956)

Dans cette participation au Colloque sur le transfert, je traiterai d'un aspect particulier du sujet : celui qui concerne l'influence exercée sur la pratique analytique par la nouvelle manière de concevoir les soins à donner au petit enfant. D'ailleurs cette conception découle elle-même de la théorie analytique.

L'histoire de la psychanalyse nous montre que, souvent, la métapsychologie psychanalytique n'a été mise en application qu'après un certain temps. Freud a été en mesure de formuler une théorie des tout premiers stades du développement affectif de l'individu à une époque où la théorie ne s'appliquait qu'au traitement de cas névrotiques bien choisis. (Je me réfère ici à la période de l'œuvre de Freud comprise entre 1905 et 1914.)

Ainsi, la théorie du processus primaire, de l'identification primaire et du refoulement primaire ne s'est manifestée dans la pratique analytique que par la considération – bien plus grande chez les analystes que chez les non-analystes – accordée au rêve et à la réalité psychique.

Avec le recul, nous pouvons dire que les cas étaient bien choisis et relevaient de l'analyse si, dès le tout début de sa vie, le patient avait reçu des *soins appropriés à la petite enfance suffisamment bons (good enough infant care)*. Cette adaptation suffisante *(good enough)* au besoin dès le départ avait permis au moi de l'individu de parvenir à exister *(come into being)*, et l'analyste pouvait alors considérer *comme acquis* ces premiers stades de l'édification du moi. De la sorte, les analystes pouvaient donc faire comme si le premier repas était la pre-

1. Conférence prononcée au XIXe Congrès international de Psychanalyse, Genève, 1955. *Int. J. Psycho-Anal.*, XXXVII, 1956, p. 386.

mière expérience du petit enfant et comme si la relation d'objet entre la mère et l'enfant qu'impliquait cette expérience était la première relation significative. Cette attitude était peut-être satisfaisante pour l'analyste dans sa pratique, mais elle ne pouvait satisfaire l'observateur direct de petits enfants avec leur mère qui prend soin d'eux.

A cette époque, la théorie s'approchait en tâtonnant d'une vue intuitive (*insight*) plus profonde de la relation mère-enfant et en effet le terme « identification primaire » évoque un environnement non différencié encore de ce qui sera l'individu. Quand nous considérons une mère qui tient (*holding*) son enfant peu après la naissance, ou même un enfant à naître, nous savons immédiatement qu'il y a un autre point de vue : le point de vue de l'enfant si l'enfant était déjà là; partant de ce point de vue, nous pouvons dire soit que le petit enfant n'a pas émergé et ne s'est pas encore différencié, soit que le processus de différenciation est déclenché, et qu'il y a dépendance absolue à l'égard de l'environnement immédiat et de son comportement. Il est dès lors possible d'étudier et d'utiliser cette partie essentielle de la théorie ancienne d'une manière efficace et nouvelle dans le travail analytique, que ce soit dans le traitement de cas limites ou au cours de phases ou de moments psychotiques qui surviennent pendant l'analyse de névrosés ou de gens normaux. Ce travail élargit le concept du transfert, puisque au moment de l'analyse de ces phases le moi du patient ne peut pas être considéré comme une entité établie : il ne peut donc y avoir de névrose de transfert, car, pour cela, il est indispensable qu'il y ait un moi, et même un moi intact, capable de maintenir ses défenses contre l'angoisse issue de l'instinct après en avoir accepté la responsabilité.

J'ai fait allusion à l'état de choses qui existe au moment où un progrès permettra d'émerger de l'identification primaire. Tout d'abord, c'est la dépendance absolue. Il y a deux issues possibles : ou bien l'adaptation de l'environnement au besoin est suffisante (*good enough*) pour que vienne à exister (*come into being*) un moi qui, le moment venu, peut vivre les pulsions du « ça »; ou bien, elle est insuffisante (*not good enough*) : il n'y a donc pas d'instauration d'un moi authentique (*true ego establishment*), mais, au contraire, on voit se développer un *pseudo-self* [1] qui est une somme de réactions innombrables à une succession de défauts d'adaptation. J'aimerais me référer ici à l'article d'Anna Freud « L'extension du champ des indications de la psycha-

1. Winnicott utilise ici le terme *pseudo-self* et non *false self* plus couramment employé. A propos du *self* et du moi (*ego*), *cf.* lettre sur le *self* (à Jeannine Kalmanovitch, 19 janvier 1971, *in* Anne Clancier et Jeannine Kalmanovitch, *Le paradoxe de Winnicott*, Payot, Paris, 1984, pp. 108-110. (*N.d.T.*)

nalyse » (1954). L'environnement, lorsqu'il s'adapte bien à ce stade précoce, n'est pas perçu, ni même enregistré, de sorte que, à ce stade primitif, il n'y a pas de sentiment de dépendance; mais, lorsque l'environnement ne réussit pas dans sa tâche qui consiste à s'adapter activement, c'est automatiquement enregistré comme un empiétement, quelque chose qui rompt la continuité de l'être (*the continuity of being*), cela même qui, sans cette interruption, aurait abouti au moi de l'être humain en voie de différenciation.

Il peut y avoir des cas extrêmes où on ne trouve rien qu'une série de réactions aux carences d'adaptation de l'environnement au stade critique de l'émergence de l'identification primaire. Je suis sûr que cet état est compatible avec la vie et avec la santé physique. Dans les cas qui ont servi de base à mon travail, il y a eu ce que j'appelle un *self* authentique (*true self*), camouflé, protégé par un faux *self* (*false self*) : ce faux *self* est, sans nul doute, un aspect du vrai *self*. Il le masque et le protège, réagit aux carences d'adaptation, et institue un schéma correspondant au schéma de carence de l'environnement. De cette façon, le vrai *self* n'est pas amené à réagir et conserve une continuité d'être (*a continuity of being*). Cependant ce vrai *self* caché souffre d'un appauvrissement dû au manque d'expérience.

Le faux *self* peut parvenir à une intégrité trompeuse, c'est-à-dire à une fausse force du moi, constituée à partir d'un modèle fourni par l'environnement, et par un milieu bon et sécurisant, car il n'est pas dit qu'une carence maternelle primitive engendre obligatoirement une faillite générale des soins infantiles. Néanmoins, le faux *self* ne peut pas avoir l'expérience vécue de la vie ou se sentir réel.

Dans un cas favorable, le faux *self* détermine une attitude maternelle immuable à l'égard du vrai *self*, et maintient (*holding*) en permanence le vrai *self*, comme une mère porte son bébé, dès que la différenciation commence, au moment où il émerge de l'identification primaire.

Dans le travail que je rapporte ici, l'analyste suit le principe de base de la psychanalyse : ce qui compte, c'est l'inconscient du patient, et c'est lui seul auquel on doit s'attacher. Quand il aborde une tendance régressive, l'analyste doit être préparé à suivre le processus inconscient du patient, s'il ne veut pas donner de directive qui l'amènerait à sortir de son rôle d'analyste. Je me suis aperçu qu'il n'est pas nécessaire de s'écarter du rôle d'analyste et qu'il est possible de se laisser guider par l'inconscient du patient dans ce type de cas tout comme dans l'analyse de la névrose. Il y a cependant des différences entre les deux.

Lorsqu'on se trouve en présence d'un moi intact, et que l'analyste peut considérer comme acquis les tout premiers éléments des soins infantiles, le cadre (*setting*) analytique est peu important par rapport au travail d'interprétation (par cadre, j'entends l'ensemble de tous les détails concernant la conduite [*management*] de l'analyse). Il existe cependant des normes de base dans la conduite d'une analyse ordinaire, qui sont plus ou moins acceptées par tous les analystes.

Dans le travail que je décris présentement, le cadre (*setting*) devient plus important que l'interprétation. Il y a revirement.

En étant suffisant dans le domaine de l'adaptation au besoin, le comportement de l'analyste – représenté par ce que j'ai appelé le cadre (*setting*) – est perçu progressivement par le patient comme quelque chose qui éveille un espoir : celui de voir le vrai *self* devenir capable de prendre les risques auxquels il s'expose en commençant à faire l'expérience de vivre.

En fin de compte, le faux *self* s'en remet à l'analyste. C'est une période de grande dépendance et de risque véritable, et il est naturel que le patient soit dans un état de profonde régression (j'entends par là : retour à la dépendance et aux processus de développement primitifs). C'est un état également très pénible, car le patient est conscient des risques encourus, alors qu'à ce stade primitif le petit enfant en est inconscient. Dans certains cas, une partie si importante de la personnalité du patient se trouve engagée qu'il faut qu'il soit hospitalisé à ce stade. Les processus sont cependant mieux étudiés dans les cas où ces problèmes sont plus ou moins limités à la durée des séances d'analyse.

Une caractéristique du transfert à ce stade est que nous devons autoriser le passé du malade à *être* le présent. C'est l'idée que développe Mme Sechehaye dans son livre et dans le titre qu'elle a choisi : *La réalisation symbolique.* Tandis que dans la névrose de transfert, le passé entre dans la salle de consultation, il est plus juste de dire que, dans ce type de travail, le présent retourne dans le passé et *est* le passé. L'analyste se trouve ainsi confronté au processus primaire du patient dans le cadre même où ce processus avait sa valeur originelle.

Une adaptation suffisamment bonne (good enough) de l'analyste produira exactement l'effet recherché, c'est-à-dire que le principal champ opératoire subira une modification qui permettra au patient de passer du faux *self* au vrai *self.* Le patient trouve alors pour la première fois de sa vie une occasion de développer un moi, de l'intégrer à partir des noyaux du moi, de l'asseoir en tant que moi corporel et aussi de renoncer à l'environnement extérieur en amorçant une situation de relation (*relatedness*) aux objets. Pour la première fois, le moi peut vivre les pulsions du ça et, ce faisant, se sentir réel, et réel également lorsqu'il cesse de les ressentir. A partir de ce moment peut enfin se dérouler l'analyse classique des défenses du moi contre l'angoisse.

Le patient devient progressivement capable d'utiliser les adaptations heureuses, mais limitées de l'analyste; ainsi son moi peut commencer à se remémorer les carences originelles qu'il a toutes enregistrées et qui sont là, toutes prêtes. Ces carences ont été, en leur temps, cause d'interruption du sentiment continu d'exister et on peut dire qu'un traitement comme celui que je décris est bien avancé lorsque le patient est capable d'exprimer sa colère en retrouvant une carence originelle. C'est seulement lorsque le patient en arrive là qu'il peut commencer à mettre la réalité à l'épreuve. Il semble qu'une sorte de refoulement primaire s'opère une fois que les traumatismes enregistrés ont servi au traitement.

La façon dont se produit ce changement – le passage d'une expérience d'interruption à une expérience de colère – est un sujet qui m'intéresse particulièrement : c'est précisément là que j'ai constaté avec étonnement que *ce sont les failles de l'analyste que le patient utilise!* Il y a toujours des failles, car en fait, on ne cherche pas une adaptation parfaite : je dirais qu'il est moins dangereux de faire des erreurs avec ces patients qu'avec les névrosés. Certains seront étonnés, comme je l'ai été moi-même, de voir qu'une faute grossière peut rester presque sans effet, tandis qu'une toute petite erreur de jugement peut avoir un grand retentissement. Le secret, c'est que la carence de l'analyste est utilisée comme une carence *passée* et doit être traitée comme telle. C'est une carence que le patient peut percevoir et circonscrire, et à l'égard de laquelle il peut exprimer maintenant sa colère. Il faut que l'analyste soit capable d'utiliser ses propres défaillances sous l'angle de leur signification pour le patient, et si possible de justifier chacune d'elles, même si cela implique de sa part une étude de son contre-transfert inconscient.

Dans ces phases du travail analytique, ce qu'on appellerait une résistance dans le travail avec un névrosé indique toujours que *l'analyste a fait une erreur* ou qu'il a commis quelque part une erreur d'attitude : en réalité, la résistance demeure jusqu'à ce que l'analyste découvre cette faute, essaye de l'expliquer, pour finir par s'en servir comme moyen thérapeutique. S'il reste sur la défensive, le patient perd l'occasion de ressentir de la colère à propos d'une carence passée, au moment où, pour la première fois, la colère devenait possible. Il y a donc là un grand contraste entre ce travail et l'analyse de névrosés dont le moi est intact. C'est ici que nous comprenons le sens de l'affirmation que toute analyse ratée est un fiasco non du patient mais de l'analyste.

C'est un travail qui exige beaucoup de l'analyste : en effet, il doit à la fois se montrer sensible aux besoins du patient et désirer offrir la situation (*setting*) la plus favorable pour y répondre. Après tout, l'analyste n'est pas la vraie mère du patient.

Par ailleurs, l'analyste se trouve aussi dans l'obligation de chercher ses erreurs dès qu'apparaissent les résistances. Mais ce n'est qu'en utilisant ses propres fautes, au cours de ces phases, qu'il parvient à accomplir la partie la plus importante du traitement : celle qui permet au patient de ressentir, pour la première fois, de la colère à l'égard des petits détails de ce défaut d'adaptation, causes en leur temps de l'interruption du développement affectif. C'est aussi cette partie du traitement qui libère le patient de sa dépendance à l'égard de l'analyste.

De cette façon, le transfert négatif de l'analyse « névrotique » est remplacé par une colère objective contre les défaillances de l'analyste, si bien qu'il y a là encore une différence importante entre les phénomènes de transfert dans les deux sortes de travail.

Nous ne devons pas chercher à être conscients de nos réussites d'adaptation, puisqu'elles ne sont pas ressenties comme telles à un niveau profond. Bien que nous ne puissions pas nous passer de la théorie que nous élaborons au cours de nos discussions, si notre compréhension du besoin du patient se contente d'être intellectuelle au lieu de relever du psyché-soma, notre travail est inévitablement faussé.

Dans ma pratique, j'ai prouvé – en tout cas à moi-même – que l'analyse d'un certain type n'exclut pas l'autre. Il m'arrive de passer de l'un à l'autre et de revenir en arrière, selon l'orientation du processus inconscient du malade. Lorsque le travail d'un genre particulier auquel j'ai fait allusion est achevé, il conduit naturellement au travail analytique ordinaire, c'est-à-dire l'analyse de la position dépressive et des défenses névrotiques d'un malade qui a un moi, un moi intact, un moi capable de vivre les pulsions du ça, et d'en assumer les conséquences. Il reste maintenant à étudier dans le détail les critères qui permettent à l'analyste de discerner le moment où il *devra utiliser le passage de l'un à l'autre* et de savoir reconnaître l'apparition d'un besoin du type décrit plus haut, auquel il est nécessaire de répondre – au moins symboliquement – par une adaptation active, tandis que l'analyste ne cessera de garder toujours présent à l'esprit le concept d'identification primaire.

LA PRÉOCCUPATION MATERNELLE PRIMAIRE

(1956)

C'est la discussion publiée dans *The Psychoanalytic Study of the Child*, volume IX, sous le titre « Problèmes de névrose infantile » qui a suscité le présent article. Les diverses contributions d'Anna Freud à cette discussion constituent un exposé important de la théorie psychanalytique contemporaine dans ses rapports avec les stades primitifs de la vie du petit enfant et l'édification de la personnalité.

Je voudrais traiter le thème de la relation mère-enfant la plus primitive : thème d'une extrême importance au début, et qui cède progressivement la place à celui du petit enfant devenant un être indépendant.

Je commencerai par me ranger aux côtés d'Anna Freud, lorsqu'elle parle des « conceptions erronées courantes ». « Déceptions et frustrations sont inévitables dans la relation mère-enfant... Mais ce serait généraliser bien vite et de façon trompeuse que de rendre les imperfections maternelles au stade oral responsables de la névrose infantile. L'analyse doit chercher plus avant et plus profondément la cause déterminante de la névrose. » Anna Freud exprime là une notion généralement admise par les psychanalystes.

Malgré tout, il se pourrait que nous ayons avantage à prendre en considération la position de la mère. Il peut y avoir soit un environnement pas suffisamment bon (*not good enough*) qui altère le développement du petit enfant, comme il peut y avoir un milieu suffisant (*good enough*) pour permettre au nourrisson d'atteindre les satisfactions innées, les angoisses et les conflits propres à chaque stade.

Anna Freud nous rappelle que la condition (*patterning*) prégénitale peut être représentée par deux personnes unies pour atteindre ce que l'on pourrait appeler avec plus de concision « l'équilibre homéostasique » (Mahler, 1954), ce que l'on désigne aussi sous le terme « relation symbiotique ». On a souvent constaté que la mère d'un petit enfant est biologiquement conditionnée à sa tâche très particulière, qui consiste à s'adapter aux besoins de son enfant. En langage ordinaire, on dira qu'on se trouve en présence d'une identification – consciente, mais aussi profondément inconsciente – de la mère à son enfant.

Je pense qu'il faut associer ces conceptions variées et observer la mère en dehors de l'aspect purement biologique. Le terme « symbiose » ne nous en apprend pas plus que la comparaison de la relation de la mère et du petit enfant avec d'autres exemples du monde animal ou du monde végétal : interdépendance physique. Les mots « équilibre homéostasique » nous laissent encore dans l'ombre quelques-uns des points qui nous apparaissent quand nous considérons cette relation avec tout le soin qu'elle mérite.

En ce qui nous concerne, nous nous intéressons plutôt aux très grandes différences *psychologiques* qui existent entre l'identification de la mère à son petit enfant d'une part, et, d'autre part, la dépendance du petit enfant à la mère; cette dernière attitude n'implique pas d'identification, car l'identification est un état de choses complexe qui ne s'applique pas aux premières étapes de la petite enfance.

Anna Freud nous démontre que nous avons bien dépassé cette période moins évoluée de la théorie psychanalytique pendant laquelle nous faisions comme si la vie du petit enfant débutait avec l'expérience orale instinctuelle. Nous voici maintenant engagés dans l'étude du développement primitif et du *self* primitif qui, si le développement est allé assez loin, peut être renforcé et non interrompu par les expériences du ça.

Développant le thème du terme « anaclitique », que nous devons à Freud, Anna Freud nous dit : « La relation à la mère, bien qu'étant la première avec un autre être humain, n'est pas la première relation du petit enfant avec l'environnement. Ce qui la précède constitue une phase plus primitive dans laquelle ce n'est pas le monde objectal, mais les besoins corporels et leur satisfaction ou leur frustration qui jouent le rôle principal. »

Incidemment, il me semble que l'emploi du mot « besoin » à la place du mot « désir » (*desire*) a été très important pour l'établissement de notre théorie, mais j'aurais préféré qu'Anna Freud n'ait pas employé ici les mots « satisfaction » et « frustration » : on répond ou on ne répond pas à un besoin, et l'effet n'est pas le même que celui de la satisfaction ou de la frustration de la pulsion du ça.

Je peux ajouter la référence de Greenacre (1954) à ce qu'elle appelle « l'aspect berçant des plaisirs rythmiques ». Nous voyons ici un exemple de besoin auquel on répond ou non, mais il ne serait pas tout à fait exact de prétendre que l'enfant qui n'est pas bercé le ressent comme une frustration. Il n'y a certainement pas de colère, mais une sorte de distorsion du développement à une phase primitive.

Quoi qu'il en soit, il manque, me semble-t-il, une étude approfondie de la fonction de la mère *dès la période la plus primitive*, et j'espère rassembler les différents avis pour soumettre à la discussion une proposition générale.

La préoccupation maternelle

Ma thèse est la suivante : au tout premier stade, nous trouvons chez la mère un état très spécifique, une condition psychologique qui mérite un nom tel que *préoccupation maternelle primaire.* A mon avis ni dans notre littérature spécialisée, ni peut-être ailleurs, personne n'a encore prêté une attention suffisante à cet état psychiatrique très particulier de la mère, dont je dirai ceci :

- il se développe graduellement pour atteindre un degré de sensibilité accrue pendant la grossesse et spécialement à la fin;
- il dure encore quelques semaines après la naissance de l'enfant;
- les mères ne s'en souviennent que difficilement lorsqu'elles en sont remises, et j'irais même jusqu'à prétendre qu'elles ont tendance à en refouler le souvenir.

Cet état organisé (qui serait une maladie, n'était la grossesse) pourrait être comparé à un état de repli, ou à un état de dissociation, ou à une fugue, ou même encore à un trouble plus profond, tel qu'un épisode schizoïde au cours duquel un des aspects de la personnalité prend temporairement le dessus. J'aimerais lui trouver un nom adéquat et montrer combien on doit en tenir compte pour ce qui concerne la toute première phase de la vie du petit enfant. Je ne pense pas qu'il soit possible de comprendre l'attitude de la mère au tout début de la vie du nourrisson si l'on n'admet pas qu'il faut qu'elle soit capable d'atteindre ce stade d'hypersensibilité – presque une maladie – et de s'en remettre ensuite. (C'est à dessein que j'emploie le mot « maladie », parce qu'une femme doit être en bonne santé, à la fois pour atteindre cet état, et pour s'en guérir quand l'enfant l'en délivre. Si l'enfant venait à mourir, l'état de la mère se révélerait brusquement pathologique. C'est le risque qu'elle court.)

Tout cela est contenu dans le terme « dévoué » que j'emploie quand je parle d'une mère « ordinaire normalement dévouée » (*ordinary devoted mother*)[1], car il y a certainement des femmes qui sont de bonnes mères de n'importe quelle autre façon, capables d'une vie riche et pleine, tout en étant dans l'impossibilité de parvenir à cette « maladie normale », qui leur permet de s'adapter aux tout premiers besoins du petit enfant avec délicatesse et sensibilité. Certaines y parviennent avec un enfant et échouent avec un autre. Ces femmes-là seront incapables d'être uniquement préoccupées par leur enfant, à l'exclusion de tout autre intérêt, de la façon qui est temporairement normale. On peut supposer qu'il y a dans quelques-uns de ces cas une « fuite vers la santé mentale ». Certaines ont d'autres centres d'intérêt importants qu'elles n'abandonnent pas facilement, ou bien elles ne peuvent pas admettre cet abandon tant qu'elles n'ont pas eu leur premier enfant; pour une femme qui fait une forte identification masculine, cette partie de sa fonction maternelle peut être spécialement difficile à réaliser, car le désir du pénis refoulé laisse peu de place à la préoccupation maternelle primaire.

Voici ce qu'on observe dans la pratique : ces femmes, ayant mis au monde un enfant, mais ayant « raté le coche au départ », se trouvent alors obligées de pallier ce déficit. Elles traversent une longue période pendant laquelle elles doivent s'adapter de très près aux besoins de leur enfant grandissant, et il n'est pas garanti qu'elles réussissent à réparer la distorsion du développement des premiers temps. Au lieu de bénéficier du bon résultat d'une préoccupation précoce et temporaire, elles se voient imposer la nécessité d'une thérapie pour leur enfant, c'est-à-dire une période prolongée d'adaptation à son besoin : elles sont amenées à le gâter. Elles agissent en thérapeutes, et non pas en parents.

Kanner (1943), Loretta Bender (1947) et bien d'autres signalent ce même phénomène lorsqu'ils tentent de décrire le type de mère qui peut être à l'origine d'un « enfant autiste » (Creak, 1951; Mahler, 1954).

On peut faire à ce propos une comparaison entre la tâche de la mère qui doit compenser son incapacité passée et celle de la société qui s'efforce, parfois avec succès, d'amener un enfant déprivé[2] du stade antisocial à une identification sociale. Ce travail de la mère (ou de la société) nécessite un gros effort car il ne se fait pas naturellement. La raison en est que la tâche dont il s'agit appartient à une époque antérieure, et, pour le cas qui nous occupe, à celle où l'enfant ne faisait que commencer à exister en tant qu'individu.

1. Winnicott, 1949.
2. *Cf.* « La tendance antisociale. » (*N.d.T.*)

Si cette thèse de l'état particulier d'une mère normale et de la guérison de cet état est admise, nous pouvons alors examiner de plus près l'état correspondant du petit enfant.

L'enfant a :

- une constitution;
- des tendances innées au développement (« la sphère du moi libre de conflit »);
- une motricité et une sensibilité;
- des instincts, mêlés aussi à la tendance au développement, avec une prédominance de zone qui change.

La mère qui a atteint cet état que j'ai nommé « préoccupation maternelle primaire » fournit un cadre (*setting*) dans lequel la constitution de l'enfant pourra commencer à se manifester, ses tendances au développement à se déployer, et où lui, l'enfant, pourra ressentir le mouvement spontané et vivre en propre des sensations particulières à cette période primitive de sa vie. Il n'est pas nécessaire de parler ici de vie instinctuelle, car ce que je décris là est antérieur à l'installation des schémas instinctuels.

J'ai tenté de décrire tout cela à ma façon, en disant que, si la mère fournit une adaptation au besoin suffisamment bonne (*good enough*), la propre ligne de vie de l'enfant est très peu perturbée par les réactions aux empiétements de l'environnement (car ce sont bien entendu les *réactions* qui comptent, pas les empiétements). Les carences maternelles provoquent des phases de réactions aux empiétements et ces réactions interrompent la « continuité d'être » (*going on being*) de l'enfant. Un excès de cette réaction n'engendre pas la frustration, mais représente une *menace d'annihilation* : c'est, selon moi, une angoisse primitive très réelle, bien antérieure à toute angoisse qui inclut le mot mort dans sa description.

En d'autres termes, l'établissement du moi doit reposer sur un « sentiment continu d'exister » suffisant, non interrompu par des réactions à l'empiétement. Pour que ce « sentiment continu d'exister » soit suffisant au début, il faut que la mère se trouve dans cet état qui, d'après moi, existe vraiment lorsque la mère normale touche au terme de sa grossesse, et au cours des semaines qui suivent la naissance du bébé.

Seule une mère sensibilisée de la sorte peut se mettre à la place de son enfant et répondre à ses besoins. Ce sont d'abord des besoins corporels qui se transforment progressivement en besoins du moi, au fur et à mesure qu'une psychologie naît de l'élaboration imaginative de l'expérience physique.

Et voici qu'apparaît l'existence d'une relation-au-moi (*ego-*

relatedness) entre la mère et le bébé, dont la mère va se remettre, et à partir de laquelle l'enfant peut éventuellement élaborer l'idée de la personne de la mère. Vue sous cet angle, la reconnaissance de la mère comme personne se fait d'une façon positive, normalement, et ne provient pas d'une expérience de la mère vécue comme symbole de frustration. Le défaut d'adaptation de la mère au stade le plus précoce ne produit rien d'autre que l'annihilation du *self* chez le petit enfant.

Ce que la mère fait bien n'est en aucune façon appréhendé par le petit enfant à ce stade : selon ma thèse, c'est une donnée. Les carences de la mère ne sont pas ressenties comme des carences maternelles, mais elles retentissent comme des menaces contre l'existence personnelle du *self*.

Selon ces considérations, la structuration précoce du moi est donc silencieuse. La première organisation du moi provient du vécu des menaces d'annihilation qui n'entraînent pas l'annihilation et dont on se *remet* chaque fois. Grâce à ces expériences, la confiance dans la guérison va frayer la voie à un moi et à un moi capable de faire face à la frustration.

J'espère qu'on verra ce que cette thèse apporte à notre théorie selon laquelle l'enfant reconnaît la mère comme une mère frustrante. C'est vrai plus tard, mais pas à ce stade très primitif. Au début la mère déficiente n'est pas ressentie comme telle. En fait, reconnaître l'absolue dépendance à la mère ou sa capacité de préoccupation maternelle primaire, suivant le terme dont on la désigne, relève d'une *élaboration extrême* et d'un stade que même les adultes n'atteignent pas toujours. On ne reconnaît généralement pas la dépendance absolue du début, et c'est ce qui engendre la peur de la FEMME, que l'on trouve aussi bien chez les hommes que chez les femmes (Winnicott, 1950, 1957 *a*).

Nous pouvons maintenant dire pourquoi nous pensons que la mère du bébé est la personne qui convient le mieux pour les soins de ce bébé : c'est parce qu'elle a pu atteindre cet état particulier de préoccupation maternelle primaire sans être malade. Toutefois, une mère adoptive ou toute autre femme capable d'être malade au sens de « la préoccupation maternelle primaire » peut s'adapter suffisamment bien, en raison d'une certaine faculté d'identification au bébé.

Il semble, d'après cette thèse, qu'un environnement suffisamment bon (*good enough*) dès le stade primaire permet au petit enfant de commencer à exister, d'avoir ses expériences, d'édifier un moi personnel, de dominer ses instincts et de faire face à toutes les difficultés inhérentes à la vie. Tout cela semble réel à l'enfant, qui devient capable d'avoir un *self*. Celui-ci pourra même éventuellement accepter de sacrifier sa spontanéité et même de mourir.

D'autre part, sans l'environnement initial suffisamment bon (*good enough*), ce *self*, qui peut se permettre de mourir, ne se développera jamais. Le sentiment du réel est absent, et, s'il n'y a pas trop de chaos, le sentiment ultime est celui de l'inutilité. Les difficultés inhérentes à la vie ne peuvent pas être abordées, et encore moins les satisfactions. S'il n'y a pas de chaos, on voit apparaître un faux *self* qui masque le vrai *self*, qui se conforme aux demandes, qui réagit aux stimuli, qui se débarrasse des expériences instinctuelles en les accomplissant, mais qui ne fait que gagner du temps.

On verra d'après cette thèse que les facteurs constitutionnels se révéleront plus facilement dans des conditions normales, lorsque l'environnement s'est adapté dès les premiers instants. Au contraire, lorsqu'il y a eu carence à cette époque, le petit enfant est pris dans des mécanismes de défense primitifs (faux *self*, etc.) qui relèvent de la menace d'annihilation et les éléments constitutionnels ont tendance à être dépassés (à moins de manifestations physiques).

Il faut laisser ici de côté le thème de l'introjection des schèmes pathologiques de la mère chez le petit enfant, bien que ce sujet soit très important par rapport au facteur de l'environnement dans les étapes suivantes, après le premier stade de dépendance absolue.

En reconstituant le développement précoce du petit enfant, il n'y a pas de raison de parler des instincts, si ce n'est sous l'angle du développement du moi.

Il y a une ligne de partage :

- maturité du moi : les expériences instinctuelles renforcent le moi;
- immaturité du moi : les expériences instinctuelles démembrent le moi.

Le moi représente ici une somme d'expériences. Le *self* de l'individu débute par une somme d'expériences : repos, motricité spontanée, sensation, passage de l'activité au repos, acquisition progressive de la capacité d'attendre de se remettre des annihilations – celles-ci résultant des réactions aux heurts (*impingements*) avec l'environnement. C'est pourquoi l'individu a besoin pour un bon départ de l'environnement spécialisé que j'ai appelé « la préoccupation maternelle primaire ».

LA TENDANCE ANTISOCIALE [1]

(1956)

La tendance antisociale propose à la psychanalyse un certain nombre de problèmes embarrassants, qu'ils soient pratiques ou théoriques. Freud, dans son introduction au livre d'Aichhorn *Wayward Youth,* a montré que tout en contribuant à la compréhension de la délinquance, la psychanalyse s'enrichit d'une compréhension du travail de ceux qui s'occupent de délinquants.

Mon propos est l'étude de la tendance antisociale, et non de la délinquance, pour la raison que la défense antisociale organisée est surchargée de bénéfices secondaires et de réactions sociales qui rendent l'accès à son noyau difficile à l'investigateur. Au contraire, la tendance antisociale peut être observée telle qu'elle apparaît chez l'enfant normal ou presque normal, alors qu'elle se rattache aux difficultés inhérentes au développement affectif.

Je citerai pour commencer deux exemples simples se référant à du matériel clinique :

Pour ma première analyse d'enfant, j'ai choisi un délinquant. Le garçon est venu régulièrement pendant une année et le traitement a été arrêté en raison de la perturbation que le garçon causait dans le dispensaire.

Je pourrais dire que l'analyse se déroulait bien et que nous avons été désolés de l'interrompre, le garçon et moi, bien qu'à plusieurs reprises j'aie été sévèrement mordu aux fesses. Le garçon était monté sur le toit et il avait aussi fait couler tellement d'eau qu'il avait inondé le sous-sol. Il avait forcé la porte de ma voiture et l'avait conduite en première sur le starter automatique. Le dispensaire donna l'ordre de cesser le traitement pour protéger les autres malades et il alla dans un foyer éducatif.

J'ajouterai qu'il a maintenant trente-cinq ans et qu'il est capable de gagner sa vie dans un travail où son instabilité trouve son compte. Il est marié et a

1. Exposé fait à la Société britannique de Psychanalyse, le 20 juin 1956.

plusieurs enfants. Néanmoins, je n'ai pas envie de suivre ce cas car je risque d'être à nouveau empêtré avec un psychopathe et je préfère que la société continue à le prendre en main.

Il n'est pas difficile de voir que ce garçon n'aurait pas dû être traité par la psychanalyse mais qu'il avait besoin d'un placement en institution. La psychanalyse n'avait de sens que si elle s'y ajoutait ensuite. Depuis cette époque, j'ai observé les échecs d'analystes de toutes sortes dans la psychanalyse d'enfants antisociaux.

L'anecdote suivante fait au contraire ressortir qu'une tendance antisociale peut parfois être traitée très facilement si le traitement est un adjuvant à un milieu offrant des soins spécialisés.

Une amie me demanda de discuter le cas de son fils, l'aîné de quatre enfants. Elle ne pouvait pas m'amener John ouvertement parce que son mari s'opposait à la psychologie pour des raisons religieuses. Tout ce qu'elle pouvait faire était de me parler de la compulsion qu'avait le garçon à voler; cela devenait très sérieux; il volait sur une grande échelle, chez des commerçants aussi bien qu'à la maison. Pour des raisons pratiques, la seule chose possible pour nous fut d'en parler, sa mère et moi, au cours d'un repas rapide au restaurant; elle m'exposa alors les troubles et me demanda mon avis. Il n'y avait rien que je pusse faire, sinon *hic et nunc.*

Je lui expliquai donc la signification du vol et lui suggérai de trouver un moment favorable dans sa relation avec le garçon et de la lui interpréter. Il apparaissait qu'elle et John avaient une bonne relation ensemble, quelques minutes chaque soir, une fois qu'il était couché; habituellement, à cette heure-là, il aimait parler des étoiles et de la lune. Ce moment pouvait être utilisé.

Je dis : « Pourquoi ne pas lui dire que vous savez que lorsqu'il vole, il ne désire pas les choses qu'il vole, mais qu'il cherche quelque chose auquel il a droit; il réclame à sa mère et à son père des dommages et intérêts parce qu'il se sent privé de leur amour. »

Je lui conseillai d'employer un langage qu'il pourrait comprendre. Il faut dire que je connaissais assez cette famille, dont les deux parents sont musiciens, pour voir comment l'enfant était devenu dans une certaine mesure un enfant déprivé [1], bien qu'il eût un bon foyer.

Quelque temps après, je reçus une lettre de la mère me disant qu'elle avait fait ce que j'avais suggéré. Voici ce qu'elle écrivait : « Je lui ai dit que ce qu'il désirait vraiment quand il volait de l'argent, de la nourriture et des objets, c'était sa maman; à vrai dire, je ne m'attendais pas à ce qu'il comprenne, mais il a paru comprendre. Je lui ai demandé s'il croyait que nous ne l'aimions pas puisqu'il était parfois si méchant; il m'a sur-le-champ répondu que c'était vrai, qu'il ne croyait pas que nous l'aimions beaucoup. Pauvre petit! Je ne peux vous dire dans quel état j'étais; je lui ai donc dit de ne jamais plus en douter; si cela lui arrivait une fois, il fallait qu'il me rappelle de le lui redire. Mais, bien sûr, de longtemps je n'aurai pas besoin qu'on me le rappelle; quel

1. Nous nous en tenons en français, à « déprivé, déprivation » (*to deprive,* supprimer, déposséder) et renvoyons le lecteur aux définitions données par D.W. Winnicott ainsi qu'à notre avant-propos. (*N.d.T.*)

coup pour moi! Il semble qu'on ait besoin de ces chocs. Aussi, je suis beaucoup plus démonstrative, pour essayer de l'empêcher de douter à nouveau. Et jusqu'à maintenant il n'y a plus eu de vol. »

La mère avait parlé à l'institutrice et lui avait expliqué que le garçon avait besoin d'amour et d'appréciation; elle avait obtenu sa collaboration bien que l'enfant fût difficile en classe.

Maintenant, après huit mois, on est en mesure d'affirmer qu'il n'y a plus de vol et que la relation entre le garçon et la famille s'est beaucoup améliorée.

En examinant ce cas, il ne faut pas oublier que j'avais bien connu la mère pendant son adolescence et que, jusqu'à un certain point, je l'avais aidée à sortir de sa propre phase antisociale. Elle était l'aînée d'une grande famille. Elle avait un très bon foyer, mais le père exerçait une discipline très sévère, surtout à l'époque où elle était petite. Ce que j'avais fait avait donc eu l'effet d'une double thérapie, permettant à cette jeune femme de voir le cœur de ses propres difficultés à travers l'aide qu'elle avait pu donner à son fils. Lorsque nous sommes à même d'aider les parents à aider leurs enfants, en fait nous les aidons à propos d'eux-mêmes.

(Je me propose de donner dans un autre article des exemples cliniques illustrant l'éducation des enfants à tendance antisociale; ici, je me bornerai à tenter d'exposer brièvement les fondements de mon attitude personnelle à l'égard du problème clinique.)

La nature de la tendance antisociale

La tendance antisociale *n'est pas un diagnostic.* Elle ne se compare pas directement aux autres termes diagnostiques tels que la névrose et la psychose. La tendance antisociale peut se trouver chez un individu normal, chez un névrosé ou chez un psychotique.

Pour simplifier, je ne parlerai que d'enfants, mais on peut trouver la tendance antisociale à tous les âges. Voici rassemblés les différents termes utilisés en Grande-Bretagne :

Un enfant devient *carencé* sur le plan affectif lorsqu'il est *déprivé* de certains caractères essentiels propres à la vie familiale. Ce que l'on pourrait appeler le « complexe de déprivation » se manifeste alors plus ou moins. Le *comportement antisocial* sera évident à la maison ou dans une sphère plus vaste. En raison de la *tendance antisociale,* l'enfant pourra éventuellement être considéré comme *inadapté* (*maladjusted*) et être traité dans une institution pour enfants inadaptés; il se peut qu'il aille jusqu'au tribunal lorsque son comportement *dépasse les bornes* (*beyond control*). Devenu *délinquant,* l'enfant peut être en *éducation surveillée* (*a probationer*)sous la juridiction du juge des enfants ou bien être envoyé dans un foyer éducatif (*an approved school*) pour délinquants.

Si le foyer familial ne peut plus jouer son rôle dans une large mesure, l'enfant peut être pris en charge par *the Children's Committee* (*Under the Children Act,* 1948) [1] qui lui assurera « *soin et protection* » (*care and protection*). Si possible on aura recourt à un placement familial. Au cas où cette série de mesures aboutirait à un échec, on dira que le jeune adulte est devenu un psychopathe et il pourra être envoyé par les tribunaux dans un institut médico-pédagogique *Borstal* [2] ou en prison. Il se peut qu'il y ait tendance avérée à la répétition des délits et on utilise le terme de *récidivisme.*

Tout cela n'aborde nullement le diagnostic psychiatrique de l'individu.

Il y a dans la tendance antisociale un *élément spécifique qui oblige l'environnement à être important.* Le patient oblige quelqu'un, par des pulsions inconscientes, à le prendre en main. Le thérapeute a pour tâche de s'impliquer dans la pulsion inconsciente du patient, et le travail est ainsi effectué par le thérapeute en termes de traitement aménagé (*management*), de tolérance et de compréhension.

Dans la tendance antisociale, *l'espoir est sous-entendu.* L'absence d'espoir est un trait essentiel de l'enfant déprivé qui, naturellement, n'est pas constamment antisocial. Dans la période d'espoir, l'enfant manifeste une tendance antisociale. Cela peut être gênant pour la société et pour vous, si c'est votre bicyclette qu'il vole, mais ceux qui n'y sont pas engagés personnellement peuvent percevoir l'espoir qui sous-tend la compulsion à voler. Peut-être est-ce entre autres raisons parce que nous n'aimons pas qu'on nous vole que nous avons tendance à laisser à d'autres la thérapie des délinquants ?

Pour traiter des enfants à tendance antisociale, il est essentiel et vital de comprendre que l'acte antisocial exprime un espoir, car il arrive souvent qu'on laisse ce moment d'espoir se perdre ou se gâcher par intolérance ou parce qu'on ne prend pas les choses en main comme il convient (*mis-management*). C'est une autre façon de dire que le traitement de la tendance antisociale ne peut être la psychanalyse, mais qu'un traitement aménagé (*management*) qui va au-devant de ce moment d'espoir et s'y ajuste est nécessaire.

Il existe une relation directe entre la tendance antisociale et la déprivation. Les spécialistes dans ce domaine le savent depuis longtemps, mais c'est surtout grâce à John Bowlby qu'on admet générale-

1. *Cf.* Le rôle des services de l'Aide sociale à l'enfance actuellement en France. (*N.d.T.*)

2. *Borstal institution :* école de réforme, pour jeunes gens âgés de plus de seize ans (*Harrap's Dict.*). (*N.d.T.*)

ment maintenant qu'il y a une relation entre la tendance antisociale chez les individus et la déprivation affective à la fin de la première année et au cours de la deuxième année, ce qui est typique.

Lorsqu'il y a une tendance antisociale, c'est *qu'il y a eu une véritable déprivation* (pas une simple privation); c'est-à-dire qu'il y a eu une perte de quelque chose de bon, qui a été positif dans l'expérience de l'enfant jusqu'à une certaine date [1], et qui lui a été retiré. Ce retrait a dépassé la durée pendant laquelle l'enfant est capable d'en maintenir le souvenir vivant. La définition complète de la déprivation couvre à la fois le précoce et le tardif, à la fois le coup d'aiguille du traumatisme et l'état traumatique durable et aussi ce qui est presque normal et ce qui est indiscutablement anormal.

NOTA. – Lors de l'exposé que j'ai fait, dans les termes qui me sont propres, de la position dépressive selon Mélanie Klein (voir « La position dépressive dans le développement affectif normal »), j'ai tenté de dégager la relation qui existe entre le concept de Klein et l'importance donnée par Bowlby à la déprivation. Selon Bowlby, on peut donner une formulation théorique aux trois stades de la réaction clinique d'un enfant de deux ans hospitalisé : cette formulation s'élabore en fonction de la perte d'espoir progressive due à la mort de l'objet interne ou de la version introjectée de l'objet interne qui est perdue. Ce qu'on peut discuter plus avant, c'est l'importance respective de la mort de l'objet intériorisé par la colère et le contact des « bons objets » avec les produits de la haine dans le psychisme, d'une part, et, d'autre part, de la maturité du moi ou de son immaturité, dans la mesure où la capacité de maintenir vivant le souvenir en est affectée.

Si la définition complexe de Klein qui repose sur la compréhension de la mélancolie et qui découle de Freud et d'Abraham est nécessaire à Bowlby, il est aussi exact que l'importance donnée par Bowlby au sevrage affectif est nécessaire à la psychanalyse, si celle-ci doit un jour s'accommoder de ce sujet spécifique : la tendance antisociale.

Il y a toujours deux aspects dans la tendance antisociale, quoique l'accent porte parfois davantage sur l'un que sur l'autre. L'un des aspects est représenté de façon typique par le vol, et l'autre par le penchant à détruire. D'une certaine façon, l'enfant cherche quelque chose quelque part et, ne le trouvant pas, il cherche ailleurs, lorsqu'il a de l'espoir. Mais l'enfant cherche aussi cette stabilité de l'environnement qui pourra supporter la tension résultant du comportement impulsif; c'est la quête d'un environnement perdu, d'une attitude humaine qui, parce qu'on peut s'y fier, donne à l'individu la liberté de bouger, d'agir et de s'exciter.

1. Il semble que cette idée soit sous-entendue dans le livre de Bowlby : *Soins maternels et santé mentale,* p. 54, où il compare ses observations à celles des autres et suggère que les différences des résultats s'expliquent par l'âge de l'enfant à l'époque de la déprivation.

Cf. note p. 68, in *La consultation thérapeutique,* Gallimard, 1971. (*N.d.T.*)

C'est surtout en raison de cette quête que l'enfant provoque des réactions totales du milieu, comme s'il cherchait un cadre toujours plus vaste, un cercle, dont le premier exemple est les bras de la mère ou le corps de la mère. On peut en discerner une série – le corps de la mère, les bras de la mère, la relation parentale, la maison, la famille, y compris les cousins et les proches, l'école, la localité avec ses postes de police, le pays avec ses lois.

Dans mon étude du subnormal et des racines primitives de la tendance antisociale (en termes du développement individuel), je désire ne pas perdre de vue ces deux aspects : la recherche de l'objet et la destruction.

Le vol

Le vol est au centre de la tendance antisociale avec le mensonge qui y est associé.

L'enfant qui vole un objet ne cherche pas *l'objet volé, mais cherche la mère sur laquelle il a des droits.* Ces droits découlent du fait que (du point de vue de l'enfant) la mère a été créée par l'enfant. La mère a répondu à la créativité primaire de l'enfant, et est devenue ainsi l'objet que l'enfant était prêt à trouver. (L'enfant n'aurait pas pu créer la mère, mais la signification de la mère pour l'enfant dépend aussi de la puissance créatrice de l'enfant.)

Est-il possible de relier ces deux aspects : le vol et la destruction, la recherche de l'objet et ce qui la provoque, les compulsions libidinales et les compulsions agressives ? A mon avis, l'association des deux se trouve chez l'enfant et représente une *tendance vers l'auto-guérison,* la guérison d'une dés-union [1] des instincts.

Si, à l'époque de la carence primitive, il existe une certaine union des racines agressives (ou de motricité) aux racines libidinales, l'enfant réclame sa mère par ce mélange de vols, de heurts et d'incontinence, suivant l'état de son développement affectif et les caractères spécifiques de ce développement. Lorsque la fusion est moindre, la quête de l'objet et l'agression sont plus distinctes l'une de l'autre, et il y a chez l'enfant une dissociation plus poussée. Cela mène à la proposition suivante : *la caractéristique essentielle de l'enfant antisocial* est qu'il incommode et c'est aussi, au mieux, un *trait favorable* indiquant à nouveau une nouvelle potentialité de recouvrer l'union des pulsions libidinales et de motricité qui avait été perdue.

Il est normal que la mère qui s'occupe de son petit enfant ait

1. Union, dés-union : voir note p. 161. (*N.d.T.*)

constamment affaire à cet aspect. Ainsi, un nourrisson au sein urine souvent sur les genoux de sa mère. Plus tard, cette incontinence réapparaît au cours d'une régression momentanée dans le sommeil ou au moment du réveil, et l'enfant mouille son lit. Si cette situation est exagérée, cela peut indiquer l'existence d'une certaine déprivation et d'une tendance antisociale.

La tendance antisociale se manifeste par le vol et le mensonge, l'incontinence et tout ce qui fait des saletés. Quoique chaque symptôme ait sa signification spécifique et sa valeur propre, le facteur commun dans mon propos – décrire la tendance antisociale – c'est le *caractère incommodant des symptômes.* Cet aspect est exploité par l'enfant et ce n'est pas une question de hasard. Une grande partie de la motivation est inconsciente mais pas nécessairement la totalité.

Premiers signes de la tendance antisociale

A mon avis les premiers signes de déprivation sont si courants qu'ils passent pour normaux; prenez par exemple le comportement dictatorial que la plupart des parents traitent avec un mélange de soumission et de réaction. *Il ne s'agit pas là de l'omnipotence infantile,* qui est une question de réalité psychique, et non de comportement.

Un symptôme antisocial très courant est la gloutonnerie (*greediness*), avec l'inhibition de l'appétit qui lui est étroitement apparentée. Si nous examinons la gloutonnerie, nous trouverons le complexe de déprivation. En d'autres termes, si un enfant est glouton il y a une certaine déprivation et une certaine quête compulsive d'une thérapie par l'environnement en rapport avec cette déprivation. Le fait que la mère accepte de pourvoir à la nourriture nécessaire à cette gloutonnerie contribue au succès thérapeutique dans la grande majorité des cas où cette compulsion se manifeste. La gloutonnerie (*greediness*) chez un enfant n'est pas identique à l'avidité (*greed*), terme qui est utilisé dans la théorie pour décrire les exigences instinctuelles démesurées de l'enfant envers sa mère au début, c'est-à-dire à l'époque où l'enfant commence seulement à permettre à la mère une existence séparée, première acceptation du principe de réalité.

Entre parenthèses, on dit parfois qu'il faut qu'une mère ne réussisse pas à s'adapter aux besoins de son enfant. N'est-ce pas là une idée erronée qui repose sur une considération des besoins instinctuels, tandis que les besoins du moi sont négligés? Certes il faut que la mère ne réussisse pas à satisfaire les exigences instinctuelles, mais elle peut réussir totalement à ne « pas laisser tomber l'enfant »; *à pourvoir à ses besoins du moi,* jusqu'au moment où l'enfant aura été capable d'introjecter une mère qui soutient le moi, où il sera assez âgé pour maintenir cette introjection malgré les carences de cet ordre dans le milieu présent.

La pulsion libidinale primitive (préalable à la compassion [*pre-ruth*]) n'est pas analogue à la gloutonnerie impitoyable (*ruthless greediness*). Dans le processus du développement d'un enfant, la pulsion libidinale primitive se distingue de la gloutonnerie par l'adaptation de la mère. Nécessairement, la mère ne réussit pas à maintenir un haut degré d'adaptation aux besoins instinctuels et donc, dans une certaine mesure, tout enfant peut être déprivé ; toutefois il parvient à ce que la mère guérisse cet état de subcarence en répondant à sa gloutonnerie et à sa saleté, etc., tous ces symptômes étant des symptômes de déprivation. La gloutonnerie fait partie de la compulsion de l'enfant à chercher à se guérir de sa mère qui a causé la déprivation. Cette gloutonnerie est antisociale, c'est le précurseur du vol, et la mère peut y répondre et la guérir par son adaptation thérapeutique, si facilement prise pour de la gâterie. Il faut pourtant dire que, quoi que fasse la mère, cela n'annule pas le fait que la mère a primitivement échoué dans son adaptation aux besoins du moi de son enfant. La mère est habituellement capable de répondre aux exigences compulsives de l'enfant, et de réussir ainsi la *thérapie* du complexe de déprivation qui n'est pas éloigné de son point d'origine. Elle est proche d'un traitement parce qu'elle permet à la haine de l'enfant de s'exprimer, tandis qu'elle, la thérapeute, est en fait la mère qui déprive.

On remarquera que si l'enfant n'a pas d'obligation envers la mère lorsqu'elle répond à sa pulsion libidinale primitive, un certain sentiment d'obligation découle de la thérapie de la mère, c'est-à-dire de sa bonne volonté à répondre aux exigences de la frustration – exigences qui se manifestent d'abord par la saleté et les dommages qu'elle cause. La thérapie par la mère peut guérir, mais ce n'est pas de l'amour maternel.

Cette façon de considérer l'indulgence de la mère à l'égard de son enfant correspond à une définition du maternage plus complexe que celle qu'on accepte habituellement. L'amour maternel est souvent évalué en fonction de cette indulgence, qui en fait *une thérapie en face d'une faillite de l'amour maternel.* C'est une thérapie, une seconde chance accordée à la mère qu'on ne peut s'attendre à voir toujours réussir dans la tâche initiale la plus délicate : l'amour primitif. Si pour une mère, cette thérapie est une formation réactionnelle suscitée par ses complexes à elle, alors ce qu'elle fait c'est gâter son enfant. Mais dans la mesure où elle est capable de le faire parce qu'elle voit la nécessité de répondre aux exigences de l'enfant, et de satisfaire sa gloutonnerie compulsive, alors c'est une thérapie qui est habituellement réussie. D'ailleurs, il se peut que non seulement la mère, mais le père et toute la famille y soient impliqués.

Cliniquement la limite entre la thérapie de la mère qui est réussie et celle qui n'est pas réussie est floue. Nous voyons souvent une mère qui gâte son enfant et pourtant cette thérapie ne sera pas un succès, la déprivation initiale ayant été trop grave pour être guérie par des soins de l'ordre « des premiers secours » (pour emprunter un terme aux soins aux blessés).

Si la gloutonnerie peut être une manifestation de la réaction à la déprivation et d'une tendance antisociale, il en est de même de la saleté, de l'incontinence urinaire, de la tendance compulsive à détruire. Toutes ces manifestations sont étroitement liées. Dans l'incontinence nocturne, qui est un symptôme si courant, l'accent est mis sur la régression au moment du rêve ou sur la compulsion antisociale, l'enfant faisant valoir ainsi le droit d'uriner sur le corps de la mère.

Dans une étude plus complète du vol, il me faudrait parler de la compulsion à sortir et à acheter quelque chose, ce qui est une manifestation de la tendance antisociale couramment rencontrée chez nos patients en psychanalyse. Il est possible de faire une analyse longue et intéressante d'un patient sans modifier ce type de symptôme, qui appartient non pas aux défenses névrotiques ou psychotiques du malade mais à la tendance antisociale ; c'est une réaction à une déprivation d'une catégorie particulière qui se manifeste à un moment particulier. A partir de là, il sera clair que les cadeaux d'anniversaire et l'argent de poche absorbent une partie de la tendance antisociale considérée comme normale.

Dans la même catégorie que l'expédition « pour emplettes », nous trouvons cliniquement la sortie sans but, *le vagabondage* (*vagrancy*), une tendance centrifuge qui est l'équivalent du geste centripète implicite dans le vol.

La perte originaire

Il y a un point particulier que je veux souligner. A la base de la tendance antisociale se trouve une bonne expérience primitive qui a été perdue. Ce qui la caractérise essentiellement, *c'est que l'enfant est devenu capable de percevoir que la cause du malheur réside dans une faillite de l'environnement.* Le fait de savoir précisément que la cause de la dépression ou de la désintégration est externe et non interne entraîne la distorsion de la personnalité et le besoin de rechercher un remède dans les dispositions nouvelles que l'environnement peut lui offrir. Le degré de maturité du moi qui permet une perception de cet ordre détermine le développement d'une tendance antisociale plutôt que d'une psychose. Un grand nombre de compulsions antisociales se présentent dès les premiers stades et les parents les traitent avec succès. Toutefois, inconsciemment ou par motivation inconsciente, les enfants antisociaux exigent constamment du milieu qu'il leur offre ce remède, mais ils ne sont pas en mesure de s'en servir.

Il apparaîtrait que le moment de la déprivation primitive se situe à la période où chez le nourrisson ou le petit enfant le moi est en train de parvenir à l'union des pulsions instinctuelles, libidinales, et des pulsions agressives (ou motricité). Dans le moment d'espoir, l'enfant :

Perçoit une nouvelle situation qui présente quelques éléments auxquels il peut se fier.

Ressent une pulsion qu'on pourrait appeler la quête de l'objet.

Reconnaît le fait que la cruauté va devenir une caractéristique et en conséquence :

Ameute le milieu immédiat pour qu'il soit vigilant et s'organise afin de tolérer la gêne.

Si la situation se maintient, l'environnement devra être mis constamment à l'épreuve pour s'assurer qu'il est capable de supporter le comportement agressif, de prévenir ou de réparer la destruction, de tolérer la gêne, de reconnaître l'élément positif dans la tendance antisociale, de fournir et de préserver l'objet qu'il faut chercher et trouver.

Dans un cas propice, lorsque l'importance de la folie, ou de la compulsion inconsciente, ou de l'organisation paranoïde, etc., n'est pas trop grande, les conditions favorables peuvent avec le temps permettre à l'enfant de trouver une personne à aimer, au lieu de poursuivre sa quête en jetant son dévolu sur des substituts de l'objet dont la valeur symbolique est perdue.

Au stade suivant, il faut que l'enfant soit capable de ressentir le désespoir dans une relation, et non plus seulement l'espoir. C'est au-delà de ce stade que se trouve la véritable possibilité d'une vie pour l'enfant. Lorsque les éducateurs et le personnel d'un foyer pour enfants inadaptés font passer l'enfant par ces processus, *ils ont effectué une thérapie qui est sûrement comparable au travail analytique.*

Il est courant que les parents accomplissent intégralement cette tâche avec l'un de leurs enfants, mais bien des parents, qui sont capables d'élever des enfants normaux, ne savent pas s'occuper d'un de leurs enfants, si celui-ci manifeste une tendance antisociale.

Je me suis délibérément abstenu dans cet exposé de me référer aux rapports de la tendance antisociale avec :

Le passage à l'acte.
La masturbation.
Le surmoi pathologique, la culpabilité inconsciente.
Les stades du développement libidinal.
La compulsion de répétition.
La régression au stade précédant la sollicitude.
La défense paranoïde.
Les liens sexuels par rapport à la symptomatologie.

Le traitement

En résumé, le traitement de la tendance antisociale n'est pas la psychanalyse. Il faut fournir la possibilité à l'enfant de redécouvrir des soins infantiles qu'il pourra mettre à l'épreuve et au sein desquels il pourra revivre les pulsions instinctuelles. C'est la stabilité nouvelle fournie par l'environnement qui a une valeur thérapeutique. Pour avoir une signification dans un cadre de relation au moi [1] les pulsions instinctuelles doivent être vécues. Lorsque le malade est un enfant déprivé, cette relation au moi trouvera appui dans l'aspect de la relation qui vient du thérapeute. Selon la théorie exposée dans cet article, c'est l'environnement qui doit donner une occasion nouvelle à la relation au moi puisque l'enfant a perçu que c'était une carence de l'environnement dans le soutien du moi qui a suscité à l'origine la tendance antisociale.

Si l'enfant est en analyse, il faut que l'analyste permette au poids du transfert de se développer en dehors de l'analyse, sinon il faut qu'il s'attende à voir la tendance antisociale se développer à plein dans la situation analytique et se prépare à en supporter le choc.

1. *Ego-relatedness :* voir « La capacité d'être seul ». (*N.d.T.*)

PÉDIATRIE ET NÉVROSE INFANTILE [1]

(1956)

Le terme *névrose* a deux connotations. En langage populaire, il recouvre tout le sujet de la maladie psychologique. Il m'est difficile de savoir si on s'attend à ce que je traite de la névrose en général ou si ceux qui ont organisé ce programme désirent que je fasse un bref exposé sur la névrose au sens psychiatrique plus strict et plus restrictif du terme.

Pour le psychiatre, la névrose se réfère assez spécifiquement aux difficultés inhérentes à la vie personnelle, et non à un point de vue d'ensemble sur les troubles suscités par des soins (*management*) défectueux. En outre, la névrose ne comprend pas la psychose, ni une psychose latente, ni un trouble de l'humeur, ni une tendance paranoïde, ni une tendance antisociale.

La névrose à proprement parler dénote *un conflit inconscient.* Elle est en rapport avec *la vie instinctuelle* de l'enfant. Son point d'origine essentiel se situe à l'âge de la marche [2], avant la période généralement admise pour une scolarisation. C'est à ce stade que le cadre familial a sa plus grande valeur.

Qu'il soit clair que l'existence d'une névrose vraie implique une croissance affective saine aux stades plus précoces si importants de la petite enfance où la dépendance à l'égard de la mère est quasi absolue et où la faillite des soins produit une maladie psychiatrique plus grave que la névrose.

Dans l'étiologie de la maladie névrotique, on découvre *l'angoisse*

1. Exposé lu sur invitation au VIIIe Congrès international de Pédiatrie, Copenhague (Danemark), le 25 juillet 1956.

2. *Toddler*, enfant qui commence à marcher; le terme désigne généralement l'enfant de un à trois ans. (*N.d.T.*)

très grave qui résulte des pulsions instinctuelles de l'enfant. Par angoisse je veux dire la sorte d'affect qui transparaît dans le cauchemar. Ces pulsions instinctuelles ont un soubassement biologique.

Le fantasme est l'élaboration imaginative de la fonction physique. Dans le jeu et dans le fantasme conscient ou inconscient du petit enfant, nous trouvons tout ce que l'on peut trouver dans la vie des adultes sauf la pleine capacité nécessaire à l'expérience instinctuelle de type génital. L'apparition de cette capacité-là met l'enfant devant de nouveaux problèmes à la puberté.

A la base de la névrose il y a l'angoisse, surtout celle qui provient des conflits violents dans le fantasme inconscient et dans la réalité intérieure personnelle de l'enfant.

Lorsque nous en venons à cette racine de la névrose dans l'analyse des *adultes*, nous découvrons régulièrement que l'origine se situe dans cette période-là de *l'enfance* de l'adulte en analyse. En tant que pédiatres, par conséquent, nous voyons (à condition de regarder) non seulement la névrose infantile mais aussi (et même davantage encore) la tendance latente qui peut devenir manifeste comme névrose à un moment de la vie adulte. (C'est encore plus vrai si nous considérons la psychose. La prévention de la maladie relevant de l'hôpital psychiatrique est entre les mains du pédiatre, si seulement il le savait. On a toutes raisons de dire cependant que le pédiatre ne le sait pas et que sa vie est donc rendue plus facile.)

Les conflits inconscients d'amour et de haine, de tendances hétérosexuelles et homosexuelles, etc., suscitent l'organisation de *mécanismes de défense*, et ce sont ces mécanismes de défense qui constituent *la névrose organisée.*

Le pédiatre, s'il le désire, et à condition qu'il ait la compétence technique lui permettant d'entrer en contact avec les processus inconscients, peut observer la lutte qui se déroule au stade qui suit la toute petite enfance et précède la période de latence; il peut observer la bataille *pour la liberté instinctuelle* en rapport avec les craintes intérieures qui paralysent. Ces craintes sont si grandes que la sévérité extérieure peut agir comme soulagement.

Dans la période de latence, l'enfant est temporairement soulagé du fardeau que représentent le changement et le développement des processus instinctuels, mais à la puberté, en raison des nouvelles pulsions biologiques, la bataille repart, les mécanismes de défense s'étant déjà organisés.

Est-il besoin de dire l'aide qu'apporte un environnement personnel et constant et l'entrave que représente un environnement névrotique et non fiable lorsque l'enfant se trouve ainsi engagé à faire face à des tensions et des surtensions internes, tensions et surtensions majeures inhérentes à la vie même ?

A ce stade, la santé n'est pas l'absence de symptomatologie. La normalité se définit sur une base bien plus large qui prend en compte les conflits essentiels, principalement inconscients, qui appartiennent à la santé, et signifient simplement que l'enfant est vivant et plein d'entrain (*alive and lively*).

Il me paraît important de faire apparaître *le degré de complexité de la névrose* plutôt que de tenter de concentrer le sujet en une pilule, qu'on pourrait avaler sans mettre à contribution le système digestif. A ce jour, on a beaucoup étudié le développement affectif du petit enfant et une grande partie de ces travaux est maintenant généralement admise.

La névrose étant un mécanisme défensif organisé, il me faut énumérer les principales défenses.

Les principales défenses contre l'angoisse intolérable qui participe du conflit dans l'inconscient associé à la vie instinctuelle sont de plusieurs types :

1° L'instinct lui-même est inhibé, devient inacceptable au *self* total, ou seulement acceptable dans certaines conditions qui rendent la satisfaction instinctuelle précaire.
2° La culpabilité suscitée par le conflit de l'amour et de la haine est soulagée par des rituels obsessionnels, une sorte de religion avec un dieu mort.
3° Une partie du conflit affectif se change en un conflit à forme de fonctionnement physique tel que la colique ou la parésie hystérique.
4° Par des phobies organisées, l'enfant parvient à éviter certaines situations qui suscitent l'angoisse, ou certains objets symbolisant les choses qui produisent la crainte.

Par moments l'angoisse perce et il faut alors qu'un parent ou une nourrice soit là pour venir à la rescousse.

En outre, l'enfant tire un certain soulagement de la possibilité de régresser, c'est-à-dire de pouvoir revenir à des mécanismes instinctuels de la petite enfance à l'époque où l'alimentation et l'excrétion étaient les fonctions principales et où la mère répondait bien à la dépendance du tout-petit. Ou bien la régression a lieu sous forme d'effondrement (*breakdown*), indépendamment de l'espoir d'un bon retour à la dépendance.

En d'autres termes, à l'opposé de la psychose et de la psychose latente, les angoisses principales dans la *névrose* appartiennent à un mouvement progrédient vers un type d'instinct génital s'éloignant du type d'instinct alimentaire.

Ce mouvement progrédient aboutit à l'angoisse concernant le génital même et à des différences essentielles dans les fantasmes, les craintes et les défenses selon le sexe de l'enfant.

Lorsque nous pensons maladie et santé en termes de névrose et d'absence de névrose, nous considérons comme admis que l'enfant a atteint un stade du développement dans lequel se référer à *des relations interpersonnelles a un sens* : il s'agit de relations entre enfant total et personne totale. On ne peut pas en dire autant dans une description des stades antérieurs où le petit enfant est en relation avec des objets partiels, ou est lui-même loin d'être une unité bien établie.

A l'origine de la névrose proprement dite, il y a la situation triangulaire, la relation entre trois personnes telle qu'elle apparaît pour la première fois dans la vie de l'enfant. Les garçons et les filles ont un développement différent à cet âge mais il y a toujours les deux triangles, celui qui est basé sur la position hétérosexuelle et celui qui est basé sur la position homosexuelle. On verra sans peine qu'il y a là place pour une très grande complexité.

Parmi toutes ces possibilités, Freud a choisi d'étudier le complexe d'Œdipe. Par cette expression nous entendons que nous reconnaissons l'ensemble du problème qui naît de la nouvelle acquisition de l'enfant : la capacité d'établir des rapports en tant qu'être humain avec deux autres êtres humains, la mère et le père, dans un même temps.

C'est bien là que les angoisses principales surgissent parce que c'est précisément là que les instincts sont au plus fort et dans le rêve de l'enfant, qui est accompagné d'excitation corporelle, tout est en jeu. La vraie névrose n'est pas nécessairement une maladie ; nous devrions d'abord la considérer comme un effet de la difficulté de la vie. Le diagnostic de maladie et d'anormalité n'est posé que si le degré de trouble invalide l'enfant ou gêne le parent ou cause des inconvénients à la famille.

Dans la *prévention* de la névrose, nous essayons de donner ce qui est nécessaire dans les stades les plus précoces de la petite enfance, là où il y a une grande dépendance et où la mère fonde la base de la santé mentale de l'enfant par ce qu'elle fait grâce à son dévouement (*devotion*) à son nourrisson.

Dans le *traitement*, nous avons plusieurs méthodes à notre disposition.

1. Parfois nous pouvons modifier l'environnement immédiat en donnant aux parents une compréhension telle que cela leur per-

met de tenir bon là où ils échouaient; mais cela ne conduit pas à une brusque interruption des symptômes. En fait, un environnement affectif meilleur peut conduire à une aggravation des symptômes parce que le petit enfant a besoin de place pour la mise en acte de fantasmes et pour la découverte de soi par le jeu (*play*).

2. On peut apporter un grand soulagement grâce aux modifications habituelles : éloigner l'enfant en l'envoyant en vacances, trouver une école qui convient, apporter un soulagement à la mère surmenée, mobiliser un oncle, une tante, acquérir un chien, etc. Mais je n'ai pas besoin d'en dire plus, je voudrais plutôt souligner la grande complexité de toute situation humaine et l'humilité nécessaire quand on fait des plans pour la vie de quelqu'un d'autre.
3. Il reste toute la question de l'aide personnelle à donner à l'enfant. Je ne peux que souligner que *l'intuition ne suffit pas (is not good enough) dans la pratique psychologique.*

Si un pédiatre me demande comment faire, je dois lui donner le conseil de suivre la formation psychanalytique, puis de modifier ce qu'il a appris pour répondre aux cas particuliers.

Ceux qui n'ont pas pu devenir analystes peuvent faire une place pour le travail personnel avec les enfants; mais il ne peut en être ainsi que si le médecin, par son tempérament, arrive à prendre une attitude non moraliste et peut vraiment être fiable pour les choses importantes : il faut surtout qu'il n'ait pas un pressant besoin affectif personnel qui prendrait progressivement la place de celui de l'enfant. J'ai des collègues pédiatres qui font de la psychothérapie et qui ont l'intention d'en faire davantage et qui le font bien. Malgré tout, comme j'essaye d'être simple et catégorique, je dois dire ici que la psychothérapie personnelle des enfants et des adultes doit être faite par ceux qui ont la formation d'analystes. *C'est le conseil que nous devons donner à nos jeunes collègues et c'est à ceux qui auront la double qualification que passera le témoin dans les dix ans à venir.*

Il vaut mieux pour un pédiatre travailler à égalité avec des analystes formés à cet effet (peut-être non médecins) que de tenter une psychothérapie s'il n'a pas la qualification nécessaire.

J'aimerais mieux voir freiner la psychanalyse pendant cinquante ans que d'être le témoin d'une extension rapide de la psychothérapie effectuée par ceux qui n'ont pas étudié toutes les complexités de ce sujet et de la nature humaine auxquelles ils sont appelés à faire face.

Mais tout le monde sait cela. C'est dans les livres, c'est inclus depuis longtemps dans la formation des travailleurs sociaux psychiatriques et même de tous les travailleurs sociaux qui font du travail social individuel (*casework*).

Pour une raison ou une autre, ces trentes dernières années la pédiatrie a progressé dans une direction tout en prenant du retard dans une autre.

Ces trente dernières années, on a accompli un progrès étonnant dans la théorie et la pratique de la pédiatrie physique et c'est ce progrès qui a mis à nu et rendu évidentes l'existence et l'étendue du trouble affectif. Il est compréhensible qu'on n'ait pas eu de temps pour la psychologie et ceux qui se sont engagés dans la pédiatrie y étaient souvent attirés du fait que les problèmes à attaquer seraient de nature physique.

Est-ce parce que la pédiatrie est encore toute tournée vers l'aspect physique que, à l'Institut de Psychanalyse de Londres, où nous formons trente analystes pour traiter les enfants et les étudier, ce ne sont pas des pédiatres (à quelques exceptions près) qui sont candidats à une telle formation ? A propos, on peut noter que la psychologie est déjà pratiquée, et bien pratiquée, en dehors de la profession médicale par des travailleurs sociaux psychiatriques et d'autres professionnels de l'aide à l'enfance qui s'occupent d'enfants déprivés (*deprived*), ainsi que par des délégués à la liberté surveillée (*probation officers*) et par les éducateurs des foyers pour ceux que l'on appelle des enfants inadaptés, et par une foule d'autres groupes de professionnels qui ont des organisations à eux. Bon nombre d'entre eux ont senti le besoin d'une analyse personnelle. Le niveau du travail individuel (*casework*) est souvent élevé. C'est la pédiatrie qui est en retard.

A propos de la névrose, vous venez d'entendre le résumé que j'ai fait d'une théorie bien connue, bien admise. Je ne vais pas m'en tenir là. Ma contribution doit passer par l'examen de la difficulté que rencontre la pédiatrie.

Il y a quelque chose qui ne va pas quelque part, et on peut supposer que si quelque chose ne va pas, nous serions tous désireux de faire en sorte que ça aille.

On dit souvent que les pédiatres sont nécessairement bons avec les enfants. Je crois que c'est vrai.

Toutefois, ici, il m'appartient d'observer en outre qu'être bon avec les enfants ce n'est pas de la psychologie. C'est un sujet tout à fait différent.

Dans ce congrès, la pédiatrie *physique* manifeste une attitude chaleureuse envers l'autre moitié de la pédiatrie, celle qui s'occupe du développement *affectif*, et pourtant l'accès paraît bloqué. L'explication en est sûrement que ceux qui sont tournés vers le physique fondent leur travail sur les sciences physiques, l'anatomie, la physiologie et la biochimie, et ils ne savent pas vers quelle science se tourner, sur quoi baser toute excursion qu'ils pourraient faire sur le territoire psychologique. Qu'y a-t-il dans la psychologie qui corresponde aux sciences physiques ?

Parvenu à ce stade, je vais être dogmatique et personnel. J'ai passé ma vie professionnelle avec un pied dans la pédiatrie et l'autre dans la psychanalyse. Ayant traité plusieurs milliers de cas, j'ai eu aussi le privilège de faire environ une centaine de longues analyses personnelles d'adultes et d'enfants. J'ai aussi joué mon rôle dans la formation des psychanalystes.

Voici ce que je considère comme le point essentiel de cette contribution : tôt ou tard, il faudra reconnaître que la science qui sous-tend la pédiatrie psychologique *existe déjà* dans la psychologie dynamique ou la psychologie des processus conscients ou inconscients qui nous vient de Freud. La psychanalyse, à la fois comme science et en raison de la formation qu'elle peut offrir, mérite de coexister avec la physiologie. Je réclame ici et maintenant le respect de la psychanalyse de la part des sciences physiques et je demande cela spécialement *de la part de ceux qui la détestent.* Détester n'est pas un argument contre.

Il *faut* bien qu'il y ait ceux qui détestent la psychanalyse en raison du fait qu'elle étudie la nature humaine objectivement; elle envahit le domaine où régnaient auparavant la croyance, l'intuition et l'empathie. En outre, la psychologie introduit un nouvel élément dans le travail clinique : en tant que psychiatres, nous devons nous attendre à trouver *en nous-mêmes* les mêmes difficultés et les mêmes organisations défensives névrotiques que celles que nous trouvons chez nos patients.

Pour ceux qui désirent poursuivre l'étude de la névrose, il existe une littérature abondante et, pour l'étude clinique, les névroses ne manquent pas. L'essentiel de mon intervention porte sur la formation post-post-universitaire (*post-post-graduate*) : à mon avis, pour les jeunes pédiatres qui peuvent se projeter dans l'avenir et se concevoir praticiens dans la moitié psychologique de notre sujet commun – la pédiatrie, la formation psychanalytique est nécessaire.

LA PREMIÈRE ANNÉE DE LA VIE

Conceptions modernes du développement affectif au cours de la première année de la vie [1]

(1958)

Introduction

Il se passe beaucoup de choses pendant la première année de vie du petit être humain, selon les conceptions modernes : le développement affectif débute dès la naissance et dans une étude de l'évolution de la personnalité et du caractère, il n'est possible ni de laisser de côté les événements des premiers jours, des premières heures (et même, si l'enfant est né après terme, la dernière partie de la vie *in utero*), ni d'ignorer que la naissance peut avoir aussi de l'importance.

Si le monde a continué à tourner, malgré notre ignorance de ces questions, c'est qu'il y a quelque chose chez la mère d'un bébé qui la rend particulièrement apte à assurer la protection de son petit enfant à ce stade de vulnérabilité, et qui lui permet de répondre de façon positive aux besoins positifs du bébé. Pour remplir ce rôle, il faut que sa relation avec le père du bébé et aussi sa relation avec sa famille et les cercles de plus en plus étendus qui entourent la famille et constituent la société donnent à la mère le sentiment de sécurité, le sentiment d'être aimée.

Si nous le désirons, nous pouvons continuer de laisser à la mère le soin de l'enfant puisque ses capacités reposent non pas sur une connaissance, mais sur un sentiment et proviennent d'une attitude acquise au cours de la grossesse qu'elle perd peu à peu lorsque l'enfant grandit. Toutefois, il y a des raisons de croire que nous pouvons tirer profit de l'étude de ce qui se passe pendant les premiers stades du développement de la personnalité du nourrisson. Première-

1. *First Year of Life*, *The Medical Press*, vol. CCXXXIX, n° 6201, 1958; et dans *The Family and individual Development.* (*N.d.T.*)

ment, les médecins et les infirmières peuvent avoir à intervenir dans la relation mère-enfant, en raison d'anomalies physiques du nourrisson; nous devrions alors savoir dans quoi nous intervenons. Deuxièmement, l'étude du développement affectif du nourrisson pourrait sans doute donner lieu à des découvertes encore plus fructueuses que celles produites par l'étude du développement physique du jeune enfant ces cinquante dernières années. Enfin, troisièmement, puisqu'un certain nombre de mères et de pères ne peuvent offrir des conditions satisfaisantes au moment de la naissance de l'enfant, pour cause de difficultés sociales, familiales ou personnelles, il appartient aux médecins et aux infirmières de comprendre et de traiter, ou même de prévenir, les troubles qui peuvent en résulter. Un jour viendra où le pédiatre devra connaître aussi bien la sphère affective du développement du nourrisson qu'il en connaît actuellement la sphère physique.

On trouve aussi une quatrième raison à l'étude du développement affectif primitif : c'est que l'on peut souvent détecter et diagnostiquer des désordres affectifs dans la petite enfance, même au cours de la première année. Il est évident que le meilleur moment pour traiter des troubles de cet ordre se place à l'époque de leur apparition, ou le plus tôt possible après.

Comme ce travail fait partie d'une série d'articles, je laisse délibérément de côté toute référence à la santé physique et aux anomalies physiques, et aussi à la croissance mentale, sous l'aspect d'une tendance au développement soumise à des facteurs héréditaires. Considérons ici le nourrisson sain de corps et *potentiellement* sain d'esprit. *Le sujet de cette étude sera donc la signification de cette potentialité. Qu'y a-t-il en puissance à la naissance et qu'est-ce qu'il en est advenu à un an?*

Je suppose aussi l'existence d'une mère dont la santé est assez bonne pour qu'elle se comporte comme il est naturel pour une mère, car en raison de l'extrême dépendance affective du nourrisson, on ne peut étudier son développement ou sa vie indépendamment des soins qui lui sont donnés.

Dans une série de rubriques exposées brièvement ici, des observations condensées montreront peut-être à l'étudiant que le développement affectif de la première année contient les bases de la santé mentale de l'être humain.

On retrouve dans le domaine psychologique une tendance au développement qui est innée et qui correspond à la croissance du corps et au développement graduel des fonctions. De même qu'un bébé s'assied habituellement vers cinq ou six mois, marche aux alentours de son premier anniversaire et emploie peut-être deux ou trois mots à la même époque, il y a un processus d'évolution dans le développement affectif. Toutefois nous n'assistons à cette croissance naturelle que si les conditions sont suffisamment bonnes; dans la définition de ces conditions réside une partie de nos difficultés. Dans ce qui suit, il sera nécessaire de considérer comme admis le processus ontogénétique et la base neurophysiologique du comportement.

La dépendance

Le grand changement que l'on peut noter pendant la première année se fait en direction de l'indépendance. L'indépendance est quelque chose qui se réalise à partir de la dépendance, mais il faut ajouter que la dépendance, elle, est réalisée à partir de ce qu'on pourrait appeler une double dépendance. Tout au début, il y a une dépendance absolue à l'égard du milieu physique et affectif. Au stade le plus précoce, il n'y a aucune trace de prise de conscience chez le nourrisson et c'est pour cette raison que la dépendance est absolue. Peu à peu l'enfant apprend dans une certaine mesure qu'il est dépendant et il acquiert en conséquence la capacité de faire savoir à l'entourage le moment où il a besoin d'attention. Cliniquement, on note un progrès très graduel vers l'indépendance avec des réapparitions continuelles de dépendance et même de double dépendance. La mère sait s'adapter aux besoins variables et croissants de son nourrisson en ce domaine comme en d'autres. A un an, un nourrisson est devenu capable de garder vivace l'idée de la mère et l'idée des soins auxquels il est habitué; il peut les maintenir pendant un certain temps, dix minutes, une heure, peut-être plus.

Ce que l'on trouve à un an est cependant extrêmement variable, non seulement d'un enfant à l'autre, mais aussi chez un même enfant. Il est normal qu'un certain degré d'indépendance soit atteint, puis perdu et regagné à plusieurs reprises, et souvent un nourrisson peut retourner à un état de dépendance après avoir été nettement indépendant à un an.

Ce passage d'une double dépendance à la dépendance, puis de la dépendance à l'indépendance n'est pas seulement l'expression de la tendance innée du nourrisson à grandir; cette croissance ne peut avoir lieu que si quelqu'un manifeste une adaptation très sensible à ses besoins. Il se fait que la mère du nourrisson réussit mieux que n'importe qui dans cette tâche constante si délicate : elle est plus apte que quiconque parce qu'elle est la personne qui a le plus de chances d'être dévouée à cette cause, tout naturellement et sans rancœur.

L'INTÉGRATION

Dès le début, il est possible à l'observateur de voir qu'un nourrisson est un embryon d'être humain, une unité. En fait, à l'âge d'un an, la plupart des nourrissons ont atteint l'état d'individu. En d'autres termes, il y a eu intégration de la personnalité. Bien entendu, cela n'est pas vrai tout le temps; mais à certains moments et pendant certaines périodes, et dans certaines relations, l'enfant d'un an est une personne totale. Cependant, l'intégration ne doit pas être considérée comme allant de soi; il faut qu'elle se développe peu à peu chez chaque nourrisson. Ce n'est pas simplement une question de neurophysiologie, car pour que ce processus se déroule, certaines conditions de milieu doivent être remplies, celles-là mêmes qui sont les mieux assurées par la mère du nourrisson.

L'intégration apparaît graduellement, à partir d'un état primaire non intégré. Au début, le nourrisson est fait de perceptions sensorielles et d'un certain nombre de phases de motricité. Il est presque certain que pour le nourrisson le repos représente un retour à l'état non intégré. Ce retour à l'état non intégré n'est pas forcément effrayant pour le nourrisson si la mère lui assure un sentiment de sécurité. Parfois, ce sentiment de sécurité découle tout simplement de la façon dont le nourrisson est tenu (*hold well*) – une façon qui lui convient. C'est à la fois physiquement et par des moyens plus subtils que la mère ou l'entourage maintiennent (*hold*) le nourrisson en un tout, et la non-intégration peut exister parallèlement à la réintégration sans que l'angoisse se développe.

L'intégration semble être liée aux expériences émotionnelles ou affectives plus définies telles que la colère ou l'excitation liée à la tétée. A mesure que l'intégration devient un fait acquis et que le nourrisson se constitue en un tout, la perte de ce qui avait été acquis peut être considérée comme de la désintégration plutôt que de la non-intégration. La désintégration est douloureuse. La non-intégration est indolore.

Le degré d'intégration atteint à un an varie; à cet âge, certains enfants ont déjà une forte personnalité, un *self* dont les caractéristiques personnelles sont très marquées; d'autres, à l'opposé, n'ont pas encore acquis à cet âge une personnalité bien définie et dépendent beaucoup de soins continus.

La personnalisation

Le bébé d'un an est fermement ancré dans son corps. La psyché et le soma se sont accordés. Le neurologue dirait que le tonus corporel de l'enfant est satisfaisant et sa coordination bonne. Cet état de choses, où psyché et soma sont intimement liés l'un à l'autre, découle des stades initiaux où la psyché immaturée, tout en étant basée sur le fonctionnement corporel, n'est pas en rapport étroit avec le corps et la vie du corps. Un degré raisonnable d'adaptation aux besoins du nourrisson offre les meilleures chances possibles à l'édification précoce d'une relation solide entre la psyché et le soma. Quand cette adaptation est défaillante, la psyché aura tendance à se développer sans liens étroits avec l'expérience corporelle, et en conséquence les frustrations physiques ne seront pas toujours ressenties avec une pleine intensité.

Même quand il est en bonne santé, le bébé d'un an n'est fermement enraciné à son corps qu'à certains moments. La psyché d'un nourrisson normal peut perdre le contact avec le corps, et il peut y avoir des périodes pendant lesquelles il n'est pas facile à l'enfant de revenir brusquement dans son corps, par exemple au sortir d'un profond sommeil. Les mères le savent, et elles réveillent graduellement un nourrisson avant de le prendre, afin de ne pas provoquer les terribles hurlements de panique que peut entraîner un changement dans la position du corps à un moment où la psyché en est absente. Cliniquement, à cette absence de psyché peuvent être associés des vomissements, des accès de pâleur, des périodes où l'enfant transpire et a parfois très froid. La mère peut croire alors que son enfant est mourant, mais à l'arrivée du médecin, il y a eu un retour si complet à la normale que le docteur ne comprend pas pourquoi la mère s'est tant inquiétée. Naturellement le praticien de médecine générale connaît mieux ce syndrome que le consultant.

L'esprit et l'association psyché-soma

Chez l'enfant d'un an, les phénomènes intellectuels (*mind*) ont commencé à apparaître clairement. Ils sont tout à fait distincts de la psyché. La psyché est liée au soma et au fonctionnement corporel, mais l'appareil intellectuel dépend de l'existence et du fonctionnement des parties du cerveau qui se développent à un stade plus avancé (dans la phylogenèse) que celles qui concernent la psyché primitive. En voici un exemple grossier : ce sont les facultés intellectuelles qui permettent peu à peu à l'enfant d'attendre sa nourriture en raison des bruits qui l'annoncent.

On pourrait dire qu'au début, il faut que la mère s'adapte presque exactement aux besoins du nourrisson pour que la personnalité de l'enfant se développe sans distorsion. Mais elle peut échouer dans cette adaptation, et cet échec peut aller croissant, cela parce que le fonctionnement mental et les processus intellectuels du nourrisson peuvent tenir compte des carences d'adaptation de ce genre et donc les laisser se produire. Ainsi l'intellect est allié à la mère et prend en charge une partie de sa fonction. Dans les soins donnés au nourrisson, la mère dépend des processus intellectuels de l'enfant, et ce sont ces processus qui lui permettent peu à peu de reprendre une vie à elle.

Il y a bien entendu d'autres voies de développement mental. C'est une fonction mentale que de cataloguer ce qui se passe, d'enregistrer les souvenirs et de les classer. C'est grâce à ses facultés mentales que l'enfant peut utiliser le temps comme mesure, mesurer aussi l'espace, et faire la liaison de cause à effet.

Il serait instructif de comparer le conditionnement *(conditioning)* dans ses rapports avec l'intellect et avec la psyché ; une étude de ce genre pourrait éclairer les différences entre ces deux phénomènes si régulièrement confondus. Il est évident que, d'un enfant à l'autre, la capacité mentale à aider la mère dans sa conduite *(management)* à son égard varie beaucoup. La plupart des mères savent s'adapter aux capacités mentales bonnes ou médiocres de chaque nourrisson, aller aussi vite ou aussi lentement que l'enfant. Il n'est cependant que trop facile à une mère vive de ne plus être au pas de l'un de ses enfants de capacité intellectuelle limitée ; et l'enfant rapide peut également perdre le contact avec une mère lente.

A un certain âge, l'enfant devient capable de tolérer les caractéristiques de la mère, et donc d'être relativement indépendant de l'incapacité de celle-ci à s'adapter aux besoins de son petit enfant, mais peut-être pas avant le premier anniversaire.

La fantasmatisation et l'imagination

Un caractère spécifique du nourrisson humain est la fantasmatisation qu'on peut considérer comme l'élaboration imaginative de la fonction physique. Elle devient vite infiniment complexe, mais au début, elle est sans doute réduite. L'observation directe ne permet pas d'évaluer la possibilité de fantasmer d'un petit bébé, mais n'importe quel jeu indique l'existence du fantasme.

Il est commode de décrire le développement de la fantasmatisation à l'aide d'une classification artificielle :

1. Simple élaboration de la fonction ;
2. Distinction entre anticipation, expérience et mémoire ;
3. Expérience en termes de souvenir de l'expérience ;
4. Localisation du fantasme à l'intérieur ou l'extérieur du *self*, avec des échanges et un enrichissement constant de l'un à l'autre ;
5. Construction du monde intérieur ou personnel avec un sentiment de responsabilité pour ce qui y existe et ce qui s'y passe ;
6. Distinction entre la conscience et ce qui est inconscient. L'inconscient comprend des aspects de la psyché qui sont si primitifs qu'ils ne deviennent jamais conscients, et aussi des aspects de la psyché ou du fonctionnement mental qui deviennent inaccessibles par défense contre l'angoisse (ce qu'on appelle l'inconscient refoulé).

Pendant la première année, la fantasmatisation évolue beaucoup. Il ne faut pas oublier que bien que cette croissance (comme toutes les autres) soit une partie de la tendance naturelle vers le développement, l'évolution peut être amputée ou perturbée si elle se produit en dehors de certaines conditions. La nature de ces conditions peut faire l'objet d'une étude et même d'une description.

La réalité personnelle (intérieure)

A la fin de la première année, le monde intérieur de l'individu est devenu une organisation bien précise. Ses éléments positifs proviennent des modes d'expérience personnelle, et plus spécialement de l'expérience instinctuelle – ces expériences étant interprétées de façon personnelle et reposant, en fin de compte, sur les caractéristiques congénitales [1] héréditaires du sujet (dans la mesure où elles sont apparues à ce stade primitif). Cette image du monde qui est personnelle au nourrisson s'organise peu à peu selon des mécanismes complexes qui ont pour but :

1. La sauvegarde de ce qui est ressenti comme « bon » – c'est-à-dire acceptable et fortifiant pour le *self* (moi) ;

1. *Cf.* Winnicott dans sa lettre à J. D. Colinson (anthropologue), le 10 mars 1969 : « Pour moi " inné " *(innate)* laisse les choses plus ouvertes que " congénital " *(inborn)* pour exprimer le concept de tendances héréditaires dont la réalisation n'est pas obligatoire. » In *Lettres vives*, p. 249. *(N.d.T.)*

2. L'isolation de ce qui est ressenti comme « mauvais » – c'est-à-dire inacceptable, persécuteur, ou imposé par la réalité extérieure sans être accepté (traumatisme) ;
3. La sauvegarde d'un domaine dans la réalité psychique personnelle où les objets ont des inter-relations vivantes, excitantes, et même agressives, aussi bien qu'affectueuses.

A la fin de la première année, apparaissent même les débuts de défenses secondaires pour faire face aux défaillances de l'organisation primaire, telles que la diminution généralisée de toute la vie intérieure, qui se traduit par une manifestation clinique de dépression, ou bien la projection massive sur la réalité extérieure des éléments du monde intérieur avec, comme manifestation clinique, une attitude à l'égard du monde qui est teintée de paranoïa. Une manifestation clinique très commune de ce dernier type serait les manies alimentaires, par exemple un dégoût de la peau sur le lait.

L'image que se fait le nourrisson du monde extérieur au *self* est en grande partie basée sur le dessin de la réalité intérieure personnelle, et il faut noter que par ses attentes positives et négatives, il modifie dans une certaine mesure le comportement de l'environnement à son égard.

La vie instinctuelle

Au début, la vie instinctuelle du nourrisson est basée sur le système alimentaire. C'est ce qui intéresse la main et la bouche qui prédomine, mais, peu à peu, viennent s'y ajouter les fonctions d'excrétion. A un certain âge, vers cinq mois peut-être, le nourrisson commence à relier excrétion à nourriture, et fèces et urine à absorption orale. Parallèlement, il commence à acquérir un monde personnel interne qui, par voie de conséquence, tend à se localiser dans le ventre. A partir de ce simple schéma, l'expérience psyché-soma s'étend jusqu'à inclure tout le système corporel.

La respiration se trouve comprise dans ce qui prédomine sur le moment, de sorte qu'elle peut être associée tantôt à l'absorption, tantôt à l'évacuation. Une caractéristique importante de la respiration est que, en dehors des pleurs, elle fait apparaître une continuité entre l'intérieur et l'extérieur, c'est-à-dire un défaut des défenses.

Toutes les fonctions ont tendance à avoir une qualité orgastique, c'est-à-dire que chacune à sa façon contient une phase d'excitation locale et de préparation, un point culminant où tout le corps est en jeu et une période de détente.

La fonction anale acquiert de plus en plus d'importance et peut même dominer la fonction orale. L'orgasme de l'excrétion est normalement un orgasme excrétoire, mais dans certaines circonstances, l'anus peut devenir un organe qui reçoit, et ramener ainsi à lui une partie de l'importance de la fonction et de l'absorption orales. Les manipulations anales accroissent naturellement l'éventualité d'une complication de ce genre.

Chez les nourrissons des deux sexes, l'excrétion urinaire peut être orgastique et donc cause d'excitation et de satisfaction ; mais la satisfaction orgastique dépend, dans une large mesure, du moment. Les efforts faits pour apprendre la propreté au petit enfant le privent – s'ils sont concluants – des satisfactions physiques qui appartiennent à la petite enfance, et les conséquences de cet apprentissage institué trop tôt sont immenses, souvent désastreuses.

L'excitation génitale n'est pas d'une importance primordiale pendant la première année. Néanmoins, il peut y avoir chez les garçons des érections, et chez les filles des activités vaginales, en association surtout avec une excitation relative à l'alimentation ou à l'idée d'alimentation. Les activités vaginales peuvent aussi être suscitées par des manipulations anales. L'érection phallique commence à avoir de l'importance en soi au cours de la première année, et il en est de même pour l'excitation du clitoris. Mais à un an, il est rare que la fillette envie déjà le garçon pour son organe génital, qui (comparé au clitoris ou à la vulve) est évident au repos et plus encore en érection. Cette différence inspirera prétention et envie au cours de la deuxième ou troisième année. (La fonction génitale et la fantasmatisation n'atteignent une position dominante par rapport aux fonctions d'ingestion et d'excrétion qu'à une période que l'on peut grossièrement situer entre deux et cinq ans.)

Les expériences instinctuelles de la première année font surgir la capacité du nourrisson à la relation objectale, capacité qui grandit rapidement et culmine dans une relation d'amour entre deux personnes complètes, mère et bébé. La relation triangulaire, avec son enrichissement et ses complications spécifiques, devient un facteur nouveau dans la vie de l'enfant vers l'époque de son premier anniversaire, mais elle n'atteint sa pleine valeur que lorsque l'enfant est en âge de marcher et au moment où le génital domine les divers types de systèmes instinctuels alimentaires et de fantasmatisation.

Le lecteur peut aisément reconnaître, dans ce qui précède, la théorie de Freud sur la sexualité infantile, qui fut la première contribution de la psychanalyse à la compréhension de la vie affective des jeunes enfants. L'idée d'une vie instinctuelle dans l'enfance a suscité une immense réaction de l'opinion publique, mais il est maintenant généralement reconnu que cette théorie est le thème central de la psychologie de la petite enfance normale ainsi que de l'étude des origines des psychonévroses.

Les relations objectales

Le nourrisson d'un an est à certains moments une personne totale, en relation avec des personnes totales. Ce résultat est atteint par étapes et ne devient un fait acquis que lorsque les conditions sont suffisamment bonnes.

Primitivement, il n'existe qu'une relation à des objets partiels – par exemple à un sein, car, même si le nourrisson « connaît » la mère à certains moments de contact affectueux, il ne la distingue pas comme une personne. C'est l'intégration graduelle de la personnalité du nourrisson en une unité qui lui permet de sentir que l'objet partiel (sein, etc.) fait partie de toute une personne ; cet aspect du développement amène à sa suite des angoisses spécifiques. Nous les verrons dans la rubrique sur la capacité de sollicitude *(concern)* du jeune enfant.

Parallèlement à la connaissance de l'objet total, apparaît le début d'un sentiment de dépendance et donc le début du besoin d'indépendance. Le fait que l'enfant perçoit que sa mère est apte à le soutenir alors qu'il dépend d'elle favorise la formation en lui d'une aptitude du même ordre.

A un stade plus primitif, avant que le nourrisson n'agisse en tant qu'unité, les relations objectales sont de la nature d'une union de partie à partie. A un stade donné, existe-t-il un *self* total, disponible pour ressentir l'expérience et pour enregistrer le souvenir des expériences vécues ? C'est extrêmement variable.

La spontanéité

La pulsion instinctuelle crée un état de choses qui peut soit évoluer vers la satisfaction, soit se disperser en un mécontentement diffus, ou en un malaise général de la psyché et du soma. Il faut que la satisfaction d'une pulsion arrive au moment voulu, que le point culminant soit en harmonie avec l'expérience présente. Les satisfactions ont une immense importance pour le nourrisson pendant la première année, et ce n'est que peu à peu que chaque enfant devient capable de supporter l'attente. Ce qu'on demande, bien sûr, c'est que le petit enfant renonce à la spontanéité pour se conformer aux besoins de ceux qui s'occupent de lui. Nous demandons parfois aux nourrissons plus que ce que nous pouvons réaliser nous-mêmes.

La spontanéité est donc menacée par deux groupes de facteurs :

1. Par le désir de la mère de se libérer des liens de la maternité, et cela peut être recouvert par l'idée erronée de la mère qu'il faut s'y prendre de bonne heure pour avoir un enfant « sage » ;
2. A la suite de mécanismes complexes, par la restriction de la spontanéité venant du nourrisson lui-même (établissement d'un surmoi).

C'est le développement de ce contrôle qui forme la seule vraie base de la moralité et la moralité commence dès cette première année de la vie de l'individu. Elle résulte à l'origine de craintes frustes de représailles et est, par la suite, le frein de la vie instinctuelle du nourrisson (qui devient une personne, avec la notion de sollicitude) ; elle protège les objets d'amour de la violence de l'explosion de l'amour primitif qui est impitoyable et ne cherche que la satisfaction des pulsions instinctuelles.

Au début les mécanismes de contrôle du *self* sont frustes comme les pulsions elles-mêmes, et la sévérité de la mère aide en ce sens qu'elle est moins brutale et plus humaine ; on peut, en effet, défier une mère, alors que l'inhibition intérieure d'une pulsion risque d'être totale. La rigueur maternelle a donc une signification inattendue, puisqu'elle provoque le consentement doucement et graduellement, et préserve le nourrisson de la violence de l'autocontrôle. Si les conditions extérieures restent favorables, l'enfant en vient, à la suite d'une évolution naturelle, à instaurer une rigueur intérieure « humaine » et réalise ainsi le contrôle de soi sans une trop grande perte de cette spontanéité qui seule rend la vie digne d'être vécue.

La capacité créatrice

De la spontanéité on passe tout naturellement à la question de la pulsion créatrice qui, mieux que n'importe quoi, prouve à l'enfant qu'il est en vie.

La pulsion créatrice innée dépérit, à moins qu'elle n'ait tout d'abord rejoint la réalité extérieure (qu'elle ne se soit « réalisée »). Chaque nourrisson doit recréer le monde mais cela n'est possible que si le monde se présente par bribes à des moments où l'enfant ressent l'activité créatrice. Le nourrisson cherche et le sein est là, et le sein est créé. Le succès de cette opération dépend de la finesse de l'adaptation de la mère aux besoins de son petit enfant, surtout au début.

A partir de là, par une progression naturelle, chaque enfant crée individuellement le monde entier de la réalité extérieure ; au début, cette création continue requiert un public et puis, finalement, même le public est créé. Les étapes pénibles de ce processus de la vie appartiennent à la toute petite enfance, et dépendent de la capacité de la mère à produire l'échantillon de réalité à un moment plus ou moins adéquat. Ce qu'elle peut faire, parce que pour un temps elle s'identifie à son nourrisson à un degré extrême.

La motricité. L'agressivité

La motricité est une caractéristique du fœtus vivant, et les mouvements d'un prématuré en couveuse donnent sans doute l'image d'un nourrisson dans la matrice à l'approche de l'accouchement. La motricité est précurseur de l'agressivité, terme qui se charge de sens au fur et à mesure que le petit enfant grandit. On peut voir un exemple particulier d'agressivité apparaître dans des activités telles que : saisir dans les mains, mâcher et, plus tard, mordre. En cas de bonne santé, une grande proportion du potentiel agressif se fond dans les expériences instinctuelles du nourrisson, et dans le mode de relations de chaque nourrisson. Pour ce faire, il faut que le milieu offre des conditions adéquates.

En cas de mauvaise santé, il n'y a qu'une petite proportion du potentiel agressif qui se fond dans la vie érotique, et le nourrisson est alors accablé de pulsions qui ne riment à rien. Elles peuvent même susciter dans la relation objectale un caractère destructeur ou, pis, former la base d'une activité qui n'a plus aucun sens comme, par exemple, une convulsion. On peut s'attendre à ce que cette agressivité non assimilée apparaisse sous la forme de crainte d'être attaqué. C'est là une façon dont peut se produire une pathologie du développement affectif, qui apparaît très tôt, et évolue éventuellement en trouble psychiatrique. Un trouble de ce genre peut, évidemment, avoir des caractères paranoïdes.

Le potentiel agressif est extrêmement variable car il ne dépend pas seulement de facteurs innés mais aussi de la possibilité de caractères défavorables dans le milieu ; par exemple, certaines sortes de naissance difficile peuvent affecter profondément l'état du nouveau-né ; et même une naissance normale peut avoir certaines caractéristiques qui sont traumatisantes pour la psyché non évoluée du nourrisson, qui ne connaît pas d'autre défense que celle de réagir, et de cesser ainsi temporairement d'exister de son plein droit.

La capacité de sollicitude

Vers la seconde moitié de la première année, se manifeste la capacité de sollicitude, ou une aptitude à ressentir des sentiments de culpabilité. C'est là un état de choses bien complexe, qui dépend de l'intégration en un tout de la personnalité du bébé, et de l'acceptation par celui-ci de la responsabilité de toute la fantasmatisation qui procède du moment instinctuel. Pour parvenir à cet état de choses si sophistiqué, il faut qu'une condition préalable soit remplie : que la mère (ou son substitut) soit constamment présente et soit prête comme son attitude l'indique à voir et à accepter les efforts malhabiles du petit enfant, à apporter sa contribution, c'est-à-dire à restaurer, à aimer de façon constructive. Cette étape importante du développement affectif a été étudiée en détail par Mélanie Klein quand elle a étendu la théorie psychanalytique (freudienne) aux origines du sentiment de culpabilité personnel, et à celles du besoin d'agir de façon constructive, et de donner. Ainsi la puissance (et l'acceptation de la puissance) a une de ses racines dans le développement affectif qui se situe avant le premier anniversaire (aussi bien qu'après).

Les possessions

A un an, les nourrissons ont habituellement un ou plusieurs objets mous, ours, poupées de chiffons, qui sont très importants pour eux (certains garçons préfèrent des objets durs). Ces objets représentent visiblement des objets partiels, entre autres le sein, et ce n'est que peu à peu qu'ils en viennent à représenter des bébés, et la mère ou le père.

Il est très intéressant d'étudier l'usage que fait le nourrisson du tout premier objet adopté – morceau de laine d'une couverture, couche ou écharpe de soie. Cet objet peut prendre une importance vitale et avoir la valeur d'un objet intermédiaire entre le *self* et le monde extérieur. Il est typique de voir un enfant s'endormir en étreignant un objet de cet ordre (que j'appelle « objet transitionnel »), en suçant en même temps deux doigts ou un pouce, et peut-être en se caressant la lèvre supérieure ou le nez. Cette façon de faire, personnelle à l'enfant, apparaît au moment de s'endormir ou à des moments de solitude, de tristesse, d'angoisse et peut persister jusqu'à très avant dans l'enfance ou même jusqu'à la vie adulte. Tout cela fait partie du développement affectif normal.

Ces phénomènes (que j'appelle transitionnels) semblent former la base de toute la vie culturelle de l'être humain adulte.

En cas de grave privation [1], l'individu peut devenir incapable d'utiliser la technique éprouvée et souffrir en conséquence d'agitation et d'insomnie. Il est clair que le pouce dans la bouche et la poupée de chiffons dans la main symbolisent en même temps une partie du *self* et une partie de l'environnement.

C'est l'occasion pour l'observateur d'étudier l'origine du comportement affectueux qui est important (si ce n'est pour d'autres raisons encore) parce que la perte de la capacité d'être affectueux caractérise « l'enfant en état de carence affective déprivé » plus âgé qui, du point de vue clinique, manifeste une tendance antisociale et est candidat à la délinquance.

L'amour

Au fur et à mesure que l'enfant grandit, la signification du mot amour change, et s'adjoint de nouveaux éléments :

1. L'amour signifie : exister, respirer, être vivant, être aimé;
2. L'amour signifie : appétit. Pas de sollicitude ici, seulement le besoin de satisfaction;
3. L'amour signifie : contact affectueux avec la mère;
4. L'amour signifie : fusion (de la part du nourrisson) de l'objet de l'expérience instinctuelle et de la mère totale au contact affectueux; donner se rattache alors à prendre, etc.;
5. L'amour signifie établir ses droits sur la mère, être vorace par compulsion, forcer la mère à compenser les frustrations (inévitables) dont elle est responsable;
6. L'amour signifie se soucier de la mère (ou de l'objet substitutif) comme la mère s'est souciée du nourrisson – anticipation d'une attitude adulte de responsabilité.

1. *Cf.* « La tendance antisociale ». *(N.d.T.)*

Conclusion

On peut assister à ces développements (et à beaucoup d'autres) pendant la première année bien que, naturellement, rien ne soit établi au premier anniversaire, et que presque tout puisse être perdu par une défaillance de l'environnement après cette date, ou même à la suite d'angoisses inhérentes à la maturation émotionnelle.

Le pédiatre risquera d'être effrayé quand il essayera d'assimiler la psychologie du nourrisson, brièvement décrite dans cet article. Il ne doit cependant pas désespérer car il peut généralement s'en remettre au nourrisson, à la mère et au père. Mais, s'il doit intervenir dans la relation mère-enfant, qu'il sache au moins ce qu'il fait, et qu'il évite toute interférence évitable [1].

1. J'ai laissé de côté la référence systématique à la psychopathologie; je n'ai pas décrit non plus ici l'effet des divers types de perturbations de l'environnement dues à une maladie psychiatrique chez la mère ou même à l'inexistence de cette dernière.

LA CAPACITÉ D'ÊTRE SEUL[1]

(1958)

Mon intention est d'étudier la capacité de l'individu d'être seul, présumant que cette attitude constitue l'un des signes les plus importants de la maturité du développement affectif.

Au cours de presque tous nos traitements psychanalytiques, il y a des moments où cette aptitude à être seul est importante pour le patient. Du point de vue clinique, cela peut se traduire par un épisode de silence ou une séance silencieuse. Loin d'être une manifestation de résistance, ce silence constitue en fait pour le patient un aboutissement. C'est peut-être là qu'il est capable, pour la première fois, d'être seul. C'est sur cet aspect du transfert dans lequel le patient est seul au cours de la séance analytique que j'aimerais attirer l'attention.

Il serait probablement vrai de dire que, dans la littérature psychanalytique, on a plus écrit sur la *peur* d'être seul, ou le *désir* d'être seul, que sur l'*aptitude* à être seul. L'état de repli, mécanisme de défense qui implique une attente de persécution, a fait aussi l'objet d'un grand nombre de travaux. A mon avis, il est temps d'entreprendre une étude des aspects *positifs* de la capacité d'être seul. Il se peut qu'il y ait eu des tentatives isolées faites pour décrire cette capacité d'être seul, mais je n'en ai pas connaissance. Je me référerai au concept de Freud (1914) relatif à la *relation anaclitique*[2].

1. D'après un exposé fait à la Société britannique de Psychanalyse, le 24 juillet 1957.
2. *Cf.* « La préoccupation maternelle primaire ». (*N.d.T.*)

Relations à deux et relations à trois

Rickman nous a habitués à l'idée de penser en termes de relations à trois et à deux personnes et nous parlons souvent du complexe d'Œdipe comme d'un stade durant lequel les relations triangulaires dominent le champ d'expérience. Tout essai de description du complexe d'Œdipe ne prenant que deux personnes en considération est voué à l'échec. Il n'en existe pas moins des relations à deux : elles appartiennent à un stade relativement plus primitif de l'histoire de l'individu. La première relation de personne à personne est celle qui s'établit entre le petit enfant et sa mère ou le substitut maternel, avant qu'aucune qualité propre à la mère n'ait été isolée pour aboutir à l'idée d'un père. La conception kleinienne de la position dépressive peut être décrite en termes de relations à deux et il serait peut-être juste de dire que la relation à deux est un trait caractéristique de ce concept.

Après avoir pensé en termes de relations à trois et à deux, il semblerait tout naturel de vouloir retrouver un stade encore plus primitif et de parler de relation à un! A première vue, il pourrait sembler que le narcissisme soit justement cette relation – qu'il s'agisse d'une forme primitive du narcissisme secondaire ou du narcissisme primaire lui-même. Je suis cependant d'avis que ce bond en arrière d'un stade de relations à deux à un stade de relations de l'individu avec lui-même ne peut, en fait, être accompli sans porter atteinte à une grande partie de ce que nous avons appris par le travail analytique et par l'observation directe des mères et des petits enfants.

Être effectivement seul

On comprendra aisément que l'objet de mon étude n'est pas le fait d'être effectivement seul. Il se peut qu'un homme soit seul dans une cellule et soit incapable de supporter sa solitude. Les souffrances qu'il endure dépassent l'imagination. Beaucoup de personnes cependant sont capables, avant même d'être sorties de l'enfance, d'apprécier la solitude et elles peuvent même la considérer comme une possession des plus précieuses.

Cette capacité d'être seul est soit un phénomène très élaboré, qui apparaît dans le développement individuel *après* l'établissement des relations à trois, soit un phénomène des premiers moments de la vie qui mérite une étude particulière parce qu'il est la base à partir de laquelle s'élabore la solitude.

Le paradoxe

Le point principal de cette étude peut maintenant être abordé. Bien que des expériences diverses et nombreuses contribuent à la formation de cette capacité d'être seul, il s'en trouve une qui est fondamentale. Si elle est insuffisante, son développement s'en trouve arrêté : *il s'agit de l'expérience d'être seul, en tant que nourrisson et petit enfant, en présence de la mère.* Le fondement de la capacité d'être seul est donc paradoxal puisque c'est l'expérience d'être seul en présence de quelqu'un d'autre.

Ici intervient une relation d'un type plutôt particulier : celle qui existe entre le nourrisson ou le petit enfant, qui est seul, et la mère ou le substitut maternel sur la présence effective desquels on peut compter, même si pendant un moment la mère n'est représentée que par le berceau ou le landau ou l'atmosphère générale de l'environnement immédiat. J'aimerais suggérer un nom pour ce type particulier de relation.

Personnellement, j'utilise volontiers le terme *relation au moi* (*ego relatedness*) qui convient en ce sens qu'il contraste assez nettement avec celui de *relation pulsionnelle* (*id relationship*), cet élément qui perturbe sans cesse ce qu'on pourrait appeler la vie du moi. La relation au moi décrit cette relation entre deux personnes dont l'une, en tout cas, est seule; peut-être les deux sont-elles seules, pourtant la présence de chacune importe à l'autre. Je pense que si l'on compare la signification du mot *like* (aimer bien) à celle du mot *love* (aimer d'amour), on s'aperçoit que le premier est du domaine de la relation au moi alors que le second est plutôt une question de relations pulsionnelles, sous une forme brute ou sublimée.

En préalable au développement de ces deux idées suivant un point de vue personnel, je désirerais vous montrer comment il est possible de se référer au concept de la capacité d'être seul sans se départir du langage psychanalytique habituel.

Après un rapport sexuel

Après un rapport sexuel satisfaisant, vous conviendrez que l'on peut dire que chaque partenaire est seul et se trouve heureux d'être seul. Être capable de savourer la solitude parallèlement à une autre personne qui se trouve également seule est en soi une expérience saine. Il se peut que l'absence de tension pulsionnelle soit source d'angoisse, mais la notion de temps, bien intégrée à la personnalité, permet à l'individu d'attendre le retour naturel de la tension instinctuelle et de jouir de cette solitude partagée, une solitude relativement dépourvue de cette particularité que nous appelons le « repli ».

La scène primitive

Il serait possible de dire que la capacité d'un individu d'être seul est fondée sur son aptitude à affronter les sentiments suscités par la scène primitive. Dans la scène primitive, l'excitation du coït entre les parents est perçue ou imaginée. Ce rapport est accepté par l'enfant qui est en bonne santé, capable de maîtriser la haine et de la canaliser au service de la masturbation. Dans la masturbation, l'entière responsabilité du fantasme, conscient ou inconscient, est acceptée par l'enfant qui est le troisième personnage d'une relation triangulaire. Être capable d'être seul, dans ces circonstances, implique une maturité du développement érotique, une puissance génitale, ou l'acceptation correspondante de la féminité; cela suppose une union des pulsions et des idées agressives et érotiques ainsi qu'une tolérance de l'ambivalence; naturellement, la capacité de l'individu de s'identifier à chacun de ses parents va de pair.

On pourrait compliquer une telle étude presque à l'infini, la capacité d'être seul étant presque synonyme de maturité affective.

Le bon objet intériorisé

Je vais essayer maintenant d'employer un autre langage, celui qui résulte des travaux de Mélanie Klein. La capacité d'être seul repose sur l'existence, dans la réalité psychique de l'individu, d'un bon objet. Le bon sein ou le bon pénis intériorisés, ou les bonnes relations intériorisées, sont suffisamment bien établis et défendus pour que l'individu ait confiance (du moins pour le moment) dans le présent et dans l'avenir. La relation de l'individu avec ses objets internes, qui va de pair avec une confiance dans les relations internes, fournit à elle seule assez pour vivre, de sorte que, temporairement, il est capable d'être heureux, même en l'absence d'objets et de stimulations externes. La maturité et la capacité d'être seul impliquent que l'individu a eu la chance, grâce à des soins maternels suffisamment bons *(good enough)*, d'édifier sa confiance en un environnement favorable. Il y est parvenu par la répétition de gratifications instinctuelles satisfaisantes.

Dans le langage kleinien, on se réfère donc à un stade plus primitif du développement de l'individu que celui du règne du classique complexe d'Œdipe. Cela suppose néanmoins que le moi ait atteint un degré considérable de maturité et que l'individu ait réalisé son unité. Autrement, quel sens cela aurait-il de se référer à l'intérieur et à l'extérieur ou de donner une signification particulière aux fantasmes internes ? En termes négatifs, il faut que l'individu n'ait que peu d'angoisse de persécution. En termes positifs, les bons objets internes font partie du monde personnel intérieur de l'individu et sont prêts à être projetés le moment voulu.

Être seul à un stade d'immaturité

La question que l'on se pose maintenant est celle-ci : un enfant, ou un nourrisson, peut-il être vraiment seul à un stade très primitif alors que l'immaturité du moi rend impossible une description de cet état suivant les termes que nous venons d'employer ? C'est là la partie essentielle de ma thèse : il nous faut pouvoir parler d'une forme non élaborée de solitude ; même si nous convenions que la capacité d'être vraiment seul correspond à une élaboration, l'aptitude à la solitude authentique a ses fondements dans cette première expérience d'être seul en présence de quelqu'un. Être seul en présence de quelqu'un est un fait qui peut intervenir à un stade très primitif, au moment où *l'immaturité du moi est compensée de façon naturelle par le support du moi offert par la mère.* Puis vient le temps où l'individu intériorise cette mère-support du moi et devient ainsi capable d'être seul sans recourir à tout moment à la mère ou au symbole maternel.

« Je suis seul »

J'aimerais maintenant aborder ce sujet d'une manière différente par l'étude des mots « Je suis seul ».

Nous avons tout d'abord le mot « Je », qui implique un degré important du développement affectif. L'individu a réalisé son unité, l'intégration est un fait. Le monde extérieur est aboli et une vie intérieure est devenue possible. Il s'agit simplement ici d'une définition topographique de la personnalité en tant que chose, en tant qu'organisation d'un noyau du moi. A ce point, on ne se réfère pas à l'existence *(living).*

Puis viennent les mots « Je suis », qui représentent un stade du développement individuel. Par ces mots, l'individu prend forme et vie. Dans les débuts du « Je suis », l'individu est (pour ainsi dire) à l'état brut, sans défense, vulnérable, paranoïde en puissance. Il ne peut réussir à passer ce stade du « Je suis » que parce qu'il existe un environnement qui le protège. Cet environnement protecteur, c'est en fait la mère, préoccupée de son petit enfant; son identification à son enfant la rend apte à comprendre les besoins du moi de celui-ci. Point n'est besoin de postuler, de la part du nourrisson, une perception de la mère à ce stade du « Je suis ».

J'en arrive maintenant aux mots : « Je suis seul ». Selon la théorie que j'avance, il est indispensable qu'à ce nouveau stade le petit enfant puisse se rendre compte de l'existence ininterrompue de la mère. Par là, je ne veux pas nécessairement parler d'une prise de conscience mentale. Je considère cependant que « Je suis seul » est une amplification de « Je suis » qui dépend de la conscience qu'a le petit enfant de l'existence ininterrompue d'une mère à laquelle on peut se fier; la sécurité qu'elle apporte ainsi lui rend possible d'être seul et de jouir d'être seul, pour une durée limitée.

De cette façon, j'essaie de justifier ce paradoxe que la capacité d'être seul est basée sur l'expérience d'être seul en présence de quelqu'un et que si cette expérience est insuffisante, la capacité d'être seul ne parvient pas à se développer.

« Relation au moi » (*ego-relatedness*)

Maintenant, si je suis dans le vrai à propos de ce paradoxe, il devient intéressant d'examiner la nature de la relation du petit enfant avec sa mère, relation que j'ai appelée relation au moi pour les besoins de cet article. On verra que j'attache une grande importance à cette relation car je considère qu'elle est la matière à partir de laquelle se forme l'amitié. *La matrice du transfert* s'y trouve peut-être aussi.

Il y a une autre raison pour laquelle j'attache une importance particulière à cette notion de relation au moi et, afin de m'exprimer clairement, il me faut faire une petite digression.

Je pense que l'on sera généralement d'accord qu'une pulsion instinctuelle n'a de signification que si elle s'inscrit dans l'existence du moi, soit qu'une pulsion intellectuelle démembre un moi faible, soit qu'elle fortifie un moi fort. On peut dire que *les relations instinctuelles fortifient le moi lorsqu'elles s'inscrivent dans le cadre d'une relation au moi.* Cela accepté, il en découle une compréhension de l'importance de la capacité d'être seul. C'est seulement lorsqu'il est seul (c'est-à-dire en présence de quelqu'un) que le petit enfant peut découvrir sa vie personnelle. Le terme pathologique de l'alternative est une existence fausse, construite sur des réactions à des excitations externes. Quand il est seul dans le sens où j'emploie ce mot, et seulement quand il est seul, le petit enfant est capable de faire l'équivalent de ce qui s'appellerait se détendre chez un adulte. Il est alors capable de parvenir à un état de non-intégration, à un état où il n'y a pas d'orientation; il s'ébat et, pendant un temps, il lui est donné d'exister sans être soit en réaction contre une immixtion extérieure, soit une personne active dont l'intérêt ou le mouvement suit une direction. Le terrain est prêt pour une expérience instinctuelle. Arrive une perception ou une pulsion; dans ce cadre, la perception ou la pulsion sera ressentie comme réelle et constituera vraiment une expérience personnelle.

Nous allons voir maintenant pourquoi il est important que quelqu'un se trouve là, que quelqu'un soit présent sans pourtant rien exiger; la pulsion étant là, l'expérience instinctuelle peut alors porter ses fruits et l'objet peut être partie ou tout de la personne qui le soigne, à savoir la mère. C'est seulement dans ces conditions qu'un enfant peut avoir une expérience qu'il ressent comme réelle. Un grand nombre d'expériences de ce genre forment la base d'une vie riche de réalité, et non pleine de futilité. L'individu qui possède cette capacité d'être seul est constamment capable de redécouvrir la pulsion personnelle, pulsion qui n'est pas expérimentée en vain parce que l'état de solitude est un état qui (paradoxalement) implique toujours la présence de quelqu'un d'autre.

Par la suite, l'individu devient capable de renoncer à la présence effective d'une mère ou d'un substitut maternel. Ce phénomène a été décrit comme celui de l'édification d'un « environnement interne » et il s'agit d'un phénomène plus primitif que celui appelé « introjection de la mère ».

L'acmé de la relation au moi

J'aimerais maintenant pousser plus loin mon étude de la relation au moi et des possibilités d'expérience dans le cadre de cette relation; j'aimerais étudier le concept d'un orgasme du moi. Je suis conscient, bien entendu, que si une telle chose existe, ceux dont l'expérience instinctuelle est inhibée auront tendance à se spécialiser dans de tels orgasmes, si bien qu'il y aurait une pathologie de la tendance à l'orgasme du moi. Pour le moment, mon dessein n'est pas d'étudier le pathologique, sans oublier cependant que le corps entier peut s'identifier avec un objet partiel (le phallus). Je voudrais seulement poser la question de savoir si l'on peut valablement assimiler l'*extase* à un orgasme du moi. Chez la personne normale, une expérience pleine de satisfaction, telle qu'on peut en vivre à un concert, au théâtre, ou dans une amitié, peut être qualifiée par les mots : orgasme du moi, termes qui attirent l'attention à la fois sur l'acmé et son importance. Dans ce contexte, l'emploi de ces termes peut être sujet à critique ; je pense cependant qu'il y a là matière à discussion et que l'on peut s'interroger sur la nature de l'acmé intervenant dans une relation au moi satisfaisante. On peut se poser la question suivante : quand un enfant joue, la totalité de son jeu est-elle une sublimation des pulsions instinctuelles ? N'y a-t-il pas lieu de penser qu'il y a une différence dans la *qualité* pulsionnelle, aussi bien que dans la *quantité* instinctuelle, quand on compare le jeu qui apporte une satisfaction à l'instinct brut sous-jacent ? Le concept de la sublimation est tout à fait accepté et a beaucoup de valeur. Il est cependant dommage de passer sous silence la grande différence qui existe entre le jeu heureux des enfants et le jeu d'enfants qui s'excitent de façon compulsionnelle et qui semblent au bord d'une expérience instinctuelle. Il est vrai que dans le jeu heureux d'un enfant, tout peut être *interprété* en termes de pulsions instinctuelles. Cela est possible parce que nous nous référons à des symboles et sans doute notre usage du symbolisme est-il fondé, ainsi que notre compréhension du jeu en termes de relations instinctuelles. Nous laissons cependant de côté un élément vital si nous oublions que le jeu d'un enfant n'est pas heureux lorsqu'il se complique d'excitations corporelles comportant leurs instants d'acmé physique.

L'enfant dit normal est capable de jouer, de s'exciter pendant qu'il joue, et de trouver une *satisfaction dans le jeu* sans se sentir menacé par un orgasme physique d'excitation locale. Au contraire, un enfant déprivé, avec une tendance antisociale, ou n'importe quel enfant souffrant d'une instabilité maniaco-dépressive, est incapable de trouver une satisfaction dans le jeu parce que celui-ci entraîne une excitation physique. Un acmé physique est nécessaire et la plupart des parents connaissent le moment où rien ne peut faire cesser l'excitation d'un jeu si ce n'est une fessée – qui engendre un acmé artificiel, mais très utile quand même. Je pense que si l'on compare à une expérience sexuelle le jeu heureux d'un enfant ou l'expérience d'un adulte lors d'un concert, la différence est si grande qu'il devient possible d'utiliser des mots différents pour qualifier ces deux expériences. Quelle que soit la part du symbolisme inconscient, la quantité d'excitation physique réelle est minime dans un type d'expérience alors qu'elle est à son maximum dans l'autre. Nous pouvons reconnaître l'importance de la relation au moi en tant que telle sans abandonner pour autant les idées relatives au concept de la sublimation.

Résumé

La capacité d'être seul est un phénomène très élaboré et de nombreux facteurs contribuent à son établissement. Elle est en relation étroite avec la maturité affective.

Le fondement de la capacité d'être seul est l'expérience vécue d'être seul en présence de quelqu'un. De cette façon, un petit enfant, dont l'organisation du moi est faible, est capable d'être seul grâce à un soutien du moi fiable.

Le type de relation qui existe entre le petit enfant et la mère – qui agit en tant que soutien du moi – mérite une étude particulière. Bien que d'autres termes aient été utilisés, je suis d'avis que l'expression « relation au moi » *(ego-relatedness)* pourrait convenir temporairement.

Dans le cadre de la relation au moi interviennent des relations instinctuelles qui fortifient, plutôt qu'elles ne le troublent, le moi qui n'est pas encore organisé.

Graduellement, l'environnement qui sert de support au moi est introjecté et sert à l'édification de la personnalité de l'individu, si bien que se forme une capacité d'être vraiment seul. Même ainsi, théoriquement, il y a toujours quelqu'un de présent, quelqu'un qui, en fin de compte et inconsciemment, est assimilé à la mère, celle qui, durant les premiers jours et les premières semaines, s'était identifiée temporairement à son petit enfant et pour laquelle rien ne comptait d'autre, au cours de cette période, que les soins à lui apporter.

LA PSYCHANALYSE ET LE SENTIMENT DE LA CULPABILITÉ [1]

(1958)

Au cours de cette conférence [2], je n'irai pas au-delà de la pensée de Burke, qui déclarait, il y a deux cents ans, que la culpabilité réside dans l'intention. Pourtant, les illuminations intuitives des grands hommes, et même les constructions élaborées des poètes et des philosophes, ont le défaut de ne pas être applicables dans la clinique. C'est la psychanalyse qui a rendu accessible à la sociologie et à la thérapie individuelle une grande partie du contenu de remarques comme celle de Burke.

Un psychanalyste aborde le sujet de la culpabilité comme quelqu'un qui a l'habitude de penser en fonction de la croissance, en fonction de l'évolution de l'individu, de l'homme en tant que personne, et en relation avec l'environnement. L'étude du sens de la culpabilité implique pour l'analyste une étude du développement affectif individuel. Il est courant d'envisager le sentiment de la culpabilité comme quelque chose qui résulte de l'enseignement religieux et moral. Quant à moi, je m'efforcerai d'étudier le sentiment de la culpabilité non comme une chose à inculquer, mais comme un aspect du développement de l'individu. Les influences culturelles sont naturellement importantes, d'une importance vitale, mais ces influences culturelles peuvent elle-mêmes être étudiées comme un enchevêtrement d'innombrables schèmes personnels. En d'autres termes, la clef de la psychologie de groupe et de la psychologie sociale se trouve

1. Conférence faite à l'occasion du Centenaire (de la naissance, *N.d.T.*) de Freud, devant la Société britannique de Psychanalyse, le 17 avril 1956, publiée dans *Psychoanalysis and Contemporary Thought*, éd. J.D. Sutherland (Hogarth, Londres, 1958).

2. Traduite à partir de sa publication in Winnicott, *The Maturational Process*. Il est à noter que l'auteur emploie tantôt l'expression *sense of guilt* (sens de la culpabilité) et tantôt *guilt-feeling* (sentiment de la culpabilité). (*N.d.T.*)

dans la psychologie de l'individu. Ceux qui sont d'avis que la moralité doit être inculquée l'enseignent en conséquence aux petits enfants et ils devancent ainsi le plaisir d'observer le développement naturel de la moralité chez leurs enfants, qui s'épanouissent dans le bon milieu qu'on leur assure sur un mode personnel et individuel.

Il ne me sera pas nécessaire d'examiner les diverses formes de constitution. Rien ne prouve clairement qu'un individu quelconque qui n'est pas déficient mentalement est incapable constitutionnellement de parvenir à un sens moral. Par ailleurs, on trouve dans le développement d'un sens moral tous les degrés de succès et d'échec. Je vais m'efforcer d'expliquer ces diversités. Il y a sans aucun doute des enfants et des adultes qui ont un sens de la culpabilité déficient, et cette déficience n'est pas spécifiquement liée à la capacité ou à l'incapacité intellectuelle.

Pour simplifier ma tâche, j'examinerai le problème en y distinguant trois parties principales.

Je discuterai séparément :

I. Le sens de la culpabilité des individus chez lesquels la capacité de sentir la culpabilité s'est développée et édifiée.

II. Le sens de la culpabilité à son point d'origine dans le développement affectif de l'individu.

III. Le sens de la culpabilité en tant que caractère remarquable par son absence chez certains individus.

Et, pour finir, la capacité d'avoir un sens de la culpabilité : perte et reconquête de cette capacité.

I. La capacité d'avoir un sens de la culpabilité vraiment assuré

Comment le concept de la culpabilité apparaît-il dans la théorie psychanalytique ?

Je crois que je ne me trompe pas en disant que les premiers travaux de Freud dans ce domaine touchaient aux vicissitudes du sens de la culpabilité des individus chez lesquels on pouvait considérer la capacité à sentir la culpabilité comme une chose établie. Par conséquent, je vais dire quelques mots du point de vue de Freud sur la signification de la culpabilité pour l'inconscient chez une personne en bonne santé, et de la psychopathologie du sens de la culpabilité.

L'œuvre de Freud montre comment il se fait que la véritable culpabilité réside dans l'intention – dans l'intention inconsciente. Le délit commis n'est pas la cause du sentiment de la culpabilité : c'est plutôt le *résultat* de la culpabilité, la culpabilité qui relève de l'intention criminelle. Seule la culpabilité légale se rapporte à un crime, la culpabilité morale, elle, se rapporte à une réalité intérieure. Freud a été en mesure de tirer un sens de ce paradoxe. Dans ses premières formulations théoriques, Freud s'est occupé du ça – il se référait ainsi aux pulsions instinctuelles – et du moi, qui désignait pour lui la partie du *self* total qui est en rapport avec l'environnement. Le moi modifie l'environnement afin de susciter des satisfactions instinctuelles, et il réfrène les impulsions de ça afin de permettre d'utiliser au mieux ce que l'environnement peut offrir, toujours pour apporter des satisfactions au ça. Plus tard (en 1923), Freud a utilisé le terme de surmoi pour désigner ce qui est accepté par le moi pour parvenir à maîtriser le ça.

Freud traite ici la nature humaine en terme d'*économie*, et simplifie délibérément le problème dans le but d'établir les bases d'une formulation théorique. Dans tout ce travail, il y a un déterminisme sous-entendu : le postulat que la nature peut être examinée objectivement et peut se voir appliquer les lois reconnues valables en physique. En termes de moi et de ça, le sens de la culpabilité n'est guère plus que de l'*angoisse teintée d'une qualité spéciale*, de l'angoisse ressentie en raison du conflit entre l'amour et la haine. Le sens de la culpabilité implique que l'ambivalence est tolérée. Il n'est pas difficile d'accepter la relation étroite entre la culpabilité et le conflit personnel, qui surgit de la coïncidence de l'amour et de la haine, mais Freud a su remonter jusqu'aux racines du conflit et montrer que ces sentiments sont justement associés à la vie instinctuelle. Il est bien connu maintenant que Freud a remarqué, en analysant des adultes (des névrosés plutôt que des psychotiques), qu'il revenait régulièrement à la petite enfance du malade, à une angoisse intolérable, et à la collision de l'amour et de la haine. Dans les termes les plus simples possibles du complexe d'Œdipe, un garçon *en bonne santé* parvenait à établir avec sa mère une relation dans laquelle l'instinct jouait son rôle et dans laquelle le rêve contenait une relation amoureuse avec la mère. Il était ainsi amené à rêver de la mort du père, ce qui entraînait à son tour la crainte du père, et la crainte que le père ne détruisît le potentiel instinctuel de l'enfant. C'est ce que l'on appelle le complexe de castration. Simultanément coexistaient l'amour du garçon pour son père et le respect qu'il avait pour lui. Le conflit du garçon, dont une partie de sa nature le poussait à haïr le père et à vouloir lui faire du mal, tandis que l'autre partie le faisait l'aimer, engendrait chez le garçon un sens de culpabilité. La culpabilité sous-entendait que le garçon pouvait tolérer et dominer ce conflit, qui est en fait un conflit inhérent – un conflit qui appartient à un développement normal.

Tout cela est très simple, mais c'est seulement grâce à Freud qu'il a été possible de le reconnaître; dans le développement normal, une date – une première situation d'importance vitale – marque le point culminant de l'angoisse et de la culpabilité : celle où le petit enfant aux instincts biologiquement déterminés vit dans sa famille la première relation triangulaire. (C'est à dessein que j'ai simplifié cette définition et que je ne parlerai pas ici du complexe d'Œdipe en fonction des relations fraternelles, ni de l'équivalent du complexe d'Œdipe chez un enfant élevé loin des parents ou en institution.)

Dans le premier énoncé psychanalytique, il n'y a que peu de références aux visées destructives de la pulsion libidinale ou aux pulsions agressives qui ne s'unissent pleinement avec les pulsions érotiques que chez les personnes en bonne santé. Il fallait éventuellement faire entrer tout cela dans la théorie de l'origine de la culpabilité. C'est ce que j'examinerai ultérieurement. Dans ce premier exposé, la culpabilité provient de la collision de l'amour et de la haine, heurt inévitable si l'action d'aimer englobe bien l'élément instinctuel qui y appartient. Le prototype existe à l'âge des premiers pas.

Tous les psychanalystes ont l'habitude de voir couramment dans leur pratique se substituer aux symptômes la chose plus normale : un sens de la culpabilité, ainsi qu'une meilleure prise de conscience et une acceptation accrue du contenu du fantasme qui rend logique le sens de la culpabilité. Comme le sens de la culpabilité peut paraître illogique! Dans l'*Anatomie de la mélancolie* de Burton, il y a une bonne collection de cas illustrant les absurdités du sentiment de la culpabilité. Dans une analyse longue et profonde, les malades ressentent de la culpabilité à propos de tout et de rien, et même à propos de facteurs malheureux de l'environnement primitif que nous pouvons aisément percevoir comme des phénomènes de hasard. En voici un exemple simple :

Un garçon de huit ans devenait de plus en plus angoissé et finalement il s'enfuit de l'école. On découvrit qu'il souffrait d'un sentiment de culpabilité insupportable en raison de la mort d'un aîné qui avait eu lieu quelques années *avant sa naissance à lui*. Il en avait entendu parler peu de temps auparavant, et les parents ne se doutaient nullement qu'il en avait été perturbé. Dans ce cas particulier, il ne fut pas nécessaire d'analyser longuement l'enfant. Il découvrit en quelques entretiens thérapeutiques que le sentiment de la culpabilité paralysant qu'il ressentait à propos de cette mort était un déplacement du complexe d'Œdipe. C'était un garçon assez normal et avec l'aide apportée au cours de ces entretiens, il fut en mesure de retourner à l'école et ses autres symptômes disparurent.

Le surmoi

L'introduction du concept du surmoi (1923) a été une importante étape dans l'évolution inévitablement lente de la métapsychologie psychanalytique. Freud avait accompli lui-même le travail d'avant-garde, supportant les attaques lorsque le monde avait été troublé par l'attention qu'il avait attirée sur la vie instinctuelle des enfants. Peu à peu, d'autres ont travaillé et acquis de l'expérience en utilisant la technique, si bien qu'au moment où Freud utilisa le terme de surmoi, il avait de nombreux collègues. En introduisant ce terme nouveau, Freud indiquait que le moi affrontant le ça employait certaines forces qui méritaient un nom. L'enfant acquérait graduellement des forces de maîtrise. Selon le complexe d'Œdipe exagérément simplifié, le garçon introjectait le père respecté et craint et portait donc en lui des forces de maîtrise basées sur ce que l'enfant percevait et sentait à propos de ce père. Cette figure paternelle introjectée était hautement subjective et se colorait des expériences vécues par l'enfant avec des figures paternelles autres que le père réel; le milieu culturel de la famille y jouait également un rôle. (Le terme d'introjection signifie seulement qu'il y a une acceptation mentale et affective; il évite les implications plus fonctionnelles du mot « incorporation ».) Un sens de la culpabilité implique donc que le moi compose avec le surmoi. La maturation de l'angoisse a donné la culpabilité.

C'est du concept du surmoi que découle l'idée que la genèse de la culpabilité relève de la réalité intérieure ou que la culpabilité réside dans l'intention. C'est aussi là que l'on trouve la raison la plus profonde de la culpabilité relative à la masturbation et aux activités auto-érotiques en général. La masturbation n'est pas en soi un crime, et pourtant, dans le fantasme global de la masturbation se trouve réunie toute l'intention consciente et inconsciente. A partir de cet énoncé très simplifié de la psychologie du garçon, la psychanalyse a pu commencer à étudier et à examiner le développement du surmoi chez les garçons et chez les filles et les différences qui existent sans aucun doute entre l'homme et la femme en ce qui concerne la formation du surmoi dans le schème de la conscience et dans le développement d'une capacité de sentir la culpabilité. Beaucoup de choses sont issues de ce concept du surmoi. L'idée de l'introjection de la figure paternelle s'est révélée trop simple. Il y a une histoire primitive du surmoi chez chaque individu : l'objet introjecté peut devenir humain et analogue au père, mais à des stades antérieurs les introjects du surmoi, utilisés pour maîtriser les pulsions du ça et les produits du ça, sont sub-humains : ils sont vraiment primitifs à l'extrême.

Ainsi, nous nous trouvons en train d'étudier le sens de la culpabilité chez chaque individu au stade du nourrisson, puis de l'enfant, à mesure que ce sens se développe et passe de la crainte grossière à quelque chose de proche d'une relation vis-à-vis d'un être humain révéré, capable de comprendre et de pardonner. (On a fait remarquer qu'il y a un parallèle entre le mode de maturation du surmoi chez l'individu dans son enfance et le développement du monothéisme tel qu'il est dépeint dans l'histoire juive primitive.)

Tout en conceptualisant les processus qui sous-tendent le sens de la culpabilité, nous ne cessons de garder présent à l'esprit le fait que le sens de la culpabilité, même lorsqu'il est inconscient et même lorsqu'il est apparemment irrationnel, sous-entend, dans une certaine mesure, croissance affective, santé du moi et espoir.

La psychopathologie du sentiment de la culpabilité

Il est courant de rencontrer des gens écrasés par un sens de la culpabilité qui les entrave. Ils le portent constamment comme le fardeau sur le dos de Chrétien dans *Pilgrim's Progress* [1]. Nous savons que chez eux, il y a en puissance un effort constructif. Parfois, lorsqu'ils trouvent une occasion favorable à un travail constructif, le sentiment de la culpabilité cesse de les entraver et ils réussissent particulièrement bien, mais si l'occasion fait défaut, il peut y avoir récidive du sentiment de la culpabilité, intolérable et inexplicable. Nous abordons là des anomalies du surmoi.

Lorsque l'analyse d'individus opprimés par un sentiment de la culpabilité s'effectue avec succès, on voit ce fardeau diminuer peu à peu. Ce poids du sentiment de la culpabilité décroît au fur et à mesure que le refoulement diminue ou que le patient aborde le complexe d'Œdipe et accepte la responsabilité de toute la haine et de tout l'amour que cela met en jeu. Cela ne veut pas dire que les patients perdent la capacité de sentir la culpabilité (sauf dans certains cas où il a pu y avoir un développement du surmoi artificiel reposant anormalement sur l'intrusion d'une influence autoritaire très puissante issue de l'environnement au cours des premières années).

Nous pouvons étudier ces excès du sentiment de la culpabilité chez des individus qui passent pour normaux et qui, de fait, peuvent être parmi les membres de valeur de notre société. Toutefois, il est plus facile de penser en terme de maladie et les deux maladies à considérer sont la mélancolie et la névrose obsessionnelle. Il y a une relation

1. Bunyan.

entre ces deux maladies et l'on trouve des malades qui alternent et passent de l'une à l'autre.

Dans la névrose obsessionnelle, le malade essaye toujours de redresser quelque chose; mais il est clair pour tous les observateurs, et peut-être pour le malade, qu'il n'y réussira pas. Nous savons que Lady Macbeth ne peut annuler le passé et fuir ses intentions mauvaises en se lavant les mains. Dans la névrose obsessionnelle, il y a parfois un rituel analogue à la caricature d'une religion, comme si le Dieu de la religion était mort ou temporairement absent. La pensée obsessionnelle peut se caractériser par le fait que tout est mis en œuvre pour annuler une idée par une autre, mais sans aucun succès. Derrière tout cela, il y a une confusion et rien de ce que peut tenter le malade pour y mettre de l'ordre ne modifie cette confusion, car elle est inconsciemment maintenue afin de masquer quelque chose de très simple : le fait que, dans quelque situation spécifique dont le malade ne se rend pas compte, la haine est plus puissante que l'amour.

Je citerai à ce propos le cas d'une fille qui ne pouvait pas aller au bord de la mer parce qu'elle voyait dans les vagues quelqu'un qui appelait à l'aide. Une culpabilité intolérable lui faisait faire des choses absurdes, excessives, allant jusqu'à prendre des dispositions de surveillance et de sauvetage. L'absurdité du symptôme pouvait être démontrée par le fait qu'elle ne pouvait même pas tolérer une carte postale représentant le bord de la mer. Si, par hasard, elle en voyait une dans une vitrine, il fallait qu'elle trouve qui avait pris la photo, parce qu'elle voyait quelqu'un se noyer et il fallait qu'elle organise du secours. Et ce bien qu'elle sût parfaitement que la photographie avait été prise des mois ou même des années auparavant. Cette grande malade put finalement parvenir à une vie relativement normale, bien moins perturbée par un sentiment de culpabilité irrationnel, mais le traitement fut nécessairement de longue durée.

La mélancolie est une forme organisée de l'humeur dépressive à laquelle presque tout le monde est exposé. Un mélancolique peut être paralysé par un sentiment de la culpabilité et rester pendant des années à s'accuser d'être la cause de la guerre mondiale. Aucun argument n'a d'effet. Lorsqu'il est possible de mener à bien une analyse d'un cas de ce genre, on découvre que cette accumulation en soi de la culpabilité vis-à-vis du monde entier cède le pas, au cours du traitement, à la crainte chez le malade que la haine soit plus grande que l'amour. La maladie est une tentative pour accomplir l'impossible. Le malade prétend de façon absurde être responsable du désastre général, mais ce faisant il évite d'atteindre son désir personnel de détruire.

Une petite fille de cinq ans réagit par une profonde dépression à la mort de son père, qui avait eu lieu dans des circonstances extraordinaires. Le père avait acheté une voiture alors que la petite traversait une phase dans laquelle elle haïssait son père tout en l'aimant. En fait, elle avait des rêves concernant sa mort et quand il proposa une promenade en voiture, elle le supplia de ne pas y aller. Il insista pour y aller, comme c'est naturel car les enfants sont sujets à ces cauchemars. La famille partit et il se trouva qu'il y eut un accident; l'automobile se retourna et la petite fille fut la seule à ne pas être blessée. Elle alla vers son père qui gisait sur la route et lui donna un coup de pied pour l'éveiller. Mais il était mort.

J'ai pu observer cette enfant tout au long de sa grave maladie dépressive : son apathie était presque totale. Pendant des heures, elle restait debout dans mon bureau et rien ne se passait. Un jour, elle donna doucement un coup de pied dans le mur, le même pied avec lequel elle avait voulu éveiller son père mort. Je pus verbaliser son désir de réveiller son père qu'elle aimait, quoique, en lui donnant un coup de pied, elle eût aussi manifesté de la colère. A partir du moment où elle eut donné un coup de pied dans le mur, elle revint peu à peu à la vie et après une année environ, elle fut en mesure de retourner à l'école et de mener une vie normale.

Il a été possible de comprendre intuitivement, en dehors de la psychanalyse, la culpabilité inexpliquée, les maladies obsessionnelles et la mélancolie. On est cependant en droit de dire que ce n'est que l'instrument de Freud, la psychanalyse et ses dérivés, qui nous a donné la possibilité d'aider l'individu accablé d'un sentiment de culpabilité à trouver la véritable origine du sens de la culpabilité dans sa propre nature. Le sens de la culpabilité vu sous cet angle est une forme particulière de l'angoisse associée à l'ambivalence, ou de la coexistence de l'amour et de la haine. Mais l'ambivalence et le fait que l'individu la tolère impliquent que son développement est très avancé et sa santé foncièrement bonne.

II. La culpabilité à son point d'origine

J'en viens maintenant au point d'origine de la capacité de ressentir la culpabilité. Ce point d'origine existe chez chaque individu. Mélanie Klein (1935) a attiré l'attention des psychanalystes sur un stade très important du développement affectif; elle lui a donné un nom : « la position dépressive ». Le travail de Mélanie Klein sur l'origine de la capacité de l'individu de ressentir la culpabilité découle de l'application soutenue de la méthode de Freud et en présente une conséquence importante. Il ne m'est pas possible de rendre justice aux complexités du concept de la position dépressive dans une conférence de cette durée, mais je vais tenter de l'exposer très brièvement.

Alors que les premiers travaux psychanalytiques traitaient du conflit entre l'amour et la haine, spécialement dans la situation à trois ou situation triangulaire, Mélanie Klein, notons-le, a plus particulièrement développé l'idée de conflit dans la simple relation binaire du petit enfant avec sa mère, conflit qui provient des idées de destruction accompagnant la pulsion libidinale. Naturellement, la version originale de ce stade est antérieure dans le développement d'un individu à l'époque du complexe d'Œdipe.

L'accent change; dans les travaux antérieurs, il portait sur la satisfaction que l'enfant tire de l'expérience instinctuelle. Maintenant, c'est le but qui est mis en valeur au fur et à mesure de son apparition; lorsque Mme Klein dit que le petit enfant vise à pénétrer impitoyablement dans la mère pour extraire d'elle tout ce qui est senti comme bon, elle ne nie pas, bien entendu, le simple fait que les expérience instinctuelles offrent des satisfactions. Le but n'était pas non plus totalement négligé dans les formulations psychanalytiques antérieures. Mais Klein a développé la notion que la pulsion libidinale primitive a un but agressif; étant impitoyable, elle porte en elle une quantité variable d'idées destructives qui ne sont pas affectées par la sollicitude (*concern*). Ces idées peuvent être très restreintes au début. Il n'est toutefois pas nécessaire que l'enfant que nous observons et que nous soignons ait plus de quelques mois pour que nous puissions percevoir également avec assez de certitude les débuts de la sollicitude – sollicitude relative aux résultats des moments instinctuels relevant de l'amour maternel qui se développe. Si la mère se comporte de cette façon bien adaptée qui peut lui venir tout naturellement, elle est capable de donner beaucoup de temps à l'enfant pour se réconcilier avec le fait que l'objet de l'attaque cruelle est la mère, celle-là même qui est responsable de toute la situation dans laquelle l'enfant est soigné. On peut voir que l'enfant a deux soucis : l'un relatif à l'effet de l'attaque sur la mère, et l'autre relatif aux conséquences dans le *self* même de l'enfant, selon qu'il y a prédominance de satisfaction ou de frustration et de colère. (J'ai utilisé l'expression primitive de pulsion libidinale, mais dans les écrits de Klein, il est fait mention de l'agression associée aux frustrations qui perturbent inévitablement les satisfactions instinctuelles, à mesure que l'enfant commence à être affecté par les exigences de la réalité.)

Ici nous supposons beaucoup de choses. Par exemple nous supposons que l'enfant devient une unité, qu'il devient capable de percevoir la mère en tant que personne. Nous supposons aussi qu'il est en mesure de rassembler les facteurs instinctuels agressifs et érotiques en une expérience sadique; et aussi de trouver un objet lorsque l'excitation instinctuelle atteint son comble. Tout cela peut ne pas se dérouler normalement dans les premiers stades de développement, ces stades qui appartiennent au tout début de la vie après la naissance et qui dépendent de la mère et de son maniement naturel de son enfant. Lorsque nous parlons des origines du sens de la culpabilité, nous supposons que le développement aux stades antérieurs a été normal. Au point que l'on appelle la position dépressive, le petit enfant ne dépend plus tant de la simple aptitude de la mère à maintenir le bébé, ce qui la caractérisait aux stades antérieurs, que de son aptitude à maintenir la situation des soins maternels pendant une période au cours de laquelle le petit enfant peut passer par des expériences complexes. Si le temps lui est donné – quelques heures peut-être – l'enfant est capable d'aller jusqu'au bout d'une expérience instinctuelle et d'en élaborer les résultats. La mère, puisqu'elle est encore là, peut être prête à recevoir et à comprendre si l'enfant a la pulsion naturelle pour donner ou pour réparer. A ce stade en particulier, l'enfant ne peut supporter une succession de personnes qui s'occupent de lui ou une absence prolongée de la mère. La seconde contribution de Klein dans ce domaine, c'est qu'elle montre qu'il faut à l'enfant *l'occasion* de faire réparation et de restaurer pour que le sadisme oral soit accepté par le moi immature.

Bowlby (1958) a cherché particulièrement à faire prendre conscience au public que chaque petit enfant a besoin de trouver dans ses relations extérieures de la continuité et une certaine fiabilité. Au XVIIe siècle, Richard Burton citait parmi les causes de la mélancolie « les causes non nécessaires, extérieures, fortuites ou accidentelles, telles celles provenant de la nourrice ». Il pensait en partie au passage de choses nuisibles transmises par le lait de la nourrice, mais pas uniquement à cela. Par exemple, il cite Aristote qui « veut qu'un enfant ne soit pas mis du tout en nourrice; mais chaque mère élèvera le sien, quelle que soit sa condition : la mère sera plus soigneuse, aimante et attentive qu'aucune servante ou que des créatures à gages : c'est une chose reconnue de tous... ».

L'origine de la sollicitude est plus facile à observer dans l'analyse d'un enfant ou d'un adulte que par l'observation directe des jeunes enfants. En formulant ces théories, nous devons tenir compte, bien entendu, des distorsions et des élaborations qui proviennent du report en arrière inhérent à la situation analytique. Nous sommes, cependant, en mesure de voir dans notre travail cet élément très important dans le développement des individus : l'origine de la capacité de sentir la culpabilité. Peu à peu, de même que l'enfant découvre que la mère survit et accepte le geste de restitution, il devient aussi capable d'assumer la responsabilité du fantasme total de la pulsion instinctuelle complète qui était antérieurement impitoyable. L'attitude impitoyable cède le pas à la pitié, à la compassion, l'insouciance au souci à la sollicitude (ces termes se réfèrent au développement primitif).

Dans l'analyse, on pourrait dire que « s'en soucier comme d'une guigne » cède le pas au sentiment de la culpabilité. Le passage de l'un à l'autre s'édifie peu à peu. Il n'y a pas d'expérience plus fascinante pour l'analyste que d'observer comment l'individu devient graduellement capable de tolérer les éléments agressifs dans la pulsion libidinale primitive. Comme je l'ai déjà dit, cela implique que, peu à peu, l'on apprend à reconnaître la différence entre le fait et le fantasme et que la mère est capable de survivre au moment instinctuel et donc d'être là pour recevoir et comprendre le véritable acte de réparation.

Comme on le comprendra aisément, cette phase importante du développement se compose de répétitions innombrables qui s'étendent sur toute une période. Il y a un cercle favorable formé de : 1° l'expérience instinctuelle, 2° l'acceptation de la responsabilité qui est appelée culpabilité, 3° une élaboration et 4° un acte authentique de restauration. Ce cercle peut devenir pernicieux si quelque chose se détraque à un point quelconque; dans ce cas nous assistons à une dégradation de cette aptitude à se sentir coupable, qui est remplacée par l'inhibition de l'instinct ou par quelque autre forme primitive de défense, telle que le clivage d'objets en bon et mauvais, etc. On demandera certainement à quel âge, dans le développement normal de l'enfant, on peut dire que le sentiment de culpabilité s'établit. A mon avis, nous parlons de la première année de la vie de l'enfant et, en fait, de toute la période où l'enfant a avec sa mère une relation humaine nettement binaire. Il n'est pas nécessaire de prétendre que cela se passe très précocement, bien qu'il en soit peut-être ainsi. A six mois, un enfant a visiblement une psychologie très complexe et il est possible que les *débuts* de la position dépressive remontent à cet âge. Il y a de grandes difficultés à fixer la date d'origine des sentiments de culpabilité chez l'enfant normal et quoiqu'il soit très intéressant de trouver une réponse à ce problème, le travail même de l'analyse n'en est pas affecté.

Il y a bien d'autres choses dans l'œuvre de Mélanie Klein que je ne peu décrire dans le cadre de cette conférence, bien que cela s'y rapporte. En particulier, elle a enrichi notre compréhension de la relation complexe qu'il y a entre le fantasme et le concept de la réalité intérieure selon Freud, concept qui tirait sans aucun doute son origine de la philosophie. Klein a étudié l'interaction de ce que l'enfant sent comme bienveillant ou malveillant en termes de forces ou d'objets à l'intérieur du *self*. Cette troisième contribution qu'elle a apportée dans ce domaine particulier rejoint le problème de la lutte éternelle dans la nature intérieure de l'homme. Par l'étude du développement de la réalité intérieure du nourrisson et de l'enfant, nous avons un aperçu de la raison pour laquelle il existe une relation entre les conflits les plus profonds qui se manifestent d'une part dans la religion et dans les diverses formes de l'art, et la dépression ou la mélancolie d'autre part. Au cœur, il y a le doute – le doute relatif à l'issue de la lutte entre les forces du bien et du mal ou, en termes psychiatriques, entre les éléments bienveillants et persécuteurs au-dedans et au-dehors de la personnalité. Au stade de la position dépressive dans le développement affectif d'un enfant ou d'un patient, nous voyons s'édifier le bon et le mauvais, suivant que les expériences instinctuelles sont satisfaisantes ou frustrantes. Le bon est protégé du mauvais et il s'établit un schème personnel très complexe en guise de système de défense contre le chaos à l'intérieur et à l'extérieur.

De mon point de vue personnel, le travail de Klein a permis à la théorie psychanalytique de commencer à englober l'idée de la *valeur* d'un individu, alors que dans la psychanalyse primitive, la définition s'établissait en termes de *santé* et de *maladie névrotique*. La valeur est intimement liée à la capacité de se sentir coupable.

III. Le sentiment de la culpabilité remarquable par son absence

Me voici parvenu à la troisième partie de ma conférence, où je vais évoquer brièvement le défaut de sens moral. Sans aucun doute, chez un certain nombre de personnes, la capacité de se sentir coupable fait défaut. A l'extrême, cette incapacité à être affecté doit être rare, mais ce qui ne l'est pas, c'est de trouver des individus dont le développement normal n'est que partiel et qui sont partiellement incapables de sollicitude ou de sentiment de culpabilité, ou même de remords. On est tenté ici de revenir à une explication reposant sur le facteur constitutionnel, qui, naturellement, ne peut jamais être ignoré. Pourtant, la psychanalyse offre une autre explication. C'est que ceux auxquels le sens moral fait défaut ont, à des stades antérieurs de leur développement, manqué du cadre affectif et physique qui aurait permis l'élaboration d'une capacité de se sentir coupable.

Il faut comprendre que je ne nie pas que chaque enfant a en lui une tendance au développement de la culpabilité. Si certaines conditions de santé et de soins physiques sont assurées, la marche et la parole apparaissent parce que le temps en est venu. Dans le cas du développement de la capacité de se sentir coupable, les conditions d'environnement nécessaires sont toutefois d'une catégorie bien plus complexe et comprennent en fait tout ce qui est naturel et fiable dans les soins aux enfants. Dans les stades primitifs du développement affectif de l'individu, il ne faut pas chercher un sens de la culpabilité. Le moi n'est pas suffisamment fort ni organisé pour accepter la responsabilité des pulsions instinctuelles et la dépendance est presque absolue. Si le développement est satisfaisant au cours des premiers stades, il apparaît une intégration du moi qui rend possible la naissance d'une aptitude au souci. Peu à peu, dans des circonstances favorables, s'édifie chez l'individu une capacité à sentir la culpabilité par rapport à la mère, ce qui est intimement lié à la possibilité d'opérer une réparation. Lorsque cette capacité de sollicitude s'est établie, l'individu commence à être dans une position qui lui permet de vivre le complexe d'Œdipe et de tolérer l'ambivalence inhérente au stade plus tardif où l'enfant, s'il n'est pas immature, est impliqué dans des relations triangulaires, comme celles qui existent entre des êtres humains achevés.

Dans ce contexte, je ne peux rien faire de plus que de reconnaître le fait que chez certaines personnes ou dans une partie de ces personnes, il y a avortement du développement affectif dans les phases les plus primitives et, en conséquence, un manque de sens moral. Là où le sens moral personnel fait défaut, il est nécessaire d'inculquer un code moral, mais la socialisation qui en découle est instable.

L'artiste créateur

Il est intéressant de noter que l'artiste créateur est en mesure de parvenir à une sorte de socialisation qui allie la nécessité de ressentir la culpabilité et l'activité réparatrice et restauratrice qui forme la base du travail constructif ordinaire. Il arrive que l'artiste ou le penseur ne parvienne pas à comprendre, ou méprise même, les sentiments d'inquiétude (*concern*) qui motivent une personne moins créatrice, et l'on peut dire que certains de ceux qui ont l'esprit créateur ne sont pas capables de ressentir de la culpabilité et parviennent pourtant à une socialisation grâce à leur talent exceptionnel. Pour les personnes ordinaires poussées par la culpabilité, cela est déroutant : et cependant ils ont une secrète considération pour l'inexorabilité (*ruthlessness*) qui, en fait, va plus loin, dans ces circonstances, que l'œuvre motivée par la culpabilité.

Comment on perd et recouvre le sens de la culpabilité

Lorsque nous nous occupons d'enfants et d'adultes antisociaux, nous pouvons observer comment la capacité de ressentir la culpabilité se perd et se recouvre et souvent, nous sommes à même d'évaluer les éléments de l'environnement dont l'instabilité engendre ces effets. C'est là, au point même où se perd et se recouvre le sens moral, que nous pouvons étudier la délinquance et le récidivisme. Freud a écrit (1915) (à propos d'actes d'adolescents et de préadolescents tels que vols, fraudes et pyromanie, chez des individus qui sont finalement parvenus à une adaptation sociale) : « Le travail analytique... a permis de découvrir de façon surprenante que de tels actes ont été accomplis *justement* (c'est moi qui souligne) parce qu'ils étaient interdits, et parce qu'en les exécutant, celui qui agit ressent un soulagement mental. Il souffrait d'un sentiment de culpabilité écrasant, dont il ne connaissait pas l'origine, et après avoir commis son méfait, il était moins accablé, son sentiment de culpabilité était au moins rattaché à quelque chose » (Freud, 1915). Bien que Freud ait pensé à des stades tardifs du développement, ce qu'il a écrit s'applique même aux enfants.

D'après notre travail analytique, nous pouvons distinguer approximativement deux catégories de comportement antisocial. Le premier type de comportement est courant et très apparenté à la mauvaise conduite ordinaire des enfants en bonne santé. Du point de vue du comportement, on se plaint de vols, de mensonges, de penchant à détruire et d'énurésie. Nous trouvons toujours que par ces actes, on tente inconsciemment de donner une signification au sentiment de la culpabilité. L'enfant ou l'adulte ne peut parvenir à la source d'un sentiment de culpabilité qui est intolérable et le fait qu'il ne peut être expliqué cause un sentiment d'aliénation. L'individu antisocial se sent donc soulagé en inventant un délit limité qui est, d'une manière déguisée, de la nature du délit dans le fantasme refoulé qui relève du complexe d'Œdipe primitif. Cet individu antisocial ne peut approcher de plus près l'ambivalence propre au complexe d'Œdipe. Au début, la délinquance ou le délit substitutif ne satisfait pas le délinquant, mais lorsqu'il se répète sur un mode compulsif, il acquiert les caractéristiques du bénéfice secondaire et devient donc acceptable pour le *self*. Notre traitement a plus de chances d'agir si nous pouvons le faire avant que le bénéfice secondaire soit devenu important. Dans ce cas, qui est la catégorie de comportement antisocial la plus commune, ce n'est pas tant la culpabilité qui est refoulée que le fantasme qui explique la culpabilité.

A l'opposé, dans les épisodes antisociaux plus graves et plus rares, c'est précisément la capacité de ressentir la culpabilité qui est perdue. C'est là que nous trouvons les crimes les plus horribles. Nous voyons le criminel engagé dans une tentative désespérée pour se sentir coupable. Il est peu probable qu'il y parvienne jamais. Pour faire naître cette capacité à ressentir la culpabilité, il faut à cet individu un milieu d'un type spécialisé; en fait, il faut lui fournir un milieu qui corresponde à celui qui est normalement nécessaire au petit enfant immature. On sait à quel point il est difficile de fournir un environnement de ce type, car il faut que cet environnement puisse supporter toutes les tensions résultant de la nature impitoyable et de l'impulsivité. Nous avons affaire à un petit enfant, mais qui a la force et la ruse d'un enfant plus grand ou d'un adulte.

Dans le traitement de cas plus courants, où l'individu a un comportement antisocial, nous sommes souvent en mesure d'amener la guérison en modifiant l'environnement; nous nous basons pour cela sur ce que Freud nous a permis de comprendre. Voici l'exemple d'un garçon qui volait en classe. Le directeur, au lieu de le punir, comprit qu'il était malade et recommanda une consultation psychiatrique.

Ce garçon de neuf ans souffrait d'une frustration remontant à une époque antérieure et ce dont il avait besoin, c'était d'une période de temps à la maison. Sa famille était réunie à nouveau et cela lui avait redonné de l'espoir.

Je trouvai que ce garçon éprouvait une compulsion à voler, entendait une voix qui lui donnait des ordres, la voix d'un sorcier. A la maison, il tomba malade, devint infantile, dépendant, énurétique, apathique. Les parents répondirent à ses besoins et lui permirent d'être malade.

A la fin ils en furent récompensés car sa guérison fut spontanée. Au bout d'un an, il put retourner en pension et sa guérison se montra durable.

Il aurait été facile de détourner ce garçon de la voie qui le menait à la guérison. Il ne se rendait pas compte, bien sûr, de la solitude et du vide intolérables qui étaient derrière cette maladie et qui lui avaient fait adopter le sorcier à la place de l'organisation plus naturelle d'un surmoi; cette solitude appartenait à une période où il avait été séparé de sa famille à l'âge de cinq ans. S'il avait reçu une correction ou si le directeur lui avait dit qu'il devait avoir honte, il se serait durci et aurait organisé une identification plus totale à son sorcier, il serait devenu tyrannique et provocant et aurait été éventuellement un individu antisocial. C'est un type de cas courant en psychiatrie infantile et je l'ai choisi simplement parce qu'il a été publié et que l'on peut s'y référer pour plus de détails [1].

Nous ne pouvons espérer guérir un grand nombre de ceux qui sont devenus délinquants, mais nous pouvons espérer comprendre comment prévenir le développement de la tendance antisociale. On peut au moins éviter d'interrompre la relation mère-enfant en cours de

1. « Le respect du symptôme en pédiatrie », p. 203.

développement. De même, en appliquant ces principes à l'éducation courante des enfants, nous voyons qu'il est nécessaire d'être un peu strict lorsque le sentiment de la culpabilité de l'enfant est encore primitif et grossier. Par des interdictions limitées, nous lui donnons l'occasion de manifester de façon limitée la mauvaise conduite que nous appelons normale et qui contient une grande partie de la spontanéité de l'enfant.

Plus que quiconque, Freud a frayé la voie de la compréhension du comportement antisocial et du délit qui résultent d'une intention criminelle inconsciente et sont symptomatiques de carence dans les soins de la petite enfance. Je suis d'avis qu'en avançant ces idées et en montrant comment nous pouvons les mettre à l'épreuve et les utiliser, Freud a apporté une contribution à la psychologie sociale qui peut avoir des conséquences très étendues.

LE CONTRE-TRANSFERT [1]

(1960)

Ce que je désire exprimer peut l'être brièvement.

Je suis d'avis qu'il serait temps de revenir à une utilisation du terme contre-transfert qui corresponde à son emploi originel. Nous pouvons certes employer les mots à notre guise, surtout des mots artificiels tels que contre-transfert, ce qui n'est pas le cas pour un terme comme *self* qui, de par sa nature, dépasse notre connaissance, peut nous utiliser et être notre maître. Nous pouvons, en revanche, asservir le terme contre-transfert; en parcourant les écrits scientifiques, j'ai tout lieu de penser qu'il est en danger de perdre son vrai sens, son identité.

Il existe maintenant, autour de ce terme, toute une littérature que j'ai essayé d'étudier. Dans mon article « La haine dans le contre-transfert », 1947 (qui concerne principalement la haine), j'écrivais que le terme de contre-transfert peut servir, entre autres, à décrire « la déviation des sentiments contre-transférentiels, et des relations et identifications établies, qui sont refoulées chez l'analyste. Tout ce que l'on peut dire à ce propos, c'est que l'analyste a besoin de poursuivre son analyse... ».

Pour les besoins de l'article en question, je donnais alors deux autres significations de ce terme.

Il est évident qu'une discussion basée sur les failles des analyses personnelles de l'analyste offre peu d'intérêt. En un sens, cela clôt le débat.

La signification du mot contre-transfert peut cependant être élargie; c'est ce que nous avons fait d'un commun accord pour que nous

1. Intervention au cours de la deuxième partie du Colloque sur le contre-transfert organisé par la section médicale de la Société britannique de Psychologie, Londres, le 27 novembre 1959, in *Brit. J. Med. Psychol*, 1960, XXXIII, 17. (*N.d.T.*)

puissions avoir l'occasion d'examiner notre travail d'un œil neuf. Je reviendrai toutefois à l'idée que j'ai exprimée plus haut, mais il me faut tout d'abord commenter une remarque faite par Michael Fordham au début de son article où il cite Jung, lequel proteste contre l'idée que le transfert est le produit de la technique psychanalytique : Jung met l'accent sur l'aspect général, transpersonnel ou social du phénomène. Mis à part le fait que je ne connais pas la signification du mot « transpersonnel », je crois que la confusion pourrait provenir ici d'une déformation de l'emploi du terme transfert tel qu'il fut, je crois, créé par Freud. La caractéristique de la technique psychanalytique est cet emploi du transfert et de la *névrose de transfert.* Le transfert n'est pas seulement une question de rapport ou de relations. Il concerne la manifestation répétée, dans l'analyse, d'un phénomène très subjectif. La psychanalyse est, en grande partie, la mise en place des conditions nécessaires au développement de ces phénomènes et à leur interprétation à point nommé. L'interprétation établit un rapport entre le phénomène spécifique du transfert et une parcelle de la réalité psychique du patient et, dans certains cas, cela signifie parallèlement qu'elle le rattache à un fragment de la vie passée du patient.

Suivant un exemple classique, un malade en vient graduellement à exprimer des soupçons et de la haine dans sa relation avec l'analyste et on peut y voir une corrélation avec le risque de rencontrer un autre malade ou les interruptions causées par les week-ends et les vacances. Au moment voulu, une interprétation éclaire le sens de cette attitude non pas en fonction du présent, mais de la structure dynamique de la personnalité du patient. Ce travail effectué, le malade abandonne la névrose de transfert et commence à en élaborer une autre. (Souvent le travail ne s'effectue pas aussi clairement; cet exemple pourrait cependant constituer, à des fins didactiques, une description juste d'un principe de base.)

Michael Fordham a donné un bon exemple de cette situation chez une patiente qui posait des questions. Elle lui dit un jour : « Vous êtes comme mon père, vous ne répondez jamais aux questions. » Ainsi le malade fournit souvent des indices, ce qui permet à l'analyste d'interpréter utilement. Dans ce cas, cependant, une parcelle petite (mais importante) de l'interprétation fut fournie par la patiente et nul doute que l'analyste n'ait alors été capable de l'englober dans une interprétation plus complète.

Il est nécessaire que je m'étende un peu sur ce sujet parce que si nous ne sommes pas d'accord sur le terme transfert, il devient alors impossible d'étudier le contre-transfert.

A propos, puis-je me permettre de rappeler au Dr Fordham que quelques-uns des termes qu'il utilise n'ont pas de sens pour moi parce qu'ils appartiennent au jargon de la conversation jungienne ? (A son tour, il pourra m'indiquer ceux que j'emploie pour lesquels il n'a pas l'usage.) Je citerai : transpersonnel, inconscient transpersonnel, idéal analytique transpersonnel, archétypique, les composantes contra-sexuelles de la psyché, les termes animus et anima et la conjonction animus-anima.

C'est une langue que je n'entends pas. Pour quelques-uns ici, ce sont des mots familiers, mais pour les autres ils n'ont pas de signification précise.

Il nous faut également faire attention à l'emploi de termes utilisés dans des sens différents suivant les groupes de chercheurs : le moi, l'inconscient, illusoire, syntone (réagir de façon syntone), analyse, etc.

Je peux maintenant revenir sur le sujet des phénomènes de transfert et de contre-transfert et étudier ce qui se passe généralement dans la vie professionnelle. Et la vie professionnelle n'est-elle pas tout à fait différente de la vie ordinaire ?

Tout cela remonte à Hippocrate. C'est peut-être lui qui a posé les fondements d'une attitude professionnelle. Le serment du médecin fait apparaître l'homme ou la femme de la vie courante sous un aspect idéalisé. C'est pourtant *ce que nous sommes* dans notre vie professionnelle. Dans le serment est incluse la promesse que nous ne commettrons pas l'adultère avec notre malade. On ne saurait mieux reconnaître l'un des aspects du transfert, le besoin du patient d'idéaliser le docteur, de tomber amoureux de lui, de rêver.

Freud admettait dans la relation professionnelle toute une gamme de phénomènes subjectifs. L'analyse de l'analyste était, en fait, la reconnaissance que l'analyste est *sous tension lorsqu'il adopte une attitude professionnelle.* C'est à dessein que je m'exprime ainsi. Je ne dis pas que l'analyse de l'analyste doit le débarrasser d'une névrose ; elle doit accroître la stabilité de son caractère et mûrir sa personnalité – éléments qui forment la base de son travail professionnel et de son aptitude à entretenir une relation professionnelle.

Bien entendu, une attitude professionnelle peut s'édifier sur une base de défenses, d'inhibitions, de discipline obsessionnelle et je suis d'avis que c'est dans ce cas que le psychothérapeute est particulièrement sous tension parce que *toute structuration de ses défenses du moi diminue son aptitude à faire face à la situation nouvelle.* Le psychothérapeute (le psychanalyste ou le psychologue analytique jungien) doit rester vulnérable tout en sachant conserver, au cours de ses heures de travail, une attitude professionnelle. Je suppose qu'il est plus facile de rencontrer un analyste à l'attitude professionnelle sans défaut qu'un analyste qui (tout en faisant preuve des mêmes qualités) a su conserver la vulnérabilité qui va de pair avec une organisation défensive souple (Fordham fait référence à la même idée dans son langage propre).

Les phénomènes de transfert sont utilisés bien plus complètement en psychanalyse que dans le travail social, par exemple ; ce qui donne à l'analyste un avantage thérapeutique sur le travailleur social. Il ne faut pas négliger cependant les avantages propres communément au travailleur social, praticien du « service individuel » (*case-work*), qui, utilisant les fonctions du moi du patient, se trouve dans une meilleure position pour faire le rapport entre les besoins du moi de l'individu et ce que la société lui offre. En tant qu'analystes, nous sommes souvent gênés par cette situation, qui n'est pas de notre ressort.

Dans l'analyse, la névrose de transfert dérive du ça de façon caractéristique. Dans le travail social, il peut arriver que l'assistante sociale s'entende dire : « Vous me rappelez ma mère. » Elle n'a rien à faire à ce propos, sinon à y croire. Dans l'analyse, des indices apparaîtront à l'analyste, si bien qu'il pourra interpréter non seulement le transfert de sentiment de la mère sur lui, mais aussi les éléments inconscients instinctuels sous-jacents, les conflits qui surgissent, les défenses qui s'organisent. De cette façon, l'inconscient commence à avoir un équivalent conscient, à devenir un processus vivant qui met en scène des personnes, à constituer un phénomène acceptable pour le patient.

Il est certain que le malade est confronté avec l'attitude professionnelle de l'analyste et non avec la femme ou l'homme inconstant que nous pouvons être dans la vie privée.

Je tiens à bien souligner cette observation d'abord malgré le fait que je serai amené, plus loin, à modifier ce que j'exprime.

Ce que je veux dire, c'est que l'analyste à l'œuvre se trouve dans un état particulier, c'est-à-dire que *son attitude est professionnelle.* Le travail est accompli dans la situation professionnelle. Dans ce cadre (*setting*), nous supposons que l'analyste est libéré de désordres caractériels et personnels tels que la relation professionnelle ne pourrait être maintenue, ou seulement au prix de l'élaboration de défenses excessives.

L'attitude professionnelle est comparable au symbolisme en ce sens qu'elle suppose une *distance entre l'analyste et le patient.* Le symbole se situe dans un fossé (*gap*) entre l'objet subjectif et l'objet qui est perçu objectivement.

On verra ici que je ne suis pas d'accord avec une déclaration de Fordham (bien qu'un peu plus loin il se trouvera que mes vues rejoindront les siennes). La déclaration avec laquelle je ne suis pas d'accord est la suivante : « Il (Jung) compare la relation analytique à une interaction chimique et il ajoute que le traitement ne peut " en aucune façon... être autre chose que le produit d'une influence réciproque dans laquelle toute la personnalité du thérapeute aussi bien que celle du patient jouent un rôle "· » Plus loin, il insiste sur l'inutilité pour l'analyste d'ériger des défenses de nature professionnelle contre l'influence du patient et il ajoute : « Ce faisant, il se refuse l'emploi d'un élément d'information très important. »

J'aimerais mieux qu'on sache que, pour moi, entre le patient et l'analyste il y a l'attitude professionnelle de l'analyste, sa technique, *le travail qu'il effectue avec ses facultés intellectuelles (mind).*

Je n'ai pas peur de le dire parce que je ne suis pas un intellectuel et, en fait, personnellement, je travaille surtout à partir du moi corporel, si je puis m'exprimer ainsi. Je considère cependant que je fournis dans mon travail analytique un effort mental, aisé, mais conscient. Des idées me viennent, des sentiments apparaissent; ils sont étudiés et passés au crible avant qu'une interprétation ne soit faite. Cela ne signifie pas que les sentiments n'entrent pas en ligne de compte. Il se peut ainsi que je souffre de l'estomac, ce qui n'affecte généralement pas mes interprétations, ou que j'aie été quelque peu stimulé, soit érotiquement, soit agressivement, par une idée évoquée par le patient, mais là encore ce fait n'affecte généralement pas mon travail d'interprétation, ce que je dis, comment je le dis et quand je le dis.

Pendant l'heure de consultation, l'analyste est objectif, d'humeur égale, il n'agit pas en tant que sauveur, professeur, allié ou moraliste. A cet égard, l'analyse personnelle de l'analyste a eu pour effet de fortifier son propre moi, si bien qu'il peut rester impliqué *professionnellement* sans que cela lui coûte un trop grand effort.

Dans la mesure où tout ce qui précède est juste, la signification du mot contre-transfert réside seulement dans les éléments névrotiques *qui gênent l'attitude professionnelle* et perturbent le cours du processus analytique tel qu'il est déterminé par le patient.

A mon avis, cette opinion n'est valable que dans les cas où le diagnostic relatif au patient répond à certaines données. Mon intention est maintenant de décrire les différents diagnostics qui, selon moi, modifient le problème et me font souhaiter tomber d'accord avec ce que je viens de réfuter. Nous parlerons maintenant du *rôle de l'analyste,* rôle qui doit forcément varier suivant le diagnostic du patient. Aucun des orateurs qui m'ont précédé n'a eu le temps d'examiner le problème du diagnostic : ils n'ont pu qu'y faire allusion. (Bien que Fordham ait cité Jung ainsi : « Il est clair cependant qu'il est persuadé que le patient peut avoir des effets désastreux sur l'analyste et entraîner ainsi chez ce dernier des manifestations pathologiques. D'après lui, cela s'applique lors de traitements d'états à la limite de la schizophrénie », thème qu'il a développé de façon intéressante.)

C'est pourquoi je parlerai maintenant d'un point de vue différent, le changement provenant du fait que je me référerai au traitement de ces cas-limite pour lesquels le terme psychotique convient mieux que celui de névrotique. Mais la plupart des gens qui viennent à nous pour une psychanalyse ne sont pas psychotiques et il faut d'abord enseigner aux étudiants l'analyse des malades non psychotiques.

Vous vous attendez peut-être à ce que j'utilise des mots tels que psychonévroses, psychoses, hystérie, trouble affectif et schizophrénie, ce que je ne ferai pas dans la classification des cas nous intéressant ici.

Deux types de cas me semblent devoir modifier complètement l'attitude professionnelle du thérapeute. L'un est celui du patient qui a une *tendance antisociale*, l'autre, celui du patient *qui a besoin d'une régression*. Dans le premier cas, le patient faisant preuve d'une tendance antisociale plus ou moins accentuée réagit de façon permanente à une déprivation. Le thérapeute est obligé, par la nature de la maladie du patient (ou par ce qui dans la maladie lui permet un espoir), de remédier à l'absence de soutien du moi qui a altéré le cours de la vie du patient et d'y remédier sans cesse. La seule chose que le thérapeute puisse faire, sauf se laisser prendre au piège, c'est utiliser ce qui se passe pour parvenir à préciser la déprivation, ou les déprivations initiales, telles qu'elles furent perçues et ressenties par le patient lorsqu'il était enfant. Un travail avec l'inconscient du patient peut être nécessaire ou non. Un thérapeute qui s'engagerait exclusivement à soigner des patients faisant preuve d'une tendance antisociale ne se trouverait pas dans une bonne position pour comprendre la technique psychanalytique, ou le travail du transfert, ou l'interprétation de la névrose de transfert. Nous essayons d'éviter de donner à nos étudiants en psychanalyse des cas antisociaux, précisément parce que nous ne pouvons enseigner la psychanalyse à partir de ces cas. Il existe de meilleures façons de les traiter, bien qu'il puisse être parfois utile d'y adjoindre la psychanalyse aussi. Je ne reviendrai plus maintenant sur ce sujet de la tendance antisociale.

Chez l'autre type de patient dont je veux parler, une régression est nécessaire. Si l'on veut parvenir à un changement significatif, le patient aura besoin de traverser une phase de dépendance infantile. Il n'est pas possible, non plus, d'enseigner la psychanalyse à partir de ces cas, bien qu'on puisse la pratiquer avec des modifications. La difficulté, ici, réside dans le diagnostic, dans la localisation de la fausseté de la personnalité artificielle qui cache le vrai *self* immature. Dans un cas de ce genre, pour que le vrai *self* caché prenne la place qui est la sienne, le patient passera par un effondrement *(breakdown)* qui sera partie intégrante du traitement et l'analyste devra être capable d'assumer le rôle de la mère envers le patient redevenu nourrisson. Cela signifie qu'il faut apporter un soutien considérable au moi. Il faudra que l'analyste reste orienté vers la réalité extérieure tout en s'identifiant au patient et fusionnant même avec lui. Le patient doit devenir très dépendant, d'une dépendance absolue même et ces mots gardent toute leur valeur même dans le cas où il existe une partie saine de la personnalité qui agit tout le long du traitement en tant qu'allié de l'analyste et qui, en fait, lui indique comment se comporter.

Vous noterez que j'emploie maintenant des expressions qui sont en accord avec celles qu'utilise Fordham.

Là encore, on peut dire que les analystes qui traitent surtout des maladies revenant à une dépendance aussi complète auront peut-être du mal à comprendre et à apprendre la technique psychanalytique; car cette technique est fondée sur le travail qui s'effectue avec la grande majorité des patients, ceux dont la dépendance infantile a été traitée avec succès par leur père et leur mère. (Je ne saurais trop insister sur le fait que la plupart des gens, lorsqu'on les analyse, ont besoin de la technique psychanalytique classique, qui implique une attitude professionnelle entre l'analyste et le patient.)

En revanche, l'analyste classique, celui qui a appris son métier et qui a confiance en sa capacité de traiter la névrose de transfert telle qu'elle se développe de façon répétée, a beaucoup à apprendre des analystes qui s'intéressent à la psychothérapie des patients ayant besoin de traverser les stades de développement affectif du domaine de la petite enfance et s'efforcent de les traiter.

C'est pourquoi, partant de ce point de vue différent, dans le cas d'un psychotique ou d'un schizophrène et lorsque le transfert est dominé par le besoin de régresser à une position de dépendance infantile, je m'aperçois que je souscris à un grand nombre des observations du Dr Fordham, observations qu'il n'a toutefois pas reliées comme il convient, je crois, à la classification des patients parce qu'il n'en avait pas le temps.

Le patient à la limite de la psychose brise graduellement ces barrières que j'ai appelées la technique de l'analyste et son attitude professionnelle; il impose une relation directe, de nature primitive, qui va même jusqu'à la fusion *(merging)*. Cette situation évolue d'une manière graduelle et ordonnée et la guérison s'ordonne de façon correspondante, excepté là où la part de la maladie veut que le chaos règne suprêmement à la fois à l'extérieur et à l'intérieur.

Lorsque nous formons des psychanalystes et autres, nous ne devons pas mettre les étudiants dans une position de relation avec les besoins primitifs des malades psychotiques parce que peu seraient capables de supporter la nature de cette relation et que peu pourraient tirer un enseignement de cette expérience. Par contre, dans une clientèle psychanalytique convenablement choisie, il y a place pour quelques-uns de ces patients qui brisent la barrière professionnelle et de qui viennent ces mises à l'épreuve et ces exigences particulières que nous comprenons, semble-t-il, dans cette discussion, sous le vocable contre-transfert. Je pourrais aborder le sujet des réactions de l'analyste. En fait, je trouve difficile de ne pas saisir cette occasion pour discuter de toutes sortes de choses que j'ai vécues et qui s'apparentent aux idées avancées par le Dr Fordham. Par exemple, il m'est arrivé d'être frappé par une patiente. Ce que j'ai dit à cette occasion n'est pas publiable. Il ne s'agissait pas là d'une interprétation, mais d'une réaction à un événement. La patiente est allée au-delà de la barrière professionnelle et a obtenu un petit morceau de mon moi réel, qu'elle a senti réel, je crois. Une réaction, cependant, n'est pas un contre-transfert.

Ne serait-il pas mieux, au point où nous en sommes, *de laisser le terme de contre-transfert revenir à sa signification* : ce que nous espérons éliminer par la sélection, l'analyse et la formation des analystes ? Cela nous laisserait libres d'étudier nombre d'expériences intéressantes que les analystes peuvent faire avec leurs malades psychotiques temporairement régressés et dépendants. Nous pourrions, pour qualifier cet état, adopter l'expression de Margaret Little : la réponse totale de l'analyste aux besoins du patient. Sous cette expression, ou une autre similaire, il y aurait beaucoup de choses à dire à propos de l'usage que l'analyste peut faire de ses réactions conscientes et inconscientes à l'impact du psychotique, ou de la partie psychotique du patient, sur sa personnalité à lui, analyste, et les répercussions de cet impact sur son attitude professionnelle. Je suis l'un de ceux qui ont déjà écrit un peu, et dit beaucoup, sur ce sujet qui intéresse à la fois les disciples de Jung et ceux de Freud. Cela pourrait, et devrait en fait, être le point de départ de futurs échanges de vues. Par contre, je pense qu'il ne peut résulter que de la confusion si pour recouvrir tout cela l'on cherche trop à étendre le terme qui figure dans le titre de ce colloque : contre-transfert.

LA THÉORIE DE LA RELATION PARENT-NOURRISSON [1]

(1960)

Rien ne peut mieux introduire le thème principal de cet article que la comparaison de l'étude de l'enfance avec celle du transfert psychanalytique [2]. Mais mon propos, j'y insiste, est la petite enfance et non essentiellement la psychanalyse. Il faut bien s'en pénétrer, car nous touchons là au cœur même du sujet. Si ce travail ne représente pas un apport constructif, il ne fera qu'ajouter à la confusion actuelle quant à l'importance respective de l'influence de l'environnement et du facteur personnel dans le développement de l'individu.

En psychanalyse, comme nous le savons, il n'existe pas de traumatisme qui soit extérieur à la zone de toute-puissance de l'individu. Tout arrive finalement sous le contrôle du moi et se rattache ainsi à des processus secondaires. Le psychanalyste n'est d'aucune aide s'il dit à sa malade : « Votre mère n'était pas assez bonne... Votre père vous a séduite... Votre tante vous a laissée tomber. » En analyse, les modifications se produisent lorsque les facteurs traumatiques pénètrent dans le matériel psychanalytique selon les modalités propres au patient, et dans le champ de sa toute-puissance. Les interprétations qui provoquent des altérations sont celles qui peuvent être données en termes de projection. Il en est de même pour les facteurs favorables qui ont suscité de la satisfaction. Tout doit être interprété en fonction de l'amour de l'individu et de son ambivalence. L'analyste est prêt à attendre longtemps pour être en mesure de faire très exactement ce type de travail.

1. Texte préparé pour le XXIIe Congrès international de Psychanalyse. Édimbourg, 1961. Publié dans *Int. J. Psycho-Anal.*, 41, pp. 585-95.

2. J'ai étudié ce sujet d'un point de vue clinique plus détaillé dans « Le développement affectif primaire ».

Toutefois, dans la petite enfance, il arrive à l'enfant des choses bonnes et des choses mauvaises qui sont totalement hors de sa portée. En fait, c'est au cours de cette période de vie que s'édifie la capacité de rassembler des facteurs externes dans le champ de la toute-puissance de l'enfant. Les soins maternels, en soutenant le moi, permettent à l'enfant de vivre et de se développer, bien qu'il ne soit pas encore capable de maîtriser ce qu'il y a de bon et de mauvais dans l'environnement, ou même de s'en sentir responsable.

Les événements qui se situent au cours de ces stades primitifs ne peuvent être considérés comme perdus en raison de ce que nous appelons les mécanismes de refoulement; par conséquent, les analystes ne peuvent s'attendre à les voir apparaître après avoir, par leur travail, amoindri ces forces de refoulement. Freud tentait peut-être de tenir compte de ces phénomènes lorsqu'il utilisait l'expression « refoulement primaire », mais on peut le contester. Par contre, il n'y a pas de doute que, dans la majeure partie des travaux psychanalytiques, il a fallu considérer les questions étudiées ici comme établies [1].

Pour en revenir à la psychanalyse, j'ai dit que l'analyste est prêt à attendre longtemps que le patient soit capable de présenter les facteurs de l'environnement dans des termes qui permettent de les interpréter comme des projections. Si le cas est bien choisi pour l'analyse, on parvient à ce résultat lorsque le patient a recouvré la capacité de faire confiance, en se trouvant sûr de l'analyste et de la situation analytique (*setting*). Parfois, l'analyste devra attendre très longtemps. Et si le cas est *mal* choisi pour une psychanalyse classique, le facteur le plus important (ou celui qui a un rôle plus important que les interprétations) est vraisemblablement ce caractère fiable de l'analyste, car c'est une chose que le malade n'a pas vécue au cours des soins maternels de sa petite enfance. Pour en tirer profit, il faudra qu'il découvre pour la première fois la fiabilité dans le comportement de l'analyste. On pourrait trouver là le point de départ d'une recherche sur ce qu'il est possible à un analyste de faire dans le traitement de la schizophrénie et d'autres psychoses.

Dans des cas limites, l'analyste n'attend pas toujours en vain; avec le temps, le patient devient capable d'utiliser les interprétations psychanalytiques des traumatismes primitifs comme des projections. Il arrive même qu'il soit capable d'accepter ce qu'il y a de bon dans son environnement comme la projection des éléments simples, stables et ininterrompus (*going-on-being*) qui proviennent de son propre potentiel inné.

1. J'ai décrit (1954) certains aspects de ce problème chez une patiente, alors qu'elle était profondément régressée.

Le paradoxe est que tout ce qui est bon, et tout ce qui est mauvais, dans l'environnement de l'enfant n'est pas en fait une projection. Toutefois, paradoxalement, il est indispensable au développement normal de l'enfant que tout lui apparaisse comme une projection. Nous trouvons ici l'omnipotence et le principe de plaisir en action, tels qu'ils le sont sans aucun doute dans la toute petite enfance; on peut ajouter à cette observation que la connaissance d'un vrai « non-moi » (*not me*) est une question d'intellect; elle dépend de l'extrême élaboration et de la maturité de l'individu.

Dans l'œuvre de Freud, la plupart des idées relatives à la petite enfance découlent de l'étude des adultes en analyse. Il y a aussi quelques observations d'enfants (matériel de la bobine, 1920), et il y a l'analyse du petit Hans (1909). Il semblerait, à première vue, qu'une grande partie de la théorie psychanalytique concerne les premiers mois de la vie et les premières années de l'enfance, mais dans un certain sens on peut dire que Freud a laissé de côté l'enfance en tant qu'état en soi. C'est ce qui ressort d'une note de l'article « Formulations concernant les deux principes du fonctionnement mental » (1911), dans laquelle il montre qu'il n'ignore pas qu'il considère comme établis les éléments qui font l'objet même de la présente étude. Il retrace dans le texte de l'article le développement qui, partant du principe de plaisir, aboutit au principe de réalité selon sa manière habituelle de reconstruire l'enfance de ses patients adultes.

Voici la note :

> « On objectera à juste titre qu'une organisation qui est l'esclave du principe de plaisir et néglige la réalité du monde extérieur ne pouvait subsister pour un laps de temps si bref soit-il, si bien qu'il ne lui aurait même pas été possible de se former. Le recours à une fiction de cet ordre se justifie néanmoins, si l'on considère que le petit enfant – pour peu qu'on tienne compte aussi des soins qu'il reçoit de sa mère – réalise presque en fait un système mental de ce type. »

Freud rendait ainsi pleinement hommage au rôle joué par les soins maternels, et on peut supposer que s'il n'a pas abordé ce sujet, c'est qu'il ne se sentait pas prêt à analyser ses implications.

La note se poursuit ainsi :

> « Il est probable qu'il hallucine la satisfaction de ses besoins internes. Il manifeste son déplaisir, causé par l'accroissement de la stimulation et le retard de la satisfaction, au moyen d'une décharge motrice consistant à crier et à agiter bras et jambes; c'est alors qu'il éprouve la satisfaction hallucinatoire. En grandissant, il apprend à utiliser de façon intentionnelle ces modes de décharge comme moyen d'expression de ses sentiments. Étant donné que les soins donnés aux enfants plus grands se modèlent sur les soins au nourris-

son, ce n'est que lorsque l'enfant est parvenu à un détachement mental complet de ses parents que la suprématie du principe de plaisir pourra vraiment cesser. »

Les mots « pour peu qu'on tienne compte aussi des soins maternels » ont une grande importance dans le contexte du présent travail. Le nourrisson et les soins maternels forment une unité [1].

Si l'on veut étudier la théorie des relations entre parent et nourrisson, il faut certainement prendre une décision à ce sujet, car cela concerne la signification exacte du mot dépendance, et il ne suffit certainement pas de reconnaître l'importance de l'environnement. Puisque la théorie de la relation parent-nourrisson doit faire l'objet d'une discussion, deux partis se dessineront si tous n'admettent pas qu'au stade le plus primitif le nourrisson et les soins maternels dépendent l'un de l'autre et ne peuvent être démêlés. Au cours d'une évolution normale, enfant et soins maternels cesseront d'être associés et entremêlés; et la santé mentale, qui couvre tellement de choses, signifie dans une certaine mesure que les soins maternels se détachent de ce que nous appelons alors le nourrisson ou l'ébauche d'un enfant en évolution. Les mots de Freud à la fin de la note recouvrent cette idée : « Ce n'est que lorsque l'enfant est parvenu à un détachement mental complet de ses parents que la suprématie du principe de plaisir pourra vraiment cesser. » (La partie médiane de cette note sera examinée plus loin; je montrerai qu'à mon avis les mots qu'emploie Freud sont ici inadéquats et induisent en erreur à certains points de vue, si l'on considère qu'ils se réfèrent au stade le plus précoce.)

Le mot « nourrisson » [2]

J'utiliserai dans ce travail le terme de « nourrisson » pour parler du très jeune enfant. Il est nécessaire de le spécifier, car dans l'œuvre de Freud le mot employé semble parfois englober l'enfant jusqu'à l'âge de la résolution du complexe d'Œdipe. En fait, le terme latin implique l'absence de langage (*in-fans* : qui ne parle pas) et il n'est pas inutile de considérer cette époque comme le stade antérieur à la représentation par le mot et à l'utilisation des

1. J'ai dit un jour : « Cette chose qu'on appelle un nourrisson n'existe pas. » J'entendais par là que, chaque fois qu'il y a un nourrisson, on trouve des soins maternels et que, sans soins maternels, il n'y aurait pas de nourrisson. (Discussion au cours d'une réunion scientifique de la Société britannique de Psychanalyse, aux environs de 1940.) Étais-je influencé, sans le savoir, par cette note de Freud ?

2. En anglais *infant*, du latin *infans*. (*N.d.T.*)

symboles verbaux. En conséquence, il s'agit d'une phase où le nourrisson dépend des soins maternels, qui reposent sur l'empathie de la mère plutôt que sur sa compréhension de ce qui est verbalisé, ou pourrait l'être.

Il s'agit essentiellement d'une période où le moi se développe et la principale caractéristique de ce développement est l'intégration. Les forces instinctuelles réclament l'attention. Au début, elles sont extérieures au nourrisson. Au cours d'un développement normal, le ça est mis au service du moi et le moi domine le ça, de sorte que les satisfactions instinctuelles renforcent le moi. Mais cela fait partie de l'évolution normale et, au cours de la petite enfance, il y a bien des variantes suivant les échecs relatifs que subit cette évolution. Si le développement n'est pas normal, ces résultats sont minimes ou ils sont atteints, reperdus. Dans la psychose infantile (ou schizophrénie), le ça demeure relativement ou totalement « extérieur » au moi, et les satisfactions instinctuelles restent physiques; elles ont l'effet d'une menace pour la structure du moi, du moins tant que les défenses d'ordre psychotique ne se sont pas organisées [1].

Donc, à mon avis, la raison principale qui fait qu'au cours de son développement le nourrisson devient habituellement capable de maîtriser le ça, tandis que le moi l'englobe, réside dans les soins maternels : le moi de la mère suppléant celui de l'enfant et le rendant ainsi puissant et stable. Reste à étudier comment cela se passe et de quelle façon le moi du nourrisson se libère finalement du soutien que lui assurait le moi de la mère, de sorte que l'enfant parvient à se détacher d'elle sur le plan mental, c'est-à-dire à se différencier en un *self* personnel séparé.

Pour pouvoir examiner la relation parent-nourrisson, il est nécessaire de tenter d'abord d'exposer brièvement la théorie du développement affectif du nourrisson.

Historique

Au cours de l'évolution de la théorie psychanalytique, les premières hypothèses ont concerné le ça et les mécanismes de défense du moi. On considérait que le ça arrivait en scène très tôt; la découverte par Freud de la sexualité prégénitale, la description qu'il en a faite, à partir de ses observations sur les éléments régressifs des fantasmes géni-

1. Dans mon article « Psychose et soins maternels », j'ai essayé de montrer comment appliquer cette hypothèse à la compréhension des psychoses.

taux, des jeux et des rêves, sont des caractéristiques importantes de la psychologie clinique.

Les mécanismes de défense du moi furent formulés progressivement [1].

On considérait que ces mécanismes s'organisaient en fonction de l'angoisse suscitée soit par la tension instinctuelle, soit par la perte de l'objet. Cette partie de la théorie psychanalytique présuppose la différenciation du *self* et la structuration du moi. Elle présuppose peut-être même un schéma corporel personnel. Au niveau qui nous intéresse principalement dans ce travail, on ne peut présumer que cet état de choses est atteint, puisque notre discussion est précisément centrée sur l'édification de cet état, c'est-à-dire le processus de structuration du moi qui rend possible l'angoisse issue de la tension instinctuelle ou de la perte de l'objet L'angoisse à ce stade primitif n'est pas qu'une angoisse de castration ou une angoisse de séparation; elle concerne bien d'autres choses et est, en fait, une angoisse d'annihilation (cf. l'aphanisis de Jones).

Dans la théorie psychanalytique, les mécanismes de défense du moi relèvent en grande partie de l'idée que l'enfant a une certaine indépendance, une organisation de défense bien personnelle. Sur cette ligne de démarcation, les recherches de Klein complètent la théorie freudienne en clarifiant les intrications des angoisses primitives et des mécanismes de défense. Ce travail de Klein concerne la petite enfance et attire l'attention sur l'importance des pulsions agressives et destructives qui sont plus profondément enracinées que les pulsions réactionnelles à la frustration qui, elles, sont rattachées à la faim et à la colère; il y a aussi dans le travail de Klein une dissection des premières défenses contre les angoisses primitives, angoisses qui relèvent des premiers stades de l'organisation mentale (clivage, projection, introjection).

Ce que décrit Mélanie Klein dans son travail appartient sans aucun doute à la vie du nourrisson dans ses tout premiers stades et à la période de dépendance qui nous occupe ici. Mélanie Klein a bien montré

1. Les recherches concernant les mécanismes de défense qui ont suivi le travail d'Anna Freud *Le moi et les mécanismes de défense* (1936) ont abouti par une voie différente à une réévaluation du rôle du maternage (*mothering*) dans les soins au nourrisson et dans le développement primitif. Anna Freud a réévalué ses points de vue sur la question en 1953. Willi Hoffer (1955) a également fait des observations qui concernent cette zone de développement.

Toutefois, mon propos dans ce travail est de montrer l'importance du rôle de l'environnement parental primitif dans le développement du nourrisson; cela prend pour nous au passage une signification clinique dans notre traitement de certains types de cas à troubles caractériels et affectifs.

qu'elle reconnaissait l'importance de l'environnement au cours de cette période, comme d'ailleurs à tous les stades sur des modes divers [1].

Mais, à mon avis, son travail et celui de ses collaborateurs laissent le champ libre à une étude plus approfondie, le thème de la complète dépendance, qui apparaît dans la phrase de Freud : « ... le petit enfant, pour peu qu'on tienne compte aussi des soins qu'il reçoit de sa mère... ». Rien dans le travail de Klein ne contredit l'idée de dépendance absolue, mais il ne me semble pas qu'il y ait de référence spécifique à un stade où le nourrisson n'existe qu'en raison des soins maternels, avec lesquels il forme un tout, une unité.

Ce que je propose ainsi à la réflexion, c'est la différence entre l'attitude de l'analyste, lorsqu'il accepte la réalité de la dépendance, et celle qu'il a dans le transfert au cours de son travail avec la dépendance [2].

Il semblerait qu'en étudiant les défenses du moi, on se trouve ramené aux manifestations instinctuelles prégénitales, tandis que l'étude de la psychologie du moi ramène à la dépendance, à l'unité constituée par le nourrisson et les soins maternels.

La moitié de la théorie de la relation parent-nourrisson concerne le nourrisson; c'est la théorie de l'évolution de l'enfant qui de la dépendance absolue passe par une dépendance relative, et parvient à l'indépendance. C'est aussi, parallèlement, son évolution du principe de plaisir au principe de réalité, de l'auto-érotisme aux relations objectales. L'autre moitié de cette théorie concerne les soins maternels, c'est-à-dire les qualités et les modifications de la mère qui s'adapte aux besoins spécifiques et croissants du nourrisson sur lequel elle est centrée.

A) Le nourrisson

Le mot clef de ce chapitre est *dépendance*. Les petits de l'homme ne peuvent commencer à *être* que dans certaines conditions. Celles-ci sont étudiées plus loin, mais font partie de la psychologie de l'enfant et selon que les conditions sont favorables ou non, les enfants qui commencent à *exister* le font différemment. D'autre part, ces conditions ne déterminent pas le potentiel du petit enfant, qui est inné; il

1. J'ai exposé en détail dans deux articles (« La position dépressive dans le développement affectif normal », « La psychanalyse et le sentiment de la culpabilité ») comment je comprends le travail de Mélanie Klein dans ce domaine. *Cf.* Klein.

2. Voir dans « Repli et régression » un exemple clinique. (*N.d.T.*)

est légitime d'étudier ce potentiel inné de l'individu à part, *toujours sans oubier que le potentiel inné d'un enfant ne peut devenir un enfant, s'il n'est couplé à des soins maternels.*

Le potentiel inné comporte une tendance à la croissance et au développement. On peut dater approximativement tous les stades de la croissance affective et il est à supposer que tous les stades du développement ont une date chez chaque enfant. Pourtant, ces dates varient d'un enfant à l'autre et *même si l'on pouvait les connaître à l'avance* pour un enfant donné, on ne pourrait s'en servir pour prédire le développement réel de l'enfant en raison de l'autre facteur, les soins maternels. Cette utilisation ne pourrait exister, si peu que ce fût, qu'en présumant que les soins maternels sont adéquats pour tous les points importants. (Ce qui évidemment ne se situe pas seulement du point de vue physique; j'examinerai plus loin le sens d'*adéquat* et *inadéquat* [*adequacy*, *inadequacy*] dans ce contexte.)

Le potentiel inné et son destin

Il nous faut maintenant tenter de décrire brièvement ce qu'il advient du potentiel inné, si celui-ci doit se développer en un nourrisson, puis en un enfant qui tendra à une existence indépendante.

En raison de la complexité du sujet, cette description ne peut être faite qu'en supposant que les soins maternels, c'est-à-dire que les soins parentaux, sont satisfaisants (*satisfactory*). Les soins parentaux satisfaisants peuvent être classés approximativement en trois stades qui se recouvrent en partie :

a) Le maintien (*holding*) du nourrisson.

b) La vie commune (*living together*) de la mère et de l'enfant. Là, la fonction du père (qui s'occupe de l'environnement pour la mère) n'est pas connue de l'enfant.

c) La vie commune du père, de la mère et de l'enfant.

Le terme de « maintien » (*holding*) est utilisé ici pour dénoter que l'on porte physiquement l'enfant, mais il désigne aussi tout ce que l'environnement lui fournit antérieurement au concept de *vie commune*. En d'autres termes, cette notion de maintien se réfère à une relation à trois dimensions ou relation spatiale, à laquelle le temps s'ajoute progressivement. Cela coïncide en partie avec les expériences instinctuelles, qui éventuellement déterminent les relations objectales, mais son origine est plus précoce. Cette notion recouvre le maniement d'expériences qui sont inhérentes à l'existence, telles que l'*accomplissement (completion)* (et par conséquent le *non-accomplisse-*

ment) de processus qui, de l'extérieur, peuvent paraître purement physiologiques; en fait, ils relèvent de la psychologie du nourrisson et se déroulent dans un champ psychologique complexe, déterminé par l'empathie de la mère et le fait qu'elle perçoit tout ce qui concerne le nourrisson. (Ce concept de maintien est repris plus loin.)

L'expression « vie commune » (*living with*) implique des relations objectales et l'émergence de l'enfant de cet état de fusion avec la mère, ou sa perception des objets comme extérieurs au *self*.

Le stade du « maintien » dans l'ensemble des soins maternels, ainsi que tous les événements complexes du développement psychologique du nourrisson qui sont liés à ce stade présentent un intérêt particulier pour cette étude. Il ne faut cependant pas oublier que la distinction entre les stades est artificielle et n'est adoptée que pour une question de commodité, dans le but de rendre leur définition plus claire.

Le développement de l'enfant au cours du stade du « maintien »

A la lumière de ce que nous venons de dire, on peut énumérer certaines caractéristiques du développement de l'enfant au cours de ce stade. C'est à ce stade que

- le processus primaire,
- l'identification primaire,
- l'auto-érotisme,
- le narcissisme primaire

sont des réalités vivantes.

C'est à cette période que le moi passe d'un état non intégré à une intégration structurée et que l'enfant devient ainsi capable de ressentir l'angoisse liée à la désintégration. Le mot désintégration prend alors une signification qu'il n'avait pas avant que l'intégration du moi devienne un fait. Si le développement est normal, l'enfant à ce stade conserve la capacité de revivre des états non intégrés, mais cela dépend de la continuité de soins maternels fiables, ou de l'édification chez l'enfant de souvenirs de soins maternels qu'il perçoit progressivement comme tels. Des progrès normaux au cours de cette phase du développement conduisent l'enfant à ce que l'on pourrait appeler « l'état d'unité ». L'enfant devient de son plein droit une personne, un individu.

En liaison avec cet état d'unité, l'existence psychosomatique de l'enfant prend forme et commence à suivre un schéma personnel; c'est ce que j'ai appelé l'installation (*in-dwelling*) de la psyché dans le soma [1]. A la base de cette installation se trouvent les expériences motrices, sensorielles et fonctionnelles étroitement liées au nouvel état de l'enfant – être une personne. Puis il apparaît dans la suite du développement ce qu'on pourrait appeler une membrane de délimitation, qui se confond jusqu'à un certain point (dans les cas normaux) avec la surface de la peau; elle se situe entre le « moi » et le « non-moi » (*me, not-me*) de l'enfant. Ainsi le nourrisson en vient à avoir un intérieur et un extérieur et un schéma corporel. De la sorte, la fonction d'absorber et de rejeter prend un sens; bien plus, graduellement, on peut considérer qu'il existe une réalité psychique interne ou personnelle pour l'enfant [2].

Les points de départ d'autres processus se trouvent aussi à cette période de « maintien »; le plus important d'entre eux est l'éveil de l'intelligence et la formation des fonctions mentales comme quelque chose de différencié du psychisme. De là découle toute l'histoire des processus secondaires et du fonctionnement symbolique, ainsi que celle de l'organisation du contenu psychique personnel qui offre une base aux relations de la vie et des rêves.

A la même époque, la jonction de deux racines du comportement impulsif apparaît chez l'enfant. Le terme « union » dénote le processus positif par lequel les éléments diffus qui relèvent du mouvement et de l'érotisme musculaire fusionnent dans le développement normal avec le fonctionnement orgastique des zones érogènes. Ce concept est plus connu comme processus inverse de la désunion, qui est une défense compliquée dans laquelle l'agression se sépare de l'expérience érotique après une période où avait été atteint un certain degré d'union. Toutes ces progressions dépendent de la qualité du maintien (*holding*) assuré par l'environnement. Si le maintien n'est pas assez bon, ces stades ne sont pas atteints, ou bien, une fois atteints, ils ne peuvent s'établir solidement.

La capacité d'avoir des relations objectales représente un autre progrès. Là, l'enfant passe d'une relation avec un objet conçu subjectivement à une relation avec un objet perçu objectivement. Cette modification est étroitement liée au changement que subit le nourrisson lorsque, d'un état de fusion (*merged with*) complète avec la mère, il passe à un état de différenciation ou de relation avec elle en tant que personne séparée et « non-moi ». Cette étape ne se rattache pas spécifiquement au maintien, mais est plutôt connexe de la phase de « vie en commun ».

1. Voir dans « L'esprit et le psyché-soma » ce que j'ai déjà dit à ce sujet.
2. C'est ici que l'on peut appliquer de façon appropriée les connaissances sur les fantasmes primitifs dont l'enseignement de Mélanie Klein nous a appris la richesse et la complexité.

Dépendance

Au cours de la phase du maintien, l'enfant est dépendant au plus haut point. Voici comment il est possible de classer sa dépendance :

I. *Dépendance absolue.* – Dans cet état, l'enfant n'a pas les moyens de reconnaître les soins maternels, qui sont surtout une question de prophylaxie. Il ne peut pas acquérir la maîtrise de ce qui est bien et de ce qui est mal fait ; il est seulement à même d'en tirer profit ou de souffrir de perturbation.

II. *Dépendance relative.* – Là, l'enfant est capable de se rendre compte du besoin qu'il a de soins maternels dans leurs détails ; il peut, de plus, les relier à des impulsions personnelles et plus tard, au cours d'un traitement psychanalytique, il pourra donc les reproduire dans le transfert.

III. *Vers l'indépendance.* – L'enfant acquiert, en se développant, le moyen de se passer de soins. Il y parvient en emmagasinant des souvenirs de soins, la projection de ses besoins personnels et l'introjection des détails de soins ; en même temps, sa confiance dans l'environnement se développe. Il faut ajouter à cela un autre élément : la compréhension intellectuelle et ses innombrables implications.

Isolement de l'individu

Il y a un autre phénomène qui mérite considération à ce stade : la dissimulation du noyau de la personnalité. Examinons le concept d'un *self* central, ou authentique. Le *self* central pourrait être considéré comme le potentiel inné qui vit une continuité et acquiert à sa façon et à son rythme une réalité psychique personnelle et un schéma corporel personnel [1].

Il semble nécessaire d'admettre que le concept de l'isolement de ce *self* central est une caractéristique de la santé. Toute menace à l'encontre de cet isolement du *self* authentique constitue une angoisse majeure à ce stade primitif ; les défenses de la première enfance apparaissent à la suite d'échecs de la mère (ou au cours des soins maternels), lorsque les empiétements de l'environnement pouvant troubler cet isolement n'ont pu être évités.

C'est l'organisation du moi qui peut faire face à ces empiétements,

1. Dans un autre article : « La capacité d'être seul », j'ai essayé d'examiner un autre aspect de ce stade du développement tel que nous le voyons chez l'adulte en bonne santé. *Cf.* Greenacre (1958).

les incorporer à la toute-puissance de l'enfant et faire en sorte qu'ils soient vécus comme des projections [1]. Mais ils peuvent aussi percer cette défense en dépit du soutien que les soins maternels assurent au moi. Le noyau central du moi est alors touché et c'est là la nature même de l'angoisse psychotique. L'individu normal devient rapidement invulnérable à cet égard, et si des facteurs extérieurs s'immiscent, il en résulte simplement que le retrait du *self* central se modifie quantitativement et qualitativement. La meilleure défense à cet égard est l'organisation d'un faux *self.* Les satisfactions instinctuelles et les relations objectales elles-mêmes constituent une menace pour la continuité personnelle de l'individu. *Exemple* : un enfant est nourri au sein et en tire une satisfaction. Ce fait en soi n'indique pas s'il a ainsi une expérience instinctuelle syntone au moi ou si, au contraire, il souffre du traumatisme d'une séduction, d'une menace pour la continuité personnelle du moi, d'une menace constituée par une expérience instinctuelle qui n'est pas syntone au moi et que le moi n'est pas préparé à affronter.

Normalement, les relations objectales peuvent se développer sur la base d'un compromis, celui qui implique l'individu dans ce que plus tard on appellerait tricherie et malhonnêteté, alors que la relation directe n'est possible que sur la base d'une régression à un état de fusion (*merged*) avec la mère.

L'annihilation [2]

A ce stade précoce de la relation parent-enfant, l'angoisse est liée à la menace d'annihilation et il est nécessaire d'expliquer ce qu'on entend par ce terme.

Au cours de cette phase qui se caractérise par l'existence essentielle d'un environnement qui maintient, le « potentiel inné » (*inherited potential*) devient une « continuité d'être » (*continuity of being*), l'autre terme de l'alternative étant la réaction, qui interrompt cette continuité d'être et l'annihile. Il y a donc deux possibilités : la continuité d'être et l'annihilation. L'environnement qui maintient a par conséquent pour fonction principale de réduire à un minimum les

1. J'utilise ici le terme de « projection » dans un sens descriptif et dynamique et non pas dans sa pleine signification métapsychologique. L'étude de la fonction des mécanismes psychiques primitifs, tels que l'introjection, la projection et le clivage, sort des limites de ce travail.

2. J'ai décrit dans un précédent article différentes variétés cliniques de ce type d'angoisse, vues sous un angle légèrement différent (1949) : « Les souvenirs de la naissance, le traumatisme de la naissance et l'angoisse ».

empiétements auxquels l'enfant doit réagir, ce qui réduirait à néant l'existence personnelle. Dans des conditions favorables, l'enfant établit un sentiment de continuité d'existence et commence ensuite à rendre possible, par ses élaborations, l'incorporation des empiétements de l'environnement au champ de la toute-puissance. A ce stade, le mot « mort » ne peut s'appliquer et cela rend l'expression « instinct de mort » inacceptable pour décrire la racine de la tendance destructive. La mort n'a aucune signification jusqu'à l'apparition de la haine et du concept de la personne humaine totale. Lorsque l'enfant peut haïr une personne totale, la mort prend une signification et immédiatement après vient ce qu'on pourrait appeler la mutilation : au lieu de tuer la personne haïe et aimée en la châtrant ou en la mutilant d'une autre façon, l'enfant la maintient en vie. Ces idées font partie d'une phase postérieure à celle que caractérise la dépendance à l'égard de l'environnement et du maintien qu'il assure.

Nouvelle étude de la note de Freud

Il est nécessaire, parvenus à ce point de notre travail, d'examiner à nouveau la note de Freud citée plus haut. Il écrit : « Il est probable qu'il (le nourrisson) hallucine la satisfaction de ses besoins internes; il manifeste son déplaisir causé par l'accroissement de la stimulation et le retard de la satisfaction au moyen d'une décharge motrice consistant à crier et à agiter bras et jambes; c'est alors qu'il éprouve la satisfaction hallucinatoire. » La théorie esquissée dans cette partie de la note ne parvient pas à couvrir les exigences de la phase la plus primitive. Déjà par ces mots, il se réfère aux relations d'objet et la validité de ce passage dépend du fait qu'il considère comme admis les aspects plus précoces des soins maternels, ceux qui sont décrits dans le présent travail comme faisant partie de la phase de maintien. Par contre, cette phrase de Freud correspond exactement aux exigences du stade suivant, qui se caractérise par une relation entre l'enfant et la mère dominée par les relations objectales et les satisfactions instinctuelles ou relatives aux zones érogènes; cela quand le développement évolue normalement.

B) Le rôle des soins maternels

Je vais maintenant tenter de décrire certains aspects des soins maternels, et spécialement le maintien (*holding*). Ce concept de maintien est important dans ce travail et il mérite plus ample développement. Ce mot est utilisé ici pour introduire le développement approfondi du thème de la phrase de Freud : « ... si l'on considère que le petit enfant – pour peu que l'on tienne compte aussi des soins qu'il reçoit de sa mère – réalise presque en fait un système mental de ce type ». Je me réfère à l'état de la relation mère-enfant au début, lorsque l'endant n'est pas encore parvenu à différencier un *self* des soins maternels vis-à-vis desquels la dépendance au sens psychologique est absolue [1].

A ce stade, l'enfant a besoin d'apports dotés de certaines caractéristiques; il les reçoit habituellement de son environnement.

Ils répondent aux besoins physiologiques. A ce moment, la physiologie et la psychologie ne sont pas encore distinctes, ou commencent seulement à le devenir.

On peut se fier aux apports de l'environnement mais ce n'est pas mécanique; ils sont fiables d'une manière qui implique l'empathie de la mère.

Le maintien :

– Protège contre les dangers physiologiques.

– Tient compte : de la sensibilité de la peau de l'enfant (toucher, température); de la sensibilité auditive, de la sensibilité visuelle, de la sensibilité à la chute (action de la pesanteur); ainsi que du fait que l'enfant ignore l'existence de toute autre chose que le *self*.

– Il comprend toute la routine des soins jour et nuit, soins différents suivant l'enfant, puisqu'ils font partie de lui et qu'il n'y a pas deux enfants semblables.

– Il s'adapte aussi jour après jour aux changements infimes dus à la croissance et au développement, changements à la fois physiques et psychologiques.

Il faut faire observer qu'on peut aider à mieux faire les mères qui ont en elles la capacité de donner des soins suffisamment bons (*good enough care*); il suffit de s'occuper d'elles d'une manière qui reconnaît la nature essentielle de leur tâche. Pour les mères qui n'ont pas cela en elles, ce n'est pas en les instruisant qu'on les rendra aptes à le faire.

Dans « maintien », il y a surtout le fait qu'on tient physiquement l'enfant, ce qui est une forme d'amour. C'est peut-être la seule façon par laquelle une mère peut montrer à son enfant qu'elle l'aime. Il y a celles qui savent tenir un nourrisson et celles qui ne savent pas; ces dernières provoquent rapidement chez l'enfant un sentiment d'insécurité et des pleurs de détresse.

1. Je rappellerai que pour être certain de distinguer cela des relations objectales et de la gratification instinctuelle, il me faut limiter *artificiellement* mon attention aux besoins corporels de caractère général. Un patient m'a dit : « Une bonne séance analytique dans laquelle la bonne interprétation est donnée au bon moment *est* un bon repas. »

Ce que nous venons de décrire mène à l'édification des premières relations objectales de l'enfant et de ses premières expériences de gratifications instinctuelles et l'englobe et coexiste [1].

Ce serait une erreur de situer la gratification instinctuelle (nourriture, etc.) ou les relations objectales (relation au sein) avant le thème de l'organisation du moi (c'est-à-dire le moi de l'enfant renforcé par le moi maternel). La satisfaction instinctuelle et les relations objectales reposent sur le maniement du nourrisson, et tous les soins qui lui sont donnés, soins trop facilement présupposés si tout va bien.

La santé mentale de l'individu, au sens où il est indemne de psychose ou de prédisposition à la psychose (schizophrénie), s'édifie sur les soins maternels, qui se remarquent à peine lorsque tout va bien et sont la continuation des apports physiologiques caractéristiques de la période prénatale. L'apport de l'environnement s'inscrit également dans la continuation de la vie des tissus et le bon état des diverses fonctions qui, pour le nourrisson, fournissent au moi un soutien silencieux mais vital. De la sorte, la schizophrénie, ou la psychose infantile, ou une prédisposition à une psychose ultérieure sont liées à une faillite du milieu. Cela ne veut pas dire pour autant que les effets néfastes de cette faillite ne peuvent être décrits en termes de déformations du moi et de défenses contre des angoisses primitives, c'est-à-dire en fonction de l'individu. On voit donc que l'œuvre de Klein sur les mécanismes de défense par scission et sur les projections et les introjections, etc., constitue une tentative pour définir, en fonction de l'individu, les effets de la faillite de l'environnement. Ce travail sur les mécanismes primitifs n'explique qu'une partie de l'histoire, et pour l'autre partie c'est la reconstitution de l''environnement et de ses faillites qui pourra mettre sur la voie. Cette dernière partie ne peut apparaître dans le transfert parce que le patient ignore tout des soins maternels, que ce soit dans leurs bons aspects ou dans leurs échecs, tels qu'ils existaient dans la situation infantile primitive.

Examen d'un détail des soins maternels

Je voudrais donner un exemple pour illustrer la subtilité des soins maternels. Il y a fusion de l'enfant avec sa mère et tant que cela reste vrai, plus la mère comprend exactement les besoins de l'enfant et mieux cela vaut. Un changement se produit toutefois à la fin de cette fusion, qui ne se termine pas forcément de façon progressive. Dès

1. Pour une plus ample étude de cet aspect des processus du développement, voir mon article « Objets transitionnels et phénomènes transitionnels ».

que la mère et l'enfant sont différenciés, du point de vue de l'enfant, on notera que la mère tend à changer son attitude. Tout se passe comme si elle réalisait à ce moment-là que l'enfant ne s'attend plus à une compréhension presque magique de ses besoins. La mère semble savoir que l'enfant a une nouvelle capacité, lui permettant d'émettre un signal qui l'aidera à répondre aux besoins de l'enfant. On pourrait dire que si, à ce moment, elle sait trop bien ce dont l'enfant a besoin, c'est une compréhension magique qui ne constitue aucunement une base à une relation objectale. Nous revenons ici à ce que Freud a écrit : « Il est probable qu'il (l'enfant) hallucine la satisfaction de ses besoins internes. Il manifeste son déplaisir, causé par l'accroissement de la stimulation et le retard de la satisfaction, au moyen d'une décharge motrice consistant à crier et à agiter bras et jambes ; c'est alors qu'il éprouve la satisfaction hallucinatoire. » En d'autres termes, à la fin de la fusion, lorsque l'enfant s'est différencié de l'environnement, une caractéristique importante est que l'enfant doit donner un signal [1].

Nous voyons apparaître clairement cette même subtilité au cours de notre travail analytique, dans le transfert. Mis à part le cas du patient régressé à la toute première enfance et à un état de fusion, il est très important que l'analyste ne connaisse *pas* les réponses, sauf dans la mesure où le patient lui en donne les éléments. Il les réunit et fait les interprétations, mais il arrive souvent que les patients s'abstiennent de lui donner les éléments, s'assurant ainsi de l'impossibilité d'intervention de l'analyste. Cette limitation du pouvoir de l'analyste est importante pour le malade, tout comme est important le pouvoir de l'analyste représenté par l'interprétation exacte donnée au bon moment, et qui se base sur les indices fournis par le malade et sa coopération inconsciente, lorsqu'il apporte le matériel nécessaire à élaborer cette interprétation et à la justifier. C'est ainsi que l'étudiant analyste fait parfois de meilleures analyses que quelques années plus tard, lorsqu'il en saura davantage. Quand il aura eu plusieurs malades, il commencera à trouver ennuyeux d'aller aussi lentement que le malade ; il se mettra à faire des interprétations qui reposent non pas sur le matériel fourni ce jour-là par le malade, mais sur son bagage de connaissances à lui, analyste, et sur le groupe d'idées particulier auquel il adhère à ce moment-là, ce qui n'est d'aucune utilité pour le malade. L'analyste peut paraître très intelligent, et le malade exprimera peut-être son admiration, mais en définitive l'interprétation correcte est un traumatisme que le patient doit rejeter, puisque ce n'est pas la sienne. Il se plaint que l'analyste essaye de

1. *Cf.* la théorie de Freud sur l'angoisse en tant que signal pour le moi (1926).

l'hypnotiser, c'est-à-dire que l'analyste suscite une importante régression à la dépendance, en le ramenant à un état de fusion avec lui.

On peut observer la même chose chez les mères; celles qui ont eu plusieurs enfants excellent si bien dans la technique du maternage qu'elles font toujours ce qu'il faut au bon moment; l'enfant qui a commencé à se différencier de sa mère n'a pas alors le moyen d'acquérir la maîtrise de toutes les bonnes choses qui se passent. Le geste créateur, le cri, la protestation, tous ces petits signes qui devraient provoquer les soins maternels manquent, parce que la mère a déjà satisfait le besoin comme si l'enfant et elle étaient encore en état de fusion. De cette façon, la mère, en étant apparemment une bonne mère, fait quelque chose de pire que de châtrer son enfant; elle le laisse devant une alternative : ou bien rester en état de régression permanente et de fusion avec la mère, ou bien mettre en œuvre un rejet total de la mère, alors même qu'elle est apparemment une bonne mère.

Nous voyons donc que, dans la petite enfance et pour les soins (*management*) des nourrissons, il existe une distinction très subtile entre la compréhension maternelle des besoins de l'enfant basée sur l'empathie et son évolution vers une compréhension basée sur quelque chose qui indique le besoin chez le nourrisson ou le petit enfant. Ce passage de l'un à l'autre est particulièrement difficile pour la mère parce que l'enfant oscille d'un état à l'autre; à un certain moment, il fusionne avec sa mère et l'empathie est nécessaire, et la minute suivante, il s'en différencie; si alors elle connaît ses besoins à l'avance, elle est dangereuse : c'est une sorcière. Il est très curieux de voir que des mères dénuées d'instruction s'adaptent de façon satisfaisante à ces changements chez l'enfant qui se développe, sans avoir aucune connaissance théorique. Ce détail se retrouve dans le travail psychanalytique avec les cas limites, et dans tous les cas à certains moments de grande importance lorsque la dépendance dans le transfert est à son plus haut point.

Ignorance des soins maternels satisfaisants

Dans ce domaine des soins maternels de la catégorie du maintien, il existe un axiome; si tout va bien, l'enfant n'a pas le moyen de savoir ce qui lui est offert convenablement et ce dont il est préservé. Par contre, c'est quand les choses ne vont pas bien que le nourrisson se rend compte, non pas de la carence des soins maternels, mais des conséquences de cette carence, quelles qu'elles soient. C'est-à-dire que l'enfant se rend compte qu'il réagit à un empiétement. Des soins maternels satisfaisants il découle l'édification chez l'enfant d'un sentiment de continuité d'être, base de la force du moi; alors qu'au contraire, chaque carence des soins aboutit à une interruption de ce sentiment de continuité d'être, interruption causée par les réactions aux conséquences de cette carence; un affaiblissement du moi en résulte [1]. De telles interruptions constituent une annihilation et sont associées de toute évidence à une souffrance de qualité et d'intensité psychotiques. Dans les cas extrêmes, l'enfant n'existe que sur la base d'une chaîne continue de réactions aux empiétements et de rétablissements après ces réactions. Cela contraste avec le sentiment continu d'être, qui est ma conception de la force du moi.

C) Les changements chez la mère

Il importe, à ce point de notre travail, d'élucider les changements qui se produisent chez les femmes qui vont avoir un enfant ou qui viennent d'en avoir un. D'abord, ces modifications sont presque physiologiques et commencent avec le fait physique de porter l'enfant dans son ventre. Cependant une expression telle que « l'instinct maternel » ne suffirait pas à les définir. C'est un fait que normalement les femmes modifient leur orientation envers elles-mêmes et à l'égard du monde, mais si profondément enracinées dans la physiologie que soient ces modifications, elles peuvent être déformées par la mauvaise santé mentale de la femme. Il faut donc considérer ces modifications en terme de psychologie, bien qu'il puisse y avoir des éléments d'endocrinologie que la thérapeutique peut changer.

Il n'y a pas de doute que les changements physiologiques préparent la femme aux modifications psychologiques plus subtiles qui les suivent.

Peu après la conception, ou lorsqu'elle est considérée comme probable, la femme commence à se modifier dans son orientation et à se préoccuper des changements qui se produisent en elle. Elle est amenée de diverses façons par son propre corps à s'intéresser à elle-même [2]. La mère transfère une partie de son propre sentiment du *self*

1. Chez les caractériels, ce sont cet affaiblissement du moi et les diverses tentatives de l'individu pour le résoudre qui se présentent à l'attention immédiate. Pourtant, il est nécessaire d'avoir une vue exacte de l'étiologie pour faire la différence entre l'aspect défensif du symptôme présenté et son origine dans la carence de l'environnement. Je me suis rapporté à un aspect spécifique de cette question dans le diagnostic de la tendance antisociale en tant que problème fondamental derrière le syndrome de la délinquance (« La tendance antisociale »).

2. Pour une étude plus détaillée de ce point, voir « La préoccupation maternelle primaire ».

à l'enfant qui se développe en elle. Ce qui est important, c'est qu'il apparaît un état de choses qui mérite d'être décrit et dont il faut élaborer la théorie.

L'analyste qui fait face aux besoins d'un patient qui revit dans le transfert ces stades très primitifs subit des changements d'orientation analogues; et il faut que l'analyste, au contraire de la mère, soit conscient de la sensibilité qui se développe en lui (ou en elle si c'est une analyste) en réponse à l'immaturité et à la dépendance du patient. On pourrait considérer cela comme une extension de la description faite par Freud de l'analyste en état d'attention volontaire.

Il est hors de notre propos de décrire en détail les changements d'orientation chez une femme qui va être mère, ou l'est depuis peu; j'ai tenté de le faire ailleurs en langage populaire sans termes techniques [1].

Il y a une psychopathologie de ces modifications d'orientation, et les extrêmes dans les déviations de la normale concernent ceux qui étudient la psychologie des folies puerpérales. Mais il est certain qu'il y a bien des variations de qualité qui n'ont rien d'anormal. Le caractère anormal est fonction du degré de déformation.

Dans l'ensemble, les mères s'identifient d'une manière ou d'une autre à l'enfant qui se développe en elles et, de la sorte, elles parviennent à un sentiment très fort de ce dont l'enfant a besoin. C'est une identification projective. Cette identification avec l'enfant dure un certain temps après la parturition, et ensuite elle perd graduellement sa signification.

D'ordinaire, l'orientation particulière de la mère à l'égard de l'enfant se poursuit au-delà de la naissance. La mère qui n'est pas perturbée à cet égard est prête à abandonner son identification à l'enfant à mesure que l'enfant a besoin de se différencier. Il peut arriver qu'une mère s'occupe convenablement de son enfant au début, mais ne parvienne pas à mener ce processus à bien, car elle est incapable de le laisser s'achever; de sorte que la mère tend à rester en état de fusion avec l'enfant et à différer le moment où l'enfant se sépare d'elle. Il est de toute façon difficile pour une mère de se séparer de son enfant à l'allure qui convient à l'enfant [2].

Ce qui est important à mon avis, c'est que la mère, en s'identifiant à l'enfant, sait ce qu'il ressent, et est donc en mesure de fournir presque exactement ce dont il a besoin en matière de maintien et,

1. La mère ordinaire normalement dévouée et son bébé in *L'enfant et sa famille.* (*N.d.T.*)

2. On trouvera, présentés dans un article antérieur (1948), « La réparation en fonction de la défense maternelle organisée contre la dépression », des cas illustrant une catégorie de problèmes cliniques, et qui se rattachent à ce groupe d'idées.

d'une façon plus générale, comme environnement. Sans une telle identification, j'estime qu'elle n'est pas capable de donner à l'enfant ce qui lui est nécessaire au début, c'est-à-dire *une adaptation vivante vis-à-vis des besoins de l'enfant.* Le principal est le maintien physique; c'est la base de tous les aspects plus complexes du maintien, et de l'apport de l'environnement en général.

Il est vrai qu'une mère peut avoir un enfant très différent d'elle, de sorte qu'elle peut se tromper. L'enfant peut être plus vif ou plus lent qu'elle, etc. Ainsi, il y a des moments où ce qu'elle sent être nécessaire à l'enfant n'est en fait pas exact. Pourtant, il semble habituel que les mères qui ne souffrent pas de mauvaise santé entraînant des distorsions mentales ou ne sont pas perturbées par des *stress* actuels dus à l'environnement tendent dans l'ensemble à savoir de façon assez précise ce qui est nécessaire à leur enfant; en outre, elles aiment le leur fournir. C'est l'essence même des soins maternels.

Grâce aux « soins qu'il reçoit de sa mère, », chaque enfant est en mesure d'avoir une existence personnelle et commence donc à édifier ce qu'on pourrait appeler le sentiment d'une *continuité d'être.* C'est sur la base de cette continuité que le potentiel inné devient graduellement un enfant qui a son individualité. Si les soins maternels ne sont pas suffisamment bons, l'enfant ne parvient pas à exister vraiment (*come into existence*), puisqu'il n'y a pas de sentiment de continuité d'être (*no continuity of being*); la personnalité s'édifie alors sur la base de réactions aux empiétements de l'environnement.

Tout cela a une signification pour l'analyste. En effet, ce n'est pas tant de l'observation directe des enfants que de l'étude du transfert dans la situation analytique que l'on peut obtenir une idée claire sur ce qui se passe dans la petite enfance. Ce travail sur la dépendance infantile découle de l'étude des phénomènes de transfert et de contre-transfert propres à l'engagement du psychanalyste, lorsqu'il s'occupe de cas-limite. A mon avis, s'occuper de cas-limite, c'est étendre de façon légitime la psychanalyse, la seule altération réelle se trouvant dans le diagnostic de la maladie du patient, dont l'étiologie remonte bien avant le complexe d'Œdipe et implique une distorsion à l'époque de la dépendance absolue.

Freud a été en mesure de découvrir la sexualité infantile sous un nouvel angle, parce qu'il l'a reconstruite à partir de son travail analytique avec ses malades psychonévrotiques. En étendant son travail au traitement des cas psychotiques limites, il nous est possible de reconstruire la dynamique de la petite enfance et de la dépendance infantile, et des soins maternels qui répondent à cette dépendance.

Résumé

1. Il s'agit d'une étude de la petite enfance : ce n'est pas la même chose que l'étude des mécanismes mentaux primitifs.

2. La caractéristique principale de la petite enfance est la dépendance qui est examinée en termes de maintien de l'environnement.

3. Toute étude de la petite enfance doit comprendre deux parties :
   a) celle du développement de l'enfant facilité par des soins maternels suffisamment bons (*good enough*);
   b) celle du développement de l'enfant dévié par des soins maternels qui ne sont pas suffisamment bons (*not good enough*).

4. On peut dire que le moi infantile est faible, mais en fait il est fort en raison du soutien du moi qu'apportent les soins maternels. Lorsqu'il y a carence de soins maternels, la faiblesse du moi de l'enfant devient apparente.

5. Les processus chez la mère (et chez le père) suscitent normalement un état particulier dans lequel le parent est orienté vers son enfant, et est donc en position pour répondre à la dépendance de l'enfant. Il existe une pathologie de ces processus.

6. L'attention est attirée sur les divers moyens par lesquels ces conditions inhérentes à ce qu'on appelle ici l'environnement – maintien (*holding environment*) peuvent apparaître ou ne pas apparaître dans le transfert, si ultérieurement l'individu entreprend une analyse.

LA FICELLE : UN ASPECT TECHNIQUE DE LA COMMUNICATION [1]

(1960)

Un garçon de sept ans fut amené au Service de psychologie de l'Hôpital pour enfants de Paddington Green par sa mère et son père, en mars 1955. Les deux autres membres de la famille les accompagnaient aussi : une fille, débile mentale de dix ans, qui allait dans une école spécialisée, et une autre fille de quatre ans, à peu près normale. Ce garçon était adressé par le médecin de famille, en raison d'une série de symptômes dénotant un trouble de la personnalité. Tous les détails qui ne se rattachent pas directement au thème principal de cet article ont été laissés de côté. Un test indiqua que le garçon avait un coefficient intellectuel de 108.

J'ai tout d'abord vu les parents, qui m'ont donné au cours d'un long entretien un tableau clair du développement du garçon et des troubles qui ont affecté ce développement. Ils omirent, pourtant, un détail important qui apparut dans l'entretien que j'eus avec le garçon.

Il n'était pas difficile de voir que la mère était dépressive; d'ailleurs, elle raconta qu'elle avait été hospitalisée pour dépression. D'après le récit des parents, je notai que la mère s'était occupée du garçon jusqu'à la naissance de la sœur; il avait alors trois ans et trois mois. Ce fut la première séparation d'importance; la séparation suivante eut lieu lorsqu'il avait trois ans et onze mois quand la mère dut subir une opération. Le garçon avait quatre ans et neuf mois lorsque la mère était entrée à l'hôpital psychiatrique, où elle était restée deux mois, et, pendant ce temps, il fut bien soigné par la sœur de sa mère. A ce moment-là, d'après tous ceux qui s'en sont occupés, le garçon

1. Publié pour la première fois *in Journal of Child Psychology and Psychiatry*, I, pp. 49 à 52.
Cf. Jeu et Réalité. (*N.d.T.*)

était difficile, tout en ayant de très bons côtés. Il changeait brusquement d'humeur et faisait peur aux gens, en disant, par exemple, qu'il couperait la sœur de sa mère en petits morceaux. Des symptômes bizarres se manifestèrent, par exemple une compulsion à lécher les objets et les personnes; il faisait entendre des bruits de gorge compulsifs; souvent il refusait d'aller à la selle puis se souillait. De toute évidence, la déficience mentale de sa sœur aînée l'inquiétait, mais il semble que la distorsion de son développement soit apparue avant que ce facteur soit devenu significatif.

Après cet entretien avec les parents, je vis le garçon dans un entretien personnel. Deux travailleurs sociaux psychiatriques et deux visiteurs y assistaient. Le garçon ne donna pas immédiatement l'impression qu'il y avait quelque chose d'anormal et rapidement il se mit à jouer au *squiggle* avec moi. (Dans ce jeu, je trace une espèce de dessin de traits spontanés et j'invite l'enfant que j'examine à en faire quelque chose : puis c'est lui qui fait un *squiggle* pour que je le transforme à mon tour.)

Ce jeu, dans le cas présent, conduisit à un curieux résultat. La paresse du garçon fut tout de suite mise en évidence; par ailleurs il traduisait presque tout ce que je faisais en quelque chose se rapportant à de la ficelle. Sur les dix dessins qu'il fit, il y eut :

lasso, fouet, manche de fouet,
la corde d'un yoyo,
un nœud de corde,
un autre manche de fouet,
un autre fouet.

A la suite de cet entretien avec le garçon, j'en eus un second avec les parents, et je les interrogeai sur cette préoccupation de l'enfant à l'égard de la ficelle. Ils dirent qu'ils étaient contents de me voir aborder ce sujet, mais qu'ils ne l'avaient pas mentionné parce qu'ils n'étaient pas sûrs de son importance. Ils racontèrent que le garçon était devenu obsédé par tout ce qui touchait à la ficelle; d'ailleurs, chaque fois qu'ils entraient dans une pièce, ils risquaient de trouver les chaises et les tables attachées les unes aux autres ou bien un coussin, par exemple, relié par une ficelle à la cheminée. Cette préoccupation du garçon prenait peu à peu un tour nouveau, qui leur avait causé non plus un simple souci, mais une inquiétude réelle. Dernièrement, il avait attaché une ficelle autour du cou de sa sœur (cette sœur dont la naissance avait été la cause de la première séparation d'avec sa mère).

Dans ce type d'entretien, je savais que l'action que je pourrais exercer était limitée; il n'était pas possible que je voie ses parents ou le garçon plus d'une fois tous les six mois car la famille habitait la campagne. J'agis donc de la façon suivante : j'expliquai à la mère que ce garçon souffrait d'une peur de la séparation, qu'il essayait de nier la séparation en utilisant ainsi la ficelle, de même qu'on nie la séparation d'avec un ami en utilisant le téléphone. Elle était sceptique, mais je lui dis que si elle venait à trouver du sens à ce que je lui expliquais, je voulais qu'elle aborde la question avec le garçon à un moment favorable; elle pourrait lui dire ce que j'avais expliqué et parler ensuite avec lui sur le thème de la séparation suivant la réaction de l'enfant.

Je n'eus plus de nouvelles d'eux jusqu'à la visite suivante, environ six mois plus tard. La mère ne me rapporta pas ce qu'elle avait fait, mais je le lui demandai et elle me raconta ce qui s'était passé peu de temps après leur consultation. Elle avait eu le sentiment que ce que je disais était stupide, pourtant un soir elle avait abordé le sujet avec le garçon; il s'était montré désireux de parler de sa relation avec elle et de sa crainte de ne pas avoir de contact avec elle. Elle évoqua avec son aide toutes leurs séparations et elle fut bientôt convaincue en voyant ses réactions que j'avais eu raison. En outre, de la minute où elle avait eu cette conversation avec lui le jeu avec la ficelle cessa. Il ne joignait plus les objets entre eux comme auparavant. Elle avait eu bien d'autres conversations avec le garçon sur ce sentiment qu'il avait d'être séparé d'elle. A ce propos, elle fit une remarque très importante : elle avait le sentiment que la séparation la plus importante avait été qu'il l'avait perdue lorsqu'elle avait été gravement déprimée; ce n'était pas seulement son départ, dit-elle, mais le manque de contact entre eux, parce qu'elle avait été si totalement préoccupée par d'autres choses.

Lors d'un entretien ultérieur, la mère me raconta qu'un an après sa première conversation avec le garçon, il se remit à jouer avec de la ficelle et à rattacher des objets entre eux dans la maison. En fait, il fallait qu'elle aille à l'hôpital se faire opérer et elle lui dit : « Tu joues avec la ficelle et je vois que tu es inquiet parce que je m'en vais, mais cette fois, je ne resterai partie que quelques jours et l'opération qu'on va me faire n'est pas grave. » Après cette conversation, prit fin cette nouvelle période de jeux avec la ficelle.

Je suis resté en contact avec cette famille et l'ai aidée à propos de divers détails concernant la scolarité du garçon et pour d'autres problèmes. Maintenant, quatre ans après le premier entretien, le père rapporte que le garçon fait de nouveau un épisode de jeu de ficelle, en relation avec une récente dépression chez la mère. Cet épisode a duré deux mois, et a pris fin lorsque toute la famille est partie en vacances; en même temps, la situation familiale s'est trouvée améliorée (le père ayant un emploi après une période de chômage). L'état de la mère s'était amélioré aussi. Le père m'a raconté un autre détail intéressant, dans le cadre de notre sujet. Au cours de ce dernier épisode, le garçon avait fait avec de la corde quelque chose que le père jugeait significatif, parce que cela montrait à quel point tout était intimement lié à l'angoisse morbide de la mère. Il rentra un jour et trouva le garçon suspendu la tête en bas à une corde. Il était tout à fait flasque, jouant bien le mort. Le père se rendit compte qu'il ne fallait pas y faire attention et il resta dans le jardin à faire une chose ou une autre; cela dura une demi-heure, après quoi le garçon en eut assez et mit fin à ce jeu. Il mettait ainsi à l'épreuve l'absence d'angoisse du père. Toutefois, le lendemain, le garçon fit la même chose à un arbre que l'on pouvait facilement voir de la fenêtre de la cuisine. La mère se précipita dehors très effrayée et persuadée qu'il s'était pendu.

Voici encore un détail qui peut être important pour la compréhension de ce cas. Quoique ce garçon, maintenant âgé de onze ans, se donne l'allure d'« un dur », il est très timide et rougit facilement jusqu'aux oreilles. Il a un certain nombre d'ours en peluche qui sont ses enfants. Personne ne s'aventure à en parler comme de jouets. Il leur est attaché, leur manifeste beaucoup d'affection et leur fait des pantalons qu'il coud soigneusement. Son père dit qu'il paraît tirer un sentiment de sécurité de sa famille d'ours avec laquelle il se comporte comme une mère. S'il arrive des visiteurs, il les met vite dans le lit de sa sœur, parce qu'il ne faut pas que quelqu'un en dehors de la famille sache qu'il a cette famille. Il faut aussi noter une réticence à déféquer ou une tendance à garder ses selles. Il n'est donc pas difficile de deviner qu'il a une identification maternelle, due à sa propre insécurité par rapport à sa mère et que cela pourrait devenir de l'homosexualité. De même, la préoccupation concernant la ficelle pourrait devenir une perversion.

Commentaire

Il semble utile de faire les commentaires suivants :

1) La ficelle peut être considérée comme une extension de toutes les autres techniques de communication. Elle relie, de même qu'elle sert à empaqueter des objets et à rattacher des matériaux fragmentaires. Sous ce rapport, la corde a une signification symbolique pour tout le monde; une utilisation excessive de la ficelle peut indiquer l'instauration d'un sentiment d'insécurité ou l'idée d'une absence de communication. Dans le cas présent, il est possible de dis-

tinguer une déviation de la normale dans la façon dont le garçon utilise la ficelle, et il est important de trouver un moyen de définir le changement qui pourrait conduire à une utilisation pervertie.

Il semble possible d'y parvenir si l'on prend en considération le fait que la fonction de la ficelle change et passe de la communication à un *déni de la séparation*. En tant que déni de la séparation, la ficelle devient une chose en soi, quelque chose qui a des propriétés dangereuses et dont il faut se rendre maître. Dans le cas cité, la mère semble avoir pu s'occuper de l'utilisation de la ficelle chez le garçon juste avant qu'il soit trop tard, lorsque cette utilisation offrait encore de l'espoir. Lorsque l'espoir fait défaut et que la ficelle représente un déni de séparation, il y a alors un état de choses bien plus complexe, qu'il devient difficile de guérir en raison des bénéfices secondaires qu'apporte l'habileté acquise chaque fois qu'il faut manipuler un objet pour s'en rendre maître.

Ce cas présente donc un intérêt particulier s'il permet d'observer le développement d'une perversion.

2) Cette observation montre aussi comment on peut se servir des parents. Chaque fois qu'il est possible de les utiliser, ils peuvent travailler avec une grande économie, et il ne faut pas oublier qu'il n'y aura jamais assez de psychothérapeutes pour traiter tous ceux qui en ont besoin. Cette famille était une bonne famille qui avait traversé une période difficile en raison du chômage du père; elle avait pu prendre l'entière responsabilité d'une fille arriérée en dépit des immenses inconvénients que cela comporte, sur le plan social et au sein de la famille; elle avait surmonté les mauvaises périodes de la dépression de la mère, y compris une période d'hospitalisation. Une famille comme celle-ci doit avoir beaucoup de force et c'est en se basant sur cette hypothèse que l'on a décidé d'inviter ces parents à entreprendre la thérapie de leur enfant. Ce faisant, ils apprirent beaucoup eux-mêmes, mais il était nécessaire de les informer de ce qu'ils faisaient. Ils avaient aussi besoin de leur succès pour être appréciés et pour que tout le processus soit verbalisé. Le fait qu'ils avaient sorti leur garçon de cette maladie leur avait donné confiance; ces parents se sentaient plus capables de faire face, dorénavant, aux autres difficultés qui surgissent de temps à autre.

Résumé

C'est la brève description d'un cas illustrant la compulsion d'un garçon à utiliser de la ficelle, d'abord pour essayer de communiquer symboliquement avec sa mère en dépit de son repli au cours de périodes dépressives, puis en guise de déni de la séparation. Comme symbole du déni de la séparation, la ficelle devint une chose qui était effrayante et il fallait en devenir maître, son utilisation fut alors pervertie. Dans ce cas, la mère fit elle-même la psychothérapie, le psychiatre lui ayant expliqué ce qu'elle avait à faire.

L'EFFET DES PARENTS PSYCHOTIQUES SUR LE DÉVELOPPEMENT AFFECTIF DE LEUR ENFANT [1]

(1961)

Je me propose d'examiner ici les effets de la psychose de l'un des parents sur le développement affectif de l'enfant et sur la famille.

Je prendrai comme point de départ un poème écrit par une fillette de onze ans; je ne puis reproduire ce magnifique poème car il a été publié par ailleurs sous le nom de son auteur, mais il trace en une suite de vers courts et avec une économie de mots un tableau parfait de la vie au sein d'une famille heureuse. Il donne le sentiment d'une famille où vivent des enfants d'âges divers; des interactions s'établissent, des jalousies sont ressenties mais tolérées; la famille vibre du potentiel de la vie. A la fin du poème, la nuit tombe et l'atmosphère est celle du monde extérieur à la maison, tout est laissé aux chiens et aux hiboux. A l'intérieur tout est calme et tranquillle, en sécurité. Le poème donne à celui qui le lit ou l'écoute l'impression qu'il est directement issu de la vie de la jeune poétesse; on se demande d'où elle tirerait sa connaissance s'il en était autrement.

L'histoire d'Esther

Donnons le nom d'Esther à l'auteur. Quelle est son histoire? Esther est l'enfant nourricier de parents de classe moyenne, intelligents, qui ont adopté un fils et ont maintenant une autre fille en nourrice. Le père a toujours été très attaché à Esther et il montre une compréhension très fine à son égard. Une question se pose : quelle est l'anamnèse antérieure de cette enfant et comment en vient-elle à la

1. D'après l'exposé fait au cours d'une assemblée générale de l'*Association of Psychiatric Social Workers* (Association des travailleurs sociaux psychiatriques), nov. 1959.

sérénité de ce poème rempli de l'atmosphère et des détails de la vie familiale ?

La vraie mère d'Esther était, d'après ce que l'on sait, une femme très intelligente ; elle parlait couramment plusieurs langues. Son mariage tourna mal et elle vécut ensuite avec un « bohème ». Esther fut le résultat illégitime de cette union. Dans les premiers mois de la vie d'Esther, sa mère était donc tout à fait seule. D'après le très bon compte rendu de son histoire écrite par un travailleur social quand elle avait deux ans, je sais que la mère était l'avant-dernière d'une famille nombreuse. Au cours de la grossesse, on conseilla à la mère de se faire soigner sur le plan psychiatrique mais elle n'accepta pas. La mère nourrit l'enfant dès sa naissance et on dit qu'elle l'idolâtrait. Cet état de choses subsista jusqu'à ce qu'Esther eût cinq mois ; la mère commença alors à se conduire de façon étrange et à avoir l'air bizarre et vague. Après une nuit sans sommeil, elle se mit à errer dans un champ près d'un canal, regardant un ancien agent de police creuser un trou. Elle alla ensuite vers le canal et y jeta le bébé ; l'ancien agent de police ramena immédiatement sur la rive l'enfant, qui n'avait pas de mal ; mais la mère, à la suite de cet acte, fut arrêtée et fut ensuite internée comme schizophrène à tendances paranoïdes ; Esther fut prise en charge par l'autorité locale à l'âge de cinq mois, et plus tard, à la crèche où elle resta jusqu'à son placement en nourrice à deux ans et demi, on notait qu'elle était « difficile ».

Les premiers mois après son départ de la crèche, la mère nourricière dut faire face à toutes sortes d'ennuis, et pour nous cela signifie que l'enfant n'avait pas encore abandonné tout espoir. Entre autres choses, elle se couchait dans la rue et hurlait. Peu à peu les choses s'améliorèrent, mais les symptômes réapparurent cinq mois après son placement en nourrice, alors qu'elle avait presque trois ans, quand un bébé de six mois fut introduit dans la famille. Ce garçon fut adopté alors qu'Esther ne le fut jamais. Esther ne voulait pas que sa mère nourricière soit appelée « maman » par le garçon, ni que personne parle d'elle comme la « maman » du garçon. Elle devint très destructive, puis elle changea et montra une attitude très protectrice à l'égard du petit garçon. La modification se produisit lorsque la mère nourricière lui permit avec beaucoup de sagesse d'être un bébé comme le garçon, la traitant comme si elle avait aussi six mois. Esther utilisa cette expérience de façon constructive et devint capable de jouer à être une mère. Parallèlement, elle établit une très bonne relation avec le père nourricier, relation qui persista. Toutefois, simultanément, la mésentente s'établit de façon plus ou moins permanente entre Esther et la mère nourricière, au point qu'en raison des disputes qui les opposaient, un psychiatre conseilla d'éloigner de la maison pour quelque temps Esther, alors âgée de cinq ans. Peut-être ce conseil n'était-il pas bon, si l'on se reporte à ce qui se passait alors. Le père, toujours sensible aux besoins de sa fille, fut l'instrument de son retour à la maison. Comme il le dit, tout ce que l'enfant avait mis de confiance dans la famille nourricière était mort. Cet homme semble être devenu la mère de cette enfant et c'est peut-être là que nous trouvons l'origine de la *maladie paranoïde* qu'il fit ultérieurement et de son système délirant où sa femme apparaissait dans le rôle de sorcière.

Le développement d'Esther fut constant, malgré l'état de tension perpétuelle entre les deux parents nourriciers, qui sont maintenant séparés et entre lesquels s'est établie une bataille légale ininterrompue. Il s'y ajoute le fait que la mère a toujours préféré ouvertement le garçon adopté, et celui-ci s'est développé assez bien pour la récompenser d'une façon directe en lui rendant son affection.

Telle est, brièvement contée, l'histoire triste et compliquée de l'auteur du poème qui me paraît tout empreint de sécurité et de vie familiale. Voyons ce qui découle de ce cas.

Une mère très malade, comme la vraie mère d'Esther, peut avoir donné à son bébé un départ exceptionnellement bon, ce n'est pas du tout impossible. Je pense que la mère d'Esther ne lui a pas seulement donné une expérience satisfaisante en la nourrissant au sein, mais elle lui a donné aussi ce soutien du moi nécessaire aux bébés dans les premiers temps de la vie et qui ne peut être donné que si la mère s'identifie à son bébé. Cette mère avait probablement fusionné avec son bébé à un très haut point. J'émettrai l'hypothèse qu'elle a voulu se débarrasser de son bébé avec lequel elle avait fusionné, avec lequel elle faisait un, parce qu'elle voyait poindre une phase nouvelle qu'elle ne saurait manier, un stade où l'enfant aurait besoin d'être distinct d'elle. Elle ne serait pas capable de suivre les besoins du bébé à ce nouveau stade du développement. Elle pouvait jeter le bébé mais pas s'en détacher. A un moment comme celui-là, des forces très profondes étaient certainement en œuvre et lorsque la femme jeta le bébé dans le canal (choisissant d'abord le moment et le lieu pour que le bébé soit presque certainement sauvé), elle essayait de composer avec quelque puissant conflit inconscient comme, par exemple, sa crainte d'une impulsion à manger son enfant au moment de s'en séparer. Quoi qu'il en soit, le bébé de cinq mois a sans doute perdu à ce moment où il a été jeté dans le canal une mère idéale, une mère qui n'avait pas encore été mordue, répudiée, rejetée, décortiquée, une mère à qui on n'avait pas encore volé, qu'on n'avait ni haïe ni aimée de façon destructrice; en fait, une mère idéale, un modèle pour l'idéalisation.

Puis vint une longue période dont nous ne connaissons pas les détails, si ce n'est que dans la maison où l'enfant avait été envoyée, elle était restée difficile, c'est-à-dire qu'elle avait sauvegardé une partie de cette bonne expérience première. Elle n'était pas passée à un état de docilité où tout espoir aurait été abandonné. Beaucoup de choses s'étaient passées lorsque la mère nourricière apparut. Naturellement, à mesure que la mère nourricière se chargeait de signification pour Esther, celle-ci se mit à l'utiliser pour les choses qui lui avaient manqué : mordre, répudier, rejeter, décortiquer, voler, haïr. A ce moment-là, il est certain que la mère nourricière aurait eu grand besoin de quelqu'un qui lui dise ce qui l'attendait, à quoi elle s'engageait, à quoi se préparer. Peut-être essaya-t-on d'expliquer à la mère nourricière ce qui se passait mais nous n'avons aucune note à ce propos. Elle prit en charge un enfant qui avait perdu une mère idéale, et qui avait eu de cinq mois à trente mois une expérience confuse; elle prenait en charge un enfant avec lequel, naturellement, elle n'avait pas le lien fondamental issu des premiers soins à l'enfant. En fait, elle ne parvint jamais à établir une bonne relation avec Esther, quoique tout allât bien avec le garçon, et quand plus tard elle prit en nourrice une autre fille, un troisième enfant, elle dit à plusieurs reprises à Esther : « *Ça*, c'est l'enfant que j'ai toujours désiré. »

Dans la vie d'Esther, c'est le père qui représentait la bonne mère ou la mère idéalisée, et il en fut ainsi jusqu'au moment de la rupture familiale. Peut-être que ce fut la cause de cette scission de la famille : le père était de plus en plus obligé de donner à cette enfant le maternage qui lui était nécessaire, pendant que la mère nourricière était de plus en plus poussée à tenir le rôle d'un persécuteur dans la vie de l'enfant. Ce problème gâta la relation satisfaisante par ailleurs avec la mère nourricière qui réussissait bien avec le fils adoptif et la seconde fille.

Il est évident qu'Esther a hérité de sa mère un certain plaisir des mots et son intelligence, et je crois que personne ne la dirait psychotique, en aucune façon. Néanmoins, elle souffre de déprivation, l'un des problèmes étant sa compulsion à voler. Elle a aussi des problèmes scolaires. Elle vit avec la mère nourricière qui, très possessive à son égard, a rendu toute rencontre avec le père presque impossible, et en même temps le père est devenu bizarre et souffre d'une maladie mentale grave avec un délire paranoïde.

Les parents nourriciers savaient que la mère d'Esther était psychotique, c'est-à-dire qu'elle était internée, mais on ne leur communiqua pas les détails parce que l'assistante sociale psychiatrique avait compris qu'ils craignaient qu'Esther hérite de la folie de sa mère. Il est intéressant de voir que le souci de l'hérédité de la folie dans des cas de ce type semble occulter le problème beaucoup plus grave de l'effet sur l'enfant de la période passée dans la maison d'enfants, avant qu'elle soit placée en nourrice. Au cours de cette période, du point de vue de l'enfant, sans aucun doute, la confusion a régné là où il y aurait dû y avoir quelque chose de très direct et simple, en fait de personnel.

La psychose

Vous admettrez sans peine que la psychose parentale ne produit pas la psychose infantile. Les choses ne sont pas aussi simples. La psychose ne se transmet pas directement comme les cheveux bruns ou l'hémophilie; la mère qui allaite ne la transmet pas à l'enfant avec son lait. Ce n'est pas une affection. Bien des psychiatres ne s'intéressent pas tant aux gens qu'aux maladies; ils les appellent les maladies mentales, et pour ces psychiatres la vie est relativement facile. Mais vous et moi, nous ne sommes pas comme cela. Notre tâche est rendue infiniment complexe par le fait que nous avons tendance à penser à nos malades psychiatriques non comme à des personnes atteintes de diverses maladies mais comme à des gens blessés dans la lutte que mène l'homme pour son développement, pour son adaptation et pour la vie. Lorsque nous voyons un psychotique, notre sentiment c'est que « sans la grâce de Dieu, ce serait moi ». Nous connaissons cette maladie, dont nous voyons un exemple plus poussé devant nous.

Tâchons d'établir une sorte de classification. D'abord nous distinguerons chez les parents psychotiques les pères des mères, car il y a certains effets qui ne se rattachent qu'à la relation mère-enfant, en raison de son début très précoce; ou s'ils concernent le père, c'est dans son rôle de substitut maternel. (Il y a un autre rôle du père plus important, dans lequel il rend humain quelque chose dans la mère et lui retire l'élément qui autrement devient magique, reste en puissance et gâte la qualité maternelle de la mère. Les pères ont leurs propres maladies, et on peut étudier l'effet de celles-ci sur les enfants. Mais naturellement, ces maladies ne retentissent pas sur la vie de l'enfant dans la petite enfance; il faut d'abord que l'enfant soit assez grand pour reconnaître que le père est un homme.)

Ensuite, je diviserai, grosso modo, les psychoses sur le plan clinique en psychoses maniaco-dépressives et en troubles schizoïdes qui vont jusqu'à et y compris la schizophrénie. Avec ces troubles se range le délire de persécution à un degré variable, soit qu'il alterne avec l'hypocondrie, soit qu'il apparaisse comme une hypersensibilité paranoïde générale.

En tentant de classer ces questions d'une façon appropriée à ce court exposé, je commencerai par la maladie la plus grave, pour remonter jusqu'à la santé clinique, laissant de côté les psychonévroses qui ne nous concernent pas ici.

Examinons la schizophrénie et énumérons certaines caractéristiques des schizoïdes. Nous remarquons une chose : une faible délimitation de la frontière entre la réalité intérieure et la réalité extérieure, entre ce qui est conçu subjectivement et ce qui est perçu objectivement. Ensuite, nous notons des sentiments d'irréalité chez le malade. Les schizoïdes fusionnent aussi avec les personnes et les choses plus facilement que les gens normaux et ressentent plus de difficulté à se sentir distincts. En outre, nous remarquons que les schizoïdes réussissent relativement mal à s'établir sur la base d'un moi corporel : la psyché n'est pas clairement liée à l'anatomie et au fonctionnement du corps. La relation, ou l'association psyché-soma, est insuffisante : ou bien les limites de la psyché ne correspondent pas exactement avec celles du corps. Par ailleurs, les processus intellectuels peuvent s'épuiser d'eux-mêmes. Les hommes et les femmes schizoïdes n'établissent pas facilement des relations, et ils ne les maintiennent pas bien non plus lorsqu'ils les ont établies avec des objets qui leur sont extérieurs, ou qui sont réels au sens ordinaire du mot. Ils établissent des relations selon leurs propres besoins et non en fonction des impulsions des autres personnes. Les parents qui ont ces caractéristiques ont bien des façons subtiles d'aller à un échec avec leurs enfants (sauf dans la mesure où ils confient leurs enfants à d'autres, étant conscients de ce qui leur manque).

Je ne peux illustrer ici tous ces points, mais en voici un exemple :

Une mère schizoïde

Kathleen avait eu un mauvais début en raison de la maladie puerpérale de sa mère. Depuis sa naissance, sa mère et la mère de sa mère avaient presque toujours été plutôt déprimées, et toutes deux avaient eu une authentique dépression. Après la naissance de Kathleen, la mère perdit sérieusement le contact avec la réalité. Lorsqu'elle commença à s'occuper elle-même de son enfant, elle était toujours en retard pour la nourrir et lente dans tout ce qu'elle faisait. Le père, qui se rendait compte de ce qui se passait, ne pouvait pas toujours veiller à ce que l'enfant reçoive les soins comme il convenait; même lorsque la mère était au mieux, la famille ne savait jamais à quel moment on pouvait espérer avoir un repas : c'était caractéristique de sa façon de faire. Lorsque les deux aînés quittèrent le lycée pour l'université, la mère et Kathleen, qui avait alors treize ans, commencèrent à éprouver des difficultés dans leur relation. La mère se replia, sortit de la réalité et se déprima. Sa religion devint quelque chose de très bizarre et d'inacceptable pour le reste de la famille; finalement, il fallut la faire entrer dans un hôpital psychiatrique. Chez Kathleen, qui avait assisté à plusieurs de ses crises aiguës de confusion mentale et parfois de violence, on vit apparaître une aggravation des vagues difficultés qu'elle avait eues au cours de son enfance. Elle ne pouvait aller à l'école parce qu'une partie de la route entre la maison et l'école lui paraissait irréelle ou semblait même manquer. Incidemment, Kathleen avait vivement désiré être un garçon, et il en résulta certaines difficultés à la puberté. Il est évident que c'était en rapport avec la relation particulière qu'elle avait avec sa mère, car en tant qu'être humain distinct elle aimait beaucoup sa mère. Cependant, elle ne pouvait supporter le besoin qu'avait sa mère de la ramener à elle, de rétablir une relation basée sur la fusion et l'identification primitive.

Il arriva un moment où Kathleen fut incapable d'aller à l'école malgré tout ce que pouvaient faire des professeurs très compréhensifs. On la savait intelligente et ses professeurs aimaient bien l'avoir dans leur classe, mais tous leurs efforts furent vains. Kathleen avait un cercle d'amis, peut-être pas très étendu, mais ses amitiés étaient profondes et solides et se maintinrent, bien que Kathleen ne pût éviter de laisser voir sa maladie. Les jeux qu'elle avait avec ses amis étaient répétitifs et infantiles, mais ils paraissaient leur convenir, à elle et à ses amis, à la surprise de ceux qui les observaient. Finalement, elle fut incapable de prendre ses repas avec le reste de la famille et lorsque la mère revint de l'hôpital psychiatrique, Kathleen avait souvent peur d'entrer dans la maison; on la trouva même dans le hangar du jardin, transie de froid, mais incapable de réagir.

On sentait que cette fille pourrait redevenir tout à fait normale en l'espace de quelques semaines si on l'éloignait de sa mère, mais ce n'était pas possible, en raison du besoin très violent, tout en étant inconscient, que celle-ci avait de garder l'enfant très liée à elle et à sa maladie. C'est la raison pour laquelle on ne pouvait guère attendre de compréhension chez la mère. Il était difficile à qui voulait aider d'approcher, et le père décida que s'il éloignait Kathleen pour la faire soigner, toute la famille serait ébranlée et cela précipiterait la mère dans une maladie nouvelle et plus grave. Pour le moment, il ne pouvait rien faire d'autre que de laisser sa femme garder Kathleen dans cet état de fusion, quoiqu'il lui fût douloureux de voir l'état de Kathleen empirer et sa fille devenir également une malade mentale. Toutefois, le père put ainsi aider les autres enfants à devenir indépendants, ce qui leur aurait été difficile si la famille n'avait pas été maintenue. Cela me concernait sur le plan professionnel, mais la seule chose que je pouvais faire était de donner mon avis et d'attendre.

Ainsi, on était forcé d'observer l'effet de la maladie mentale d'un parent sur un enfant chez lequel elle instaurait une maladie et l'entretenait alors que les difficultés de cette enfant n'étaient pas si grandes que cela. Dans un cas de ce genre, il faut envisager l'effet qu'aurait la mort de la mère. N'est-il pas possible que la mort d'une telle mère produise une libération que rien d'autre ne pourrait assurer ? En corollaire, il y a peut-être des maladies d'enfants et d'adolescents, et même d'adultes, qu'on ne peut traiter avec succès tant qu'une certaine personne est vivante, une personne qui fusionne avec eux et les maintient dépendants. C'est surtout vrai lorsque cette relation anormale remonte au début même de la vie du malade. J'ai eu des malades dont il n'était pas possible de terminer le traitement (du moins moi je ne le pouvais pas) avant que l'âge amène finalement la mort d'un parent qui avait eu pendant toute la vie du malade une attitude déviée.

Dans l'exemple que je viens de rapporter, l'issue fut plus favorable. Il y avait un an que j'attendais, lorsque la mère me demanda de m'occuper de l'enfant. Ce que je fis; je la plaçai et la mis en traitement.

Plus d'un an a passé, et on peut maintenant dire que cette fille a une chance de devenir normale. La principale difficulté a été le maniement de la relation entre la mère et ceux qui s'occupent de Kathleen. Cette difficulté a été largement aplanie du fait que j'avais attendu que la mère m'amène Kathleen de son propre gré. A ce propos, la mère a fait des progrès considérables depuis qu'elle s'est décidée à me confier Kathleen.

Séparer un enfant d'un parent malade

Dans la pratique de ma profession, j'ai toujours reconnu qu'il y avait un type de cas où il est essentiel de séparer un enfant d'un parent, principalement si le parent est psychotique ou souffre d'une névrose grave. Je pense à bien des malades, mais me contenterai de décrire brièvement le cas d'une fille ayant une grave anorexie.

Cette fille avait huit ans lorsque je l'ai ôtée à sa mère, et dès qu'elle en fut séparée, on la trouva tout à fait normale. La mère était dans un état de dépression, qui, à cette occasion, était réactionnelle à l'absence de son mari aux armées. Chaque fois que la mère se déprimait, la fille devenait anorexique. Plus tard, la mère eut un garçon et le même symptôme se manifesta chez lui; c'était une défense contre le besoin maladif de la mère de prouver son importance en bourrant ses enfants de nourriture. Cette fois, ce fut la fille qui amena son frère. Je ne pus séparer le garçon de sa mère même pour une courte période et il n'a pas réussi à établir une indépendance complète à l'égard de sa mère.

Il arrive souvent que nous acceptions le fait que cet enfant-ci ou celui-là est pris sans espoir de rémission dans la maladie d'un parent et qu'on ne peut rien y faire. Il nous faut admettre ces cas pour sauvegarder notre propre santé mentale.

C'est de diverses façons que ces caractéristiques psychotiques des parents, et surtout des mères, affectent le développement du nourrisson et de l'enfant. Toutefois, il faut se souvenir que *la maladie de l'enfant appartient à l'enfant* et n'est pas purement réactionnelle, quoiqu'il soit utile de tenir compte des carences de l'environnement dans l'étiologie du cas. Un enfant peut trouver des moyens de se développer normalement en dépit des facteurs défavorables de son environnement, ou il peut être malade malgré de bons soins. Lorsque nous séparons un enfant de ses parents psychotiques, nous savons que c'est avec l'enfant que nous travaillerons et il est rare que nous trouvions que l'enfant est normal lorsqu'il est éloigné d'un parent malade.

La mère « chaotique »

Il existe un état clinique chez la mère qui est très perturbant et affecte sérieusement la vie des enfants. Je veux parler du cas où la mère est dans un état de chaos; en fait, un état de chaos organisé, c'est là une défense – un état de choses chaotique s'est établi et est toujours maintenu pour masquer indubitablement une désintégration sous-jacente plus sérieuse dont la menace est constante. Les mères dont c'est la maladie sont très difficiles à vivre. Une malade qui a mené à bien une longue analyse avec moi avait une telle mère; c'est peut-être le type de mère malade le plus pénible pour l'enfant. La famille avait bonne apparence et le père était stable et bienveillant, et il y avait beaucoup d'enfants. D'une façon ou d'une autre, tous les enfants furent affectés par l'état mental de la mère, état très analogue à celui de sa mère à elle.

Ce chaos organisé obligeait la mère à toujours rompre tout en fragments et à faire intervenir une série infinie d'interruptions dans la vie des enfants. De toutes sortes de façons, et surtout dès que les mots purent être utilisés, cette mère n'a pas cessé d'embrouiller tout pour ma malade et elle n'a jamais rien fait d'autre. Elle n'était même pas toujours mauvaise mère. Parfois elle était très bonne mère, mais y mêlant toujours des désordres et des actions véritablement traumatiques. Lorsqu'elle parlait à l'enfant, elle employait des jeux de mots, des galimatias de phrases confuses et des semi-vérités, de la science-fiction et des faits maquillés en produit de l'imagination. Elle fit les plus grands ravages. Ses enfants furent tous touchés et le père était impuissant et ne put que se réfugier dans son travail.

Les parents dépressifs

J'en viens maintenant un peu plus longuement à la dépression, qui peut être soit une maladie chronique, ne laissant au parent qu'une qualité d'affect appauvrie, soit une maladie aiguë apparaissant par accès, avec un retrait plus ou moins brusque de contact. La dépression à laquelle je me réfère maintenant n'est pas tant schizoïde que réactionnelle. Lorsqu'un petit enfant est à un stade où il a besoin que sa mère soit préoccupée par les soins infantiles, cela peut être très perturbant de trouver tout à coup la mère préoccupée par quelque chose d'autre, quelque chose qui appartient simplement à la vie personnelle de la mère. Un jeune enfant dans cette situation se sent infiniment abandonné. Dans le cas qui suit, on peut voir ce facteur opérer à un stade plus tardif, l'enfant ayant deux ans.

Tony avait l'obsession de la ficelle lorsqu'il me fut amené à sept ans; il était sur le point de devenir un pervers dangereusement habile et il avait déjà joué à étrangler sa sœur. Cette obsession cessa lorsque la mère, sur mon conseil, parla avec lui du sentiment qu'il avait de la perdre. Ce sentiment provenait de plusieurs séparations précoces. La séparation la plus dure, celle qui était chargée de sens, avait été la dépression de la mère lorsqu'il avait deux ans.

Une phase aiguë dans la maladie dépressive de la mère la sépara de lui de la façon la plus effective et toute réapparition de sa dépression plus tard a causé plus que toute autre chose une recrudescence de l'obsession de Tony avec la corde. Pour lui, la ficelle est la dernière ressource, ce qui joint les choses qui paraissent séparées[1]!

Ainsi, ce fut une crise de mélancolie dans une dépression chronique chez une excellente mère au sein d'un bon foyer qui produisit la déprivation; celle-ci, à son tour, amena le symptôme actuel dans le cas de Tony.

Avec certains parents, d'humeur maniaco-dépressive, on trouve ces oscillations à l'origine des troubles des enfants. Il est surprenant de voir à quel point même les petits enfants apprennent à jauger l'humeur des parents. Ils le font au début de chaque journée, et parfois ils apprennent à rester attentifs à l'expression de la mère ou du père presque tout le temps. Je pense que plus tard ils regardent le ciel ou écoutent les prévisions météorologiques à la radio.

En voici un exemple, celui d'un garçon de quatre ans très sensible, d'un tempérament très analogue à celui de son père. Il jouait par terre avec un train dans ma salle de consultation, tandis que sa mère et moi parlions de lui. Tout à coup, il dit sans lever la tête : « Docteur Winnicott, es-tu fatigué ? » Je lui demandai ce qui lui faisait croire cela et il répondit : « Ta figure. » Ainsi, il m'avait donc bien regardé en entrant. En fait, j'étais très fatigué, mais j'avais espéré le cacher. La mère dit que c'était caractéristique chez lui de jauger les gens, parce que son père (un excellent père, médecin généraliste) était un homme qu'il fallait bien jauger avant de pouvoir jouer avec lui sans contrainte. En fait, il était souvent fatigué et plutôt déprimé.

Donc, les enfants peuvent faire face aux oscillations d'humeur des parents en les observant bien, mais c'est l'impossibilité de prévoir les sautes d'humeur de certains parents qui peut être traumatique. Une fois que les enfants ont dépassé les premiers stades de dépendance maximale, il me semble qu'ils peuvent se plier à presque n'importe quel facteur contraire, à condition qu'il reste constant ou puisse être prévu. Naturellement, les enfants très intelligents son avantagés par rapport aux autres, moins intelligents, dans ce genre de prévisions. Mais parfois nous remarquons que les capacités intellectuelles des enfants très intelligents ont été surmenées; l'intelligence a été prostituée et utilisée à prévoir des humeurs et des tendances parentales complexes.

1. *Cf.* « La ficelle : un aspect technique de la communication », *supra* et in *Jeu et Réalité.*

Les parents malades comme thérapeutes

Un autre point à noter : la maladie mentale grave n'empêche certainement pas les mères ou les pères de chercher de l'aide pour leurs enfants à point nommé.

Perceval, par exemple, vint me voir lors d'un épisode psychotique aigu alors qu'il avait onze ans. Son père avait été reconnu schizophrène à l'âge de vingt ans; c'était le psychiatre du père qui m'adressait ce cas. Le père avait maintenant plus de cinquante ans et il avait trouvé un modus vivendi avec sa maladie mentale chronique. Il fut très sensible à la souffrance de son fils lorsque celui-ci tomba malade. La mère de Perceval était elle-même une schizoïde ayant un sens de la réalité très pauvre; néanmoins, elle put soigner son fils pendant le premier stade de la maladie, jusqu'à ce qu'il soit assez bien pour être soigné hors de chez lui. Il fallut trois ans à Perceval pour se remettre de sa maladie personnelle, qui était étroitement liée à la maladie de chacun de ses parents.

J'ai cité ce cas parce que j'ai pu utiliser les deux parents, quoiqu'ils fussent malades, ou bien en raison même de leur maladie, pour faire passer à Perceval le premier stade critique. La mère se transforma en une excellente infirmière psychiatrique et elle permit à la personnalité de Perceval de se fondre dans la sienne exactement de la façon voulue. Je savais qu'elle ne pourrait pas le faire longtemps et lorsqu'au bout de six mois je reçus le S.O.S. attendu, je plaçai immédiatement Perceval hors de chez lui, mais le principal avait été fait. Le père, avec son expérience de la schizophrénie, était capable de tolérer l'extrême folie du garçon et la mère étant schizoïde participa à sa maladie jusqu'au moment où elle commença à avoir besoin à nouveau de soins psychiatriques pour elle-même. Evidemment, à mesure que le garçon se remettait, l'une des choses qu'il eut à apprendre, c'est que son père et sa mère étaient eux-mêmes malades; il le supporta. C'est maintenant un adulte en bonne santé, et il le doit en grande partie à ses parents, si malades soient-ils.

Et que diriez-vous de cette histoire qui me vient de la consultation à l'hôpital ?

Le père de cette famille a un cancer, et non un trouble mental. Les médecins l'ont miraculeusement tenu en vie depuis dix ans malgré son cancer. En conséquence, sa femme, mère de nombreux enfants, n'a pas eu de vacances depuis quinze ans, et elle a abandonné tout espoir. Elle se contente d'exister, complètement absorbée par les soins à donner à son mari alité, et par le travail de la maison, qui est sombre, trop petite et déprimante. Elle se sent très coupable chaque fois que quelque chose ne va pas et lorsqu'un autre enfant quitte la maison. Un des garçons est devenu alcoolique dans l'adolescence, mais les autres enfants vont bien. Le seul bonheur dans la vie de cette mère provient de son travail, car elle travaille de six à huit heures tous les matins. Elle prétend qu'elle sort pour gagner un peu, mais c'est pour changer de décor, c'est sa seule récréation. Le cancer du père me semble être une sorte de démon qui gâte effectivement la vie de toute la famille. On ne peut rien faire parce que le cancer siège à la tête du lit paternel, démon suprême, ricanant et tout-puissant.

Cet état de choses est terrible, mais il me paraîtrait pire encore dans une famille où l'un des parents, tout en étant en bonne santé physique, présenterait un trouble mental d'ordre psychotique.

Les stades du développement et la psychose parentale

Dans la théorie qui sous-tend ces considérations, il faut toujours garder présent à l'esprit le stade de développement atteint par l'enfant au moment où entre en œuvre le facteur traumatisant. L'enfant peut être presque entièrement dépendant, fusionné avec la mère, ou bien sa dépendance peut être ordinaire et il va progressivement vers l'indépendance; ou bien il peut avoir déjà acquis quelque indépendance. Nous pouvons examiner l'effet de parents psychotiques selon ces stades et classer les maladies des parents, grosso modo, comme suit :

a) Parents très malades. Dans ce cas, d'autres personnes assument la charge des jeunes enfants et des enfants.

b) Parents moins malades. Il y a des périodes au cours desquelles d'autres doivent prendre soin des enfants.

c) Ceux qui ont une santé qui leur permet de protéger leurs enfants de leur maladie et de demander de l'aide.

d) Ceux dont la maladie englobe l'enfant, de sorte que rien ne peut être fait pour l'enfant sans violer les droits qu'un parent a sur son enfant.

Pour ma part, je ne désire pas que les enfants soient légalement retirés à leurs parents, sauf si la conscience de la société est alertée par la cruauté ou l'absence de soins élémentaires. Mais je sais qu'il arrive qu'on ait à décider si l'on retire les enfants aux parents psychotiques. Chaque cas doit faire l'objet d'un examen très attentif.

L'ADOLESCENCE [1]

(1962)

AFFRES DE L'EXPLORATION A TRAVERS LE « POT AU NOIR » [2]

A l'heure actuelle, on s'intéresse dans le monde entier à l'adolescence et aux problèmes de l'adolescent. Il n'y a guère de pays où des groupes d'adolescents ne se manifestent d'une façon ou d'une autre. Cette phase du développement fait l'objet de nombreuses études et on a vu naître une littérature nouvelle : autobiographies écrites par des jeunes ou romans centrés sur la vie des adolescents et des adolescentes. On peut présumer sans craindre de se tromper que cette nouvelle manifestation d'intérêt de la société n'est pas étrangère aux conditions sociales particulières à notre temps.

Ceux qui explorent ce domaine de la psychologie doivent d'abord savoir que l'adolescent – garçon ou fille – ne désire pas être compris. Il faut que les adultes gardent pour eux ce qu'ils parviennent à comprendre de l'adolescence. Il serait absurde d'écrire un livre sur l'adolescence à l'intention des adolescents, car cette période de la vie qui est essentiellement celle d'une découverte personnelle doit être vécue. Chaque individu est engagé dans une expérience, celle de vivre – dans un problème, celui d'exister.

1. « Adolescence » in *The New Era in Home and School*, vol. 43, n° 8, oct. 1962, pp. 145-156, d'après une conférence faite au *London County Council*, février 1961. Traduction faite à partir de l'article revu et corrigé paru in *The Family and individual Development*, 1965. *(N.d.T.)*

2. *Doldrums* : « C'est un terme de navigation qui m'a semblé dépeindre ce moment de l'adolescence où on ne sait pas de quel côté le vent va tourner et s'il va y avoir du vent ». Winnicott cité par Jeannine Kalmanovich in A. Clancier et J. Kalmanovitch, *Le Paradoxe de Winnicott*, p. 103. L'expression « pot au noir » employée aussi bien par les navigateurs aériens que par les marins a été préférée à « eaux encalminées ». *(N.d.T.)*

Remède à l'adolescence

Il n'existe qu'un remède à l'adolescence et un seul et il ne peut intéresser le garçon ou la fille dans l'angoisse. Le remède, c'est le temps qui passe et les processus de maturation graduels qui aboutissent finalement à l'apparition de la personne adulte. On ne peut ni les accélérer ni les ralentir, mais en intervenant on risque de les interrompre, et de les détruire, ou encore ils peuvent se flétrir du dedans et aboutir à la maladie mentale.

L'adolescence est quelque chose qui subsiste toujours, mais il ne faut pas oublier que tout adolescent devient en quelques années un adulte. Les parents savent cela mieux que certains sociologues, et l'irritation du public devant le phénomène de l'adolescence peut facilement être suscitée par une presse à bon marché ou par les déclarations publiques de personnes bien placées qui parlent de l'adolescence comme d'un problème, en laissant de côté le fait que chaque adolescent est en passe de devenir un adulte responsable dont le sens social se développera.

Définition théorique

Ceux qui s'occupent de psychologie dynamique sont généralement d'accord pour définir l'adolescence en fonction du développement affectif de l'individu.

Le garçon – ou la fille – de cet âge doit affronter les modifications de sa personne dues à la puberté. Il – ou elle – parvient au développement de la capacité sexuelle et aux manifestations sexuelles secondaires avec un passé personnel qui comprend entre autres, un système personnel d'organisation des défenses contre l'angoisse, quelqu'en soit le type. En particulier, tout être en *bonne santé* a vécu, avant la période de latence, un complexe d'Œdipe vrai, c'est-à-dire qu'il a eu l'expérience des deux principales positions dans la relation triangulaire avec les deux parents (ou les substituts parentaux), et chaque adolescent a connu des moyens organisés de se garder de la souffrance ou d'accepter et de tolérer les conflits inhérents à ces conditions essentiellement complexes.

Certaines caractéristiques et tendances personnelles, innées ou acquises, proviennent aussi des expériences de l'enfance et du premier âge; il en est de même des fixations à des types de vie instinctuelle prégénitaux, des résidus de la dépendance infantile et de la cruauté infantile. En outre, il y a toutes sortes de formes de maladie associées à des échecs de maturation au stade œdipien ou préœdipien. Aussi le garçon – ou la fille – parvient à la puberté avec des schèmes prédéterminés en raison de ses expériences de nourrisson et d'enfant. Une bonne partie en est inconsciente et il y a une partie qu'il ignore parce qu'il ne l'a pas encore ressentie.

Le problème qui en résulte peut être plus ou moins grave et d'un type très différent, mais le fond est le même : Comment cette organisation du moi fera-t-elle face à cette nouvelle poussée du ça ? Comment les modifications de la puberté s'intégreront-elles dans le schéma de la personnalité particulier à l'individu en question ? Comment chacun traitera-t-il ce nouveau pouvoir de destruction ou même de mort, ce pouvoir qui ne venait pas compliquer les sentiments de haine de la petite enfance ? C'est comme si l'on mettait du vin nouveau dans de vieilles outres.

Le milieu

Le milieu joue un rôle extrêmement significatif à ce stade, au point qu'il est préférable, dans un rapport descriptif, de partir de l'hypothèse que le père et la mère, ainsi que la famille au sens plus étendu, n'ont pas cessé d'exister et de s'intéresser à l'enfant. Une grande part des ennuis pour lesquels on consulte sont dus à une carence du milieu ; ce fait seul souligne l'importance essentielle de l'environnement et du cadre familial chez la plupart des adolescents qui parviennent effectivement à la maturité d'adulte, même s'ils donnent ce faisant des soucis à leurs parents.

L'attitude de défi et l'attitude de dépendance

Chez ces jeunes, et c'est une caractéristique de cet âge, alternent rapidement l'indépendance qui défie et la dépendance régressive ; parfois même les deux extrêmes coexistent pour un temps.

L'isolement de l'individu

L'adolescent est essentiellement un isolé. C'est d'une position d'isolement qu'il se lance dans ce qui peut aboutir à des relations entre individus, et éventuellement à la socialisation. De ce point de vue, on retrouve dans l'adolescence une phase essentielle de la petite enfance, car le petit enfant est un isolé, au moins jusqu'au moment où il a renoncé au non-moi (*not-me*) et s'est établi comme un individu bien distinct et séparé – c'est-à-dire un individu qui peut former des relations avec des objets extérieurs au *self* et en dehors du champ de toute-puissance. En d'autres termes, avant que le principe plaisir-déplaisir cède au principe de réalité, l'enfant est isolé par la nature subjective de son milieu.

Les jeunes adolescents sont des isolés rassemblés, qui s'efforcent par divers moyens de former un agrégat en adoptant une identité de goûts. Ils peuvent se grouper s'ils sont attaqués en tant que groupe, mais c'est là une organisation paranoïde en réaction à l'attaque; si la persécution cesse, les individus redeviennent un agrégat d'isolés.

La sexualité apparaît avant l'aptitude à l'assumer

Les expériences sexuelles des jeunes adolescents sont marquées par ce phénomène d'isolement; et aussi par le fait que le garçon, ou la fille, ne sait pas encore s'il, ou elle, sera homosexuel(le), hétérosexuel(le) ou simplement narcissique. Dans bien des cas, il y a une longue période d'incertitude pendant laquelle on se demande si seulement un besoin sexuel se manifestera. Une activité masturbatoire compulsive peut représenter une façon de se *débarrasser de la sexualité* plutôt qu'une forme d'expérience sexuelle. Et même des activités hétérosexuelles ou homosexuelles compulsives peuvent servir à cet âge à se débarrasser de la sexualité ou à décharger des tensions et ne représentent pas une forme d'union entre des êtres humains complets. Cette union apparaît plutôt d'abord dans des jeux sexuels inhibés quant au but, ou dans un comportement affectueux à l'aspect sentimental. Là encore, le schéma personnel attend de se fondre aux instincts, mais dans l'intervalle, qui est long, il faut trouver sous une certaine forme un soulagement à la tension sexuelle; dans une grande proportion de cas, on peut s'attendre à une masturbation compulsive, si le médecin parvient à le savoir (voici à ce propos une bonne devise : qui pose des questions aura des mensonges en guise de réponses).

Il est certainement possible d'étudier l'adolescent du point de vue du moi devant les modifications du ça. Il faut que le psychanalyste soit préparé dans sa pratique à rencontrer ce thème central, que celui-ci soit manifeste dans la vie de l'enfant ou qu'il se révèle discrètement dans le matériel présenté par lui, dans la situation analytique, ou encore dans ses fantasmes conscients et inconscients et dans les parties les plus profondes de la réalité personnelle psychique ou intérieure. Toutefois, mon but ici n'est pas d'enseigner la psychanalyse, mais de considérer l'adolescence sur un autre mode, d'essayer d'établir un rapport entre l'urgence actuelle de la question de l'adolescence et les changements sociaux des cinquante dernières années.

Le temps de l'adolescence

N'est-ce pas un signe de santé pour une société que ses jeunes soient en mesure d'être adolescents au bon moment, c'est-à-dire à l'âge de la croissance pubertaire ? Chez les peuples primitifs, les changements de la puberté sont masqués sous des tabous, ou bien on fait de l'adolescent un adulte en quelques semaines ou quelques mois au moyen de certains rites ou d'épreuves. A l'heure actuelle dans notre société, les adultes se forment par des processus naturels à partir d'adolescents qui progressent en raison des tendances à la maturation : cela peut aisément signifier que les adultes d'aujourd'hui jouissent de force, de stabilité et de maturité.

Naturellement, tout se paye. Les nombreuses crises des adolescents exigent une attitude de tolérance et des soins; par ailleurs, cette nouvelle façon d'être pèse sur la société, car il est pénible pour les adultes qui ont été frustrés de leur adolescence de voir tout autour d'eux des garçons ou des filles dont l'adolescence s'épanouit.

Trois changements sociaux

A mon avis, pour les adolescents tout le climat de l'adolescence a été modifié par trois grands changements dans la société.

a) *Les maladies vénériennes* ne sont plus un épouvantail. Le spirochète et le gonocoque ne sont plus les agents d'un Dieu vengeur (tels qu'ils étaient certainement ressentis il y a cinquante ans). Maintenant, on peut les traiter à la pénicilline et avec des antibiotiques [1].

1. Je me souviens très clairement d'une fille que j'ai vue quelque temps après la Première Guerre mondiale. Elle me raconta que seule la crainte d'une maladie vénérienne l'avait empêchée d'être une prostituée. Elle fut horrifiée à l'idée que j'avais émise au cours d'une simple conversation que la maladie vénérienne pourrait un jour être prévenue ou guérie. En ce qui la concernait, elle ne s'imaginait pas comment elle aurait pu

b) *Le développement des méthodes contraceptives* a rendu l'adolescent libre d'explorer. C'est une liberté toute nouvelle que celle d'explorer la sexualité et la sensualité, alors que non seulement il n'y a pas le désir d'être parent mais qu'il y a même – et c'est presque toujours le cas – le souhait d'éviter de donner naissance à un enfant non désiré et démuni de parents. Bien sûr, cela arrive et cela arrivera encore; ces accidents amènent des avortements malheureux et dangereux, ou bien la naissance d'enfants illégitimes. Mais, à mon avis, lorsqu'on examine le problème de l'adolescence, il faut admettre que de nos jours, l'adolescent (ou l'adolescente) peut s'il (ou elle) le veut, explorer tout le domaine de la vie sensuelle sans souffrir cette effroyable angoisse (*mental agony*) qu'implique la conception accidentelle. Ce n'est d'ailleurs vrai qu'en partie, car il reste la crainte d'un accident et l'angoisse qu'elle suscite, mais ce facteur a modifié le problème ces trente dernières années. Cette angoisse, nous le voyons maintenant, provient du sentiment inné de la culpabilité chez l'enfant. Je ne dis pas que chaque enfant a un sens inné de la culpabilité, mais que l'enfant en bonne santé élabore d'une façon très compliquée un sens du bien et du mal, un sens de la culpabilité, des idéaux, et une idée de ce qu'il veut pour l'avenir.

c) *La bombe atomique* produit peut-être des modifications plus profondes encore que les deux traits caractéristiques de notre époque que je viens de citer. La bombe atomique affecte la relation entre la société des adultes et la marée, toujours montante, semble-t-il, des adolescents. Il nous faut agir maintenant en partant de l'idée qu'*il n'y aura pas d'autre guerre.* Évidemment, on peut arguer qu'il pourrait y avoir une guerre à tout instant, quelque part dans le monde. Mais nous savons que nous ne pouvons plus résoudre un problème social en nous organisant pour une autre guerre. Il n'existe donc plus rien pour justifier le recours à une forte discipline militaire ou navale pour nos enfants, si commode que cela puisse être pour nous.

Tel est l'effet de la bombe atomique. Si cela n'a plus de sens de traiter nos adolescents difficiles en les préparant à combattre pour la patrie, nous voilà de nouveau devant le fait que l'adolescence existe, que c'est une chose en soi. Il nous faut donc maintenant creuser ce problème : l'adolescence.

passer l'adolescence (et elle en était à peine sortie) sans cette crainte, qu'elle avait utilisée pour marcher droit. Elle est maintenant mère de famille avec une nombreuse progéniture et on dirait d'elle qu'elle est normale. Mais il lui avait fallu passer par le combat de l'adolescence et la provocation de ses instincts. La période avait été difficile. Elle avait commis quelques vols et des mensonges, mais elle s'en était tirée. Toutefois, elle s'était accrochée à la crainte de la maladie vénérienne.

Cf. « La psychanalyse et le sentiment de la culpabilité », 1958. *(N.d.T.)*

L'adolescent est un homme en puissance. Dans la vie imaginaire, la virilité de l'homme n'est pas uniquement une question d'activité ou de passivité dans la relation sexuelle. C'est aussi la victoire d'un homme sur un autre homme et l'admiration de la fille pour le vainqueur. Tout cela baigne maintenant dans l'ambiance mystique du bar troublée à l'occasion par quelques scènes où l'on joue du couteau. L'adolescence est obligée de se contenir de nos jours bien plus qu'autrefois; pourtant, en soi, c'est quelque chose de violent, assez analogue à l'inconscient refoulé de l'individu, souvent pas très beau, quand on le découvre à l'air libre.

Lorsque nous pensons aux tristes atrocités commises par des jeunes de nos jours, n'oublions pas de mettre dans la balance, en regard des jeunes, les morts qui appartiennent à cette guerre qui n'a pas lieu et n'aura pas lieu, et en regard de tous la cruauté propre à la guerre qui n'aura pas lieu; ajoutons-y la sexualité débridée propre à toute guerre du passé, guerre qui n'existera plus. Aussi, l'adolescence est ici, avec nous – ce qui est évident – et elle y restera.

Ces trois changements ont un effet sur notre point de vue social. Cela se voit à la façon dont l'adolescence s'affirme sur le devant de la scène sans qu'on puisse l'éliminer par de fausses manœuvres telles que la conscription par exemple.

La fausse solution est inacceptable

Un trait caractéristique des adolescents, c'est qu'ils n'acceptent pas de fausses solutions. Cette moralité farouche basée sur le réel et le faux appartient aussi à la petite enfance et à la maladie d'ordre schizophrénique.

Le remède à l'adolescence est le temps mais c'est un fait qui a très peu de signification pour l'adolescent. Il cherche une guérison immédiate et refuse en même temps un « remède » après l'autre parce qu'il y décèle quelque artifice.

Dès qu'il (ou elle) peut se permettre d'accepter un compromis, il (ou elle) est en mesure de découvrir divers moyens d'assouplir l'implacabilité de vérités essentielles. Par exemple, il y a la solution, par identification aux figures parentales, ou il peut y avoir une maturité prématurée sur le plan sexuel; ou l'importance donnée aux choses sexuelles peut passer aux exploits sportifs, ou celle des fonctions du corps aux réalisations ou aux réussites intellectuelles. En général, les adolescents rejettent ces moyens, et ils doivent donc passer par quelque chose qui fait penser à la zone du « pot au noir »; c'est une phase où ils se sentent futiles car ils ne se sont pas encore trouvés. Il nous faut rester spectateurs vigilants. Toutefois, l'adolescent qui évite totalement ces compromis, particulièrement l'utilisation des identifications et de l'expérience d'autrui, part de zéro, ignorant tout ce qui a été élaboré au cours de l'histoire de notre culture. Il y a des adolescents qui luttent pour recommencer de rien, comme s'ils ne pouvaient rien reprendre de personne. On peut les voir former des groupes à partir d'analogies mineures et d'une certaine adhésion à un groupe qui dépend du lieu et de l'âge. On peut les voir en quête d'une forme d'identification qui ne les déçoive pas dans la lutte qui est la leur, *la lutte pour se sentir réel*, la lutte pour établir une identité personnelle, pour ne pas s'installer dans un rôle assigné par l'adulte quitte à passer par tout ce qu'il faut vivre. Ils ignorent ce qu'ils deviendront. Ils ne savent pas où ils en sont et ils attendent. Parce que tout est en suspens, ils ne se sentent pas réels et cela les conduit à faire certaines choses qu'ils sentent réelles et qui ne nous paraissent que trop réelles à nous, car la société en est affectée.

En fait, nous nous laissons très bien prendre *au mélange de défi et de dépendance*, si déroutant chez les adolescents. Ceux qui s'occupent d'adolescents sont déconcertés par l'attitude exagérément provocante du garçon ou de la fille qui se montre en même temps dépendant au point d'en être infantile. On retrouve alors des schémas de dépendance infantile qui remontent très loin dans leur enfance. En outre, les parents se trouvent avoir à payer pour permettre aux enfants de les défier. C'est là un bon exemple de la manière dont ceux qui élaborent des théories, écrivent et parlent, le font à un niveau différent de celui où vivent les adolescents. Les parents ou les substituts parentaux affrontent des problèmes urgents de *management*. Ce qui compte là, ce n'est pas la théorie mais l'impact de l'un sur l'autre, de l'adolescent et du parent.

Les besoins des adolescents

Les besoins que manifestent les adolescents sont donc les suivants :

Éviter la solution fausse.
Se sentir réel ou accepter de ne rien sentir du tout.
Avoir une attitude de défi dans une situation où la dépendance est satisfaite et ne manquera pas de l'être.
Provoquer sans cesse la société afin que l'antagonisme de cette société se manifeste et qu'on puisse y répondre par de l'antagonisme.

L'adolescence normale et certains types de maladies

Ce qui apparaît chez l'adolescent normal est proche de ce qui apparaît chez divers types de malades, par exemple :

> L'idée de rejeter la solution fausse correspond à l'incapacité du compromis chez le psychotique; on peut aussi comparer cela à l'ambivalence psycho-névrotique et aussi à l'attitude mensongère et à l'autoduperie que l'on trouve chez les personnes normales.
> De même, le besoin de se sentir réel ou de ne pas sentir du tout correspond à la dépression psychotique associée à la dépersonnalisation.
> Et le besoin de défier correspond à la tendance antisociale telle qu'elle apparaît dans la délinquance.

Il s'ensuit que, dans un groupe d'adolescents, les diverses tendances seront représentées par les membres du groupe les plus malades. L'un prend une dose trop forte d'un médicament, l'autre reste au lit déprimé, un autre encore joue du couteau. Dans chaque cas, derrière l'individu malade dont le symptôme extrême a retenti sur la société, il y a groupé un agrégat d'adolescents isolés. Toutefois, pour la plupart de ces individus, qu'ils se manifestent de la sorte ou non, il n'y a pas, derrière la tendance, une pulsion suffisante pour que le symptôme apparaisse de façon gênante et suscite donc une réaction de la société.

Le « pot au noir »

Répétons-le : pour que l'adolescent traverse ce stade du développement par un processus naturel, il faut s'attendre à un phénomène qu'on peut appeler le *pot au noir des adolescents.* Il faut que la société considère cela comme un trait permanent, qu'elle l'accepte, qu'elle y réagisse de façon positive, qu'elle aille même au devant de ce phénomène mais se garde d'y *porter remède.* Toute la question est de savoir si notre société est assez saine pour cela.

Ce qui complique le problème, c'est que certains individus sont trop malades (qu'ils souffrent de psychonévroses, ou de dépression, ou de schizophrénie) pour atteindre un stade de développement affectif qu'on pourrait appeler l'adolescence; ou bien, ils ne peuvent y accéder que par de très importantes déviations. Il n'a pas été possible d'inclure dans cette brève description un tableau de la maladie mentale grave telle qu'elle apparaît à cet âge. Néanmoins, aucune description de l'adolescence ne peut laisser de côté un certain type de maladie : la délinquance.

L'adolescence et la tendance antisociale

Les difficultés normales de l'adolescence et la déviation de la normale que l'on peut appeler la tendance antisociale sont très proches et l'étude de leur rapport est très révélatrice. La différence ne réside pas tant dans le tableau clinique de chacun de ces deux états que dans leur dynamique, dans leur origine propre. A la racine de la tendance antisociale, il y a toujours une déprivation. Soit tout simplement qu'à un moment critique la mère ait été repliée ou déprimée, soit que la famille se soit disloquée; même une carence mineure peut avoir (si elle se présente à un moment difficile) une conséquence durable en soumettant les défenses disponibles à une trop grande pression. Derrière la tendance antisociale, il y a toujours un noyau sain et ensuite une interruption, après laquelle les choses n'ont jamais plus été les mêmes. L'enfant antisocial cherche d'une façon ou d'une autre, violemment ou avec douceur, à faire reconnaître la dette que le monde a envers lui, ou à essayer de faire que le monde lui réédifie le cadre qui a été brisé. Donc, à la racine de la tendance antisociale, il y a cette déprivation. Il n'est pas possible de dire qu'il y ait toujours à la racine de l'adolescence une déprivation, toutefois il y a quelque chose d'analogue quoique de moins fort et diffus, juste à la limite des défenses disponibles. Ainsi, prenez le groupe auquel l'adolescent trouve à s'identifier, ou l'agrégat d'isolés qui forme un groupe par rapport à une persécution, les extrémistes du groupe agissent pour l'ensemble du groupe. Toutes sortes de choses dans la lutte des adolescents, le vol, les couteaux, la fugue et l'effraction, etc., tout doit se trouver contenu dans la dynamique de ce groupe assis en cercle à écouter du jazz ou s'adonnant à une beuverie.

Et si rien ne se passe, les individus membres de ce groupe commencent à se sentir peu sûrs de la réalité de leur protestation, et pourtant, en soi, ils ne sont pas assez perturbés pour commettre un acte antisocial qui rétablirait les choses. Mais si dans le groupe se trouvent un, deux ou trois membres antisociaux voulant faire quelque chose d'antisocial qui suscitera une réaction sociale, cela crée un lien; tous les autres se sentent ainsi réels et cela structure temporairement le groupe. Chacun d'eux sera loyal et soutiendra l'individu qui agira pour le groupe. Pourtant, pas un n'aurait approuvé ce que l'extrémiste antisocial a fait.

Je crois que ce principe s'applique à l'utilisation d'autres types de maladie. La tentative de suicide de l'un des membres est très importante pour tous les autres. Ou bien, l'un d'entre eux ne peut se lever, il est paralysé par une dépression et son électrophone diffuse une musique langoureuse; il s'enferme dans sa chambre et personne ne peut approcher. Tous les autres savent ce qui se passe; de temps à autre, il sort et ils ont une beuverie ou autre chose de ce genre, et il en est ainsi toute une nuit, ou cela dure même deux ou trois jours. Ces manifestations appartiennent au groupe tout entier et le groupe se modifie et les individus changent de groupe, mais en quelque sorte les individus membres du groupe utilisent les extrêmes pour les aider à se *sentir réels*, dans leur lutte pour traverser cette période, ce *pot au noir*.

Le problème, c'est : *comment être adolescent au moment de l'adolescence.* C'est extrêmement difficile pour quiconque. Certains essaient de l'être. Cela ne signifie pas que nous, les adultes, nous devons dire : « Regardez ces chers petits adolescents qui font leur crise d'adolescence, il faut tout supporter et les laisser casser les carreaux. » Le problème n'est pas là; le problème, c'est que nous sommes mis au défi, et qu'il nous faut faire face en tant qu'adulte; mais notre rôle est de faire face (plutôt que de porter remède) à ce qui est essentiellement une manifestation de santé.

Le réel défi que représente l'adolescent s'adresse à cette partie de nous qui n'a pas eu réellement son adolescence, et qui fait que nous en voulons à ceux qui peuvent avoir ce passage. Cela nous fait *souhaiter de trouver une solution pour eux.* Il y a des centaines de fausses solutions; nous avons tort dans tout ce que nous disons ou faisons. Si nous le soutenons, nous avons tort; si nous retirons notre soutien, nous avons tort aussi. Nous n'osons pas être « compréhensifs ». Mais à la longue, nous nous apercevons que cet adolescent ou cette adolescente est sorti du passage difficile et est maintenant capable de commencer à s'identifier à la société, aux parents et à toutes sortes de groupes plus étendus, sans avoir le sentiment d'être menacé d'un anéantissement personnel.

DE LA RÉGRESSION CONSIDÉRÉE COMME UNE THÉRAPIE[1]

Cas d'un jeune garçon dont la dépendance pathologique fut soignée de façon adéquate par ses parents

(1963)

Ces notes concernent le cas d'un jeune garçon dont le développement affectif était caractérisé entre autres par une tendance à régresser vers une position de dépendance vis-à-vis de son entourage familial. Les parents furent à même de traiter les manifestations régressives de façon adéquate et les transformèrent de la sorte en une expérience thérapeutique positive.

L'intérêt de ce cas, c'est que son processus a un rapport étroit avec les épisodes régressifs qui jalonnent la vie de tout enfant élevé dans un entourage familial adéquat, c'est-à-dire où il n'est question de troubles psychiques ni pour l'enfant, ni pour la famille.

Le traitement repose sur six consultations d'une heure, réparties de la façon suivante :

	Age du garçon (né en octobre 1953) —
12 juillet 1955	21 mois
12 octobre 1955	24 mois
8 février 1956	28 mois
6 février 1957	3 ans et demi
Intervalle	
17 octobre 1961	8 ans
1er février 1962	8 ans et demi

Cecil fut envoyé à mon cabinet par la puéricultrice d'un jardin d'enfants de la banlieue londonienne.

1. Paru *in Brit. J. Med. Psychol.* (1963), 36.1.

Consultation avec le père – 12 juillet 1955

J'eus d'abord un entretien avec le père, vraiment inquiet pour son enfant, et qui saisissait bien l'ensemble de la situation. Pendant l'entretien, qui dura une heure, il me fit le récit de la vie de Cecil.

Sa famille. Deux enfants étaient issus du mariage : Cecil (vingt et un mois) et Kenneth (un mois), actuellement au sein. D'après la description du père, la mère était « intelligente, mais pas toujours facile ». Cecil était né normalement (3,15 kg) et avait été nourri au sein pendant huit mois. Il avait de l'appétit et avait été nourri « à la demande ». En fait, il était plutôt glouton et avait tendance à s'éveiller au bout d'une heure, si bien que, depuis l'âge de six semaines, il n'était pas très bon dormeur. Pour cette raison, il avait été envoyé en consultation hospitalière, où on lui avait donné du chloral. Dans l'ensemble, durant cette première période de sa vie, il était heureux et avait commencé à jouer de bonne heure. Il était devenu facile et le sevrage, à huit mois, n'avait pas présenté de difficultés.

Le père me dit que sa femme s'était montrée plus compétente avec Kenneth, qui poussait très bien depuis le début, qu'avec Cecil, laissant entendre qu'il y avait eu une difficulté réelle avec Cecil dans les premières semaines. A dix mois, Cecil mettait des cubes l'un sur l'autre. Il s'était assis et avait marché à l'âge normal. A vingt et un mois, il ne prononçait pas de mots.

Les premiers symptômes. Le père essaya ensuite de décrire la difficulté pour laquelle il me consultait. Il me dit qu'à l'âge de treize mois, *en novembre* 1954, Cecil avait changé et il reliait ce changement au fait que sa femme s'était trouvée enceinte le mois précédent et *qu'elle était sujette à des angoisses au début d'une grossesse.* C'est ainsi qu'à treize mois Cecil avait commencé à revenir à ce que le père décrivit comme ses difficultés de bébé, l'insomnie en particulier et, d'une façon générale, un manque de confiance dans la mère. Il s'avéra nécessaire que soit le père, soit la mère fussent présents à ses côtés. A la même époque il cessa de s'intéresser à ses jouets. Toutes les nuits, il s'éveillait plusieurs fois et le père ou la mère allait le voir. Il criait en s'éveillant. Sur un plan positif, il mangeait bien, poussait normalement et commençait à s'intéresser à la musique.

La propreté. Cecil s'était montré capable d'utiliser le pot quand il en avait envie, mais durant cette période (qui avait commencé à l'âge de treize mois), il avait renoncé à l'utiliser. Il ne portait pas de couches et faisait pipi par terre chaque fois qu'il en avait besoin. Les parents n'étaient pas stricts à cet égard.

Le second enfant était né à la maison cinq semaines avant cet entretien avec le père. Cecil avait alors vingt mois. Au cours des trois semaines précédant l'arrivée du bébé, les symptômes présentés par Cecil avaient empiré : il avait de la difficulté à s'endormir, se réveillait en criant et il commençait à manifester une résistance lorsqu'il était question de le coucher. La nuit précédant la consultation, il avait crié pendant trois quarts d'heure, repoussant tout, tapant du pied et se donnant des coups. Il avait des crises de ce genre à peu près tous les jours, quelquefois deux par jour.

Avant l'arrivée du bébé, les parents avaient essayé de dire à Cecil ce qui allait se passer, mais il ne leur avait pas semblé qu'il comprenait. Lorsque le bébé était arrivé, il « n'avait pas manifesté d'intérêt ». Ou bien, s'il le regardait, il voulait lui mettre le doigt dans le nez ou dans les oreilles et il emmenait ses parents voir autre chose. Pendant la même période, il désirait qu'on le mette dans un landau ou dans un berceau.

Phénomènes transitionnels. Lorsque je me mis à poser les questions de routine, le père me dit que Cecil avait d'abord sucé son poing, puis un pouce, mais seulement avant de s'endormir. Il n'aimait pas avoir un objet particulier. Au cours du dernier mois cependant, c'est-à-dire depuis la naissance du bébé, il avait sucé son pouce toute la journée, surtout au moment où le bébé était nourri. Cecil n'avait pas vraiment essayé de prendre le sein, mais il avait été très content d'être nourri au moment où le bébé était nourri. Le père me dit aussi qu'il avait presque cessé de jouer. Il se désintéressait de l'eau et du sable et ses jouets avaient perdu de leur importance. De temps en temps, il était triste, s'asseyait et suçait son pouce. D'un autre côté, il avait manifesté un intérêt récent et très positif pour la musique et il aimait faire du travail ménager, faisant semblant de faire la vaisselle et de passer l'aspirateur.

Au début, le généraliste avait amélioré l'état de Cecil, mais maintenant les médicaments n'agissaient plus.

A ce stade de l'entretien, je réalisai que j'avais été consulté par téléphone par un confrère quant au traitement de ce cas précis. Le père me dit que leur médecin leur avait conseillé de prendre une nurse pour Cecil. Cela m'amusa de découvrir, alors que je contredisais fortement cet avis, que j'étais en contradiction avec moi-même; je me rendis compte qu'un avis donné à distance peut être très différent de ce que l'on fait lorsqu'on a un contact réel. Les parents avaient essayé une nurse mais, très vite, Cecil avait refusé de la laisser supplanter les parents bien qu'il eût paru lui être attaché.

Commentaire. Maintenant que j'étais en contact direct avec le cas, l'idée s'imposa à moi de mettre ces parents en mesure de soigner eux-mêmes la maladie de leur enfant. Je tins compte du fait que, mis à part les troubles qu'il présentait, Cecil était d'une nature aimante et plutôt douce et qu'il commençait même à témoigner de l'affection au bébé. S'il était couché dans le lit des parents, il était capable de bien dormir, sauf dans le cas de l'une de ces crises de pleurs auxquelles, à ce moment-là, il n'y avait aucun remède.

Selon le père, le schéma des troubles très précoces des premières semaines semblait avoir été réactivé de façon aiguë au cours de cette période qui avait commencé en novembre avec le début des angoisses de la mère au sujet de sa grossesse.

Après la consultation, j'écrivis la lettre suivante à mon confrère :

« Cet enfant, qui a commencé à changer en octobre de l'année dernière, au moment où la mère a réalisé qu'elle était enceinte (elle est toujours plus anxieuse au début d'une grossesse), se trouve dans un état régressif plutôt sérieux, mais son appétit et son état de santé ne sont pas très affectés. Des deux parents, le père au moins semble capable de répondre aux besoins de l'enfant. Vous serez sans doute d'accord avec moi que, si les parents n'étaient effectivement pas à la hauteur de leur tâche, il faudrait confier cet enfant à une nurse. Peut-on dire, à l'heure actuelle, que les parents ne savent pas satisfaire les besoins particuliers de cet enfant ? Je serais plutôt d'avis qu'il n'y a pas de carence parentale pour le moment et il est possible que les parents soient capables de lui faire surmonter les troubles présents.

« Il n'y a aucun doute que l'enfant, qui n'a pas l'air d'accorder de l'attention à la naissance du bébé et qui s'y est attaché, a été cependant très affecté par le changement d'attitude de la mère en octobre de l'année dernière lorsqu'elle est devenue enceinte.

« Les parents envisageraient une psychothérapie pour l'enfant, même si cela devait troubler de façon considérable la routine familiale. J'ai été d'avis d'attendre la fin des vacances pour prendre une décision à ce sujet. »

Le 14 juillet 1955, je reçus la lettre suivante du père :

« Votre avis au sujet de Cecil a fait envisager avec plus de confiance la possibilité de l'aider nous-mêmes comme nous le souhaitons. Ainsi que vous le suggérez, nous vous écrirons à nouveau vers le 20 août. »

Cette lettre confirmait mon idée que le père et la mère désiraient s'occuper eux-mêmes de Cecil, si je voulais bien les aider. Je leur répondis la lettre suivante, le 25 juillet :

« Je suis maintenant certain que si vous êtes en mesure de vous occuper vous-mêmes de Cecil cette solution sera beaucoup plus satisfaisante que celle qui consisterait à avoir recours à une aide extérieure. D'un autre côté, si cela s'avérait nécessaire, il ne faudrait pas craindre d'adopter une solution différente. Depuis l'entretien que nous avons eu ensemble, je me suis senti enclin à vous encourager à essayer de le soigner vous-mêmes. »

Dans sa lettre du mois d'août, le père me fit part de progrès, me donnant bien les détails que j'avais besoin de connaître :

« Vous vous rappellerez que vous m'avez demandé de vous écrire pour vous donner des nouvelles de notre fils Cecil à la suite de notre entretien de juillet.

« Au cours des trois ou quatre dernières semaines, il a généralement paru plus heureux, exception faite de quelques journées où il s'est montré triste. La nourriture, le jeu, le sommeil, la bonne volonté générale s'améliorent ou se détériorent ensemble. Il couche dans mon lit. Il ne se réveille plus qu'une ou deux fois par nuit, se lève quelquefois et pleure, mais cela dure moins longtemps qu'auparavant. Le matin, et après la sieste auprès de ma femme, il se réveille maintenant presque toujours sans pleurer. Il ne va pas se coucher normalement, mais aime grimper dans son lit et en ressortir plusieurs fois, s'endormant souvent par terre.

« Il joue plus qu'il ne le faisait ; il aime toujours passionnément la musique et il danse en l'écoutant ; il aime beaucoup regarder des livres d'images. Il ne parle pas encore, mais a une gamme de sons plus étendue.

« Il est quelquefois très bruyant et rit beaucoup. A d'autres moments, il est très calme, paraît triste et suce alors son pouce. Il a souvent l'air pâle et fatigué.

« Je serais heureux s'il vous était possible de voir Cecil et ma femme. Nous désirons savoir si des soins particuliers devraient être envisagés ou si vous pensez qu'il peut se développer d'une façon heureuse sans que cela soit nécessaire. J'aimerais beaucoup que ma femme vous voie car je pense qu'elle a perdu confiance sans raison et je crois que cela nous aiderait beaucoup si vous pouviez lui donner une idée générale de la situation. »

Je fis donc le nécessaire pour rencontrer la mère de Cecil.

Consultation avec la mère – 12 octobre 1955

La mère vint avec Cecil qui, presque tout le temps de la consultation, dormit sur ses genoux. A l'époque, il avait deux ans et son frère quatre mois.

Peu à peu, la mère me donna sa version des faits, qui était très analogue à celle du mari. Elle me dit que Cecil était maintenant plus heureux et qu'il dormait mieux. De temps en temps, il se mettait en colère, ou bien devenait difficile à l'heure des repas du bébé qui était encore au sein.

Elle me parla ensuite des changements intervenus chez Cecil pour lesquels ils venaient me consulter. Avant l'âge d'un an, il avait joué normalement, mais n'en avait plus été capable par la suite.

A ce moment de la consultation, Cecil s'éveilla suffisamment pour étendre la main et mettre un doigt dans la bouche de sa mère pendant qu'il suce son pouce.

La mère énuméra les détails de ce qui s'était passé en novembre, deux mois après la conception de Kenneth, alors qu'elle ne se sentait pas bien et que Cecil (alors âgé de treize mois) avait commencé à changer. Cecil avait cessé d'utiliser le pot, redevenait bébé, voulait le landau et insistait pour être baigné de la façon dont les petits bébés le sont. Il jouait à préparer le berceau comme sa mère le fait pour un bébé et maintenant (à deux ans) il faisait la même chose avec une poupée. Récemment (me dit la mère), il s'était mis en colère à plusieurs reprises, donnant des coups au bébé et à sa mère. Elle reconnut que c'était un progrès par rapport à la position où il voulait être traité en bébé lui-même. Elle me dit qu'elle était très occupée avec le nouveau bébé et qu'au début Cecil en avait pris ombrage. Lorsque ses relations avec elle étaient tendues, il se montrait capable de relations affectueuses avec le père. Maintenant (à deux ans), il s'amusait, mais ne jouait cependant pas de son propre chef, c'est-à-dire qu'il ne se servait pas de ses jouets comme il le faisait avant de tomber malade. Il aimait la propreté d'une façon « presque obsessionnelle » et était très heureux qu'on lui permette d'aider à faire le ménage et la cuisine. Avec un peu d'aide, il était capable de s'habiller seul et il mangeait normalement.

En réponse à l'une de mes questions, la mère me dit que Cecil avait eu un ours en peluche depuis sa toute petite enfance, mais qu'il ne lui avait jamais prêté grande attention. Il possédait maintenant une drôle de poupée négrillonne qui avait pris à ses yeux une importance toute particulière : « Il lui parle, dit-elle, émet des sons à son intention, la met au lit et la nourrit par le nombril. »

Ce qui l'inquiétait surtout, à l'heure actuelle, c'était que Cecil ne parlait pas. Il se faisait cependant comprendre et comprenait tout. Il ne se trouvait aucun enfant dans le voisinage pour partager ses jeux.

Cecil avait une bonne tonicité musculaire et recommençait à aimer se baigner, jouant avec les robinets et jouant avec l'eau dans l'évier.

Les étrangers qui venaient chez lui le rendaient anxieux et il se tenait alors près de sa mère. Il se mettait à sucer son pouce et n'établissait pas de contacts avec eux. La mère me dit que le père ne s'était jamais mis en colère contre Cecil et qu'il avait beaucoup de patience. Toute la semaine, le père étant absent, Cecil avait tendance à pleurnicher, ce que la mère interprétait comme un désir de le revoir et il arrivait que cela l'agace. Elle aurait peut-être préféré que le père soit plus ferme parce que c'était en l'absence du père que les ennuis apparaissaient plutôt et que, lorsqu'il était présent, Cecil allait à lui et non vers elle. Lorsqu'il s'éveillait la nuit, il avait tendance à s'accrocher à son père plutôt qu'à elle.

A la suite de cette consultation, j'écrivis une lettre à mon confrère en date du 23 octobre :

« Je vous écris à nouveau au sujet de cet enfant. Il ne parle pas encore. D'un autre côté, il y a de grands signes de progrès et je pense que la mère se tire de façon satisfaisante du difficile problème de faire progresser son aîné en même temps qu'elle élève le second. Cecil émerge graduellement de son besoin d'être comme le bébé et il a même été capable d'exprimer sa colère contre lui et la mère lorsqu'ils sont ensemble. Il résout partiellement son problème en s'identifiant à la mère ; il s'intéresse au travail de la maison auquel il coopère très bien et il traite ses poupées exactement de la façon dont le bébé est traité. Un bon signe est qu'il a maintenant, pour la première fois, adopté un objet, une poupée, et il s'intéresse également à l'ours qu'il possède depuis sa toute petite enfance mais qui ne l'intéressait pas jusqu'à présent. A certains moments, il suce encore son pouce.

« Il semble heureux et capable d'apprécier la compagnie d'une aide familiale temporaire. Il est obsédé par le besoin de nettoyer et de jouer avec l'eau. Il s'habille presque tout seul ; il mange bien. Il ne joue pas avec ses jouets et cela reste un symptôme majeur car, jusqu'en novembre dernier, il savait bien jouer avec ; c'est à ce moment-là qu'il est tombé malade, en réaction aux changements intervenus chez sa mère.

« Il dormait lorsqu'il est arrivé chez moi et il n'a pas cessé de dormir pendant presque toute la consultation. Sans tout à fait s'éveiller, il a mis un doigt dans la bouche de sa mère alors qu'il avait son pouce dans la sienne. A la fin, il s'est réveillé et s'est comporté comme un enfant intelligent. Il avait l'air encore endormi, mais il a joué avec un jouet que je lui ai donné et il l'a emporté. Il n'a pas encore prononcé un mot qu'on puisse reconnaître, mais il parle à ses poupées dans son propre langage ; il comprend tout et se fait comprendre.

« Son corps est plutôt bien développé et je pense que sa tonicité musculaire est satisfaisante.

« Je pense que vous verrez, d'après ces notes, que le risque que j'ai pris en conseillant à la mère de s'occuper elle-même de cet enfant peut s'avérer justifié. Il subsiste encore un trouble du sommeil mais Cecil ne se réveille généralement qu'une fois, ce qui n'est pas trop mal. Il va se coucher volontairement et s'éveille gaiement le matin.

« Un facteur important, qui a un rapport avec la nervosité de la mère, c'est la nature douce du père. Il coûte à celui-ci de donner des ordres ou de se mettre en colère. La mère me dit que c'est toujours elle qui est forcée de se mettre en colère. A cet égard, les week-ends sont pénibles alors que le père est à la maison, que l'enfant pleurniche tout le temps, qu'il s'accroche à lui et repousse la mère. Au cours de la semaine, le père absent, il n'est pas difficile ; il ne pleure généralement pas et paraît heureux.

« Il y a encore beaucoup à faire pour cet enfant, mais je crois qu'il a une chance de devenir normal, si nous prenons le mot normal dans un sens plutôt large. »

D'OCTOBRE 1955 À MARS 1957

Je revis la mère et Cecil le 8 février. Le père vint également. Il me fut dit que le bébé (âgé de huit mois) avait souffert d'eczéma mais qu'il poussait bien par ailleurs et qu'il était encore nourri au sein. Dans l'ensemble, Cecil (qui avait maintenant deux ans et quatre mois) paraissait heureux et il avait commencé à utiliser des mots d'une syllabe. Pendant que je parlais aux parents, Cecil suçait son pouce, son autre main dans le sac de sa mère [1].

Il me fut rapporté que Cecil jouait davantage, mais veillait toujours à ce que sa mère soit présente et prête à s'occuper de lui. Il avait commencé à s'intéresser un peu au bébé, lui témoignant même occasionnellement de l'affection, cependant qu'à d'autres moments il montrait que ce bébé l'ennuyait. Les repas se prenaient de façon plus calme et il n'insistait plus pour les prendre avec les parents. Une relation affectueuse s'était de nouveau établie avec la mère, tandis que demeurait la relation très positive avec le père. Il était maintenant capable d'être heureux en présence de ses deux parents et supportait que le père le quitte sans être malheureux. Il utilisait de nouveau le pot pour la défécation.

Il pouvait maintenant communiquer des idées complexes ou des ordres. Par exemple, il lui arrivait de montrer ses lacets défaits. Si la mère ne les renouait pas, il disait alors : « Défaits. »

A ce moment-là de la consultation, Cecil, tout en suçant son pouce, découvrait les jouets dans la pièce. Les clefs de sa mère étaient tombées à terre et il prit une clef pour la mettre dans la serrure de son sac.

Il avait voulu emmener sa poupée. La mère me dit cependant : « Elle ne l'intéresse pas tant que cela. » Dernièrement, il avait beaucoup moins sucé son pouce.

Pendant que nous parlions, Cecil avait sorti tout l'argent du sac de sa mère [2]. Durant toute la consultation, il manifesta un intérêt latent pour les jouets qui se trouvaient chez moi. Il était évident qu'il s'y intéressait mais que quelque chose l'empêchait d'y toucher. Il prit un bouton dans le porte-monnaie de sa mère et le lui donna. La mère dit : « Il vient de mon manteau », mais elle ne le prit pas, détail qui révèle ce petit rien qui rendait difficile à la mère de communiquer au niveau le plus primitif.

1. Cette attitude est à comparer avec le comportement de Cecil au cours de la consultation du 12 octobre. Le sac de la mère remplaçait maintenant la bouche.

2. Attitude à comparer avec le comportement précédent : (*a*) le doigt dans la bouche de la mère et (*b*) dans le sac, et avec le comportement ultérieur : vol d'argent.

La mère me dit que Cecil continue à se servir du lit de ses parents. Il y a un petit lit pour lui dans leur chambre. Il semble qu'il leur soit encore difficile de sortir ensemble le soir car, à partir de neuf heures, Cecil peut se réveiller et il s'attend à les trouver à la maison.

Le 9 février, j'écrivis à nouveau à mon confrère :

« Je vous écris pour vous tenir au courant des progrès de Cecil. Il a maintenant l'air d'un enfant normal. Il utilise un grand nombre de mots et s'exprime librement, bien que sans faire de phrases. Il joue seul et il n'est pas tout le temps obsédé par le désir de se mettre dans une position infantile par rapport à sa mère. S'il n'existait pas quelques symptômes résiduels, il pourrait passer pour normal. Tout en étant bien meilleures, les nuits sont encore troublées. Il supporte maintenant de voir ses parents ensemble et laisse son père partir au travail sans difficulté. Par ailleurs, il a besoin de dormir dans le lit de ses parents, son père tourné tout le temps vers lui, ce qui signifie que les parents ne peuvent jamais se retrouver. Pour la mère, cela constitue une frustration très grande. Les parents veulent bien supporter cet état de choses pendant quelques mois encore si on leur assure que le sacrifice en vaut la peine.

« La technique adoptée, qui consiste pour ainsi dire à le " gâter ", semble avoir eu un bon effet ; de plus, la mère me dit qu'elle devient peu à peu capable d'échanges plus directs et que les effets de ce changement se font sentir dans sa relation avec le plus jeune enfant qui, à propos, souffre d'eczéma mais est normal par ailleurs. »

Le contact suivant avec les parents eut lieu par lettre, cette fois de la mère (2 juillet 1956). Dans cette lettre, la mère faisait part de la complication apportée par le comportement agressif de Cecil envers son frère. Cette agressivité témoignait de deux choses : c'était, d'une part, la preuve d'un développement sain chez Cecil, de l'autre, pour le frère, c'était un désavantage. Je répondis aux parents la lettre suivante en date du 4 juillet 1956 :

« Votre désir de soigner l'enfant à la maison semble avoir trouvé sa justification. Je ne pense pas que je puisse faire beaucoup au sujet des symptômes résiduels. Il doit être très difficile d'admettre que Cecil a lieu de détester son frère. Il est sans doute également attaché à lui et s'il n'était pas là pour être détesté, il n'aimerait pas cela non plus. Vous avez raison de ne pas le faire se sentir coupable du moment que vous évitez que le frère n'en souffre. Toutefois, pourquoi ne saurait-il pas que son comportement vous entraîne à prendre le parti du frère ? Cela doit être très pénible que l'enfant partage encore votre lit la nuit, mais si vous pouvez supporter encore cette situation, c'est peut-être, à mon avis, le meilleur moyen de traiter son état en attendant de voir les résultats. »

La mère reprit contact avec moi le 6 février 1957. Cecil était alors âgé de trois ans et demi.

Elle vint seule et, au cours de la demi-heure qu'elle passa dans mon bureau, me fit part d'un changement notable. Non seulement Cecil avait grandi, mais il était aussi plus heureux. Elle se plaignit néanmoins du fait qu'il ne voulait pas rester dans son lit. Son mari et elle n'avaient pas passé une seule nuit sans lui. Pour avoir une vie sexuelle, ils devaient s'accommoder de ce que Cecil restait maintenant dans son lit depuis son coucher jusqu'à deux heures du matin. « Cecil pense qu'il a le droit d'être dans le lit de ses parents et il en parle. » « Lorsque nous lui disons que nous en avons assez, il répond : " Quand je serai grand " [1]. » Il dormait à côté de son père ou à leurs pieds en travers du lit. La mère me dit qu'elle l'aimait beaucoup, mais que par moments elle était exaspérée. « Dans l'ensemble, les choses sont plus faciles avec Kenneth. »

La famille avait maintenant déménagé et il y avait davantage d'enfants dans le nouveau voisinage, y compris une petite fille de cinq ans. Pourtant Cecil n'avait pas d'amitié stable. La mère me dit que son envie de jouer était variable. « Il se réjouit des visites d'enfants, mais, lorsque les enfants sont là, il peut devenir impossible. » De la même façon, il est impossible de prédire ses rapports avec son frère. « En résumé, dit-elle, le caractère de Cecil a deux facettes; il est heureux et joyeux, ou possessif et jaloux. Dans le dernier cas, il a tendance à jouer seul et à imaginer qu'il est un ouvrier ou quelqu'un de ce genre. »

Pour s'habiller, il choisissait de s'habiller plus comme une fille que comme un garçon et, d'une façon évidente, enviait le rôle de la fille; il continuait à sucer son pouce et ne possédait pas d'objets auxquels il accordât une valeur particulière, si ce n'est qu'il adoptait de nombreux ours et les gardait dans un landau. Il était toujours très attaché à son père. Il avait une phobie des médecins depuis qu'il avait vu vacciner son frère et qu'il l'avait entendu hurler. Il se grattait partout, mais sans provoquer d'éruption. Ses parents présents, il s'endormait facilement, mais seul, il restait éveillé, se grattant avec plaisir jusqu'à ce qu'il saigne. La mère n'avait pas remarqué de masturbation génitale. Il parlait beaucoup et aimait bien les histoires. La mère s'occupait maintenant seule des enfants, sans aide extérieure. Un nouvel élément était apparu : lorsqu'il était en colère contre sa mère, il la frappait de façon beaucoup plus délibérée; en retour, la mère pouvait maintenant se permettre de se mettre en colère. Après l'avoir frappée, il avait des remords.

Après discussion, il fut décidé que, la nuit, si les parents pouvaient le supporter, il fallait continuer à être particulièrement indulgent pour Cecil. C'était pénible pour la mère et je pris la peine de lui montrer que je comprenais cela.

1. A comparer avec la phrase élaborée de la page 421.

Suite à cette consultation, j'écrivis à mon confrère en date du 7 février 1957 :

« J'ai eu la visite de la mère de Cecil. Apparemment, l'enfant s'est bien remis et il est presque sorti de son état de dépendance. Cette régression a été très bien soignée par la mère et par le père, qui se sont permis de le " gâter ". Le symptôme résiduel est son besoin continu de partager le lit de ses parents, ce qui est très pénible pour la mère. Elle veut bien faire encore cet effort pour une durée limitée.

« Il y a encore, bien sûr, de nombreux signes d'un trouble affectif, surtout quand les parents essaient de traiter le symptôme principal d'une autre façon qu'en le laissant subsister. La plus grande partie de la journée, Cecil est heureux et joue. »

Puis vint une lettre de la mère (9 mars 1957) dans laquelle elle exprimait l'idée d'envoyer Cecil dans une école maternelle :

« Lorsque je vous ai vu il y a quelques semaines au sujet de notre fils Cecil (trois ans et demi), vous avez été d'accord qu'il serait bon pour lui de fréquenter une école maternelle. C'est seulement au moment de procéder à son inscription à l'une des écoles locales que j'ai réalisé qu'il y a de longues listes d'attente partout. (On conseille d'inscrire les enfants dès l'âge de six mois.) J'ai essayé aussi bien les écoles publiques que privées. A l'école publique, on m'a dit que si j'écrivais à la mairie en indiquant que Cecil a été difficile et que si vous vouliez bien joindre une lettre attestant qu'il retirerait un grand bénéfice de la fréquentation d'une école maternelle, il pourrait probablement être inscrit. Je vous serais reconnaissante de me dire si vous estimez que son cas le mérite ou si une place vacante devrait être réservée pour un cas plus grave. »

A la suite de cette lettre, j'écrivis à l'Inspection de l'éducation une lettre en date du 13 mars 1957 :

« Sur mon avis, Madame X... a demandé l'inscription de son fils dans une école maternelle. Je me permets d'appuyer cette demande, me basant sur le fait que Cecil a traversé une période très difficile. Je pense que maintenant que son état s'est amélioré, il a grand besoin de l'aide que peut apporter une école maternelle.

« J'ai vu Cecil pour la première fois à l'âge de vingt et un mois. L'enfant avait été très perturbé par la grossesse de sa mère [1]. L'un des symptômes principaux était un trouble du sommeil.

« Je sais qu'il y a, à l'école, une liste d'attente pour les enfants. Je désire seulement attester que Cecil a eu des difficultés et qu'à mon avis la fréquentation d'une école maternelle serait une bonne chose pour lui. »

En réponse à ma lettre, la Commission de l'enseignement de la circonscription autorisa « l'admission exceptionnelle de Cecil à l'école maternelle locale ».

1. Il n'aurait pas été prudent de décrire dans cette lettre la façon dont l'enfant avait réagi à la réaction anormale de la mère au fait d'être enceinte.

De mars 1957 à octobre 1961

Je repris contact avec ce cas en octobre 1961 lorsque, sur l'avis de l'école primaire, Cecil, maintenant âgé de huit ans, me fut envoyé parce qu'il avait commis des vols. La mère accompagna Cecil et je lui parlai avant de voir l'enfant. Cecil avait maintenant juste huit ans et son frère, qui en avait six, fréquentait la même école.

La mère me dit que Cecil s'était amélioré mais qu'il n'était jamais devenu facile. Il y avait toujours eu des périodes de difficultés. Lorsqu'il était passé de l'école maternelle à l'école primaire, il avait commencé à voler, c'est-à-dire au moment où, pour la première fois, il rencontrait des difficultés dans un milieu qui n'était pas sa famille. Chez Cecil, le conflit entre son désir de grandir et son désir de rester petit subsistait. Quelques menus larcins avaient été commis à la maison, de l'argent avait été pris dans le sac de la mère et, récemment, il avait également commis des vols auprès d'amis. Il avait aussi « trouvé » une montre. A part cette question de vol, il se comportait bien à l'école. Jusqu'à une semaine avant la consultation, il ne semblait pas s'en faire pour l'école. Il avait alors commencé à manifester ses soucis en se réveillant avec mal au cœur. « Il a plutôt quelque chose sur le cœur, dit la mère, parce qu'il est jaloux de son frère. »

Je notai que la mère était déprimée. Le père continuait à se montrer très patient dans ses rapports familiaux et la mère continuait à faire preuve d'anxiété d'une façon générale.

Après avoir vu la mère, j'eus avec Cecil (âgé de huit ans) une longue entrevue personnelle. J'installai entre nous la table basse pour les enfants et j'établis un contact sur la base des « griffonnages ». (Il s'agit d'une technique souple pour établir des contacts et pour communiquer : je fais un griffonnage à l'intention de l'enfant, qui y voit quelque chose ou le transforme en quelque chose; puis, à mon tour, je fais quelque chose d'un griffonnage de l'enfant. Il s'agit d'un test d'aperception thématique dans lequel le psychiatre s'engage aussi bien que l'enfant. L'intérêt principal de cette méthode serait perdu si les détails devaient en être standardisés [1].)

Il était très intéressant pour moi d'être en contact avec ce garçon de huit ans, alors que je me souvenais très clairement de mon contact avec lui à l'âge de vingt et un mois et à celui de deux ans et quatre mois.

1. *Cf.* la définition de J.-B. Pontalis du *squiggle game*, note p. 211.

Entrevue personnelle avec Cecil (huit ans) – octobre 1961

1. De mon premier dessin il fit un étang.
3. Du second, une voiture.
(Chacune de ces interprétations indiquait une très grande imagination).
5. Il fit un personnage de mon dessin.
7. Il en fit une statue avec une épée.
8. Du sien je fis un crocodile.
9. Il fit de mon dessin deux pommes unies ensemble. J'observai, à ce moment, qu'elles pouvaient représenter deux seins rapprochés sur le corps de la mère.
10. Il fit ensuite un griffonnage, dans lequel je vis trois pommes et je dis : « T'arrive-t-il de rêver de pommes ? » Il me répondit : « Je rêve de ce qui est arrivé la veille et de ce que j'ai fait. D'habitude, c'est agréable. » Lorsque je lui posai la question de savoir s'il faisait des rêves désagréables ou tristes, il me dit qu'il avait fait un rêve triste au sujet d'un ami qui s'était cassé le bras.
11. Dans le rêve, il restait à l'hôpital longtemps. Il s'était vraiment cassé le bras, mais, en fait, était resté seulement deux heures à l'hôpital. Il était tombé sur le sentier près de l'école. « Il était venu me chercher une fois. »
12. De mon dessin il fit des rochers, ce qui avait un rapport avec des vacances passées en France. Les rochers représentaient des falaises.
13. Il transforma son propre griffonnage en un G, ce qui, d'après lui, avait peut-être un rapport avec *garters* (jarretières) parce qu'il allait faire partie des louveteaux.
15. De mon dessin il fit un vase avec une fleur.

Alors que nous passions au suivant et que de son dessin je faisais une fleur dans un pot, il se mit à parler de solitude et de tristesse. Il savait, disait-il, ce que c'était que d'être seul. Les premiers jours à l'école, en tant qu'externe, il n'était pas sûr de ce qu'il devait faire. Le premier jour, il s'était embrouillé après la prière et s'était mis en retard de cette façon.

Je lui posai une question relative aux avantages de grandir et d'en savoir davantage et il me dit : « *Je ne veux pas grandir. Quel dommage de quitter l'enfance*[1]. »

A ce moment, j'intervins avec une interprétation. Je revins sur les pommes et dit qu'elles pouvaient représenter des seins et son besoin de rester en contact avec sa propre enfance et sa nourriture au sein.

Commentaire : Je ne saurais trop insister, dans cet article, sur le fait

1. Il était intéressant d'écouter cette version élaborée de son commentaire à l'âge de trois ans : « Quand je serai grand », en rapport avec l'idée de dormir séparé de ses parents, page 418.

que cette interprétation semblait naturelle à ce garçon qui était resté en contact avec les relations objectales de la petite enfance par l'exploitation de la tendance régressive qui avait été traitée de façon plus qu'adéquate par les parents.

Je lui posai alors des questions sur son père et sa mère et comment il se servait d'eux lorsqu'il désirait être considéré et traité comme un bébé. Il me répondit qu'il s'adressait surtout à sa mère parce que « papa me montre toujours comment faire des choses, comment tondre la pelouse et tout et tout ». En d'autres termes, il sentait que le père le poussait à grandir et niait ainsi l'importance du père dans sa vie. Il me dit qu'il était capable de bien bêcher. « Là où je suis mauvais, c'est quand il faut faire des choses à l'école que je connais déjà, comme les additions. Les faire pour rien, c'est si ennuyeux. Des choses nouvelles passionnantes, je peux faire ça. »

Je lui posai alors une question directe concernant le vol et il me raconta un petit larcin et aussi un rêve dans lequel une voiture est volée. Le rêve avait fait suite à un incident réel. Dans la réalité, il y avait dans l'auto les valises pleines de vêtements, toutes prêtes pour un voyage à l'étranger, si bien que la famille avait dû passer ses vacances dans un endroit moins éloigné de la maison. Dans le dessin (17) et l'association d'idées qu'il entraîna, il y avait un mélange de réalité et de rêve. Il me dit aussi qu'il avait emprunté le crayon d'un ami pour l'utiliser, ce qui revenait à le voler. Il me dit ensuite, comme si une idée importante lui était venue : « Quand mon frère avait deux ans, il m'a volé un shilling. »

Commentaire : Je suppose qu'il était très important pour lui d'exprimer de cette façon concrète son sentiment que son frère avait usurpé des droits.

La consultation se termina là et l'enfant me quitta en bons termes, tout à fait heureux.

Au cours de cette entrevue, je pus obtenir une nouvelle version des premiers contacts qui avaient eu lieu lorsque Cecil m'avait vu en présence de ses parents. La séquence se présentait ainsi : d'abord, il avait établi un lien entre la succion de son pouce et le droit de posséder la bouche de sa mère; puis il avait utilisé le sac de la mère et son contenu (y compris l'argent) à la place de la bouche de la mère. Maintenant, il me parlait de vol et d'être volé.

De cette consultation il ressort principalement un détail relatif au thème actuel : le dessin des pommes et mon interprétation avaient un sens pour lui en raison de son lien avec le passé et l'inconscient resté

1

3

5

7

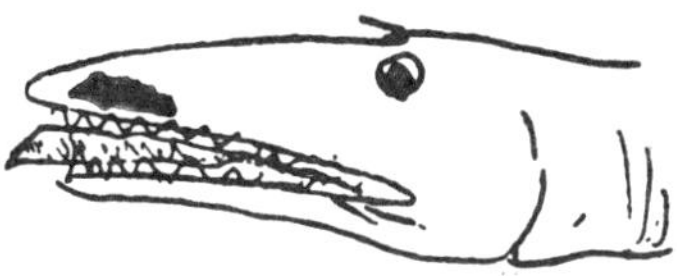

8

9

11

10

12

13

15

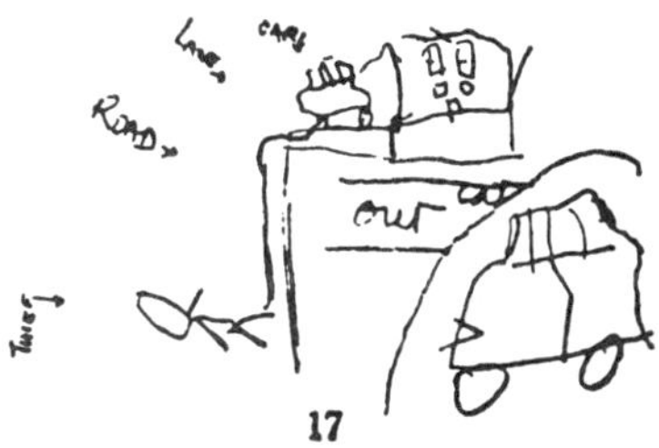

17

intact par le fait des tendances régressives de l'enfant. Les parents avaient tenu compte de ces tendances dans leur éducation et avaient répondu à la dépendance, les transformant ainsi en un moyen de guérison. Derrière cet état de choses, il y avait une déprivation en rapport avec la réaction de la mère face à la grossesse.

J'écrivis alors la lettre suivante au directeur de l'école primaire (20 octobre 1961) :

« Ainsi que vous le savez probablement, j'ai vu Cecil, que j'avais déjà vu en 1955. La mère m'a mis au courant de certaines difficultés qui ont causé du souci à l'école. J'ai eu l'occasion de me faire une opinion sur Cecil et de relier ses symptômes à l'ensemble de son évolution.

« Pour lui, le vol récent se rattache, dans une certaine mesure, à une tendance qui le pousse à retrouver un état de dépendance très infantile. Ainsi que vous le savez probablement, ce type de tendance peut aller de pair avec la tendance contraire vers l'extrême indépendance. Lorsqu'il est venu me voir pour la première fois, en 1955, j'avais pu observer que Cecil avait été très affecté au moment de la grossesse de sa mère, grossesse qui suscitait chez elle une réaction exagérée. Il avait alors environ un an et demi.

« Je sais bien qu'un enfant à l'école doit être traité comme tous les autres et que la conduite à son égard ne peut exactement s'adapter à l'ensemble de son évolution et tenir compte de difficultés qui remontent peut-être à la toute première enfance. Je vous informe néanmoins de ce détail avec l'espoir que la phase dans laquelle on peut s'attendre à voir se manifester chez Cecil ces symptômes sera supportée à l'école en toute connaissance de cause. Cela aide quelquefois les maîtres qui s'occupent d'un enfant de savoir que des symptômes dénués de signification logique dans l'expérience quotidienne et par rapport à la vie consciente de l'enfant ont quand même un sens. »

Cette lettre amena la réponse suivante :

« Nous vous remercions de votre lettre au sujet de Cecil, qui nous a beaucoup rassurés.

« Il semblerait que la phase difficile du vol ait été surmontée sans que les autres garçons aient établi un lien entre la disparition de leurs affaires et Cecil et cela grâce à la très grande coopération de ses parents.

« Je suis heureux de vous dire que l'enfant paraît s'acclimater de façon satisfaisante. »

En réponse à une correspondance ultérieure, je reçus une lettre du père en date du 4 décembre 1961 :

« Cecil est certainement plus à son aise que lorsque ma femme vous l'a amené la dernière fois. Il présente encore les mêmes symptômes (sauf en ce qui concerne le vol), mais à un degré bien moindre. Il dort mieux et ne se plaint pas souvent d'avoir mal au cœur. Il ne paraît pas malheureux et triste comme il l'était.

« Parfois, il est encore très bébé et facilement jaloux de son frère, mais entre ces accès il y a des périodes plus faciles et plus heureuses. Il semble s'intéresser beaucoup à l'école et il est moins anxieux à cet égard.

« Pour autant que nous le sachions, il n'a pas volé depuis que nous vous avons vu avec lui.

« La dernière fois que j'ai parlé au directeur de l'école, il semblait aussi penser qu'il allait mieux. J'espère que, de son côté, il a pu vous exprimer le même point de vue dans la lettre qu'il vous a adressée. »

La plupart des autres symptômes demeuraient, quoique atténués. Cecil avait des accès de comportement infantile, mais apparemment aucun vol n'avait été commis depuis son entrevue avec moi.

Finalement, je vis la mère et l'enfant de nouveau le 1er février 1962.

Je vis d'abord la mère, qui me dit qu'il n'y avait plus eu de vols. Cecil s'était montré plus positif dans ses relations avec elle et avec les autres, plus heureux, et il paraissait content de revenir me voir. Des traces de comportement infantile subsistaient, que la mère continuait à satisfaire lors de leur apparition. Le frère l'agaçait et le taquinait, mais Cecil se montrait à la hauteur de cette nouvelle complication. Les vacances de Noël s'étaient bien passées. A l'école, Cecil avait bien travaillé, il avait pris la tête de la classe et il avait un bon carnet scolaire. Bien qu'il ne volât plus, il avait une certaine tendance à inventer des histoires à l'école. Par exemple : « J'ai neuf frères et sœurs », etc.

Commentaire : Une tendance à raconter des histoires fantastiques accompagne régulièrement la tendance antisociale et le vol; elle demeure souvent après la disparition des vols effectifs.

La mère me parut moins fatiguée et pas déprimée. On ne pouvait pas encore dire que Cecil se soit fût un ami à lui et (du point de vue psychiatrique) c'était là son principal symptôme résiduel. En second lieu, il y avait sa fatigue et la mère savait qu'elle devait satisfaire cette tendance et le laisser se coucher à cinq heures si nécessaire.

Commentaire : Cette fatigue, et le fait de se coucher tôt, est la manifestation d'un état dépressif et du résidu de la tendance régressive.

A la fin de l'entretien, la mère me rappela, ou me dit pour la première fois : « Je pense que vous comprenez, docteur, qu'avec Cecil j'ai toujours été réservée. Je m'en suis rendu compte avec son frère. J'ai été à l'aise avec lui dès le début et lui avec moi. »

Commentaire : Il me parut que la mère était parvenue à décrire clairement l'étiologie de la maladie de Cecil, car celui-ci avait maintenant fait tant de progrès qu'elle se sentait moins coupable. Et aussi parce que c'est en répondant aux besoins particuliers de Cecil qu'elle et son mari avaient suscité ce progrès.

Après avoir vu la mère, j'eus un entretien avec Cecil. Il était positif dans sa relation avec moi et très libre. Il choisit d'abord de dessiner et dessina en fait une synagogue. Il pourrait être architecte. Il dessinait souvent des maisons. Puis il me demanda de faire un griffonnage.

1. Il en fit une théière.
3. De son propre dessin il fit une gueule de crocodile. (J'avais introduit un crocodile dans la première série.)
   Je lui demandai s'il se souvenait de l'homme à l'épée de la première série et il me dit que oui. Il s'amusa à numéroter les dessins.
5. De mon dessin il fit un poisson-lune.
7. Et de celui-là une sirène.
8. Je transformai son griffonnage désordonné en dessinant une assiette autour, ainsi qu'un couteau et une fourchette, impliquant qu'une idée de nourriture y était associée. En faisant cela, j'étais influencé par son dessin du crocodile qui pourrait me manger ou qui pouvait représenter un aspect de moi-même dans la relation professionnelle.
9. De mon dessin il fit une fusée, un avion à réaction.
11. De celui-là il fit une sorcière avec un balai, ce qui avait un rapport avec une histoire qu'il connaissait et le pouvoir des charmes. Les rêves effrayants devinrent alors le sujet de la conversation.
12. Ressemble à un rêve de sorcière. Il s'agit de son dessin, qui n'est pas exécuté à partir d'un griffonnage. La sorcière est venue à la maison et il s'est réveillé. Il me dit : « C'est bien de dormir, mais c'est quand on se réveille qu'on oublie où on est. » Je lui demandai alors : « Tu fais de beaux rêves ? » Il me répondit que oui et fit le dessin suivant.
13. Il se passionna en dessinant une voiture diesel avec lui comme chauffeur.
14. Un drôle de rêve, qui a un rapport avec un clown et un cirque que des enfants regardent. « Je pourrais être clown », dit-il.

Je lui demandai s'il rêvait de l'école et il me répondit négativement.

« As-tu des amis ?

– Oui, beaucoup, mais pas un ami à moi tout seul.

– Y en a-t-il avec lesquels tu aimerais être ami ?

– Non, pas vraiment. »

Nous parlâmes ensuite d'un tas de choses diverses, sa poupée qui est maintenant dans l'armoire, etc. Il pourrait devenir professeur à vingt ans, ou construire des routes, ou devenir fermier, ou conduire ces voitures diesel qu'il aime beaucoup.

Je lui demandai s'il voulait encore faire des dessins et il me répondit : « Oui, encore un. »

15. Dans mon dessin, il vit un trou avec de la neige dedans. « Hier, la neige est partie, mais nous avons joué avec la neige à Noël, nous avons fait des boules de neige et un bonhomme de neige. » D'une façon ou d'une autre, nous en vînmes à discuter de la différence entre jeunes et vieux et du grand âge de son grand-père qui a maintenant quatre-vingt-sept ans.

Il n'y avait pas d'élément particulier dans ce contact qui pût être l'indication de la persistance d'un trouble du caractère ou de la personnalité. Je trouvai que l'enfant s'exprimait librement, avec humour; tout cela témoignait d'une bonne santé. Je ne trouvai pas, dans le matériel de la consultation, d'indication d'une tendance régressive ou d'une fuite en face d'une telle tendance.

Septembre 1962 : « Tout va bien. »

Résumé

1) Un cas est exposé en détail. Tout ce que je sais au sujet de ce cas est relaté pour illustrer l'aspect économique de ce type de traitement en psychiatrie infantile. Le travail sur ce cas se fit au cours de six entretiens espacés sur une période de six ans, ainsi que par correspondance.

2) L'enfant acquit et garda une aptitude à régresser vers une position de dépendance et les parents ont satisfait à cette tendance. De cette façon, les régressions eurent une valeur thérapeutique et laissèrent une porte ouverte sur les sentiments de la petite enfance.

3) Derrière le besoin de thérapie se trouvait une certaine carence qui avait trait à la réaction pathologique de la mère à sa deuxième grossesse.

4) Cette tendance à la régression chez l'enfant, la bonne volonté des parents et leur habileté à ne pas contrarier la dépendance de l'enfant sont étroitement proches des périodes de « gâteries » qu'on voit intervenir dans le cas de presque tous les enfants élevés dans un milieu sur lequel ils peuvent compter.

5) Dans ce cas, les parents souhaitaient tenir leur place et étaient très désireux de « traiter » l'enfant eux-mêmes. Il fut cependant nécessaire de leur expliquer ce qu'ils faisaient et de les aider, ce que j'ai fait de temps à autre en qualité de psychiatre responsable du traitement d'un bout à l'autre.

6) Une entrevue psychothérapeutique fit progresser le cas. Au cours de cette entrevue, l'enfant, âgé de huit ans, m'utilisa à propos

de sa tendance antisociale (vol). A huit ans, par le *squiggle game*, nous sommes remontés profondément jusqu'au contact avec le sein, si bien que le vol disparut de la description clinique [1].

7) Quelques symptômes résiduels ont subsisté, parmi lesquels une difficulté à établir une amitié solide et à la maintenir. Toutefois, si l'on considère la santé de l'enfant par rapport à sa famille et au milieu social, le bilan est positif [2].

1. La théorie correspondant à ce cas est exposée dans « La tendance antisociale », 1956.

2. Se reporter à *La consultation thérapeutique et l'enfant*, cas XIV, pour la note écrite quatorze ans après la première consultation. (*N.d.T.*)

LISTE DES PRINCIPAUX CAS CITÉS PAR D. W. WINNICOTT

LA DÉFENSE MANIAQUE (p. 19 à 36)

Billy, cinq ans : asocial, turbulent, délinquant en puissance; la défense maniaque apparaît dans les jeux avec Winnicott (p. 27).

David, huit ans : enfant asocial, fatigant renvoyé de l'école pour « obsession sexuel et obsession des cabinets ». Défense maniaque et réalité intérieure (p. 30).

Charlotte, trente ans : déprimée, craintes de suicide; rêve du train; réduction de la défense maniaque et dangers inhérents (p. 33).

Mathilde, trente-neuf ans : obsessionnelle grave, dépressive avec des craintes de suicide. Irréalité et défense maniaque (les polyphotos) (p. 34).

L'OBSERVATION DES JEUNES ENFANTS DANS UNE SITUATION ÉTABLIE (p. 37 à 56)

Petite fille, six-huit mois : convulsions, séances sur les genoux de Winnicott qu'elle mord au doigt, d'abord avec profonde détresse puis sans culpabilité face à son agressivité; peut jeter la spatule. (Cas publié en 1931) (p. 40).

Margaret : crise d'asthme; « hésitation » et angoisse (p. 42).

Petite fille, neuf mois : angoisse et tentative d'établir des relations avec deux personnes à la fois (p. 52).

LE DÉVELOPPEMENT AFFECTIF PRIMAIRE (p. 57 à 71)

Patient qui vivait à vingt mètres de hauteur dans une boîte reliée à son corps par un fil ténu. Importance de l'intégration (p. 62).

Homme dupé par la satisfaction (p. 68). *Cf. Fragment d'une analyse.*

La haine dans le contre-transfert (p. 72 à 82)

Analyse d'une psychotique; rêve de Winnicott (p. 75-77).

Jeune garçon, neuf ans : asocial et fugeur; accueilli chez Winnicott (p. 78 et ss.).

La réparation en fonction de la défense maternelle organisée contre la dépression (p. 83 à 89)

Petite fille charmante et hypocondriaque (p. 84).

Cas d'enfants qui ont à faire face à l'humeur maternelle avant de démarrer leur propre vie; Hypocondrie des mères déprimées « Maman a mal à mon estomac » (p. 84).

Adolescente et sa mère dépressive. Réparation et culpabilité (p. 86).

Pédiatrie et psychiatrie (p. 90 à 110)

Petite fille, trois ans, en analyse : troubles alimentaires depuis qu'elle a été à table avec son père et sa mère, tous les trois ensemble (p. 99).

Patiente en analyse : sentiment de futilité malgré sa réussite. Immobilité de Winnicott; « création » du sein, perturbée par un mouvement de l'analyste (p. 102).

Jumelle en analyse pendant une hospitalisation psychiatrique : clivage de la personnalité à vingt ans. Accès direct indispensable : Winnicott devait l'attendre et lui ouvrir la porte lui-même (p. 102-103).

Petit garçon, cinq ans : autiste; se sert de Winnicott comme d'une mère; re-naissance; mise en acte; réactions salivaires (p. 103-104). *Cf.* « Les souvenirs de la naissance... » (p. 115-116).

Garçon, seize ans : schizoïde; à demander à voir un psychanalyste, crée le thérapeute (p. 104).

Adolescente : schizophrène; absence de contact avec la réalité, conversations téléphoniques, à son initiative, avec Winnicott (p. 105).

Patient : rêve de collision de deux autos, absence du sentiment de la réalité dans son contact avec sa mère (p. 108).

Les souvenirs de la naissance, le traumatisme de la naissance et l'angoisse (p. 111 à 134)

Petit garçon, cinq ans : autiste; re-naissance; utilisation de Winnicott comme d'une mère; activité orale intense avec réactions salivaires; objets hallucinés (*Käfer*) (p. 115-116). *Cf.* « Pédiatrie et psychiatrie » (p. 103-104).

Mlle H., cinquante ans : s'identifie à une petite fille qui revit le processus de sa naissance (p. 116-118).

Patiente : le début de sa vie; la bulle, la pression et l'environnement à la naissance (p. 121). *Cf.* « L'esprit et ses rapports avec le psyché-soma » (p. 142) et « Les aspects métapsychologiques et cliniques de la régression au sein de la situation analytique » (p. 252).

Patient : chaque noyau du moi est revécu à plusieurs reprises (p. 124).

Femme, vingt-huit ans : schizophrène avec des traits paranoïdes; rêve du tas de gravier, fond paranoïde à la naissance (p. 125).

Femme : seconde née (inattendue) d'une paire de jumelles : son fantasme est de rentrer la tête la première dans le corps de la mère (p. 127).

L'ESPRIT ET SES RAPPORTS AVEC LE PSYCHÉ-SOMA (p. 135 à 149)

Femme, quarante-sept ans : faux *self*, profonde régression laissant le vrai *self* apparaître; reviviscence du processus de la naissance; *gap*, solution de continuité et rôle de Winnicott et de sa respiration (p. 142). *Cf.* « Les aspects métapsychologiques et cliniques de la régression au sein de la situation analytique » (p. 252) et « Les souvenirs de la naissance, le traumatisme de la naissance et l'angoisse » (p. 121).

L'AGRESSIVITÉ ET SES RAPPORTS AVEC LE DÉVELOPPEMENT AFFECTIF (p. 150 à 168)

Enfant possédé par les parents en train de se quereller et les manifestations cliniques qui en résultent (p. 156).

OBJETS TRANSITIONNELS ET PHÉNOMÈNES TRANSITIONNELS (p. 169 à 186)

Cas de deux frères et de la différence d'utilisation de leurs possessions (objets transitionnels) (p. 176).

Angus, onze ans et neuf mois : histoire du lapin violet qui « était méchant » et qui venait encore le voir (p. 178).

LE RESPECT DU SYMPTÔME EN PÉDIATRIE. EXPOSÉ D'UN CAS (p. 203 à 223)

Philippe, neuf ans : compulsion à voler, voix du sorcier. Traitement chez lui, trois entretiens avec Winnicott (*squiggles*) (p. 206 et ss.). *Cf.* « La psychanalyse et le sentiment de culpabilité » (p. 348).

REPLI ET RÉGRESSION (p. 223 à 230)

Homme en analyse (p. 223 et ss.). *Cf.* Le patient du *Fragment d'une analyse.*

Les aspects métapsychologiques et cliniques de la régression au sein de la situation analytique (p. 250 à 267)

Femme : régression et recherche du vrai *self* (p. 252). *Cf.* « L'esprit et ses rapports avec le psyché-soma » (p. 142) et « Les souvenirs de la naissance... » (p. 121).

Garçon, neuf ans : régression jusqu'au point de fixation où s'est produit un traumatisme (p. 255).

La tendance antisociale (p. 292 à 302)

Enfant psychopathe dans une consultation externe; premier cas de psychanalyse d'enfant de Winnicott (p. 292).

Cas de vol chez un enfant d'une ancienne patiente, intervention uniquement de la mère (p. 293-294).

La psychanalyse et le sentiment de culpabilité (p. 334 à 349)

Petit garçon, huit ans : sentiment de culpabilité à la révélation de la naissance d'un frère mort avant sa propre naissance (p. 337).

Jeune fille : névrose obsessionnelle; culpabilité intolérable même devant la simple représentation du bord de la mer (p. 340).

Petite fille, cinq ans : culpabilité, profonde dépression à la mort du père (amour et haine) (p. 340-341).

Petit garçon, neuf ans : compulsion à voler (p. 348). *Cf.* « Le respect du symptôme en pédiatrie » (p. 206 et ss.).

La ficelle : un aspect technique de la communication (p. 379 à 384)

Tony : utilise compulsivement la ficelle comme moyen de communiquer avec une mère déprimée puis comme déni de la séparation. Suivi par Winnicott durant quelques entretiens et avec des contacts avec la famille (p. 379 et ss). *Cf.* « L'effet des parents psychotiques sur le développement affectif de leur enfant » (p. 394-395) et *Jeu et réalité* (p. 27), « Psychopathologie dans l'aire des phénomènes transitionnels ».

L'effet des parents psychotiques sur le développement affectif de leur enfant (p. 385 à 397)

Esther, la « poétesse » : effet d'un parent psychotique sur le développement affectif de l'enfant. L'enfant et la famille nourricière (p. 385).

Kathleen : effet de la maladie psychiatrique de la mère (p. 390 et ss.).

Petite fille, huit ans : anorexique quand sa mère se déprimait (p. 393).

Exemple de l'enfance avec une mère chaotique (p. 393-394).

Tony et l'utilisation compulsive de la ficelle (p. 394-395). *Cf.* « La ficelle... » (p. 379 et ss.).

L'enfant et le parent maniaco-dépressif : « Dr Winnicott es-tu fatigué ? » (p. 394-395).

Perceval, onze ans : parents malades mentaux, thérapeutes de leur enfant (p. 396).

Le cancer du père et ses répercussions dans la famille (p. 396).

L'ADOLESCENCE (p. 398 à 408)

L'adolescente et la crainte de la maladie vénérienne (p. 402-403, note 1).

DE LA RÉGRESSION CONSIDÉRÉE COMME UNE THÉRAPIE (p. 409 à 428)

Cecil, vingt et un mois puis huit ans et demi : présente une dépendance pathologique depuis la réaction de la mère face à une seconde grossesse ; soigné par les parents ; entretiens de Winnicott avec les parents, parfois en présence de l'enfant. Deux consultations avec Cecil à huit ans (*squiggles*) (p. 409 et ss.). *Cf. La consultation thérapeutique et l'enfant.*

RÉFÉRENCES BIBLIOGRAPHIQUES

ABRAHAM K., (1916), « Examen de l'étape prégénitale du développement de la libido », in *Œuvres complètes*, t. II, Paris, Payot, 1989, pp. 11-34.

ABRAHAM K., (1924), « Esquisse d'une histoire du développement de la libido fondée sur la psychanalyse des troubles mentaux », in *Œuvres complètes*, t. II, Paris, Payot, 1989, pp. 170-227.

ABRAHAM K., *Œuvres Complètes* t. I (1907-1914), 368 p.; t. II (1915-1925), 304 p., trad. de l'allemand par I. Barande avec la collaboration d'Élisabeth Grin, Paris, Payot, 1989.

AICHHORN A., *Wayward youth*, Londres, Imago publishing, 1925.

ACKERMAN N., « Psychiatric disorders in children. Diagnosis and aetiology in our time », in *Hoch and Zubin.* (eds), *Current problems in psychiatric diagnosis*, New York, Grune and Stratton, 1953.

BALINT M., (1951), « L'amour et la haine » in *Amour primaire et technique psychanalytique*, trad. de l'anglais par J. Dupont, R. Gelly, S. Kadar, Paris, Payot, 1972.

BALINT M., (1955), « Friendly expanses. Horrid empty space » in *Int. J. Psycho-Anal.*, 1955, 36.

BALINT M., (1957), « Les trois zones de l'appareil psychique » in *Le défaut fondamental*, trad. de l'anglais par J. Dupont et M. Wiliker, Paris, Payot, 1971.

BENDER L., « Childhood Schizophrenia » in *Am. J. Orthopsychiat.*, 1947, 17.

BION W., *Réflexion faite*, trad. de l'anglais par F. Robert, Paris, PUF, 1983.

BION W., (1979), *Aux sources de l'expérience*, trad. de l'anglais par F. Robert, Paris, PUF.

BORNSTEIN B., « On latency » in *Psychoanal. study child*, 1951, 6, New York International Universities Press.

BOWLBY K., ROBERTSON J. et ROSENBLUTH D., « A two-year-old goes to hospital », in *Psychoanal. study child*, 1952, VII, New York, International Universities Press.

BOWLBY J., (1951), *Soins maternels et santé mentale*, 2e *éd.*, Genève, Organisation mondiale de la santé, 1954, 208 p.

BOWLBY J., « Psychoanalysis and child care » in Sutherland J.D. éd. *Psychoanalysis and contemporary though*, Londres, the Hogarth Press, 1958.

BOWLBY J., « Separation anxiety » in *Int. J. Psycho-Anal.*, 1960, 41.

– « L'angoisse de séparation : Revue critique, trad. A. Berman, in *La psychiatrie de l'enfant*, 1962, vol. V, n° 1, pp. 317-337.
BRIERLEY M., *Trends in Psycho-Analysis*, Londres, the Hogarth Press, 1951.
BRITTON C., (1955), « Casework techniques in the child care services », *Case Conference*, vol. 1, n° 9.
BURLINGHAM D. et FREUD A., *Young children in wartime : A year's work in a residential war nursery*, Londres, Allen and Unwin, 1942.
BURLINGHAM D. et FREUD A., *Enfants sans famille*, trad. A. Berman, Paris, PUF, 1949.
CASTERET N., *My caves*, Londres, Dent, 1947.
CREAK M., « Psychoses in childhood » in *J. Ment. Sci.*, 1951, 97.
CREAK M., « Psychoses in chidhood » in *Proc. R. Med.*, 1952, 45.
ERIKSON E., *Enfance et société*, trad. A. Cardinet, Neuchâtel, Delachaux et Niestlé, 1959, 285 p.
ERIKSON E., « The roots of virtue » in Huxley J., éd., *The humanist frame*, Londres, Allen and Unwin, 1961.
ERIKSON E., *Luther avant Luther. Psychanalyse et histoire*, trad. N. Godneff, Paris, Flammarion, 1968, 333 p.
FAIRBAIRN W.R., *Psychoanalytic studies of the personality*, Londres, Tavistock Publications, 1952.
FENICHEL O., *La théorie psychanalytique des névroses*, trad. M. Schlumberger et coll., t. I, Introduction. Le développement mental. Les névroses traumatiques et les psycho-névroses.
T. II, Les psychonévroses, évolution et thérapeutique des névroses, Paris, PUF, 1953.
FERENCZI S., « Analyses d'enfants avec des adultes » in *Œuvres complètes*, t. IV (1927-1933), trad. de l'allemand par l'équipe de traduction du Coq Héron (J. Dupont, S. Hommel, P. Sabourin, F. Samson, B. This), Paris, Payot, 1982.
FORDHAM M., « Contribution to symposium on " counter-transference " » in *Brit. J. Med. Psychol.*, 1960, 33.
FREUD A., (1936), « Regression as a principale in mental Development » in *Bull. Menninger Clinic*, 1963, 27.
FREUD A., (1936), *Le traitement psychanalytique des enfants*, trad. E. Rochat et A. Berman, Paris, PUF, 1951.
FREUD A., (1937), *Le moi et les mécanismes de défense*, trad. Anne Berman, Paris, PUF, 1949.
FREUD A., (1947), « Aggression in relation to emotional Development : Normal and pathological » in *Psychoanal. study child*, 1947, vol. III-IV.
FREUD A., « Emotional and instinctive development » in Ellis R. W. B. éd. *Child Health and Development*, Londres, John Churchill, 1947.
FREUD A., « A connection between the states of negativism and of emotional surrender (Hörigkeit) » in *Int. J. Psycho-Anal.*, 1952, 38.
FREUD A., « The role of bodily illness in the mental life of children » in *Psychoanal. study child*, 1952, VII, New York, International Universities Press.
FREUD A., « Some remarks on infant observation » in *Psycho-Anal. study child*, 1953, VIII, New York International Universities Press.
FREUD A., « Problems of infantile neurosis : A discussion » in *Psychoanal. study child*, 1954, IX, New York, International Universities Press.
FREUD A., « The widening scope of indications for Psycho-Analysis » in *J. Amer. Psychoanal. Assoc.*, 1954, 2.

FREUD S., (1905), « Fragment d'une analyse d'hystérie (Dora) », trad. M. Bonaparte et R. Lœwenstein, in *Cinq psychanalyses* (2e éd. corrigée), Paris, PUF, 1966.

FREUD S., (1905 a), *Trois essais sur la théorie sexuelle*, trad. P. Koeppel, coll. « Connaissance de l'inconscient », série « Traductions nouvelles », Paris, Gallimard, 1987.

FREUD S., (1905 b), « De la psychothérapie », trad. A. Berman, in *La technique psychanalytique*, Paris, PUF, 1970.

FREUD S., (1909), « Analyse d'une phobie chez un petit garçon de cinq ans (le petit Hans), trad. M. Bonaparte, in *Cinq psychanalyses*, Paris, PUF, 1954.

FREUD S., (1909), « Remarques sur un cas de névrose obsessionnelle (L'homme aux rats), trad. M. Bonaparte et R. Loewenstein, in *Cinq psychalanyses*, Paris, PUF, 1954.

FREUD S., (1911), « Formulations sur les deux principes du cours des événements psychiques », trad. J. Laplanche, in *Résultats, idées, problèmes*, vol. I, Paris, PUF, 1984.

FREUD S., (1914), « Pour introduire le narcissisme », trad. de J. Laplanche et *al.*, in *La vie sexuelle*, Paris, PUF, 1969.

FREUD S., (1915), « Les pulsions et leur destin », trad. A. Berman, in *Métapsychologie*, Paris, Gallimard, 1952.

FREUD S., (1916), « Quelques types de caractère dégagés par la psychanalyse », trad. E. Marty et M. Bonaparte, in *Essais de Psychanalyse appliquée*, Paris, Gallimard, 1933.

FREUD S., (1917), « Deuil et mélancolie », trad. A. Berman, in *Métapsychologie*, Paris, Gallimard, 1952.

FREUD S., (1920), « Au-delà du principe de plaisir », trad. J. Laplanche et J.-B. Pontalis, in *Essais de psychanalyse*, Paris, Payot, 1981.

FREUD S., (1921), « Psychologie des foules et analyse du Moi », trad. Pierre Cotet et *al.*, in *Essais de psychanalyse*, Paris, Payot, 1981.

FREUD S., (1923), « Le Moi et le Ça », trad. J. Laplanche, in *Essais de psychanalyse*, Paris, Payot, 1981.

FREUD S., (1926), *Inhibition, symptôme et angoisse*, trad. de l'allemand par M. Tort, Paris, PUF, 1965.

FREUD S., (1937), « Analyse terminée et analyse interminable », trad. A. Berman, in *Rev. Fr. Psychanal.*, 1939, 11 pp. 3-38.

FREUD S., (1887-1902), *La naissance de la psychanalyse. Lettre à Wilhelm Fliess, Notes et plans* publiés par M. BONAPARTE, A. FREUD et E. KRIS, trad. A. Berman, Paris, PUF, 1956, 427 p.

FRIEDLANDER K., (1947), *La délinquance juvénile. Théories. Observations, traitements*, trad. de l'anglais par A. Berman, Paris, PUF, 1951.

GILLESPIE M., « The psychoneuroses » in *J. Ment. Sci.*, 1944, 90.

GLOVER E., « A psychoanalytic approach to the classification of mental disorders », in *On the early development of mind*, Chap. XI, Londres, Imago Publishing, 1932.

GLOVER E., « The position of psycho-analysis in Great-Britain » in *On the early development of mind*, Chap. XXIII, Londres, Imago Publishing, 1941.

GLOVER E., « An examination of Klein system of child psychology » in *Psychoanal. study child*, vol. I, 1945, New York, International Universities Press.

GLOVER E., *On the early development of mind*, Londres, Imago Publishing, 1956.

GREENACRE, Ph., « La prédisposition à l'angoisse » trad. C. Stein-Monod, in *Traumatisme, croissance, personnalité*, Paris, PUF, 1971.
GREENACRE Ph., « L'économie biologique de la naissance » in *Traumatisme...*, *op. cit.*
GREENACRE Ph., « Problems of infantile neurosis : A discussion » in *Psychoanal. study child*, vol. IX, 1954, New York, International Universities Press.
GREENACRE Ph., « Early physical determinants in the development of the sense of identity » in *J. Amer. Psychoanal. Assoc.*, 1958, 6.
GUNTRIP H., *Personality structure and human interaction*, Londres, the Hogarth Press, 1961.
HARTMANN H., (1952), « Les influences réciproques du moi et du ça dans le développement », trad. P. Luquet, J. Parat et M. C. Chiaeb, in *Rev. Fr. psychanal*, 1967, 31, pp. 379-401.
HARTMANN H., « Contribution to discussion of problems of infantile neurosis », in *Psychoanal. study child*, IX, 1954, New York, International Universities Press.
HARTMANN H., *La psychologie du moi et le problème de l'adaptation*, trad. de l'allemand par Anne-Marie Rocheblave-Spence, postface de Wolgang Loch, Paris, PUF, 1968.
HENOCH E., *Lectures on children's diseases*, trans. by John Thompson, Londres, the New Sydenham Society, 1889.
HOCH P. et ZUBIN J., *Current problems in psychiatric diagnosis*, New York Grune and Stratton, 1953.
HOFFER W., « Mouth, hand and ego. Integration » in *Psychoanal. study child*, III/IV, 1949, New York, International Universities Press.
HOFFER W., *Psychoanalysis : pratical and research aspects*, Baltimore, William et Wilkins, 1955.
ILLINGWORTH R. S., « Sleep disturbances in young child in *Brit. Med. J.*, 1951.
JAMES H. M., « Infantile narcissistic trauma » in *Int. J. Psycho-Anal*, 1962, 43.
JONES E., « A valedictory address » in *Int. J. Psycho-Anal*, 1946, 27.
JUNG C. G., *The collected works of C. G. Jung*, Éd. Herbert Read, Michael Fordham et coll., Londres, Routledge et Kegan Paul.
KANNER L., « Autistic disturbances of affective contact » in *The Nervous Child*, 1943, 2.
KLEIN M., *Essais de Psychanalyse* (1921-1945), introduction de Ernest JONES, trad. de l'anglais par M. Derrida, introduction à l'édition française par N. Abraham et M. Torok, Paris, Payot, 1967.
KLEIN M., (1934), « Le deuil et ses rapports avec les états maniaco-dépressifs » in *Essais de psychanalyse*, Paris Payot, 1967.
KLEIN M., (1934), « Contribution à l'étude de la psychogenèse des états maniaco-dépressifs », in *Essais de psychanalyse*, Paris, Payot, 1967.
KLEIN M. et RIVIÈRE J., (1936), *L'amour et la haine. Le besoin de réparation*, trad. A. Stronck, Paris, Payot, 1968.
KLEIN M., HEIMANN P., ISAACS S. et RIVIÈRE J., (1952), *Développements de la psychanalyse*, trad. W. Baranger, Paris, Payot, 1967.
KLEIN M., (1946), « Notes sur quelques mécanismes schizoïdes », in KLEIN M., HEIMANN P., ISAACS S. et RIVIÈRE J., *Développements de la psychanalyse.*
KLEIN M., HEIMANN P., ISAACS S. et RIVIÈRE J., *New directions in psychoanalysis*, Londres, Tavistock publications, New York, Basic Books, 1955.
KLEIN M., (1932), *La psychanalyse des enfants*, trad. J. B. Boulanger, Paris, PUF, 1959.

KLEIN M., (1961), *Pyschanalyse d'un enfant*, trad. de l'anglais par M. Davidovici, Paris, Sand, 1973.

KRIS E., « Notes on the development and on some current problems of psychanalytic child psychology », in *Psychoanal. study child*, V, 1956, New York, International Universities Press.

KRIS E., « Opening remarks on psychoanalytic child psychology » in *Psychoanal. study child*, VI, 1951, New York, International Universities Press.

LAING R.D., *Le moi divisé (De la santé mentale)*, trad. par C. Elsen, Paris, Hachette, 1983.

LAING R.D., (1961), *Soi et les autres*, trad. de l'anglais par Gilbert Lambrichs, Paris, Gallimard, 1971.

LINDNER S., « Das Saugen an den Fingern, Lippen, bei den Kindern (Ludeln) » in *Jb. Kinderheilk*, 1879, 14-68 (179).

LITTLE M., « On delusional transference (Transference psychosis) » in *Int. J. Psycho-Anal.*, 1958, 39.

MACALPINE I., « Psychosomatic symptom formation » in *Lancet*, 1952, Feb. 9.

MAHLER M. S., *Psychose infantile*, Paris, Payot, 1982.

MAHLER M. S., « Problems of infantile neurosis : a discussion » in *Psychoanal. study child*, IX, 1954, New York, International Universities Press. *Cf. Psychose infantile, op. cit.*

MARTY P. et FAIN M., « La motricité dans la relation d'objet » in *Rev. Fr. psychanal.*, 1955, 19.

MENNINGER K. et coll., *The vital balance*, New York, Basic books, 1963.

MIDDLEMORE M. P., *The nursing couple*, Londres, Hamish Hamilton, 1941.

MILNER M., « Aspects of symbolism in comprehension of the not-self » in *Int. J. Psycho-Anal.*, 1952, 33.

MONCHAUX C. de, « La pensée et l'hallucination négative », intervention du rapport de SZEKELY L. et BION W. K., Étude psychanalytique de la pensée, XXIIe Congrès International de Psychanalyse, Edimbourg, 1961, in *Rev. Fr. psychanal.*, 1964, 28, pp. 85-91.

RANK O., (1924), *Le traumatisme de la naissance*, trad. S. Jankélévitch, Paris, Payot, 1968.

READ G. D., *Revelation of chidbirth*, Londres, Heinemann, 1942.

READ G. D., *Introduction to motherhood*, Londres, Whitefriars Press, 1950.

RIDDLE M., *The rights of infants*, New York, Columbia University Press, 1943.

RICKMAN J., « The development of the psycho-analytical theory of the psychoses » in *Int. J. Psycho-Anal.*, 1928, Suppl. n° 2.

RICKMAN J., « Methodology and research in psychopathology » in *Brit. J. Med. Psychol.*, 1951, 24.

RIVIÈRE J., « On the genesis of psychical conflict in earliest infancy » in *Int. J. Psycho-Anal.*, 1936, 17.

RYCROFT C. F., « Some observations on a case of vertigo » in *Int. J. Psycho-Anal.*, 1953, 34.

SCOTT W. C. M., « The body scheme in psychotherapy » in *Brit J. Med. Psychol.*, 1949, 22.

SEARL N., « The flight to reality » in *Int. J. Psycho-Anal.*, 1929, 10.

SEARLES H. F., (1959), *L'effort pour rendre l'autre fou*, trad. de l'anglais par B. Bost, Paris, Gallimard, 1977.

SEARLES H. F., (1960), *L'environnement non humain*, trad. de l'anglais par D. Blanchard, Paris, Gallimard, 1986.

SECHEHAYE M. A., *La réalisation symbolique. Nouvelle méthode de psychothérapie appliquée à un cas de schizophrénie*, Bern, Hans Huber, 1947.

SPITZ R. A., « Hospitalisme. Une enquête sur la genèse des états psychopathiques de la première enfance » in *Rev. Fr. psychanal.*, 1949, 13, pp. 397-425.
SPITZ R. A. et WOLF K. M., « Anaclitic depression : an inquiry into the genesis of psychiatric condition in early childhood » in *Psychoanal. study child*, 1949, II, New York, International Universities Press.
SPITZ R. A., « Relevancy of direct infant observation », in *Psychoanal. study child*, V, 1950, New York, International Universities Press.
STEVENSON O., « The first treasured possession » in *Psychoanal. study child*, X, 1954, New York, International Universities Press.
STRACHEY J., (1934), « La nature de l'action thérapeutique de la psychanalyse, trad. de l'anglais par Ch. David, in *Rev. Fr. psychanal.*, 1970, 34, pp. 255-284.
WHEELIS A, *The quest for identity*, New York, Norton, 1958.
WHITEHEAD A. N., (1938), *Adventures of ideas*, Harmondsworth, Pelican books, 1933.
WICKES F. G., (1938), *The inner world of man*, New York, Farrar et Rinehart, Londres, Methuen, 1950.
WULFF M., « Fetishism and object choice in early childhood » in *Psychoanal. Quart.*, 1946, 15.
ZETZEL E., « Current concept of transference », in *Int. J. Psycho-Anal.*, 1956, 37.

BIBLIOGRAPHIE
DES PUBLICATIONS DE D.W. WINNICOTT [1]

– *Section A* : Liste des livres en anglais et en français (1931-1989).

– *Section B* : Bibliographie. Les travaux, les rééditions et les traductions apparaissent à l'année de la *première publication*. La date antérieure figurant éventuellement entre parenthèses se réfère à la première présentation.

Section A

Clinical Notes on Disorders of Childhood. (Londres : Heinemann, 1931).
The Child and The Family : First Relationships. (Londres : Tavistock, 1957).
L'enfant et la famille. Les premières relations. (Paris : Payot, 1971).
Comprend :
A Man Looks at Motherhood (1949).
Getting to Know your Baby (1944).
The Baby as a Going Concern (1949).
Infant Feeding (1944).
Where the Food Goes (1949).
The End of the Digestive Process (1949).
The Baby as a Person (1949).
Close-Up of Mother Feeding Baby (1949).
Why Do Babies Cry ? (1944).
The World in Small Doses (1949).
The Innate Morality of the Baby (1949).
Weaning (1949).
Knowing and Learning (1950).
Instincts and Normal Difficulties (1950).
What About Father ? (1944).
Their Standards and Yours (1944).
Young Children and Other People (1949).
What Do We Mean by a Normal Child ?(1946).
The Only Child (1945).

1. Les articles traduits dans le présent ouvrage sont précédés du signe *, qui renvoie le lecteur à la table des matières, p. 465. Le détail des ouvrages français se trouve en pp. 460-464.

Twins (1945).
Stealing and Telling Lies (1949).
Visiting Children in Hospital (1951).
On Adoption (1955).
First Experiments in Independance (1955).
Support for Normal Parents (1944).
The Mother's Contribution to Society (1957).

The Child and the Outside World: Studies in Developing Relationships. (Londres : Tavistock, 1957.)
L'enfant et le monde extérieur. Le développement des relations. (Paris : Payot, 1972).
Comprend :
Needs of the Under-Fives in a Changing Society (1954).
The Child's Needs and the Role of the Mother in the Early Stages (1951).
On Influencing and Being Influenced (1941).
Educational Diagnosis (1946).
Shyness and Nervous Disorders in Children (1938).
Sex Education in Schools (1949).
Pitfalls in Adoption (1954).
Two Adopted Children (1953).
Children in the War (1940).
The Deprived Mother (1940).
The Evacuated Child (1945).
The Return of the Evacuated Child (1945).
Home Again (1945).
Residential Management as Treatment for Difficult Children (1947).
Children's Hostels in War and Peace (1948).
Towards an Objective of Human Nature (1945).
Further Thoughts on Babies as Persons (1947).
Breast Feeding (1945).
Why Children Play (1942).
The Child and Sex (1947).
Aggression (1939).
The Impulse to Steal (1949).
Some Psychological Aspects of Juvenile Delinquency (1946).

Collected Papers: Through Paediatrics to Psycho-Analysis. (Londres : Tavistock; New York : Basic Books, 1958.)
De la pédiatrie à la psychanalyse. (Paris : Payot, 1969 et 1989).
Comprend :
A Note on Normality and Anxiety (1931).
Fidgetiness (1931).
Appetite and Emotional Disorder (1936).
* The Observation of Infants in a Set Situation (1941).
Child Department Consultations (1942).
Ocular Psychoneuroses of Childhood (1944).
* Reparation in Respect of Mother's Organized Defence against Depression (1948).
* Anxiety Associated with Insecurity (1952).
* Symptom Tolerance in Paediatrics : a Case History (1953).
* A Case Managed at Home (1955).

* The Manic Defense (1935).
* Primitive Emotional Development (1945).
* Paediatrics and Psychiatry (1948).
* Birth Memories, Birth Trauma, and Anxiety (1949).
* Hate in the Counter-Transference (1947).
* Aggression in Relation to Emotional Development (1950).
* Psychoses and Child Care (1952).
* Transitional Objects and Transitional Phenomena (1951).
* Mind and its Relation to the Psyche-Soma (1949).
* Withdrawal and Regression (1954).
* The Depressive Position in Normal Emotional Development (1954).
* Metapsychological and Clinical Aspects of Regression within the Psycho-Analytical Set-Up (1954).
* Clinical Varieties of Transference (1955).
* Primary Maternal Preoccupation (1956).
* The Antisocial Tendency (1956).
* Paediatrics and Childhood Neurosis (1956).

The Child, the Family, and the Outside World. (Harmondsworth : Penguin Books, 1964. Pelican Book A668).
Comprend :
A Man Looks at Motherhood (1949).
Getting to Know your Baby (1944).
The Baby as a Going Concern (1949).
Infant Feeding (1944).
Where the Food Goes (1949).
The End of the Digestive Process (1949).
Close-Up of Mother Feeding Baby (1949).
Breast Feeding (1945).
Why Do Babies Cry? (1944).
The World in Small Doses (1949).
The Baby as a Person (1949).
Weaning (1949).
Further Thoughts on Babies as Persons (1947).
The Innate Morality of the Baby (1949).
Instincts and Normal Difficulties (1950).
Young Children and Other People (1949).
What About Father? (1944).
Their Standards and Yours (1944).
What Do We Mean by a Normal Child? (1946).
The Only Child (1945).
Twins (1945).
Why Children Play (1942).
The Child and Sex (1947).
Stealing and Telling Lies (1949).
First Experiments in Independence (1955).
Support for Normal Parents (1944).
Needs of the Under-Fives (1954).
Mother, Teacher, and the Child's Needs (1953).
On Influencing and Being Influenced (1941).
Educational Diagnosis (1946).

Shyness and Nervous Disorders in Children (1938).
Sex Education in Schools (1949).
Visiting Children in Hospital (1951).
Aspects of Juvenile Delinquency (1946).
Roots of Aggression (1964).

The Family and Individual Development. (Londres : Tavistock, 1964).
Comprend :
* The First Year of Life : Moderne Views on the Emotional Development (1958).
The Relationship of a Mother to her Baby at the Beginning (1960).
Growth and Development in Immaturity (1950).
On Security (Broadcast, 1960).
The Five-Year-Old (Broadcast, 1962).
Integrating and Disruptive Factors in Family Life (1957).
The Family Affected by Depressive Illness in one or both Parents (1958).
* The Effect of Psychotic Parents on the Emotional Development of the Child (1959).
The Effect of Psychosis on Family Life (1960).
* Adolescence (1961).
The Family and Emotional Maturity (1960).
Theoretical Statement of the Field of Child Psychiatry (1958).
The Contribution of Psycho-Analysis to Midwifery (1957).
Advising Parents (1957).
Casework with Mentally Ill Children (1959).
The Deprived Child and How He Can Be Compensated for Loss of Family Life (1950).
Group Influences and the Maladjusted Child : The School Aspect (1955).
Some Thoughts on the Meaning of the Word Democracy (1950).

The Maturational Processes and the Facilitating Environment. (Londres : Hogarth Press, 1965.) *Processus de maturation chez l'enfant. Développement affectif et environnement.* (Paris : Payot, 1970).
Comprend :
Psycho-Analysis and the Sense of Guilt (1958).
* The Capacity to be Alone (1958).
The Theory of the Parent-Infant Relationship (1960).
Ego Integration in Child Development (1962).
Providing for the Child in Health and Crisis (1962).
The Development of the Capacity for Concern (1963).
From Dependence towards Independence in the Development of the Individual (1963).
Morals and Education (1963).
On the Contribution of Direct Child Observation to Psycho-Analysis (1957).
Child Analysis in the Latency Period (1958).
Classification : Is there a Psycho-Analytic Contribution to Psychiatric Classification ? (1959-1964).
Ego Distortion in Terms of True and False Self (1960).
* String : A Technique of Communication (1960).
* Counter-Transference (1960).
The Aims of Psycho-Analytical Treatment (1962).

A personal View of the Kleinian Contribution (1962).
Communicating and Not Communicating Leading to a Study of Certain Opposites (1963).
Training for Child Psychiatry (1963).
Psychotherapy of Character Disorders (1963).
The Mentally Ill in your Caseload (1963).
Psychiatric Disorder in Terms of Infantile Maturational Processes (1963).
Hospital Care Supplementing Intensive Psychotherapy in Adolescence (1963).
Dependence in Infant-Care, in Child-Care, and in the Psyco-Analytic Setting (1963).

Playing and Reality (Londres : Tavistock, 1971. New York : Basic Books, 1971). *Jeu et réalité. L'espace potentiel.* (Paris : Gallimard, 1975).
Comprend :
Transitional Objects and Transitional Phenomena (1953).
Dreaming, Fantasying, and Living :
A Case-history describing a Primary Dissociation.
Playing : A Theoretical Statement.
Playing : Creative Activity and the Search for the Self.
Creativity and its Origins.
The Use of an Object and Relating through Identifications (1969).
The Location of Cultural Experience (1967).
The Place where we Live.
Mirror-role of Mother and Family in Child Development (1967).
Interrelating apart from Instinctual Drive and in terms of Cross-identifications.
Contemporary Concepts of Adolescent Development and their Implications for Higer Education (1968).

Therapeutic Consultations in Child Psychiatry. (Londres : Hogarth Press and the Institute of Psychoanalysis, 1971. New York : Basic Books). *La consultation thérapeutique et l'enfant.* (Paris : Gallimard, 1972).

The Piggle : An Account of the Psycho-Analytical Treatment of a Little Girl. 1978. (Londres : Hogarth Press and the Institute of Psychoanalysis. New York : International Universities Press). *La petite « Piggle ». Compte rendu du traitement psychanalytique d'une petite fille.* (Paris : Payot, 1980).

Deprivation and Delinquency. (Londres : Tavistock, 1984).

Holding and Interpretation : Fragment of an Analysis. (Londres : Hogarth Press and The Institute of Psychoanalysis, 1986. New York : Grove).

Home is Where We Start From. (Londres : Penguin Books, 1986. New York : W. W. Norton & Company). *Conversations ordinaires.* (Paris : Gallimard, 1988).
Comprend :
Psychoanalysis and Science : Friends or Relations ? (1961).
The Concept of a Healthy Individual (1967).
Living Creatively (1970).
Sum, I am (1968).
The Concept of the False Self (1964).

The Value of Depression (1963).
Aggression, Guilt and Reparation (1960).
Delinquency as a Sign of Hope (1967).
Varieties of Psychotherapy (1961).
Cure (1970).
The Mother's Contribution to Society (1957).
The Child in the Family Group (1966).
Children Learning (1968).
Adolescent Immaturity (1968).
Thinking and the Unconscious (1945).
The Price of Disregarding Psychoanalytic Research (1965).
This Feminism (1964).
The Pill and the Moon (1969).
Discussion of War Aims (1940).
Berlin Walls (1969).
Freedom (1969).
Some Thoughts on the Meaning of the Word « Democracy » (1950).
The Place of the Monarchy (1970).

Babies and Their Mothers. 1987. (Reading, Massachussetts : Addison-Wesley Publishing Co).
Comprend :
The Ordinary Devoted Mother (1966).
Knowing and Learning (1950).
Breast-feeding as Communication (1968).
The Newborn and His Mother (1964).
The Beginning of the Individual (1966).
Environmental Health in Infancy (1967).
The Contribution of Psychoanalysis to Midwifery (1957).
Dependence in Child Care (1970).
Communication Between Infant and Mother, and Mother and Infant, Compared and Contrasted (1968).

The Spontaneous Gesture. (Cambridge, Massachussetts : Harvard University Press, 1987). *Lettres vives.* (Paris : Gallimard, 1989).

Human Nature. (Londres : Free Association Books, 1988.)

Section B

1926

(1) Varicella Encephalitis and Vaccinia Encephalitis. *Brit. J. Children's Dis.*, 23.

1928

(2) The Only Child. In : *The Mind of the Growing Child.* (Lectures to the National Society of Day Nurseries) ed. Viscountess Erleigh. (London : Faber.)

1930

(3) Short Communication on Enuresis; *St Bartholomew's Hosp. J.*, April 1930.
(4) Pathological Sleeping (Case History). *Proc. Roy. Soc. Med.*, 23.

1931

(5) Pre-Systolic Murmur, Possibly Not Due to Mitral Stenosis (Case History). *Proc. Roy. Soc. Med.*, 24.
(6) *Clinical Notes on Disorders of Childhood.* (London : Heinemann) (Voir Section A.)
(7) Fidgetiness. In (6), (116).
(8) A Note on Normality and Anxiety. In (6), (116).

1934

(9) The Difficult Child. *J. State Medicine*, 42.
(10) Papular Urticaria and the Dynamics of Skin Sensation. *Brit. J. Children's Dis.*, 31.

1936

(11) Discussion (with R. S. Addis and R. Miller) on Enuresis. *Proc. Roy. Soc. Med.*, 29.

1938

(12) Skin Changes in Relation to Emotional Disorder. *St John's Hosp. Der. Soc. Report*, 1938.
(13) Shyness and Nervous Disorders in Children. *The New Era in Home and School*, 19. Also in (108), (158).
(14) Notes on a Little Boy. *The New Era in Home and School*, 19.
(15) Review : *Child Psychiatry* by Leo Kanner (Baltimore, Md : Thomas, 1935; London : Baillière, 1937). *Int. J. Psycho-Anal.*, 19.

1939

(16) The Psychology of Juvenile Rheumatism. In : *A Surgery of Child Psychiatry* ed. R. G. Gordon. (London : Oxford Univ. Press).

1940

(17) Children in the War (Broadcast 1939). *The New Era in Home and School*, 21. In (108).
(18) The Deprived Mother (Broadcast 1939). *The New Era in Home and School*, 21. In (108).
(19) Children and their Mothers. *The New Era in Home and School*, 21.

1941

* (20) The Observation of Infants in a Set Situation. *Int. J. Psycho-Anal.*, 22. In (116).
(21) On Influencing and Being Influenced. *The New Era in Home and School*, 22. In (108), (158).

1942

(22) Child Department Consultations. *Int. J. Psycho-Anal.*, 23. In (116).
(23) Why Children Play. *The New Era in Home and School*, 23. In (108), (158).

1943

(24) Delinquency Research. *The New Era in Home and School*, 24.
(25) The Magistrate, the Psychiatrist and the Clinic (Correspondence with R. North). *The New Era in Home and School*, 24.

1944

(26) (with Clare Britton) The Problem of Homeless Children. *Childrens' Communities* Monograph No. 1. In : *The New Era in Home and School*, 25.
(27) Ocular Psychoneurones. *Trans. Ophtalmological Soc.*, 44.

1945

(28) *Getting to Know Your Baby* (Six Broadcast Talks). (London : Heinemann) (Also in : *The New Era in Home and School*, 26; and in (100), (158).
(29) Getting To Know Your Baby. In (28), (100), (158).
(30) Why Do Babies Cry? In (28), (100), (158).
(31) Infant Feeding. In (28), (100), (158).
(32) What about Father? In (28), (100), (158).
(33) Their Standards and Yours. In (28), (100), (158).
(34) Support for Normal Parents. In (28), (100), (158).
(35) Talking about Psychology. *The New Era in Home and School*, 26. Reprinted under the title " What is Psycho-Analysis "? *The New Era in Home and School* (1952), 33, et " Towards an Objective Study of Human Nature " in (108).
(36) Thinking and the Unconscious. *The Liberal Magazine*, March 1945.
* (37) Primitive Emotional Development. *Int. J. Psycho-Anal.*, 26. In (116).
(38) *Five Broadcast Talks* in (108).
(39) The Evacuated Child. In (38), (108).
(40) The Return of the Evacuated Child. In (38), (108).
(41) Home Again. In (38), (108).
(42) The Only Child. In (38), (100), (158).
(43) Twins. In (38), (100), (158).

1946

(44) What Do We Mean by a Normal Child? *The New Era in Home and School*, 27. In (100), (158).
(45) Some Psychological Aspects of Juvenile Delinquency. *The New Era in Home and School*, 27. In (108) et " Aspects of Juvenile Delinquency " in (158).
(46) Educational Diagnosis. *Nat. Froebel Foundation Bull.* No. 41. In (108), (158).

1947

(47) The Child and Sex. *The Practitioner*, 158. In (108), (158).
(48) Babies Are Persons. *The New Era in Home and School*, 28. Reprinted as " Further Throughts on Babies as Persons " in (108), (158).
(49) Physical Therapy of Mental Disorder. *Brit. Med. J.*, May 1947.
(50) (with Clare Britton) Residential Management as Treatment for Difficult Children. *Human Relations*, 1. In (108).

1948

(51) Children's Hostels in War and Peace. *Brit. J. med. Psychol.*, 21. In (108).
(52) Obituary : Susan Isaacs. *Nature*, 162.
* (53) Paediatrics and Psychiatry. *Brit. J. med. Psychol.*, 21. In (116).

1949

(54) Sex Education in Schools, *Medical Press*, 222. In (108), (158).
* (55) Hate in the Counter-Transference. *Int. J. Psycho-Anat.*, 30. In (116).
(56) Young Children and Other People. *Young Children*, 1. In (100), (158).
(57) Leucotomy. *Brit. med. Students' J.*, 3.
(58) *The Ordinary Devoted Mother and Her Baby* (Nine Broadcast Talks. Privately Published). Reprinted in (100), (158).
(59) Introduction to (58). Republished as " A Man Looks at Motherhood " in (100), (158).
(60) The Baby as a Going Concern. In (58), (100), (158).
(61) Where the Food Goes. In (58), (100), (158).
(62) The End of the Digestive Process. In (58), (100), (158).
(63) The Baby as a Person. In (58), (100), (158). In *Child-Family Dig.*, Feb. 1953.
(64) Close-Up of Mother Feeding Baby. In (58), (100), (158).
(65) The World in Small Doses. In (58), (100), (158).
(66) The Innate Morality of the Baby. In (58), (100), (158).
(67) Weaning. In (58), (100), (158).
(68) Review : *Art versus Illness* by Adrian Hill (London : Allen and Unwin). *Brit. J. med. Psychol.*, 22.

1950

(69) Review : *Infancy of Speech and the Speech of Infancy* by Leopold Stein (London : Methuen, 1949). *Brit. J. med. Psychol.*, 23.
(70) Some Thoughts on the Meaning of the Word Democracy. *Human Relations*, 3. In (163).

1951

(71) The Foundation of Mental Health. *Brit. med. J.*, June 1951.
(72) Review : *Papers on Psycho-Analysis* by Ernest Jones, 5th edn (London : Baillière, 1948). *Brit. J. med. Psychol*, 24.
(73) Review : *Infant Feeding and Feeding Difficulties* by P. R. Evans and R. Mac Keith (London : Churchill). *Brit. J. med. Psychol.*, 24.
(74) *The Times* Correspondence on Care of Young Children. *Nursery Journal*, 41.
(75) Critical Notice : *On Not Being Able to Paint* by Joanna Field (London : Heinemann, 1950). *Brit. J. med. Psychol.*, 34.

1952

(76) Visiting Children in Hospital (Two B.B.C. Broadcasts, 1951). *Child-Family Digest*, Oct. 1952; *The New Era in Home and School*, 33. In (100), (158).

1953

* (77) Psychoses and Child Care. *Brit. J. med. Psychol.*, 26. In (116).
* (78) Symptom Tolerance in Paediatrics. *Proc. Roy. Soc. Med.*, 46. In (116).

★ (79) Transitional Objects and Transitional Phenomena. *Int. J. Psycho-Anal.*, 34. In (116). Trad. fr. : « Objets transitionnels et phénomènes transitionnels ». In : *La Psychanalyse*, Vol. 5 (Pairs : Presse Univ., 1959).
(80) Review : *Psycho-Analysis and Child Psychiatry* by Edward Glover (London : Imago). *Brit. med. J.*, Sept. 1953.
(81) Review : *Maternal Care and Mental Health* by John Bowlby (Geneva : W.H.O., 1951). *Brit. J. med. Psychol.*, 26.
(82) Review : *Direct Analysis* by John N. Rosen (New York : Grune and Stratton). *Brit. J. Psychol.*, 44.
(83) Review : *Twins : A Study of Three Pairs of Identical Twins* by Dorothy Burlingham (London : Imago, 1952). *The New Era in Home and School*, 34.
(84) Review (with M. M. R. Khan) : *Psychoanalytic Studies of the Personality* (London : Tavistock, 1952). *Int. J. Psycho-Anal.*, 34.
(85) (with other members of the group) The Child's Needs and the Role of the Mother in the Early Stages (UNESCO No. 9 in series « Problems in Education »). In (108) et « Mother, Teacher and the Child's Needs » in (158).

1954

(86) Review : *Aggression and its Interpretation* by Lydia Jackson (London : Methuen). *Brit. med. J.*, June 1954.
(87) Pitfalls in Adoption. *Medical Press*, 232. In (108).
(88) Two Adopted Children (Talk given to Assoc. Child Care Officers 1953). *Case Conference*, 1. In (108).
★ (89) Mind and its Relation to the Psyche-Soma. *Brit. J. med. Psychol.*, 27. In (116).
(90) The Needs of the Under-Fives in a Changing Society. *The Nursery Journal*, 44. In (108) et « The Needs of the Under-Fives » in (158).
(91) Review : *Clinical Management of Behavior Disorders in Children* by H. and R. M. Bakwin (Philadelphia : Saunders, 1953). *Brit. med. J.*, Aug. 1954.

1955

★ (92) Régression et repli. *Rev. franç. psychanal.*, 19. In English, « Withdrawal and Regression », in (116).
(93) Foreword to *Any Wife or Any Husband* by Joan Graham Malleson. (London : Heinemann.)
★ (94) Metapsychological and Clinical Aspects of Regression within the Psycho-Analytical Set-Up, *Int. J. Psycho-Anal.*, 36. In (116).
★ (95) Childhood Psychosis : A Case Managed at Home. *Case Conference*, 2. In (116).
★ (96) The Depressive Position in Normal Emotional Development. *Brit. J. med. Psychol.*, 28. In (116).
(97) Adopted Children in Adolescence. (Address to Standing Conference of Societies Registered for Adoption.) *Report of Residential Conference*, July, 1955.

1956

★ (98) On Transference. *Int. J. Psycho-Anal.*, 37. Republished as « Clinical Varieties of Transference » in (116).

1957

(99) The Contribution of Psycho-Analysis to Midwifery. *Nursing Mirror*, May, 1957. In (165).
(100) *The Child and the Family. First Relationships.* (London : Tavistock) (Voir Section A.) American edition : *Mother and Child (A Primer of First Relationships)*. New York : Basic Books.)
(101) Knowing and Learning (Broadcast 1950). In (100).
(102) Instincts and Normal Difficulties (Broadcast 1950). In (100), (158).
(103) Stealing and Telling Lies (1949). In (100), (158).
(104) On Adoption (Broadcast 1955). In (100).
(105) First Experiments in Independence (1955). In (100), (158).
(106) The Mother's Contribution to Society. In (100).
(107) Health Education through Broadcasting. *Mother and Child*, 28.
(108) *The Child and the Outside World. Studies in Developing Relationships.* (London : Tavistock) (Voir Section A.)
(109) The Impulse to Steal (1949). In (108).
(110) Breast Feeding (1945 – revised 1954). In (108), (158).
(111) Aggression (1939). In (108).

1958

(112) Twins (Broadcast 1945). *Family Doctor*, Feb. 1958.
(113) Review : *The Doctor, His Patient and The Illness* by Michael Balint (London : Pitman, 1957). *Int. J. Psycho-Anal.*, 39.
(114) Child Psychiatry. In : *Modern Trends in Paediatrics* ed. A. Holzel and J. P. M. Tizard. (London : Butterworth). Modified as " Theoretical Statement of the Field of Child Psychiatry ". In (165).
* (115) The Capacity to be Alone. *Int. J. Psycho-Anal.*, 39. In (178).
* (116) *Collected Papers. Through Paediatrics to Psycho-Analysis.* (London : Tavistock; New York : Basic Books) (Voir Section A.)
(117) Appetite and Emotional Disorder (1936). In (116).
* (118) Reparation in Respect of Mother's Organized Defence against Depression (1948 – revised 1954). In (116).
* (119) Anxiety Associated with Insecurity (1952). In (116).
* (120) The Manic Defence (1935). In (116).
* (121) Birth Memories, Birth Trauma, and Anxiety (1949). In (116).
* (122) Aggression in Relation to Emotional Development (1950-55). In : (116).
* (123) Primary Maternal Preoccupation (1956). In (116).
* (124) The Antisocial Tendency (1956). In (116).
* (125) Paediatrics and Childhood Neurosis. In (116).
(126) Ernest Jones. *Int. J. Psycho-Anal.*, 39.
(127) New Advances in Psycho-Analysis.
(128) Child Analysis. *A Criança Portuguesa*, 17. Et " Child Analysis in the Latency Period ", in (178).
* (129) Modern Views on the Emotional Development in the First Year of Life. *Medical Press*, March 1958. Republished as " The First Year of Life " in (165). Trad. fr. : " La Première année de la vie " *Rev. franç. psychanal.* (1962).
(130) Discussion sur la contribution de l'observation directe de l'enfant à la

psychanalyse. *Rev. franç. psychanal.*, 22. In English : " On the Contribution of Direct Child Observation to Psycho-Analysis " in (178).

*(131) Psycho-Analysis and the Sense of Guilt. In : *Psycho-Analysis and Contemporary Thought* ed. J. D. Sutherland. (London : Hogarth). In (178).

1959

(132) Review : *Envy and Gratitude* by Melanie Klein. (London : Tavistock, 1957). *Case Conference*, 5.

1960

*(133) Counter-Transference. *Brit. J. med. Psychol.*, 33. In (178).

*(134) String. *J. Ch. Psychol. Psychiat.*, 1. Et " String : A Technique of Communication ", in (178) et (251).

*(135) The Theory of the Parent-Infant Relationship. *Int. J. Psycho-Anal.*, 41. In (178). Trad. fr. : " La Théorie de la relation parent-nourrisson ". *Rev. franç. psychanal.* (1961), 25.

1961

(136) Integrating and Disruptive Factors in Family Life. *Canad. Med. Assoc. J.*, April 1961. In (165).

(137) Review : *The Purpose and Practice of Medicine* by Sir James Spence (London : Oxford Univ. Press, 1960). *Brit. med. J.*, Feb. 1961.

*(138) The Effect of Psychotic Parents on the Emotional Development of the Child. *Brit. J. Psychiatric Soc. Work*, 6. In (165).

(139) The Paediatric Department of Psychology. *St Mary's Hosp. Gaz.*, 67.

1962

(140) Review : *Psychologie du premier âge* by M. Bergeron (Paris : Presses Univ., n 1961). *Arch. Dis. Childhood*, 37.

(141) Review : *Un Cas de psychose infantile* by S. Lebovici and J. McDougall (Paris : Presses Univ., 1960). *J. Ch. Psychol. Psychiat.*, 3.

(142) The Child Psychiatry Interview. *St Mary's Hosp. Gaz.*, 68.

*(143) The Theory of the Parent-Infant Relationship : Further Remarks. *Int. J. Psycho-Anal.*, 43. Trad. fr. : " La Théorie de la relation parent-enfant : remarques complémentaires ". *Rev. franç. psychanal.* (1963), 27.

(144) Review : *Letters of Sigmund Freud* 1873-1939 ed. E. Freud (London : Hogarth). *Brit. J. Psychol.*, 53.

*(145) Adolescence. *The New Era in Home and School*, 43. In (165). Republié et modifié sous le titre " Struggling through the Doldrums ", *New Society*, April 1963.

1963

(146) Review : *Schizophrenia in Children* by William Goldfarb (Cambridge, Mass. : Harvard Univ. Press, 1961). *Brit. J. Psychiatric Soc. Work*, 7.

(147) Dependence in Infant-Care, in Child-Care, and in the Psycho-Analytic Setting. *Int. J. Psycho-Anal.*, 44. In (178).

(148) The Young Child at Home and at School. In : *Moral Education in a Changing Society* ed. W. R. Niblett. (London : Faber) In (178) as Morals and Education.

(149) The Development of the Capacity for Concern. *Bull. Menninger Clin.*, 27. In (178).
* (150) Regression as Therapy Illustrated by the Case of a Boy whose Pathological Dependence was Adequately Met by the Parents. *Brit. J. med. Psychol.*, 36.
(151) The Mentally Ill in Your Caseload. In : *New Thinking for Changing Needs.* (London : Assoc. Social Workers). In (178).
(152) A Psychotherapeutic Consultation : a Case of Stammering, wrongly named : " The Antisocial Tendency Illustrated by a Case ". *A Criança Portuguesa*, 21.
(153) Training for Child Psychiatry. *J. Ch. Psychol. Psychiat.*, 4. In (178).
(154) Review : *The Nonhuman Environment* by Harold F. Searles (New York : Int. Univ. Press, 1960). *Int. J. Psycho-Anal.*, 44.

1964

(155) Review : *Heal the Hurt Child* by Hertha Riese (Chicago Univ. Press, 1963). *New Society*, Jan. 1964.
(156) Correspondance : Love or Skill? *New Society*, Feb. 1964.
(157) Review : *Memories, Dreams, Reflections* by C. G. Jung (London : Collins and Routledge, 1963). *Int. J. Psycho-Anal.*, 45.
(158) *The Child, The Family, and the Outside World.* (Harmondsworth Penguin Books. Pelican Book A668) (Voir Section A.)
(159) The Roots of Aggression (1964). In (158).
(160) The Value of Depression (1963). *Brit. J. Psychiatric Soc. Work*, 7. (Shortened version entitled : Strength out of Misery, *The Observer*, 31-5-64).
(161) Youth Will not Sleep. *New Society*, 28-5-64. *Atlas* 8.
(162) Deductions drawn from a Psychotherapeutic Interview with an Adolescent. *Report of the 20th Child Guidance Inter-Clinic Conference*, 1964. National Association for Mental Health.
(163) Foreword *to The Widow's Child* by Margaret Torrie. Cruse Clubs, Richmond, Surrey, England.
(164) The Neonate and his Mother. In : *Acta Paediatrica Latina*, Vol. 17. Editrice Age, Reggio Emilia.

1965

(165) *The Family and Individual Development.* (London : Tavistock, 1965). (Voir Section A).
(166) The Relationship of a Mother to Her Baby at the Beginning (1960). In (165).
(167) Growth and Development in Immaturity (1950). In (165).
(168) On Security (1960). In (165).
(169) The Five-Year-Old (1962). In (165).
(170) The Family Affected by Depressive Illness in one or both Parents (1958). In (165).
(171) The Effect of Psychosis on Family Life (1960). In (165).
(172) The Family and Emotional Maturity (1960). In (165).
(173) Theoretical Statement of the Field of Child Psychiatry (1958). In (165).
(174) Advising Parents (1957). In (165).
(175) Casework with Mentally Ill Children (1959). In (165).
(176) The Deprived Child and how he can be Compensated for Loss of Family Life (1950). In (165)

(177) Group Influences and the Maladjusted Child : The School Aspect (1955). In (165).
(178) *The Maturational Processes and the Facilitating Environment.*
(179) Ego Integration in Child Development (1962). In (178).
(180) Providing of the Child in Health and Crisis (1962). In (178).
(181) From Dependence towards Independence in the Development of the Self (1963). In (178).
(182) Classification : Is there a Psycho-Analytic Contribution to Psychiatric Classification ? (1959). In (178).
(183) Ego Distorsion in Terms of True and False Self (1960). In (178).
(184) The Aims of Psycho-Analytical Treatment (1962). In (178).
(185) A personal View of the Kleinian Contribution to the Theory of Emotional Development at Early Stages (1962). In (178).
(186) Communicating and Not Communicating Leading to a Study of Certain Opposites (1963). In (178).
(187) Psychotherapy of Character Disorders (1963). In (178).
(188) Psychiatric Disorder in Terms of Infantile Maturational Processes (1963). In (178).
(189) Hospital Care Supplementing Intensive Psychotherapy in Adolescence (1963). In (178).
(190) Child Therapy. In : *Modern Perspectives in Child Psychiatry.* Ed. J. Howells. (Oliver and Boyd).
(191) The Value of the Therapeutic Consultation. In : *Foundations of Child Psychiatry.* Ed. E. Miller. (Pergamon Press).
* (192) Psychoanalytic view of the Antisocial Tendency. In : *Crime, Law and corrections.* (Ed. R. Slovenko.) (Charles Thomas Publishing Co, U.S.A.). In *Therapeutic Consultations* as Case XIII, in (243).
(193) Child Psychiatry Case Illustrating Delayed Reaction to Loss. In : *Drives, Affects, Behavior : Essays in Memory of Marie Bonaparte* Vol. **2** ed. Max Schur. (New York : International Universities Press, 212-242.)
(194) Clinical Study of the Effect of a Failure of the Average Expectable Environment on a Child's Mental Functioning. *Int. J. Psycho-Anal.* **46,** 81-87. Reprinted in *Therapeutic Consultation as* Case IV in (243).
(195) The Price of Disregarding Research Findings In : *The Price of Mental Health :* Report of the N.A.M.H. Annual Conference.
(196) Reviews *Shared Fate* by H. David Kirk. *New Society* 9.9.65.
Childhood & Society by Erik H. Erikson. *New Society* 30.9.65.

1966

(197) Becoming Deprived as a Fact Psychotherapeutic Consultation. *J. Child Psychother.* **1,** (4), 5-12 Dec. 1966. Revised and reprinted in *Therapeutic Consultations* as Case XVII, in (243).
(198) Comment on obsessional Neurosis and Frankie. *Int. J.Psycho-Anal.* **47,** 143-144 (discussion at 24th International Psycho-Analytical Congress, Amsterdam, 1965. Trad. fr. : Réflexions sur la névrose obsessionnelle et Frankie, *Rev. Franç. Psychanal.* **31** 558-9, 1967.
(199) Discussions on Ian Alger's paper The Clinical Handling of the Analyst's Responses *Psychoanal. Forum* **1,** (3), 298-9.
(200) Psycho-somatic Illness in its Positive and Negative Aspects. *Int. J. Psycho-Anal.* 4 510-516. Trad. fr. : Les Aspects positifs et négatifs de la maladie psycho-somatique. *Rev. Med. Psychosom. Psych Medicale,* Toulouse.

(201) Struggling Through the Doldrums. In *Youth New Society*. ed. Timothy Raison. (London Rupert Hart-Davis). Originally published *New Society* 25.4.63; In (165).
(202) Reviews *Dibs in Search of Self* by Virginia Axline. *New Society* 28.4.66. *The Psychoanalytic Study of the Child* **20**. ed. Freud et *al. New Society* 19.5.66. and in *B Med. J.* 17.12.66.
Infantile Autism by Bernard Rimland. *Brit. Med. J.* 10.9.66.
Adolescence & Morality by E. M. & M. Eppel *New Society* 15.9.66.
Your Child is a Person by Chess, Thomas, Birch (London Peter Davies, 1966.) *Medical New Society*, October, 1966.
Absent by Max B. Clyne. (London: Tavistock 1966). *New Society* 29.9.66.
Asthma: Attitude & Milieu by Aaron Hask (London: Tavistock, 1966). *New Society* 17.11.66.
(203) *Adoption Policy & Practice* by Iris Goodacre. (London: George Allen & Unwin, 1966). *New Society* 24.11.66.

1967

(204) The Location of Cultural Experience. *Int. J. Psycho-Anal.* **48**, 368-372. Trad. fr.: La localisation de l'expérience culturelle. *Nouvelle Rev. de Psychanal.* No. 4, Autumn. pp. 15-23. In (242).
(205) Willi Hoffer, Tribute on his 70th birthday.
(206) Mirror-role of Mother & Family in Child Development. In: *The Predicament of the Family*. ed. Peter Lomas. A Psycho-analytical Symposium. (London: Hogarth Press and the Institute of Psycho-Analysis, pp. 26-33.) In (242).
(207) Winnicott's Wisdom: the Meaning of Mother Love. *Parents* **22**, (6), June. How a Baby Begins to-feel Sorry and to make Amends. *Parents* **22**, (7), July. Why do Babies Cry? *Parents* **22**, (8), August. Hobgoblins and Good Habits. *Parents* **22**, (9), Sept.
(208) Reviews: *The Successful Stepparent* by Helen Thomson (W. H. Allen). *New Society* 13.4.67.
A Home from Home by Sheila Stewart. (London: Longmans, Green & Co., 1967). *New Society* 18.5.67.
Absent by Max B. Clyne. (London: Tavistock, 1966). *Brit. Med. J.* 8.7.67.
How to Survive Parenthood by Eda J. Le Shan. (Penguin Books.) *New Society* 26.10.67.
A Collection of Children's Books, reviewed under the title: Small things for Small People. *New Society* 7.12.67.

1968

(209) Clinical Regression Compared with Defense Organization. In: *Psychotherapy in the Designed Therapeutic milieu. International Psychiatry Clinics*, **5**, (1), 3-11. ed. Stanley Eldred and Maurice Vanderpol. (Boston: Little, Brown & Co., 1968.)
(210) Communication between Infant and Mother, and Mother and Infant, Compared and Contrasted. In: *What is Psychoanalysis?* the Institute of Psycho-Analysis. (London: Bailliere, Tindall & Cassell.)
(211) Note of contribution to Symposium on Child Analysis and Paediatrics *Int. J. Psycho-Anal* **49**, 279.

(212) Delinquency as a Sign of Hope. *The Prison Service Journal* **7**, (27), April, 1968. Lowestoft, Suffolk, pp. 2-9. In *Adolescent psychiatry II*, ed. S. C. Fernstein and P. Giovacchini, Basic Books, New York, 1973.
(213) Foreword to *Therapy in Child Care. Collected Papers.* B. Dockar-Drysdale. Longmans' Papers on Residential Work. Vol. **3**. (London Longman).
(214) Foreword to *Disturbed Children*. ed. Robert J. N. Tod. Longmans' Papers on Residential Work. Vol. **2**. (London : Longman).
(215) Infant Feeding and Emotional Development. *Maternal and Child Care* **4**, (33), January. pp. 7-9. (London : Bouverie Publishing Co).
(216) The Non-Pharmacological Treatment of Psychosis in Childhood. *Concilium Paedopsychiatricum* Proc. 3rd Europ. Congress Pedopsychiat., Wiesbaden, 1967, pp. 193-8. (Basel/New York : Karger, 1968).
(217) Playing : its Theoretical Status in the Clinical Situation. *Int. J. Psycho-Anal.* **49**, 591-9.
(218) La schizophrénie infantile en termes d'échec d'adaptation. In *Recherches. Enfance aliénée* II, 1968, « L'enfance, la psychose et l'institution », 27-31.
(219) Sleep Refusal in Children. *Medical News Magazine.* Paediatrics, July, 1968. pp. 8-9.
(220) Squiggles. *Voices : The Art and Science of Psycho-therapy* **4**. (1). Eleventh issue. (J. Am. Acad. Psychotherapists.) reprinted in *Therapeutic Consultations* as Case III, in (243).
(221) The Value of the Therapeutic Consultation. In : *Foundations of Child Psychiatry.* ed. Emanuel Miller. (Oxford and New York : Pergamon Press, pp. 593-608) reprinted in *Therapeutic Consultations* as Case IX, in (243).
(222) Reviews *Children in Distress* by Alec Clegg and Barbara Megson. (Penguin Books.) *New Society* 7.11.68.
Human Aggression by Anthony Storr. (Penguin Books, 1968.) *New Statesman* 5.7.68.
The Psychology of Childhood & Adolescence by C. I. Sandstrom. (Penguin Books.) *National Marriage Guidance Council Journal.* **11**, (3), May.
Vulnerable Children by Lindy Burton. *New Society* 25.4.68.
The Psychoanalytic Study of the Child. **22**. *New Society* 16.5.68.

1969

(223) Adolescent Process and the Need for Personal Confrontation. *Pediatrics.* (American Academy of Pediatrics) Evanston, Ill., U.S.A. : **44**, (5), Part 1, November. pp. 752-6.
(224) Behaviour Therapy. *Correspondence. Child Care News.* No. 87, June. Breast Feeding as a Communication. *Maternal and Child Care,* **5**, (53), Sept. pp. 147-150. (London : Bouverie Publishing Co. Ltd.)
(225) Changing Patterns – the Young Person, the Famiuly and Society. *Proceedings of the British Student Health Association,* 20th Conference, Newcastle, July 1968. Published 1969.
(226) La distorsion du moi en termes de vrai et de faux-soi. Trad de Ego Distortion in Terms of true and False Self, 1960. Tr. G. P. Brabant & M. Moscovici. *Bull. de L'Association Psychanal. France* Avril, 1969. No. 5. Paris, pp. 90-102. In (178).
(227) Do Progressive Schools give too much Freedom to the Child? In :

Who are the Progressives now? Maurich Ash. (London : Routledge & Kegan Paul).
(228) First Interview with Child may start Resumption of Maturation. Report of address to American Association of Psychiatric Clinics for Children, in Roche Report *Frontiers of Clinical Psychiatry* **6**, (8) (World Wide Medical News Service, Hoffman, La Roche, Nutley, N.J., U.S.A.)
(229) Foreword in «*Susan Isaacs*» by D. E. M. Gardner. (London : Methuen.)
Human Relations. *Physiotherapy* **55**, June, 226-9. (Chartered Society of Physiotherapy.
(230) Obituary. James Strachey 1887-1967. *Int. J. Psycho-Anal.* **50**, 129-131.
(231) *De la pédiatrie à la psychanalyse.* Trad. fr. de (116) de Jeannine Kalmanovitch. Préface d'Henri Sauguet. (Paris : Payot).
(232) The Use of an object. *Int. J. Psycho-Anal.* **50**, 711-716.
(233) Review : *Indications for Child Analysis and Other Papers* by Anna Freud. *New Society* July 1969.

1970

(234) The Mother-Infant experience of Mutuality. In : *Parenthood : its Psychology and Pyschopathology.* ed. E. James Anthony & Therese Benedek. (Boston, U.S.A. : Little, Brown & Co., Inc.; London : J. & A. Churchill, pp. 245-256).
(235) *Processus de maturation chez l'enfant. Développement affectif et environnement.* Trad. fr. de (178) de J. Kalmanovitch. (Paris : Payot).
(236) Untitled (contribution to final number). *Case Conference* April, **16**, (12), pp. 504-5.

1971

(237) A Psychotherapeutic Consultation in Child Psychiatry : A Comparative Study of the Dynamic Processes. In : *The World Biennial of Psychiatry and Psychotherapy.* ed. Silvano Arieti (New York : Basic Books Inc. Vol. 1, pp. 377-99.) Reprinted in *Therapeutic Consultations* as Case XII in (243).
(238) Adopted Children in Adolescence. In : *Social Work in Adoption.* Ed. Robert Tod. (London : Longman.) Reprinted from Medical Aspects of Child Adoption, 1966, and Report ot the Residential Conference held at Roehampton July 13-15th 1955, both published by Standing conference of Societies Registered for Adoption, Petersham, Surrey.
(239) The Concept of a Healthy Individual. In : *Towards Community Mental Health.* ed. J. D. Sutherland. (London : Tavistock.) Publié en français, Le concept d'individu sain, in *L'Arc*, 69, Revue trimestrielle, Aix-en-Provence, April 1977.
(240) Le corps et le self. Trad. fr. de Jeannine Kalmanovitch de The Basis for Self in Body. *Nouvelle Rev. Psychanal.* **3.**
(241) *L'enfant et sa famille. Les premières relations.* Trad. fr. de (100) d'Annette Stronck-Robert. (Paris : Payot).
(242) *Playing and Reality*, (London : Tavistock; New York : Basic Books. Republished by Penguin Books, 1974).
(243) *Therapeutic Consultations in Child Psychiatry.* (London : Hogarth Press and the Institute of Psycho-Analysis).

1972

(244) The Basis for Self in Body. *J. Child Psychother.* 1, (1) pp. 7-16. (Publication en français en 1971.)
L'enfant et le monde extérieur. Le développement des relations. Trad. fr. de (108) d'Annette Stronck-Robert. (Paris : Payot).
(245) *La consultation thérapeutique et l'enfant*, Préface de Masud R. Khan. Trad. fr. de (243) de C. Monod. (Paris : Gallimard).
(246) Fragment of an Analysis, pp. 455-693.
Mother's Madness Appearing in the Clinical Material as an ego-alien Factor. pp. 405-413.
Both in : *Tactics and Techniques in Psychoanalytic Therapy.* ed. Peter L. Giovacchini. (London : Hogarth Press and the Institute of Psycho-Analysis.)
(247) Sex Education in Schools. In : *The Case against Pornography.* ed. David Holbrook. (London : Stacey, pp. 259-263.)

1973

(248) Clivage des éléments masculins et féminins chez l'homme et chez la femme. Trad. fr. de Claude Monod et J. B. Pontalis de The Split-off Male and Female Elements to be found Clinically in Men and Women. Originally published in *Bulletin Brit. Psychoanal. Soc.* No. 5. (For members only). In : *Nouvelle Rev. Psychanal.* No. 7, pp. 301-314.
(249) Fear of Breakdown. *Int. Rev. Psycho-Anal.* 1, 103-107. Trad. fr. : La Crainte de l'Effondrement de J. Kalmanovitch. *Nouvelle Rev. Psychan.* No. 11, pp. 35-44, 1975.

1975

(250) *Fragment d'une analyse.* Trad. fr. de (246) de J. Kalmanovitch. (Paris : Payot).
(251) *Jeu et réalité. L'espace potentiel*, Préface de J.-B. Pontalis. Trad. fr. de (242) de C. Monod. (Paris : Payot).
(252) *Through Paediatrics to Psycho-Analysis.* International Psycho-Analytical Library No. 100. London : Hogarth Press & The Institute of Psycho-Analysis. (New edition with an introduction by M. Masud R. Khan. First published as 116.)

1978

(253) *The Piggle, An Account of the Psycho-Analytic Treatment of a Little Girl* ed. Ishak Ramzy, New York : International Universities Press; London : The Hogarth Press and The Institute of Psycho-Analysis, 1978.

1980

(254) *La petite « Piggle ». Compte rendu du traitement psychanalytique d'une petite fille*, Préface de Clare Winnicott et R.-D. Sheperd. Trad. fr. de (253) de J. Kalmanovitch. (Paris : Payot).

1984

(255) *Deprivation and Delinquency* (London : Tavistock).

1986

(256) *Holding and Interpretation: Fragment of an Analysis* (London Hogarth Press and the Institute of Psychoanalysis. New York : Grove)
(257) *Home is where we start from.* (London : Penguin Books. New York : W. W. Norton & Company).

1987

(258) *Babies and their Mothers* (Reading, Massachusetts : Addison-Wesley Publishing Compagny, Inc).
(259) *The Spontaneous Gesture* (Cambridge, Massachusetts : Harvard University Press).

1988

(260) *Human Nature* (London : Free Association Books).
(261) *Conversations ordinaires.* Trad. fr. de (257) de B. Bost. (Paris : Gallimard).

1989

(262) *Lettres vives.* Trad. fr. de (259) de M. Gribinski. (Paris : Gallimard).
(263) *De la pédiatrie à la psychanalyse* (nouvelle édition). (Paris : Payot).

LISTE ALPHABÉTIQUE DES ARTICLES DE D. W. WINNICOTT

parus en français[1]

Abréviation des renvois :

C.T.E. *La consultation thérapeutique*
E.F. *L'enfant et sa famille*
E.M.E. *L'enfant et le monde extérieur*
F.A. *Fragment d'une analyse*
J.R. *Jeu et réalité*
N.R.P. *Nouvelle Revue de Psychanalyse*
P.M. *Processus de maturation chez l'enfant*
P.P. *De la pédiatrie à la psychanalyse (nouvelle édition)*
R.E.P. *Revue française de psychanalyse*
C.O. *Conversations ordinaires*

« L'adolescence. » (1961-1962), *P.P.* 398-408.
« L'agressivité. » (1939), *E.M.E.* 147-157.
« Agressivité, culpabilité et réparation. » (1960), *C.O.* 89-98.
« L'agressivité et ses rapports avec le développement affectif. » (1950-1955), *P.P.* 150-168.
« L'aide aux parents normaux. » (1944), *E.F.* 197-201.
« L'allaitement au sein. » (1945-1954), *E.M.E.* 113-122.
« L'allaitement du bébé. » (1944), *E.F.* 29-35.
« Analyse de l'enfant en période de latence. » (1958), *P.M.* 81-92.
« L'angoisse associée à l'insécurité. » (1952), *P.P.* 198-203.
« Apprendre à connaître votre bébé. » (1944), *E.F.* 15-22.
« A propos des objectifs de la guerre. » (1940), *C.O.* 239-252.
« Les aspects métapsychologiques et cliniques de la régression au sein de la situation analytique. » (1954), *P.P.* 250-267.
« Les aspects positifs et négatifs de la maladie psycho-somatique. » (1964), *Revue de Médecine Psychosomatique*, 1969, 205-216.
Avant-propos à : *Les Mains du Dieu vivant* de M. Milner, 1969, Paris, Gallimard 1974, 11-12.

1. Cette liste, établie par J. Kalmanovitch, a été mise à jour à partir de la publication initiale *in* Anne Clancier et Jeannine Kalmanovitch, *Le paradoxe de Winnicott. De la naissance à la création,* Paris, Payot, 1984.

« Le bébé en tant que personne. » (1947), *E.F.* 49-54 et *E.M.E.* 103-111.
« Les besoins des enfants et le rôle de la mère au début de l'existence. » (Colloque Paris, 1951), *E.M.E.* 25-26.
« Les besoins des petits enfants dans une société en évolution. » (1954), *E.M.E.* 9-23.
« La capacité d'être seul. » (1958), *P.P.* 325-333.
« Ce que la mère apporte à la société. » (1957), *E.F.*, Posface, 203-208 et nouvelle trad. « Contribution de la mère à la société. » *C.O.* 137-142.
« Ce qu'une mère sait et ce qu'elle apprend. » (1950), *E.F.* 99-105.
« Clivage des éléments masculins et féminins chez l'homme et chez la femme. » (1973), *N.R.P.* 7, 301-314.
« De la communication et de la non-communication. » Suivi d'une étude de certains contraires. (1963), *P.M.* 151-168.
« Le concept d'individu sain. » (1967), *L'Arc*, 1977, 69 et *C.O.* 23-43.
« Concepts actuels du développement de l'adolescent : leurs conséquences quant à l'éducation. » (1968), *J.R.* 190-207 et nouvelle trad. « L'immaturité de l'adolescent. » *C.O.* 167-186.
« Le contre-transfert. » (1960), *P.P.* 351-357.
« Contribution de la mère à la société. » (1957), *C.O.* 137-142 et *J.R.* sous le titre : « Ce que la mère apporte à la société. »
« Contribution de l'observation directe des enfants à la psychanalyse. » (1957), Intervention au XXe Congrès International de Psychanalyse, Paris, 1957. Symposium sur l'observation directe de l'enfant. *R.P.F.* 1958, 22, 2, 205-211 et *P.M.* 73-80.
« Le corps et le *self*. » (1970), *N.R.P.* 1971, 3, 37-48.
« La crainte de l'effondrement », *N.R.P.* 1975, 11, 35-44.
« La créativité et ses origines »; *J.R.* 91-119.
« Cure. » (1970), *C.O.* 123-134.
« La défense maniaque. » (1935), *P.P.* 19-36.
« La délinquance, signe d'espoir. » (1967), *C.O.* 99-110.
« Le concept de faux soi. » (1964), *C.O.*
« Deux enfants adoptés. » (1954), *E.M.E.* 73-88.
« Le développement affectif primaire. » (1945), *P.P.* 57-71.
« Distorsion du moi en fonction du vrai et du faux *self*. » (1960), *P.M.* 115-132.
« La distorsion du moi en termes de vrai et de faux soi. » (1960) *Bulletin de l'Association Psychanalytique de France*, 1969, 90-102.
« Les écueils de l'adoption. » (1954), *E.M.E.* 65-72.
« L'éducation sexuelle à l'école. » (1949), *E.M.E.* 59-64.
« L'effet des parents psychotiques sur le développement affectif de leur enfant. » (1961), *P.P.* 385-397.
« Élaboration de la capacité de sollicitude. » (1963), *P.M.* 31-42.
« L'enfant dans le groupe familial. » (1966), *C.O.* 143-156.
« L'enfant en bonne santé et l'enfant en période de crise : quelques propos sur les soins requis. » (1962), *P.M.* 19-30.
« L'enfant et la sexualité. » (1947), *E.M.E.* 129-145.
« L'enfant unique. » (1945), *E.F.* 153-159.
« Les enfants et l'apprentissage. » (1968), *C.O.* 157-166.
« Enfants jumeaux. » (1945), *E.F.* 161-167.
« L'esprit et ses rapports avec le psyché-soma. » (1949), *P.P.* 135-149.
« L'état de dépendance dans le cadre des soins maternels et infantiles et dans la situation analytique. » (1963), *P.M.* 243-256.

« Pour une étude objective de la nature humaine. » (1945), *E.M.E.* 91-102.
« Ce féminisme. » (1964), *C.O.* 297-220.
« La ficelle : un aspect technique de la communication. » (1960), *P.P.* 379-384.
Voir aussi : Psychopathologie dans l'aire des phénomènes transitionnels. Cas clinique : « La ficelle » – suivi d'un commentaire. Note ajoutée en 1969, *J.R.* 27-32.
« La fin du processus de la digestion. » (1949), *E.F.* 43-48.
« La formation du psychiatre d'enfants. » (1963), *P.M.* 169-180.
« Les formes cliniques du transfert. » (1955-1956), *P.P.* 279-284.
« La haine dans le contre-transfert. » (1947), *P.P.* 72-82.
« Un homme se penche sur la maternité. » (1949), *E.F.* 9-13.
« L'immaturité de l'adolescent. » (1968), *C.O.* 167-186 et *J.R.* sous le titre « Concepts actuels du développement de l'adolescent : leurs conséquences quant à l'éducation. »
« Importance du diagnostic en matière d'éducation. » (1946), *E.M.E.* 45-52.
« Influencer et être influencé. » (1941), *E.M.E.* 37-43.
« Les instincts et les difficultés normales. » (1950), *E.F.* 107-113.
« Intégration du moi au cours du développement de l'enfant. » (1962), *P.M.* 9-18.
« L'interrelation envisagée en termes d'identifications croisées et indépendamment des motions pulsionnelles. », *J.R.* 163-169.
« Jouer. L'activité créative et la quête du soi. », *J.R.* 75-90.
« Jouer. Proposition théorique. », *J.R.* 55-74.
« Liberté. » (1964), *N.R.P.* 1984, 30, 69-76 et *C.O.* 261-272.
« Le lieu où nous vivons. », *J.R.* 144-152.
« La localisation de l'expérience culturelle. » (1967), *J.R.* 132-143 et *N.R.P.* 1971, 4, 15-23.
« La mère qui nourrit. » (1949), *E.F.* 55-60.
« Le monde à petites doses. » (1949), *E.F.* 75-81
« Morale et éducation. » (1963), *P.M.* 55-70.
« Les murs de Berlin. » (1969), *C.O.* 253-260.
« Leurs normes et les vôtres. » (1944), *E.F.* 125-131.
« Nosographie : y a-t-il une contribution de la psychanalyse à la classification psychiatrique ? » (1959-1964), *P.M.* 93-114.
« Objets transitionnels et phénomènes transitionnels. Une étude de la première possession non-moi. » (1951-1953), *P.P.* 169-186.
« Objets transitionnels et phénomènes transitionnels. Études de la première *not me possession.* », *La Psychanalyse*, 1959, 5, 21-41.
« Objets transitionnels et phénomènes transitionnels. » (1971), *J.R.* 7-39.
« Où va la nourriture ? » (1949), *E.F.* 37-42.
« L'observation des jeunes enfants dans une situation établie. » (1941), *P.P.* 37-56.
« Le passage de la dépendance à l'indépendance dans le développement de l'individu. » (1963), *P.M.* 43-54.
« Pédiatrie et névrose infantile. » (1956), *P.P.* 303-309.
« Pédiatrie et psychiatrie. » (1948), *P.P.* 90-110.
« La pensée et l'inconscient. » (1945), *C.O.* 189-192.
« Le père. » (1944), *E.F.* 117-124.
« Les petits enfants et les autres. » (1949), *E.F.* 133-142.
« La pilule et la lune. » (1969), *C.O.* 221-238.

« La position dépressive dans le développement affectif normal. » (1954-1955), *P.P.* 231-249.
« Pourquoi les bébés pleurent-ils ? » (1944), *E.F.* 61-73.
« Pourquoi les enfants jouent-ils ? » (1942), *E.M.E.* 123-128.
« Pour une critique de Fairbair (en collaboration avec M. Khan, 1953), *Esquisses Psychanalytiques*, printemps 1983, 5, 121-130.
Préface de : *Dialogue avec Sammy*, J. Mc Dougall et S. Lebovici, Payot, 1984.
« La première année de la vie. Conceptions modernes du développement affectif au cours de la première année de la vie. » (1958), *P.P.* 310-324 et *R.F.P.* 1962, 4, 477-490.
« Premiers pas vers l'indépendance. » (1955), *E.F.* 189-196.
« La préoccupation maternelle primaire. » (1956), *P.P.* 285-291.
« Le principe vital chez le bébé. » (1949), *E.F.* 23-28.
« Le prix de l'indifférence à l'égard de la recherche psychanalytique. » (1965), *P.O.* 193-206.
« Le problème de l'adoption. » (1955), *E.F.* 183-187.
« Psychanalyse et science, amies ou simples relations ? » (1961), *C.O.* 13-20.
« La psychanalyse et le sentiment de culpabilité. » (1958), *P.P.* 334-349.
« Psychose et soins maternels. » (1952) *P.P.* 187-197.
« Psychothérapie des troubles du caractère. » (1963), *P.M.* 181-198.
« Quelques aspects psychologiques de la délinquance juvénile. » (1946), *E.M.E.* 165-173.
« Quelques réflexions sur le sens du mot " démocratie ". » (1950), *C.O.* 273-294.
« Qu'entendons-nous par " enfant normal " ? » (1946), *E.F.* 143-151.
« Réflexions sur la névrose obsessionnelle et Frankie. », XXIVe Congrès International de Psychanalyse, Amsterdam, 1965, *R.P.F.* 1967, 31, 4, 558-559.
« Régression et repli. » (1954-1955). XVIIe Conférence des Psychanalystes de langues romanes, Paris 1954,, *R.F.P.* 1955, 19, 1-2, 323-330.
« Repli et régression. », *P.P.* 223-230; *F.A.* 321-330.
« De la régression considérée comme thérapie. » (1963), *P.P.* 409-427.
« La réparation en fonction de la défense maternelle organisée contre la dépression. » (1948), *P.P.* 83-89.
« Le respect du symptôme en pédiatrie. Exposé d'un cas. » (1953), *P.P.* 203-222.
« Rêver, fantasmer, vivre. Une histoire de cas illustrant une dissociation primaire », *J.R.* 40-54.
« Le rôle de miroir de la mère et de la famille dans le développement de l'enfant. » (1967), *J.R.* 153-162 et *N.R.P.* 1974, 10, 79-86.
« Le rôle de la monarchie. » (1970), *C.O.* 295-304.
« La schizophrénie infantile en termes d'échec d'adaptation. », 1967, *Recherches*, Spécial Enfance aliénée II « L'enfant, la psychose et l'institution. » 1968, 27-31. (Traduit de l'anglais par O. Mannoni).
« Le sens moral inné du bébé. » (1949), *E.F.* 83-89.
« Le sevrage. » (1949), *E.F.* 91-97.
« Les soins hospitaliers en complément d'une psychothérapie intensive au cours de l'adolescence. » (1963), *P.M.* 233-242.
« Souvenirs de la naissance, traumatisme de la naissance et angoisse. » (1949) *Psychothérapies*, Suisse, 1988, 3, 115-128.
« Les souvenirs de la naissance, le traumatisme de la naissance et l'angoisse. » (1949), *P.P.* 111-134.

« *Sum*, je suis. » (1968), *C.O.* 61-72.
« La tendance antisociale. » (1956), *P.P.* 292-302.
« La tendance à voler. » (1949), *E.M.E.* 159-164.
« La théorie de la relation parent-nourrisson. » (1960), Pré-rapport : XXIIe Congrès international de Psychanalyse, Edimbourg, 1961. *R.P.F.* 1961, 25, 1, 7-26.
« La théorie de la relation parent-enfant. Remarques complémentaires. », *R.P.F.* 1963, 27, 4-5, 487-490.
« La théorie de la relation parent-nourrisson. », *P.P.* 358-378.
« Théorie des troubles psychiatriques en fonction des processus de maturation de la petite enfance. » (1963), *P.M.* 217-232.
« Timidité et troubles nerveux chez les enfants. » (1938), *E.M.E.* 53-58.
« Traitement d'un cas dans son foyer familial. » (1955), *P.P.* 268-278.
« Le travail social des cas individuels et la maladie mentale. » (1963), *P.M.* 199-216.
« L'utilisation de l'objet et le mode de relation à l'objet au travers des identifications. » (1968), *J.R.* 120-131.
« La valeur de la dépression. » (1963), *C.O.* 79-88.
« Variétés de psychothérapies. » (1961), *C.O.* 111-122.
« Les visées du traitement psychanalytique. » (1962), *P.M.* 133-138.
« Visite aux enfants hospitalisés. » (1951), *E.F.* 175-182.
« Vivre créativement. » (1970), *C.O.* 43-60.
« Le vol et le mensonge. » (1945), *E.F.* 169-173.
« Vues personnelles sur l'apport de Mélanie Klein. » (1962), *P.M.* 139-150.
« Winnicott critique de Kanner. » (1938), *Esquisses Psychanalytiques*, 1985. 4, 121-129.

TABLE DES MATIÈRES

Cet ouvrage a été réalisé par la
SOCIÉTÉ NOUVELLE FIRMIN-DIDOT
Mesnil-sur-l'Estrée
pour le compte des Éditions Payot
en février 1995

Imprimé en France
Dépôt légal : septembre 1992
N° d'impression : 30029
ISBN : 2-228-88117-1